Tristan L'Hermite, « héritier » et « précurseur »

BIBLIO 17   Volume 159 · 2006

Suppléments aux *Papers on French Seventeenth Century Literature*

Collection fondée par Wolfgang Leiner
Directeur: Rainer Zaiser
Secrétaire de rédaction: Nathalie Gerber

Sandrine Berregard

Tristan L'Hermite, « héritier » et « précurseur »

Imitation et innovation dans
la carrière de Tristan L'Hermite

 Gunter Narr Verlag Tübingen

Information bibliographique de Die Deutsche Bibliothek

Die Deutsche Bibliothek a répertorié cette publication dans la Deutsche Nationalbibliografie; les données bibliographiques détaillées peuvent être consultées sur Internet à l'adresse <http://dnb.ddb.de>

© 2006 · Narr Francke Attempto Verlag GmbH + Co. KG
P.O. Box 2567 · D-72015 Tübingen

Internet: http://www.narr.de · E-Mail: info@narr.de
ISSN 1434-6397
ISBN 3-8233-6151-1

à mes parents

Cet ouvrage est issu de ma thèse de doctorat, soutenue en juin 2001 à l'Université de Paris III-Sorbonne Nouvelle.

Mes remerciements s'adressent à :

Alain Viala, mon directeur de thèse, dont les conseils, remarques et suggestions m'ont ouvert de nombreuses pistes de recherche et ont largement contribué à nourrir ma réflexion ;

les membres de mon jury, les professeurs Jean Serroy, Pierre Ronzeaud et Marie-Madeleine Fragonard, dont les remarques, riches et précises, m'ont permis d'améliorer ce travail ;

le professeur Wolfgang Leiner, qui a accepté de m'accueillir dans la collection qu'il dirige ;

mes parents pour l'aide matérielle et psychologique qu'ils m'ont apportée durant toutes ces années et, surtout, pour la confiance qu'ils ont constamment eu à cœur de m'inspirer.

Merci, enfin, à la douce présence féline de Carmen et Séraphine.

TABLE DES MATIÈRES

8

AVERTISSEMENT

Tout en nous astreignant nous-même à une orthographe unique pour chaque terme, nous avons, dans les citations des critiques, respecté à chaque fois le choix de l'auteur cité. En revanche, nous avons conformé aux usages orthographiques actuels les citations de Tristan car les éditions utilisées divergent souvent entre elles.

Par ailleurs, l'essentiel de notre travail ayant été réalisé avant la publication des *Œuvres complètes* de Tristan (5 vol., dir. J. Serroy, J.-P. Chauveau et R. Guichemerre, Paris, Champion, Sources classiques, 1999-2002), nous n'avons pas jugé nécessaire de revoir toutes nos références.

INTRODUCTION

I. Une lecture téléologique de l'histoire littéraire

La critique de la fin du dix-neuvième siècle développe une vision téléologique selon laquelle l'histoire littéraire a connu des apogées, précédés de périodes transitoires et suivis de moments de déclin. A l'intérieur de ce schéma, deux lectures se font concurrence : ou bien, l'histoire littéraire a suivi une évolution continue, dont le point d'aboutissement est le classicisme, sommet insurpassable ; ou bien, plusieurs cycles se sont enchaînés, marqués chacun par des ascensions et des chutes. L'interprétation la plus fréquemment retenue est la première. Ainsi, le Moyen Age, où la langue est encore en formation, correspondrait aux balbutiements de l'enfance. Le seizième siècle se distinguerait par son foisonnement, mais contiendrait déjà en germe la rigueur et l'équilibre qui caractérisent la période suivante. Montaigne, par la place qu'il accorde dans ses *Essais* à l'observation psychologique et morale, est ainsi considéré comme l'un des principaux précurseurs du classicisme. Ferdinand Brunetière confère le même statut aux poètes de la Pléiade : les « erreurs » de Ronsard, dit-il, « ne l'empêchent pas d'avoir comme délimité la circonférence du classicisme »[1]. Malgré leurs faiblesses, les auteurs de la Renaissance semblent donc avoir préparé l'âge classique – rôle également attribué aux écrivains de la première moitié du dix-septième siècle. Gustave Lanson évoque ainsi la « préparation des chefs-d'œuvre » et reconnaît dans Balzac et Chapelain de modestes mais indispensables « ouvriers du classicisme »[2]. Apparaissent ensuite « les grands artistes classiques » que sont Corneille, Pascal, les « mondains » (La Rochefoucauld, le cardinal de Retz et Mme de Sévigné), puis Boileau, Molière, Racine, La Fontaine, Bossuet et, à la « fin de l'âge classique », La Bruyère et Fénelon[3] – autant d'auteurs

---

[1] F. Brunetière, *Histoire de la littérature française*, Paris, [s.n.], 1895, p. 79.

[2] G. Lanson, 4e part., liv. 1, chap. 3 de l'*Histoire de la littérature française*, Paris, Hachette, 1895.

[3] *Ibid.*, 4e part., liv. 3 et 4.

dont la supériorité ne saurait être contestée. C'est pourquoi Lanson estime, en particulier, que « la tragédie autour de Racine » ne manifeste guère que sa « faiblesse » et qu'après lui s'étend une longue période de « décadence »[4]. Le dix-huitième siècle, où les grands genres s'amenuisent et où la morale chrétienne est bafouée, poursuivrait le processus de dégradation : comme l'affirme Brunetière, « l'idéal classique » est « [déformé] »[5]. De son côté, Emile Faguet dénonce « un abaissement notable du sens moral » en un siècle qui, par ses influences étrangères et son cosmopolitisme, ne lui paraît « ni français ni chrétien »[6]. Cependant, Lanson croit percevoir, dans l'œuvre de Bernardin de Saint-Pierre et de ses émules, les « indices et germes d'un art nouveau »[7]. Les thèmes lyriques, l'expression des sentiments et des sensations qui s'y manifestent constitueraient, en effet, les « signes d'une prochaine transformation » et « [prépareraient] » le romantisme[8]. Quant à la littérature du dix-neuvième siècle, où s'expriment les angoisses et troubles de l'âme, elle est peu appréciée car, en prônant la suprématie du moi, les romantiques se sont détournés des valeurs jugées universelles du classicisme. Enfin, Verlaine, Rimbaud et Mallarmé sont considérés comme les « précurseurs du symbolisme »[9].

Cette lecture téléologique de l'histoire littéraire est communément admise, et elle est même devenue une banalité scolaire. Comme le montre Martine Jey[10], l'Ecole a longtemps privilégié les écrivains de la période classique, avec lesquels les autres ne sauraient rivaliser. L'entreprise de classicisation finit néanmoins par toucher des auteurs qui n'appartiennent pas au dix-septième siècle[11]. Les célèbres manuels scolaires créés par

---

[4] *Ibid.*, 4ᵉ part., liv. 3.

[5] F. Brunetière, *op. cit.*, « Déformation de l'idéal classique ».

[6] E. Faguet, *Histoire de la littérature française*, t. II, Paris, Plon, 1900.

[7] G. Lanson, *op. cit.*, 5ᵉ part., liv. 5.

[8] *Ibid.*

[9] *Ibid.*, 6ᵉ part., liv. 4.

[10] M. Jey, *La Littérature dans l'enseignement secondaire (second cycle) en France de 1880 à 1925*, [s.l.], [s.n.], 1996 (thèse de doctorat, littérature française, dir. A. Viala, Paris III-Sorbonne Nouvelle). Thèse remaniée dans *La Littérature au lycée : invention d'une discipline (1880-1925)*, Metz, Centre d'études linguistiques des textes et des discours, 1998. Voir aussi du même auteur « Les classiques de l'ère Ferry : les auteurs dans les programmes scolaires au tournant du siècle », p. 237-247 dans *Littératures classiques* n° 19 : *Qu'est-ce qu'un classique ?*, dir. A. Viala, 1993.

[11] Voir l'exemple de Colette : M.-O. André, *Comment devient-on un classique ? : le cas de Colette*, [s.l.], [s.n.], 1997 (thèse de doctorat, littérature française, dir. Alain

Lagarde et Michard autour de 1950, et destinés à apporter aux jeunes Français la culture « officielle », reflètent précisément cette vision de l'histoire littéraire. Le Moyen Age y est présenté comme « une *période de croissance, d'instabilité* », ou encore comme « l'enfance et la jeunesse avant la maturité classique »[12]. Cette époque aurait cependant connu, après des « périodes de décadence et d'assoupissement », « des renaissances successives », mouvements qui auraient « [annoncé] et [préparé] la Renaissance proprement dite »[13]. Le seizième siècle représente, pour les deux pédagogues, une époque intermédiaire, qui « conduit notre art, notre littérature et notre langue du *Moyen Age* au *Classicisme* »[14]. Toutefois, l'enthousiasme qui anime les auteurs de la Renaissance engendrerait du désordre : « Les qualités grecques de *mesure et d'harmonie font parfois défaut* aux œuvres les plus représentatives »[15]. Ce n'est qu'avec le classicisme que l'idéal de rigueur et de clarté serait enfin réalisé[16]. Le dix-huitième siècle, quant à lui, est considéré comme une période charnière : « Malgré l'*unité* réelle qu'il doit avant tout à la *lutte philosophique* préparant la Révolution française, [il] se trouve *partagé* entre *l'influence* du *siècle de Louis XIV* et les *tendances nouvelles* qui s'épanouiront avec le *romantisme* »[17]. Lagarde et Michard s'efforcent donc de trouver une continuité entre les différentes périodes qui constituent l'histoire de la littérature française. Par ailleurs, l'organisation même du manuel témoigne d'un souci de hiérarchisation : dans tous les volumes, de longs chapitres sont consacrés aux écrivains « majeurs », tandis que les auteurs « mineurs », lorsqu'ils sont présents, sont regroupés dans des chapitres nettement plus courts[18]. Ainsi, dans les pages qu'ils consacrent au romantisme, Lagarde et Michard, après avoir étudié successivement les œuvres de Chateaubriand, Vigny, Hugo et Musset, mentionnent Gautier et

---

Viala, Paris III-Sorbonne Nouvelle). Voir aussi du même auteur « La classicisation des modernes : le cas Colette », p. 249-258 dans *Littératures classiques* n° 19, *op. cit.*

[12] A. Lagarde et L. Michard, *Moyen Age*, Paris, Bordas, 1948, introd., p. V. Les auteurs soulignent.

[13] *Id., XVIᵉ siècle*, Paris, Bordas, 1969, introd., p. 7.

[14] *Ibid.*

[15] *Ibid.*, p. 11.

[16] *Id., XVIIᵉ siècle*, Paris, Bordas, 1950, introd., p. 7-14. Cette question, qui constitue l'un des principaux axes de notre étude, sera reprise dans le chapitre 1 (voir, en particulier, les p. 79-81).

[17] *Id., XVIIIᵉ siècle*, Paris, Bordas, 1953, introd., p. 12.

[18] La question de la hiérarchisation nous occupera particulièrement lorsque nous traiterons des rapports établis entre Tristan et Racine (voir notre chapitre 1, p. 82-85).

Nerval, qui à leurs yeux déjà ne feraient pas partie des plus grands, avant de présenter les « romantiques mineurs » que seraient Desbordes-Valmore, Guérin et Lamennais[19]. Si le romantisme finit donc par s'essouffler après la disparition de ses éminents représentants, il aurait cependant été amorcé, dès la fin du dix-huitième siècle, par le « préromantisme », où prévaut la « sensibilité »[20].

Plus largement, cette vision de la littérature française procède de l'hypothèse selon laquelle l'histoire de l'art est fondée sur le progrès. Celle-ci se résumerait en effet à une série de ruptures, qui iraient dans le sens d'une amélioration : la jeune génération chercherait toujours à s'éloigner de la précédente en apportant du nouveau. Selon Antoine Compagnon, dans son essai *Les Cinq paradoxes de la modernité*, s'est constituée une « tradition moderne », inséparable de la « doctrine du progrès », c'est-à-dire d'« une conscience historique qui perçoive les étapes, les apories successives, en termes de causes et de conséquences, de dépassements critiques »[21]. Cette vision, liée à la « perception d'un sens positif du temps »[22], fut encouragée par les révolutions esthétiques qui marquèrent la fin du dix-neuvième et le début du vingtième siècle. Ces ruptures coïncident avec des œuvres majeures comme *Le Déjeuner sur l'herbe* et l'*Olympia* de Manet, les collages de Braque et de Picasso, les calligrammes d'Apollinaire et les *ready-made* de Duchamp, les premiers tableaux abstraits de Kandinsky et *La Recherche du temps perdu* de Proust[23]. A sa manière, chacun de ces artistes a joué, auprès de ses contemporains ou de ses successeurs immédiats, le rôle d'initiateur.

Le raisonnement que mettent en jeu ces interprétations est implicitement fondé sur les notions d'héritier et de précurseur. Celles-ci permettent, en effet, de distinguer trois grandes catégories d'artistes ou d'écrivains : d'abord ceux qui, intuitivement, anticipent les transformations à venir ; ensuite, les « grands créateurs » qui, en achevant le travail entrepris par leurs prédécesseurs, atteignent à la perfection et représentent ainsi des modèles absolus ; enfin, ceux qui, modestement, se contentent de suivre les chefs de file.

---

[19] A. Lagarde et L. Michard, *XIXᵉ siècle*, Paris, Bordas, 1953, p. 282-294.

[20] *Id.*, *XVIIIᵉ siècle*, Paris, Bordas, 1953, pp. 259-263. Cette perspective générale n'a pas été modifiée dans les éditions récentes du manuel (Paris, Larousse-Bordas, 1998).

[21] A. Compagnon, *Les Cinq paradoxes de la modernité*, Paris, Seuil, 1990, p. 179.

[22] *Ibid.*, p. 176.

[23] *Ibid.*, p. 12.

II. Un cas exemplaire : Tristan L'Hermite

Les qualificatifs d'*héritier* et de *précurseur* ont été employés par les historiens de la littérature à propos de différents écrivains. Et nous nous proposons ici d'en étudier un cas exemplaire[24] : Tristan L'Hermite qui, paradoxalement, s'est vu attribuer les deux rôles, puisqu'il a été, entre autres, qualifié de précurseur de Racine et d'héritier de Marino. La première idée a particulièrement été développée par Bernardin dans sa thèse publiée en 1895, et intitulée précisément *Un Précurseur de Racine, Tristan L'Hermite*[25]. Plus récemment, des chercheurs ont entrepris d'identifier les sources italiennes du poète[26]. On voit donc se dessiner deux grandes images élaborées par la critique autour de la figure de Tristan et de sa place dans l'histoire littéraire. Il est permis de se demander sur quels fondements repose cette double lecture et dans quelle perspective elle s'inscrit ; c'est précisément ce que nous nous proposerons d'examiner dans cette étude.

Néanmoins, cette problématique n'est pas entièrement nouvelle. Dans sa thèse publiée en 1964, Daniela Dalla Valle présentait déjà une histoire de la critique tristanienne, du dix-septième au vingtième siècles[27]. Elle suit un parcours chronologique, sans toutefois tenter de classer ses références, mais souligne à plusieurs reprises les faiblesses d'une critique qui s'est obstinée à voir en Tristan un précurseur de Racine – « lieu commun » qualifié de « miroir aux alouettes »[28]. Vingt ans plus tard, Noëlle Guibert fait un rapide tour d'horizon de la question à l'occasion de la mise en scène de *La Mort de Sénèque* réalisée par Jean-Marie Villégier à la Comédie-Française[29]. Le critique rappelle alors que « la redécouverte de Tristan [...]

---

[24] Nous avons mené une enquête similaire à propos de cinq contemporains de Tristan (Théophile de Viau, Mairet, Rotrou, Scarron et Cyrano de Bergerac) : « L'exemple d'auteurs 'préclassiques' redécouverts en France à la fin du XIXe siècle : enjeux esthétiques et idéologiques » dans actes du colloque *L'Histoire littéraire au seuil du XXIe siècle : controverses et consensus*, Université de Strasbourg II (12-19 mai 2003), Paris, P.U.F, 2005.

[25] N.-M. Bernardin, *Un Précurseur de Racine, Tristan L'Hermite*, Paris, Picard, 1895.

[26] Cet aspect de la critique tristanienne sera étudié dans le chapitre 2, p. 132-137.

[27] D. Dalla Valle, *Il Teatro di Tristan L'Hermite : saggio storico e critico*, Turin, Giappichelli, 1964, 1ère part. : « Storia della critica tristaniana », p. 11-112.

[28] *Ibid.*, p. 99.

[29] N. Guibert, « A la rencontre de Tristan », p. 31-35 dans *La Comédie-Française* n° 127-128, mars-avril 1984. Au sujet de cette mise en scène, voir notre chapitre 3, p. 156 n. 6.

est empreinte d'une grande fraîcheur », mais remarque aussi que cet engouement dépasse le cas de cet auteur : « Alors qu'un intérêt certain se manifeste pour les œuvres littéraires du premier tiers du dix-septième siècle, une recherche nouvelle se déploie autour du théâtre de cette époque »[30]. N. Guibert constate que ce mouvement est apparu dès la fin du dix-neuvième siècle avec la représentation en 1897 à l'Odéon de *La Marianne*, puis en 1911 de *La Mort de Sénèque*[31]. Mais Tristan, poursuit le critique, ne laissait déjà pas indifférents ses contemporains et successeurs immédiats :

> Scarron le met en scène dans son *Roman comique*, Maynard salue l'épistolier [...]. Scudéry, Rotrou complètent le tableau d'honneur et Corneille, lui-même, dans son *Discours de l'utilité et des parties du poème dramatique*, reconnaît la virtuosité audacieuse de Tristan, qui a osé, dans *Marianne*, placer 'la catastrophe' avant le dénouement, tout en conseillant aux apprentis auteurs de ne pas suivre cet exemple [...]. L'abbé d'Aubignac dans la *Pratique du théâtre* (1657) [...] choisit la *Marianne* et le *Cid* comme types de beaux sujets. Enfin Samuel Chappuzeau, dans son *Théâtre français* (1674), cite Tristan dans la liste des 'auteurs qui ont travaillé pour le théâtre et fini leurs jours dans ce noble emploi', à côté de Rotrou, Scudéry, Scarron, Molière [...]. Loret, fidèle à sa mission de gazetier, rend un bel hommage à la mémoire de Tristan dans sa *Muse historique* de septembre 1655[32].

Enfin, dans le très bref historique de la critique tristanienne aux dix-neuvième et vingtième siècles que présente N. Guibert, sont introduites les notions d'héritier et de précurseur :

> Antoine Adam, Jacques Scherer, comme Marcel Arland, récusent la thèse du Tristan *précurseur* des classiques. Pour eux, au contraire, Tristan est *héritier* [...]. Le dix-neuvième siècle déclinant, riche de ses retours aux sources, de ses repentirs, de ses transferts, associé à la critique universitaire, aux nouvelles recherches théâtrales et esthétiques, rapproche le poète baroque Tristan [...] du symbolisme[33].

A l'occasion du centenaire de la thèse de Bernardin, Jean-Pierre Chauveau et D. Dalla Valle font le point sur les différentes lectures que les

---

[30] N. Guibert, art. cit., p. 31.

[31] *Ibid.*

[32] *Ibid.*, p. 33. Au sujet de la lecture que Corneille fait de *La Marianne*, voir notre chapitre 5, p. 281-282. Comme nous le verrons également, d'Aubignac consacre dans sa *Pratique du théâtre* un long chapitre à *Panthée* (voir p. 284-287).

[33] N. Guibert, art. cit., p. 34-35. Nous soulignons.

critiques ont proposées de l'œuvre tristanien durant un siècle[34]. Comme ils le soulignent, le travail de Bernardin, abondamment documenté, a permis la redécouverte d'un écrivain tombé dans l'oubli et marque donc, à propos de Tristan, le début de la critique « moderne »[35]. Ils reconnaissent ainsi l'intérêt d'un ouvrage dont le sérieux est évident et l'apport considérable[36]. Ils rappellent également les multiples rééditions de l'œuvre tristanien qui ont pu voir le jour depuis la fin du dix-neuvième siècle, ainsi que les nombreux commentaires qu'elles ont suscités[37]. Cependant, ils estiment avec raison que la lecture de Bernardin reflète une conception de la littérature qui est aujourd'hui dépassée : « En bon universitaire, [il] ne pouvait pas, en 1895, ne pas être tributaire d'une vision du XVIIe siècle français tout orientée vers le classicisme louis-quatorzien. De là son obstination à faire de Tristan dramaturge un 'précurseur de Racine' »[38]. J.-P. Chauveau souligne enfin le rôle primordial joué par Jean Rousset, auteur en 1953 d'une étude sur la littérature « baroque »[39], laquelle couvrirait une période allant de 1580 à 1670[40]. L'œuvre de notre auteur a fait l'objet de nombreuses analyses inspirées de cet ouvrage ; et D. Dalla Valle reconnaît que « l'introduction de cette grille de lecture a permis au théâtre de Tristan d'être relu avec des yeux différents »[41]. Sont ainsi indiqués les deux grands axes qui ont présidé à l'interprétation de son œuvre dramatique.

A ces textes s'ajoute une série d'articles qui traitent de questions plus circonscrites. En 1981, Maurice Lever essaie de comprendre pourquoi Tristan est « en disgrâce »[42], faisant du même coup allusion au titre de son roman autobiographique *Le Page disgracié*, mais sans apporter vérita-

---

[34] J.-P. Chauveau, « 1895-1995 : le centenaire de la thèse de Bernardin », p. 5-9 dans *Cahiers Tristan L'Hermite* n° 17 : *Les Fortunes de Tristan*, 1995 ; et D. Dalla Valle, « N.-M. Bernardin et le théâtre de Tristan », *ibid.*, p. 13-18.

[35] J.-P. Chauveau, art. cit., p. 5.

[36] Voir *ibid.*, p. 13.

[37] Voir à ce sujet notre annexe 5, p. 427-438.

[38] J.-P. Chauveau, art. cit., p. 6. D. Dalla Valle ne dit pas autre chose (voir art. cit., p. 13-15).

[39] J. Rousset, *La Littérature de l'âge baroque en France : Circé et le paon*, Paris, Corti, 1953.

[40] Tristan, dont période de production s'étend approximativement de 1625 à 1654, entre parfaitement dans ce cadre chronologique.

[41] D. Dalla Valle, art. cit., p. 18.

[42] M. Lever, « Pourquoi Tristan L'Hermite est-il en disgrâce ? », p. 43 dans *Nouvelles littéraires*, 30 avril-7 mai 1981.

blement de réponse à la question initialement posée. Dans un article publié en 1984, « La résurrection de Tristan L'Hermite »[43], Amédée Carriat souligne à juste titre le regain d'intérêt manifesté, en particulier dans la seconde moitié du vingtième siècle, pour cet auteur longtemps oublié. Six ans plus tard, dans un article où il compare « Maynard et Tristan devant la postérité »[44], il constate que les deux poètes ont pendant plusieurs siècles partagé la même infortune :

> Pour tous les deux l'apoétique siècle des Lumières est celui de l'ombre et du silence. Et pour Tristan le dix-neuvième ne sera pas davantage favorable : Gautier l'oubliera dans ses *Grotesques* (1844), où sont ranimés, non sans condescendance, Villon, Théophile, Saint-Amant et quelques autres de moindre envergure – et lorsque P. Quillard voudra lui faire honneur dans le jeune *Mercure de France* (1892), il le taxera de 'poète hétéroclite'[45].

De son côté, Claude Abraham publie en 1987 un article intitulé « Amédée Carriat et la renaissance tristanienne »[46], où il met en évidence le rôle déterminant que joua le critique dans ce mouvement de redécouverte. Co-fondateur en 1979 de l'Association des amis de Tristan L'Hermite, A. Carriat a toujours eu l'ambition de faire connaître un écrivain pour lequel son intérêt n'a jamais faibli[47]. En 1983 enfin, le critique allemand Jurgen Kohls fait paraître dans les *Cahiers Tristan L'Hermite* un article qui porte sur un sujet plus étroit : « Une réception 'créative' de Tristan »[48]. Il fait état du roman de Françoise Chandernagor *L'Allée du roi* « où, à des endroits charnières, sont intégrés des passages du *Promenoir des deux amants* »[49] ; et selon le critique, ces citations rendent possible « un emploi 'dynamique'

---

[43] A. Carriat, « La résurrection de Tristan L'Hermite », p. 190-192 dans *Mémoires de la société des sciences naturelles et archéologiques de la Creuse*, 1984, t. II. Voir aussi du même auteur « La fortune de Tristan », p. 39-50 dans *Œuvres complètes* t. I, publié sous la dir. de J. Serroy, Paris, Champion (Sources classiques), 1999.

[44] *Id.*, « Maynard et Tristan devant la postérité » dans *Revue de la Haute-Auvergne*, 1990.

[45] *Ibid.*

[46] C. Abraham, « Amédée Carriat et la renaissance tristanienne », p. 207-209 dans *Etudes creusoises*, Guéret, Société des sciences naturelles et archéologiques de la Creuse, 1987.

[47] Voir en particulier *Tristan ou l'éloge d'un poète*, Limoges, Rougerie, 1955.

[48] J. Kohls, « Une réception 'créative' de Tristan », p. 69-71 dans *Cahiers Tristan L'Hermite* n° 5 : *Tristan poète lyrique*, 1983.

[49] *Ibid.*, p. 69. Voir *Les Plaintes d'Acante et autres œuvres*, Paris, Société des Textes Français Modernes, 1909 (1ère éd. 1633), p. 58-62.

de la poésie de Tristan, emploi qui l'actualise dans un nouveau contexte poétique »[50].

Comme nous le voyons, aucune étude systématique n'a encore été réalisée sur Tristan « héritier » et « précurseur ». L'une de nos tâches sera donc d'analyser les diverses lectures élaborées par les critiques autour de ces deux images. Notre volonté première est, en effet, de considérer l'œuvre tristanien à travers le prisme, plus ou moins déformant, qu'offre l'histoire littéraire ; c'est à partir de là que nous pourrons ensuite construire notre propre lecture. En somme, cette enquête vise à répondre à la question suivante : Tristan est-il héritier et/ou précurseur, comme ont pu l'affirmer bon nombre de critiques ? De fait, on assiste, dès la fin du dix-neuvième siècle, à une redécouverte progressive de son œuvre. Toutefois, on peut se demander si les deux qualificatifs qui lui ont été ainsi appliqués, en le situant toujours par rapport à d'autres auteurs, n'ont pas empêché de voir clairement les formes réelles de son art. Au-delà de ce cas particulier, se pose néanmoins la question suivante : dans quelle mesure les notions d'héritier et de précurseur traduisent-elles toute une vision de la littérature du dix-septième siècle ?

III. La définition des mots-clés

Un écrivain peut affirmer sa position d'héritier, mais le lecteur lui-même peut le désigner ainsi et lui assigner des héritages. Quant à l'image de précurseur, elle est nécessairement constituée par le lecteur, parce que c'est *a posteriori*, et uniquement de cette façon, qu'il est possible d'affirmer que tel auteur est le précurseur de tel autre. En revanche, un écrivain peut vouloir *innover* et revendiquer ce choix, ce qui n'implique nullement que ses successeurs suivent son exemple. Nous tenterons ainsi de confronter les images d'héritier et de précurseur construites par la critique à la manière dont Tristan a pu lui-même se présenter comme héritier et/ou comme *novateur*. Idéalement, on peut concevoir que les deux positions coïncident, l'histoire littéraire ne faisant alors que confirmer ce que le créateur lui-même a voulu ; mais le décalage, lorsqu'il existe, est toujours chargé de significations. Les notions d'héritier et de précurseur ne sauraient donc être parfaitement symétriques : si la première peut être prise en charge à la fois par le lecteur et par l'auteur, la seconde, qui appartient exclusivement au discours critique, peut du point de vue de l'auteur croiser celle de novateur.

---

[50] J. Kolhs, art. cit., p. 71.

Qu'impliquent exactement les deux qualificatifs appliqués à Tristan ? Le mot *précurseur* provient du latin *præcursor*, qui signifie « éclaireur » et qui est lui-même issu du verbe *præcurrere*, « courir en avant »[51]. Au dix-septième siècle, selon les dictionnaires de Furetière et de Richelet, le terme ne s'emploie qu'en théologie : il s'applique à saint Jean Baptiste, chargé par Dieu de venir avant le Messie pour annoncer l'arrivée de ce dernier[52]. Dans la langue moderne en revanche, il admet un sens plus large et des possibilités d'emploi plus variées. Conformément à l'étymon, le précurseur est celui qui prépare la venue d'un autre. Il peut s'agir d'un artiste, qui annonce l'avènement d'un créateur ou d'un mouvement esthétique considéré par la postérité comme plus important. Il est donc non seulement celui qui précède, mais également celui qui préfigure[53]. Initiateur sur le plan esthétique, il se démarque de ses contemporains par les nouveautés qu'il introduit, mais qui n'existent encore qu'à l'état embryonnaire ou expérimental. Son œuvre contient donc déjà potentiellement des éléments développés, plus tard, par un créateur au génie incontesté. Cependant, ce processus échappe en partie à la volonté des deux artistes, comme si ces derniers n'étaient que des instruments entre les mains d'un démiurge menant à bien un projet d'ensemble. Ainsi la vision téléologique de l'histoire de l'art n'est-elle pas étrangère à la théologie.

Parallèlement, le qualificatif de *précurseur* suppose un rapport à l'avenir fondé sur la nécessité : ceux dont Tristan est considéré comme le précurseur ne pouvaient pas ne pas exister en tant que tels, puisqu'il avait été là pour leur ouvrir la voie. Une telle idée oblige le lecteur à adopter un point de vue tout à fait relatif sur l'œuvre de Tristan : celui-ci, au même titre que n'importe quel auteur « secondaire », n'aurait finalement d'intérêt et peut-être même de légitimité que par rapport à ses illustres successeurs. Plus généralement, la littérature, évoluant selon une progression continue, devrait aboutir, dans un avenir indéterminé, à la création d'œuvres parfaites. Cette vision exige, en outre, la mise en place d'une structure hiérarchique puisque, malgré ses mérites, le précurseur est par définition inférieur à celui (ou ceux) qui lui succède(nt)[54].

---

[51] F. Gaffiot, *Dictionnaire illustré latin-français*, Paris, Hachette, 1934, p. 1215.

[52] *Le Dictionnaire universel d'Antoine Furetière* (1ère éd. 1690), Paris, Le Robert, 1978, t. III : « Terme de Théologie, qui ne se dit que de St Jean Baptiste nommé le Précurseur du Messie par l'Eglise ». Le mot *præcursor* s'emploie déjà dans ce sens chez saint Augustin (voir F. Gaffiot, *op. cit.*, p. 1215).

[53] Sur le rapport entre *précurseur* et *préfigurer*, voir notre chapitre 1, p. 61.

[54] Cette réflexion sera développée dans notre chapitre 1, *passim*.

Enfin, plusieurs notions sont liées à celle de précurseur : antériorité, rupture, différence, originalité, innovation, modernité. La plupart de ces mots sont connotés positivement, car ils coïncident avec la conception moderne de la littérature et de l'art en général, selon laquelle la création doit être source d'originalité[55].

Le nom *héritier*, pour sa part, est issu du latin *heres*, solidaire du verbe *hærere*, qui signifie « être attaché, fixé, accroché (à) »[56]. Il suppose donc à l'origine l'idée de lien, de relation étroite, mais implique également une forme d'immobilité et de passivité. Au dix-septième siècle comme en français moderne, il s'utilise notamment dans le langage juridique : d'après le dictionnaire de Furetière, l'héritier est celui qui « doit succéder à un autre dans la possession de quelques biens »[57]. En d'autres termes, c'est celui « qui a recueilli, ou qui doit recueillir une succession par droit de parenté ou par un testament »[58] ; ou encore pour Richelet, il est « celui qui hérite d'une personne », c'est-à-dire « succède aux biens de quelqu'un qui [lui] est [...] parent »[59]. L'héritier garde donc un lien avec le passé, et sa nouvelle situation en porte les marques. Le français du dix-septième siècle admet, enfin, un sens moral : ainsi, pour reprendre les mots de Furetière, on peut dire qu'« un homme est *héritier* de la gloire, des vertus, du courage de ses ancêtres, lorsqu'il a les mêmes qualités qu'ils avaient, qu'il les imite, et qu'il marche sur leurs traces »[60]. Cette seconde acception ouvre une nouvelle voie : l'héritage n'est pas seulement considéré comme un acquis, une forme d'« hérédité »[61], mais il doit être pleinement assumé et même cultivé par celui qui en est le nouveau dépositaire. En somme, la notion d'héritage comporte une ambiguïté dans la mesure où le statut d'héritier suppose une attitude passive ou, au contraire, active. *Hériter* signifie recevoir un héritage ou en prendre possession ; mais, si les circonstances l'exigent, le successeur peut aussi être amené à le refuser. Dans les deux

---

[55] Rappelons au passage qu'au dix-septième siècle le problème ne se pose pas en ces termes car, loin d'être ressentie comme une faiblesse, l'imitation est alors considérée comme l'un des principaux fondements de la création littéraire.

[56] F. Gaffiot, *op. cit.*, p. 733.

[57] A. Furetière, *op. cit.*, t. II.

[58] *Ibid.*

[59] Richelet, *op. cit.*

[60] Furetière, *op. cit.*

[61] *Ibid.*

derniers cas, l'héritier manifeste donc sa *volonté* de s'approprier ou de rejeter ce qui lui est offert.

Qu'en est-il précisément de l'héritage littéraire ? Dès le quatorzième siècle, l'héritage est susceptible de désigner « ce qui est transmis comme par succession » ; aussi pourra-t-on parler plus tard d'« héritage culturel »[62]. Ce n'est qu'au dix-septième siècle que l'héritier peut qualifier « une personne qui recueille et poursuit une tradition transmise par la ou les génération(s) précédente(s) »[63]. Selon l'usage moderne, un auteur peut être présenté comme l'héritier de tel autre ou, plus largement, de tel mouvement esthétique ; et pour filer la métaphore initiale, on peut dire qu'il se situe par rapport à son (ou ses) père(s) spirituel(s). Cependant, un auteur peut lui-même se définir comme un héritier ou bien être un héritier de fait, reconnu à ce titre par le lecteur. Dès lors, se pose une question cruciale : l'héritage littéraire implique-t-il la fidélité effective d'un auteur envers un/des prédécesseur(s), ou bien correspond-il à une reconstitution faite par des critiques ? Dans ce dernier cas, il peut ne pas refléter la volonté de l'écrivain et, donc, traduire la vision d'un lecteur susceptible de trahir les intentions de l'auteur. En l'occurrence, le mot *héritier* permet-il de définir les relations réelles que Tristan s'efforce d'entretenir avec le passé ou, au contraire, les relations que lui prêtent, à tort ou à raison, ses commentateurs ?

L'héritage littéraire suppose d'autres réalités encore. En effet, au sens figuré, le mot *héritier* a pour synonymes (ou parasynonymes) les substantifs *successeur*, lequel appartient également au vocabulaire juridique, *continuateur*, *suiveur* et *disciple*. A l'inverse, *créateur* et *inventeur* sont généralement retenus pour être les principaux antonymes du nom *héritier*. D'autres mots peuvent immédiatement lui être associés : *influence*, *source*, *reprise*, *imitation*, *similitude*, *trace*, *ancien*, *archaïque*[64]. Quelques-uns de ces mots sont connotés péjorativement, du moins aux yeux d'un lecteur moderne pour qui la création, expression d'une individualité et manifestation d'une personnalité, doit être source de nouveauté et d'originalité : *suiveur* et *archaïque*, qui indiquent une tendance au passéisme et semblent donc révéler un refus de renouvellement ou, du moins, une résistance à tout ce qui est nouveau – attitude qui peut même être due à une incapacité complète d'innover.

---

[62] *Dictionnaire historique de la langue française*, dir. A. Rey, Paris, Le Robert, 1992, t. I, p. 956.

[63] La première occurrence attestée date de 1668 (voir *ibid.*).

[64] Voir *supra*, n. 55.

Il est alors possible de distinguer plusieurs cas de figure, qui tous relèvent de l'héritage littéraire : la traduction, l'imitation ou encore la simple allusion. Ces formes d'héritage correspondent à différents degrés d'influence et coïncident avec ce que Gérard Genette a baptisé du terme générique de « transtextualité »[65] : la « transcendance textuelle d'un texte » est « tout ce qui le met en relation, manifeste ou secrète, avec d'autres textes »[66]. Le critique perçoit cinq types de relations transtextuelles. Le premier est l'« intertextualité » : il s'agit d'« une relation de coprésence entre deux ou plusieurs textes, c'est-à-dire [...] le plus souvent, par la présence effective d'un texte dans un autre »[67]. G. Genette apporte, sur ce point, quelques précisions :

> Sous sa forme la plus explicite et la plus littérale, c'est la pratique traditionnelle de la citation [...] ; sous une forme moins explicite et moins canonique, celle du plagiat [...], qui est un emprunt non déclaré, mais encore littéral ; sous une forme encore moins explicite et moins littérale, celle de l'allusion, c'est-à-dire d'un énoncé dont la pleine intelligence suppose la perception d'un rapport entre lui et un autre auquel renvoie nécessairement telle ou telle de ses inflexions, autrement non recevable[68].

Le deuxième type de transtextualité est constitué par « la relation [...] que, dans l'ensemble figuré par une œuvre littéraire, le texte proprement dit entretient [...] avec son paratexte : titre, sous-titre, intertitres ; préfaces, postfaces, avertissements, avant-propos, etc. »[69]. Le troisième type de transtextualité est appelé « métatextualité » : il s'agit de « la relation, on dit plus couramment de 'commentaire', qui unit un texte à un autre texte dont il parle, sans nécessairement le citer (le convoquer), voire, à la limite, sans le nommer »[70]. Le quatrième, l'« hypertextualité », décrit la relation qui unit un texte à un autre qui lui est antérieur (l'« hypotexte »)et « sur lequel il se greffe d'une manière qui n'est pas celle du commentaire »[71]. Selon la terminologie employée par G. Genette, ce type de relation suppose un

---

[65] G. Genette, *Palimpsestes : la littérature au second degré*, Paris, Seuil, 1982, *passim*. Voir aussi son *Introduction à l'architexte*, Paris, Seuil, 1979.

[66] *Palimpsestes*, *op. cit.*, p. 7.

[67] *Ibid.*, p. 8.

[68] *Ibid.*

[69] *Ibid.*, p. 10.

[70] *Ibid.*, p. 11.

[71] *Ibid.*, p. 13.

processus de transformation ou d'imitation[72]. Le cinquième type de
transtextualité, enfin, est l'« architextualité » : il s'agit de « l'ensemble des
catégories générales, ou transcendantes – types de discours, modes
d'énonciation, genres littéraires, etc. – dont relève chaque texte
singulier »[73].

Le quatrième type de transtextualité est celui qui nous intéresse le plus
ici, car il recoupe dans une large mesure une notion abondamment
exploitée par les dix-septiémistes : celle de réécriture. Jacques Morel
définit ainsi ce concept : « Il y a réécriture quand une relation peut se
discerner entre un texte donné et un ou plusieurs textes antérieurs, celui ou
ceux-ci se trouvant, à des niveaux et selon des proportions variables, repris
et transformé(s) dans celui-là »[74]. J. Morel précise ensuite que la reprise
peut être explicite, comme l'est une traduction, mais qu'elle peut aussi être
implicite, auquel cas le lecteur devra retrouver sous un texte l'œuvre qui a
été à l'origine de sa création. La reprise peut enfin être inconsciente et,
alors, l'interprétation du lecteur s'avère délicate mais déterminante.
Comme G. Genette à propos de la transtextualité, J. Morel discerne
plusieurs types de réécriture : l'adaptation, l'imitation partielle, la parodie,
la transposition burlesque, le passage d'un genre à un autre. Pour finir, il
retient trois critères qui permettent d'identifier, dans tous les cas, une
réécriture : « analogie de thème ou de sujet ; parenté entre les deux pensées
exprimées (que le couple soit uni ou au bord de la rupture) ; reprise
textuelle, dans le vocabulaire, la syntaxe, les tropes ou les figures »[75].
Selon Stéphane Lojkine, qui s'est penché à son tour sur la question de la
réécriture au dix-septième siècle, ces rapports peuvent s'observer d'œuvre
à œuvre ou d'œuvre à genre. Le critique distingue, en effet, deux formes de
réécriture : la première s'effectue « à partir d'une source qui s'affiche »,
tandis que la seconde se réfère « à un code commun, à un genre codifié, qui
se manifeste par la coprésence de plusieurs textes littéraires »[76]. Tous ces

---

[72] *Ibid.*, p. 13-16. Prenant pour exemple le rapport entre l'*Odyssée* d'Homère et
l'*Ulysse* de Joyce, G. Genette distingue l'imitation de la transformation (voir p. 14-15).
Il distingue ensuite différentes formes d'imitation (pastiche, charge, forgerie) et de
transformation (parodie, travestissement, transposition). Parmi toutes ces notions, la
plus utile pour l'analyse de l'œuvre tristanien est la transposition qui, toujours selon le
vocabulaire génétien, peut être « formelle » ou « thématique » (p. 293).

[73] *Ibid.*, p. 7.

[74] J. Morel, « La notion de réécriture », p. 175-179 dans *Cahiers de littérature du
XVIIe siècle* n° 10 : *Lecture. Réécriture*, dir. A. Viala, janvier 1988, cité p. 176.

[75] *Ibid.*, p. 179.

[76] S. Lojkine, « L'intimité de Gertrude : enjeux de la réécriture à l'époque
classique », p. 7-20 dans *XVIIe siècle* n° 186 : *La Réécriture au XVIIe siècle*, janvier-

outils d'analyse des textes permettront de préciser la notion d'héritier
appliquée à notre auteur ; mais au cours de l'étude, nous utiliserons à
dessein des concepts appartenant à différents champs théoriques.

*

*   *

  Notre analyse s'organisera autour de deux grands axes. La première
partie vise à reconstituer méthodiquement et systématiquement les diverses
images construites par les critiques autour des deux pôles que dessinent les
mots *héritier* et *précurseur*. Selon cette double logique, il conviendra
d'examiner tour à tour les trois grands genres pratiqués par Tristan : le
théâtre, la poésie et le roman. Dans un second temps, ces lectures seront
mises à l'épreuve des faits, c'est-à-dire qu'elles seront confrontées aux
œuvres elles-mêmes. C'est alors que nous serons amenés à nous interroger
sur la pertinence des qualificatifs d'*héritier* et de *précurseur* tels qu'ils ont
été appliqués à Tristan, et à proposer, éventuellement ensuite, un autre
mode d'interprétation. Nous adopterons alors une démarche chronologique,
afin de pouvoir suivre une éventuelle évolution dans la carrière de
l'écrivain et, ainsi, tenter de déceler dans ses prises de position successives
des attitudes relevant de l'héritage ou de l'innovation délibérément assumés
ou non. Notre prétention n'est évidemment pas d'imposer un discours de
vérité qui viendrait corriger les erreurs passées : nous nous proposons
seulement de mettre en regard différents types de lecture. Car il s'agit bien,
en définitive, de confronter deux séries d'images : celles que la critique a
élaborées autour de la figure de Tristan, communément qualifié de
précurseur et d'héritier, et celles que l'auteur offre de lui-même.

---

mars 1995, cité p. 9. Ce second type de réécriture rencontre la notion d'architextualité
définie par G. Genette.

PREMIERE PARTIE

LA CRITIQUE FACE A TRISTAN

INTRODUCTION

La fortune de Tristan a suivi une courbe irrégulière. A la fin du dix-septième siècle, certains de ses textes font encore l'objet de rééditions mais, au siècle suivant, son audience se réduit considérablement : si *La Marianne* est toujours représentée, ses poèmes ne figurent plus que dans des anthologies. Enfin, jusque dans les années 1870, son œuvre est presque complètement oublié. La redécouverte de Tristan à la fin du dix-neuvième siècle coïncide avec la naissance de la critique moderne et le développement de l'histoire littéraire comme discipline constituée[1].

La critique a vu en Tristan tantôt un précurseur tantôt un héritier. Reste à savoir quels sont les auteurs ou les mouvements esthétiques auxquels il a pu ainsi être comparé. Plus important encore est de voir comment ces images se sont construites et quels peuvent être leurs enjeux idéologiques. Autrement dit, quelle(s) conception(s) de la littérature en général ces analyses supposent-elles, et en quoi l'interprétation dont a fait l'objet l'œuvre de Tristan peut-elle avoir une valeur d'exemple ? Pour répondre à toutes ces questions, il est indispensable de retracer d'assez près les diverses lectures appliquées à notre auteur. Ce parcours paraîtra peut-être parfois laborieux, mais il représente une étape nécessaire à une description précise des images que la critique a élaborées, et qui devront ensuite être confrontées aux images construites par l'auteur lui-même.

---

[1] Sur la réception de Tristan, voir la synthèse réalisée par A. Carriat : « La fortune de Tristan », p. 39-50 dans *Œuvres complètes*, t. I, publié sous la dir. de J. Serroy, Paris, Champion (Sources classiques), 1999. L'histoire des éditions, elle aussi, reflète les modes de réception. Voir à ce sujet I. de Conihout, p. 57-62 dans *Tristan L'Hermite (1601-1655) ou le page disgracié*, Paris, Bibliothèque Mazarine, 2001 et notre annexe 5, p. 427-438.

CHAPITRE 1
La construction d'une figure de précurseur

C'est à la fin du dix-neuvième siècle que des critiques commencent à voir en Tristan un précurseur. Cette idée précède, dans l'ordre chronologique, celle qui consiste à le définir comme un héritier, et elle s'est progressivement érigée en lieu commun de l'histoire littéraire. Dès lors, deux grandes questions se posent : comment ce processus a-t-il pu se mettre en place, et en fonction de quels critères Tristan a-t-il pu être qualifié de précurseur ? Cette idée ne se manifeste pas de manière uniforme, la variété des références étant extrême ; mais, au-delà de la multiplicité des images forgées par la critique, se dessinent quelques grandes lignes, déterminées par une même façon de considérer l'histoire littéraire.

*
* *

I. La constitution d'un lieu commun de la critique

A. Tristan un « précurseur du classicisme »

1. Le « précurseur de Racine »

En 1870, Ernest Serret publie dans *Le Correspondant* un article intitulé « Un précurseur de Racine : Tristan L'Hermite »[1]. Cette revue, qui traite de

---

[1] E. Serret, « Un précurseur de Racine : Tristan L'Hermite », p. 334-354 dans *Le Correspondant*, LXXXII, livraison du 25 avril 1870. Nous reproduisons le texte en entier dans l'annexe 1, p. 393-408.

sujets très variés[2], est alors dirigée par le comte de Montalembert et se rattache au courant catholique libéral. Même si ses successeurs ne se réclament pas tous de lui[3], Serret s'impose de la sorte comme le fondateur de la critique tristanienne et fait donc à sa manière figure de précurseur. Né en 1821 et mort en 1874, il est l'auteur de comédies et de romans, ainsi que d'études littéraires, principalement sur le théâtre du dix-septième siècle[4]. L'analyse qu'il propose de l'œuvre tristanien illustre sa conception de l'histoire littéraire en général, comme en témoigne cette première phrase : « Il y a certaines gloires littéraires qui jettent à distance un tel éclat qu'elles font rentrer dans l'ombre tout ce qui les précède, qu'elles semblent, pour ainsi dire, sortir d'elles-mêmes et ne rien devoir aux pâles lueurs qui les ont devancées. »[5] Or, Serret rejette l'hypothèse selon laquelle les génies surgissent *ex nihilo* et, pour le prouver, il se penche sur le cas de Racine en se demandant quels furent ses modèles, notamment dans la création de ses personnages féminins. Corneille semble lui avoir ouvert la voie dans quelques-unes de ses pièces : « On fait tort à celui-ci de Chimène, d'Emilie et surtout de Pauline. Quelle école pour Andromaque et même pour Hermione ! La Phèdre chrétienne de Racine est bien, littérairement parlant, la fille de la Pauline de Corneille. »[6] Plus largement encore, Racine a pu profiter de l'expérience théâtrale de son aîné : « De même que *Le Menteur* avait été une leçon pour Molière, *Le Cid*, *Cinna* et *Polyeucte* furent pour le jeune Racine de hauts et profitables enseignements. »[7] Cependant, celui-ci aurait été influencé par d'autres auteurs, moins connus, mais dont la sensibilité se révélerait plus proche de la sienne :

> Pour créer ces types de femmes qui sont aujourd'hui, aux yeux d'un certain public, son meilleur titre de gloire, il avait eu d'autres maîtres

---

[2] On y trouve des articles sur la religion, la philosophie, la politique, les beaux-arts et les sciences.

[3] Voir *infra, passim.*

[4] Voir « Le cardinal de Richelieu, auteur dramatique », p. 650-673 dans *Le Correspondant*, LXXXIII, 1870 ; « Un duel littéraire sous Louis XIV », p. 879-903 dans *Le Correspondant*, LXXXVI, 1872 ; « Le théâtre de Quinault », p. 61-89 dans *Le Correspondant*, XCI, 1873 ; « *La Sophonisbe* de Mairet », p. 557-577 dans *Le Correspondant*, XCII, 1873 ; « La collaboration au XVIIe siècle. Brueys et Palaprat », p. 614-642 dans *Le Correspondant*, XCV, 1874. Sur le rapport établi par Serret entre *La Marianne* et *La Sophonisbe*, voir *infra*, p. 41.

[5] E. Serret, « Un précurseur de Racine : Tristan L'Hermite », art. cit., p. 334.

[6] *Ibid.*, p. 335.

[7] *Ibid.*

parmi les modernes, des maîtres qui dataient du commencement du siècle, plus capables peut-être que Corneille de lui donner le ton, d'une nature plus conforme à la sienne, en un mot plus raciniens[8].

Or, Tristan répond en tous points à ces critères. C'est alors que Serret raconte dans quelles circonstances il a redécouvert son œuvre dramatique : ayant mis à profit des vacances passées à la campagne pour approfondir sa connaissance de la littérature du dix-septième siècle, il trouva dans un *Répertoire du théâtre français* le *Scévole* de Du Ryer, *La Sophonisbe* de Mairet, des farces de Scarron, des tragi-comédies de Rotrou et, surtout, *La Marianne* de Tristan[9]. En fait, il connaissait déjà l'existence de cette pièce, mais n'avait jamais eu la curiosité ou l'occasion de la lire. Dans un premier temps cependant, il préféra garder ses découvertes pour lui-même :

> Je relus la pièce cinq ou six fois de suite, et toujours avec la même admiration, et [...] je fus tenté de faire partager mon plaisir aux personnes que je rencontrais le soir... Mais je m'abstins prudemment ; la province est rebelle à l'enthousiasme, elle aime à jeter de l'eau froide sur tout ce qui brûle. Quand une fois Paris a donné le branle, c'est autre chose. Je réservai donc mes impressions pour moi seul, et j'attendis, pour les produire au jour, que je fusse devant un public mieux préparé et dans un milieu plus favorable[10].

Devant un lectorat qu'il juge plus réceptif, Serret entreprend d'abord de raconter la vie de Tristan car, dit-il, « le poëte a été méconnu comme son œuvre »[11]. Toutefois, comme il le précise immédiatement après, le critique ne cherche pas à défendre à tout prix un auteur oublié : « Ce n'est pas, du reste, une réhabilitation que je prétends entreprendre (Tristan ne prête guère à la réhabilitation), c'est une simple biographie que je me propose d'esquisser. »[12]

---

[8] *Ibid.* La question du rapport entre tragédie racinienne et tragédie cornélienne est reprise dans ce même chapitre, p. 71. À propos de l'adjectif *racinien*, voir la conclusion de notre première partie, p. 173.

[9] En faisant figurer la pièce de Tristan dans une anthologie, l'éditeur semble ne lui accorder qu'un rôle de second plan.

[10] E. Serret, art. cit., p. 335-336.

[11] *Ibid.*, p. 336.

[12] *Ibid.*

Ensuite, pour justifier la qualification qu'il a introduite, « un précurseur de Racine »[13], Serret développe deux arguments, indissociables l'un de l'autre. Il souligne ainsi la dimension psychologique des tragédies de Tristan et, en particulier, rapproche les héros de *La Marianne* des personnages raciniens : « Certaines parties du rôle d'Hérode [...] donnent tout à fait le ton aux héros de Racine, dans leurs élans les plus naturels, dans leurs sentiments les plus humains. »[14] Pour illustrer son propos, Serret cite les vers suivants :

> Je voudrais que mon nom fût encore inconnu,
> Ne me voir point au rang où je suis parvenu,
> ....
> Etre encore à gagner la première victoire
> Et que ce cœur ingrat se trouvât innocent[15] !

Un autre passage retient l'attention du critique. Au troisième acte, Hérode accuse Marianne devant un tribunal qui lui est entièrement soumis ; les juges opinent mais, lorsque l'un se permet timidement d'insinuer un doute, le roi se dresse terrible et le rappelle à son devoir. Hérode fait alors venir l'échanson, chargé de faire une fausse déposition, et c'est en vain que la malheureuse reine tente de se défendre :

> Ce témoignage est faux et digne du supplice,
> Mais pour t'en garantir mon juge est ton complice.
> De bon cœur je pardonne à ta mauvaise foi.
> Tu sers par intérêt de plus méchants que toi.
> Cette injure est contrainte et n'a rien qui me fâche.
> De tous mes ennemis tu n'es pas le plus lâche[16] !

Et Serret d'exprimer l'admiration que lui inspire la lecture de ses vers : « Ce couplet est vraiment racinien, d'une concision et d'une pureté parfaites. »[17] Si l'on en croit le critique, Racine et, avant lui, Tristan sont donc parvenus à saisir la réalité psychologique de la passion à travers une forme qui se caractérise par son extrême simplicité.

---

[13] Notons au passage que la qualification précède le nom de l'écrivain, preuve que ce qui importe aux yeux du critique est le rapport que Tristan entretient avec Racine.

[14] E. Serret, art. cit., p. 351.

[15] *Ibid.* Voir *La Marianne*, IV 1, v. 1137-1142.

[16] E. Serret, art. cit., p. 347. Voir *La Marianne*, III 2, v. 799-804.

[17] E. Serret, art. cit., p. 347.

Cette parenté s'observerait très nettement dans la manière dont les personnages féminins expriment leur amour. C'est, en effet, dans ce domaine principalement que Serret voit en Tristan un précurseur de Racine ; mais plus généralement, il le décrit comme celui qui « fournit un modèle à Racine pour ses héroïnes les plus éloquentes »[18]. Cette affirmation ne s'applique cependant pas à la seule *Marianne*, puisque le critique constate également des similitudes entre l'*Osman* de Tristan et le *Bajazet* de Racine, qu'il croit inspiré de cette dernière pièce :

> La fille du mufti [...] joue à peu près le même rôle que Roxane dans *Bajazet* [...]. Elle aime le sultan et ne recule devant rien pour s'en faire aimer. Son amour rebuté se change en fureur. Elle fomente la sédition et tâche ensuite de l'apaiser lorsqu'elle s'imagine pouvoir toucher enfin le cœur de son amant[19].

Néanmoins, le critique ne s'en tient pas aux seules analogies :

> Ce qui me frappe, ce n'est pas le rapport des faits matériels, la concordance fortuite des deux rôles ; c'est la note juste que Tristan donne ici, comme dans *Mariane*, au langage de la passion chez la femme. Voilà en quoi je le proclame l'éducateur et l'inspirateur de Racine[20].

Serret voit donc en Tristan celui qui aurait permis à Racine de développer son génie, mais affirme aussi que, malgré ses qualités, le créateur de *La Marianne* ne saurait être égalé à son brillant successeur : le critique se plaît ainsi à lire cette pièce « dans sa grâce un peu primitive et dans ses témérités souvent heureuses »[21]. Selon lui en effet, il s'agit d'« une de ces œuvres qui semblent receler dans leurs flancs comme une étincelle de l'éternelle grandeur et de l'éternelle beauté »[22]. Tristan aurait donc eu quelques excellentes intuitions, qu'il n'aurait cependant pas été capable d'exploiter jusqu'au bout. Serret croit en avoir trouvé une nouvelle preuve :

---

[18] *Ibid.*, p. 340.

[19] *Ibid.*, p. 353. Serret cite quelques vers à l'appui de sa thèse (*Osman*, V 2, v. 1372-1386).

[20] E. Serret, art. cit., p. 353. Au sujet des mots *éducateur* et *inspirateur*, voir *infra*, n. 66.

[21] *Ibid.*, p. 336.

[22] *Ibid.*, p. 355. Commence déjà à se constituer un réseau de métaphores, dont nous proposons plus loin une analyse complète (voir *infra*, p. 63).

> Dans son ode intitulée *la Mort d'Hippolyte*, [Tristan] a eu une
> première rencontre avec Racine ; il imite comme lui le récit du poète
> latin :
>> Tout à coup un mont liquide
>> Paraît au milieu des flots ...
>
> mais il n'a pas l'idée d'en faire une tragédie[23].

Le critique souhaite finalement faire reconnaître le rôle qu'il attribue à cet écrivain oublié dans l'histoire littéraire car, dit-il, « plus on étudie l'œuvre de Tristan, plus on y constate de ces beautés qu'on a l'habitude de n'admirer que chez ses successeurs »[24].

En revanche, sa comédie *Le Parasite* ne présente, aux yeux du critique, qu'un faible intérêt : « C'est une de ces pièces burlesques qui étaient à la mode avant Molière, dans le genre du *Don Bertrand de Cigaral* de Scarron, et où le comique ou plutôt le bouffon est poussé à outrance. »[25] Loin d'être un précurseur, l'auteur du *Parasite* semble être plutôt tourné vers le passé : « On sent ici qu'il suit son siècle au lieu de le devancer. »[26] De la même manière, sa poésie n'offrirait aucun trait d'originalité :

> Tristan avait le don des vers, ce don qui est peu de chose [...]. Les
> quatre ou cinq recueils de vers qu'il a laissés nous permettent de le
> considérer sous toutes ses faces [...]. Par malheur, on n'y trouve
> aucune de ces pièces achevées qui se détachent glorieusement de la
> foule qui les entoure, de ces pièces maîtresses qui conduisent ou plutôt
> qui résument toute l'âme et tout l'art d'un poète[27].

---

23 E. Serret, art. cit., p. 343. Voir « La mort d'Hippolyte », p. 141-153 dans *Les Vers héroïques*, Genève, Droz, 1967 (1ère éd. 1648). Serret cite les vers 81 et 82. De manière tout à fait significative, le critique s'écarte de l'œuvre dramatique de Tristan pour mieux y revenir. Dans son esprit, le poème consacré à la mort d'Hippolyte vient en effet compenser l'absence d'une tragédie qui aurait trouvé dans la *Phèdre* de Racine son parfait symétrique. La comparaison entre la pièce de Racine et le poème de Tristan est reprise par P. Butler dans une tout autre perspective (voir la conclusion de notre première partie, p. 171-172).

24 E. Serret, art. cit., p. 348. Le critique évoque aussi Quinault, dont Tristan fut « le guide et le maître » (p. 340). A propos du rapport entre les deux écrivains, voir la conclusion de notre seconde partie, p. 383.

25 E. Serret, art. cit., p. 354.

26 *Ibid.* Point de vue qui se rapproche de celui que nous défendrons (voir notre chapitre 7, p. 374 et *sqq*).

27 E. Serret, art. cit., p. 341-344.

En somme, Serret ne retient de l'œuvre de Tristan que ses pièces de théâtre et, parmi celles-ci, garde surtout en mémoire sa première tragédie : « Il n'est pas donné à beaucoup de produire des chefs-d'œuvre dans plus d'un genre. C'est assez pour Tristan d'avoir fait *Mariane*. »[28] C'est donc en cherchant à mieux connaître le théâtre racinien que le critique est amené à s'intéresser à Tristan, et l'idée qu'il développe tout au long de son article peut se résumer ainsi : par la place qu'il accorde dans ses tragédies à l'analyse psychologique, l'auteur de *La Marianne* a durablement influencé son successeur. Dans un autre article, paru quelques années plus tard, Serret établira entre Mairet et Corneille le même rapport que celui qu'il établit ici entre Tristan et Racine[29].

L'hypothèse selon laquelle Tristan est un précurseur de Racine est reformulée, une vingtaine d'années plus tard, par Ferdinand Brunetière. Né en 1849 et mort en 1906, auteur d'*Etudes critiques sur l'histoire de la littérature française*[30] et reconnu au plus haut degré par les institutions[31], ce critique fait figure de conservateur en s'opposant au romantisme et au symbolisme, ainsi qu'au naturalisme, qu'il condamne au nom d'exigences morales. En 1892, il publie un ouvrage consacré au théâtre français[32], dans lequel il entreprend notamment de déterminer les sources de Racine[33]. Il rejoint ainsi la position défendue par Serret, dont il ne mentionne pourtant pas l'article[34], établit de nouveaux rapprochements entre les deux dramaturges, mais reste extrêmement prudent dans la formulation de son

---

[28] *Ibid.*, p. 343.

[29] E. Serret, « *La Sophonisbe* de Mairet », art. cit., p. 572. La comparaison entre la pièce de Mairet et celle de Tristan sera maintes fois reprise. Voir par exemple P. Kohler, « Sur *La Sophonisbe* de Mairet et les débuts de la tragédie classique », p. 56-70 dans *Revue d'histoire littéraire de la France*, janvier-juin 1939. Nous reprendrons, pour l'approfondir, cette comparaison (voir notre chapitre 5, p. 277-278).

[30] F. Brunetière, *Etudes critiques sur l'histoire de la littérature française*, Paris, Hachette, 6 vol., 1880-1892.

[31] En 1886, il devient professeur à l'Ecole normale supérieure, est décoré de la Légion d'honneur l'année suivante avant d'être élu en 1893, à l'Académie française.

[32] F. Brunetière, *Les Epoques du théâtre français (1636-1850) : conférences à l'Odéon*, Paris, Hachette, 1892.

[33] Démarche identique chez Serret (voir *supra*, p. 36).

[34] Peut-être n'en a-t-il pas eu connaissance, l'article de Serret ayant été publié dans une revue qui n'est pas spécifiquement consacrée à la littérature.

hypothèse : « Il semblerait [...] que l'auteur [...] de *Phèdre* et d'*Athalie* n'ait dédaigné de lire ni *Mariamne*, ni *La Mort de Crispe.* »[35]

L'idée est ensuite développée par un autre universitaire, mais de moindre renom : Napoléon-Maurice Bernardin. Né en 1856 et mort en 1915, il a suivi un cursus traditionnel : il fait ses études à l'Ecole normale supérieure, où il côtoie entre autres Gustave Lanson, avant d'enseigner la rhétorique aux lycées Janson de Sailly et Charlemagne[36]. Quant à ses travaux de recherche, ils portent principalement sur le théâtre du dix-septième siècle[37]. En 1895, il publie sa thèse, dont le titre est partiellement emprunté à Serret[38] et qui constitue encore aujourd'hui un ouvrage de référence en la matière[39] : *Un Précurseur de Racine, Tristan L'Hermite sieur du Solier (1601-1655) : sa famille, sa vie, ses œuvres*. Le titre annonce immédiatement le contenu de l'ouvrage, ou du moins son fil directeur, tandis que le sous-titre définit déjà les principaux axes de l'étude. La première partie sera donc une biographie de Tristan, alors que la seconde sera entièrement consacrée à son œuvre. Bernardin applique ainsi une méthode dont Sainte-Beuve fut un fervent défenseur, qui imprégna la critique de la fin du dix-neuvième siècle et perdura dans l'enseignement secondaire[40] : il s'agit de présenter d'abord l'homme puis l'œuvre, l'un expliquant l'autre. Ainsi, pour assurer la transition entre les deux parties de sa thèse, Bernardin formule ce raisonnement :

> [Tristan] a aimé, et c'est parce qu'il a aimé sincèrement, profondément, douloureusement, qu'il a su dans ses personnages marquer l'amour et la jalousie de traits déjà si vrais et si énergiques

---

[35] F. Brunetière, *Les Epoques du théâtre français, op. cit.*, p. 15.

[36] Il fut également lauréat de l'Académie française. A propos de la vie et de l'œuvre de Bernardin, voir L. Grove,« Un précurseur d'Amédée Carriat : Napoléon-Maurice Bernardin (1856-1915) », p. 55-63 dans *Cahiers Tristan L'Hermite* n° 25 : *Dédié à Amédée Carriat*, 2003.

[37] Voir *Hommes et mœurs au XVIIᵉ siècle*, Paris, Lecène et Oudin, 1900 ; *Devant le rideau : conférences*, Paris, Lecène et Oudin, 1901 ; *Du XVᵉ au XIXᵉ siècle : études d'histoire littéraire*, Paris, Rieder, 1916.

[38] Bernardin le reconnaît lui-même : « Ernest Serret lui [Tristan] a donné ce nom avant nous, dans un article assez court, mais intéressant, auquel nous avons emprunté une partie du titre de cet ouvrage » (*Un Précurseur de Racine, Tristan L'Hermite*, Paris, Picard, 1895, p. 315).

[39] Elle demeure à ce jour la principale monographie consacrée à Tristan.

[40] *Cf.* notre introduction générale, p. 16.

que Racine, le grand peintre de la passion, n'eût pas désavoué certains d'entre eux[41].

L'analyse s'organise alors presque entièrement autour de la notion de précurseur, exclusivement appliquée au genre dramatique. En effet, malgré l'intérêt qu'elle peut présenter à ses yeux, le critique néglige pour ainsi dire l'œuvre poétique de Tristan[42]. Pourtant, il croit reconnaître dans ses vers amoureux une sincérité qui ferait toute leur valeur :

> Ayons le courage de poursuivre la lecture des *Amours*, et nous serons agréablement surpris de ne pas trouver seulement dans les vers de Tristan une succession de pointes et de jeux d'esprit, mais d'y entendre par moments parler la passion 'toute pure'[43].

Après un court chapitre consacré à la poésie de Tristan, le critique s'empresse de commenter *Le Page disgracié*, récit dans lequel l'auteur raconte, sous une forme romancée, sa propre jeunesse ; mais selon Bernardin, cette œuvre se rattache tout simplement à l'esthétique du temps : « C'est un roman réaliste, dans la bonne acception du terme, et, par les mérites de la forme comme par les qualités du fond, il tient honorablement sa place entre l'*Histoire comique de Francion* et le *Roman bourgeois*. »[44] Néanmoins, le critique l'utilise abondamment pour reconstituer la vie de l'écrivain, retenant donc de ce roman autobiographique surtout son contenu anecdotique.

En revanche, il accorde une très large place à l'œuvre dramatique de Tristan[45], dont les tragédies annonceraient celles du « grand Racine ». Pour défendre ce point de vue, Bernardin a recours à un argument que Serret avait déjà longuement développé : à ses yeux, le langage de la passion constitue l'aspect primordial de la tragédie tristanienne. Afin de mener à

---

[41] N.-M. Bernardin, *op. cit.*, p. 315. Rien dans la biographie de Tristan ne prouve la réalité de cet amour.

[42] Il y consacre un court chapitre (« Les poésies lyriques », p. 527-553). D'ailleurs, quelques membres du jury lui en firent d'ailleurs le reproche (voir J. Madeleine, introd. de l'éd. critique des *Plaintes d'Acante et autres œuvres*, Paris, Société des Textes Français Modernes, 1909, p. VIII).

[43] N.-M. Bernardin, *op. cit.*, p. 530.

[44] *Ibid.*, p. 632. Un contemporain allemand de Bernardin, H. Kœrting, consacre à l'inverse une longue étude au *Page disgracié* (voir *infra*, p. 109-111). Malgré sa brièveté, la lecture de Bernardin préfigure les analyses de la critique moderne (voir notre chapitre 5, p. 314).

[45] Il y consacre l'essentiel de sa thèse (« Les œuvres dramatiques », p. 314-526).

bien sa démonstration, le critique adopte un plan chronologique et passe en revue toutes les pièces de Tristan. Pour commencer, il définit *La Marianne* comme « la première tragédie française fondée exclusivement sur l'amour »[46], formule qu'il justifie en précisant :

> Dès son début au théâtre, Tristan – et en cela il a été vraiment un précurseur – non seulement avait tenté la tragédie de caractère, mais encore avait compris ce que prouvera Racine et ce que décrétera Boileau, que l'amour, loin d'être un simple ornement, doit être l'âme même d'une tragédie [...] ; trente ans avant *Andromaque*, [...] un éclatant succès est venu montrer que l'idée était heureuse[47].

Il s'agirait donc d'une simple expérience, certes audacieuse et prometteuse, mais encore inachevée. Autrement dit, Tristan aurait découvert dès 1636 l'essence même de la tragédie, qui n'aurait toutefois pu prendre son ampleur et atteindre son point de perfection que grâce au génie racinien. Pour montrer la parenté qui existe entre les deux dramaturges, le critique compare deux scènes de folie : « Notre plus grand peintre de l'amour, Racine, a montré [...] qu'il se souvenait du beau délire d'Hérode, quand il nous a présenté l'admirable tableau des fureurs d'Oreste au dénouement de son *Andromaque*. »[48] Hérode s'apparente encore à d'autres personnages de Racine, à Hermione, Roxane et Mithridate, dont il pourrait apparaître en quelque sorte comme le « frère aîné »[49]. Cette comparaison amène le critique à souligner le réalisme psychologique du personnage :

> Tristan, qui a mis à composer cette figure tragique un soin tout particulier, a su nous présenter successivement, avec un art déjà presque digne de son illustre successeur, les faces diverses de ce caractère complexe. Son Hérode n'est pas seulement un mari quelconque, jaloux et violent, qu'un faux rapport pousse à un

---

46 *Ibid.*, p. 629. Nous considérerons cet aspect de la tragédie tristanienne dans notre chapitre 5 (voir, en particulier, les p. 270-278).

47 N.-M. Bernardin, *op. cit.*, p. 354. Le critique fait allusion à la phrase de Boileau qui dit en parlant de l'amour :
De cette passion la sensible peinture
Est, pour aller au cœur, la route la plus sûre. (*Art poétique*, chant III, v. 95-96)
Les propos de Bernardin sont un bel exemple d'anticipation, puisque la tragédie de Tristan y est analysée à la lumière du modèle classique, défini par Boileau seulement à la fin du siècle.

48 N.-M. Bernardin, *op. cit.*, p. 357. Voir *La Marianne*, V 3, v. 1681-1800 ; *Andromaque*, V 5.

49 N.-M. Bernardin, *op. cit.*, p. 346.

assassinat légal, dont il se repent aussitôt ; c'est bien un homme vivant, reproduit dans toute l'étendue de sa nature, avec ses grandeurs et ses faiblesses[50].

C'est sous ce même angle que Bernardin examine ensuite *Panthée*, tragédie créée en 1638. Mais en réalité, il lui consacre peu de pages, car il ne lui reconnaît pas la même valeur qu'à *La Marianne* ; ses successeurs n'agiront pas autrement, et déjà en son temps d'Aubignac dénonçait les faiblesses de la pièce[51]. Le critique analyse notamment le monologue dans lequel Araspe, qui vient d'être éconduit par Panthée, exprime sa colère[52], et voit alors en celui-ci un héros préracinien : « Il demande aux dieux de punir la cruelle ; mais il rétracte aussitôt ses vœux : comme l'Hermione de Racine au moment de frapper Pyrrhus par le bras d'Oreste, il ne sait plus s'il aime ou s'il hait. »[53] Dans le chapitre suivant, Bernardin étudie *La Mort de Sénèque*, créée en 1644. Comparant la tragédie de Tristan à *Britannicus*, il met sur le même plan Sabine et Narcisse qui ont tous deux, par leur cynisme et leur habileté, poussé Néron à commettre ses crimes. De même, le critique remarque qu'à la suite du Néron de *La Mort de Sénèque*, qui a encore un peu de respect pour son précepteur, celui de Britannicus garde un reste de sympathie pour celle qui l'a élevé[54] : et « le grand poète doit peut-être l'idée à Tristan. »[55] Bernardin examine ensuite *La Mort de Chrispe*, à peu près contemporaine de *La Mort de Sénèque*. Frappé par la parenté entre les deux intrigues, il compare l'héroïne de Tristan à la Phèdre de Racine, tout en reconnaissant les maladresses du premier dramaturge :

> Pour être incontestablement plus banal que celui de Phèdre, le personnage de Fauste n'est pas aussi mauvais qu'on l'a dit, et [...] si la belle-mère incestueuse s'efface trop devant la femme jalouse d'une rivale préférée, si l'on relève dans les nombreuses scènes où paraît l'impératrice des faiblesses, des longueurs, de la monotonie, de la manière, Tristan a su du moins faire de sa jalousie une peinture assez expressive[56].

---

[50] *Ibid.*

[51] Voir notre chapitre 5, p. 285-288.

[52] *Panthée*, II 3, v. 652-712.

[53] N.-M. Bernardin, *op. cit.*, p. 393.

[54] Curieusement, Bernardin ne mentionne pas le rôle joué par Narcisse.

[55] *Ibid.*, p. 443.

[56] *Ibid.*, p. 463.

Enfin, à propos d'*Osman*, la dernière tragédie de Tristan, créée en 1647, Bernardin présente la fille du muphti comme « une première esquisse de l'Hermione de Racine »[57]. Ainsi, le long monologue qui inaugure le troisième acte, et dans lequel l'héroïne fait connaître les divers mouvements de son âme, serait « un premier crayon de l'admirable monologue par lequel Hermione ouvrira le cinquième acte d'*Andromaque* »[58] : partagée entre son amour pour l'empereur et son orgueil, la fille du muphti, comme plus tard l'héroïne de Racine, décide de se venger elle-même. La métaphore picturale, qui traverse les propos du critique, vise à montrer que la pièce de Tristan ne constitue qu'un travail préparatoire, une ébauche, alors que celle de Racine atteindrait la perfection du chef-d'œuvre[59]. Cette image reflète donc une vision téléologique de l'histoire littéraire[60], selon laquelle le premier n'a servi qu'à préparer l'avènement du second.

La préférence qu'il accorde aux tragédies de Tristan n'empêche pas Bernardin d'évoquer également *La Folie du sage*, l'unique tragi-comédie de l'auteur, créée en 1644. Il suppose que la scène 2 de l'acte II a servi de modèle à la scène exactement correspondante d'*Iphigénie* car, dans les deux dialogues remarque-t-il, « ce sont les mêmes tendres inquiétudes de la fille, les mêmes réticences douloureuses du père »[61]. Plus précisément, le critique rapproche la sortie pathétique d'Ariste, « Vous le saurez assez »[62], du célèbre vers de Racine qui fait dire à Agamemnon : « Vous y serez ma fille. Adieu »[63]. Toutefois, selon l'expression de Bernardin, ce rapprochement peut se faire « sans trop de désavantage »[64] pour Tristan, ce qui est une manière de réaffirmer la supériorité (supposée) de Racine. Le critique compare encore la scène 3 de l'acte IV de *La Folie du sage* à un passage d'*Athalie* : « Le monologue où le roi oppose son infortune

---

[57] *Ibid.*, p. 630. Bernardin avait déjà introduit, à propos de cette même pièce, la métaphore picturale : « La plupart des caractères [sont] dessinés d'un crayon assez mou » (p. 481).

[58] *Ibid.*, p. 487.

[59] Image que nous retrouverons en particulier sous la plume de G. Larroumet, d'E. Henriot et de M. Arland (voir *infra*, p. 55, 57 et 69).

[60] Voir notre introduction générale, p. 15-18.

[61] N.-M. Bernardin, *op. cit.*, p. 406.

[62] *La Folie du sage*, II 2, v. 388.

[63] *Iphigénie*, II 2, v. 578-579.

[64] N.-M. Bernardin, *op. cit.*, p. 406.

amoureuse à ses prospérités politiques est comme une pâle esquisse du morceau célèbre dans lequel Athalie se glorifie de sa souveraine grandeur avant de raconter le songe qui la trouble (II, 5). »[65]

A la suite de Serret, Bernardin met donc en avant la dimension psychologique des tragédies de Tristan et, à travers un système de comparaisons particulièrement efficace, il n'hésite pas à affirmer que Tristan est le précurseur de Racine ou que, parallèlement, Racine est l'héritier de Tristan[66]. En effet, pour le critique, loin d'être asymétriques, les deux propositions sont interchangeables, et l'une n'est que l'envers de l'autre. Elles relèvent pourtant de logiques distinctes : si la première rend compte d'un processus indépendant de la volonté de chacun des deux artistes et renvoie à une lecture faite *a posteriori* de l'histoire littéraire, la seconde, en revanche, suppose de la part de Racine la volonté – ou du moins la conscience – de poursuivre dans la voie tracée par son prédécesseur[67]. A l'évidence, Bernardin confond les deux approches pour ne retenir que la parenté entre les deux dramaturges. Aussi considère-t-il Tristan uniquement par rapport à Racine, les mérites du premier ne se comprenant qu'en référence au génie déployé par le second. Autrement dit, les personnages ou les pièces de Tristan seraient d'autant plus remarquables qu'ils trouvent leurs équivalents chez Racine[68].

Bernardin a cependant recours à un autre argument, qui vient renforcer le précédent, mais auquel Serret n'avait manifestement pas pensé : dans les tragédies de Tristan comme dans celles de Racine, l'habileté de la construction permet de maintenir l'attention du spectateur et, ainsi, de mettre en valeur l'aspect psychologique de l'intrigue. En outre, ce sont uniquement les réactions des personnages, elles-mêmes mues par leurs sentiments, qui font progresser l'action. Tristan aurait ainsi inauguré un schéma dramatique que l'on rencontre dans la plupart des tragédies de Racine. Bernardin développe cet argument d'abord à propos de *La*

---

[65] *Ibid.*, n. 1. On aura noté au passage la reprise de la métaphore picturale.

[66] Le mot *héritier* n'y est certes pas, mais l'idée est bien présente. L'hypothèse selon laquelle Racine a pris Tristan pour modèle se trouvait déjà chez Serret, qui voyait en l'auteur de *La Marianne* l'« éducateur » ou l'« inspirateur » de Racine (voir *supra*, p. 39).

[67] Voir les définitions des mots *héritier* et *précurseur* données dans notre introduction générale, p. 23-27.

[68] Cette idée se retrouvera notamment chez A. Carriat et C. Abraham (voir *infra*, p. 60-62).

Marianne, en affirmant que l'auteur a « su faire sortir des caractères mêmes et des passions de Salomé, d'Hérode et de Marianne les péripéties de sa tragédie et la catastrophe »[69]. Le critique souligne ainsi le rôle déterminant joué par Salomé dans l'élaboration de l'intrigue : « La sœur de l'usurpateur ne peut pardonner à la fille des anciens rois ses dédains [...]. Pour se venger de Marianne, il n'est pas de ressorts qu'elle n'invente, pas d'intrigues qu'elle ne forme »[70] ; et par ce moyen, elle entraîne Hérode vers le crime : « Elle finit par arracher à l'usurpateur inquiet l'ordre d'exécuter l'arrêt. »[71] Quant à Marianne, elle résiste à son mari et précipite ainsi sa propre mort : « Elle a dû entrer dans la couche de l'usurpateur, elle a dû subir les embrassements du fratricide. Sa fierté de princesse et sa tendresse de sœur se révoltent à la fois contre cette odieuse union »[72]. Le critique en arrive à une conclusion similaire après avoir analysé la construction de *La Mort de Sénèque* :

> Où Tristan s'est montré mieux encore homme de théâtre, c'est dans l'heureuse façon dont il a su couper son poème, dans l'adresse, vraiment déjà digne de Racine, avec laquelle, pour piquer la curiosité et ranimer l'intérêt, il a terminé chaque acte par une courte scène, vive et dramatique, ou par un de ces mots menaçants qui ramènent la terreur sur le théâtre[73].

En guise d'exemple, Bernardin rapporte l'ordre du Néron de Tristan, « Il en faut sur-le-champ savoir la vérité »[74], qui d'emblée semble condamner Sénèque et qui, rétrospectivement, rappelle le mot de Racine : « Viens, Narcisse. Allons voir ce que nous devons faire. »[75] De la même manière, *La Mort de Chrispe* serait déjà construite comme une tragédie de Racine car, ajoute Bernardin, « tous les rôles y sont disposés de façon à faire valoir le principal rôle, celui de Fauste »[76]. En effet, les personnages de Chrispe et de Constance ne seraient dans l'esprit de Tristan que « des rôles de second plan, destinés uniquement, d'après un système qui sera plus tard

---

[69] N.-M. Bernardin, *op. cit.*, p. 629.

[70] *Ibid.*, p. 340-341.

[71] *Ibid.*, p. 342.

[72] *Ibid.*, p. 343.

[73] *Ibid.*, p. 428.

[74] *La Mort de Sénèque*, IV 4, v. 1418.

[75] *Britannicus*, IV 4, v. 1480.

[76] N.-M. Bernardin, *op. cit.*, p. 630.

celui de Racine, à faire valoir le principal personnage, sur lequel doit être constamment ramenée l'attention des spectateurs »[77]. La construction de la tragédie serait donc entièrement subordonnée à l'analyse psychologique ; et cette caractéristique, que l'on retrouve dans les pièces de Racine, placerait une nouvelle fois Tristan en position de précurseur.

Néanmoins, Bernardin estime que la dramaturgie tristanienne présente de nombreuses faiblesses. Ainsi, le début de *La Marianne* lui paraît excessivement long, contenant même des éléments inutiles, qui nuisent aux exigences de rigueur et d'harmonie :

> [Le] discours [de Phérore sur les songes], et le récit du songe, qui est beaucoup trop vague et ne nous apprend presque rien des crimes d'Hérode, retardent trop aussi le moment où sera exposé ce qui fait le fond de la tragédie : le désaccord conjugal d'Hérode et de Marianne. Avant que nous en soyons instruits, il ne se débite pas sur le théâtre moins de deux cents vers, et c'est beaucoup[78].

Symétriquement, Bernardin craint que, par ses lenteurs, la fin de la pièce n'ennuie les spectateurs : « Il est certain, par exemple, que les remords et les fureurs d'Hérode [...] nous paraissent un peu longs, et que l'on ne pourrait plus jouer le cinquième acte de *Mariamne* sans y pratiquer des coupures. »[79] Par ailleurs, le critique estime que *La Mort de Sénèque* manque d'unité, car elle associe deux actions qui ne sont pas indissolublement liées : la conjuration contre Néron et la condamnation du philosophe[80] ; mais cette composition insatisfaisante serait liée au choix même du sujet, auquel aucune modification n'aurait pu être apportée : « En 1644, cette altération de l'histoire était formellement interdite à Tristan ; il devait, ou ne pas faire une tragédie de la mort de Sénèque, ou la porter sur la scène telle qu'elle était dans Tacite, avec les événements qui l'avaient amenée. »[81] *La Mort de Chrispe*, quant à elle, contiendrait des passages redondants. En effet, les deux premières scènes du deuxième acte ne feraient que répéter celles qui ouvrent le premier, et où la sultane exprime

---

[77] *Ibid.*, p. 462.

[78] *Ibid.*, p. 328. Bernardin fait allusion aux scènes 2 et 3 de l'acte Ier (v. 17-226).

[79] *Ibid.*, p. 363. La forme prise par ce dernier acte semble plutôt s'expliquer par l'influence de la tragédie humaniste (voir notre chapitre 5, p. 280).

[80] A propos de la règle de l'unité d'action dans *La Mort de Sénèque*, voir notre chapitre 6, p. 337.

[81] N.-M. Bernardin, *op. cit.*, p. 425. L'ancienne courtisane Epicharis incite les conjurés à passer à l'acte (voir *La Mort de Sénèque*, II 2).

ses inquiétudes après le cauchemar qui vient de l'agiter[82]. Enfin, l'auteur d'*Osman*, soucieux d'observer la règle de l'unité de lieu, a recours à un dispositif qu'il décrit lui-même : « Le théâtre est la façade du palais ou sérail, où il y a une porte au milieu qui s'ouvre et se ferme, à côté une fenêtre, où l'on pourra tirer un rideau, lorsque Osman reçoit les plaintes des janissaires. »[83] Or, Bernardin estime que la règle n'est ici observée qu'au prix de maladresses et d'invraisemblances[84]. Il remarque, par ailleurs, que la pièce présente un défaut de composition. Ainsi, pour occuper les spectateurs entre la sortie d'Osman et l'entrée de Mahmoud venant annoncer la mort du héros, Tristan fait raconter à la fille du muphti les circonstances dans lesquelles est né et s'est développé son amour[85] : « Assurément, rien n'est plus déplacé que cette exposition au milieu d'un cinquième acte. »[86] En somme, dans *Osman* comme dans les autres tragédies de l'auteur, les effets ne seraient pas suffisamment concentrés – irrégularités qui n'empêchent pas le critique de reconnaître à Tristan le mérite d'avoir le premier ouvert la voie à Racine.

Bernardin ajoute à cela un argument d'une tout autre nature : par son caractère harmonieux et les images qu'elle suggère, la langue de Tristan résonne d'accents raciniens. Ainsi, le critique estime que des « vers chantants, beaux d'une beauté intérieure et rythmique », à l'exemple du célèbre vers de Racine « La fille de Minos et de Pasiphaé »[87], « abondent dans la *Panthée* »[88]. Mais, échappant aux normes définies quelques décennies plus tard par Boileau dans son *Art poétique*, la langue de Tristan présenterait de nombreuses faiblesses, dues principalement à son archaïsme : l'auteur « n'a pu se dégager complètement des goûts et de la mode de son temps, et, depuis, les goûts se sont modifiés et la mode a

---

[82] Voir N.-M. Bernardin, *op. cit.*, p. 476-477.

[83] *Le Théâtre complet de Tristan L'Hermite*, éd. critique par C. K. Abraham, J. W. Schweitzer et J. Van Baelen, the university of Alabama press, 1975, p. 771.

[84] Voir N.-M. Bernardin, *op. cit.*, p. 475. A propos de la règle de l'unité de lieu dans *Osman*, voir notre chapitre 6, p. 337.

[85] *Osman*, V 3, v. 1438-1486.

[86] N.-M. Bernardin, *op. cit.*, p. 477.

[87] *Phèdre*, I 1, v. 36.

[88] N.-M. Bernardin, *op. cit.*, p. 395.

changé ; il est venu à une époque où la langue n'était pas encore épurée, il a parlé la langue de son époque, et cette langue a vieilli »[89].

Un dernier élément rapproche les deux écrivains, à savoir qu'ils ont suivi des trajectoires parallèles. Bernardin remarque ainsi que « *Le Parasite* tient dans l'œuvre de Tristan la même place que *Les Plaideurs* dans l'œuvre de Racine »[90]. Les deux pièces, que l'un et l'autre ne considéraient que comme de purs divertissements[91], présentent encore d'autres points communs, relatifs à leurs contenus respectifs : « Ce sont deux bouffonneries, dans le goût de la comédie antique, où les deux poètes se soucient également peu de la vraisemblance, et où ils s'essaient moins à tracer des portraits qu'ils ne s'amusent à faire des caricatures »[92]. Par ailleurs, à la fin de sa carrière, Racine, comme Tristan, choisit de se tourner vers l'écriture de textes religieux[93], ce qui serait pour chacun d'eux le signe d'une foi réelle et profonde[94]. Aux yeux de Bernardin, ces détails biographiques sont de nature à renforcer l'hypothèse qu'il retient tout au long de sa thèse.

En dernier lieu, il cherche à rendre justice à un auteur que son illustre héritier a longtemps condamné à l'oubli. Avant d'être une analyse littéraire, la thèse de Bernardin est donc conçue comme une entreprise de réhabilitation. Ainsi, dans sa conclusion, l'auteur estime que « toutes les qualités dont nous admirons le plein épanouissement dans le second des deux poètes sont en germe dans le premier »[95]. Cette dernière image suppose une vision déterministe de l'histoire littéraire, selon laquelle tout serait conçu en fonction d'un but à atteindre. A cette métaphore s'en ajoute une seconde, qui vient clore la conclusion, mais que nous avons rencontrée à maintes reprises au fil de la démonstration : il s'agit de la métaphore picturale, suivant laquelle Tristan est à Racine ce que l'« ébauche » est au

---

[89] *Ibid.*, p. 577. L'analyse que nous ferons de l'œuvre tristanien dans notre seconde partie rejoint, dans une certaine mesure, la lecture qu'en fait ici Bernardin. Indépendamment de tout jugement de valeur, nous verrons en effet que, dans ses choix esthétiques, Tristan ne se démarque guère de ses contemporains.

[90] N.-M. Bernardin, *op. cit.*, p. 631.

[91] *Ibid.*, p. 504. Voir notre chapitre 7, p. 375.

[92] N.-M. Bernardin, *op. cit.*, p. 504.

[93] En 1646, Tristan publie un *Office de la sainte vierge* (voir notre chapitre 6, p. 344).

[94] Voir N.-M. Bernardin, *op. cit.*, p. 574. Sur les éventuelles implications biographiques des textes religieux de Tristan, voir notre chapitre 6, p. 344-345.

[95] N.-M. Bernardin, *op. cit.*, p. 574.

« portrait »[96]. A un premier niveau de lecture, cette image suppose l'existence d'un seul sujet créateur, d'un artiste, se fixant un objectif précis, conscient de ce qu'il fait et qui, après avoir réalisé une esquisse, produirait un chef-d'œuvre. Elle aussi repose donc sur une conception finaliste de l'histoire littéraire, envisagée dans sa progression. L'artiste en question, capable d'orienter les choix esthétiques des différents écrivains, serait une sorte de démiurge susceptible de déterminer l'ensemble du processus de création littéraire. Ces métaphores, censées définir les rapports qui unissent les deux dramaturges, révèlent clairement la position de Bernardin sur ce point : les tragédies de Tristan s'apparentent à celles de son successeur, au point même d'avoir permis leur éclosion, mais elles leur demeurent nettement inférieures. Autrement dit, Racine devrait une partie de son génie au talent de Tristan, mais rien de plus. C'est du moins dans cette direction que s'oriente le critique à la fin de sa conclusion, même si en dernier lieu il préfère rester prudent : « Nous disons que peut-être, sans Tristan, Racine n'aurait pas été Racine. »[97] En définitive, l'auteur de *La Marianne* aurait subi le sort que lui a imposé son rôle : « Comme celle de tous les précurseurs, sa réputation a été éclipsée par une autre plus éclatante. »[98] Bernardin voit là une loi universelle « qui ne veut pas que, dans aucun art, aucun genre ait jamais débuté par ses chefs-d'œuvre »[99]. L'histoire littéraire en offrirait d'ailleurs de nombreux exemples : ainsi, Gilles et Jacques Boileau n'auraient été qu'un « premier crayon » de Nicolas ; ou encore Lucrèce, mort le jour même où le jeune Virgile prit la robe virile, est apparu à ses successeurs comme le précurseur du génial poète[100]. Le lien qui existe entre Tristan et Racine relèverait de la même logique : en

---

[96] *Ibid.*

[97] *Ibid.*, p. 578.

[98] *Ibid.*, p. 577. La métaphore solaire, timidement introduite par Serret (voir *supra*, p. 36), constitue l'un des principaux leitmotive de la critique tristanienne (voir *infra*, p. 63).

[99] *Ibid.* La phrase que cite Bernardin est de Brunetière (*Etudes critiques sur l'histoire de la littérature française*, 4e sér. *Alexandre Hardy*, 5e éd., Paris, Hachette, 1907, p. 18). Voir aussi, du même auteur, « La doctrine évolutive et l'histoire de la littérature française », p. 1-36 dans *Etudes critiques sur l'histoire de la littérature française*, 6e sér., 2e éd., Paris, Hachette, 1905.

[100] Voir N.-M. Bernardin, *op. cit.*, p. 576-578. Il est évident que la lecture téléologique de l'histoire littéraire, telle qu'elle s'illustre ici, repose sur l'idée de progrès (voir notre introduction générale, p. 18). A la métaphore solaire succède la métaphore familiale, que nous avons déjà rencontrée (voir *supra*, p. 44).

l'occurrence, le premier aurait inventé la tragédie de caractère, avant que le second ne la porte à son point de perfection.

De fait, cette étude est, pour Bernardin, l'occasion d'opposer deux formes de tragédie : la tragédie psychologique, dont l'œuvre de Racine serait un modèle accompli, et la tragédie héroïque ou romanesque, dans laquelle se serait principalement illustré Corneille[101]. Comme le souligne le critique, la première, fondée sur la simplicité[102], contraste avec la seconde, riche en actions. En accordant dès 1636 une place prépondérante à l'analyse des sentiments, Tristan aurait donc frayé le chemin à son célèbre successeur :

> Déjà dans ses tragédies, d'une conduite généralement régulière et sage, il savait faire naître les situations des caractères, subordonnant volontiers tous les personnages à un protagoniste qui menait l'action, et dont les passions, par leurs mouvements contraires, retardaient ou précipitaient un dénouement inévitable[103].

La tragédie inaugurée par Tristan révèle la violence de la passion amoureuse, étrangère à ce sentiment édulcoré qui s'exprime dans les romans précieux : « Avant Racine Tristan a opposé de véritables hommes, sincèrement et éperdument épris, de vraies femmes, torturées par les souffrances de la jalousie, et il leur a fait pousser quelques-uns de ces cris de passion qui trouvent un écho dans tous les cœurs. »[104] Pour Bernardin, la tragédie psychologique, telle que Tristan, Racine et même Corneille l'ont illustrée, est la seule à pouvoir accéder à l'éternité[105]. En définitive, l'idée selon laquelle Tristan est un précurseur de Racine permet de souligner l'opposition entre deux archétypes : la tragédie racinienne, qui montre la force des passions, et la tragédie cornélienne, qui privilégie l'action – la sobriété de la première étant préférée à la complexité de la seconde.

Par ce long développement, Bernardin confère sa pleine légitimité à une idée présente avant lui dans la critique tristanienne. Il y traite de nombreux exemples et y développe de nouveaux arguments, que Serret n'aurait certainement pas songé à contester. Toutefois, les deux critiques n'affichent

---

[101] N.-M. Bernardin, *op. cit.*, p. 575.

[102] Sur la simplicité comme caractéristique majeure de la tragédie racinienne, voir *infra*, p. 83.

[103] N.-M. Bernardin, *op. cit.*, p. 576.

[104] *Ibid.*, p. 576-577.

[105] *Ibid.*, p. 339-340.

pas exactement les mêmes ambitions : en publiant un court article dans une revue pluridisciplinaire, Serret ne s'attend sans doute pas à un grand retentissement[106] ; à l'inverse, Bernardin choisit de défendre son idée dans le cadre, très officiel, d'une thèse de doctorat. Ainsi, dans les deux cas, le lectorat visé ne saurait être le même. Serret s'adresse *a priori* à un public cultivé mais assez large, tandis que Bernardin écrit avant tout pour un public d'universitaires[107]. Si le contexte est donc différent, le cœur de l'argumentation, cependant, reste inchangé : Tristan est à l'origine de la tragédie psychologique, dont Racine s'est fait une spécialité, et la pièce qui marque ce tournant est *La Marianne*.

En 1898, Bernardin trouve l'occasion de réaffirmer ses convictions. Dans l'*Histoire de la littérature française* dirigée par Louis Petit de Julleville, il est chargé d'écrire un chapitre sur Racine[108] et se demande alors « sur quels modèles et de quels éléments » l'auteur a formé son « système dramatique », qu'il n'aurait su créer de toutes pièces, mais que lui seul aurait développé jusqu'à la perfection[109]. Selon le critique, Racine a commencé par imiter Corneille : « C'est à la manière du grand Corneille qu'il avait noué l'intrigue et écrit le dialogue de sa *Thébaïde*, toute bourrée de sentences et d'antithèses ; c'est sur *La Mort de Pompée* qu'il avait calqué la plus grande partie de son *Alexandre le Grand*. »[110] Après ces premières expériences, poursuit Bernardin, Racine renonça à l'imitation de son aîné et abandonna la tragédie héroïque pour se tourner vers la tragédie amoureuse. Or, dans ce domaine, il aurait trouvé pour guides Quinault et Tristan, auxquels « il a pris beaucoup plus qu'on ne croit généralement » et qui « font de l'amour l'âme de leurs tragédies »[111]. Si, pour Bernardin,

---

[106] D'ailleurs, son article ne suscita aucune réaction immédiate.

[107] D'éminents représentants de l'institution universitaire, tels Faguet et Petit de Julleville, faisaient partie du jury.

[108] N.-M. Bernardin, « Racine et la tragédie au temps de Racine », chap. 2, p. 73-154 dans *Histoire de la langue et de la littérature française des origines à 1900*, dir. L. Petit de Julleville, t. V *Dix-septième siècle*, 2e part. (1661-1700), Paris, Colin et cie, 1898.

[109] *Ibid.*, II. : « Sur quels modèles et de quels éléments Racine a formé son système dramatique ». Serret, avant lui, avait défini le même postulat (voir *supra*, p. 36).

[110] N.-M. Bernardin, « Racine et la tragédie au temps de Racine », *op. cit.*, p. 85. Bernardin rejoint ainsi Serret (voir *supra*, p. 36).

[111] N.-M. Bernardin, « Racine et la tragédie au temps de Racine », *op. cit.*, p. 85-87.

Quinault a tendance à réduire ce sentiment à de la tendresse, Tristan, comme Racine, montre l'amour dans toute sa puissance. Le critique évoque deux personnages qui, à ses yeux, illustrent parfaitement cette conception de la tragédie : Hérode et la fille du muphti, exemples qui apparaissaient déjà dans son ouvrage de 1895[112]. De manière générale, il ne fait que reprendre, en les concentrant, les idées exposées dans sa thèse. Pourtant, la perspective générale a changé, puisqu'ici le critique ne définit pas Tristan comme un précurseur de Racine, mais considère uniquement le second comme un successeur[113] du premier. Plus encore, grâce à cette nouvelle publication, l'idée d'une relation étroite entre les deux dramaturges fait son entrée dans une *Histoire de la littérature française*. En inscrivant ainsi sa lecture dans un discours critique élargi, Bernardin lui offre une assise plus solide.

Un an plus tôt, Gustave Larroumet, professeur à la Sorbonne, avait fait paraître dans la *Revue des cours et conférences* un article entièrement consacré à Tristan[114]. A l'exemple de Bernardin, il met en regard ces deux modèles que constituent la « tragédie cornélienne », dominée par l'action, et la « tragédie racinienne », tournée vers la psychologie et jugée supérieure à la précédente[115]. Le critique reprend ensuite en substance la conclusion de Bernardin, sans toutefois citer son ouvrage :

> Il y aurait, s'il faut en croire de savants et récents biographes de Tristan, un prédécesseur de Racine dans cet auteur mort en 1650 [*sic*]. Le fait est-il exact ? La tragédie racinienne a-t-elle été précédée, comme celle de Corneille, d'une longue et lente préparation[116] ?

La substitution du mot *prédécesseur* à celui de *précurseur* trahit la prudence du critique qui, à la différence de Bernardin, n'instaure pas d'emblée de relation de causalité et considère uniquement l'ordre chronolo-

---

[112] Voir *supra*, p. 44-46.

[113] Il fait ainsi de Racine une sorte d'héritier de Tristan (voir *supra*, p. 47).

[114] G. Larroumet, « Tristan L'Hermite », p. 350-359 dans *Revue des cours et conférences*, 25 avril 1897.

[115] Voir *ibid.*, p. 350.

[116] G. Larroumet, art. cit., p. 350.

gique[117]. Il reste néanmoins persuadé que Tristan, tout en étant inférieur à Racine, a permis à celui-ci de donner la pleine mesure de son génie[118].

Quelques universitaires de la fin du dix-neuvième siècle se sont donc tournés vers le théâtre de Tristan, dont ils ont fait unanimement un précurseur de Racine. Il semble bien que ce soit la thèse de Bernardin qui, par son ampleur et le public qu'elle toucha, ait encouragé voire déclenché ce mouvement ; l'article de Serret, même s'il a servi de point de départ, a été rapidement oublié. C'est donc à partir du moment où l'institution universitaire, à travers l'un de ses représentants, s'empare de l'idée, que celle-ci s'impose largement. Bénéficiant de la garantie d'un savoir officiellement reconnu, soutenu par de solides réseaux institutionnels, elle acquiert une légitimité qui facilite son développement. Ainsi en 1905, dans un article consacré à la tragédie, Brunetière, qui reproche à Tristan de ne pas s'être plié aux règles du genre, mentionne au passage l'ouvrage de Bernardin, bien qu'il ne semble pas en approuver intégralement le contenu :

> Ni Mairet, ni Rotrou – ni ce Tristan L'Hermite dont on a voulu récemment faire 'un précurseur de Racine' – n'ont connu, je ne dis pas les ressources, mais l'objet de leur art ; ils en ont rejeté les contraintes, y compris celles des trois unités, qui faisaient l'une des conditions de l'impression tragique ; ils ont littéralement 'prostitué' l'histoire[119].

Même si la thèse de Bernardin suscite quelques réserves, elle s'impose donc, une dizaine d'années seulement après sa parution, comme un point de repère indispensable dans l'étude du théâtre tristanien[120].

---

[117] Nous avions déjà observé un certain flottement dans l'utilisation des mots *éducateur* et *inspirateur* à côté de celui *précurseur* (voir *supra*, p. 39).

[118] Voir G. Larroumet, art. cit., p. 359.

[119] F. Brunetière, « L'évolution d'un genre : la tragédie », p. 151-200 dans *Etudes critiques sur l'histoire de la littérature française*, 7e sér., 2e éd., Paris, Hachette, 1905, cité p. 183. En note, Brunetière donne les références de la thèse de Bernardin. L'opinion du critique au sujet des rapports entre Tristan et Racine semble donc avoir évolué entre 1892 et 1905 (voir *supra*, p. 41). Nous examinerons de près la manière dont Tristan respecte (ou ne respecte pas) la règle des trois unités (voir nos chapitres 5, p. 265-267 et 6, p. 335-337).

[120] Notons au passage qu'aucun de ces textes ne mentionne l'œuvre poétique de Tristan.

Plusieurs critiques ont fidèlement suivi cette voie, même longtemps après : c'est ainsi qu'Emile Henriot voit en Tristan le père spirituel de Racine. Né en 1889 et mort en 1961, cet écrivain fut d'abord poète puis romancier, avant de devenir critique littéraire au *Temps* et au *Monde* ; et comme Brunetière, Bernardin ou Larroumet, il est bien intégré dans le système institutionnel[121]. Dans le domaine de la critique littéraire, il porte une attention particulière aux écrivains « secondaires » des dix-septième et dix-huitième siècles[122]. Dans son ouvrage *Poètes français de Turold à André Chénier*, publié en 1944[123], il consacre un chapitre à la poésie de Tristan, mais ne peut s'empêcher d'évoquer aussi son œuvre dramatique[124]. Cette attitude reflète, en réalité, celle de la plupart des commentateurs, dont l'attention ne se détourne jamais complètement du théâtre de Tristan. Usant comme Bernardin de la métaphore picturale, Henriot affirme que l'histoire littéraire évolue de manière progressive : « Il y a là, dans ces portraits de monstres, un avant-crayon des personnages raciniens [...], comme si la nature, avant de produire des génies, avait besoin de s'y reprendre à deux fois, et commençait par un premier essai manqué. »[125] Henriot, qui introduit ainsi l'idée de continuité, définit Tristan comme un précurseur, bien qu'il ne prononce à aucun moment le mot, puisqu'il suggère la présence d'un créateur suprême qui déciderait de tout. L'œuvre de Tristan, avec ses faiblesses et ses insuffisances, ne serait donc que le produit des tâtonnements d'une force transcendante en quête de perfection. Néanmoins, Henriot n'estime apparemment pas utile de justifier cette affirmation, peut-être parce que d'autres l'ont fait avant lui et qu'elle lui paraît désormais incontestable.

La thèse selon laquelle Tristan est précurseur de Racine s'est progressivement imposée comme un lieu commun de l'histoire littéraire, devenant une certitude qu'il n'est même plus nécessaire de justifier. L'expression que Bernardin avait prise comme fil conducteur de son étude est donc désormais admise par tous. Ainsi, Frédéric Lachèvre s'en empare sans même s'interroger sur ses fondements. Ce critique, qui a consacré l'essentiel de ses recherches aux poètes libertins du début du dix-septième

---

[121] C'est ainsi qu'en 1945 l'Académie française en fait l'un des siens.

[122] Voir *Livres du second rayon*, Paris, Le Livre, 1925.

[123] *Id.*, *Poètes français de Turold à André Chénier*, Lyon, Lardanchet, 1944.

[124] *Ibid.*, « Les amours de Tristan L'Hermite », p. 114-120. Texte publié pour la première fois dans la revue *Temps*, 22 juin 1937.

[125] *Ibid.*, p. 118.

siècle[126], publie en 1941 les poèmes religieux de Tristan[127] et, par ce moyen, il souhaite répondre à l'accusation d'athéisme formulée par Antoine Adam[128] à l'encontre de celui qu'il définit d'emblée comme « le Précurseur de Racine », expression qu'il met lui-même entre guillemets. C'est alors qu'il apporte quelques arguments pour contester la position défendue par Adam :

> Le vrai poète, le précurseur de Racine, qu'a fait connaître N.-M. Bernardin, s'est vu classer dans la catégorie des impies et des athées par un jeune docteur ès lettres, féru de psychanalyse, M. Antoine Adam, dans une thèse volumineuse : *Théophile de Viau et la libre-pensée française en 1620* [...]. Après cet exposé historique de l'*Office de la Vierge*, est-il nécessaire de justifier notre réimpression ? Oui, elle met en lumière la mentalité religieuse de Tristan L'Hermite, niée par M. Antoine Adam et elle fait connaître de beaux vers presque inédits du Précurseur de Racine. Elle enrichit ainsi la partie très importante de son œuvre poétique rééditée de nos jours[129].

La formule « le Précurseur de Racine », présente non seulement dans le surtitre de l'ouvrage de Lachèvre mais aussi dans la préface, résonne comme un leitmotiv. Or, le choix de cette expression est révélateur à plusieurs titres : d'abord cette périphrase, qui renvoie à tout un discours

---

[126] Voir en particulier *Le Libertinage au XVIIe siècle. Disciples et successeurs de Théophile de Viau*, Paris, Champion, 1911.

[127] *Une Réparation posthume due au « Précurseur de Racine » : Tristan L'Hermite, sieur du Solier, poète chrétien et catholique*, introd. par F. Lachèvre, Paris, Librairie historique Margraff, 1941.

[128] Voir A. Adam, *Théophile de Viau et la libre-pensée en 1620*, Paris, Droz, 1935. Adam est persuadé que Tristan et Théophile se connaissaient bien et avaient eu à de nombreuses reprises l'occasion de se rencontrer : ils « s'étaient connus à Paris en 1611-1612. Plusieurs fois ils se retrouveront. Ils étaient tous les deux aventuriers de tempérament et athéistes de profession » (p. 34). Comme nous le verrons, Tristan adresse à son aîné une lettre qui prouve l'intensité de leur relation (voir notre chapitre 5, p. 310-311). Aux côtés de Théophile et de Saint-Amant, il aurait fait partie du « clan des libertins » – hypothèse que rejetterait Bernardin : « Le savant biographe de Tristan a refusé d'accepter cette interprétation. Mais dans son refus quelle raison peut-il alléguer sinon ses propres répugnances, son désir de faire de son héros un honnête homme à la mesure du XIXe siècle, déiste et moral, alors que l'histoire est formelle et montre dans ce petit clan de 1620 des gens qui n'étaient ni déistes ni moraux ? » (p. 125). Adam semble avoir mal interprété les propos de Bernardin, qui en effet ne refuse pas de placer Tristan dans cette catégorie (voir *Un Précurseur de Racine, Tristan L'Hermite, op. cit.*, p. 104-105 et 107-108). Comme nous le verrons, l'auteur lui-même n'hésite pas à se qualifier de libertin (voir notre chapitre 5, p. 312).

[129] F. Lachèvre, *op. cit.*, p. 9-15.

critique, sert dorénavant à désigner Tristan, si bien que tout lecteur averti devra d'emblée l'y reconnaître ; ensuite, la majuscule fait presque de la formule l'équivalent d'un nom propre ; enfin, l'article défini laisse entendre que Tristan est l'unique précurseur de Racine. A l'inverse de Lachèvre, Serret et Bernardin, qui préféraient l'emploi de l'indéfini, restaient prudents en suggérant que ce rôle avait aussi pu être joué par d'autres. On assiste donc, sinon à une radicalisation, du moins à une évolution de la réflexion proposée par la critique tristanienne dans son ensemble : même lorsqu'il est question des autres genres pratiqués par Tristan, celui-ci s'impose, dans la tradition critique, comme celui qui a le plus contribué, par la nouveauté de ses tragédies, à la naissance du « grand Racine » – rôle auquel il semble presque devoir être réduit. Il n'est pas sûr, au demeurant, que, comme nous le verrons dans la seconde partie, l'auteur de *La Marianne* ait été plus tourné vers l'avenir que vers le passé[130].

L'idée que développa jadis Bernardin est devenue une constante de la critique tristanienne. Aussi très rares sont les commentateurs qui, au moins en préambule, ne la reprennent pas. En 1946, Marcel Arland réédite *Le Page disgracié* assorti d'une préface[131], dans laquelle, paradoxalement, il consacre à peu près autant de place à l'œuvre dramatique qu'à l'œuvre romanesque de Tristan. A l'exemple de ses prédécesseurs, il établit des parallèles entre les tragédies de Racine et celles de son aîné :

> On ne peut lire la *Marianne* sans être frappé par les analogies qu'elle offre avec certaines pièces de Racine. L'héroïne fait penser à Andromaque ; Hérode à Pyrrhus et, dans sa folie, à Oreste ; Hérode encore, dans le récit du songe, à Athalie ; dans ses remords et sa terreur, à Phèdre[132].

Mais selon Arland, il existe entre les deux dramaturges une « parenté »[133] encore plus profonde, qui tient à la priorité accordée à l'analyse psychologique :

> [Cette parenté] se manifeste par l'importance qu'ils confèrent tous deux à la peinture de la passion, par la simplicité de l'action dans leurs œuvres, et surtout peut-être par l'intime union de la cruauté et de la

---

130 Voir en particulier notre chapitre 5, p. 280.

131 *Le Page disgracié*, préface de M. Arland, Paris, Stock, 1946. Texte repris p. 11-61 dans *Les Echanges*, 10ᵉ éd., [Paris], Gallimard, 1946.

132 *Ibid.*, p. 22.

133 *Ibid.*

tendresse, comme par le délicat appareil que revêt un drame sanglant, atroce et volontiers pervers[134].

Les arguments sont de deux ordres, mais finissent par se compléter : l'expression de passions opposées est soutenue par la simplicité de l'action elle-même. L'idée résiste décidément au temps. Ainsi, dans l'anthologie qu'il consacre à Tristan en 1959, Amédée Carriat affirme que celui-ci « préfigure plus d'une fois »[135] Racine, et dit encore : « Il faut bien écrire ici, une fois de plus, le nom de Racine. »[136] Le poids de la tradition en quelque sorte l'oblige à se rallier à cette opinion. Le critique préfère cependant laisser de côté, « si frappantes qu'elles soient parfois, les similitudes extérieures, identité des situations (Hérode-Pyrrhus, Mariane-Andromaque, Chrispe-Hippolyte, Fauste-Phèdre), ou identité des sources (*La Mort de Sénèque-Britannicus, Osman-Bajazet*) »[137], parce que, plus profondément, c'est la nature des relations entre les personnages de Tristan qui lui rappelle la structure de la tragédie racinienne[138] :

> Hérode, Araspe, Fauste, [...] la fille du Mufti aiment qui ne les aime pas, aiment qui les méprise ou les abhorre. Leur erreur les mène au même aboutissement sans issue. C'est la nature même de l'homme, et non le social ou le mondain, qui est chez Tristan, comme chez Racine et à la différence de Corneille, le ressort du tragique[139].

En 1962, dans son ouvrage consacré au *Préclassicisme*, Pierre Sage à son tour voit en Tristan le précurseur de Racine : « Par ses dons et par ses réussites, il est, à n'en pas douter, le frère aîné de Racine et l'un des grands noms de notre théâtre. »[140] L'idée ne cesse d'être reprise, et la thèse de Bernardin reste en la matière une référence majeure. Ainsi, à l'occasion de l'édition du *Théâtre complet* de Tristan en 1975, A. Carriat, après avoir

---

[134] *Ibid.*

[135] *Choix de pages*, présentées et annotées par A. Carriat, Limoges, Rougerie, 1959, p. 10.

[136] *Ibid.*, p. 11.

[137] *Ibid.*

[138] Elargissement que nous avons déjà observé chez Serret (voir *supra*, p. 38).

[139] A. Carriat, *op. cit.*, p. 11.

[140] P. Sage, *Le Préclassicisme français*, t. III de l'*Histoire de la littérature française*, dir. J. Calvet, Paris, del Duca, 1962, p. 270.

constaté des analogies entre les œuvres des deux dramaturges, aborde à nouveau le sujet :

> Ici et là, mort et désespoir ; tragédie de l'échec et de l'absurde. Ici ou là, l'amour est aveugle et se trompe – comme chez Racine. Et nous voici ramenés à l'expression employée par Bernardin : Tristan 'précurseur' du grand tragique[141].

Le critique en arrive cependant à une conclusion qu'il souhaite nuancée : « Racine a lu Tristan et s'en est souvenu. Quant à soutenir que Racine sans Tristan... Non, bien sûr : là où tout est plénitude, réussite achevée, beauté parfaite, il n'est ailleurs que tentative, bonheur inégal, grâce ébauchée. »[142] La présence des trois points de suspension est particulièrement révélatrice de l'évolution de la critique : l'idée d'une relation étroite entre Tristan et Racine est tellement ancrée dans la tradition critique qu'il n'est même plus nécessaire de la formuler intégralement. Comme ses prédécesseurs, A. Carriat est persuadé que Tristan a influencé Racine, tout en affirmant que le second a surpassé le premier. Toutefois, il n'admet pas la relation de causalité instaurée par Bernardin, estimant finalement que le théâtre de Tristan n'est qu'une « préfiguration »[143] du théâtre racinien. Ce mot suppose, comme celui de *précurseur*, une part d'anticipation mais, à la différence de ce dernier, il n'implique pas un rapport fondé sur la nécessité. A. Carriat s'efforce ainsi de renouveler la critique tristanienne, sans pour autant s'en détourner complètement. A l'inverse, Claude Abraham, qui en 1980 consacre une étude à Tristan, semble souscrire à la thèse de Bernardin :

> La poésie, la splendeur magnifique des tirades méritent mieux que la tombe et l'oubli. Encore plus important : que l'on souhaite voir en Tristan un écrivain de plein droit ou un précurseur de Racine, il a dans *Osman* réussi à créer une atmosphère que jamais personne n'avait donnée auparavant, et que seul Racine *devait* faire après lui[144].

---

[141] A. Carriat, préface pour *Le Théâtre complet de Tristan L'Hermite*, p. IX.

[142] *Ibid.* Remarquons au passage la présence de la métaphore picturale, récurrente dans la critique tristanienne (voir *supra*, p. 46, 52 et 57).

[143] A. Carriat, *op. cit.*, p. IX.

[144] C. Abraham, *Tristan L'Hermite*, Boston, Twayne publishers, 1980, p. 105 ; nous traduisons et soulignons. Le critique établit entre les personnages des deux dramaturges des comparaisons que nous avons déjà rencontrées : il rapproche la fille du muphti d'Hermione, Selim d'Oreste (p. 103-104) et Fauste de Phèdre (p. 98). Le caractère obsédant de la comparaison entre Tristan et Racine est encore illustré par

Une tradition critique s'est donc maintenue. Puisant ses racines dans l'histoire littéraire de la fin du dix-neuvième siècle, elle se perpétue ensuite durant de longues décennies ; et dans l'ensemble, les arguments développés par les critiques sont plutôt concordants. Malgré des variantes inévitables dans le détail de l'argumentation, les critiques retiennent avant tout le caractère psychologique des tragédies de Tristan qui, comme Racine, donne à la passion un langage susceptible d'exprimer la vérité et la complexité des sentiments. Plus précisément, les critiques sont frappés par les nombreuses similitudes qui rapprochent les principaux personnages des deux dramaturges, et refusent de mettre ces analogies sur le compte du hasard. De fait, il existe entre les pièces des deux auteurs des correspondances presque parfaites : *Andromaque* fait écho à *La Marianne*, *Britannicus* à *La Mort de Sénèque*, *Phèdre* à *La Mort de Chrispe* et *Bajazet* à *Osman*. En outre, ces pièces suivent, dans la carrière de chacun des deux écrivains, le même ordre chronologique. Enfin et surtout, on y découvre des schémas dramatiques et des types de personnages identiques : la femme victime d'un homme puissant (Marianne, Andromaque, Junie), celle qui par jalousie fait mourir l'homme qu'elle aime (Fauste, la fille du muphti, Roxane, Phèdre), ou encore le tyran qui se laisse entraîner par sa folie meurtrière (Hérode, Néron). A travers la variété des situations, se dessine une véritable typologie de la passion, où se mêlent des sentiments très contrastés. Une seule tragédie de Tristan ne trouve pas son équivalent dans le théâtre de Racine : *Panthée*[145] ; mais le thème de la passion amoureuse y occupe une place centrale. Un autre effet de dissymétrie apparaît, lié au fait

---

l'analyse de J. Scherer : « Hérode est tout-puissant, sauf qu'il est dominé par l'amour qu'il éprouve pour celle qui est matériellement en son pouvoir. Ce sera la situation de Pyrrhus devant Andromaque. En même temps, Hérode ne peut, en perdant l'être aimé, que provoquer irrémédiablement son propre désespoir. Ce sera la situation de Roxane devant Bajazet » (*Théâtre du XVIIe siècle II*, Paris, Gallimard, Pléiade, 1986, p. 1321) ; « Tristan a pris dans le récit des *Annales*, non point l'image du monstre naissant que tracera Racine, mais celle du monstre confirmé qui a déjà derrière lui une longue suite de crimes » (p. 1338) ; « [Tristan] mérite une place d'honneur, même à côté de celle de Racine, dans la galerie des images littéraires qui ont été proposées de ce fascinant personnage historique » (p. 1339). Voir aussi J. Morel, qui affirme que *La Mort de Chrispe* « annonce *Phèdre* » (*La Tragédie*, Paris, Colin, 1964, p. 52). Le critique dit encore : « *Le Tragique, dans les œuvres de Tristan, réside dans une claire et fatale tension entre le ciel et la terre. C'est ce qui a autorisé un de ses historiens à le désigner* comme un précurseur de Racine » (*ibid.* ; l'auteur souligne). Comme le montre cette dernière phrase, Bernardin est tellement présent dans l'esprit de ses successeurs qu'il n'est même plus nécessaire de le nommer.

145 La relative désaffection dont souffre *Panthée* trouve peut-être son origine dans la lecture défavorable qu'en avait faite d'Aubignac à l'époque de sa création. Voir à ce sujet notre chapitre 5, p. 285 et *sqq.*

qu'un même personnage peut en contenir plusieurs : ainsi, Hérode est tour à tour comparé à Pyrrhus, Hermione, Oreste et Athalie, le caractère polymorphe du personnage autorisant ces différents rapprochements. Parallèlement, Hermione rappelle, outre Hérode, Araspe et la fille du muphti. Mais les commentateurs s'accordent aussi à reconnaître les faiblesses de Tristan, estimant en effet que Racine acheva le travail entrepris par son prédécesseur pour le porter à son plus haut degré. Autour de cette thèse s'est constitué un ensemble de métaphores : le père et le fils, l'ombre et la lumière, l'esquisse et le chef-d'œuvre, etc. – autant d'images qui visent à montrer que le théâtre de Tristan ne réalise qu'un processus en cours[146].

L'idée a surgi dans l'esprit d'un amateur éclairé ; reprise plus de vingt ans après par un universitaire, elle s'est progressivement constituée en lieu commun de l'histoire littéraire. A l'origine, elle est le résultat d'une rencontre fortuite, mais elle a ensuite fait l'objet d'une véritable institutionnalisation, avant de se figer presque définitivement. La critique tristanienne s'est donc construite et même cristallisée autour de la notion de précurseur : c'est là qu'elle a pris naissance, à tel point que la plupart des commentateurs, même les plus récents, y font volontiers référence[147]. Pourtant, une différence majeure sépare les critiques de la fin du dix-neuvième siècle des critiques actuels : alors que les premiers font de

---

[146] L'image du germe, en particulier, se retrouve chez J. Scherer à propos du classicisme en général : « Le classicisme ne doit pas se chercher seulement dans son épanouissement, mais aussi là où il ne s'est pas encore trouvé, où il n'existe encore qu'en germe, où il ne sait pas encore qu'il est déjà le classicisme » (*La Dramaturgie classique en France*, Paris, Nizet, 1950, p. 427).

[147] Voir par exemple C. Abraham dans son édition de *La Marianne*, p. 19-26 dans *Œuvres complètes*, t. IV, publié sous la dir. de R. Guichemerre, Paris, Champion (Sources classiques), 2001 : « Ici, comme plus tard chez Racine, les scènes sont des entrevues, et les regards vouent les participants à l'incommunicabilité » (introd., p. 24) ; « Si, avec sa première tragédie, Tristan n'a pas encore atteint le sommet de sa dramaturgie, il a quand même montré à ses contemporains – et éventuellement à Racine – ce que c'était que la tragédie psychologique et, comme Racine, il a bien vu et démontré que la *poésie* et le *tragique* ne pouvaient exister l'un sans l'autre » (*ibid.*, p. 26). On aura remarqué, dans cette dernière phrase, la prudence du critique (« éventuellement », « comme Racine ») qui, en se bornant à établir des comparaisons, ne soutient pas que Tristan a influencé Racine. Voir encore N. Mallet qui, dans son édition d'*Osman* (p. 445-554 dans *Œuvres complètes*, t. IV, éd. cit.), ne peut s'empêcher de constater : « La Fille du muphti […] fait figure d'une Hermione avant l'heure par sa jeunesse invulnérable, l'intensité du combat intérieur que se livrent sa passion et son amour-propre bafoué, son recours pour se venger aux services d'un intermédiaire amoureux, l'obstination avec laquelle elle s'accroche à sa vengeance pour être finalement déchirée et anéantie par l'amour » (introd., p. 457).

Tristan un précurseur de Racine, les seconds, plus nuancés, estiment, simplement que le théâtre de Tristan préfigure celui de Racine. A l'inverse du qualificatif de *précurseur*, le verbe *préfigurer* n'implique nullement une relation de cause à effet[148]. En outre, les critiques les plus récents, à la différence de leurs prédécesseurs, ne réduisent pas l'œuvre de Tristan à ses tragédies et, lorsqu'ils se tournent vers ses autres textes, ne font pas nécessairement de lui « le précurseur de Racine »[149]. Alors que, pour Bernardin, cette idée représentait le point d'aboutissement d'une longue démonstration, les critiques actuels la prennent comme point de départ, soit pour y adhérer soit pour la contester. Il n'en reste pas moins qu'au regard de l'histoire littéraire Tristan garde peu ou prou cette image de précurseur de Racine. Ainsi, des dictionnaires de littérature récents se font encore l'écho de ce discours critique, qu'il convient en même temps de dépasser : « [Tristan] est plus qu'un 'précurseur' de Racine (qui le pille) ou de Corneille, et sa *Marianne*, juste après la *Sophonisbe* de Mairet, a établi le prestige du genre tragique »[150] ; « les déchirements de l'amour et de la jalousie y sont rendus d'une manière déjà racinienne, grâce à un style à la fois homogène, dépouillé et soutenu, qui permet un pathétique sûr. »[151] Cette idée, devenue un véritable lieu commun, appartient en propre à la critique tristanienne et n'a donc que très rarement touché la critique racinienne[152]. Cet écart s'explique à l'origine par le besoin de légitimité

---

[148] *Préfigurer* signifie « avoir tous les caractères de (une chose à venir) » (*Dictionnaire de la langue française*, Paris, Société du nouveau Littré, 1968, p. 1374). Voir *supra*, p. 60.

[149] Il suffit, pour s'en convaincre, de consulter les éditions critiques les plus récentes : voir, par exemple, l'édition des *Vers héroïques* par C. M. Grisé (*op. cit.*), l'édition des *Lettres mêlées* par C. M. Grisé (Genève-Paris, Droz, Minard, 1972), l'édition de *La Lyre* par J.-P. Chauveau (Paris-Genève, Droz, 1977) ou l'édition du *Page disgracié* par J. Prévot (Paris, Gallimard, Folio classique, 1994). Voir aussi l'édition des *Œuvres complètes*, éd. cit.

[150] A. Viala, art. « Tristan » dans *Dictionnaire des littératures de langue française*, dir. J.-P. de Beaumarchais, D. Couty et A. Rey, 3 vol., Paris, Bordas, 1987, p. 2503.

[151] *Dictionnaire des littératures française et étrangères*, dir. Jacques Demougin, Paris, Larousse, 1992, p. 1640.

[152] Sans avoir fait à ce sujet de recherche systématique, nous avons trouvé une référence à Tristan dans une édition du *Théâtre complet* de Racine : « Racine avec *Phèdre* joue la difficulté : sujet fascinant, mais usé, tant on l'a traité depuis un siècle et demi. L'étude des *Phèdres* antérieures et de leurs substituts [Note : En particulier *la Mort de Chrispe* de Tristan (1644) que les jésuites préfèrent au sujet trop scabreux d'Euripide et de Sénèque], éclairent singulièrement la genèse de l'œuvre » (A. Stegmann, préface du *Théâtre complet* de Racine, t. II, Paris, Garnier-Flammarion,

dont avait besoin un Tristan complètement ignoré à la fin du dix-neuvième siècle : en le rapprochant de Racine, les premiers commentateurs lui permirent d'accéder à la reconnaissance et lui conférèrent même un certain prestige. Parallèlement, si la critique racinienne n'a presque jamais considéré Racine comme un possible héritier de Tristan, c'est sans doute que cette filiation, réelle ou imaginaire, n'était pas de nature à nourrir le prestige dont est auréolé l'auteur de *Phèdre*, à qui on préfère reconnaître des ancêtres plus valorisants comme Euripide[153].

2. Un « précurseur de la tragédie psychologique »

Plus largement, Tristan est défini comme le précurseur de la tragédie psychologique[154]. Son œuvre dramatique constituerait donc la première étape d'un vaste mouvement esthétique, dont Racine apparaît comme le principal représentant. Dès 1879, dans son *Histoire de la littérature française au dix-septième siècle*, le critique allemand Friedrich Lotheissen formule pour la première fois cette hypothèse : « La *Marianne* est une des rares tragédies, antérieures au *Cid*, dans lesquelles ait été fait un essai de la peinture des caractères. Le poète avait un pressentiment que la foule des événements ne suffit pas pour remplir un ouvrage dramatique »[155]. Le critique estime cependant cette œuvre inférieure à bien d'autres :

> On ne trouve pas dans la pièce une véritable intrigue dramatique, une progression qui maintient la tension jusqu'à la crise décisive. En outre, la langue est négligée, souvent maniérée ou triviale. Comme il y a loin

---

1965, p. 195). J. Pommier affirme, à son tour, que Racine a connu *La Mort de Chrispe* (*Aspects de Racine* suivi de *L'Histoire littéraire d'un couple tragique*, Paris, Nizet, 1954, p. 190), ce qui le conduit à établir quelques rapprochements entre la pièce de Racine et celle de Tristan (p. 349 n., 372 n. et 379 n.). Dans *La Carrière de Jean Racine* (Paris, Gallimard, 1961), R. Picard mentionne Tristan à plusieurs reprises, mais il ne le présente jamais comme un possible inspirateur de Racine.

[153] Il semble qu'un processus similaire ait touché l'*Iphigénie* de Rotrou (voir *Théâtre complet II*, publié sous la dir. de G. Forestier, Paris, Société des Textes Français Modernes, 1999, p. 346-347).

[154] Consciente de la différence entre tragédie psychologique et tragédie de caractère – la seconde, à la différence de la première, étant centrée sur un personnage particulier –, nous avons cependant choisi de ne pas en tenir compte car, à propos de Tristan, les critiques mêlent les deux notions.

[155] F. Lotheissen, *Geschichte der französischen Literatur im XVII. Jahrhundert*, t. II, Wien, Gerold's Sohn, 1877-1884, p. 119. Trad. d'A. Dietrich, introd. pour *Le Page disgracié*, Paris, Plon, 1898, p. XVII-XVIII.

de *La Marianne* à la composition, dramatique et pleine d'art, du *Cid*[156] !

En 1897, Gustave Reynier collabore à l'*Histoire de la langue et de la littérature française* dirigée par Petit de Julleville et, dans son chapitre consacré à Corneille et à ses contemporains[157], il analyse brièvement le théâtre de Tristan. Malgré ses maladresses, l'auteur de *La Marianne* aurait été à l'origine de la tragédie psychologique – affirmation qui permet au critique d'opposer à la simplicité de cette dernière la complexité de la tragédie d'action :

> [Tristan] a entrevu que le fond [d'une œuvre dramatique] devait être l'étude des caractères et que l'étrangeté des situations, la complication des intrigues étaient des agréments d'un ordre inférieur, dont elle pouvait se passer. A 'l'extraordinaire' il a paru préférer le naturel. C'est à ce point de vue, mais à ce point de vue seulement, qu'on peut le considérer comme un précurseur[158].

En 1946, Arland affirme à son tour que *La Marianne* est « la première tragédie française qui offre des lignes aussi simples et la première qui fasse de l'étude d'une passion son objet essentiel »[159]. Cette pièce marquerait donc l'aube d'une ère nouvelle, où la psychologie serait devenue le cœur même de la tragédie :

> Une autre époque apparaît, un autre esprit, un art véritable. C'est une nouvelle harmonie ; sur les personnages et leurs actions, si passionnés qu'ils soient, c'est une lumière plus délicate et plus naturelle [...]. L'action, mieux justifiée, prolonge et révèle les personnages ; les caractères sont plus finement étudiés ; la passion même a ses nuances, et l'on pressent déjà qu'un théâtre peut naître, qui saurait se satisfaire de ces subtiles analyses. Une humanité pathétique se fait sentir : la pièce se ramasse autour du cœur humain comme autour de son secret essentiel[160].

---

[156] F. Lotheissen, *op. cit.*, p. 119. Nous traduisons.

[157] G. Reynier, chap. 6 : « Le théâtre au temps de Corneille », p. 346-406, t. IV : *Dix-septième siècle*, 1ère partie : 1601-1660 dans *Histoire de la langue et de la littérature française*, *op. cit.*.

[158] *Ibid.*, p. 399. Nous avons déjà rencontré ce genre de considération sur la complexité de la tragédie cornélienne (voir *supra*, p. 53).

[159] M. Arland, préface pour *Le Page disgracié*, *op. cit.*, p. 19.

[160] *Ibid.*, p. 17.

L'idée est ensuite développée par Elliott Forsyth en 1962 dans *La Tragédie de Jodelle à Corneille*[161]. Le critique y étudie en particulier la « tragédie préclassique », qui s'étend de 1634 à 1640 et à propos de laquelle on peut déjà parler de « crise », notion constitutive de la dramaturgie classique. Dans ce mouvement vers le classicisme, l'auteur de *La Marianne* occuperait une place de premier plan : « C'est cette pièce, du reste, qui, moins de deux ans après que *La Sophonisbe* eut fixé les lois relatives à la structure de la tragédie, orienta définitivement le théâtre tragique vers l'étude des caractères. »[162] Pour étayer sa thèse, le critique compare la pièce de Tristan à *La Mariamne* de Hardy, qui constitue l'une de ses principales sources[163] ; or, il remarque que le plus jeune des deux drama- turges a considérablement développé l'aspect proporement psychologique de l'intrigue[164], ce qui explique du reste que ses personnages sont animés de sentiments contradictoires : « Après l'exécution de Marianne, l'amour renaît dans le cœur d'Hérode, qui, se repentant de la décision que ses mauvais conseillers lui ont arrachée, est maintenant bouleversé par l'horreur de son forfait. »[165] En renouvelant la pièce de son prédécesseur, Tristan semble avoir « créé » dans le théâtre français « une tragédie réaliste et psychologique, où l'action consiste principalement dans le jeu intérieur des passions et des volontés »[166]. E. Forsyth voit donc en Tristan non le précurseur, mais le *fondateur* d'une esthétique nouvelle, qui s'est développée par la suite – proposition par laquelle il se démarque d'Arland, dont l'analyse se situait plus nettement dans une perspective téléologique. Le *fondateur*, à la différence du *précurseur*, se rapproche en effet du *novateur*, susceptible de créer une tradition nouvelle. Un mouvement semble donc se dessiner, suivant lequel la critique la plus récente tend à se détourner de la vision finaliste de l'histoire littéraire qu'avaient tenté d'imposer les générations précédentes[167].

---

[161] E. Forsyth, *La Tragédie de Jodelle à Corneille (1553-1640) : le thème de la vengeance*, Paris, Nizet, 1962.

[162] *Ibid.*, p. 362. Sur le rapport entre *La Marianne* et *La Sophonisbe*, voir notre chapitre 5, p. 277-278.

[163] Voir nos chapitres 2, p. 117-121 et 5, p. 275.

[164] Voir E. Forsyth, *op. cit.*, p. 362.

[165] *Ibid.*, p. 368.

[166] *Ibid.*, p. 399. Ce point sera repris dans notre chapitre 5, p. 275-278.

[167] De la même manière, A. Carriat substitue le mot *préfiguration* à celui de *précurseur* (voir *supra*, p. 60).

3. Un « précurseur du théâtre classique »

Un autre groupe de critiques définit Tristan comme un précurseur de la tragédie « classique »[168], qui, suivant les repères chronologiques fournis par l'histoire littéraire, occupe la seconde moitié du dix-septième siècle. Ainsi, dans *La Dramaturgie classique en France*, ouvrage publié en 1950, Jacques Scherer distingue dans le théâtre du dix-septième siècle trois grandes périodes : l'époque « archaïque » (1600-1630 environ), l'époque « préclassique » (1630-1650 environ) et l'époque classique, qui s'achève en 1677 avec *Phèdre*[169]. C'est Pierre Quillard le premier qui fait de Tristan un précurseur de la tragédie classique, élargissant ainsi la perspective adoptée par Bernardin. Né en 1864 et mort en 1912, ce poète symboliste, également critique littéraire, fut chargé à partir de 1894 de la rubrique « Poésie » au *Mercure de France*. Il s'engagea aussi dans l'action politique : dreyfusard, il se consacra ensuite à la défense du peuple arménien, avant de devenir un des membres fondateurs de la Ligue des droits de l'homme. En 1892, il consacre un article à la poésie de Tristan, ce qui ne l'empêche pas d'évoquer au passage son œuvre dramatique, et c'est alors qu'il le définit comme « un précurseur de la tragédie classique »[170]. Il faudra attendre ensuite 1946 pour que l'idée soit reprise par Arland : « Quelques insuffisances qu'elle présente, on dira que l'année où le génie de Corneille pour la première fois bouleversait notre scène, une première ébauche était produite d'un théâtre qui, trente ans plus tard, serait reconnu comme la pure et parfaite expression de l'esprit classique. »[171] Tristan aurait déjà en partie construit l'avenir, sans pour autant atteindre au génie :

> [Son] œuvre n'a ni la puissance, ni la souveraine beauté de la grande œuvre classique. Elle n'en assume ni le sens tragique ni l'obsession. Elle n'a pas sa profonde unité. [...] Tristan hésite, [...] se risque,

---

[168] Nous ne reprenons pas nécessairement à notre compte cette notion introduite par l'histoire littéraire ; mais, pour plus de commodité, nous ne mettons pas à chaque fois le mot entre guillemets.

[169] J. Scherer, *op. cit.*, p. 427-428.

[170] P. Quillard, « Les poètes hétéroclites II : François-Tristan L'Hermite », p. 317-333 dans *Le Mercure de France*, août 1892, cité p. 332.

[171] M. Arland, préface pour *Le Page disgracié*, *op. cit.*, p. 28.

tourne court. Et son œuvre en prend un aspect hétéroclite, à la fois curieux et décevant[172].

En dépit de ses faiblesses, l'auteur de *La Marianne* aurait donc contribué à l'avènement de la tragédie classique[173].

Il aurait, en particulier, inspiré Corneille qui, à partir des années 1640, semble avoir adhéré aux principes du classicisme. Après une période consacrée à la « tragédie héroïque ou romanesque »[174], l'auteur du *Cid* commence en effet à appliquer les règles de la tragédie classique, qui ne serait alors qu'en formation ; *Horace* et *Cinna*, pièces créées respectivement en 1640 et 1642, achèveraient ce tournant. Serret est le premier critique à rapprocher ainsi les deux dramaturges : « L'imprécation qu'Hérode lance contre les Juifs est déjà un modèle pour toutes celles qui suivront, pour les imprécations de Camille, par exemple. »[175] Quillard exprime exactement la même idée, tout en rappelant le lien qui existe entre Tristan et Racine : « Phèdre doit beaucoup à Fauste de *La Mort de Crispe*, 'innocente et coupable', autant que Camille aux imprécations d'Hérode contre les Juifs. »[176] Brunetière, quant à lui, est persuadé que le « modèle » du songe de Pauline se trouve dans le premier acte de *La Marianne*, au cours duquel Hérode raconte longuement son cauchemar : « Même coupe […] et presque mêmes mots. »[177] Le critique met également en parallèle le début de *La Mort de Chrispe* et les premiers vers de *Cinna*[178] – propos auxquels Henriot fait écho en ajoutant : « Toute proportion gardée, *La Mort de Sénèque*, c'est le *Polyeucte* de Tristan. »[179] Adam, pour sa part, compare la courageuse Marianne à Camille ainsi qu'à Emilie :

---

[172] *Ibid.*, p. 24-26.

[173] Cette opinion est partagée par J. Scherer : « Entre *Sophonisbe* et *Le Cid*, *La Marianne* occupe une place de premier plan. Elle prépare la voie aux chefs-d'œuvre de Corneille et de Racine » (*Théâtre du XVIIe siècle II, op. cit.*, p. 1323).

[174] Voir *supra*, p. 53.

[175] E. Serret, art. cit., p. 350. A opposer à la lecture de G. Bizos, qui voit dans ce passage de *La Marianne* une imitation de *La Sophonisbe* de Mairet (voir notre chapitre 3, p. 163-164).

[176] P. Quillard, art. cit., p. 332. Voir *La Mort de Chrispe*, V, 7, v. 1668.

[177] F. Brunetière, *Les Epoques du théâtre français*, Paris, Hachette, 1892, p. 14-15. Voir *Polyeucte*, I 3, v. 221-245 et *La Marianne*, I 3, v. 87-106 et 111-138.

[178] Voir *La Mort de Chrispe*, I 1, v. 1-4 et *Cinna*, I 1, v. 1-2.

[179] E. Henriot, *op. cit.*, p. 118.

Peut-être faut-il dire que la plus 'cornélienne' de ces héroïnes, au sens
que l'on donne d'habitude à ce mot, c'est Marianne. Camille est
tendre. Emilie se laisse conquérir par un dernier geste d'Auguste.
Marianne seule reste intransigeante, en dépit des preuves de tendresse
et d'amour qu'Hérode multiplie[180].

Sage, enfin, estime que l'héroïne de Tristan rappelle à la fois les
personnages de Racine et ceux de Corneille : « [Son] héroïsme risquait de
la faire inhumaine. Tristan lui a prêté quelques attendrissements : elle
compatit à la douleur de sa mère, elle pleure ses enfants au moment où elle
va les quitter : 'racinienne' par là autant que par ailleurs elle est
'cornélienne'. »[181] A. Carriat se rallie à cette dernière opinion lorsqu'il
présente à son tour l'épouse d'Hérode comme « une héroïne cornélienne
avant la lettre »[182]. Malgré l'effet d'éclatement qu'elles ne manquent pas
de produire, ces micro-analyses font apparaître une seule et même idée :
par son courage et sa constance, la Marianne de Tristan s'apparente aux
personnages cornéliens d'après 1640, au point de se révéler plus
cornélienne que les héros de Corneille eux-mêmes. Paradoxalement donc,
elle réunirait à elle seule des traits appartenant à la fois au théâtre cornélien
et au théâtre racinien : elle est en effet décrite tantôt comme un personnage
racinien, semblable à Andromaque, par la situation de faiblesse dans
laquelle elle se trouve, tantôt comme un personnage cornélien, comparable
à Emilie ou à Camille, par la force de caractère qu'elle dégage[183]. Grâce à
ce personnage ambivalent, la première tragédie de Tristan parviendrait, en
somme, à réconcilier ceux que la critique a coutume d'opposer.

Enfin, certains critiques ont cru pouvoir reconnaître en Tristan un
précurseur de Molière qui, lui aussi, figure parmi les auteurs classiques.

---

[180] A. Adam, *Histoire de la littérature française du dix-septième siècle*, t. I, Paris,
A. Michel, 1997 (1ère éd. 1948), p. 546.

[181] P. Sage, *Le Préclassicisme*, Paris, del Duca, 1962, p. 265. A propos du corné-
lianisme de Tristan, voir aussi A. Soaré, « Les inquiétudes cornéliennes de Tristan
L'Hermite », p. 32-52 dans *Actes d'Athens*, actes du XXIVe colloque de la North
American Society for Seventeenth-Century French Literature, Paris-Seattle-Tübingen,
Papers on French Seventeenth Century Literature, 1993.

[182] A. Carriat, préface pour l'édition du *Théâtre complet de Tristan L'Hermite*,
op. cit., p. IX. Cette idée était déjà présente chez L. Herland (« Eléments précornéliens
dans *La Mort de Pompée* de Corneille », p. 1-15 dans *Revue d'histoire littéraire de la
France*, janvier 1950).

[183] Corneille appartenant à la même génération que Tristan, nous serons amenée à
établir entre les deux auteurs quelques comparaisons (voir notre chapitre 5, p. 283).

Serret commente en ces termes le passage où Hérode se laisse attendrir par les pleurs de son épouse[184] : « Molière, qui connaissait *Marianne* et qui devait l'apprécier, a imité par deux fois ce beau mouvement de passion, d'abord dans *L'Ecole des femmes*, lorsque Arnolphe s'emporte contre l'innocente Agnès, puis dans *Le Misanthrope*, quand Alceste, trahi, se trouve en présence de Célimène. »[185] Curieusement, le critique ne songe même pas à fonder sa comparaison sur *Le Parasite* – manière pour lui de montrer une nouvelle fois sa préférence pour les tragédies de Tristan[186]. Bernardin, quant à lui, rapproche deux scènes du *Parasite* d'un passage d'*Amphitryon* : « Alcidor, après vingt ans d'absence, revient frapper à sa porte, et est aussi mal reçu par les gens, qui ne le connaissent pas, que le sera Amphitryon par Mercure sous les traits de Sosie (III, 2). »[187] Mais les critiques voient surtout dans *Le Parasite* une des sources possibles de *L'Etourdi*. C'est Eugène Rigal, spécialiste de Hardy, qui le premier établit ce parallèle. Dans un article publié en 1893[188], il constate en effet de nombreux points communs entre les deux comédies, tout en affirmant que Molière a puisé l'essentiel de son inspiration dans l'*Inavvertito* de Barbieri[189]. Aussi s'attache-t-il principalement à comparer les intrigues respectives des pièces de Tristan et de Molière :

Lélie veut pénétrer chez Trufaldin afin d'entretenir librement Célie, comme Lisandre veut pénétrer chez Manille afin d'entretenir Lucinde. Il prétend venir de Tunis comme Lisandre de Tunis, d'Alger, de Jaffe, de Tyr, du Caire [...]. Une inquiétude l'arrête un instant, comme elle arrête le parasite Fripesauces, et Mascarille la dissipe à peu près de la même façon que la servante Phénice [...]. Lisandre [...] ne songe guère qu'au bonheur où le mettra la vue de Lucinde ; il oblige Fripesauces à lui faire cent recommandations, après lesquelles il ne laisse pas de lui poser des questions futiles. C'est aussi l'attitude de Lélie vis-à-vis de Mascarille [...]. Molière, ayant commencé à imiter

---

[184] Voir *La Marianne*, III 2, v. 877-878.

[185] E. Serret, art. cit., p. 347-348. Voir *L'Ecole des femmes*, V 4 et *Le Misanthrope*, IV 3. Il est remarquable que la comparaison se fasse avec *Le Misanthrope*, pièce traditionnellement considérée comme le type même de la comédie classique.

[186] Voir *supra*, p. 41.

[187] N.-M. Bernardin, *op. cit.*, p. 523. Voir *Le Parasite*, IV 3.

[188] E. Rigal, « *Le Parasite* de Tristan et *L'Etourdi* de Molière » dans *Revue universitaire*, 15 février 1893. Article repris dans *De Jodelle à Molière*, Paris, Hachette, 1911, p. 291-302.

[189] Voir *ibid.*, p. 291-292.

la comédie de Tristan, [...] est entraîné à en imiter aussi le dénouement[190].

L'idée est reprise et amplifiée par Jacques Madeleine. Né en 1859 et mort en 1941, cet écrivain voua une grande admiration à Tristan. En 1934, à l'occasion d'une réédition du *Parasite*[191], il remarque des similitudes entre la comédie de Tristan et celle de Molière et, dès l'introduction, prévient le lecteur du mode d'interprétation qui va être le sien : « On va trouver notées, au bas des pages du texte, d'assez fréquentes rencontres du *Parasite* avec *L'Etourdi*, ou de *L'Etourdi* avec *Le Parasite* »[192]. Le critique en donne déjà un premier aperçu :

> Parfois, il ne s'agit que de mots [...], orthographiés de la même façon, ce qui est déjà singulier : 'scoffions', pour escoffions, 'espouster' pour espousseter. Mais aussi parfois, c'est tout un vers où l'on est obligé de reconnaître une certaine parenté. Tristan dit vers 301 : 'Je m'en allais la voir, cette belle assassine' ; Molière : 'Que dit-elle de moi, cette gente assassine'[193]...

Loin d'attribuer ces analogies au hasard, Madeleine voit en Molière un héritier certain de Tristan : « Une influence d'un des deux poètes sur l'autre est [...] indéniable. Mais qui est celui qui l'a subie ? Ce n'est assurément pas Tristan ; les dates s'inscriraient en faux contre cette assertion. »[194] En effet, comme le rappelle le critique, *L'Etourdi* fut représenté pour la première fois en 1655, alors que *Le Parasite* le fut en 1653[195]. En outre, Molière avait déjà eu l'occasion de rencontrer son aîné : « Il s'est rendu à Paris plusieurs fois en 1653-1654 ; et il connaissait fort bien Tristan qui lui avait donné pour l'Illustre Théâtre *La Mort de Sénèque*. »[196] En 1957, dans son ouvrage consacré au théâtre comique français, Robert Garapon adopte

---

[190] *Ibid.*, p. 295-298. Le critique cite les vers 1351 à 1356 (IV 6) de *L'Etourdi* et la scène 4 de l'acte Ier du *Parasite*.

[191] *Le Parasite*, préface de J. Madeleine, Paris, Droz, 1934.

[192] *Ibid.*, p. XV.

[193] *Ibid.*, p. XV-XVI.

[194] *Ibid.*, p. XVI.

[195] *Ibid.* Voir notre chapitre 7, p. 374.

[196] *Le Parasite*, éd. cit. p. XVI. Voir notre chapitre 6, p. 323.

sur ce point une perspective plus large puisqu'il présente Tristan comme un intermédiaire entre Scarron[197] et Molière :

> Scarron tombe dans le mécanisme pur et simple. [...] il pourrait continuer indéfiniment son accumulation [...]. De ce point de vue, le Capitan que Tristan nous présente dans *Le Parasite* dépasse de très loin le grossier fantoche des *Boutades*. [...] il semble bien que Scarron comme Thomas Corneille, Tristan comme Quinault aient tiré d'un fonds spécifiquement français les fantaisies verbales dont leurs modèles ne leur avaient donné (quand ils la donnaient) qu'une très vague indication [...]. Aussi bien n'est-il pas sans intérêt de remarquer que, dès le milieu du XVIIe siècle, une synthèse se prépare, au sein de notre comédie, entre les influences extérieures et la tradition française – cette synthèse que Molière réalisera avec la maîtrise du génie[198].

Le Parasite aurait donc contribué à l'émergence d'une forme de comédie qui, après avoir reçu des influences étrangères et s'en être progressivement libérée, s'affirmerait comme spécifiquement française. Mais plus largement encore, Tristan fait figure de précurseur du classicisme à travers les principaux genres dramatiques qu'il a pu pratiquer.

4. Un auteur « préclassique »

Cette lecture s'étend jusqu'à son œuvre poétique, puisque Tristan est considéré, sinon comme un précurseur, du moins comme l'un des inspirateurs de La Fontaine, poète que l'histoire littéraire associe généralement au classicisme. Ainsi, selon Arland, *L'Orphée* « laisse prévoir l'*Adonis* de La Fontaine »[199], idée qu'A. Carriat reprend en 1955 lorsqu'il affirme, à propos du même texte de Tristan, qu'« on perçoit déjà les résonances de l'*Adonis* »[200]. En 1983, Jean-Pierre Collinet, spécialiste de La Fontaine,

---

[197] A propos du rapport entre Tristan et Scarron, voir notre chapitre 6, p. 344.

[198] R. Garapon, *La Fantaisie verbale et le comique dans le théâtre français du Moyen Age à la fin du XVIIe siècle*, Paris, Colin, 1957, p. 212-216. L'idée avait déjà été suggérée en 1908 par E. Lintilhac qui, à propos du *Parasite*, écrivait : « Le tout nous achemine sensiblement de Scarron à Molière » (*La Comédie. Dix-septième siècle*, t. III de l'*Histoire générale du théâtre en France*, Paris, Flammarion, 1908, p. 119).

[199] M. Arland, préface pour *Le Page disgracié*, *op. cit.*, p. 9. Au sujet de *L'Orphée*, voir notre chapitre 2, p. 133.

[200] A. Carriat, *Tristan ou l'éloge d'un poète*, Limoges, Rougerie, 1955, p. 112.

apporte sa contribution aux *Cahiers Tristan*[201]. Faisant écho à la phrase
d'A. Carriat, il se propose de révéler l'influence que, selon lui, Tristan a
exercée sur La Fontaine, et se trouve ainsi amené à comparer de nombreux
textes qui, suivant ses propres termes, témoignent d'« une affinité
profonde »[202] entre les deux poètes. Il constate d'abord que *L'Eunuque*, la
première œuvre du futur fabuliste, « se situe dans le sillage immédiat du
Parasite »[203]. Plus tard, lorsque La Fontaine loue la beauté de Mlle
Colletet, il « imite » le *Portrait d'une rare beauté*, le *Talisman* et l'ode *Sur
un portrait*[204]. Quant à l'*Adonis*, il n'est pas seulement comparé à
L'Orphée : « La Fontaine trouvait indiqué le sujet dans une des *Lettres
mêlées*, adressée [...] au berger Silvio par la nymphe Dorinde. »[205]
Remarquant encore que *Le Songe de Vaux* « ne doit pas moins à
Tristan »[206], le critique expose en détail tous les emprunts de La Fontaine à
son devancier. Il repère ensuite des similitudes qui « restent de détail et de
surface » car, dit-il, elles « sont dues au hasard ou s'expliquent par le
recours aux mêmes lieux communs »[207]. En revanche, l'apport de Tristan
aux *Fables* mériterait particulièrement l'attention : « La Fontaine, à qui le
Page disgracié montrait la voie lorsqu'il distrayait un jeune prince avec
l'histoire du Loup et de l'Agneau, trouvait rassemblés dans l'*Orphée*
quelques spécimens de son bestiaire. »[208] Le grand poète apparaît donc
comme un « héritier », un « continuateur » de Tristan, même si dans les
Fables « la supériorité de l'imitateur en densité comme en force expressive
ne peut être contestée »[209]. En évitant le mot *précurseur*, le critique
s'écarte de la vision téléologique de l'histoire littéraire[210]. Dans son
ouvrage consacré à La Fontaine, publié en 1997, Marc Fumaroli affirme à
son tour que le fabuliste a été marqué par Tristan :

---

[201] J.-P. Collinet, « La Fontaine et Tristan », p. 59-68 dans *Cahiers Tristan
L'Hermite*, n° 5 : *Tristan poète lyrique*, 1983.

[202] *Ibid.*, p. 59.

[203] *Ibid.*, p. 60.

[204] *Ibid.* Voir *Les Plaintes d'Acante et autres œuvres*, *op. cit.*, p. 95, 122 et 209.

[205] J.-P. Collinet, art. cit., p. 60. Voir *Lettres mêlées*, *op. cit.*, p. 112-121.

[206] J.-P. Collinet, art. cit., p. 60.

[207] *Ibid.*, p. 62.

[208] *Ibid.* Voir *Le Page disgracié*, *op. cit.*, p. 33-34 ; et *La Lyre*, *op. cit.*, p. 41-80.

[209] J.-P. Collinet, art. cit., p. 62.

[210] Cet aspect de la critique tristanienne a déjà été rencontré (voir *supra*, p. 55).

Parmi les plaisirs que La Fontaine énumérera dans son *Hymne à la Volupté*, qui conclut *Les Amours de Psyché* en 1669, on retrouve tous ceux que préférait le très raffiné poète italien pensionné par la reine-mère :

'J'aime le jeu, l'amour, les livres, la musique ...' (v. 25)

Mais La Fontaine y joint ceux que préférait le très tendre Tristan :

'Les forêts, les eaux, les prairies,
Mères des douces rêveries ...' (v. 23-24)

Enfin, il fait culminer toutes les voluptés en un vers, l'un des plus beaux de notre langue, qui rend un merveilleux hommage au lyrisme du poète des *Plaintes d'Acante* :

'Jusqu'au sombre plaisir d'un cœur mélancolique ...' (v. 38)[211].

Aux yeux du critique, *L'Orphée* annonce déjà certains poèmes de La Fontaine :

> L'amitié, la mélancolie, le repos, le sommeil et le chant, l'harmonie de la voix et les reflets des eaux, il ne manque que l'insaisissable touche d'ironie détachée et voluptueuse, propice à La Fontaine, pour que nous soyons déjà transporté, avec cette musique de l'âme, dans *Le Songe de Vaux* ou dans *Psyché*[212].

L'influence, supposée, de Tristan sur l'auteur des *Fables* se manifeste donc à travers des thèmes et des genres extrêmement variés.

Enfin, le récit autobiographique de Tristan, *Le Page disgracié*, est défini comme un roman préclassique. En 1914, Gustave Reynier fait paraître une étude sur *Le Roman réaliste au dix-septième siècle*, dans laquelle il analyse en particulier les « romans autobiographiques »[213] et « romans à clefs » que sont les *Fragments d'une histoire comique* de Théophile, *Le Roman satyrique* de Lannel, la *Chrysolite* de Mareschal et *Le*

---

[211] M. Fumaroli, *Le Poète et le roi : Jean de La Fontaine en son siècle*, Paris, Fallois, 1997, p. 121-122.

[212] *Ibid.*, p. 122.

[213] A propos de cette notion, voir *infra*, p. 111.

Page disgracié[214]. Or, selon le critique, « on discerne déjà chez Tristan les qualités 'classiques' de composition et de choix »[215]. G. Reynier remarque, en effet, que l'auteur du *Page disgracié* « sait le plus souvent faire le départ entre les précisions utiles et celles qui encombreraient sans profit la narration »[216]. Le critique cite, à titre d'exemple, deux passages dans lesquels le narrateur montre son désir de ne pas s'encombrer de détails superflus : « Je ne vous dirai point quelles montagnes je franchis ni quels ruisseaux je passai avant que de voir cette ville capitale de l'Ecosse [...]. Je ne m'amuserais point à vous dire ici comme nous fîmes le matelotage. »[217] C'est donc par sa sobriété que *Le Page disgracié* annoncerait les romans de la fin du siècle.

A l'issue de ce long parcours, nous voyons se dessiner une première image de Tristan, celle d'un auteur préclassique. Précurseur de Racine, mais aussi de Corneille et de Molière, il se trouve associé aux trois grands représentants du théâtre classique. Toutefois, des glissements successifs se sont opérés : de précurseur de Racine Tristan est devenu précurseur de la tragédie psychologique, avant de s'imposer comme l'un des précurseurs de la tragédie classique, pour enfin être considéré comme un précurseur de Molière. Cette image de précurseur du classicisme finit par toucher les autres genres pratiqués par l'auteur : sa poésie s'apparenterait ponctuellement à celle de La Fontaine, et son récit autobiographique préfigurerait les romans classiques. Tristan serait donc l'auteur préclassique par excellence, même si c'est surtout en tant que dramaturge qu'il reçoit ce qualificatif, et ce n'est pas un hasard si la critique a retenu principalement ses pièces de théâtre, étant donné qu'il reste avant tout le précurseur de Racine[218].

---

[214] G. Reynier, *Le Roman réaliste au dix-septième siècle*, Paris, Hachette, 1914, chap. X.

[215] *Ibid.*, p. 250.

[216] *Ibid.*

[217] *Ibid.* Voir *Le Page disgracié*, Paris, Gallimard (Folio classique), 1994, p. 152-158. *Cf.* l'interprétation que nous faisons de ces passages dans notre chapitre 5, p. 315.

[218] Sur cette forme de sélection, voir *infra*, p. 83.

B. La notion de classicisme

1. Des œuvres préclassiques

Tristan n'est cependant pas le seul écrivain de son temps à avoir été considéré comme un précurseur du classicisme[219]. Ainsi, dans un article publié en 1907, où il compare *La Mort de Mithridate* de La Calprenède au *Mithridate* de Racine[220], Pierre Médan se propose de mesurer l'influence du premier sur le second – démarche qui répond avant tout à un souci d'objectivité :

> La critique impartiale ne doit négliger aucune indication ; c'est un devoir pour elle de soumettre les chefs-d'œuvre mêmes à son enquête rigoureuse, de remonter à leurs sources, d'établir ce qu'ils doivent aux œuvres antérieures et de dégager ainsi, en toute connaissance de cause, la véritable originalité de leur auteur[221].

Selon Médan, la pièce de La Calprenède est incontestablement inférieure à celle de Racine, bien que, comme dans les tragédies du « grand écrivain », la psychologie y occupe déjà une place importante :

> Nous nous plaisons à reconnaître que La Calprenède paraît avoir pressenti l'élément nouveau dont l'art de Corneille et de Racine allait bientôt enrichir la tragédie renouvelée : la force de la peinture des caractères et la profondeur de l'analyse psychologique[222].

Bérénice, dont le mari Pharnace a trahi son père en s'alliant aux Romains et qui a préféré prendre parti pour Mithridate, annoncerait ainsi les personnages de Racine : « Ses incertitudes et ses douloureuses hésitations nous offrent comme l'ébauche inexpérimentée des âmes tourmentées et

---

[219] Voir notre article « L'exemple d'auteurs 'préclassiques' redécouverts en France à la fin du XIXᵉ siècle : enjeux esthétiques et idéologiques » dans *L'Histoire littéraire au seuil du XXIᵉ siècle : controverses et consensus*, actes du colloque de l'Université de Strasbourg II (12-17 mai 2003), Paris, P.U.F, 2005.

[220] P. Médan, « Un Gascon précurseur de Racine. *La Mort de Mithridate* de La Calprenède et le *Mithridate* de Racine », p. 44-63 dans *Revue des Pyrénées*, 1ᵉʳ trim. 1907. La tragédie de La Calprenède fut sans doute jouée en 1635 (voir J. Scherer, *Théâtre du XVIIᵉ siècle II, op. cit.*, p. 1293).

[221] P. Médan, art. cit., p. 44. De même, Serret cherchait à déterminer les sources de Racine (voir *supra*, p. 36).

[222] P. Médan, art. cit., p. 63.

endolories dont Racine dévoilera sur scène les angoisses. »[223] En définitive, Médan fait jouer à la pièce de La Calprenède un rôle transitoire : « Sa tragédie montre un progrès dans cette évolution vers un art plus vivant et plus parfait dont la tragédie classique sera la magnifique floraison. »[224] Cette lecture de l'histoire littéraire est même défendue par un critique récent comme J. Scherer, qui affirme par exemple que, dans sa *Sophonisbe*, Mairet a commencé à imposer les règles de la tragédie classique. Cette pièce semble donc avoir exercé une influence décisive sur le devenir de ce genre dramatique :

> C'est à partir de la *Sophonisbe* que la tragédie devient le genre le plus élevé en dignité et obéit à des règles ou à des usages qui vont progressivement s'imposer à tous : sujet tiré de l'histoire [...], personnages de rang élevé dont l'activité essentielle est psychologique plus que matérielle, action constituée par des conflits entre ces personnages aussi bien qu'au sein de l'esprit d'un ou de plusieurs d'entre eux, respect des unités et des bienséances, développement des grandes scènes marquant les évolutions importantes, introduction dans le dialogue d'une analyse explicative, dénouement par la mort des héros[225].

Du Ryer aurait joué un rôle similaire avec son *Alcionée*, tragédie créée en 1637[226] : selon J. Scherer en effet, cette pièce « contient en germe tout le théâtre de Racine, dont elle est, sur le plan technique, la préfiguration »[227]. Elle annoncerait aussi le *Suréna* de Corneille qui, avec la *Phèdre* de Racine, marque la fin de la tragédie classique : « Par le caractère implacable de l'affrontement entre un roi et un homme de guerre, en réalité plus puissant que lui, *Alcionée* contient en germe *Suréna*, la dernière et l'une des plus extraordinaires des tragédies de Corneille. »[228] Ce type de lecture dépasse même le cadre de la tragédie : Cyrano par exemple, avec

---

[223] *Ibid.* A propos du rapport entre Marianne et Bérénice, voir notre chapitre 5, p. 278.

[224] P. Médan, art. cit., p. 63.

[225] *Théâtre du XVIIe siècle I, op. cit.*, p. 1287. *Cf.* la comparaison établie par Serret entre *La Marianne* et *La Sophonisbe* (voir *supra*, p. 37). A propos du rapport entre Tristan et Mairet, voir notre chapitre 5, p. 277.

[226] Voir J. Scherer, *Théâtre du XVIIe siècle II, op. cit.*, p. 1280.

[227] *Ibid.*, p. 1285. Le mot *préfiguration* a déjà été utilisé à propos de Tristan (voir p. 51). Deux images accompagnent ces analyses : celles de l'« ébauche » et du « germe » (voir *supra*, p. 46, 51, 57 et 69).

[228] J. Scherer, *Théâtre du XVIIe siècle II, op. cit.*, p. 1285.

son *Pédant joué*, semble avoir inspiré à Molière la fameuse scène de la galère dans *Les Fourberies de Scapin*[229]. Tristan n'est donc pas le seul en son temps à se voir attribuer le rôle de précurseur, ce qui sans doute permettra de nuancer ou de revoir la lecture que certains critiques ont faite de son œuvre.

2. Le modèle classique

Plus largement, selon le schéma construit par l'histoire littéraire, le classicisme représente un sommet insurpassable. La littérature classique, où se manifeste le sens de la mesure et de l'équilibre, correspondrait en effet à un état de perfection, qui n'aurait cependant été atteint qu'après un long mûrissement. Ainsi, dans son *Histoire de la littérature française*, Brunetière accorde sa préférence aux auteurs de la période classique en ne situant logiquement les autres que par rapport à eux :

> Les quarante ou cinquante années de notre histoire où se pressent l'œuvre de La Fontaine, de Molière, de Racine, de Boileau d'une part, et, de l'autre, de La Rochefoucault, de Madame de Sévigné, de Pascal, de Bossuet, sont comme le midi d'une grande journée dont l'œuvre de Rabelais et celle de Montaigne auraient signalé l'aurore et dont le déclin verra paraître encore l'œuvre de Diderot et celle de Rousseau[230].

Les écrivains du seizième siècle seraient donc les lointains précurseurs du classicisme, tandis que ceux du dix-huitième en seraient les continuateurs, les uns et les autres se révélant également incapables de rivaliser avec les grands auteurs classiques. Plus précisément, le « siècle de Louis XIV », comme les critiques se plaisent à l'appeler, semble avoir été dominé par le théâtre. Avec Corneille et surtout avec Racine, la tragédie serait parvenue à son plus haut degré : selon l'expression de Brunetière, ces deux poètes « avaient épuisé ce que cette forme dramatique contenait de puissance »[231]. Bien plus, les pièces du répertoire classique constitueraient des modèles

---

[229] *Ibid.*, p. 1462. De même, pour J. Scherer comme pour Bernardin, les notions d'héritier et de précurseur sont parfaitement symétriques (voir *supra*, p. 47).

[230] F. Brunetière, *Histoire de la littérature française*, Paris, Hachette, 7e éd., 1912, p. 308. *Cf.* notre introduction générale, p. 4-5. A propos de la métaphore solaire, voir *supra*, p. 52.

[231] *Id.*, « Classiques et romantiques » (texte daté de janvier 1883), p. 291-326 dans *Etudes critiques sur l'histoire de la littérature française*, 3e sér., 3e éd., Paris, Hachette, 1894, cité p. 310.

absolus, au regard desquels les autres ne manifesteraient guère que leurs
faiblesses, et ainsi elles échapperaient à l'emprise du temps :

> Si jamais […] la littérature française devait subir, par l'injure des
> hommes et du temps, la mutilation que la romaine et la grecque ont
> subie, il suffirait encore que notre tragédie y eût échappé pour porter,
> devant une humanité nouvelle, un témoignage impérissable de ce qu'il
> y eut de plus noble, de plus héroïque, et de plus rare dans le génie
> français[232].

Cette dernière expression, que le critique ne définit d'ailleurs pas, désigne
dans son esprit la puissance créatrice qui, avant d'atteindre à la perfection,
aurait fait quelques tentatives manquées[233].

A une échelle plus réduite, la littérature de la première moitié du dix-
septième siècle annoncerait le classicisme. Dès 1827, Sainte-Beuve affirme
ainsi que cette période, prolongement de la Renaissance, constitue aussi
une phase de transition durant laquelle s'est préparé l'âge classique[234].
Mais en fait, cette vision de l'histoire littéraire s'est surtout manifestée à la
fin du dix-neuvième siècle, où l'on ne voyait dans la littérature du début du
dix-septième que désordre et confusion, « attardés » et « égarés »[235].
Gustave Lanson s'efforce pourtant de trouver de la cohérence dans cette
« production vigoureuse et touffue »[236], tout en restant méfiant à l'égard
d'une littérature qui aurait empêché le triomphe immédiat du classicisme :
« L'idéal classique, tel que Malherbe l'a défini, loin de s'enrichir, semble
s'obscurcir, se déformer ; ce sont des résistances, des reculs, des contradictions, des aberrations de toute nature. »[237] Autour de 1880, la critique, sous
l'influence du positivisme, entreprend une lecture exhaustive de l'histoire
de la littérature française, ce qui permet notamment la redécouverte des
œuvres du début du dix-septième siècle. Ainsi, des écrivains comme

---

232 *Id.*, « L'évolution d'un genre : la tragédie », p. 200 dans *ibid.*, 7ᵉ sér., 2ᵉ éd.,
Paris, Hachette, 1905.

233 Image que l'on peut rapprocher de celle du dieu démiurge (voir notre
introduction générale, p. 24).

234 C.-A. Sainte-Beuve, « La Fontaine », texte daté du 15 septembre 1827, repris
dans *Les Grands écrivains français. XVIIᵉ siècle*, Paris, Garnier, 1927, p. 156-157.

235 G. Lanson, « Le XVIIᵉ siècle », 4ᵉ part., chap. 2 de l'*Histoire de la littérature
française*, Paris, Hachette, 1895.

236 *Ibid.*, p. 362.

237 *Ibid.* Sur le rapport entre Tristan et Malherbe, voir nos chapitres 4 p. 236-237, 5
p. 296-297 et 6 p. 360-361.

Rotrou, Mairet ou Théophile suscitent pour la première fois l'intérêt d'universitaires[238]. En consacrant sa thèse à Tristan, Bernardin se conforme donc à une tendance contemporaine. Dans tous les cas, il s'agit de donner un statut à des écrivains dont les œuvres n'auraient qu'une valeur relative ; aussi la tâche de la critique consiste-t-elle à reconnaître chez ces auteurs « secondaires » les prémices de l'avenir. Dans les années 1870, l'histoire littéraire identifie une nouvelle période : le préclassicisme[239], qui n'aurait évidemment de sens que par rapport au classicisme, puisque non seulement il le précède, mais surtout il le prépare. Cette lecture de l'histoire littéraire a longtemps perduré. Ainsi, dans son ouvrage consacré au *Préclassicisme français* et publié en 1952, Jean Tortel affirme que le hasard n'existe pas en littérature : pour lui en effet, le classicisme est « le résultat d'une longue élaboration [...] qui s'est poursuivie pendant le demi-siècle que nous pouvons appeler, précisément, celui du préclassicisme »[240]. A partir des années 1640, la littérature française semble avoir renoncé à toutes les fantaisies auxquelles elle avait pu s'abandonner jusqu'alors, et se soumettre progressivement aux lois de la raison. Dans son étude sur *Le Préclassicisme*, Sage reprend l'idée en déclarant : « La tendance existe réellement, vers un idéal de 'beauté poétique' élaboré à nouveau par une raison plus éclairée et régi par des préceptes plus étudiés. »[241] Cependant, l'image idéalisée du classicisme que renvoient tous ces textes ne date pas du dix-neuvième siècle : déjà Boileau, dans son *Art poétique*, présentait la littérature de son temps comme un modèle de perfection, tandis que Perrault, dans son *Siècle de Louis le Grand* et ses *Hommes illustres*, affirmait la suprématie (politique, militaire, culturelle) de la France[242].

---

[238] Voir L. Person, *Notes critiques et biographiques sur Rotrou*, Paris, Cerf, 1882 ; H. Chardon, *La Vie de Rotrou mieux connue. Documents inédits sur la société polie de son temps et la Querelle du Cid*, Paris-Le Mans, Picard-Pellechat, 1884. G. Bizos, *Etudes sur la vie et les œuvres de J. de Mairet*, Paris, Thorin, 1877. J. Andrieu, *Théophile de Viau, étude bio-bibliographique*, Bordeaux, 1887.

[239] Le mot *préclassique* apparaît vers 1870 (voir Robert, *Dictionnaire de la langue française*, Paris, 1968, p. 1372).

[240] J. Tortel, *Le Préclassicisme français*, numéro spécial des *Cahiers du sud*, 1952, p. 7.

[241] P. Sage, *Le Préclassicisme*, *op. cit.*, p. 437. A partir du milieu des années 1950, la période « préclassique » est également qualifiée de « baroque », comme nous le verrons dans le chapitre 2 (voir en particulier les p. 140-142).

[242] *Cf.* notre introduction générale, p. 16-18.

Voltaire, dans son *Siècle de Louis XIV*, exaltera à son tour le classicisme français, idéal auquel il entend vouer l'Europe tout entière[243].

3. Tristan et Racine

En l'occurrence, le théâtre tristanien n'offrirait d'intérêt que dans la mesure où il annoncerait le théâtre racinien. Racine est communément considéré comme le parangon du classicisme : son œuvre dramatique, dont la principale caractéristique est la simplicité, est, du point de vue des critiques, l'incarnation même de « l'esprit classique » ; *Bérénice*, pièce où presque rien ne se passe, représenterait ainsi la tragédie à l'état « pur »[244]. Autour du théâtre racinien a pris naissance un véritable mythe, et deux idées-forces ont fini par s'imposer : Racine peintre de la passion amoureuse et capable de maîtriser parfaitement la construction de la tragédie[245]. Ses personnages féminins surtout ont frappé l'imagination des lecteurs[246] : Andromaque persécutée par Pyrrhus, Hermione victime de l'amour, Phèdre punie pour avoir violé les interdits... Cependant, la construction de cette image est le résultat d'un choix précis. En effet, l'histoire littéraire n'a quasiment retenu de l'œuvre de Racine que ses pièces de théâtre et, parmi celles-ci, les tragédies psychologiques. Encore ces dernières n'ont-elles pas toutes obtenu la faveur des critiques, si bien que le corpus finit par se

---

[243] Voir *Le Siècle de Louis XIV*, Paris, Garnier-Flammarion, t. I, 1966 (1ère éd. 1751), p. 320.

[244] Pourtant, comme le souligne J. Scherer, *Bérénice* n'est guère représentative de la tragédie classique :

> Racine, tenant pour acquise l'exigence d'unité, définit dans cette Préface [celle de *Bérénice*] une certaine sorte de tragédie respectant l'unité d'action, la tragédie simple, qu'il oppose à la tragédie chargée d'incidents; sa *Bérénice* en est un exemple, comme l'avaient été auparavant l'*Alcionée* de du Ryer et un très petit nombre d'autres pièces. Mais on a voulu voir dans ce texte une définition de l'idéal classique, ce qui aurait fort étonné les contemporains de Racine, puisqu'ils n'ont accordé à la simplicité, ni dans leurs théories, ni dans leurs réalisations, une place importante. [...] l'action d'une pièce de théâtre bien faite doit être caractérisée, à l'époque classique, non pas nécessairement par sa simplicité, mais par son unité ; en d'autres termes, l'action doit être dite, non pas une, car cet adjectif est équivoque et peut signifier que simple, mais unifiée. (*La Dramaturgie classique en France, op. cit.*, p. 92-93)

[245] Voir en particulier V. Schröder, « Racine-cliché : petit dictionnaire des idées reçues », p. 315-316 dans *Présences de Racine. Œuvres et critiques*, XXIV-1, Tübingen, G. Narr, 1999.

[246] Ce point sera repris dans notre chapitre 5, p. 270-278.

limiter à quelques pièces « majeures », jugées particulièrement révélatrices de l'esthétique racinienne : *Andromaque, Britannicus, Bérénice, Bajazet* et *Phèdre*. Plus encore, les critiques ne retiennent de ces tragédies qu'un faible nombre de personnages, qui chacun incarnent un aspect particulier de la passion : Hermione et Oreste expriment la jalousie et la souffrance de l'amour non-partagé, Pyrrhus et Néron la volonté de puissance... En réduisant les personnages raciniens à des traits qu'ils estiment particulièrement significatifs, les critiques prêtent attention à quelques scènes seulement : le désespoir d'Hermione, la folie d'Oreste, le chantage de Pyrrhus[247], etc. En général, tout ce qui dans l'œuvre de Racine n'entre pas dans le cadre de la tragédie psychologique est considéré comme quantité négligeable, simples accidents de parcours ou parenthèses sans importance. C'est ainsi que, durant de longues décennies, la critique a délibérément ignoré la poésie religieuse de Racine, ainsi que son travail d'historiographe, comme si à partir de 1677 celui-ci avait définitivement renoncé à ses activités littéraires. Quant à ses deux tragédies religieuses, *Esther* et *Athalie*, créées respectivement en 1689 et 1691, elles ont d'emblée été exclues du champ de la tragédie proprement classique, qui aurait trouvé son point d'aboutissement avec *Phèdre*[248]. L'œuvre de Racine a donc fait l'objet d'une sélection en chaîne, processus dont Alain Viala a fort bien montré le caractère réducteur[249]. Un dernier critère intervient : la pureté de la langue. En effet, de nombreuses analyses portent sur la « musicalité », la « beauté » du vers racinien. Le théâtre de Racine réaliserait donc une harmonie parfaite, aussi bien dans le fond que dans la forme. Paradoxalement, l'universalité du modèle classique est fondée sur une singularité très étroite, Racine, ou plus précisément le Racine de

---

[247] Voir *Andromaque*, V 1, V 5 et III 6.

[248] Sur la constitution et la nature de ce mythe, voir A. Viala, *Racine : la stratégie du caméléon*, Paris, Seghers, 1990, p. 263-269.

[249] « L'effet de sélection vide en partie les œuvres de ces auteurs de leurs significations historiques. Molière sans les comédies-ballets, Corneille réduit au seul *Cid*, Racine à *Phèdre* et *Andromaque*, ses sempiternelles éplorées, est-ce, aux yeux des chercheurs et de l'herméneutique, un pis-aller ou bien le pire eu égard à la signification historique de leur création littéraire ? » (A. Viala, « Sociologie de la réception : classiques et classes », p. 269-276 dans *Un classicisme ou des classicismes ?*, *op. cit.*, cité p. 274).

Phèdre ou de *Bérénice*, étant susceptible de fournir aux historiens des critères d'évaluation absolus[250].

La critique tristanienne s'est édifiée à partir de ces lieux communs de la critique racinienne. En effet, lorsque les commentateurs analysent les tragédies de Tristan, ils se réfèrent – implicitement ou inconsciemment – à l'image de Racine véhiculée par une longue tradition critique. C'est précisément ce qui explique l'établissement d'une hiérarchie au sein même de l'œuvre dramatique de Tristan : les critiques privilégient en général *La Marianne*, pièce dominée par le thème de la passion amoureuse. D'autres tragédies, dans lesquelles l'analyse psychologique joue également un rôle important, trouvent place dans le discours critique : *La Mort de Chrispe*, *Osman* et, dans une moindre mesure *Panthée*, pièce qui ne trouve cependant pas son symétrique dans le théâtre de Racine, et dont les critiques dénoncent volontiers les faiblesses de construction[251]. Quant à *La Mort de Sénèque*, elle représente, dans la production dramatique de Tristan, un cas particulier : tragédie politique, elle accorde à l'amour un rôle secondaire, mais participe aussi de la tragédie psychologique puisque l'auteur y montre la complexité de Néron qui, malgré sa cruauté, finit par prendre conscience du caractère profondément injuste de ses actes. Enfin, si *Le Parasite* et l'*Amarillis* n'ont pendant longtemps suscité qu'un faible intérêt, c'est sans doute parce que ces deux pièces ne contribuaient pas à faire de Tristan un précurseur de Racine : non seulement elles ne relèvent pas du genre tragique, mais elles reposent aussi sur des modèles archaïques (la comédie à l'italienne et la pastorale)[252].

Le raisonnement suivi par les critiques explique le lien étroit établi entre les différentes thèses soutenues. Tristan précurseur de Racine ne peut être, à leurs yeux, qu'un précurseur de la tragédie psychologique et, partant, un des précurseurs de la tragédie classique. A la limite, la tragédie classique se réduirait à la tragédie psychologique, qui elle-même se confondrait avec la tragédie racinienne. Mais, alors que Tristan semble être uni à Racine par un lien particulier, il est associé à ses contemporains lorsqu'il s'agit de la tragédie psychologique et, plus encore, de la tragédie

---

[250] Voir A. Cantillon, « Classique et classicisme : de la réification d'une notion de l'historiographie de la littérature », p. 260-267 dans *Un classicisme ou des classicismes ?*, dir. G. Forestier et J.-P. Néraudau, Pau, P.U.P., 1995.

[251] Cette opinion, déjà exprimée par Bernardin (*op. cit.*, p. 369-400), se retrouve chez les critiques modernes (voir par exemple *Le Théâtre complet de Tristan L'Hermite*, *op. cit.*, p. 127-130). Tristan lui-même reconnaît la fragilité de sa pièce (voir notre chapitre 5, p. 283-284).

[252] Voir nos chapitres 2, p. 129-132 et 7, p. 366 et *sqq.*

classique[253]. Au demeurant, la critique tristanienne est fondée sur un paradoxe car si, d'un côté, il apparaît nécessaire de réhabiliter un dramaturge que la tradition critique a longtemps dédaigné et qui, pourtant, semble avoir joué un rôle essentiel dans l'histoire littéraire, d'un autre côté il apparaît imprudent de surestimer un auteur largement dépassé à l'évidence par son successeur. En somme, le créateur de *La Marianne* n'est, au regard de l'histoire littéraire, qu'un de ces nombreux faire-valoir du « grand Racine ».

Si la critique de la fin du dix-neuvième siècle se plut à souligner la sobriété des tragédies psychologiques de Racine, elle dénonça parallèlement la complexité des tragédies héroïques de Corneille. Alors que le goût du romanesque correspond à une mode, la psychologie, par nature immuable, est censée garantir l'atemporalité de la tragédie racinienne. Cependant, du point de vue de l'histoire littéraire, l'auteur du *Cid* a joué successivement deux rôles différents : ses tragédies antérieures à 1640 répondent au modèle de la tragédie héroïque ou romanesque[254] et, en cela, elles s'opposent au modèle de la tragédie psychologique incarné par Racine ; à l'inverse, ses tragédies postérieures à 1640, en se conformant aux règles, dessinent, comme celles de Racine, le modèle de la tragédie classique[255]. En raison de cette évolution, la critique tristanienne s'est tenue relativement éloignée du théâtre de Corneille.

4. Les enjeux idéologiques

La lecture téléologique de l'histoire littéraire, que sous-tendent ces analyses, est devenue un passage obligé que reflètent notamment les manuels scolaires[256], y compris les plus récents. La littérature classique y est encore aujourd'hui largement représentée, et Racine reste une valeur sûre[257]. Lagarde et Michard, marqués par ce mode de représentation, affirment ainsi la nécessité d'une hiérarchisation et expliquent la « supériorité » esthétique du classicisme par la situation politique d'alors :

---

[253] Voir nos chapitres 5 et 6, *passim*.

[254] Cette lecture suppose que soit pris en compte *Le Cid*, pièce qui à l'origine fut présentée comme une tragi-comédie.

[255] Voir la conclusion de notre première partie, p. 167-168.

[256] Voir M. Jey, *La Littérature au lycée : invention d'une discipline (1880-1925)*, Metz, Centre d'études linguistiques des textes et des discours, 1998.

[257] Voir en particulier M. P. Schmitt, « L'hyperclassique (Racine à l'école) », p. 281-292 dans *Présences de Racine, op. cit.*

Les années glorieuses du règne de Louis XIV, correspondant au plein épanouissement de la littérature classique, représentent un sommet qui ne fut pas atteint sans luttes et sans tâtonnements ; d'autre part, bien avant la disparition du Roi Soleil, maints signes révèlent qu'avec l'hégémonie politique et militaire de la France, le souverain équilibre classique se trouve avec lui menacé[258].

Les deux pédagogues défendent donc l'idée selon laquelle le classicisme a connu un déclin ; aussi jugent-ils un peu inquiétantes les tendances nouvelles qui se manifestent à la fin du siècle[259]. En somme, suivant le raisonnement développé par la critique en général, à l'époque de Tristan le classicisme n'est pas encore arrivé à maturité et, dans les dernières années du siècle, il s'essouffle et disparaît.

A l'origine, ce discours recouvre une idéologie, elle-même au service d'une politique. Au lendemain de la guerre de 1870, les nationalistes français, animés d'un esprit revanchard, veulent montrer la (prétendue) supériorité de leur culture sur celle des Allemands – d'où la nécessité pour eux de constituer ou de mettre en avant un patrimoine littéraire « bien français »[260]. Même s'ils n'apparaissent pas tous comme de farouches germanophobes, les critiques sont, consciemment ou non, imprégnés des idées du moment. Or, parmi les écrivains classiques, l'histoire littéraire n'a retenu que quelques figures majeures et paradoxalement, alors que dans la querelle qui les avait jadis opposés, les Modernes triomphèrent des Anciens[261], la critique préféra ces derniers en privilégiant, parmi ceux-ci, des écrivains qui n'affichaient pas un catholicisme trop marqué, à l'exemple de Racine qui avait renoncé à la rigueur du jansénisme. A l'inverse, des catholiques convaincus comme Bossuet eurent tendance à être écartés à une époque où l'Etat promouvait les valeurs de la laïcité[262].

---

[258] A. Lagarde et L. Michard, *XVIIe siècle*, Paris, Bordas, 1953, introd., p. 7. *Cf.* notre introduction générale, p. 16-18. Cette idée était déjà présente chez Perrault (voir *supra*, p. 82).

[259] Voir A. Lagarde et L. Michard, *op. cit.*, p. 13.

[260] Dès lors, la redécouverte de Tristan en 1870 ne relève pas complètement du hasard (voir *supra*, p. 35). A la veille de la seconde guerre mondiale, le classicisme français est encore utilisé à des fins politiques (voir F. Lagarde, « 1939, année racinienne », p. 293-314 dans *Présences de Racine, op. cit.*).

[261] La nécessité de situer Tristan par rapport à ses contemporains et à ses prédécesseurs immédiats nous conduira à définir précisément les enjeux de cette querelle, qui se manifeste dès le début du dix-septième siècle (voir nos chapitres 4, p. 192-196 et 5, p. 257-260).

[262] Voir M. Jey, *op. cit.*

Dans l'ensemble, la littérature classique exprimerait le « génie français » parce qu'elle correspondrait à un moment où la langue, échappant à toute influence étrangère, serait parvenue à un état de perfection et traduirait une vision du monde particulière. Selon Brunetière, il s'agit là d'une loi générale, inscrite dans l'histoire de chaque peuple :

> Il y a [...] une littérature française, comme une anglaise et comme une allemande profondément empreintes de la marque du génie national, dégagées, libérées, pour mieux dire, de l'imitation de l'étranger, littérature où toute une race reconnaît sa propre conception de la vie, son interprétation particulière de la nature et de l'homme, le tour personnel qu'elle a donné à l'expression de ces sentiments généraux qui sont le patrimoine commun et l'héritage durable de l'humanité. C'est là proprement ce que nous appelons une littérature classique [...]. En France, [...] c'est le siècle de Louis XIV[263].

Autour de 1880, le mythe du « Grand Siècle », dominé par l'image éclatante du classicisme, permet l'affirmation du nationalisme français.

En définitive, la lecture dont a fait l'objet l'œuvre de Tristan cristallise et reflète à la fois toute une conception de l'histoire littéraire. Les critiques de la fin du dix-neuvième siècle n'interprètent, en effet, les œuvres de la période préclassique qu'à la lumière de celles qui ont suivi. Cette vision suppose elle-même la mise en place d'une structure hiérarchique, suivant laquelle les auteurs de la première moitié du dix-septième siècle ne sont pas encore parvenus à la perfection classique. Ce raisonnement est indissociable de l'idée selon laquelle le classicisme, expression d'un désir de rationalité, appartient en propre à la culture française. Cette lecture, dont l'apparition coïncide avec des événements politiques déterminants, correspond aussi sur le plan méthodologique à un changement radical de point de vue. Jusque dans les années 1870 en effet, on considérait les « génies » indépendamment des autres, comme si ces derniers avaient surgi miraculeusement du néant ; la création demeurait fondamentalement un mystère, résistant à toute tentative de compréhension. Par la suite, les critiques, soucieux d'objectivité, s'efforcèrent de déterminer les sources utilisées par les « grands écrivains », et c'est alors qu'ils commencèrent à prêter attention aux « auteurs secondaires ».

---

[263] F. Brunetière, « Classiques et romantiques », *op. cit.*, p. 306-308.

II. L'élargissement maximal du lieu commun

A. Tristan un « précurseur des romantiques »

1. La lecture des critiques

Toutefois, Tristan n'a pas seulement été considéré comme un précurseur du classicisme : au fil du temps, l'éventail des possibilités s'élargit au maximum. En 1892, Quillard définit ainsi le poète comme un précurseur des romantiques, mais il lui confère aussi un statut particulier en le classant parmi les écrivains « hétéroclites »[264]. Par l'emploi de ce qualificatif, qui peut avoir des connotations péjoratives[265], le critique avoue sa difficulté à placer Tristan dans une catégorie précise[266]. Bien qu'il n'adopte pas le même point de vue que Bernardin, il s'efforce comme lui de réhabiliter un écrivain pour qui, dit-il, « la postérité fut cruellement oublieuse après des heures triomphales et beaucoup de gloire sans lendemain »[267]. Comme Théophile et Saint-Amant, ajoute Quillard, Tristan annonce Lamartine et Hugo parce que, bien « avant » eux,

> il sut intéresser le monde extérieur à la mélancolie des hommes, et le bruissement des feuilles, l'éclat du ciel, la voix des eaux se mêlent dans ses vers aux plaintes et aux désirs des âmes en peine. L'illustre pasteur vient répéter aux arbres son amour dédaigné, il ne sait pour quel crime il est puni[268].

Quillard choisit la préposition, de valeur apparemment neutre, *avant*, afin de définir les liens qui unissent Tristan à Lamartine ou à Hugo. Ce mot recouvre, en effet, une vision chronologique de l'histoire littéraire, mais la notion d'antériorité qu'il renferme permet aussi de faire du poète un précurseur des romantiques. L'amant malheureux, qui exprime ses sentiments tout au long des vers de Tristan, établirait déjà des relations

---

[264] P. Quillard, art. cit. *Cf.* notre introduction générale, p. 22.

[265] Il réapparaîtra d'ailleurs sous la plume d'Arland (voir *supra*, p. 69).

[266] Cette attitude n'est pas étrangère à l'effort de singularisation auquel tend aujourd'hui la critique tristanienne (voir notre chapitre 3, p. 156-163).

[267] P. Quillard, art. cit., p. 317.

[268] *Ibid.*, p. 327. Nous avons ici l'une des premières manifestations du Tristan « mélancolique ». Voir à ce sujet la conclusion de notre seconde partie, p. 382-383. Voir aussi notre article « Tristan ou l'image d'un poète mélancolique », p. 15-29 dans *Cahiers Tristan L'Hermite* n° 24 : *Le Quatrième centenaire*, 2002.

intimes entre mondes extérieur et intérieur : il trouve dans la nature un refuge privilégié, une sorte de confident même, et y rencontre peut-être le reflet de ses propres émotions. Il offre ainsi les principales caractéristiques traditionnellement attachées à la figure romantique de l'amant. Plus précisément, Quillard fait allusion à la *Plainte de l'illustre pasteur*[269], poème dans lequel amour et nature se trouvent étroitement liés. Ainsi, dès les premiers vers, le poète annonce :

> Un Pasteur affligé vint dessous vos feuillages
> Parler de son amour, ou plutôt de sa mort[270].

Le critique explique encore la force du lyrisme tristanien par la sincérité qu'il croit percevoir dans ses vers : « Tristan a véritablement et ardemment aimé ; dans ses poésies érotiques, derrière le rimeur nous trouvons un homme, un homme qui a été heureux et qui a souffert par l'amour »[271]. L'interprétation que propose Quillard révèle ainsi son caractère exemplaire. Pour les critiques de la fin du dix-neuvième siècle en effet, la poésie amoureuse ne peut toucher le lecteur que si elle exprime la vérité d'une passion. Cette lecture s'explique sans doute par l'influence des romantiques, dont les vers amoureux sont volontiers interprétés en termes autobiographiques[272]. Après avoir commenté l'œuvre poétique de Tristan, Quillard reconnaît la qualité de ses tragédies et termine son article par une nouvelle comparaison, plus étendue, avec l'un des principaux représentants du romantisme : « Le sieur de Soliers saisit impérieusement, comme Hugo et comme Orphée, toute la lyre. »[273] Faisant sans doute allusion à l'un de ses poèmes les plus célèbres, *L'Orphée*[274], Quillard rappelle que Tristan a traité tous les genres, en particulier le théâtre en vers et la poésie proprement dite. En s'orientant à son tour vers la polygraphie, Hugo aurait donc suivi la voie tracée par son lointain ascendant.

---

[269] *La Lyre*, *op. cit*, p. 18-26. *Cf.* le commentaire que nous faisons de ce poème (voir notre chapitre 4, p. 212-214).

[270] *La Lyre*, *op. cit.*, p. 19, v. 5-6. Nous citons.

[271] P. Quillard, art. cit.

[272] Bernardin retient, à son tour, cette interprétation en affirmant que, comme ses vers amoureux, les tragédies de Tristan traduisent la « vérité » de la passion (voir *supra*, p. 42-43).

[273] P. Quillard, art. cit., p. 333.

[274] Dont on sait par ailleurs qu'il fut rapproché de l'*Adonis* de La Fontaine (voir *supra*, p. 74).

Cette interprétation est reprise par d'autres critiques, en premier lieu par Emile Faguet, qui en 1896 publie deux articles sur Tristan dans la *Revue des cours et conférences*[275]. Né en 1847 et mort en 1916, cet universitaire, membre de l'Académie, consacra sa thèse à la tragédie française de la seconde moitié du seizième siècle[276], puis collabora à de nombreuses revues, axant ses recherches sur les seizième et dix-septième siècles. Dans son article, il bouscule à son tour les repères chronologiques habituels en faisant de l'auteur un poète romantique avant la lettre : « Il y a quelques vers de Lamartine dans Tristan »[277], déclare-t-il. Par cette formule lapidaire, il souligne la proximité esthétique qui existe entre les deux poètes et, en guise d'exemple, cite l'un des derniers poèmes de Tristan, « C'est fait de mes destins... »[278], dans lequel il croit entendre « une sorte de résignation mélancolique »[279]. A la suite de Quillard, Faguet désigne les ancêtres du romantisme en y incluant non seulement Saint-Amant et Théophile, mais aussi Cyrano, grand admirateur de Tristan[280], et remarque en particulier que *Le Promenoir des deux amants* « commence à peu près » comme *La Solitude* de Théophile[281]. De manière générale, la poésie de Tristan représente à ses yeux « une transition, du romantisme au précieux, ou plutôt un mélange et une combinaison du romantisme et du précieux »[282]. A travers cette expression paradoxale, mais qu'il n'explicite

---

[275] E. Faguet, « Tristan l'Hermite » : I. « Sa vie et ses idées générales », p. 488-497 (28 mai 1896) et II. « Ses œuvres », p. 577-586 (11 juin 1896) dans *Revue des cours et conférences*. Le second article est repris dans le chap. 6 de l'*Histoire de la poésie française de la Renaissance au romantisme*, t. III : *Précieux et burlesques*, Paris, Boivin, 1927, p. 173-198.

[276] *Id., Essai sur la tragédie française au XVIᵉ siècle (1550-1600)*, Paris, Hachette, 1883.

[277] *Id.*, art. cit., p. 182.

[278] *Les Vers héroïques, op. cit.*, p. 328.

[279] P. Quillard, art. cit., p. 182. *Cf.* l'interprétation que nous faisons de ce poème (voir notre chapitre 6, p. 359).

[280] Voir *L'Autre monde* dans *Libertins du XVIIᵉ siècle I*, éd. de J. Prévot, Paris, Gallimard (Pléiade), 1998, p. 929 : « Je ne puis rien ajouter à l'éloge de ce grand homme, si ce n'est que c'est le seul Poète, le seul Philosophe et le seul Homme libre que vous ayez. »

[281] P. Quillard, art. cit., p. 187. Voir *Les Plaintes d'Acante et autres œuvres, op. cit.*, p. 58-62. Cette comparaison sera abondamment reprise par la critique moderne (voir notre chapitre 4, p. 242-244).

[282] P. Quillard, art. cit., p. 185.

pas, Faguet mêle différentes catégories esthétiques sans tenir compte de la chronologie[283].

Adolphe Van Bever, lui aussi, défend l'idée selon laquelle Tristan est un précurseur des romantiques. En 1909, à l'occasion de la publication d'une anthologie du poète, il affirme en effet que « ce classique est un romantique à sa manière »[284]. En rapprochant deux termes *a priori* inconciliables, le critique s'efforce d'en atténuer l'opposition[285]. Mais Tristan est aussi vu comme un « 'impressionniste' que les manifestations de la nature ne [laissent] jamais indifférent et qui [anime] humainement les paysages qu'il [décrit] »[286]. Les guillemets qui entourent le premier mot signalent le caractère anachronique et incongru du qualificatif, qui d'ordinaire s'applique exclusivement au célèbre groupe de peintres de la fin du dix-neuvième siècle. Toutefois, l'argumentation développée par Van Bever rejoint celle de Quillard : dans la poésie de Tristan comme dans celle des romantiques, l'expression des sentiments est presque toujours associée à la description de la nature. Néanmoins, Van Bever estime que le poète n'est pas seulement un précurseur car, dit-il, il est nécessaire de reconnaître aussi en lui « un homme du XVIIᵉ siècle, qui vit sa vie, sans s'inquiéter du jugement de la postérité, et un artiste qui renoue la tradition »[287].

En 1962, dans une anthologie consacrée à la poésie de Tristan[288], l'Américain Philip Wadsworth le décrit à son tour comme un précurseur du romantisme, tout en reconnaissant ses liens avec le classicisme :

> Quoique romantique à sa manière, il faut le considérer, à cause de la pureté de son style, comme un continuateur, libre et génial, des réformes de Malherbe et donc un précurseur important du classicisme.

---

[283] *Cf.* E. Deschanel, *Le Romantisme des classiques. Première série. Corneille, Rotrou, Molière : les Don Juan de toutes les littératures*, 6ᵉ éd., Paris, Calmann Lévy (Bibliothèque contemporaine), 1891. A propos de la notion de préciosité, voir *infra*, p. 107 et *sqq*.

[284] *Les Amours, La Lyre,...*, préface d'A. Van Bever, Paris, Mercure de France, 1909 (Les plus belles pages), p. 10.

[285] En revanche, J. Bousquet accentue cette opposition (voir *infra*, p. 102). Nous reprendrons, pour l'approfondir, la question du rapport entre classicisme et romantisme (voir *infra*, p. 100).

[286] A. Van Bever, *op. cit.*, p. 10.

[287] *Ibid.*, p. 16.

[288] *Poésies*, Paris, Seghers, 1962.

Il poussa très fort en avant la formation du langage poétique dont La Fontaine et Racine furent les héritiers »[289].

Ce jugement nuancé permet à l'auteur de réaliser la synthèse des différentes positions défendues jusqu'alors par la critique tristanienne. P. Wadsworth ne tarde pas à être suivi par le poète Joë Bousquet qui, dans le *Tableau de la littérature française*, publié la même année, choisit d'évoquer l'œuvre de Tristan[290]. Après avoir rappelé les principales étapes de sa vie, il le rapproche des romantiques, capables, dit-il, de déchiffrer les secrets contenus dans le monde extérieur : « Le premier et plus entièrement que ses descendants romantiques, Tristan voit la poésie comme un versant à décrypter dans chaque événement, dans chaque objet. »[291] Bousquet poursuit l'analyse en ces termes :

> Ce qui se produit sous nos yeux n'a qu'à devenir poème pour dissiper le mirage qui nous en dérobait le charme. Le poète décrira les choses comme si elles inventaient la vie. *La parole enveloppera même les contradictions du monde réel, elle humanisera ce qu'on n'y peut comprendre*[292].

L'auteur cite en entier un sonnet, *L'Accident merveilleux*[293], dont le contenu illustre parfaitement son propos. De fait, le poète donne un sens à une série d'événements fortuits, et sans lien direct les uns avec les autres, ce qui donne à Bousquet l'occasion de souligner un nouvel aspect du « romantisme » de Tristan, totalement étranger à la thématique de l'amour : comme plus tard Hugo, l'auteur de *La Lyre* introduit déjà en quelque sorte la figure du poète visionnaire. La perspective qu'adopte un poète comme Bousquet se différencie cependant assez nettement de celle d'un critique ou d'un universitaire comme P. Wadsworth. Comme le montrent en effet ces citations, sa lecture est plus le fruit d'impressions personnelles que le résultat d'une réflexion de nature théorique ou historique.

---

[289] P. A. Wadsworth, *ibid.*, préface, p. 17. On aura noté au passage la présence du mot *héritier*.

[290] « Tristan L'Hermite », p. 566-582 dans J. Bousquet et *al.*, *Tableau de la littérature française*, Paris, Gallimard, 1962.

[291] *Ibid.*, p. 574. A propos de la métaphore familiale, voir *infra*, p. 117.

[292] J. Bousquet, *op. cit.*, p. 574.

[293] *La Lyre*, *op. cit.*, p. 228-229.

Toutes ces interprétations confèrent à la poésie de Tristan un prestige inattendu. Considéré par beaucoup comme un écrivain secondaire, il aurait en fait été extraordinairement en avance sur son temps car, grâce à lui, auraient été mis en place les fondements de la poésie romantique. Longtemps délaissé, le poète prendrait en quelque sorte une revanche posthume. Le lien qui semble l'unir aux romantiques est, du reste, renforcé par l'intérêt que Debussy manifesta pour sa poésie. Ce compositeur, qui sans participer lui-même au romantisme n'en est pas très éloigné dans le temps, partage avec l'auteur du *Promenoir des deux amants* une prédilection pour la nature[294]. C'est précisément ce que souligne un critique de l'époque lorsqu'il remarque :

> Le style madrigalesque de Tristan Lhermitte, étant riche d'expressions très raffinées et de vocables très doux, le musicien a été tout naturellement induit à les envelopper de rythmes caressants, d'harmonies moelleuses et suaves. Les images offertes par cette poésie remplie de grottes et de fontaines, où soufflent des haleines de zéphyr, où chatoient des reflets dans l'eau, lui ont permis de donner carrière à son goût pour les effets imitatifs qui suggèrent le mystère des grottes, le clapotement de l'élément liquide ou le frémissement d'une légère brise[295].

2. Tristan vu par les romantiques

En somme, la critique offre de Tristan deux images antithétiques : celle du dramaturge préclassique et celle du poète préromantique. Cette double lecture ravive ainsi l'opposition traditionnelle entre les classiques et les romantiques. Ces derniers ont, en effet, vigoureusement réagi contre les règles, qu'ils jugeaient trop strictes, du classicisme et revendiqué une liberté de création, tant sur le plan formel que sur le plan thématique. En 1827, dans sa préface de *Cromwell*, Hugo rejette le modèle que représente la tragédie classique : la règle des unités, dit-il, contredit le principe de vraisemblance en privant le créateur d'une liberté dont il ne saurait être

---

[294] A partir de passages du *Promenoir des deux amants*, Debussy compose en 1904 *La Grotte*, augmentée six ans plus tard d'autres quatrains du même poème. Pour la discographie, voir A. Carriat, *Choix de pages*, *op. cit.*, p. 263. Nous verrons que ce goût de la nature est, en fait, commun à Tristan et à la plupart de ses contemporains (voir notre chapitre 4, p. 205-206).

[295] G. Servières, cité par F. Lesure, p. 52 dans « Claude Debussy et *Le Promenoir des deux amants* », *Cahiers Tristan L'Hermite* n° 17 : *Les Fortunes de Tristan*, 1995.

privé[296]. A l'instar de Shakespeare, Hugo préconise le mélange des genres et des tons ; aussi, dans le drame romantique comme dans le drame élisabéthain, le « sublime » pourra-t-il se mêler au « grotesque ». Dans sa *Réponse à un acte d'accusation*, datée de 1834, le poète relance la bataille, et le combat finit même par prendre des allures de révolution, le romantisme étant à la littérature ce que le libéralisme est à la politique. Aussi est-il nécessaire, pour Hugo, de rompre avec une tradition poétique synonyme de conservatisme[297]. L'auteur affirme son refus d'employer le vocabulaire « poétique », imposé par l'école académique, et proclame le droit à l'égalité des mots :

> Plus de mot sénateur ! plus de mot roturier !
> ....
> J'ai contre le mot noble à la longue rapière
> Insurgé le vocable ignoble, son valet[298].

Hugo rejette violemment le modèle légué par ses aînés, enveloppant dans le même anathème tous ceux qui, à ses yeux, incarnent le classicisme : Vaugelas, Racine[299], Richelet[300] et, en général, toute l'Académie. A son tour, Tristan attire les foudres du poète[301], qui voit en lui un représentant du classicisme :

> La langue était en ordre, auguste, époussetée,
> Fleurs-de-lys d'or, Tristan et Boileau, plafond bleu,
> Les quarante fauteuils et le trône au milieu ;

---

[296] Il retient cependant l'unité d'action, qu'il rebaptise « unité d'ensemble ». Voir aussi le *Racine et Shakespeare* de Stendhal (1823), en particulier les chapitres 1 et 2.

[297] « Réponse à un acte d'accusation », dans *Les Contemplations*, t. I. *Autrefois*, liv. 1 *Aurore*, v. 35 : « La poésie était la monarchie ».

[298] *Ibid.*, v. 67-143.

[299] *Ibid.*, v. 118 : « Sur le Racine mort le Campistron pullule ! » Voir aussi les v. 130-132 :
> On les vit déterrer le songe d'Athalie ;
> Ils jetèrent au vent les cendres du récit
> De Théramène.

[300] *Ibid.*, v. 144 : « Et j'ai, sur Dangeau mort, égorgé Richelet ».

[301] Cependant, les interprétations données par les spécialistes de Hugo ne sont pas toutes concordantes sur ce point : les uns pensent qu'il peut s'agir du Tristan prévôt sous Louis XI ; les autres, au contraire, estiment que Hugo n'a pu vouloir viser que le Tristan poète. La seconde hypothèse nous semble pouvoir être retenue pour la simple et bonne raison que Tristan, comme Boileau, était membre de l'Académie française (voir à ce sujet notre chapitre 7, p. 363).

Je l'ai troublée, et j'ai, dans ce salon illustre,
Même un peu cassé tout ; le mot propre, ce rustre,
N'était que caporal : je l'ai fait colonel ;
J'ai fait un jacobin du pronom personnel ;
Du participe, esclave à la tête blanchie,
Une hyène, et du verbe une hydre d'anarchie[302].

Hugo associe donc Tristan à l'un de ceux qui symbolisent le plus ce classicisme que les romantiques rejettent presque unanimement.

Dans ses *Grotesques*, ouvrage publié en 1844, Gautier défend à son tour la position des romantiques, mais il s'efforce d'abord de remettre à l'honneur les poètes de la première moitié du dix-septième siècle qui, après avoir été pris à partie par Boileau[303], tombèrent dans l'oubli. C'est en ces termes qu'il qualifie cette période d'intense activité, propice à la création littéraire :

> Siècle fécond, touffu, plantureux, où la vie et le mouvement surabondent ! Querelles de théologie, émeutes, duels, enlèvements, aventures périlleuses, repues franches dans des cabarets. Sonnets à l'italienne, madrigaux en grec sur une puce, savantes scholies sur un passage obscur, débauches effrénées avec les grandes dames ou les petites bourgeoises ; quel mélange inouï, quel inconcevable chaos[304] !

C'est donc l'extraordinaire variété de cette période qui suscite l'enthousiasme de Gautier. Théophile, Saint-Amant, Scarron, Scudéry, Cyrano, Collet et Chapelain figurent parmi ces « grotesques ». Toutefois, dans sa postface, l'auteur reconnaît lui-même que la liste est loin d'être exhaustive : « Nous avons choisi çà et là, à différentes reprises, et un peu au hasard de la lecture, quelques types qui nous ont paru amusants ou singuliers. »[305] En outre, malgré sa richesse, la poésie du début du dix-septième siècle réserve parfois de mauvaises surprises. C'est ainsi que Malherbe se trouve d'emblée écarté de la liste établie par Gautier : « L'esprit le moins poétique qui fût jamais, est, en vers, un pendant assez

---

[302] V. Hugo, « Réponse à un acte d'accusation », *op. cit.*, v. 162-169.

[303] Voir en particulier l'*Art poétique*, chant Ier, v. 13-30 et v. 59-60. Voir aussi les *Satires*, satire IX, v. 173-176.

[304] *Les Grotesques*, Paris-Fasano, Nizet-Schena, 1985, « Théophile de Viau », p. 132.

[305] « Postface », p. 449. Le dernier adjectif nous ramène au qualificatif employé par Quillard pour caractériser Tristan (voir *supra*, p. 89).

exact de ce qu'était Balzac pour la prose. C'est le même purisme étroit et sans portée, les mêmes minuties de syntaxe, la même pauvreté d'idées et de passion.»[306] Quant à Chapelain, il a évidemment manqué son portrait de Jeanne d'Arc : « La Pucelle, cette figure si rayonnante, si céleste, si poétique, n'est plus qu'un spectre de pierre vêtu d'une armure de pierre, et disant des paroles de pierre.»[307]

Pourtant, Gautier considère quelques-uns de ces poètes comme des précurseurs du romantisme, affirmant, par exemple, que c'est Théophile qui « a commencé le mouvement romantique »[308]. Et d'ajouter : « Son influence, bien que souterraine et inexplicable, est très sensible sur la littérature actuelle. On sera bien surpris de retrouver dans Théophile des idées qui paraissaient, il y a cinq ou six ans, de la plus audacieuse nouveauté. »[309] En outre, Gautier emploie le mot *précurseur*, faisant par là même, et selon un usage fréquent en ce cas, allusion à la Bible[310] – image par laquelle il exprime une conception presque mystique de la création littéraire : « Théophile était un esprit progressif et en avant de son siècle ; mais toutes les vérités ont toujours quelque pauvre saint Jean précurseur qui marche hors de la voie, prêche dans le désert et meurt à la peine. »[311] L'auteur compare ensuite Lamartine à Théophile, dont *La Solitude* ferait déjà entendre des accents romantiques :

> Pour trouver dans la poésie française une pièce plus admirablement amoureuse, plus roucoulante, plus pleine de souffles et de soupirs, plus divinement parfumée de l'émanation des fleurs sauvages, il ne faut rien moins que descendre jusqu'aux premières méditations de Lamartine [...] ; son *Elvire* est sœur de la *Corinne* de Théophile, et lui seul serait capable de jeter autant de fraîcheur sous les feuillages et de donner tant de mélodie au bruissement des eaux et aux haleines des vents[312].

---

[306] « Théophile de Viau », p. 146.

[307] « Chapelain », p. 368.

[308] « Théophile de Viau », p. 140.

[309] *Ibid.*

[310] Voir notre introduction générale, p. 24.

[311] « Théophile de Viau », p. 161.

[312] *Ibid.*, p. 157.

Pour Gautier, Saint-Amant représente aussi un modèle, non seulement par l'attention qu'il porte à la nature, mais également par ses excès et son exceptionnelle fécondité :

> L'ode *du contemplateur,* sans être aussi connue et aussi souvent citée que l'ode à la Solitude, renferme des passages d'une grande beauté et à peu près de la même nature : c'est une rêverie à propos de tout, [...] entremêlée de réflexions religieuses et d'élans pieux [...]. Mais ce n'est là qu'un côté du talent de Saint-Amant ; le grotesque, cet élément indispensable que des esprits étroits et minutieux ont voulu rejeter du domaine de l'art, abonde chez lui à chaque vers[313].

Par cet éloge appuyé, Gautier se fait le porte-parole des romantiques. De fait, les poètes du début du dix-septième siècle peuvent les aider dans leur lutte contre le classicisme. Certains d'entre eux, en effet, lorsqu'ils ne s'opposent pas ouvertement à l'extrême rigueur de Malherbe, expriment un fort désir d'indépendance : Théophile souhaite ainsi s'affranchir de tout modèle contraignant et écrire selon sa nature[314], Scarron manifeste une prédilection pour la satire et le burlesque, tandis que Saint-Amant se tourne vers la poésie bachique en mêlant volontiers le burlesque et le sérieux. Par ailleurs, dans la poésie amoureuse de Théophile ou de Saint-Amant, comme dans celle des romantiques, l'expression des sentiments est indissociable de l'évocation d'une nature douce et agréable. En établissant tous ces rapprochements, Gautier tente donc de conférer une légitimité historique à un mouvement qui cherche alors à s'affirmer.

Si Tristan appartient à la même génération que Scarron ou Saint-Amant, sa poésie ne saurait pourtant satisfaire les attentes des romantiques et leur désir de changement. En effet, bien qu'elle contienne quelques pièces burlesques, son œuvre poétique repose pour l'essentiel sur deux thèmes traditionnels : l'héroïsme des Grands et la passion amoureuse[315]. Or l'auteur des *Grotesques,* qui ignore totalement la poésie héroïque, accorde peu de place au lyrisme amoureux et à tous les motifs qui l'accompagnent. En effet, de la poésie des années 1630-1640, il écarte les auteurs de pièces galantes, comme Malleville, Voiture et Sarasin, ainsi que les disciples

---

[313] « Saint-Amant », p. 214. Nous serons amenée à comparer *Le Promenoir des deux amants* à *La Solitude* de Saint-Amant (voir notre chapitre 4, p. 242-243).

[314] Voir « Elégie à une dame », p. 202-206 dans *Œuvres complètes,* t. I, éd. critique de G. Saba, Paris, Champion, 1999 et chap. 1 de la *Première journée* dans *Libertins du XVIIe siècle I, op. cit.,* p. 7-9. *Cf.* le commentaire que nous faisons de ce second passage (voir notre chapitre 4, p. 193).

[315] Voir nos chapitres 4, 5 et 6, *passim.*

fervents de Malherbe, tels Gombauld et Maynard, qui obéissent à des règles formelles très strictes. Gautier évoque cependant Scudéry, qui ne se distingue guère par son originalité ; mais d'une part, il lui consacre peu de pages et, d'autre part, il voit là surtout un moyen de contester *en principe* les violentes attaques de Boileau :

> Nous ne proposons en aucune manière comme des modèles les pauvres victimes de Boileau, et notre indulgence n'a rien de bien dangereux ; il n'est pas urgent de démontrer que Scudéry est un poète détestable, et de déployer contre lui une grande verve d'indignation[316].

A l'inverse, Gautier retient la liberté créatrice et l'audace dont font preuve certains poètes de cette période, principalement Théophile, Saint-Amant et Scarron[317], car c'est en cela précisément qu'il voit en eux de véritables ancêtres du romantisme. Or, ces caractéristiques ne correspondent en rien à celles du lyrisme amoureux, encore largement marqué, en cette première moitié du dix-septième siècle, par le néo-pétrarquisme[318]. Les vers aux résonances romantiques révèlent bien plutôt la présence de la tradition pastorale, où là aussi l'amour est étroitement lié à la nature[319]. Il existe donc un décalage entre les aspirations esthétiques dominantes affichées par Gautier ou Hugo, et les traits « romantiques » que les critiques ont cru pouvoir déceler dans la poésie de notre auteur.

Manifestement, les défenseurs de l'idée selon laquelle Tristan est un précurseur des romantiques cherchent à reconstituer, à travers la figure tristanienne de l'amoureux, l'image, somme toute stéréotypée, de l'amant mélancolique et langoureux, se réfugiant dans une nature en sympathie avec lui. Ainsi, dans son étude sur *L'Astrée* parue en 1927, Maurice

---

[316] *Les Grotesques*, *op. cit.*, « postface », p. 453.

[317] Gautier dit de lui que c'« est en quelque sorte l'Homère de cette école bouffonne » (« Scarron », p. 392).

[318] Voir à ce sujet notre chapitre 4, p. 230-231.

[319] Voir par exemple les v. 31-36 de « Chanson », p. 89 dans *Plaintes d'Acante et autres œuvres*, *op. cit.* :

> Depuis, en accusant vos lois
> Je cherche le plus fort des Bois
> Et le bord des Etangs paisibles,
> Où pour adoucir mon tourment
> Je parle aux choses insensibles
> De votre peu de sentiment.

Magendie voit dans les sentiments éprouvés par les personnages d'Urfé « la matière des effusions romantiques » et remarque que, comme ses lointains successeurs, l'écrivain « associe la nature [...] à ses sentiments »[320]. Dès lors, une large famille de « romantiques » verrait le jour, réunissant les poètes de la génération de Tristan, ainsi que des auteurs plus tardifs comme Rousseau et Chateaubriand. Cette croyance longtemps répandue, fondée sur l'idée d'un « sentiment de la nature »[321], offre de la littérature une vision déformée. Réduisant la poésie romantique à ce cliché, les critiques n'ont pas hésité, par une rapide simplification, à faire de l'auteur des *Plaintes d'Acante* une sorte de romantique avant l'heure[322]. Dès lors, l'absence de Tristan dans *Les Grotesques* semble répondre aux reproches que lui adresse Hugo : loin de représenter un modèle pour les romantiques, le poète leur servirait plutôt de repoussoir.

Ainsi, deux images contrastées se heurtent l'une à l'autre. D'un côté en effet, Tristan transcenderait les contradictions en réconciliant classiques et romantiques (son théâtre le rattache au préclassicisme, sa poésie au préromantisme) ; mais d'un autre côté, il incarnerait ce classicisme que les romantiques s'acharnent à combattre. Cette distorsion est liée au fait que le romantisme offre un double visage car, si les uns n'y voient qu'un désir d'indépendance, les autres retiennent surtout de lui l'expression du sentiment amoureux. Et finalement, ces deux lectures entrent en conflit : alors que, du point de vue des romantiques Tristan est devenu un auteur classique, pour Boileau il incarne(rait) plutôt, comme la plupart des auteurs de sa génération, une forme d'anti-classicisme[323]. Toutefois, dans l'ensemble, la critique tristanienne est restée relativement cloisonnée, et rares sont les commentateurs qui se sont risqués à mettre en regard les deux images[324].

---

[320] M. Magendie, *Du nouveau sur L'Astrée*, Paris, Champion, 1927, p. 371.

[321] *Cf.* P. Viguier, « Théophile et le sentiment de la nature », p. 513-527 dans *Mercure de France*, n° 678, t. 190, 15 septembre 1926.

[322] Nous avons observé le même effet de simplification à propos du théâtre racinien (voir *supra*, p. 83-84).

[323] Boileau ne fait aucune mention de Tristan (voir notre conclusion générale, p. 382-383).

[324] Voir *supra*, p. 92.

B. Un « précurseur de la poésie moderne »

Indépendamment de cette polémique entre classiques et romantiques, Tristan apparaît comme un précurseur de la poésie « moderne »[325], annonçant ainsi des poètes aussi différents que Baudelaire, Mallarmé, Apollinaire et Valéry[326]. Dès 1895, Faguet s'attache à le comparer aux symbolistes de toutes époques :

> *Les Songes de l'eau qui sommeille*, voilà de ces choses, un peu recherchées [...], que nous reverrons au dix-neuvième siècle [...] et que nous avions déjà vues au seizième siècle avec les premiers pétrarquistes français [...]. C'est la poésie symboliste [...]. Le symbole [...] consiste à imprégner en quelque sorte d'un sentiment, que l'on éprouve, les choses matérielles que l'on voit, à prendre ces choses comme l'image même et la représentation de ce sentiment. Voilà un homme qui rêve devant une fontaine : cette fontaine prend ses sentiments, elle rêve à son tour, et le poète peut écrire *Les songes de l'eau qui sommeille*[327].

Si le critique définit le symbolisme comme un mouvement qui traverse l'ensemble de la littérature française, le poète Robert de Souza, en revanche, le perçoit comme un courant historiquement daté. A ses yeux en effet, le symbolisme, dont l'épanouissement marque la fin du dix-neuvième siècle, trouve son origine dans deux traditions poétiques, qui ont cependant fini par se rejoindre : « cet idéalisme constructif qui lui vient de Stéphane Mallarmé et la source instinctive de Paul Verlaine qui lui donna le réalisme sentimental. »[328] Or, un poème comme *Le Promenoir des deux amants*

---

[325] Nous employons volontairement ce terme vague, susceptible de couvrir un large pan de la poésie française entre la fin du dix-neuvième et le milieu du vingtième siècle.

[326] Il faut cependant y ajouter les « poètes fantaisistes » du début du vingtième siècle (Jean-Marc Bernard, Derème ...) qui, se situant entre symbolisme et classicisme, ont eux-mêmes pu être influencés par Tristan. Cette influence ne fait guère de doute car, à la différence de leurs contemporains, ceux-ci se sont explicitement réclamés de leur prédécesseur, à l'exemple de Bernard, qui, dans un article publié en 1912, exprime sa prédilection pour Tristan (voir « Le sens de nos vieux poètes (Maître Adam, Tristan et Théophile) », *Revue critique*, 25 novembre 1912, p. 434-447). Voir à ce sujet J. Serroy, « Tristan / Bernard. Le Tristan L'Hermite de Jean-Marc Bernard », p. 46-54 dans *Cahiers Tristan L'Hermite* n° 25 : *Dédié à Amédée Carriat*, 2003.

[327] E. Faguet, art. cit., p. 188-189. Les vers cités appartiennent au « Promenoir des deux amants » (*Les Plaintes d'Acante, op. cit.*, p. 58, v. 15-16).

[328] *Ibid.*, p. 42.

parviendrait à concilier les deux mouvements[329]. Pierre Camo, lui-même poète, défend à son tour cette idée. En 1925, dans son édition des *Amours*[330], il compare Tristan aux symbolistes et à Mallarmé. Après avoir rappelé que le poète avait été longtemps oublié, le critique constate un regain d'intérêt en sa faveur : « Mon époque ne s'y est pas trompée, qui s'est mise à l'aimer et à l'admirer. »[331] Et d'ajouter : « Les symbolistes pourraient presque le revendiquer pour l'un des leurs, et tel sonnet obscur de Mallarmé ne perdrait rien à la comparaison avec tel sonnet à forme précieuse et contournée du premier recueil de Tristan. »[332] En 1962, Bousquet reprend l'idée, mais conteste d'abord la thèse selon laquelle Tristan est un des précurseurs du théâtre classique. Il ébauche alors un dialogue entre les partisans du Tristan préclassique et ceux qui, au contraire, voient en lui un précurseur du romantisme[333] :

> M. Bernardin a tort de le présenter comme un 'précurseur' de Racine. Jean Racine, en imitant ou démarquant avec génie Sénèque, Euripide, Sophocle, a chipé quelques violons à l'œuvre contemporaine qu'il était le plus incapable d'imiter [...]. Brunetière dresse un bilan de ce que Corneille et Racine doivent à Tristan. Pierre [*sic*] Madeleine repère un emprunt de Molière. Pierre Camo réhabilite Tristan, déplore l'oubli où il est tenu[334].

L'auteur conclut en ces termes :

> Tristan [...] a ouvert à la poésie à peu près tout le champ de l'expérience humaine, a agrandi son vocabulaire. Son exemple enfin nous autorise, pour la première fois dans l'histoire des Lettres, à voir dans la poésie la sœur aînée de la prose. Ainsi annonçait-il, non les hommes du Grand Siècle, Racine, Corneille, dont les successeurs l'ont voué à un long et injuste oubli, mais les poètes modernes ; et l'on ne peut s'étonner de trouver dans les œuvres qui ont formé notre

---

[329] R. de Souza, *Où nous en sommes, la victoire du silence*, Paris, Floury, 1906, p. 42-43. L'œuvre de Tristan montrerait une nouvelle fois sa capacité à unir les contraires (voir *supra*, p. 100).

[330] *Les Amours*, préface de P. Camo, Paris, Garnier, 1925.

[331] *Ibid.*, p. XII.

[332] *Ibid.*, p. XII-XIII.

[333] A propos du cloisonnement de la critique tristanienne, voir *supra*, p. 100.

[334] J. Bousquet, *op. cit.*, p. 580-581.

sensibilité les thèmes principaux des *Amours*, de *La Lyre*, des *Vers héroïques*[335].

Pour illustrer son propos, Bousquet choisit des exemples précis. Ainsi, dans les poèmes qui célèbrent la beauté noire, Baudelaire pourrait s'être inspiré de *La Belle esclave more* de Tristan[336]. Bousquet voit en effet dans celle qui porte « la nuit sur son visage et le jour dans ses yeux »[337] une « ascendante indirecte de Jeanne Duval »[338]. Il reconnaît néanmoins que « la ressemblance est parfois extérieure (la belle gueuse, la belle esclave more), d'autres fois souterraine »[339]. Quant à *La Chanson du mal-aimé*, elle aurait pris « ses mouvements les plus inattendus dans *Le Promenoir des deux amants* »[340]. Enfin, oubliant un instant la chronologie, l'auteur croit reconnaître dans *L'Orphée* « un pastiche de Paul Valéry »[341]. Celui que Nerval, Baudelaire et les surréalistes ont marqué de leur empreinte réinterprète donc l'œuvre de Tristan, sinon à travers ses propres œuvres, du moins à travers ses modèles esthétiques.

En 1964, consacrant dans son *Dictionnaire des auteurs du pays creusois* un long article à Tristan, A. Carriat le compare à quelques poètes modernes : « La poésie, comme le théâtre de Tristan, abonde, dans son inégalité, en beaux vers aux résonances étrangement modernes, et Baudelaire, Mallarmé, Apollinaire pourraient bien lui devoir autant que La Fontaine et Racine. »[342] Tout en faisant référence à une tradition critique longtemps dominante, le commentateur s'efforce de mettre en évidence un

---

[335] *Ibid.*, p. 581.

[336] « La belle esclave more », p. 279-281 dans *La Lyre*, *op. cit. Cf.* le commentaire que nous faisons de ce poème (voir notre chapitre 5, p. 292).

[337] « La belle esclave more », *op. cit.*, p. 281, v. 14.

[338] J. Bousquet, *op. cit.*, p. 574. A propos de la métaphore familiale, voir *infra*, p. 117.

[339] J. Bousquet, *op. cit.*, p. 581. Nous verrons que, par les effets de contraste qu'il permet d'introduire, le thème de la belle esclave more est un des principaux lieux communs de la poésie « baroque » (voir notre chapitre 2, p. 133).

[340] *Ibid.*

[341] J. Bousquet, *op. cit.*, p. 582. L'auteur de *L'Orphée* est donc associé à des poètes aussi différents que Valéry et La Fontaine (voir *supra*, p. 74).

[342] A. Carriat, « Tristan L'Hermite », p. 552-562 dans *Dictionnaire bio-bibliographique des auteurs du pays creusois et des écrits le concernant des origines à nos jours*, Guéret, Société des sciences naturelles et archéologiques et de la Creuse, 1964, cité p. 557.

autre aspect, encore négligé, de la « modernité » attachée à la poésie tristanienne. Alors que Bousquet refusait de voir en Tristan un précurseur du classicisme, pour ne retenir que les accents « modernes » de sa poésie, A. Carriat cherche le moyen de concilier les deux points de vue[343]. Peut-être garde-t-il en mémoire l'extrême formalisme de Mallarmé lorsqu'il propose cet exemple de « poésie pure », où Tristan se montre « sensible vivement au contenu sonore des mots »[344] :

> Ai-je troublé vos eaux avec l'eau de mes larmes
> Et percé de mes cris votre bois innocent[345] ?

Par ailleurs, le poète préfigurerait Valéry « quand il fait étinceler la mer de 'mille pointes de diamant' ou quand il suscite dans le cadre aquatique de *L'Orphée* d'autres vaines danseuses »[346]. En somme, A. Carriat perpétue une tradition critique qui, dans ses grandes lignes, reste inchangée : la nature, telle qu'elle est décrite dans *Le Promenoir des deux amants* et *L'Orphée*, exprime la sensibilité profonde du poète ; mais, par l'attention qu'il porte à l'aspect formel de ses vers, Tristan se rapproche aussi de Mallarmé et de Valéry.

Dans un article publié en 1982, Thérèse Lassalle entreprend de comparer deux strophes de Saint-Amant et de Tristan qui traitent du même sujet : les reflets du soleil dans l'eau[347]. A cette occasion, elle remarque des similitudes entre *La Mer* de Tristan et *Le Cimetière marin* de Valéry. Le tercet

---

[343] Tentative de conciliation que nous avons déjà rencontrée chez P. Wadsworth (voir *supra*, p. 92).

[344] A. Carriat, « Tristan L'Hermite », art. cit., p. 557.

[345] « Plainte de l'illustre pasteur » p. 22, v. 59-60 dans *La Lyre*, *op. cit.*

[346] A. Carriat, « Tristan L'Hermite », *op. cit.*, p. 557. Le critique fait allusion à ces vers :

> Laisse dormir en paix les Nymphes de ses eaux
> Qui couronnant leurs fronts de joncs et de roseaux,
> Sous le liquide argent de leurs robes superbes
> Dansent à tes chansons dessus l'émail des herbes. (« L'Orphée », v. 11-14, p. 42, dans *La Lyre*, *op. cit.*)

[347] T. Lassalle, « Du 'visage' à l''image' du soleil : étude comparée de deux strophes de Saint-Amant et de Tristan L'Hermite », p. 5-12 dans *Cahiers de littérature du dix-septième siècle*, 1982. Voir Saint-Amant « La solitude », p. 45-46, v. 161-170 dans *Œuvres I : Les Œuvres (1629)*, éd. critique de J. Bailbé, Paris, Nizet, 1971 ; Tristan, « La mer » p. 59, v. 41-50 dans *Les Vers héroïques, op. cit.* Nous reprendrons cette comparaison dans le chapitre 4 (voir p. 206-207).

> Un étonnement prend les âmes
> Voyant ici naître de l'eau
> Tant de couleurs et tant de flammes[348].

lui rappelle, en effet, ces vers de Valéry :

> Eau sourcilleuse
> Œil qui gardes en toi
> Tant de sommeil sous un voile de flamme[349].

Le critique constate également qu'on retrouve dans les deux poèmes l'image du diamant :

> Le soleil à longs traits ardants
> Y donne encore de la grâce,
> Et tâche à se mirer dedans
> Comme on ferait dans une glace ;
> Mais les flots de verts émaillés
> ....
> Font voir au lieu de son image
> Mille pointes de diamant[350].

> Quel pur travail de fins éclairs consume
> Maint diamant d'imperceptible écume[351].

Quelques années plus tard, T. Lassalle poursuit son enquête, estimant qu'« il n'est pas déplacé de chercher plus avant de possibles parentés entre les vingt-cinq dizains d'octosyllabes qui constituent l'ode de Tristan et le poème de vingt-quatre sizains de décasyllabes que Valéry nomme aussi ode »[352]. Elle relève alors tous les points communs qui unissent les deux textes, mais souligne également les différences qui les séparent. Ainsi, alors que le poème de Tristan révèle la présence familière des dieux auprès des soldats, les divinités évoquées par Valéry se réduisent à des « figures rhétoriques […] d'un langage qui suscite la distance respectueuse qu'on

---

[348] « La mer », *op. cit.*, p. 60, v. 62-64.

[349] « Le cimetière marin », v. 15-17, p. 148 dans *Charmes*, t. I des *Œuvres*, Paris, Gallimard (Pléiade), 1957.

[350] « La mer », *op. cit.*, p. 59, v. 45-50.

[351] « Le cimetière marin », *op. cit.*, p. 148, v. 7-8.

[352] T. Lassalle, « De Tristan à Valéry : images de la mer », p. 36-47 dans *Cahiers Tristan L'Hermite* n° 17 : *Les Fortunes de Tristan*, 1995, cité p. 36.

entretient avec le sacré »[353]. En outre, les deux poètes font appel à un « bestiaire fabuleux »[354] pour décrire les mouvements de la mer, dont ils découvrent aussi les « abîmes »[355]. Néanmoins, ces images sont exploitées différemment par les deux auteurs : « Plus condensé, Valéry élimine la part de narration, nécessaire à Tristan pour représenter et rendre sensible la force de l'élément marin. »[356] T. Lassalle constate encore que le soleil tient une place importante dans l'imagination de chacun des deux poètes, qui associent volontiers l'image du diamant à celle du feu[357]. Sensibles aux jeux du vent avec la mer, ils se distinguent cependant par leur façon de concevoir l'écriture poétique : « Des images ressemblantes donnent lieu à des traitements bien différents et révèlent chez Valéry une poétique plus concertée, plus soucieuse des effets à produire sur le lecteur que de la traduction de visions ou d'impressions personnelles. »[358] Mais, selon le critique, ces écarts s'expliquent aussi par l'organisation même des deux textes : tandis que l'ode de Tristan suit les variations de la mer au cours des heures et restitue le cheminement du regard[359], Valéry contemple la mer en plein soleil, bien que les images qui se succèdent manifestent « les variations d'un état du poète induit par la diversité des sensations. »[360] Dès lors, la perception du temps ne saurait être la même :

> Il est seulement midi dans le poème de Valéry, et c'est la seule heure qui ne soit pas représentée dans l'ode de Tristan. Le traitement du temps paraît donc les opposer doublement : un instant précis est matière à tout un poème, il est au contraire le seul absent d'un autre poème qui multiplie les instants[361].

Malgré tout, pour les deux poètes, l'expérience de la mer est intimement liée à celle de la mort : Tristan cherche dans ce spectacle une consolation

---

[353] *Ibid.*, p. 37.

[354] *Ibid.*

[355] *Ibid.*, p. 39.

[356] *Ibid.*

[357] *Ibid.*, p. 39-40.

[358] *Ibid.*, p. 41.

[359] *Ibid.*, p. 41-42.

[360] *Ibid.*, p. 44.

[361] *Ibid.*, p. 45.

après la perte de son ami Maricour[362] ; chez Valéry, la présence du « cimetière marin » invite à une méditation sur la mort[363]. A l'issue de cette lecture croisée, le critique ne formule pas l'hypothèse d'une influence directe de Tristan sur Valéry, bien que celui-ci ait manifesté un intérêt particulier pour les poètes du début du dix-septième siècle[364]. Ainsi, à propos du rapport entre les deux auteurs, un mouvement d'ensemble se dessine : alors que les premiers critiques sont convaincus de l'influence que Tristan a pu exercer sur Valéry, mais aussi sur Baudelaire, Mallarmé et Apollinaire, T. Lassalle procède à un simple travail de comparaison.

La poésie de Tristan s'inscrirait donc dans une double tradition : la lyrique amoureuse et la préciosité. De fait, ce second mouvement ne se limite pas aux salons mondains du dix-septième siècle, comme celui de l'Hôtel de Rambouillet que le poète lui-même fréquenta[365], mais touche aussi des auteurs comme Baudelaire, Mallarmé et Valéry. Telle est du moins la thèse que développe René Bray dans son étude sur *Les Précieux*, parue en 1948[366]. Selon lui, l'esthétique précieuse traverse même l'ensemble de la littérature européenne[367]. Après avoir suivi un parcours chronologique, le critique distingue quatre formes de préciosité : la première, « de relation », repose sur des « rapports mondains » et se manifeste principalement dans les salons ; la seconde, « de figuration », est une « tendance de l'individu » qui se caractérise par le « formalisme », et concerne essentiellement les tenants de « l'art pour l'art » ; la troisième, « d'expression », est

---

[362] Voir notre chapitre 4, p. 205.

[363] T. Lassalle, art. cit., p. 47.

[364] *Ibid.*, p. 36.

[365] Voir N.-M. Bernardin, *op. cit.*, p. 211. Certains classent Tristan parmi les précieux. Ainsi, dans son anthologie (*Les Précieux et les précieuses*, [Paris], Mercure de France, 1963, p. 168-172), G. Mongrédien introduit quelques pièces du poète, dont il fait au passage une brève analyse : « Certaines de ses poésies se ressentent de son passage à l'Hôtel de Rambouillet ; on y trouve les pointes et les *concetti* qui caractérisent la littérature précieuse » (p. 169). Voir aussi Y. Fukui, *Raffinement précieux dans la poésie française du XVIIᵉ siècle*, Paris, Nizet, 1964 (voir, en particulier, les p. 148-153 et 178-183). A propos des poèmes que Tristan compose pour l'Hôtel de Rambouillet, voir notre chapitre 5, p. 299-300.

[366] R. Bray, *La Préciosité et les précieux*, Paris, A. Michel, 1948. Voir les p. 207-209 consacrées à Tristan. Le poète figure également dans son *Anthologie de la poésie précieuse* (Paris, Nizet, 1957, p. 120-135).

[367] Voir *ibid.*, p. 16. Il en est de même du « baroque », dont la préciosité ne serait qu'une des manifestations (voir notre chapitre 2, p. 140 n. 161).

le fait d'un « poète solitaire » ; la quatrième, enfin, est appelée « préciosité de création »[368]. Baudelaire et Mallarmé sont respectivement associés à ces deux dernières formes de préciosité. Quant à Valéry, il

> touche à la préciosité par l'emploi d'un certain vocabulaire et par l'introduction dans les lettres d'un jargon pseudo-scientifique. Mais surtout, il y a de la préciosité dans sa démarche poétique : il applique bien son art poétique, la poétique de l'exercice[369].

Il s'attache en effet à respecter un ensemble de « règles, selon lesquelles son intelligence s'assouplit »[370]. Malgré ces différences, R. Bray retient quelques critères qui permettent en général de définir le précieux : sur le plan psychologique, celui-ci se distingue par « l'ingéniosité, l'imagination, le goût de l'analyse, la prédominance de l'intelligence, sinon [par] l'alogisme »[371] tandis que, sur le plan éthique, il ne manifeste « aucune préoccupation du divin », « son seul dieu » étant « la Beauté »[372]. Enfin, le critique s'attache à définir la dimension esthétique de la préciosité :

> C'est un art gratuit, qui n'a de cause qu'en soi. Pure construction de l'imagination, il établit sa loi dans l'artifice ; son œuvre ne répond à rien, qu'à elle-même [...]. Toutefois tout jeu esthétique n'est pas précieux. A la notion de jeu il faut ajouter celle de luxe, c'est-à-dire l'idée d'une activité surabondante, d'une efflorescence, d'une vitalité qui déborde hors des limites du nécessaire. Et nous retrouvons ici l'inutilité fondamentale de la préciosité, sa gratuité[373].

Grâce à l'extension de la notion de préciosité, Tristan a pu être comparé à Mallarmé et à Valéry pour leur tendance commune à l'hermétisme. Loin d'être circonscrite à une période donnée, la préciosité constituerait donc un mouvement transhistorique ; et en cela, elle se distingue de la « galanterie », concept que les spécialistes du dix-septième siècle se sont récemment réappropriés[374]. Au total, la poésie de Tristan semble avoir

---

[368] R. Bray, *op. cit.*, p. 390-391.

[369] *Ibid.*, p. 354.

[370] *Ibid.*, p. 392.

[371] *Ibid.*, p. 394.

[372] *Ibid.*, p. 395.

[373] *Ibid.*, p. 396.

[374] Voir notre chapitre 5, p. 300.

préparé ces trois grands mouvements, pourtant radicalement différents les uns des autres, que sont le romantisme, le symbolisme et l'hermétisme.

C. *Le Page disgracié* comme fondement du « roman autobiographique »

Cette image de précurseur, profondément ancrée dans la critique tristanienne, finit par toucher tous les genres pratiqués par l'auteur. Ainsi, *Le Page disgracié* semble avoir ouvert la voie au *Gil Blas* de Lesage – hypothèse que formule Victor Fournel dès 1866. Dans *La Littérature indépendante*, le critique compare en effet les deux romans, portant au passage un jugement sévère sur l'œuvre de Tristan : « Parfois on croirait lire, en plus mauvaise prose, un chapitre de *Gil Blas* »[375]. En 1946, Arland établit à son tour ce parallèle en usant, comme jadis Bernardin à propos de Racine, use de la métaphore picturale : « Déjà l'on peut y reconnaître un premier crayon de *Gil Blas*. »[376] Bousquet, quant à lui, estime que « tout le défaut du *Page disgracié*, c'est qu'il ôte à qui le connaît l'envie de relire *Gil Blas* »[377]. Et quelques décennies plus tard enfin, Francis Assaf reprend l'idée en précisant :

> Les subterfuges auxquels le garçon doit avoir recours pour continuer à voir son amie en dépit de l'opposition de la mère de celle-ci préfigurent certains passages du *Gil Blas*, où l'amour ne s'accomplit bien que dans la clandestinité. Un autre trait de parenté entre le page et Gil Blas réside dans leur commune faculté à oublier les déceptions amoureuses une fois disparu l'objet de leurs amours[378].

Mais les critiques se sont surtout attachés à montrer l'originalité du *Page disgracié*, récit qui associe étroitement fiction et autobiographie. L'idée apparaît pour la première fois chez un critique allemand, Heinrich Kœrting qui, en 1885, consacre une étude au roman français du dix-

---

[375] V. Fournel, *La Littérature indépendante et les écrivains oubliés : essais de critique et d'érudition sur le XVIIᵉ siècle*, Paris, 1862, p. 4.

[376] M. Arland, préface pour *Le Page disgracié*, *op. cit.*

[377] J. Bousquet, *op. cit.*, p. 568.

[378] F. Assaf, « Le picaresque dans *Le Page disgracié* de Tristan L'Hermite », p. 339-347 dans *Dix-septième siècle*, octobre-décembre 1979, cité p. 344.

septième siècle, notamment au « roman réaliste »[379]. La perspective qu'il adopte est d'autant plus remarquable qu'au même moment les spécialistes français de cette période s'intéressent presque exclusivement à la production théâtrale. Kœrting confère au récit de Tristan une valeur autobiographique, tout en le rattachant aux « romans réalistes » de son époque :

> Certes *Le Page disgracié* [...] a pour centre une autobiographie, mais le récit de ce qui a été vécu et vu soi-même est pénétré de tant de fiction, le tout habillé du manteau de la poésie avec une telle intentionnalité que ce récit des années d'enfance, d'apprentissage et d'errances d'un poète aimable peut être sans crainte associé aux romans ici considérés, et ce d'autant plus que les éléments autobiographiques ne s'éloigneront jamais complètement du roman réaliste[380].

Pour finir, le critique rapproche le récit de Tristan des *Confessions* de Rousseau, même s'il lui reconnaît un caractère un peu primitif :

> La langue et le style du *Page disgracié* [...] témoignent, en comparaison d'autres romans de l'époque, des rudesses et des archaïsmes multiples, si bien qu'on a du mal à croire que c'est à la même époque qu'ont été écrites les pièces de P. Corneille, dont la forme est achevée. Mais peut-être est-ce précisément dans la représentation moins effacée du *Page disgracié* que réside une partie du charme qu'il doit exercer encore aujourd'hui sur tous les lecteurs.
> Parmi les mémoires revêtant la forme d'un roman, ce genre littéraire si caractéristique de la littérature française, *Le Page disgracié* occupe une place honorable sous un autre aspect, non purement littéraire. Comparé aux *Confessions* de Rousseau par exemple – si l'on a quelque droit d'établir un parallèle de ce genre – la poésie de Tristan l'emporte par un amour de la vérité, dont le but secret n'est pas – comme chez le philosophe de Genève – un auto-encensement, et par le sentiment de tendresse selon lequel sont traitées les relations intimes

---

[379] H. Kœrting, *Geschichte des französischen Romans im XVII. Jahrhundert*, 2 vol., Leipzig und Oppeln, G. Maske, 1885-1887. Nous donnons dans l'annexe 2 d'autres passages du texte de Kœrting (voir p. 409-412).

[380] *Ibid.*, vol. I, p. 147. Nous traduisons. Au même moment, Bernardin définit *Le Page disgracié* comme un « roman réaliste » (voir *supra*, p. 43).

avec toutes les personnes auxquelles l'auteur croit devoir reconnaissance et égard[381].

D'après ces analyses, Tristan crée une forme de récit inédite, qui relève à la fois du roman et de l'autobiographie[382].

L'idée est reprise avec force par la critique moderne. Ainsi, en 1967, dans son ouvrage consacré au roman, Henri Coulet affirme que « vouloir séparer le vrai du faux dans *Le Page disgracié*, c'est ne pas voir la raison d'être de ce livre », et justifie ce jugement en précisant : « il est l'histoire de l'essai fait par Tristan pour maintenir le rêve dans la vie, l'imaginaire dans le réel, et de son échec »[383]. Le critique distingue, à l'intérieur du récit, trois grandes parties, la vie du héros se plaçant successivement sous le signe du jeu, de la passion et du spectacle ; et de ce fait, le personnage que met en scène le narrateur mêle constamment fiction et réalité : « le souvenir vécu reçoit du souvenir littéraire une nuance d'irréalité »[384], avant que le page « ne [vive] son amour comme un roman »[385] pour finalement connaître, comme le picaro, le *desengaño*[386]. En somme, à travers son récit, Tristan semble avoir voulu fictionnaliser sa propre vie : il « s'écarte du picaresque en l'imitant : il intériorise les aventures, […] fait servir à la recherche et à l'expression du moi des souvenirs littéraires »[387]. Au début des années 1970, la critique désigna sous le nom de « roman autobiographique » cette forme de récit qui, sans doute grâce aux recherches de Philippe Lejeune sur l'écriture autobiographique en

---

[381] *Ibid.*, p. 168. Nous voyons que, pour caractériser le récit de Tristan, Kœrting hésite entre « autobiographie » et « mémoires ». Ce flottement dans la terminologie existe nettement moins dans la critique moderne (voir *infra*).

[382] Adam voit là un défaut : « L'œuvre est brève et attachante. Mais elle n'est qu'en partie romanesque, et souffre un peu de cette incertitude de son dessein. Tristan a largement puisé dans ses souvenirs. Puis il a joint à ce premier élément l'apport de ses lectures. On eût préféré qu'il prît nettement parti. » (*Histoire de la littérature française au dix-septième siècle*, t. I, *op. cit.*, p. 141).

[383] H. Coulet, *Le Roman jusqu'à la Révolution*, t. I : *Histoire du roman en France* Paris, Colin, 1967, p. 187.

[384] *Ibid.*, p. 188.

[385] *Ibid.*

[386] Sur la présence du modèle picaresque dans le récit de Tristan, voir notre chapitre 2, p. 137-139.

[387] H. Coulet, *op. cit.*, p. 190. Idée que nous reprendrons dans notre chapitre 5, p. 318.

général[388], suscita alors un vif intérêt. Ainsi, en 1975, dans son étude sur *Le Roman à la première personne*[389], René Démoris définit *Le Page disgracié* comme « le premier roman autobiographique du dix-septième siècle »[390] : il le rapporte à l'esthétique picaresque, dont les « avatars », dit-il, se firent sentir jusqu'en 1660[391], tout en reconnaissant que, à la différence du picaro, le narrateur du *Page disgracié* « se pose des problèmes d'écriture »[392]. Deux thèses, soutenues respectivement en 1976 et 1978, portent précisément sur le caractère autobiographique du récit tristanien : celle de Mary-Luise Gude, *Le Page disgracié : the text as confession*[393], et celle de Catherine Maubon, *Le Page disgracié de Tristan L'Hermite : pour une lecture autobiographique*[394]. Dans une autobiographie au sens strict, l'auteur établit avec son lecteur une sorte de pacte, selon lequel l'identité de l'auteur, du narrateur et du personnage doit être clairement affirmée[395]. Partant de ce présupposé, C. Maubon relève dans *Le Page disgracié* tous les éléments textuels qui permettent l'identification du 'Je', et en retient tout particulièrement ce passage : « 'Je' porte le nom et les armes d'un gentilhomme assez illustre, et qui comme un autre Périclès fut grand orateur et grand capitaine tout ensemble »[396]. Or, grâce aux clés fournies en 1667 par Jean-Baptiste, le frère de Tristan[397], le lecteur apprend qu'il s'agit de leur ancêtre Pierre L'Hermite, qui s'illustra

---

[388] Voir *L'Autobiographie en France*, Paris, Colin, 1971 et *Le Pacte autobiographique*, Paris, Seuil, 1975.

[389] R. Démoris, *Le Roman à la première personne : du classicisme aux Lumières*, Paris, Colin, 1975.

[390] *Ibid.*, p. 43.

[391] *Ibid.*, 1ère part., chap. 1er.

[392] *Ibid.*, p. 42.

[393] M.-L. Gude, *Le Page disgracié : the text as confession*, the university of Pennsylvania, 1976. Thèse publiée à l'université de Mississippi, Romance monographs, 1979.

[394] C. Maubon, *Le Page disgracié de Tristan L'Hermite : pour une lecture autobiographique*, thèse de doctorat, dir. M. Dumas, université de Paris VII, U.E.R. des sciences des textes et des documents, 1978. Thèse remaniée dans *Désir et écriture mélancoliques : lecture du Page disgracié de Tristan L'Hermite*, Genève, Slaktine, 1981.

[395] Voir P. Lejeune, *Le Pacte autobiographique, op. cit.*

[396] *Le Page disgracié*, Paris, Gallimard (Folio classique), 1994, p. 24.

[397] Nous verrons d'ailleurs que la présence de ces « clefs » fausse le sens que Tristan semble avoir voulu donner à son texte (voir notre chapitre 5, p. 321).

dans la première croisade[398]. Toutefois, C. Maubon remarque que le récit de Tristan contient aussi des éléments fictionnels, car non seulement le narrateur se donne le nom d'Ariston[399], mais il cède encore à la « tentation picaresque »[400], si bien qu'en définitive elle se refuse à dire si *Le Page disgracié* forme une œuvre de fiction ou une autobiographie, estimant qu'il s'agit là de « fausses questions »[401]. Elle analyse cependant en détail la structure du récit, distinguant en particulier le « monde raconté » du « monde commenté »[402]. Au vu de toutes ces analyses, le roman de Tristan participe donc à la fois de l'autobiographie et de la fiction.

Depuis, l'idée n'a cessé d'être reprise. Ainsi, en 1981, dans son ouvrage consacré au *Roman français au dix-septième siècle*, Maurice Lever définit *Le Page disgracié* comme une « autobiographie picaresque »[403], où les souvenirs réels se mêlent aux réminiscences littéraires. Dans un article publié récemment, A. Viala souligne à son tour la nouveauté et l'« audace » de l'entreprise tristanienne : « Par le récit à la première personne et son allure d'autobiographie dissimulée, *Le Page disgracié* rompt avec les habitudes narratives de l'époque. »[404] L'idée est encore exprimée par Jacques Prévot dans son édition du *Page disgracié* qu'il publie en 1994 : « En 1642 le roman à la première personne est exceptionnel. »[405] Et d'ajouter : « Tristan crée une série de fonctions qui font du *Page* une vraie fausse autobiographie où le narrateur est autant son double fictif que le 'Je' dont il met en page les dix-huit ou dix-neuf premières années de la vie. »[406] De toutes ces lectures se dégage une nouvelle image de Tristan, celle d'un romancier qui, en transformant un modèle littéraire déjà existant, invente une forme de récit profondément originale. Lorsque nous examinerons à

---

[398] *Le Page disgracié, op. cit.*, p. 268. A propos des origines familiales de Tristan, voir notre chapitre 4, p. 182-183.

[399] *Le Page disgracié, op. cit.*, p. 122, 143 …

[400] C. Maubon, *op. cit.*, 2nde part., chap. 2, II. 2.

[401] *Ibid.*, p. 8.

[402] *Ibid.*, Ière part., chap. 2, I. 1.

[403] M. Lever, *Le Roman français au XVIIe siècle*, Paris, P.U.F., 1981, p. 136.

[404] A. Viala, « Tristan et l'institution littéraire », p. 6-12 dans *Cahiers Tristan L'Hermite*, n° 11 : *Tristan et la société de son temps*, 1989, cité p. 9.

[405] J. Prévot, préface pour *Le Page disgracié, op. cit.*, p. 19.

[406] *Ibid.* Voir aussi son étude p. 1371-1384 dans *Libertins du XVIIe siècle I, op. cit.*

notre tour *Le Page disgracié* et définirons sa place dans la carrière de l'écrivain, nous ne pourrons faire l'économie de toutes ces analyses[407].

Longtemps négligé, *Le Page disgracié* a donc bénéficié d'une attention renouvelée de la critique, l'intérêt suscité par l'autobiographie et le roman du début du dix-septième siècle datant d'une période relativement récente. En effet, en ce qui concerne l'époque classique, le roman a longtemps souffert de la suprématie du théâtre, genre généralement considéré comme le plus représentatif de cette période de l'histoire littéraire. Si, dans le cas de Tristan, l'image de précurseur s'est à l'origine construite autour de son œuvre dramatique, pour s'étendre ensuite à son œuvre poétique, elle a fini par toucher également son roman autobiographique.

D. Les *Plaidoyers historiques* et la pensée révolutionnaire

Même ses *Plaidoyers historiques*, auxquels la critique s'est pourtant peu intéressée, ont été étudiés selon une perspective téléologique. Il semble donc que définir Tristan comme un précurseur soit devenu, pour ses commentateurs, une sorte de réflexe. Dans cette œuvre en prose, publiée en 1646, l'auteur présente des situations qui mettent en jeu des intérêts opposés et, selon un mode de construction qui se retrouve d'un chapitre à l'autre, chacune des parties adverses vient tour à tour plaider sa cause[408]. Dans un article paru en 1973, Doris Guillumette se propose de montrer l'« originalité » et la « portée sociale » de ce texte[409], mais constate d'abord l'oubli presque total dont il a fait l'objet, alors que les autres œuvres de Tristan « sont en voie de réédition, bénéficiant d'un nouvel essor grâce à l'expansion des études sur le baroque »[410]. Ensuite, elle rappelle l'origine des *Plaidoyers historiques* : les *Epitomés de cent histoires tragiques* du Sylvain[411], texte auquel Tristan s'est contenté d'ajouter un seul chapitre, « Du mécontentement de deux amants ». Elle estime pourtant que son œuvre a plus d'originalité qu'on ne lui suppose, « à commencer par

---

[407] Voir notre chapitre 5, p. 313 et *sqq*.

[408] Voir l'étude d'A. Tournon, p. 339-360 dans vol. V des *Œuvres complètes*, éd. cit.

[409] D. Guillumette, « Les *Plaidoyers historiques* de Tristan L'Hermite : originalité et portée sociale », p. 19-34 dans *Dix-septième siècle*, 1973.

[410] *Ibid.*, p. 19.

[411] Voir *ibid.*. Voir à ce sujet notre chapitre 2, p. 152-153.

les intentions de l'auteur »[412], qui exprime en effet une profonde compassion pour les malheureux : « Les traits incisifs que l'auteur ajoute aux récits du Sylvain créent une tension qui trahit la conscience excédée, visant sans aucun doute des réformes salutaires. »[413] Tristan cherche donc à dénoncer les maux de son temps, orientation que reflète déjà le titre de l'ouvrage : « Il semble que le terme 'plaidoyer' doive être pris au sens fort »[414], conférant ainsi au texte un caractère polémique. L'originalité de Tristan tient, selon D. Guillumette, au choix des sujets : « Tous représentent de tristes usages qu'il serait souhaitable d'améliorer. »[415] Ainsi, des cent épitomés du Sylvain l'auteur n'en retient que trente-six, laissant de côté « la plupart des controverses militaires et civiles », ainsi que « les sujets scabreux et fades »[416], pour s'intéresser aux « petites gens, victimes de structures sociales et judiciaires délabrées »[417]. D. Guillumette remarque, en outre, que les personnages restent anonymes et que la conclusion de l'affaire se fait souvent en leur défaveur : ainsi, lorsque Tristan aborde le problème de l'inégalité devant la loi, les textes s'orientent vers les « abus judiciaires »[418]. Enfin, aux yeux du critique, les *Plaidoyers historiques* laissent pressentir les préoccupations sociales et politiques qui seront celles du dix-huitième siècle :

> Tristan met ainsi tout son art à soutenir la cause de ceux qui sont faibles devant la loi : les pauvres, les femmes, les déshérités. Par le ton des récits, le désir de réformes et un certain esprit de révolte, ce penseur devient précurseur d'une autre époque. Les *Plaidoyers* sont un nouveau témoignage d'un mouvement humaniste qui va s'épanouir au siècle des Lumières[419].

Tristan a donc fait figure de précurseur, y compris à travers un texte jugé secondaire comme les *Plaidoyers historiques*. Le qualificatif jadis donné par Serret à propos de ses tragédies a fini par toucher l'ensemble de son œuvre.

---

[412] D. Guillumette, art. cit., p. 20.

[413] *Ibid.*

[414] *Ibid.*, p. 22.

[415] *Ibid.*

[416] *Ibid.*

[417] *Ibid.*

[418] *Ibid.*, p. 27.

[419] *Ibid.*, p. 34.

En somme, les critiques construisent une figure malléable à souhait, susceptible d'incarner les mouvements esthétiques les plus variés. Après avoir été défini comme un précurseur de Racine, et du classicisme en général, Tristan est perçu comme un précurseur des romantiques et même, bien au-delà, des symbolistes. Dans la critique moderne, le spectre s'élargit encore davantage pour s'ouvrir aux autres genres pratiqués par l'auteur : *Le Page disgracié* marquerait ainsi le début du roman autobiographique, tandis que les *Plaidoyers historiques* laisseraient déjà entrevoir la philosophie des Lumières. L'extrême diversité qu'offre l'œuvre de Tristan explique cet éclatement, qui parfois est source de tensions. Ainsi, il est relativement difficile de concilier l'image du dramaturge préclassique et celle du poète préromantique. Outre leurs contenus respectifs, ces deux lectures n'impliquent pas les mêmes contenus idéologiques : alors que le classicisme serait l'émanation même du génie français, le romantisme conserverait des liens étroits avec la culture germanique[420].

*

* *

Ramenée à l'échelle de l'histoire littéraire tout entière, la critique tristanienne révèle son caractère exemplaire. En effet, comme la plupart des dramaturges de sa génération, l'auteur de *La Marianne* est considéré comme l'un des précurseurs du « grand théâtre classique », les années 1630-1640 ne constituant qu'une période « transitoire »[421]. Le raisonnement s'applique également aux autres genres pratiqués par Tristan : quelques-uns de ses poèmes pourraient avoir servi de modèles à La Fontaine et, par la simplicité qui le caractérise, *Le Page disgracié* aurait ouvert la voie au roman classique. Cependant, son œuvre poétique est rattachée à d'autres mouvements encore et, une nouvelle fois, le regard porté sur Tristan laisse transparaître toute une vision de l'histoire littéraire. Le romantisme, qui existerait déjà en germe au début du dix-septième siècle, est traditionnellement associé à la plainte amoureuse et à l'évocation de la nature ; mais plus largement, les critiques retiennent l'idée d'un lyrisme éternel, si bien que Tristan apparaît à leurs yeux comme le lointain

---

[420] Voir M. de Staël, *De l'Allemagne* (1810), en particulier II 1.

[421] C'est bien dans les années 1630-1640, donc au moment où Tristan est le plus fécond, que se jouent les grands débats littéraires qui rendront possible, quelques décennies plus tard, l'épanouissement du classicisme (voir notre seconde partie, en particulier les chapitres 4 et 5).

ancêtre de Baudelaire et d'Apollinaire. De même, l'esthétique « précieuse » semble avoir résisté à certaines évolutions – idée qui permet de voir en Tristan un parent éloigné de Mallarmé ou de Valéry. Plus récemment enfin, les critiques ont redécouvert le roman du début du dix-septième siècle, en même temps qu'ils se sont penchés sur la question de l'autobiographie. *Le Page disgracié*, qui mêle fiction et réalité, semble ainsi avoir été à l'origine d'un nouveau type de récit.

Les critiques reconnaissent donc les nouveautés que Tristan a pu apporter à la littérature, mais certains ne les jugent dignes d'intérêt qu'au regard de ce qui a suivi. En effet, si la lecture téléologique de l'histoire littéraire a prévalu à la fin du dix-neuvième siècle, elle connaît un net recul dans la critique moderne, ce que traduit bien le passage du mot *précurseur* à ceux de *fondateur* ou de *créateur*. Le flou terminologique, savamment entretenu par les critiques, rend en effet aisé le glissement d'un concept à l'autre. On trouve ainsi pêle-mêle les mots *inspirateur*, *éducateur*, *précurseur*, *fondateur*, qui semblent parfois être considérés comme des synonymes. L'idée d'une filiation littéraire entre Tristan et tel ou tel de ses successeurs s'exprime par d'autres mots encore, empruntés au vocabulaire de la famille : ainsi, même s'ils n'impliquent pas exactement le même rapport, le *père* et le *frère* tendent à se faire concurrence. L'interprétation sous-tendue par le mot *précurseur*, qui reste néanmoins le plus fréquemment utilisé, relève d'une double logique : elle procède, d'une part, d'une lecture rétrospective de l'histoire littéraire, fondée sur le principe de causalité[422], et repose, d'autre part, sur une série d'analyses comparatives.

Tristan « précurseur » est donc bien une construction de la critique, le fruit de débats idéologiques sur l'histoire littéraire, et non un « fait » qui s'imposerait de lui-même. Si ce système de pensée offre une cohérence certaine, il n'est cependant pas nécessairement en conformité avec la réalité des textes. Dès lors, il conviendra de resituer l'œuvre de Tristan dans son contexte immédiat et de le comparer, non plus seulement à ses successeurs, mais aussi à ses contemporains.

---

[422] Sur la notion de causalité dans l'histoire en général, voir P. Veyne, *Comment on écrit l'histoire : essai d'épistémologie*, Paris, Seuil, 1971, p. 116-117.

CHAPITRE 2

La construction d'une figure d'héritier

Si les critiques ont défini Tristan comme un précurseur, ils lui ont également appliqué le qualificatif d'héritier. Notre propos sera donc de déterminer les différents héritages que l'on a cru pouvoir reconnaître dans son œuvre, et qui ont été recherchés non seulement dans des époques parfois fort éloignées de Tristan, mais aussi dans des pays étrangers, ainsi que dans des traditions qui ne sont pas proprement littéraires. Ainsi, l'élargissement que nous avions observé à propos de l'image de Tristan comme précurseur se prolonge, à la différence près que les textes convoqués ici n'appartiennent pas exclusivement au domaine français.

*
* *

I. La constitution d'un premier lieu commun de la critique : Tristan un « poète baroque »

A. Les interprétations des critiques

1. Un « héritier de Hardy »

Dans ses deux premières tragédies, Tristan a pris pour modèle Hardy, que l'histoire littéraire classe volontiers parmi les auteurs baroques[1]. Selon une chronologie communément admise, l'esthétique ainsi définie couvre

---

[1] Voir par exemple J. Rousset, *La Littérature de l'âge baroque en France*, Paris, Corti, 1953, *passim*. Nous ne reprenons pas nécessairement à notre compte la notion de baroque, forgée par l'histoire littéraire ; mais, pour plus de commodité, nous ne mettons pas à chaque fois le mot entre guillemets.

une période qui s'étend jusqu'à la fin du dix-septième siècle[2] ; aussi le plus jeune des deux poètes a-t-il pu lui-même être qualifié de baroque. Rigal, auteur en 1889 d'une thèse consacrée à Hardy, est le premier à comparer les deux *Marianne* : « Si […] Tristan a ici fort amélioré l'œuvre qu'il imitait, il n'en est pas moins vrai qu'il l'a suivie de fort près. »[3] Le critique mentionne chacun des emprunts de Tristan à son aîné[4], avant de conclure en ces termes : « Telle est cette tragédie, imitée de celle de Hardy, avec habileté souvent, mais de trop près. »[5] En 1895, Bernardin établit à son tour ce rapprochement, mais estime que les analogies entre les deux dramaturges sont principalement dues à leurs emprunts communs à Flavius Josèphe[6]. Dans son édition critique de *La Marianne* en 1917, Madeleine se fait l'écho de ce débat, sans adopter ensuite de position tranchée : « Si l'œuvre de Hardy n'avait pas préexisté, Tristan n'aurait-il pas construit la sienne telle exactement qu'elle est, en s'aidant seulement de Josèphe ? »[7] En 1962, dans *La Tragédie de Jodelle à Corneille*[8], E. Forsyth reconnaît la présence de textes antérieurs dans *La Marianne* tout en insistant, comme Bernardin, sur le renouveau apporté par Tristan : celui-ci « reprend à la fois le sujet et les principaux ressorts de la *Mariamne* de Hardy, mais sa tragédie est beaucoup plus qu'une 'refonte en beaux vers' de la pièce de son devancier »[9]. Le critique remarque, en effet, que l'analyse psycho-logique tient une place plus importante dans la pièce de Tristan :

> [Celui-ci] a considérablement enrichi le drame quelque peu rudimentaire, mais déjà émouvant, que son devancier avait tiré de la chronique de Josèphe. Il a conservé comme base de la pièce le double

---

[2] Voir notre introduction générale, p. 21.

[3] E. Rigal, *Alexandre Hardy et le théâtre à la fin du XVIe et au commencement du XVIIe siècle*, Paris, Hachette, 1889, p. 337.

[4] *Ibid.*, p. 336-357.

[5] *Ibid.*, p. 356.

[6] Voir N.-M. Bernardin, *Un Précurseur de Racine, Tristan L'Hermite*, Paris, Picard, 1895, p. 22. Tristan lui-même reconnaît cet héritage (voir notre chapitre 5, p. 274). En revanche, il ne se définit pas comme un héritier de Hardy (voir *ibid.*, p. 275).

[7] J. Madeleine, introd. à *La Marianne*, Paris, Hachette, 1917, p. XIII.

[8] Référence déjà mentionnée dans notre chapitre 1, p. 67.

[9] E. Forsyth, *La Tragédie de Jodelle à Corneille (1553-1640) : le thème de la vengeance*, Paris, Nizet, 1962, p. 362. L'expression mise entre guillemets se trouve chez G. Lanson (*Esquisse d'une histoire de la tragédie française*, Paris, Hachette, 1920, p. 47).

conflit élaboré par Hardy, c'est-à-dire le conflit de situation, où les deux volontés s'opposent, et le conflit proprement tragique qui se développe dans l'âme d'Hérode. Il a d'autre part réorganisé les épisodes et les rôles de la pièce originale pour resserrer le mouvement de l'action, renforcé la tension dramatique des scènes essentielles et approfondi dans le sens de la vraisemblance l'analyse de la vie intérieure[10].

Dans son étude sur *Le Préclassicisme*, parue également en 1962, Pierre Sage affirme à son tour que Tristan s'est écarté de son modèle :

> Il a dépouillé l'intrigue des éléments dont Hardy l'avait chargée et ralentie ; il a élagué la rhétorique et l'érudition mythologique. Dans son drame, les situations ont pour cause profonde le caractère des personnages ; le conflit est dans les âmes et le dénouement est le résultat logique des passions déchaînées[11].

En 1975, dans leur édition du *Théâtre complet de Tristan*, C. Abraham et ses collaborateurs mentionnent, à côté de celle de Hardy, une pièce qui traite du même sujet : « En 1565, Luigi Dolce avait écrit une *Mariame* et vers 1610, Alexandre Hardy avait également donné une pièce du même nom. »[12] Les critiques jugent cependant que Tristan s'est démarqué de ses modèles : « Sa pièce n'emprunte presque rien à *La Mariamne* de Hardy et encore moins à celle de Dolce »[13]. Tout en affirmant que l'auteur a lu l'œuvre de son aîné, J. Scherer, dans son édition de 1986, signale les différences qui séparent les deux pièces :

> [La première] commençait par l'apparition d'un fantôme, que Tristan a remplacé par le songe d'Hérode. La tragédie de Tristan met en scène la pathétique intervention d'Alexandra au quatrième acte et développe

---

[10] *Ibid.*, p. 369. Déjà en 1946, Arland exprimait cette opinion : « Hardy, avant Tristan, a su choisir un sujet plutôt qu'une suite de thèmes, charpenter une intrigue, la dépouiller des actions adventices, soucieux avant tout de l'intensité dramatique et de la révélation des caractères » (préface pour *Le Page disgracié*, Paris, Stock, 1946, p. 17). Arland voyait aussi en Tristan un précurseur de la tragédie psychologique (voir notre chapitre 1, p. 66).

[11] P. Sage, *Le Préclassicisme*, Paris, del Duca, 1962, p. 265.

[12] *Le Théâtre complet de Tristan L'Hermite*, éd. critique par C. K. Abraham, J. W. Schweitzer, J. Van Baelen, the university of Alabama press, 1975, p. 19. Voir aussi l'introd. de C. Abraham, p. 19-26 dans *Œuvres complètes*, t. IV, publié sous la dir. de R. Guichemerre, Paris, Champion (Sources classiques), 2001 ; voir en particulier la p. 21, où le critique insiste sur la dimension psychologique de la tragédie.

[13] P. Sage, *op. cit.*, p. 265.

beaucoup plus que Hardy les manifestations de désespoir d'Hérode après la mort de Marianne[14].

Excepté Rigal, qui logiquement met en lumière le rôle joué par son auteur, les critiques tirent de la comparaison entre les deux œuvres la même conclusion : Tristan a emprunté à Hardy le sujet de sa tragédie, mais a renforcé dans la sienne l'analyse des sentiments[15].

De même, à propos de *Panthée*, Bernardin évoque la pièce homonyme de Hardy[16] et, sans nier l'influence de l'une sur l'autre, il estime que « Tristan s'est beaucoup plus inspiré de Xénophon que de Hardy »[17]. Aussi insiste-t-il moins sur les ressemblances que sur les différences entre les deux pièces : « Si Tristan a certainement eu sous les yeux, en composant sa *Panthée*, celle de son prédécesseur, [...] les deux tragédies cependant diffèrent profondément l'une de l'autre par le plan, par l'esprit, par le ton. »[18] Le critique s'efforce donc de minimiser l'apport de Hardy que, par ailleurs, son successeur n'aurait su égaler : « Tout ce que nous venons de dire suffirait déjà d'une part à justifier Tristan contre le reproche d'avoir suivi Hardy 'scène par scène', et de l'autre à établir l'incontestable supériorité du plan dressé par son prédécesseur. »[19] En effet, Tristan aurait sacrifié l'unité d'intérêt en montrant non seulement les circonstances de la mort de Panthée, mais aussi et surtout la passion d'Araspe[20]. C. Abraham formule le même jugement, sans pour autant négliger la pièce de Hardy,

---

[14] *Théâtre du XVIIᵉ siècle II*, éd. critique de J. Scherer, Paris, Gallimard (Pléiade), 1986, p. 1319.

[15] Jugement similaire chez un spécialiste de Hardy : « Tout en adoptant la conception générale du sujet qu'il trouvait chez le *poète du roi*, Tristan accroît encore plus les effets de suspense par une nouvelle répartition du matériel entre ses cinq actes ; il adoucit le caractère acariâtre de Mariamne, soulignant son amour maternel et lui ôtant toute velléité régicide ; et en motivant plus clairement les crimes d'Hérode, il rend ce roi encore plus humain et plus émouvant. En même temps, ses personnages s'expriment en une poésie plus moderne, conforme aux goûts de l'époque » (A. Howe, introd. à *La Mariamne*, Université d'Exeter, Textes littéraires, p. XXX).

[16] Comme pour *La Marianne*, Tristan ne se réclame pas de Hardy (voir notre chapitre 5, p. 275).

[17] N.-M. Bernardin, *op. cit.*, p. 629. Le livre dont il s'agit est *La Cyropédie*.

[18] *Ibid.*, p. 384. Dans son introduction à la *Panthée* de Hardy (Université d'Exeter, Textes littéraires LIII, 1984, p. XII), P. Ford rappelle que Tristan a trouvé chez son aîné l'idée de cette scène de jalousie.

[19] N.-M. Bernardin, *op. cit.*, p. 387.

[20] A propos de la règle de l'unité d'action dans *Panthée*, voir notre chapitre 5, p. 267.

« le seul de ses devanciers à qui Tristan fait des emprunts »[21]. Cependant, il remarque entre les personnages des deux tragédies plusieurs différences, qu'il rapporte aux contextes respectifs :

> La Panthée de Hardy est tout imbue de sentiments patriotiques, tandis que l'héroïne de Tristan agit poussée par la reconnaissance et non par la haine [...]. Hardy [...] nous présente Araspe comme un personnage brutal et antipathique, tandis que pour Tristan le rival d'Abradate est un personnage sensible dont nous connaissons les joies et les douleurs. [...] Hardy souligne la trahison de Panthée et d'Abradate qui, par reconnaissance, se joignent à Cyrus et prennent les armes contre leur patrie [...]. Tristan élimine presque complètement cet aspect de la pièce, et pour cause. Par amour pour Panthée, Abradate porte les armes contre sa patrie ; lorsqu'on se souvient que Gaston d'Orléans avait fait de même, on comprend qu'il eût été malséant de la part de Tristan de rappeler cet événement[22].

Une nouvelle fois, Tristan semble se distinguer de Hardy ; mais, à la différence de *La Marianne*, *Panthée* est généralement jugée inférieure à son modèle[23]. Dans la seconde partie, nous nous pencherons à notre tour sur les relations qui unissent les deux poètes, mais en adoptant une perspective plus large, puisqu'il s'agira de voir si, au-delà de ces emprunts ponctuels, l'esthétique de Tristan s'apparente à celle de Hardy[24].

2. Un « héritier de Shakespeare »

Parallèlement, des critiques ont cru reconnaître en Tristan un héritier du théâtre élisabéthain qui, au regard de l'histoire littéraire, constitue l'une des principales composantes du mouvement baroque. Ils constatent, en effet, que certains des personnages mis en scène par les deux dramaturges présentent des points communs. Ainsi, remarque Serret dès 1870, « la Mariane de Tristan et la Catherine de Shakespeare sont des sœurs ; elles habitent le même ciel poétique, presque au même rang »[25]. Le critique voit

---

[21] C. Abraham et *alii*, *Le Théâtre complet de Tristan L'Hermite, op. cit.*, p. 128.

[22] *Ibid.*, p. 128-130. A son tour, R. Guichemerre évalue l'originalité de Tristan à l'aune de Hardy (voir son introd. à *Panthée*, p. 138-140 dans *Œuvres complètes*, t. IV, éd. cit.).

[23] En cela, le jugement des critiques rejoint celui de Tristan (voir notre chapitre 5, p. 283).

[24] Voir *ibid.*, p. 272.

[25] E. Serret, art. cit., p. 344. À propos de la métaphore familiale, voir notre chapitre 1, p. 63.

également dans Hérode « un de ces personnages qui s'emparent de l'âme des spectateurs, comme Othello »[26]. La comparaison entre les deux tragédies est reprise par d'autres commentateurs, en particulier par Bernardin, qui met ainsi en avant l'évolution psychologique d'Hérode :

> Dans le cadre étroit de la tragédie française, qui ne permet pas les amples développements et les gradations à peine sensibles du drame de Shakespeare, Tristan a su faire des progrès, des emportements, des remords de jalousie, une étude assez exacte, assez puissante, pour mériter d'être rappelée même à côté de cet incomparable chef-d'œuvre qui a nom *Othello*[27].

Le critique poursuit la comparaison en affirmant que « la noble et chaste figure de Marianne », calomniée par Salomé, est comme Desdémone « à côté de Jago »[28]. En 1897, Larroumet, convaincu que Tristan a été influencé par Shakespeare, établit les mêmes rapprochements[29], tandis qu'en 1946 Arland attribue la présence d'Alexandra au caractère prétendument shakespearien de la pièce :

> C'est ainsi qu'au quatrième acte, lorsque Marianne est conduite au supplice, un nouveau personnage surgit : la mère de Marianne, qui, dans son cœur, s'apitoie sur sa fille, mais qui, ouvertement, la renie et l'accable de reproches pour avoir trahi Hérode[30].

J. Scherer souligne, de son côté, le caractère irrationnel du comportement d'Hérode qui, en cela, lui rappelle ainsi les personnages shakespeariens : « Hérode, hypnotisé par de terribles images, intervient avec fougue à toutes les étapes de cet étrange procès, veut que Marianne soit coupable, entrave proprement l'action de la justice. »[31] La parenté entre les deux dramaturges

---

[26] E. Serret, art. cit., p. 344.

[27] N.-M. Bernardin, « *La Marianne* de Tristan L'Hermite et le décor à compartiments », p. 94-122, dans *Devant le rideau : conférences*, Paris, Société française d'imprimerie et de librairie, 1901, cité p. 96. Les arguments qui autorisent Bernardin à rapprocher Tristan de Shakespeare sont à peu près les mêmes que ceux qui lui permettaient de voir en Tristan un précurseur de Racine (voir notre chapitre 1, p. 44-45).

[28] *Id.*, *Un Précurseur de Racine*, *op. cit.*, p. 343.

[29] Voir G. Larroumet, « Tristan L'Hermite », p. 350-359 dans *Revue des cours et conférences*, 25 avril 1897, cité p. 350-357. La comparaison entre Sabine et Iago est reprise par C. Abraham (*Tristan L'Hermite*, Boston, Twayne publishers, 1980, p. 93).

[30] M. Arland, *op. cit.*, p. 27. Cf. l'interprétation que nous faisons de ce personnage (voir notre chapitre 5, p. 267 n. 71).

[31] J. Scherer, *Théâtre du XVIIe siècle II*, *op. cit.*, p. 1321.

se manifesterait plus encore dans *La Mort de Sénèque*. Ainsi, en 1892, Quillard estime que la pièce de Tristan « n'est pas inférieure aux drames historiques » de Shakespeare[32]. Bernardin, pour sa part, la qualifie d'« œuvre aux allures shakespeariennes »[33] car il s'agit, selon lui, d'« un très beau et très curieux essai de tragédie réaliste, qui permet de croire que Tristan a vu représenter en Angleterre des drames de Shakespeare »[34]. Arland remarque, à son tour, la dimension « shakespearienne » de *La Mort de Sénèque*, propos qu'il complète en précisant : « Par la diversité de ses plans et la hardiesse de sa coupe comme par sa sobre vigueur, [elle] peut être rapprochée de certains drames historiques de Shakespeare. »[35]

Mais c'est surtout *La Folie du sage* qui a suscité l'intérêt des critiques sur le sujet. Ainsi, suivant les mots de Quillard, la Sardaigne, qui sert de cadre à l'intrigue, est « aussi chimérique que la Bohème de Shakespeare »[36]. En 1930, Georges Ascoli rapproche Rosélie d'Ophélie qui, comme l'héroïne de Tristan, se réveille après un long sommeil[37]. Six ans plus tard, dans son édition critique de *La Folie du sage*, Madeleine voit dans le roi de Tristan un personnage shakespearien : « [Il] est roi de Sardaigne comme, dans *Le Conte d'hiver* de Shakespeare, Léonte et Polixène sont, l'un roi de Sicile et l'autre roi de Bohème, comme Thésée est duc d'Athènes dans *Le Songe d'une nuit d'été*, et comme il y a un Prince du Maroc dans *Le Marchand de Venise*. »[38] Arland, pour sa part, qualifie *La Folie du sage* d'« œuvre étrange, complexe, chimérique »,

---

[32] P. Quillard, « Les poètes hétéroclites II : François-Tristan L'Hermite », p. 317-333 dans *Le Mercure de France*, 1892, cité p. 332. On se rappelle que Quillard voyait aussi en Tristan un précurseur des romantiques, dont les « drames historiques » sont conçus sur le modèle shakespearien (voir notre chapitre 1, p. 89).

[33] N.-M. Bernardin, *Un Précurseur de Racine*, *op. cit.*, p. 630.

[34] *Ibid.*, p. 122. En 1911, Bernardin présente *La Mort de Sénèque* comme « la très originale, très vivante et quasi-shakespearienne tragédie de Tristan » (« Le théâtre de Tristan L'Hermite. *La Mort de Sénèque* », p. 67-95 dans *Du quinzième au dix-neuvième siècles : études d'histoire littéraire*, Paris, Rieder et cie, 1916). Sur l'hypothétique voyage de Tristan en Angleterre, voir *Le Page disgracié*, I 22-46.

[35] M. Arland, *op. cit.*, p. 27.

[36] P. Quillard, art. cit., p. 331.

[37] G. Ascoli, *La Grande-Bretagne devant l'opinion française depuis la guerre de cent ans jusqu'à la fin du seizième siècle*, Paris, Librairie universitaire, 1930, p. 153. Le thème de la fausse mort est l'un des principaux ingrédients de la tragi-comédie (voir notre chapitre 6, p. 327).

[38] *La Folie du sage*, éd. critique de J. Madeleine, Paris, Droz, 1936, appendice, p. 118.

parce qu'elle lui rappelle un aspect « singulier » du théâtre shakespearien, notamment à travers le discours que tient « un vieillard à demi fou »[39].

Plus largement, des critiques récents remarquent dans les œuvres des deux dramaturges la présence de thèmes communs, en premier lieu celui de la folie. Ainsi, en 1982, Andrée Mansau constate des similitudes entre Ariste et Hamlet :

> Le seigneur Ariste sombrant dans la mélancolie, le jeu de l'amour et de la mort entre Rosélie, Palamède et le Roi, incitent à rechercher la signification de la pièce et à rapprocher la 'sage folie' d'Ariste et son univers illusoire des tourments soufferts par le Hamlet de Shakespeare[40].

En 1985, à l'occasion d'une étude sur la folie dans le théâtre tristanien, Thomas Braga évoque les grands fous de l'âge baroque, parmis lesquels figurent Hamlet et Lear[41]. Nicole Mallet, qui a consacré quelques articles aux relations entre Tristan et les Elisabéthains en général, retient deux thèmes : la mélancolie et la vengeance[42]. Elle constate, en effet, que la « notion » de mélancolie « envahit la société occidentale et l'univers de la création artistique aux seizième et dix-septième siècles »[43] ; aussi n'est-il pas étonnant, ajoute-t-elle, de la trouver à la fois dans le théâtre élisabéthain et dans les pièces de Tristan. N. Mallet prend plus nettement position lorsqu'elle suppose que le dramaturge français connaissait les pièces de Ford, disciple de Shakespeare. C'est ainsi que Tristan choisit de donner à certains de ses personnages « cette coloration psychologique particulière qui les apparente aux mélancoliques [de] la scène élisabéthaine ou jacobéenne »[44]. Dans cette perspective, N. Mallet distingue trois grands types de personnages : « l'amoureux éconduit, le jaloux forcené et le savant

---

[39] M. Arland, *op. cit.*, p. 27. Le thème de la folie est très présent dans le théâtre français des années 1630-1640 (voir notre chapitre 6, p. 328).

[40] A. Mansau, « Ariste et la sage folie », p. 18-23 dans *Cahiers Tristan L'Hermite* n° 4 : *Tristan et le théâtre*, 1982, cité p. 18.

[41] T. Braga, « Madness in the Theater of Tristan L'Hermite », p. 539-547 dans *The French review*, vol. 48, 3, février 1985.

[42] N. Mallet, « Tristan dramaturge face aux Elisabéthains », p. 29-37 dans *Cahiers Tristan L'Hermite* n° 10 : *Tristan et l'Europe*, 1988 ; « Tristan et la maladie élisabéthaine » dans *Cahiers Tristan L'Hermite* n° 8 : *Tristan et la mélancolie I*, 1986, p. 25-35. Comme nous le verrons dans la seconde partie, la mélancolie est un des thèmes constitutifs de l'œuvre tristanien.

[43] N. Mallet, « Tristan et la maladie élisabéthaine », *ibid.*, p. 25.

[44] *Ibid.*, p. 28.

mécontent », incarnés respectivement par Araspe, Hérode et Ariste[45].
Tristan s'inscrit dans une autre tradition, celle de la « tragédie de
vengeance »[46] : « Héritée de la tragédie sénéquienne, enrichie de diverses
sources européennes, italiennes et françaises surtout, elle a connu un succès
continu en Angleterre dans la première moitié du dix-septième siècle. »[47]
En effet, dans *La Marianne*, le sentiment de vengeance prédomine :
« L'ombre d'Aristobule demande la rétribution des massacres perpétrés par
l'usurpateur sanguinaire [...]. Salomé est animée de haine et d'envie à
l'endroit de Marianne. »[48] En outre, Tristan choisit un type de dénouement
fréquent dans le théâtre élisabéthain : « La punition de l'acte de ce 'monstre
abominable' est accompagnée, comme dans bon nombre de drames
élisabéthains, de la prise de conscience tragique et fugace de l'erreur. »[49]
Dans *La Mort de Sénèque* enfin, Epicharis exprime à son tour un désir de
vengeance :

> La conjuration dont [elle] est l'ardente égérie est vécue par les
> conjurés comme une délégation de la vengeance d'en haut pour
> débarrasser la société d'un tyran [...]. C'est la situation de *Jules César*
> avec un usurpateur aussi monstrueux que *Richard III* ou *Tamerlan*.
> [...] Epicharis est éliminée à cause des calomnies d'un traître dépité
> qui se venge bassement et sa mort est suivie d'une succession de
> massacres et de suicides dans la tradition de la tragédie de
> vengeance[50].

Sabine elle-même ne reste pas étrangère à cette passion : « Elle vit la
vilenie de ses sentiments comme un instinct de vengeance dévoyée. »[51]
    Une fois constaté l'existence de nombreux points communs entre
Tristan et Shakespeare, certains critiques concluent à une relation
d'influence directe. C'est ainsi qu'en 1959, Claire-Eliane Engel n'hésite
pas à voir dans *Hamlet* et *Roméo et Juliette* les sources de *La Folie du*

---

[45] *Ibid.* Typologie à rapprocher de celle que les critiques ont appliquée au théâtre
racinien (voir notre chapitre 1, p. 62-63).

[46] N. Mallet emprunte cette expression à E. Forsyth (voir *op. cit.*).

[47] N. Mallet, « Tristan et la maladie élisabéthaine », art. cit., p. 28.

[48] *Ibid.*, p. 34.

[49] *Ibid. Cf.* l'interprétation que nous donnons de ce dénouement (voir notre chapitre
5, p. 271-272).

[50] N. Mallet, « Tristan et la maladie élisabéthaine », art. cit., p. 35.

[51] *Ibid.* Dans son édition critique d'*Osman* (p. 445-554 dans *Œuvres complètes*,
t. IV, éd. cit.), N. Mallet ne peut s'empêcher d'établir des rapprochements entre la
tragédie de Tristan et le théâtre shakespearien (voir p. 451, 455, 458).

sage[52]. En effet, selon elle, Tristan, qui a séjourné en Angleterre, ne pouvait pas ignorer le théâtre de Shakespeare, qui jouissait alors d'une assez grande notoriété[53]. Le critique établit d'abord des rapprochements entre *La Folie du sage* et *Hamlet*. Au début de la pièce, le roi de Sardaigne se félicite de pouvoir compter parmi ses courtisans le fidèle Ariste, mais suscite de sa part une réaction violente dès qu'il lui avoue son amour pour Rosélie – scène que C.-E. Engel lit comme une allusion à *Hamlet* : « C'est la situation de Claudius vis-à-vis de Polonius – moins l'amour. »[54] Lorsque le roi annonce au courtisan qu'il désire faire de Rosélie sa maîtresse, la situation « rappelle » celle de Hamlet face à Ophélie, « du moins telle que l'envisage Polonius »[55]. Au moment où la jeune fille voit son père pleurer et soupirer, le dialogue « rappelle [...] le début de la scène entre Hamlet et Ophélie après le premier monologue »[56]. Enfin, Palamède apporte à Rosélie une lettre dans laquelle le roi lui déclare son amour : « On peut déjà ici rapprocher ces vers de la lettre de Hamlet à Ophélie que Polonius lit et commente à la reine Gertrude. »[57] À partir du troisième acte, Tristan abandonnerait *Hamlet* « pour passer à *Roméo et Juliette* »[58]. D'abord, comme le héros de Shakespeare, Palamède croit que sa maîtresse est morte ; ensuite, le roi arrive et comprend l'amour qui unit les deux jeunes héros, tandis que Canope explique qu'elle a fourni à sa protégée un simple narcotique : « C'est à la fois la scène dans la cellule du Frère Laurence et celle de l'apothicaire de Mantoue. »[59] Selon C.-E. Engel, Tristan a probablement subi l'influence de Shakespeare car, à ses yeux, il semble bien « que les rapprochements soient trop nombreux et souvent trop précis pour n'être que de simples coïncidences »[60].

---

[52] C.-E. Engel, « Tristan et Shakespeare », p. 234-238 dans *Revue de littérature comparée*, 1959.

[53] Voir *ibid.*, p. 235.

[54] *Ibid.*

[55] *Ibid.*

[56] *Ibid.*, p. 236. Ce passage a également été comparé à une scène de l'*Iphigénie* de Racine (voir notre chapitre 1, p. 46).

[57] C.-E. Engel, art. cit., p. 237.

[58] *Ibid.*

[59] *Ibid.*, p. 238.

[60] *Ibid.*

Cette interprétation est contestée par A.-E. Williams dans un article paru dix ans plus tard : « Le mythe du Shakespeare français. »[61] Le critique remarque que les thèmes qui unissent le théâtre de Tristan et celui de Shakespeare touchent, en fait, l'ensemble de la littérature baroque[62]. Il admet cependant que, dans le cas présent, les similitudes sont à la fois nombreuses et frappantes : « Plusieurs des thèmes dans *La Folie du sage* et dans les tragédies de Tristan se voient déjà exprimés dans les pièces de Shakespeare. »[63] Le critique se demande alors « s'il y a une raison plus solide que le hasard pour expliquer cette coïncidence »[64]. Il observe chez Othello et Hérode « la même expression de la jalousie dévorante, destructrice »[65] : « Le soupçon germe facilement dans ces deux natures foncièrement soupçonneuses et il devient pour eux la réalité jusqu'à ce qu'ils mettent à mort celle qu'ils aiment plus que tout au monde. »[66] A.-E. Williams constate également que Tristan et Shakespeare révèlent, à travers leurs fous, « les grandes vérités de l'existence »[67]. Selon le critique, l'auteur de *La Folie du sage*, loin d'avoir été influencé par son aîné, a simplement, comme lui, suivi une « mode »[68] : « Tout comme Shakespeare, il connaît les sujets de grand intérêt de son époque, [...] il a probablement lu Erasme comme la plupart de ses contemporains cultivés, [...] il connaît son Rabelais et son Montaigne. »[69] Or, le thème de la folie, que Tristan avait déjà traité « avec les fureurs jalouses et les remords d'Hérode dans *La Marianne* et la rage amoureuse d'Araspe dans *Panthée* »[70], constitue l'un des principaux leitmotive de la littérature baroque. Il en est de même du songe prémonitoire, particulièrement présent dans *La Marianne*, où Hérode est « tourmenté dans son sommeil par des cauchemars occasionnés par sa peur inconsciente du châtiment après ses

---

[61] A.-E. Williams, « Le mythe du Shakespeare français », p. 98-107 dans *Revue de littérature comparée*, janvier-mars 1969.

[62] A.-E. Williams, art. cit., p. 100.

[63] *Ibid.*, p. 101.

[64] *Ibid.*

[65] *Ibid.*

[66] *Ibid.*

[67] *Ibid.*, p. 102.

[68] *Ibid.*, p. 103. Nous verrons dans la seconde partie qu'en général les choix esthétiques de Tristan ne diffèrent guère de ceux de ses contemporains.

[69] A.-E. Williams, art. cit., p. 103-104.

[70] *Ibid.*, p. 103.

actes injustes »[71]. Le dramaturge français, « comme son grand devancier », ne ferait donc qu'« énoncer et illustrer des opinions courantes à cette époque »[72]. La conclusion de l'analyse contredit naturellement les précédentes :

> Il paraît [...] téméraire de supposer que Tristan ait pu avoir été influencé directement par Shakespeare. [...] les influences qu'il aurait subies ne sont autres que celles qu'auront subies ses contemporains en France. Il connaît les autres œuvres dramatiques françaises de son époque ; il y trouve des idées qu'il transposera dans ses pièces à lui [...]. Son attitude envers le surnaturel reflète l'opinion générale du public à son époque[73].

Dans la critique tristanienne a donc surgi un débat, qui peut se résumer à la question suivante : l'existence de points communs entre les deux dramaturges témoigne-t-elle d'une relation d'influence, ou bien révèle-t-elle leur appartenance commune à un mouvement qui s'étend jusqu'au début du dix-septième siècle ? Quelle que soit l'hypothèse retenue, les critiques font entrer le théâtre de Tristan dans la littérature baroque, qui se caractérise par des thèmes ayant trait à la violence ou à l'irrationnel : la jalousie, la vengeance, la folie, le songe. Ces positions contradictoires peuvent néanmoins trouver leur résolution dans l'analyse de Raymond Lebègue, qui, dans une série d'articles publiés en 1937, qualifie de « shakespearienne » la tragédie française de la fin du seizième et du début du dix-septième siècle[74]. Le choix de cet adjectif présente un double avantage : d'une part, montrer la parenté entre le théâtre français et le théâtre anglais, sans pour autant affirmer que le premier est issu du second ; d'autre part, poser l'existence d'un mouvement baroque qui s'est développé à l'échelle de l'Europe. Le critique constate en effet que la tragédie française de cette époque, comme le drame élisabéthain, ne se préoccupe guère du respect des règles et manifeste un goût pour la violence. Mais,

---

[71] *Ibid.*, p. 105. Comme nous le verrons, Tristan partage également ce thème avec Racine (voir notre chapitre 3, p. 159). Pourtant, il semble que ce motif soit plutôt un héritage de la tragédie humaniste (voir notre chapitre 5, p. 280).

[72] A.-E. Williams, art. cit., p. 106.

[73] *Ibid.*, p. 107.

[74] R. Lebègue, « La tragédie shakespearienne en France au temps de Shakespeare », p. 385-404 dans *Revue des cours et conférences* n° 13, 15 juin 1937 ; p. 621-628 dans n° 15, 15 juillet 1937 ; p. 683-695 dans n° 16, 30 juillet 1937.

alors qu'il est certain que Tristan a eu connaissance des pièces de Hardy[75], le lien avec Shakespeare reste extrêmement fragile[76].

3. Le Parasite *et la comédie italienne*

Les critiques ont identifié les sources du *Parasite*, pièce qui elle aussi relèverait de l'esthétique baroque. Dès 1862, Victor Fournel note la présence des « types de la vieille comédie » (le parasite, le capitan et la nourrice)[77], estimant même qu'« un penchant prononcé pour les lieux communs et le comique de convention font du *Parasite* une comédie très médiocre »[78], propos par lesquels le critique reproche à Tristan une trop grande fidélité au modèle. Bernardin constate, à son tour, que « nous sommes en pleine convention », puisque l'auteur introduit dans sa pièce « quelques-uns des types consacrés par la vieille comédie », et dont les attributs respectifs restent inchangés[79]. L'idée est reprise par Léon et Frédéric Saisset : dans un article publié en 1932, ils replacent la figure du Parasite dans « l'ancienne comédie », qui s'illustre aux seizième et dix-septième siècles, mais dont les origines remontent à l'Antiquité[80]. Ils associent *Le Parasite* à une série de pièces parmi lesquelles figurent *Les Napolitaines* d'Amboise, *La Veuve* de Larivey, *Les Corrivaux* de Troterel et *Les Contents* de Turnèbe, mais supposent aussi qu'à l'imitation de Plaute et de Térence s'est ajoutée l'influence de Rabelais : « Les traits souverains dont Maître Alcofribas avait marqué la goinfrerie n'ont pas été perdus pour les Larivey, les Troterel et les Tristan L'Hermite. Le Fripesauces de Tristan emprunte son nom au cuisinier de Grandgousier. »[81] Ils concluent en affirmant que la comédie de Tristan « fut l'aboutissement suprême et la

---

[75] D'après Jean-Baptiste L'Hermite, le frère de Tristan, celui-ci raconte dans *Le Page disgracié* (I 9) sa rencontre avec Hardy (voir Paris, Gallimard, Folio classique, 1994, p. 45) ; J. Prévot met en doute cette explication (voir p. 285).

[76] Voir notre chapitre 6, p. 328-329.

[77] V. Fournel, *Le Théâtre au dix-septième siècle*, Paris, Lecène et Oudin, 1862, p. 82.

[78] *Ibid.*, p. 62.

[79] *Ibid.*

[80] L. et F. Saisset, « Le Parasite dans l'ancienne comédie », p. 384-394 dans *Grande revue*, septembre 1932.

[81] *Ibid.*, p. 392.

dernière incarnation du *Parasite* »[82]. Dans son édition de 1934[83], Madeleine met au jour la pièce que Tristan semble avoir prise pour modèle : l'*Angelica* de l'Italien Fornaris, créée en 1585[84]. Il établit des correspondances entre les personnages des deux comédies, mais montre aussi les différences qui les séparent. Le dramaturge français aurait en effet apporté des modifications à la version d'origine en supprimant les éléments superflus[85].

Dans le prolongement de ces analyses, Roger Guichemerre, dans l'ouvrage qu'il consacre en 1972 à *La Comédie avant Molière*, met en lumière, notamment à propos du *Parasite*, toutes les conventions héritées du théâtre italien[86]. Il distingue ainsi les « types traditionnels » des « caractères conventionnels » que sont le jeune homme, la jeune fille, le père et la mère[87]. *Le Parasite* emprunte à la comédie italienne, outre ses personnages, son schéma dramatique : « Les intrigues d'un valet rusé se mêlent au romanesque des substitutions, déguisements, reconnaissances et autres conventions du genre. »[88] A la différence de ses prédécesseurs, qui voyaient dans la « comédie d'intrigue » un modèle figé par la tradition, R. Guichemerre lui reconnaît la capacité d'évoluer : « Il y a toujours des valets fourbes ou sots, des amoureux plus ou moins hardis, des pères autoritaires.

---

[82] *Ibid.*, p. 393. Sur ce point, notre analyse rejoint celle des critiques (voir notre chapitre 7, p. 376).

[83] *Le Parasite*, introd. de J. Madeleine, Paris, Droz, 1934.

[84] Comme le signale Madeleine (p. VI), il existe de cette pièce une traduction française que Tristan a pu connaître : *Angelica, comédie de F. de Fornaris, napolitain, dit le Capitaine Cocodrillo. Mis en français des langues italienne et espagnole, par le s^r L. C.*, Paris, Abel l'Angelier, 1599.

[85] Un travail de comparaison similaire a été mené par D. Dalla Valle, qui aboutit à la conclusion suivante : « L'intrigue narrative dans les deux comédies est fondamentalement la même, une des intrigues typiques du théâtre comique du XVIe siècle italien, d'origine latine : travestissements, pirates, substitutions de personnages sont expédients ordinaires ; des personnages typiques de la tradition, comme le serviteur parasite et le capitan fanfaron, dominent dans tous les actes. Mais un premier stade de différenciation peut se repérer dans la manière de conduire l'action, qui dans le texte français s'éloigne progressivement du modèle italien, d'un premier acte assez fidèle à un cinquième acte complètement autonome » (*op. cit.*, p. 270-271 ; nous traduisons). Voir aussi, du même auteur, « *Le Parasite* et la comédie italienne : Della Porta et De Fornaris », p. 51-56 dans *Cahiers Tristan L'Hermite* n° 10, *op. cit.*

[86] R. Guichemerre, *La Comédie avant Molière (1640-1660)*, Paris, Colin, 1972.

[87] *Ibid.*

[88] *Ibid.*

Mais un certain réalisme se développe : le capitan disparaît.»[89] La fantaisie, qui à ses yeux caractérise la comédie des années 1640-1660, se manifeste « dans l'invention de situations piquantes, dans la création de personnages truculents, dans la verve et le jeu verbal »[90]. Finalement, cette étude est pour le critique l'occasion d'opposer à son tour baroque et classicisme : « Cette fantaisie de l'imagination et cette exubérance du langage relèvent de l'esprit 'baroque'. Moins de vérité humaine ou d'harmonie que dans les grandes œuvres classiques, mais souvent plus de gaieté.»[91] Qu'ils la qualifient ou non de baroque, les critiques développent donc, à propos de la comédie tristanienne, à peu près les mêmes arguments.

4. L'Amarillis et la pastorale

L'*Amarillis* est elle-même associée au baroque. Après avoir rappelé qu'il s'agissait là d'une adaptation de *La Célimène* de Rotrou[92], C. Abraham, dans son édition de la pièce, souligne l'influence d'Urfé : « Le décor nous transporte sur les bords du Lignon près du palais d'Yssoure, et Lyon remplace Paris ; la fontaine des 'vérités d'amour' vient de *L'Astrée*. »[93] Dans un article publié en 1979, D. Dalla Valle[94] élabore une réflexion autour de deux grands thèmes, la fuite et le déguisement[95], indissociables de la pastorale ; et vue sous cet angle, la pièce lui apparaît comme une parfaite illustration de l'esthétique baroque :

> Elle contient et propose presque tous les principaux lieux communs caractéristiques du genre [...]. Il s'agit en substance [...] de la représentation d'un 'changement' déterminée par une 'feinte

---

[89] R. Guichemerre, *op. cit.*, II. « Les personnages ».

[90] *Ibid.*

[91] *Ibid.*

[92] L'auteur lui-même s'explique sur la genèse de son œuvre (voire notre chapitre 7, p. 366).

[93] *Amarillis*, p. 525-624 dans Le *Théâtre complet de Tristan L'Hermite, op cit.*, cité p. 525-526.

[94] Voir son ouvrage *Aspects de la pastorale dans l'italianisme du XVIIe siècle*, Paris, Champion, 1995.

[95] D. Dalla Valle, « Dépaysement pastoral : la fuite et le déguisement dans l'*Amarillis* », p. 19-27 dans *Cahiers Tristan L'Hermite* n° 1 : *Paysages tristaniens*, 1979.

agréable', l'un et l'autre motifs baroques symboliques de toute une culture ; et plus précisément encore motifs typiquement pastoraux[96].

Le critique repère encore d'autres thèmes qui appartiennent aussi à la pastorale : la bergerie, refuge contre les dangers et les tracas de la cour, la dissimulation des sentiments et la lamentation[97]. Quel que soit le genre dramatique choisi, Tristan se rattacherait donc au mouvement baroque, dont les formes d'expression se révèlent en effet très variées.

5. Le marinisme de Tristan

Son œuvre poétique révèle l'influence de Marino et de ses disciples, qualifiés eux aussi de baroques. A vrai dire, ce n'est que récemment que les critiques se sont penchés sur cet aspect de la poésie tristanienne, le développement de ces recherches s'expliquant principalement par le renouveau des études sur le baroque et l'essor de la littérature comparée. Les critiques, parmi les plus érudits, se sont efforcés d'identifier les sources de Tristan mais, vu l'ampleur du travail accompli, il est impossible de rendre compte de tous ses aspects. En 1967 par exemple, Catherine Grisé pense avoir trouvé la source de *L'Ambition tancée*, le *Memento homo quia cinis* de Marino, et rappelle à cette occasion que les contemporains de Tristan, notamment Scudéry, Malleville, Théophile et Voiture, partageaient son admiration pour le poète italien. Trois ans plus tard, elle poursuit son enquête pour définir plus largement les « sources italiennes » des *Amours*. Ainsi, selon ses propres termes, *Les Cheveux blonds* constituent « une libre imitation » du sonnet de Marino *Donna che si pettina*[98], le début des *Vains plaisirs* est calqué sur celui d'*Al Sonno*[99], et *La Faveur de mauvais présage* est inspirée du poème d'Achillini *Collana di croci nere al collo della sua donna*[100]. Dans son édition de *La Lyre*, publiée en 1977, J.-P. Chauveau reconnaît à son tour que l'influence de Marino y est considérable, comme en témoigne déjà le titre du recueil, qui fait écho à *La Lira* du poète

---

[96] *Ibid.*, p. 21-22.

[97] *Ibid.*, p. 22-23.

[98] C. Grisé, art. cit., p. 286. Voir *Les Plaintes d'Acante et autres œuvres*, Paris, Société des Textes Français Modernes, 1909 (1re éd. 1633), p. 64-65.

[99] C. Grisé, art. cit., p. 287. Voir *Les Plaintes d'Acante et autres œuvres*, *op. cit.*, p. 145-148.

[100] C. Grisé, art. cit., p. 288. Voir *Les Plaintes d'Acante et autres œuvres*, *op. cit.*, p. 175.

italien[101]. Par la suite, le critique distingue deux formes d'héritage, la traduction[102] et l'imitation[103], cette dernière pouvant s'accompagner d'une « véritable re-création »[104]. A l'influence de Marino s'ajoute, chez Tristan comme chez ses contemporains, celle de L'Arioste, du Tasse et de Pétrarque[105]. Le marinisme du poète semble toutefois culminer dans *L'Orphée*, dont le modèle dominant est l'*Orfeo*[106]. Ce long poème strophique a fait l'objet de nombreuses analyses, qui toutes concluent à une très forte influence de Marino sur Tristan. Ainsi, dans un article publié en 1954, Cecilia Rizza montre, par des exemples précis, que le poète français s'est plus inspiré de son modèle italien que d'Ovide[107]. Mais un tel travail de comparaison peut aussi conduire à montrer les insuffisances du poète qui, dans sa « traduction »[108] de Marino, lui resterait souvent inférieur. Yves Giraud souligne ainsi les faiblesses de Tristan qui, en raison de longueurs et de maladresses de construction, ne ferait guère naître d'émotion[109]. Or, une telle position va à l'encontre de l'idée, habituellement défendue, selon laquelle le poète français a dépassé ses prédécesseurs. Enfin, dans un article paru en 1986, R. Guichemerre compare les *Plaintes d'Acante* et *I Sospiri di Ergasto* de Marino, dont

---

[101] Voir son éd. de *La Lyre*, *op. cit.*, introd., p. XVIII.

[102] *Ibid.*, p. XLIX. Voir « La belle esclave more », p. 279-281.

[103] Voir « L'Ambition tancée », *ibid.*, p. L. À propos de ces deux notions, voir notre introduction générale, p. 27.

[104] *La Lyre*, *op. cit.*, p. L.

[105] Pour le détail des références, voir les notes qui accompagnent les poèmes.

[106] *Ibid.*, introd., p. LI. Voir *ibid.*, p. 41-80. Ce poème a également pu être comparé à l'*Adonis* de La Fontaine (voir notre chapitre 1, p. 74).

[107] C. Rizza, « *L'Orphée* di Tristan e l'*Orfeo* del cavalier Marino », p. 429-439 dans *Convivium*, juillet-août 1954. Elle remarque au passage que l'épisode de la Bacchante, inutile au récit, est propre à Tristan (voir p. 436). A propos des modifications que Tristan a pu apporter au mythe, voir G. Mathieu-Castellani, « Orphée et la Bacchante », p. 30-39 dans *Cahiers Tristan L'Hermite* n° 19 : *Tristan et les mythes*, 1997.

[108] Tel est en effet le mot qu'utilisent la plupart des commentateurs pour qualifier le texte de Tristan.

[109] Y. Giraud, « Tristan et Marino ou les infortunes d'Orphée », p. 229-239 dans *La France et l'Italie au temps de Mazarin*, textes recueillis et publiés par J. Serroy, Grenoble, P.U.G., 1986.

l'« imitation » ne fait aucun doute[110]. Cependant, il se propose d'emblée de dégager les « différences » entre les deux textes, afin de mieux saisir l'« originalité »[111] du poète français. Les *Plaintes d'Acante* témoignent d'« une influence indéniable »[112] du poème italien, non seulement dans sa structure générale (son sujet et ses thèmes), mais aussi dans l'emploi de certaines images. Toutefois, l'impression qu'on retire de chacun des deux poèmes n'est pas exactement la même : « La composition des *Sospiri di Ergasto* paraît beaucoup plus libre, voire négligée, alors qu'on trouve un ordre plus naturel et plus logique chez Tristan. »[113] En outre, le critique constate chez Marino un « réalisme plus authentique » et une « ardeur sensuelle »[114], absente du poème de Tristan, et explique cette différence par la prégnance dans les *Plaintes d'Acante* d'« un esprit précieux, intellectuel et abstrait »[115].

Outre cette critique des sources, se développe une réflexion plus générale sur l'esthétique de Tristan dans ses rapports avec le marinisme et, malgré leur diversité, ces analyses font apparaître quelques constantes. Ainsi, les critiques associent volontiers Tristan à ses contemporains eux-mêmes héritiers de Marino. En 1962, dans son étude sur *Le Tasse et la littérature baroque*, Joyce-C. Simpson voit dans Tristan et Saint-Amant « les principaux représentants du marinisme français »[116]. Si l'auteur des *Amours* fait figure d'« italianisant à tendance baroque »[117], il manifesterait parfois « un bon goût presque classique »[118]. Dans un article publié en 1965, « Persistance et transformation de l'influence italienne dans la poésie

---

[110] R. Guichemerre, « Les *Plaintes d'Acante* et *I Sospiri di Ergasto* », p. 40-47 dans *Du baroque aux Lumières : pages à la mémoire de Jeanne Carriat*, Mortemart, Rougerie, p. 40. Voir *Les Plaintes d'Acante et autres œuvres, op. cit.*, p. 11-29.

[111] *Ibid.* A propos de cette notion, voir notre introduction générale, p. 25.

[112] R. Guichemerre, art. cit., p. 41.

[113] *Ibid.*, p. 42.

[114] *Ibid.*, p. 43.

[115] *Ibid.*, p. 44. A propos de la notion de préciosité appliquée à Tristan, voir notre chapitre 1, p. 107 et *sqq*.

[116] J.-C. Simpson, *Le Tasse et la littérature et l'art baroques*, Paris, Nizet, 1962, p. 105.

[117] *Ibid.*

[118] *Ibid.*, II. « La France arrive au classicisme (1627-1660) ».

lyrique française de la première moitié du dix-septième siècle »[119],
C. Rizza évoque plus largement Tristan et les poètes de sa génération et, à
cette occasion, elle rappelle que les poètes italiens comme Pétrarque,
L'Arioste et Marino étaient très prisés en France dans les années 1620-
1630. D'autres auteurs, de moindre renom, sont également mentionnés :
Preti, qui a traité le thème du miroir, ou encore Murtola et Achillini, qui ont
célébré les charmes de la belle gueuse[120]. Mais à vrai dire, C. Rizza est
surtout frappée par le langage « pétrarquisant »[121] dans lequel s'expriment
les poètes français de cette période, et elle en veut pour preuve un certain
nombre de métaphores que Tristan, à l'exemple de ses contemporains,
emprunte à ses prédécesseurs italiens : l'or des cheveux, ou encore le
ruisseau de larmes qui, paradoxalement, nourrit le feu de la passion[122].
C. Rizza s'intéresse plus particulièrement au thème de la nuit et du
sommeil, toujours traité de la même manière : ainsi, le rêve permet au poète
de « rencontrer secrètement la femme aimée »[123]. Comme le remarque
encore Hélène Albani dans un article publié en 1967, ces thèmes
contribuent à l'expression du sentiment amoureux : « la chevelure
féminine, tour à tour 'onde', 'flamme', liens qui captivent le poète tout en
retenant aussi 'le beau corps en prison' », la symbolique des fleurs « dans
les nombreux poèmes où la femme est comparée à une rose, par exemple,
et où s'unissent roses et lys, narcisses et roses », ou encore « la souffrance
de l'amour non payé de retour »[124]. Selon le critique, ces rencontres, loin
d'être fortuites, révèlent l'influence que les poètes italiens ont pu exercer
sur Tristan. Elle cite alors des exemples de « réminiscences »[125], mais
estime aussi qu'il existe des « poèmes intégralement traduits »[126]. Enfin,
comme le montrent les nombreuses antithèses contenues dans ses pièces,

---

[119] C. Rizza, « Persistance et transformation de l'influence italienne dans la poésie
lyrique française de la première moitié du dix-septième siècle », p. 22-42 dans *Dix-
septième siècle* n° 66-67, 1965.

[120] *Ibid.*, p. 27.

[121] *Ibid.*, p. 28.

[122] *Ibid.*, p. 29-33.

[123] *Ibid.*, p. 35.

[124] H. Albani, « Tristan poète mariniste », p. 331-346 dans *Revue des études
italiennes*, octobre-décembre 1967, p. 335. Voir aussi la p. 336, où le critique remarque
dans *L'Ambition tancée* la présence du paon (v. 1), « oiseau typiquement baroque ».
Rappelons que cette image est une de celles que J. Rousset retient pour caractériser l'art
baroque (voir *supra*, n. 1).

[125] H. Albani, art. cit., p. 336.

[126] *Ibid.*, p. 337.

Tristan a retenu du style et de la poétique de Marino « le goût, typiquement baroque, de la contradiction et du paradoxe »[127]. F. Graziani reprend cette dernière réflexion, mais son article « *La Lyre* : Tristan et le madrigal comme genre mariniste », daté de 1983, s'inscrit dans une perspective quelque peu différente[128]. Elle commence son analyse par une comparaison entre les recueils du poète français et *La Lira* : « Le premier [...] s'intitule *Les Amours*, en écho peut-être aux *Amori* [...]. *Les Vers héroïques* [...] sont encore un écho à une des parties de *La Lira*, les *Rime Heroiche* »[129]. En outre, comme elle le souligne, les trois recueils de Tristan « mêlent [...] tous les genres désignés dans les trois parties de *La Lira* »[130]. Plus précisément, les pièces funèbres et les poèmes amoureux de *La Lyre* renvoient au « *topos* concettiste »[131] de l'opposition entre l'amour et la mort. F. Graziani définit le madrigal tel qu'il est pratiqué par Marino : « Traditionnellement court, [il] se limite à une figure d'esprit et [...] il est inséparable du 'lieu commun'. »[132] Or, chez Tristan, il se dégage de sa forme brève « pour contaminer d'autres formes lyriques qui, traditionnellement, se situaient dans un tout autre registre »[133]. En effet, le madrigal, tel qu'il est repris dans *La Lyre*, se définit par une série de procédés qui constituent « une rhétorique du *concetto* »[134] et finissent donc par toucher d'autres genres poétiques. Ainsi, dans l'ensemble de ses poèmes, Tristan privilégie l'expression du paradoxe, qui décidément apparaît comme l'une des caractéristiques majeures de l'esthétique baroque.

En dernier lieu, les critiques s'efforcent de montrer que, malgré tous ses emprunts à la poésie italienne, l'œuvre de Tristan conserve une part d'originalité. En 1988, C. Rizza se propose de répondre à la question suivante : la poésie tristanienne relève-t-elle de l'« imitation » ou de

---

[127] *Ibid.*, p. 342.

[128] F. Graziani, « *La Lyre* : Tristan et le madrigal comme genre mariniste », p. 18-24 dans *Cahiers Tristan L'Hermite* n° 5 : *Tristan poète lyrique*, 1983.

[129] *Ibid.*, p. 19.

[130] *Ibid.*

[131] *Ibid.*, p. 20.

[132] *Ibid.*, p. 22.

[133] *Ibid.*, p. 23.

[134] *Ibid.*

l'« adaptation »[135] ? Deux sortes d'héritage sont ainsi définies, l'un impliquant un rapport de proximité, l'autre offrant la possibilité d'une plus grande liberté. Il s'agit donc de mesurer l'écart entre Tristan et ses modèles, afin de pouvoir déterminer son degré d'« originalité »[136]. Le critique distingue les œuvres dans lesquelles Tristan s'éloigne très peu du texte initial et celles qui sont écrites « à la manière »[137] de Marino ou de ses disciples. Cette dernière expression vise, une nouvelle fois, à montrer que le poète français n'est jamais esclave de ses modèles : « Il ne traduit jamais, au sens littéral du mot, mais [...] il adapte, [...] utilise des idées ou des images [...], pour une création poétique qui a une structure et un ton bien différents des modèles dont elle s'inspire. »[138] C. Rizza définit ainsi la principale différence qui, selon elle, sépare Tristan des poètes italiens : « Son langage poétique révèle, souvent, une tendance marquée vers l'abstraction. »[139] Cette différence s'expliquerait par l'influence malherbienne : « C'est parce qu'il manie une langue qui a connu l'enseignement et l'exemple de Malherbe que Tristan enlève, une partie du moins, de la couleur et de la saveur qui sont des qualités essentielles des poètes italiens qu'il imite. »[140] L'héritage mariniste n'empêcherait donc pas d'autres influences de s'exercer et, surtout, ne constituerait pas une entrave à la création.

En somme, les critiques donnent de Tristan l'image d'un poète relativement conventionnel, mais qui parvient toujours à se libérer de ses modèles. Certes, à l'exemple de ses contemporains, il reprend des images et des thèmes présents à l'origine dans la poésie italienne ; mais il les transformerait et, surtout, se distinguerait de Marino par sa réticence à évoquer des réalités trop concrètes. En outre, par les relations qu'elle entretient avec le marinisme, sa poésie participerait de l'esthétique baroque, comme le montrent la profusion des images et le goût pour le paradoxe qui s'y manifeste. Il est certain que, malgré ses possibles limites,

---

[135] C. Rizza, « Tristan face à ses modèles italiens : imitation ou adaptation ? », p. 39-50 dans *Cahiers Tristan L'Hermite* n° 10, *op. cit.* Voir les précisions données sur ces concepts dans notre introduction générale, p. 28.

[136] C. Rizza, art. cit., p. 41. Démarche que nous avions déjà observée chez R. Guichemerre (voir *supra*, p. 130-131).

[137] C. Rizza, art. cit., p. 43.

[138] *Ibid.*

[139] *Ibid.*, p. 45. Idée que nous avons déjà rencontrée sous la plume de R. Guichemerre (voir *supra*, p. 134).

[140] C. Rizza, art. cit., p. 48.

l'identification des sources italiennes chez Tristan, telle que l'a entreprise la critique moderne, constitue un acquis décisif[141].

6. Le Page disgracié *et le roman picaresque*

Enfin, les critiques ont perçu dans *Le Page disgracié* la présence du modèle picaresque, qui lui aussi est rattaché au mouvement baroque. Cette idée émerge timidement à la fin du dix-neuvième siècle, avant d'être reprise avec force par la critique moderne. Dès 1862, Fournel affirme ainsi qu'il s'agit d'« un vrai roman picaresque »[142], propos auxquels Adam fait écho en 1948 : Tristan, dit-il, est fidèle à la tradition espagnole par le trait « net » et « rapide » des scènes épisodiques, ainsi que par la peinture « brutale » du monde des « coquins »[143]. L'idée, alors tout juste ébauchée, est développée par D. Guillumette dans un long article paru en 1978[144]. Elle fonde son analyse sur deux romans espagnols de la seconde moitié du seizième siècle, *Lazarillo* (1554) et la première partie de *Guzmán* (1599). Dès le titre, remarque-t-elle, Tristan se situe dans « l'optique pica-resque »[145] :

> *Page* évoque l'idée de servitude et *disgracié* voulait dire infortuné au dix-septième siècle. Le sous-titre rappelle celui de *Guzmán : atalaya de la vida humana* ; le prélude du page, comme celui de *Lazarillo*, s'adresse au lecteur qui veut connaître sa vie et sa fortune[146].

D. Guillumette définit plusieurs critères qui, selon elle, permettent de reconnaître le caractère picaresque du *Page disgracié*. D'abord, le picaro est un « être sujet à l'introspection », qui subsiste par la « ruse »[147], image à laquelle le personnage de Tristan se conforme parfaitement : « L'introspection se mêle aux faits [...]. Bientôt les déboires du jeu

---

[141] Voir notre chapitre 4, p. 211, 230 et *sqq.*

[142] V. Fournel, *La Littérature indépendante et les écrivains oubliés*, Genève, Slatkine, 1958 (1ère éd. 1862), p. 246.

[143] A. Adam, *Histoire de la littérature française au dix-septième siècle*, t. II, Paris, A. Michel, 1997 (1re éd. 1948), p. 142.

[144] D. Guillumette, « Eléments picaresques dans *Le Page disgracié* », p. 99-118 dans *Papers on french seventeeth century literature*, 1978.

[145] *Ibid.*, p. 102.

[146] *Ibid.*

[147] *Ibid.*, p. 103.

exigèrent des subterfuges, mensonges et larcins. »[148] Ensuite, le roman picaresque constitue une « pseudo-autobiographie »[149], dans laquelle le personnage central raconte lui-même sa vie. Ainsi, les vues du narrateur, « volontairement limitées », n'offrent « aucune tentative de synthèse »[150]. Cependant, le picaro porte un regard critique sur ce qu'il observe, et mêle à son récit des réflexions de tous ordres ; D. Guillumette constate même dans *Le Page disgracié* la présence d'idées philosophiques. Dans les romans espagnols, le narrateur insiste aussi sur les difficultés matérielles du héros ; or, le page de Tristan connaît lui-même « l'indigence, la débauche, la prison et la guerre »[151]. Mais précisément, le picaro-serviteur est « bien placé pour observer les conditions collectives : classes sociales, professions, caractères »[152]. D. Guillumette remarque, de même, que « *Le Page disgracié* met en scène des personnages très divers »[153]. En outre, le héros espagnol, comme celui de Tristan, se déplace beaucoup : « Les aventures du page se déroulent dans quatre pays. »[154] Enfin, le roman picaresque, dans lequel « seul le héros paraît relier les scènes », est essentiellement « épisodique »[155], mode de construction sur lequel *Le Page disgracié* est lui-même fondé : « Il comprend près de cent épisodes ; d'habitude les personnages entrent en scène, jouent leur rôle, et disparaissent. »[156] Dans sa conclusion, le critique considère les deux principaux aspects du récit tristanien en remarquant que « les éléments picaresques figurent dans la forme, mais [qu'ils] déterminent [aussi] l'essence même de l'œuvre. »[157]

---

[148] *Ibid.*

[149] *Ibid.*, p. 107.

[150] *Ibid.*, p. 108.

[151] *Ibid.*, p. 110.

[152] *Ibid.*

[153] *Ibid.* En témoigne déjà le sous-titre que Tristan donne à son roman : « où l'on voit de vifs caractères d'hommes de tous tempéraments et de toutes professions. »

[154] D. Guillumette, art. cit., p. 111.

[155] *Ibid.*

[156] *Ibid.*

[157] *Ibid.*, p. 114. Cette analyse trouve un prolongement dans l'article de F. Assaf, « Le picaresque dans *Le Page disgracié* de Tristan L'Hermite », p. 339-347 dans *Dix-septième siècle*, octobre-décembre 1979.

Ce parcours montre comment Tristan, dans tous les genres qu'il pratiqua, a été intégré au mouvement baroque, qui se manifeste sous des formes extrêmement variées. Ses tragédies révèlent l'influence de Hardy, et peut-être aussi celle de Shakespeare, son *Parasite* s'inscrit dans la tradition de la *commedia dell'arte*, tandis que son *Amarillis* concentre les principaux lieux communs de la pastorale. Quant aux images contenues dans son œuvre poétique, elles proviennent essentiellement de Marino, cependant que son *Page disgracié* emprunte au roman picaresque espagnol ses principaux motifs.

B. La notion de baroque

1. L'évolution de la critique

La catégorie du baroque, sur laquelle reposent toutes ces analyses, est lourde d'enjeux[158]. A l'origine, elle est exclusivement appliquée aux arts visuels et à la musique, mais souvent synonyme de décadence et de mauvais goût, elle n'est longtemps définie que par opposition au canon classique[159]. Dans son ouvrage *Renaissance und Barock*, paru en 1888, l'Allemand Heinrich Wölfflin tente d'en donner une définition positive en l'associant, pour l'essentiel, au mouvement et à l'obscurité[160]. A l'inverse, les Français ont tendance à se méfier de ce qui représente pour eux l'obscurantisme et la barbarie germaniques. Aux désordres et aux excès du baroque ils préfèrent, en effet, la rationalité et la clarté du classicisme, symboles à leurs yeux de la culture française. C'est le philosophe espagnol Eugenio d'Ors qui fait entrer le baroque dans la critique littéraire. Dans son ouvrage *Lo Barocco*, dont la traduction française date de 1935, il en fait une catégorie transhistorique, susceptible pour chaque période d'exprimer toute une culture. En 1949, la *Revue des sciences humaines* consacre un numéro spécial au baroque, et les contributions de Raymond, Lebègue, Boase, Tapié et Adam, qui s'y trouvent, marquent une étape importante dans la redécouverte de la littérature française du début du dix-septième siècle[161]. Quatre ans plus tard, Jean Rousset publie un ouvrage sur *La*

---

[158] Vu la complexité du sujet, nous n'en indiquons ici que les grandes lignes.

[159] Voir B. Gibert, *Le Baroque littéraire français*, Paris, Colin, 1997, Ière part. : « Définitions d'un art ».

[160] Voir aussi, du même auteur, *Kunstgeschichtiliche Grundbegriffe*, Munich, 1915.

[161] M. Raymond, « Propositions sur le baroque et la littérature française », p. 133-144 dans *Revue des sciences humaines*, juillet-décembre 1949 ; R. Lebègue, « *Les Larmes de Saint-Pierre*, poème baroque », *ibid.*, p. 145-154 ; A. M. Boase, « Poètes

Littérature de l'âge baroque en France, confirmant ainsi le renouveau de la critique dans ce domaine. Dans son avant-propos, il rend d'ailleurs hommage à ses prédécesseurs en rappelant brièvement les enjeux du débat :

> Par-delà maintes divergences sur l'idée même de baroque et sur ses applications possibles à la littérature, on était d'accord pour admettre qu'il y avait là un moyen fécond d'enrichir notre vue traditionnelle du XVIIe siècle en même temps que d'expliquer ou de réévaluer certains courants et certains poètes dont Lanson ne sait que faire[162].

Une évolution se fait donc jour dans l'histoire littéraire : tandis que Lanson et Brunetière ne situaient les auteurs de la première moitié du dix-septième siècle que par rapport au classicisme[163], les critiques les plus récents voient en eux les représentants d'un mouvement à part entière. C'est ainsi que J. Rousset indique un ensemble de motifs qui, selon lui, caractérisent la période baroque :

> Toute une époque, qui va approximativement de 1580 à 1670, de Montaigne au Bernin, se reconnaît à une série de thèmes qui lui sont propres : le changement, l'inconstance, le trompe-l'œil et la parure, le spectacle funèbre, la vie fugitive et le monde en instabilité ; on les voit s'incarner en deux symboles exemplaires qui semblent commander l'imagination de ce temps : Circé et le Paon, c'est-à-dire la métamorphose, le mouvement et le décor[164].

Aujourd'hui, même s'ils reconnaissent son utilité, les chercheurs se montrent relativement prudents à l'égard d'une catégorie esthétique et historique qui risque de conduire à une simplification excessive[165], et

---

anglais et poètes français de l'époque baroque », p. 155-184 ; V.-L. Tapié, « Baroque ou classicisme ? Les enseignements d'une fête royale (26 août 1660) », p. 185-197 ; A. Adam, « Baroque et préciosité », p. 208-223 (à travers ce titre, la préciosité est explicitement définie comme l'une des composantes du mouvement baroque).

[162] *Ibid.*, p. 7-8. Voir aussi M. Raymond, *Baroque et Renaissance poétique*, Paris, Corti, 1964. Le critique adopte le même point de vue que J. Rousset puisqu'il admet, ne serait-ce qu'à titre d'hypothèse, l'existence d'un âge baroque. Selon lui, les œuvres de cette époque offrent des thèmes et des sujets qui se réduisent à deux grandes idées : « d'une part, la puissance, la grandeur, l'exaltation, la démesure, avec le risque de rupture, de chute (la menace de la mort). D'autre part, la puissance, mais la puissance effervescente, qui se déploie en fluidité, fuite, métamorphose allant jusqu'au déguisement et à toutes les attitudes de l'ostentation » (p. 58).

[163] Voir notre chapitre 1, p. 80-83.

[164] J. Rousset, *op. cit.*, p. 8.

[165] Voir D. Souiller, introd. de *Le Baroque en question(s)*, n° 36 de *Littératures classiques*, printemps 1999, p. 5.

admettent finalement que l'ensemble du dix-septième siècle est traversé par des tendances à la fois classiques et baroques[166]. Le concept de « baroquisme », récemment forgé, permet de repérer dans l'histoire littéraire des manifestations artistiques qui s'apparentent au « baroque », notion que l'on réserve désormais à une période précise[167]. Alors que le classicisme manifesterait un esprit de rigueur[168], le baroque se traduirait en général par une exubérance de l'imagination. Or, ces différences esthétiques recouvriraient des réalités sociales et politiques radicalement opposées : la littérature baroque exprimerait les incertitudes et les désordres d'une époque troublée, tandis que le classicisme apparaîtrait comme le reflet d'un nouvel ordre politique[169].

2. Un baroquisme adouci

C'est grâce à ce type d'analyse que Tristan, au même titre que Shakespeare ou Marino, a pu être présenté comme un auteur baroque. Est pris en compte tout ce qui relève de l'irrationnel : la violence, la croyance en des faits surnaturels, le goût du changement et de l'illusion, l'alliance des contraires, etc. Plus précisément, les critiques repèrent dans les pièces de Tristan des motifs qui rappellent l'imaginaire de Shakespeare : la folie, volontiers considérée comme une forme de sagesse supérieure, le rêve prémonitoire, la mélancolie et, en général, tous les comportements « excessifs ». La *commedia dell'arte*, qui a inspiré *Le Parasite*, se rattache elle-même à l'esthétique baroque : personnages en perpétuel mouvement, liberté du langage… Quant à la pastorale, reconnaissable dans l'*Amarillis*, elle offre des thèmes typiquement baroques : la métamorphose, le mensonge, l'inconstance et la fuite. De la même manière, le roman picaresque, dont *Le Page disgracié* peut être considéré comme une sorte d'adaptation, repose sur un motif éminemment baroque : le mouvement, qui anime le héros en même temps qu'il structure le récit. Le personnage découvre aussi que le monde n'est qu'illusion, ce qui provoque en lui un sentiment de désenchantement. En somme, le baroque couvre tous les

---

[166] Voir *ibid.*, p. 6.

[167] Voir *ibid.*, p. 9. La notion de baroquisme a pu, par exemple, être appliquée à Rotrou, dont le théâtre est reconnu comme typiquement baroque. Voir J.-C. Vuillemin, *Baroquisme et théâtralité, le théâtre de Jean Rotrou*, Paris ; Seattle ; Tübingen, *Papers on french seventeenth century literature* (Biblio 17), 1994.

[168] Voir notre chapitre 1, p. 49.

[169] Voir par exemple A. Adam, *Histoire de la littérature française au dix-septième siècle*, t. I, *op. cit.*

genres pratiqués par l'auteur – y compris la tragédie, également rapportée au classicisme[170].

Cependant, le baroquisme de Tristan serait moins marqué que celui de ses prédécesseurs, parfois taxés d'archaïsme. Ainsi, le théâtre de Hardy non seulement manifeste un goût pour le spectacle macabre[171], mais sa langue elle-même est jugée encore un peu « primitive » : on lui reproche en général une syntaxe trop alambiquée et un vocabulaire parfois vieilli[172]. Tristan aurait donc poli la langue de son prédécesseur, épuré la tragédie de tout l'arsenal mythologique, renoncé à montrer des scènes trop violentes[173] et approfondi l'analyse psychologique des personnages principaux. En somme, il aurait classicisé le modèle créé par Hardy[174]. Dans *La Marianne*, il reprend un sujet déjà traité par son aîné, mais en évitant les lourdeurs ou les maladresses auxquelles ce dernier n'aurait su échapper. Enfin, *Le Parasite* offre l'exemple d'une comédie à l'italienne adaptée au goût français. Dans l'ensemble, la lecture qui est ainsi faite de l'œuvre tristanien suppose l'idée selon laquelle l'histoire littéraire évolue de manière progressive ; mais elle révèle également le mépris, ou du moins la dévalorisation, dont les auteurs baroques ont souvent fait l'objet à la fin du dix-neuvième siècle où, malgré un début de reconnaissance, l'estime des critiques se porte plutôt sur la littérature classique. Dans son œuvre poétique, Tristan atténuerait le baroquisme de Marino. Certes, il y introduit volontiers des expressions paradoxales, susceptibles d'étonner le lecteur et de frapper son imagination, mais il offrirait une vision plus abstraite de la réalité, se rapprochant ainsi de l'austérité malherbienne[175].

---

[170] Voir notre chapitre 1, p. 84.

[171] Voir des pièces comme *Scédase* et *Lucrèce*.

[172] Voir par exemple J. Scherer, *Théâtre du XVIIe siècle I*, Paris, Gallimard (Pléiade), 1975, p. 1169 ; et J. Morel, *La Tragédie*, Paris, Colin, 1964, p. 28.

[173] A propos du respect de la règle des bienséances dans le théâtre de Tristan, voir nos chapitres 5, p. 269 et 6, p. 339-340.

[174] Sur le passage du baroque au classicisme, voir la conclusion de notre première partie, p. 167-168.

[175] Au sujet de l'influence que Malherbe a pu exercer sur Tristan, voir nos chapitres 4 p. 236-237, 5 p. 296-297 et 6 p. 360-361.

II. Une image fragmentée

A. Un héritier des Anciens

D'autres interprétations se greffent sur celle-ci, offrant de Tristan une image particulièrement éclatée. En effet, les critiques le présentent également comme un héritier des Anciens, associant par exemple *La Marianne* aux *Antiquités judaïques* de l'historien Josèphe[176]. Bernardin est le premier critique à mentionner cette source, que l'auteur lui-même évoque dans son avertissement au lecteur[177] :

> De tous les sujets de tragédie que l'Orient pouvait fournir à Tristan, aucun assurément n'était plus émouvant, plus véritablement tragique que l'histoire de Mariamne, et le poète fut certes bien inspiré de tirer de cette histoire sa première œuvre dramatique. Il l'a prise [...] dans les livres XIV et XV des *Antiquités judaïques* de l'historien Josèphe[178].

Le critique achève l'analyse en minimisant l'apport des autres textes :

> Tristan aurait pu se dispenser d'indiquer les trois autres sources [...] : Hégésippe, Zonaras et le P. Caussin ; car ces trois écrivains ne nous font connaître aucun détail qui ne soit déjà dans Josèphe, le *De Bello judaïco*, qui nous est parvenu sous le nom d'Hégésippe, n'étant guère qu'une sorte de traduction abrégée des *Antiquités judaïques*, la *Chronique* de Zonaras n'étant qu'une compilation faite surtout d'après Josèphe, et le P. Caussin ne s'étant servi que de ces trois auteurs pour écrire son *Politique malheureux*[179].

Panthée a fait l'objet de recherches similaires. Bernardin affirme ainsi que « le sujet est tiré de la *Cyropédie* de Xénophon »[180], tandis que

---

[176] Nous avons déjà rencontré Josèphe lorsque nous avons discuté des relations entre Tristan et Hardy (voir p. 118).

[177] Voir notre chapitre 5, p. 274.

[178] N.-M. Bernardin, *Un Précurseur de Racine, op. cit.*, p. 316.

[179] *Ibid.*, p. 316-317. Tristan indique en effet ses sources dans l'avertissement au lecteur de *La Marianne* (voir notre chapitre 5, p. 274-275). Analyse similaire chez C. Abraham, *Le Théâtre complet de Tristan L'Hermite, op. cit.*, p. 19 et introd. de *La Marianne*, t. IV des *Œuvres complètes*, éd. cit., p. 20 ; et J. Scherer, *Théâtre du XVIIe siècle II, op. cit.*, p. 1317.

[180] N.-M. Bernardin, *Un Précurseur de Racine, op. cit.*, p. 369.

C. Abraham, estimant qu'il s'agit là de la « source principale »[181], révèle précisément les emprunts de Tristan à son prédécesseur :

> La générosité foncière de Cyrus est constamment avérée par Xénophon, ainsi que sa sagacité et sa sagesse politique. La beauté, la fidélité conjugale de Panthée, sa reconnaissance et celle de son mari pour le bon traitement garanti par l'empereur, la mort d'Abradate comme celle de Panthée, tout cela Tristan l'a trouvé [...] dans *La Cyropédie*[182].

Quant à *La Mort de Sénèque*, elle trouve son origine dans les *Annales* de Tacite. Aussi Bernardin expose-t-il « les principaux faits que l'histoire fournissait à Tristan »[183] mais curieusement, dans un article publié en 1913, il exprime sur le sujet une position nettement plus radicale : « Tristan s'est contenté de découper en tranches l'histoire de Tacite [...] et de la porter toute crue et toute sanglante sur le théâtre, avec les seules modifications que lui imposaient les nécessités de la scène. »[184] Quant à J. Scherer, il s'attache à relever les modifications que le dramaturge a fait subir au récit de l'historien, en y ajoutant quelques autres sources :

> Tristan a utilisé de très près le récit, extrêmement précis, que fait Tacite au livre XV de ses *Annales* de la manière dont Néron a surpris et puni la conspiration ; il a conservé tous les principaux faits, mais il a modifié assez profondément la psychologie de plusieurs des acteurs du drame.
> Cette source essentielle est complétée par d'autres : Suétone, et Plutarque, pour des détails, les œuvres de Sénèque lui-même, naturellement, pour des déclarations prêtées au philosophe[185].

---

[181] « L'Antiquité de Tristan », p. 7-20 dans *Cahiers Tristan L'Hermite* n° 12 : *Tristan et l'Antiquité*, 1990, cité p. 10.

[182] *Ibid.*, p. 13-14. Voir aussi l'introd. de R. Guichemerre, p. 137-143 dans *Œuvres complètes*, t. IV, éd. cit. (voir en particulier les p. 137-138). Dans l'étude qu'il consacra à *Panthée*, d'Aubignac comparait déjà la pièce de Tristan au récit de Xénophon (voir notre chapitre 5, p. 285).

[183] N.-M. Bernardin, *op. cit.*, p. 420.

[184] *Id.*, « Le théâtre de Tristan L'Hermite. *La Mort de Sénèque* », p. 67-95 dans *Du quinzième au dix-neuvième siècles*, *op. cit.*, p. 77. Opinion semblable chez Madeleine (éd. critique de *La Mort de Sénèque*, Paris, Nizet, 1919, préface p. XVI) et C. Abraham (*Le Théâtre complet de Tristan L'Hermite*, *op. cit.*, p. 220 et art. cit., p. 11). Dans son édition de *La Mort de Sénèque* (p. 231-341 dans *Œuvres complètes*, t. IV, éd. cit.), J.-P. Chauveau affirme à son tour que Tristan est resté fidèle à Tacite, tout en accusant les traits de chacun des personnages (introd., p. 234-236).

[185] J. Scherer, *Théâtre du XVIIe siècle II*, *op. cit.*, p. 1338.

De même, dans son œuvre poétique, Tristan apparaît comme un héritier des Anciens. Bernardin y reconnaît l'influence d'Ovide et de Virgile, mais sans apporter de précisions à ce sujet[186] ; l'intérêt presque exclusif qu'il porte au théâtre de Tristan explique qu'il ne s'attarde guère sur cet aspect de son œuvre. En revanche, dans son édition des *Plaintes d'Acante* en 1909, Madeleine développe l'idée en retenant principalement les noms d'Ovide, de Virgile et de Lucrèce[187], auxquels il ajoute les Grecs Homère, Théocrite, Anacréon et Pindare[188]. En 1977, dans son édition critique de *La Lyre*, J.-P. Chauveau explique en particulier toutes les allusions à la mythologie[189], mais la pièce où cet héritage apparaît le plus nettement est *L'Orphée*[190], que le critique compare aux poèmes de Virgile et d'Ovide. Il cite les passages que Tristan imite, et signale les vers où, au contraire, le poète s'écarte de ses modèles. Selon une dialectique désormais bien connue, le poids de l'héritage n'empêcherait donc nullement la liberté du créateur de s'exprimer.

Les critiques révèlent en particulier l'influence qu'Horace a pu exercer sur Tristan. Celui-ci, notamment lorsqu'il déplore la disparition d'un grand personnage, s'empare en effet d'un des lieux communs les plus répandus dans la philosophie stoïcienne : la reconnaissance et l'acceptation du caractère inévitable de la mort. Dans son ouvrage *Horace en France au dix-septième siècle*, paru en 1962, Jean Marmier relève dans l'œuvre poétique de Tristan quelques pièces d'inspiration horatienne[191] : la *Consolation au comte de Mons* tire de l'*Ode à Valgius* le thème contenu dans la formule « *non semper imbres* », ainsi que le paysage hivernal[192]. Le sentiment horatien de la mort a plus d'une fois inspiré Tristan, comme le

---

[186] Il met ainsi en avant l'extrême diversité de la poésie tristanienne : « Précisément à cause de l'éclectisme de son goût, Tristan ne se rattache en réalité à aucune école » (*Un Précurseur de Racine, op. cit.*, p. 528). Cette idée permet de dépasser les tensions qui risquent de naître de la rencontre entre baroque et classicisme (voir la conclusion de notre première partie, p. 169).

[187] *Les Plaintes d'Acante et autres œuvres, op. cit.*, préface, p. XIV-XV.

[188] *Ibid.*, p. XV. Pour le détail de ces références, voir l'édition des *Amours* réalisée par V. Adam, p. 17-218 dans *Œuvres complètes*, t. II, éd. cit. Tristan lui-même revendique tous ces héritages (voir notre chapitre 4, p. 250).

[189] *La Lyre*, introd. et notes de J.-P. Chauveau, *op. cit., passim*. Voir aussi l'éd. d'A. Génetiot, 219-388 dans *Œuvres complètes*, t. II, éd. cit.

[190] *La Lyre*, éd. de J.-P. Chauveau, p. 41-80. Il semble donc que sur ce poème se concentre l'image de Tristan « héritier » et « précurseur » (voir *supra*, p. 133).

[191] J. Marmier, *Horace en France au dix-septième siècle*, Paris, P.U.F., 1962.

[192] *Ibid.*, p. 217. Voir *La Lyre, op. cit.*, p. 236-242.

montre encore cet exemple : « Un très beau sonnet, 'C'est fait de mes destins', nous donne sa version du '*Pallida mors aequo pulsat pede*' : 'Déjà la pâle Mort pour me faire partir/ D'un pied sec et tremblant vient frapper à ma porte'. »[193] J. Marmier examine une autre forme d'héritage : la traduction, exercice qui suppose normalement la volonté de rester aussi proche que possible du texte initial[194]. Toutefois, dans sa traduction de l'*Ode à Postumus*, Tristan semble avoir pris ses distances face à son modèle : « C'est une traduction très libre et modernisée ; la mythologie savante, avec ses Tityos et ses Géryon, s'efface. Le nom du destinataire Postumus disparaît aussi. »[195] Son « imitation » ouvrirait donc la voie à une véritable « recréation »[196]. Il est un autre thème que l'auteur semble avoir emprunté au poète latin : l'immortalité conférée par la création poétique – ce qui permet au critique de la rapprocher aussi de Malherbe et de Ronsard, eux-mêmes héritiers d'Horace[197]. Les *Plaintes d'Acante* elles-mêmes témoigneraient de cette influence :

> Quand, chez Tristan, Acante déclare qu'il marche sur les traces de son père vers la gloire, nul ne songerait à citer l'adage : '*neque imbellicem feroces/ Progenerant aquilae columbam*', si l'auteur ne le faisait lui-même dans ses annotations : tant la poésie latine hante alors la pensée de tout homme cultivé[198].

De fait, comme le montre J. Marmier, l'œuvre d'Horace a fourni à la poésie française une série d'idées, devenues des lieux communs. Dans son édition critique de *La Lyre*, J.-P. Chauveau fait un relevé systématique des emprunts de Tristan à Horace[199]. De son côté, Stephan Bouttet exhume un poème de Tristan, dans lequel celui-ci imite l'ode d'Horace *Eheu, fugaces, Postume, Postume, labuntur anni*[200] et, à cette occasion, il rappelle que Tristan développe dans ses vers de consolation les lieux communs hora-

---

[193] J. Marmier, *op. cit.*, p. 218. Voir *Les Vers héroïques*, *op. cit.*, p. 328.

[194] Voir notre introduction générale, p. 27-28.

[195] J. Marmier, *op. cit.*, p. 218.

[196] *Ibid.* Idée que nous avons rencontrée à maintes reprises (voir *supra*, p. 133-134 et 136-137).

[197] Voir J. Marmier, *op. cit.*, p. 214.

[198] *Ibid.*, p. 223. Voir *Les Plaintes d'Acante et autres œuvres*, *op. cit.*, p. 12, v. 36-42.

[199] *La Lyre*, *op. cit.*, *passim*.

[200] « Imitation d'une ode d'Horace », p. 57-59 dans *Cahiers Tristan L'Hermite* n° 12, *op. cit.* Le texte de Tristan est reproduit par N.-M. Bernardin, *op. cit.*, p. 611-612.

tiens[201]. Les commentateurs s'accordent finalement pour dire que cet héritage dépasse l'œuvre d'Horace, car non seulement les formules qu'il introduit sont devenues de véritables lieux communs, mais encore son influence a été relayée par des poètes comme Ronsard et Malherbe, si bien que l'héritage individuel se transforme en un héritage collectif.

L'influence des Anciens se laisserait même percevoir dans *Le Page disgracié*, où, Tristan semble avoir pris pour modèle le roman grec. C'est en effet ce que cherche à montrer Doris Guillumette dans un article publié en 1990[202], où pour ce faire, elle s'appuie sur une étude de Georges Molinié, *Du roman grec au roman baroque*[203]. Comme l'illustre ce dernier, les moyens d'expression sur lesquels est fondé l'art des romans grecs sont la négation, l'illusion et la déploration – autant de procédés que l'on retrouve précisément dans *Le Page disgracié*. Ainsi, dès l'adresse au lecteur, le narrateur exprime « l'extrême réticence »[204] qu'il éprouve à entamer le récit que désire entendre Thirinte ; D. Guillumette relève alors l'ensemble des mots et expressions qui soulignent la « contrainte »[205]. Elle remarque qu'ensuite « les formes négatives amplifient la portée des états affectifs »[206], et prend pour exemple une scène d'évasion[207], où le narrateur se refuse à dire précisément ce qui lui est arrivé : « L'art de ne pas dire dépasse alors sa fonction descriptive pour devenir révélateur, et il nous montre une âme blessée à vif. »[208] Dans une scène de rupture amoureuse[209], Tristan a pu s'inspirer d'un passage des *Ethiopiques* d'Héliodore, où « les images de l'amour et de la mort s'entrelacent »[210].

---

[201] S. Bouttet, « Tristan et Horace », p. 54-55 dans *Cahiers Tristan L'Hermite* n° 12, *op. cit.*

[202] D. Guillumette, « Mode négatif dans *Le Page disgracié* », p. 47-51 dans *ibid.*

[203] G. Molinié, *Du roman grec au roman baroque*, Toulouse, P.U.T., 1982.

[204] D. Guillumette, art. cit., p. 47.

[205] *Ibid.*

[206] *Ibid.*

[207] Le page s'enfuit après avoir blessé un homme (voir *Le Page disgracié*, Paris, Gallimard, Folio classique, 1994, p. 62).

[208] D. Guillumette, art. cit., p. 48.

[209] *Le Page disgracié, op. cit.*, p. 153-154.

[210] D. Guillumette, art. cit., p. 48. Tristan lui-même mentionne ce roman dans *Le Page disgracié* (voir notre chapitre 4, p. 183).

Enfin, le page raconte à la jeune Anglaise l'histoire de Psyché[211], qu'il a trouvée dans *Les Métamorphoses* d'Apulée : « Tristan a la hardiesse de peindre les choses qu'on ne voit pas : les yeux de Cupidon, représentés comme de brillants saphirs.»[212] Selon le critique, il utilise cette fable, qu'il n'achève d'ailleurs pas, pour exprimer le caractère indicible de son amour.

La littérature de l'Antiquité représente donc pour Tristan un héritage privilégié. En cela, son œuvre reflète assez bien l'ensemble de la littérature française du dix-septième siècle, dans laquelle l'histoire et la mythologie gréco-latines constituent des références majeures. Cette lecture, fondée sur l'idée de continuité, permet donc de situer Tristan dans un vaste mouvement et, en aplanissant ainsi les différences entre classiques et baroques, elle tend à donner de la littérature du dix-septième siècle une image cohérente et unifiée.

B. Des références très variées

La multiplicité des sources alléguées par les critiques offre de Tristan une image fragmentée. Ainsi, dans ses tragédies, l'auteur associe aux textes de l'Antiquité des œuvres contemporaines. On reconnaît unanimement dans *La Marianne* l'utilisation du *Politique malheureux* du Père Caussin (1624)[213], influence que J. Scherer précise en attirant l'attention du lecteur sur quelques détails empruntés à cette œuvre[214]. Avant de rédiger *La Mort de Sénèque*, le dramaturge semble avoir consulté l'ouvrage de Mascaron *La Mort et les dernières paroles de Sénèque* (1637), source que Bernardin juge néanmoins secondaire : « Si Tristan a dû à Mascaron l'idée de porter à la scène 'la plus belle mort que les siècles passés nous proposent', il n'a presque rien emprunté à son petit livre. »[215] J. Scherer signale une autre source possible, *La Cour sainte* du Père Caussin (1624), texte dans lequel Tristan pourrait avoir trouvé l'affirmation d'une influence de saint Paul sur Sénèque[216]. Au sujet de *La Mort de Chrispe*, les recherches menées par les critiques n'aboutissent paradoxalement pas toutes au même résultat. Bernardin évoque les *Chrispus* de Stephonius (1601) et de Vernulz (1631),

---

[211] *Le Page disgracié, op. cit.*, p. 89-90.

[212] D. Guillumette, art. cit., p. 50.

[213] Tristan lui-même reconnaît cet héritage (voir notre chapitre 5, p. 274).

[214] *Théâtre du XVIIᵉ siècle II, op. cit.*, p. 1324-1337, *passim*.

[215] N.-M. Bernardin, *Un Précurseur de Racine, op. cit.*, p. 418.

[216] *Théâtre du XVIIᵉ siècle II, op. cit.*, p. 1348-1349.

ainsi que *L'Innocent malheureux* de Grenaille (1639), preuve que Tristan n'est pas le premier à adapter au théâtre cet « événement fourni par l'histoire »[217]. Mais le critique ajoute immédiatement que le dramaturge « n'a rien emprunté à ces trois tragédies »[218]. Il fait ensuite état des modifications que Tristan a apportées à la « fable », tout en estimant qu'elles « ne sont pas heureuses » car, dit-il, elles « ont enlevé toute originalité au drame et tout intérêt au personnage de Constantin »[219] : Fauste n'avoue pas à Chrispe son amour criminel, et la mort du jeune homme n'est due qu'à un malheureux hasard. A son tour, C. Abraham annonce que « le sujet de la pièce n'était guère nouveau »[220] et rappelle l'existence du *Chrispus* de Stephonius, que Tristan a pu lire à l'occasion de son séjour en Flandre[221]. Néanmoins, selon le critique, le dramaturge ne semble s'être servi que d'une source contemporaine, *La Cour sainte* du Père Caussin, œuvre à laquelle il « emprunte plusieurs détails »[222]. Parallèlement, il a pu consulter *De Mortibus persecutorum* de Lactance, l'*Historia nova* de Zozimus et la *Vita Artemii*[223]. Ses personnages se distinguent de leurs modèles, bien qu'en général Tristan ne se soit guère éloigné ses sources. Enfin, comme le signale Bernardin, *Osman* raconte un événement historique récent, rapporté par le comte de Cézy, ambassadeur de France à Constantinople. Tristan a sans aucun doute puisé à cette source, à laquelle s'en ajoutent quelques autres : le *Mercure français* de 1622, les *Histoires tragiques de notre temps* de Saint-Lazare (1635) et le *Mercurio de Siri* (1646)[224], liste que C. Abraham complète en mentionnant

---

[217] N.-M. Bernardin, *op. cit.*, p. 630.

[218] *Ibid.*

[219] *Ibid.*

[220] *Le Théâtre complet de Tristan L'Hermite, op. cit.*, p. 434.

[221] Gaston d'Orléans, protecteur de Tristan, se réfugie en Flandre où le poète le suit (voir notre chapitre 4, p. 190).

[222] *Le Théâtre complet de Tristan L'Hermite, op. cit.*, p. 434. Ces diverses sources sont mentionnées par D. Dalla Valle, qui s'intéresse plus particulièrement à la manière dont les jésuites ont réinterprété le mythe de Phèdre à travers l'histoire de l'empereur chrétien Constantin. Voir *Il Teatro di Tristan L'Hermite : saggio storico e critico*, Turin, Giappichelli, 1964, p. 255-256 ; *Le Tragedie francesi su Crispo : Grenaille, L'Innocent malheureux (1639) ; Tristan l'Hermite, La Mort de Chrispe (1645)*, Turin, Meynier, 1986 ; et *La Mort de Chrispe*, p. 343-443 dans *Œuvres complètes*, t. IV, éd. cit.

[223] *Le Théâtre complet de Tristan L'Hermite, op. cit.*, p. 434.

[224] N.-M. Bernardin, *op. cit.*, p. 469.

L'Histoire générale du sérail de Baudier (1624)[225]. Tristan suit d'assez près l'histoire, à laquelle il n'a apporté que des changements de détail[226].

Dans son œuvre poétique, l'influence de Malherbe se conjugue avec celle des Anciens, mais cet héritage, l'auteur de *La Lyre* le partage avec la plupart de ses contemporains (Maynard, Racan...). Comme le souligne J.-P. Chauveau à propos de ce recueil, cette influence est perceptible aussi bien dans le choix des sujets que dans les structures formelles[227]. Le premier aspect a plus particulièrement retenu l'attention du critique, qui constate en effet qu'à l'exemple de son aîné Tristan a traité de thèmes très variés : « *La Lyre* répond, mieux que *Les Amours*, à la diversité d'inspiration qui caractérise le volume des *Poésies* de Malherbe : poèmes héroïques, poèmes moraux, poèmes funèbres, poèmes amoureux et galants. »[228] J.-P. Chauveau signale également l'utilisation de procédés que le poète a pu trouver chez son prédécesseur : « autonomie de la strophe, prédominance de la strophe masculine, retour régulier des pauses à l'intérieur de la strophe, etc. »[229] Le commentateur établit ainsi, à travers ses notes, de nombreux rapprochements entre les deux auteurs, tout en montrant que la présence de cet héritage n'entrave nullement la création personnelle du poète.

Reste à mentionner trois autres œuvres de Tristan, auxquelles la critique accorde cependant une importance moindre : *L'Office de la sainte vierge*, les *Plaidoyers historiques* et les *Principes de cosmographie*[230]. Dans son étude sur *Les Paraphrases des psaumes à la fin de la période baroque*,

---

[225] *Le Théâtre complet de Tristan L'Hermite, op. cit.*, p. 763. A propos de Siri et Baudier, voir aussi C. Abraham, *Tristan L'Hermite, op. cit.*, p. 100-101. Dans son introduction à *Osman* (p. 447-460 dans *Œuvres complètes*, t. IV, éd. cit.), N. Mallet mentionne également des pièces contemporaines, telles l'*Assassinat du sultan Osman* de Coppée (1623) et *Ibrahim ou l'illustre bassa* de Scudéry (1643). A ce sujet, voir notre chapitre 6, p. 343.

[226] Opinion que partage N. Mallet dans son introd. à *Osman, op. cit.* Le critique reconnaît également que les modifications introduites par Tristan sont révélatrices de son esthétique et de sa conception du tragique.

[227] Voir *La Lyre, op. cit.*, préface, p. XXXVII-XXXVIII.

[228] *Ibid.*, p. XXXIX.

[229] *Ibid.* Nous reprendrons, dans la seconde partie, cet aspect de l'héritage malherbien (voir nos chapitres 4 p. 236-237, 5 p. 296-297 et 6 p. 360-361).

[230] Voir, dans notre bibliographie, les études consacrées à ces trois œuvres.

publiée en 1960[231], Paulette Leblanc analyse deux passages de *L'Office de
la sainte vierge* de Tristan : « Partageant le goût de ses contemporains pour
les chants d'imploration et de repentir, il paraphrase deux psaumes de la
pénitence, le *Miserere* et le *De profundis.* »[232] En effet, si l'on en croit le
critique, le poète ne se démarque guère de l'esthétique de son temps :

> Il fait de sa condition présente et de ses fautes un tableau d'un
> réalisme convenu : ordure du vice, masse de boue ; et exprime par des
> antithèses violentes le drame de vie et de mort, si cher à l'art baroque,
> qui se joue entre l'âme pécheresse et son Dieu[233].

En fait, Tristan semble avoir avant tout cherché à satisfaire les attentes du
lectorat : « La publication de 1646 était […] un sacrifice au goût du temps
aussi bien que le fruit d'une dévotion, non dévorante sans doute, mais
sincère. »[234] Dans son édition de *L'Office de la sainte vierge*, publiée en
2002, J.-P. Chauveau reconnaît lui-même ce que l'auteur doit à la tradition,
sans pour autant refuser l'idée d'une foi sincère et profonde[235]. Le poète
semble également s'être inspiré du *Cathemerinon liber* de Prudence,
comme le suggère S. Bouttet dans un article de 1990[236] : Tristan a traduit le
Quicumque Christum quæritis et le *Salvete floris martyrum*, a développé
très librement les thèmes de l'*Hymnus ad galli cantum* et de l'*Hymnus
matutinus* dans l'*Adoration et prière pour le matin*[237] et, enfin, a multiplié
dans ses hymnes « les formules heureuses empruntées à Prudence et au
Bréviaire »[238]. Le critique analyse en détail les modifications que Tristan a
pu apporter aux textes d'origine. Dans ses *Plaidoyers historiques*, l'auteur
a pris pour modèle les *Epitomés de cent histoires tragiques* du Sylvain

---

[231] P. Leblanc, *Les Paraphrases des psaumes à la fin de la période baroque (1610-
1660)*, Paris, P.U.F., 1960.

[232] *Ibid.*, p. 150.

[233] *Ibid.*, p. 151.

[234] *Ibid.*, p. 150. Voir aussi l'introd. de J.-P. Chauveau, p. 277-291 dans *Œuvres
complètes*, t. III, éd. cit.

[235] *L'Office de la sainte vierge*, éd. critique de J.-P. Chauveau, p. 275-491 dans
ibid.

[236] S. Bouttet, « Tristan et Prudence », p. 40-46 dans *Cahiers Tristan L'Hermite*
n° 12, *op. cit.*

[237] *Ibid.*, p. 40-43.

[238] *Ibid.*, p. 41.

(1581)[239] ; et en comparant les deux textes, Bernardin s'efforce de mettre en lumière l'originalité de Tristan :

> Non content de rajeunir le style du vieil auteur flamand, il a fait aux harangues qu'il lui empruntait des modifications toujours heureuses [...] ; il a même ajouté aux *Plaidoyers* choisis par lui dans le gros recueil du Sylvain deux *Plaidoyers* de son invention, le XXe et le XXXVII[e][240].

Enfin, dans ses *Principes de cosmographie* (1637), Tristan entreprend une description du monde suivant trois grands axes : la première partie est un « Traité de la sphère », la deuxième contient des « Eléments de géographie » et la dernière des « Eléments d'astronomie ». Comme le montre D. Guillumette dans sa thèse publiée en 1972, *La Libre-pensée dans l'œuvre de Tristan L'Hermite*, l'auteur exprime une vision du cosmos largement répandue en son temps[241]. Il s'inspire en particulier des théories de l'hermétisme, selon lesquelles il existe des correspondances secrètes entre toutes les choses créées : « Nous avons trouvé de curieux tableaux sur l'amitié et l'inimitié des planètes, sur les maladies causées par leur influence, et enfin une liste de rapports qui existent entre les planètes et les parties du corps humain, certains animaux, plantes et métaux. »[242] Tristan se rapproche aussi du philosophe italien Bruno, qui lui-même hérita de plusieurs traditions : « l'influence des philosophes présocratiques dont l'atomisme fut repris par Epicure et la notion d'âme du monde par les naturalistes italiens, la tradition hermétique qui reconnaissait des rapports secrets entre toutes choses, enfin la cosmologie de Copernic. »[243] Ainsi, la variété des héritages que la critique a décelés chez Tristan atteint même les domaines de la littérature religieuse et de la philosophie.

*
* *

L'éparpillement des lectures que nous venons d'étudier ne saurait dissimuler l'existence d'un fort courant visant à rattacher Tristan à l'esthétique baroque, dont certains traits se trouveraient néanmoins quelque

---

[239] Référence déjà mentionnée dans notre chapitre 1, p. 114.

[240] N.-M. Bernardin, *Un Précurseur de Racine*, *op. cit.*, p. 565-566.

[241] D. Guillumette, *La Libre-pensée dans l'œuvre de Tristan L'Hermite*, Paris, Nizet, 1972.

[242] *Ibid.*, p. 142.

[243] *Ibid.*, p. 138-139.

peu atténués. Sa *Marianne*, plus sobre que celle de Hardy, accorderait une plus large place à l'analyse psychologique tandis que, dans ses poèmes inspirés de Marino, Tristan sous l'influence de Malherbe évoluerait vers l'abstraction. Par ailleurs, les critiques tentent de montrer que le poète renouvelle les conventions dont il est l'héritier. Or, une telle lecture présente un caractère exemplaire, qui mérite d'être souligné. En effet, selon un présupposé moderne, la soumission à un modèle est perçue comme un signe de faiblesse et de stérilité. Dès lors, le raisonnement développé par la critique est fondé sur un double mouvement : pour mieux connaître l'œuvre de Tristan, il est nécessaire d'identifier les textes qui ont permis son élaboration, mais il convient également de souligner l'originalité du poète, qui non seulement aurait su se tenir à distance de ses modèles, mais serait même parvenu à les surpasser. Cette conclusion recouvre une lecture de l'histoire littéraire fondée sur l'idée de progrès et, à travers elle, une véritable chaîne se met en place : Tristan, succédant à Hardy, lui est généralement supérieur mais, précédant Racine, il lui est nécessairement inférieur[244]. Cette hiérarchisation rencontre la distinction traditionnelle entre « auteurs majeurs » et « auteurs mineurs », non sans quelques contradictions cependant : ainsi, la préférence généralement donnée au classicisme sur le baroque ne s'applique pas à un auteur tel que Shakespeare, dont les éventuels excès sont mis sur le compte de la liberté créatrice.

Toutes ces lectures dont a fait l'objet l'œuvre de Tristan sont le fruit d'une critique des sources, exercice traditionnel de l'institution universitaire et passage obligé à partir duquel se construit l'analyse. Notre propre lecture ne saurait évidemment faire l'économie de ce travail préalable. Enfin, nous avons pu constater que, parallèlement à la mise en évidence des époques variées auxquelles Tristan serait redevable, le développement de la littérature comparée durant ces cinquante dernières années a favorisé les rapprochements entre notre auteur et ses voisins européens. Ainsi, se construit l'image d'un écrivain ouvert aux influences étrangères les plus diverses : principalement le théâtre élisabéthain, la poésie mariniste et le roman picaresque.

---

[244] A propos de cette idée de hiérarchisation, voir notre chapitre 1, p. 85.

CHAPITRE 3
La recherche d'autres voies

I. Racine et Shakespeare

Si les commentateurs de Tristan distinguent assez nettement, à l'intérieur de son œuvre, ce qui relève du « classicisme » et ce qui procède du « baroque », ils sont également tentés de voir les deux esthétiques coexister et même parfois se mêler. Les premiers critiques déjà hésitaient à défendre une position trop marquée. En l'occurrence, il n'est pas rare que le nom de Shakespeare accompagne celui de Racine, comme si le théâtre de Tristan réunissait ceux que l'histoire littéraire a l'habitude d'opposer. En 1870, Ernest Serret défend l'idée selon laquelle Tristan est un précurseur de Racine[1], mais il considère aussi l'auteur de *La Marianne* comme un héritier de Shakespeare et tente alors de mesurer l'influence de ce dernier : ainsi, la scène où Alexandra vient insulter sa fille, qui a délaissé Hérode[2], lui paraît « plus shakespearienne que racinienne »[3]. L'extrême violence de cette scène, qui rompt l'unité d'action, semble en effet échapper à la rigueur du classicisme. En 1892, Pierre Quillard suit un raisonnement similaire à propos d'une autre tragédie de Tristan :

> Il y avait plus en Tristan qu'un précurseur de la tragédie classique : *La Mort de Sénèque*, où il adapte au théâtre le quinzième livre des *Annales* de Tacite, n'est pas inférieur aux drames historiques de Shakespeare : le Néron hagard qui interroge les conjurés lui-même, en présence de ses affranchis et de Poppée, Epicharis arrogante et virile,

---

[1] E. Serret, « Un précurseur de Racine : Tristan L'Hermite », p. 334-354 dans *Le Correspondant*, 25 avril 1870. Article déjà mentionné dans notre chapitre 1, p. 25.

[2] *La Marianne*, IV 6.

[3] E. Serret, art. cit., p. 349.

Sabine Poppée acharnée et affolée oublient, pour devenir les fauves que recèle toute chair humaine, les convenances de la tragédie[4].

En 1957, A. Roulet reprend l'idée lorsqu'il affirme au sujet de *La Marianne* : « Ce premier ouvrage de Tristan L'Hermite, s'il oriente vers un classicisme de surface, est encore d'une matière étonnamment élisabéthaine.»[5] Alors que, dans la tragédie classique, la règle des bienséances empêche théoriquement de montrer au spectateur des scènes susceptibles de heurter sa sensibilité, le théâtre élisabéthain tend à oublier les principes de la morale. Sans être étranger à la violence présente dans le théâtre de Shakespeare et de ses contemporains, Tristan semble toutefois l'avoir considérablement atténuée, ouvrant ainsi la voie à la tragédie racinienne, où le langage est en général préféré à l'action. Symétriquement, les contraintes qui enserrent la tragédie classique dans un cadre particulièrement étroit viendraient progressivement se substituer à l'éclatement de la forme propre au drame élisabéthain[6].

II. Vers une singularisation de Tristan

Les critiques les plus récents, quant à eux, refusent de prendre clairement position sur le sujet, préférant mettre en place une dialectique qui leur assure une certaine neutralité. Ainsi, dans sa thèse publiée en 1980,

---

[4] P. Quillard, « Les poètes hétéroclites. II : François-Tristan L'Hermite », p. 339-349 dans *Le Mercure de France*, août 1892, cité p. 332. Article déjà mentionné dans notre chapitre 1, p. 68.

[5] A. Roulet, « *La Mariane* de Tristan L'Hermite au Festival d'Avenches », dans *La Tribune de Genève*, 25-26 juillet 1957.

[6] Dans sa mise en scène de *La Mort de Sénèque* à la Comédie-Française (1984-1985), J.-M. Villégier avait cherché à « baroquiser » Tristan, notamment dans la première scène où l'on voyait Sabine jouer avec le crâne d'Octavie. Ce choix heurta certains spectateurs, qui virent là une trahison. Voir M. Bertaud, « *La Mort de Sénèque* à la Comédie-Française : impressions et réflexions », p. 20-25 dans *Cahiers Tristan L'Hermite* n° 7 : *La Mort de Sénèque*, 1985 : « *La Mort de Sénèque* n'appartient pas au premier XVIIe siècle, et Tristan n'est point le contemporain de Hardy [...]. Qui, en 1644, tandis que l'obligation de bienséance ne se discutait plus, aurait pu imaginer qu'un héros tragique, un empereur, fût-il un fou et un monstre, passât la moitié de son temps à se rouler sur la scène, s'amusât à mimer un grotesque hara-kiri, et étreignît sa compagne face à la salle comme s'il était sur le point de la déshabiller ? Certes les dramaturges de l'époque de Louis XIII, et Corneille le premier, n'étaient point fermés aux audaces ; mais celles dont ils usaient touchaient plus au déferlement des passions, voire au langage, qu'aux jeux de scène [...]. Que penser encore de la présence macabre, au pied du trône, puis dans les mains de Néron, de la tête tranchée d'Octavie, l'épouse répudiée [...] ? » (p. 22-23).

Claude Abraham renvoie dos à dos les partisans du Tristan shakespearien et les défenseurs du Tristan racinien, pour dégager ce qui, à ses yeux, fait la singularité de son œuvre :

> Tristan n'est aucunement shakespearien ; pas plus qu'il n'est cornélien ni racinien. Trop français pour avoir de nombreux points communs avec le poète d'Avon, il est trop plongé dans une période et un mouvement dont Corneille s'est détourné, et que Racine ne reconnaissait que faiblement, pour qu'une comparaison avec l'un ou l'autre de ces géants soit féconde. Au théâtre comme en poésie Tristan l'artiste, pas moins que Tristan l'homme, est un étranger. Comme nous le verrons, ses pièces sont remplies de réflexions personnelles, d'âmes nobles qui ne s'accordent pas avec leur milieu : d'étrangers[7].

L'analyse que fait Jacques Morel du théâtre tristanien est un parfait exemple de ce type de lecture. Dans un article paru en 1984[8], il reconnaît d'abord qu'il est difficile de situer précisément l'auteur de *La Marianne* : « Est-il précurseur de Racine ou disciple attardé de Garnier ? 'Rewriter' de Hardy et de Rotrou ou inspirateur de Corneille ? »[9]. Loin de prétendre ensuite trancher un débat complexe, le critique s'efforce avant tout de trouver un compromis :

> [Tristan] ne ressemble vraiment à aucun de ses contemporains et de ses prédécesseurs immédiats [...]. Des traits singuliers fondent l'indépendance d'une œuvre cependant nourrie d'une immense culture, et donnent une couleur de modernité à des tragédies pourtant attentives à se conformer à des normes héritées[10].

Pour justifier son point de vue, J. Morel commence par mentionner certaines des sources utilisées par le dramaturge : les sujets de ses tragédies « sont tous empruntés à l'histoire » et, « quand elle n'est pas nourrie par la

---

[7] C. Abraham, *Tristan L'Hermite*, Boston, Twayne publishers, 1980, p. 79. Nous traduisons.

[8] J. Morel, « Tristan poète tragique », p. 39-44 dans *La Comédie-Française* n° 127-128, mars-avril 1984.

[9] *Ibid.*, p. 39. Tristan est encore une fois défini à la fois comme un précurseur de Racine et comme un héritier de Hardy. Ces deux images sont tellement ancrées dans la tradition critique qu'il n'est même plus nécessaire d'en indiquer l'origine (*cf.* notre remarque à propos de F. Lachèvre, chapitre 1, p. 59).

[10] J. Morel, art. cit., p. 39. Cette lecture s'apparente à celle de J.-C. Simpson, qui voyait en Tristan un poète capable de réunir Marino et Malherbe (voir notre chapitre 2, p. 134). Comme nous le montrerons dans la seconde partie, notre point de vue ne s'accorde pas exactement avec celui de J. Morel, car il nous semble au contraire que Tristan ne se différencie guère de ses contemporains.

lecture d'Alexandre Hardy, l'imagination de Tristan fait appel à Tacite, aux histoires édifiantes ou tragiques contées par ses contemporains »[11]. Son théâtre semble donc mêler toutes sortes d'influences, sans pour autant accorder aux unes et aux autres la même valeur : « L'ordonnance des tragédies de Tristan est simple et sage. Elle paraît s'inspirer plutôt de celle des pastorales à l'italienne que des tragédies de Garnier et de Hardy. »[12] Néanmoins, ses tragédies feraient apparaître des tendances opposées, en intégrant notamment « deux 'genres intérieurs' dont l'un est emprunté à la tradition la plus ancienne tandis que l'autre procède de la poétique la plus moderne : le songe et le monologue en stances »[13].

A. L'exemple du songe

Comme le suggère J. Morel, il est donc possible de trouver chez Tristan des éléments qui réalisent l'articulation entre les lectures baroquisante et classicisante. En 1981, le critique développe longuement l'exemple du songe[14], qui lui semble en effet pouvoir révéler la position de Tristan dans l'histoire littéraire et témoigne de ses efforts pour concilier deux tendances opposées : « ressaisir tout ce qui peut être ressaisi de l'apport de ses devanciers et apporter à son tour des éléments nouveaux capables d'inspirer ses émules et ses successeurs. »[15] Le critique étudie en détail les modifications que le poète a pu apporter au motif du songe dans la tragédie, sans pour autant perdre de vue l'influence que Hardy a constamment exercée sur lui. C'est ainsi que, à l'exemple de son aîné, il place le récit du songe à différents endroits de la pièce, ce qui ne l'empêche nullement de s'éloigner parfois de son modèle : « [Il] n'oublie pas cette leçon, mais il en tempère les paradoxales audaces. Il n'est plus temps, quand l'action est décidément nouée, d'en annoncer les suites par la prémonition, l'oracle ou le songe. »[16] Un autre exemple vient illustrer cette dialectique : à la suite de Hardy, qui lui-même s'inspire des Anciens, Tristan privilégie le « songe

---

[11] J. Morel, art. cit., p. 40. A propos des sources auxquelles puisent les tragédies de Tristan, voir notre chapitre 2, p. 144-146.

[12] J. Morel, art. cit., p. 42.

[13] Ibid., p. 43.

[14] J. Morel, « Tristan dans la tradition du songe classique », p. 5-10 dans Cahiers Tristan L'Hermite n° 3 : Tristan dans son temps, 1981. Cf. l'interprétation que nous faisons de ce thème (voir nos chapitres 5, p. 280 et 6, p. 340).

[15] J. Morel, art. cit., p. 5.

[16] Ibid. Voir La Marianne I 1-3, Panthée II 2, La Mort de Sénèque III 2, La Mort de Chrispe III 1, Osman I 1.

d'apparition, mais [...] en se refusant au pur et simple réemploi »[17]. C'est ainsi que, dans *Panthée*, Abradate se transforme brusquement en cadavre – passage qui, d'ailleurs, pourrait avoir inspiré à Racine la première partie du songe d'Athalie[18]. L'auteur de *La Mort de Sénèque* semble avoir emprunté à Hardy un autre procédé, celui du « songe double » :

> Les deux parties du songe de Sabine Poppée constituent deux visions successives, dont la seconde rassure alors que la première inquiétait [...]. Tristan a encore usé du songe double dans *La Mort de Chrispe*, en attribuant à un personnage le premier récit et à un autre le second[19].

J. Morel constate, au passage, que ce procédé est également employé par Corneille qui, dans le songe de Pauline, fait suivre une scène de combat d'une apparition et d'un avertissement[20], et plus tard par Cyrano qui, dans *La Mort d'Agrippine*, mêle songe et mensonge : « L'héroïne raconte d'abord à Cornélie le véritable songe qu'elle a fait [...], et justifie ensuite quelques paroles imprudentes surprises par Tibère en les incluant dans un rêve prétendu où elle aurait vu l'Empereur 'menacé de trépas'. »[21]

A l'influence de Hardy se superpose celle de Sénèque, qui a durablement marqué les auteurs dramatiques de la génération de 1630. Tristan emprunte ainsi au dramaturge latin l'idée selon laquelle le héros vu en songe n'est pas exactement semblable à ce qu'il était de son vivant : « Aristobule apparaît [...] sous l'image d'un cadavre fraîchement retiré de l'eau [...]. Dans *La Mort de Chrispe*, le héros présenté dans le songe de Lactance est en train de mourir [...]. Transformation comparable à celle subie enfin par Osman. »[22] Le critique estime que, sur ce point, l'influence de Tristan sur Corneille, puis sur Racine, ne saurait être contestée :

> Corneille, dans *Polyeucte*, s'est souvenu de Sénèque, de certains aspects de *La Mort de César* de Scudéry, et de *Mariane*. Mais il a, comme faisait Tristan, renouvelé les effets qu'il trouvait chez ses

---

[17] J. Morel, art. cit., p. 5-6.

[18] *Ibid.*, p. 6.

[19] *Ibid.*, p. 6-7.

[20] A propos de l'influence que Tristan aurait exercée sur Corneille, voir notre chapitre 1, p. 69-71.

[21] J. Morel, art. cit., p. 7. L'hypothèse d'une influence de Tristan sur Cyrano semble pouvoir être confirmée par l'admiration que le jeune poète nourrissait à l'égard de son aîné (voir notre chapitre 1, p. 91).

[22] J. Morel, art. cit., p. 8.

modèles. S'il utilise le *'non qualis'*, c'est en l'inversant : Sévère apparaît, non comme un fantôme horrible, mais comme un vivant, et comme un triomphateur [...]. Dans *Athalie*, enfin, Jézabel n'apparaîtra pas d'abord comme un cadavre, mais avec une splendeur dans le port et dans le vêtement comparable à celle de l'Aristobule d'autrefois ou du Sévère apparu à Pauline[23].

A l'exemple de Hardy et de Corneille, Tristan emprunte aux Anciens une autre image encore, celle de la disparition, « l'ombre du défunt échappant à toute emprise »[24]. A la fois héritier de Hardy et inspirateur de Racine, l'auteur prendrait finalement place dans une longue tradition : « La même sobriété se retrouvera [...] dans *Esther*, à propos du songe d'Assuérus [...], où le thème de la consultation d'interprètes professionnels peut s'inspirer d'*Osman* aussi bien que de *La Mort d'Alexandre* de Hardy. »[25] En somme, comme l'illustrent ces dernier propos, J. Morel voit en Tristan un auteur capable d'assurer le passage d'une génération à l'autre[26] :

> Dans l'histoire du motif tragique du songe, [il] a eu le mérite de ménager d'heureuses transitions entre l'esthétique renaissante et post-renaissante et l'art du théâtre de la génération de Racine. Il a pu aussi, comme peu d'entre ses contemporains, profiter des découvertes de Corneille et lui permettre de bénéficier de quelques-unes de ses propres trouvailles[27].

B. Le renouvellement de lieux communs

Roger Guichemerre suit un raisonnement similaire lorsque, dans un article paru en 1989, il se propose de montrer que l'auteur du *Parasite* a renouvelé la comédie à l'italienne[28]. Pour ce faire, il fonde sa réflexion sur deux notions *a priori* incompatibles : l'archaïsme et la modernité. Dans un premier temps, il relève dans la pièce de Tristan tous les éléments

---

[23] *Ibid.*

[24] *Ibid.*, p. 8-9.

[25] *Ibid.*

[26] D'autres critiques lui font jouer ce rôle : R. Garapon, qui le situe entre Scarron et Molière (voir notre chapitre 1, p. 73) et J.-C. Simpson, qui le place entre Marino et Malherbe (voir notre chapitre 2, p. 134).

[27] J. Morel, art. cit., p. 10.

[28] R. Guichemerre, « *Le Parasite* : archaïsme et modernité », p. 32-41 dans *Cahiers Tristan L'Hermite* n° 11: *Tristan et la société de son temps*, 1989.

« traditionnels »[29] : le sujet, les situations, les personnages, l'accumulation, forme de fantaisie verbale déjà présente dans la farce médiévale, et récemment revenue à la mode avec le courant burlesque. Par tous ces aspects, *Le Parasite* marque, selon R. Guichemerre, « une régression et un retour à l'ancien théâtre »[30], ce qui fait de Tristan, plus qu'un héritier, un dramaturge résolument passéiste. Mais celui-ci introduit également dans sa pièce des détails réalistes : il mentionne des endroits précis de la capitale, s'attache à décrire le monde judiciaire, cependant que ses personnages emploient « un langage savoureux, où les mots familiers et les expressions proverbiales accentuent encore l'impression de réalité »[31]. C'est donc par cet ancrage dans la réalité contemporaine que la pièce de Tristan semble pouvoir s'éloigner de son modèle. Le critique développe la même idée dans sa récente édition du *Parasite*[32], pièce qu'il n'hésite pas à lire comme une sorte de parodie. Il affirme également que l'auteur a su donner une épaisseur psychologique et une vérité humaine à des personnages pourtant conventionnels[33]. Même les types traditionnels de la comédie à l'italienne semblent prendre un nouveau relief sous la plume de Tristan : ainsi, le parasite évoque sur un ton lyrique les plats qu'il convoite, se rappelle avec nostalgie les cabarets qu'il avait l'habitude de fréquenter en compagnie de son maître et, enfin, use d'un langage savoureux, plein de tournures imagées et d'expressions populaires[34]. Malgré ses nombreux emprunts à la tradition, Tristan aurait donc su se montrer profndément original[35]. Le critique adopte exactement le même point de vue à propos de *La Folie du sage*. Ainsi, bien que la pièce s'inscrive dans la tradition du genre tragi-comique, elle porte, selon lui,

> la marque du poète et de ses préoccupations : en dépit de leur longueur, la tirade où Ariste apostrophe les philosophes stoïciens qui l'ont abusé (III, 4), ou bien celle où, devant le médecin, il s'interroge

---

[29] R. Guichemerre, art. cit., p. 33. Voir notre chapitre 2, p. 129-131.

[30] *Ibid.*, p. 36. En cela, R. Guichemerre rejoint le point de vue de ses prédécesseurs (voir notre chapitre 2, p. 129-130).

[31] *Ibid.*, p. 40.

[32] R. Guichemerre, p. 209-335 dans *Œuvres complètes*, t. V, publié sous la dir. de R. Guichemerre, Paris, Champion (Sources classiques), 1999.

[33] Voir *ibid.*, p. 218-219.

[34] *Ibid.*, p. 219-220.

[35] Opinion que nous ne partageons pas entièrement (voir notre chapitre 7, p. 376-377).

sur la nature de l'homme (IV, 1), introduisent, dans un sujet rebattu, des réflexions originales[36].

Cette lecture, qui montre comment Tristan a intégré des éléments contemporains dans des genres déjà existants, semble même pouvoir s'appliquer à son œuvre poétique[37]. En dépit de son caractère conventionnel, celle-ci manifesterait, en effet, une certaine originalité : telle est notamment l'opinion de Frédéric Briot, pour qui « les sources et les rapprochements ne doivent [...] être profitables que s'ils permettent de construire une singularité »[38].

Une troisième voie s'est finalement ouverte, qui permet d'échapper à l'alternative offerte par les deux précédentes et vise à les dépasser. La tendance actuelle est de voir en Tristan un poète singulier, dont les qualités, au regard de celles des « grands auteurs classiques », ne seraient pas suffisamment reconnues. La présentation que les éditions Champion faisaient en 1999 du premier volume de ses *Œuvres complètes* est, à cet égard, particulièrement significative :

> Non pas vraiment inconnu, mais plutôt méconnu, François, dit Tristan L'Hermite (1601-1655), fait partie de ces écrivains que la gloire littéraire a longtemps laissé dormir sur le second rayon[39]. Les nouvelles approches esthétiques et critiques qui ont modifié en profondeur l'image que nous nous faisons aujourd'hui du XVIIᵉ siècle ont rendu à Tristan la place qui lui revient, et qui est une des toutes premières dans la littérature du Grand Siècle, tant dans le domaine de la poésie que dans celui du théâtre ou du roman[40].

Les amateurs de Tristan, qui ont mené à bien ce vaste projet éditorial, refusent donc de le tenir à l'écart de ce mythe du « Grand Siècle » qui

---

[36] R. Guichemerre, *op. cit.*, p. 8.

[37] Ce mouvement d'extension a déjà été observé à propos de Tristan « précurseur » (voir notre chapitre 1, p. 88).

[38] F. Briot, « Philis, Cloris, Sylvie et les autres : le promenoir du poète », p. 27 dans *Cahiers Tristan L'Hermite* n° 3, *op. cit.* Le mot « originalité » réapparaît notamment sous la plume de J.-P. Chauveau au sujet des relations que Tristan entretient avec Théophile et Marino (*Œuvres complètes*, t. I, éd. cit., p. 12-13).

[39] Allusion probable à l'ouvrage de M. Arland *Livres du second rayon* (Paris, Le Livre, 1925). Référence mentionnée dans notre chapitre 1, p. 57.

[40] Ce texte figure sur la quatrième de couverture du volume qui ouvre la série.

perdure[41], mais s'attachent en même temps à défendre sa singularité, tentés qu'ils sont de le considérer pour lui-même, et non plus par rapport à ses successeurs ou à ses prédécesseurs[42].

III. Tristan parmi ses contemporains

Si, par ailleurs, les notions de baroque et de classicisme risquent, par un effet de généralisation, de masquer les spécificités de notre auteur, il nous faut trouver un autre mode de lecture. Une voie s'ouvre à nous, que la critique a déjà en partie explorée : situer l'écrivain dans son temps. Cette réflexion est amorcée dès 1877 par Gaston Bizos qui, dans son ouvrage sur Mairet, consacre quelques pages à Tristan : il le classe parmi les « émules de Mairet », aux côtés de Scudéry, Du Ryer et Rotrou[43], mais reconnaît aussi les qualités de *La Marianne* qui, malgré ses faiblesses et ses maladresses, sut durablement séduire le public[44]. Alors que, au même moment, Serret et Bernardin soulignent la profonde nouveauté de cette tragédie, Bizos y voit quelques emprunts possibles à *La Sophonisbe* de Mairet :

> Le dernier acte est consacré tout entier au repentir et au désespoir d'Hérode. Le sauvage tyran, saisi de pitié et sentant l'amour se réveiller en lui, révoque l'arrêt fatal. Mais il est trop tard. Un de ses officiers vient lui faire le récit de la mort de Mariane. Tout ce passage nous semble imité de la *Sophonisbe*. Comme la Carthaginoise, la reine dit adieu à ses femmes, leur partage ses pierreries, les exhorte à la fermeté, et meurt héroïquement [...].
> Comme Massinissa, Hérode s'abandonne au plus terrible accès de douleur. L'imprécation qu'il lance contre les Juifs, qui ont laissé périr

---

[41] De même, Bernardin cherchait à réparer une injustice (voir notre chapitre 1, p. 51).

[42] L'existence même de l'Association des amis de Tristan traduit bien cette volonté de le considérer pour lui-même. Toutes les manifestations organisées à l'occasion du quatrième centenaire de sa naissance, en 2001, témoignent de ce même souci. Parmi les contemporains de Tristan récemment redécouverts par la critique, figure Rotrou, dont le théâtre est en voie de réédition (*Théâtre complet*, éd. dirigée par G. Forestier, Paris, Société des Textes Français Modernes, 1998-2010).

[43] G. Bizos, *Etude sur la vie et les œuvres de Jean de Mairet*, Paris, Thorin, 1877, chapitre 6 : « Le groupe littéraire de Mairet » ; 2. « Les émules de Mairet : Scudéry, Du Ryer, Tristan l'Hermite, Rotrou (1621-1636) ».

[44] *Ibid.*, p. 324.

leur souveraine innocente, est certainement une réminiscence des imprécations du prince de Numidie[45].

Aux yeux de Bizos, les pièces que Tristan compose par la suite sont bien inférieures à sa première tragédie – dégradation que le critique attribue à la vie de débauche menée par le poète[46] :

> *Panthée*, la *Mort de Sénèque*, la *Chute de Phaéton*[47], la *Mort de Crispe* et la comédie du PARASITE marquent que le poète rétrograda rapidement au lieu d'avancer. Ce n'est pas qu'on admire encore dans ces pièces quelques personnages heureusement esquissés et des vers bien frappés[48].

Le point de vue adopté par Bizos au sujet de Tristan s'oppose radicalement à celui d'un Serret ou d'un Bernardin : alors que le premier le met en relation avec les dramaturges de son temps, les seconds le comparent à l'un de ses plus célèbres successeurs. Cet écart semble pouvoir s'expliquer par les intentions respectives des critiques : Bizos, soucieux de valoriser son auteur, ne situe logiquement les autres que par rapport à lui, tandis que Serret et Bernardin, en s'efforçant de réhabiliter un écrivain négligé par l'histoire littéraire, espèrent faire rejaillir sur lui une part du prestige habituellement reconnu à Racine[49]. Bizos ouvre ainsi une nouvelle perspective, qu'il serait sans doute fructueux de prolonger : placer Tristan dans son temps en comparant ses œuvres à celles de ses contemporains, afin de mieux mesurer sa part d'innovation.

---

[45] *Ibid.*, p. 327. A opposer à l'analyse des autres critiques, qui voient dans le monologue d'Hérode un avant-goût des imprécations de Camille dans *Horace* (voir notre chapitre 1, p. 69).

[46] A propos du « libertinage » de Tristan, voir nos chapitre 1, p. 58 et 5, p. 312.

[47] Bizos attribue à Tristan ce qui est en fait à Jean-Baptiste.

[48] *Ibid.*, p. 328. Bizos a manifestement repris une phrase de Serret, qui voyait dans *La Mort de Chrispe* « une de ces pièces qui rétrogradent, au lieu d'avancer ». Bien qu'il semble avoir eu connaissance de l'article publié par Serret, le critique ne le mentionne pas.

[49] A propos de la lecture que Bizos fait de Mairet, voir notre article « L'exemple d'auteurs 'préclassiques' redécouverts en France à la fin du dix-neuvième siècle : enjeux esthétiques et idéologiques », dans actes du colloque *L'Histoire littéraire au seuil du XXIe siècle : controverses et consensus*, Université de Strasbourg II (12-19 mai 2003), Paris, P.U.F, 2005.

*

* *

Comme nous venons de le voir à travers ce parcours, la critique tristanienne a suivi trois grandes étapes : d'abord considéré comme un précurseur du classicisme, Tristan a ensuite été présenté comme l'héritier d'auteurs baroques, et comme un écrivain lui-même baroque, avant d'être reconnu pour sa propre valeur. Cette évolution coïncide en partie avec celle qu'a connue l'histoire littéraire en général : si, à la fin du dix-neuvième siècle, on redécouvre les auteurs de la période préclassique, dès le milieu du siècle suivant on introduit la catégorie du baroque, pour enfin tenter de dégager les particularités de chaque écrivain. Désormais donc, il ne s'agit plus seulement de définir des mouvements, mais aussi d'étudier des auteurs.

CONCLUSION
Tristan entre baroque et classicisme

I. Du baroque au classicisme

Aux yeux des critiques, l'œuvre tristanien réunit baroque et classicisme, notions qui pourtant sont souvent définies comme antithétiques[1]. La contradiction finit néanmoins par être résolue : Tristan pourrait être *à la fois* un précurseur du classicisme et un héritier, donc un représentant, du mouvement baroque. De fait, la tentation est grande de faire jouer à cet auteur le rôle d'intermédiaire. Il appartient en effet à une époque où le classicisme est en pleine formation, mais où l'influence du siècle précédent se fait encore sentir. La lecture que, longtemps, les critiques ont pu faire de son œuvre revêt donc un caractère exemplaire. L'histoire littéraire construit un schéma où se succèdent des époques entre lesquelles il apparaît nécessaire d'établir des liens[2]. En l'occurrence, on ne saurait passer du baroque au classicisme sans transition. Ainsi, des auteurs seraient parvenus à concilier deux esthétiques qui, pourtant, procèdent de logiques radicalement opposées. Corneille, par exemple, aurait participé à ses débuts au mouvement baroque, avant de se tourner vers le classicisme[3]. Jusque dans les années 1630 en effet, il introduit dans ses pièces des éléments caractéristiques du baroque : des intrigues à rebondissements (*Mélite*), l'alliance du rêve et de la réalité (*L'Illusion comique*), les ressources de la magie et du merveilleux (*Médée*), etc. Ainsi, dans son essai sur le baroque, J.-P. Chauveau peut affirmer que « le théâtre cornélien représente de

---

[1] De rares critiques se sont efforcés de montrer les liens qui peuvent exister entre classicisme et baroque : ainsi C.-G. Dubois, qui fait également intervenir la notion de maniérisme, conçu comme une des manifestations possibles du baroque (voir *Le Maniérisme*, Paris, P.U.F., Littératures modernes, 1979).

[2] Voir notre introduction générale, p. 17.

[3] Voir notre chapitre 1, p. 69.

manière idéale ce théâtre de mouvement et d'action, qui en France est l'invention propre de l'âge baroque »[4]. Ensuite, au moment où s'engage le débat sur le respect des règles[5], le dramaturge se range du côté des Réguliers – attitude qui traduirait une évolution dans sa conception du théâtre : « Plutôt que d'accumuler les effets extérieurs, il préfère concentrer son attention sur la psychologie de ses personnages et sur leurs débats intimes. »[6] Cependant, il resterait attaché à l'esthétique baroque et aurait donc du mal à se plier aux contraintes du classicisme. J.-P. Chauveau constate ainsi qu'« à l'opposé de la plupart des théoriciens, Corneille préfère toujours le vrai au vraisemblable et [...] manifeste sa fidélité au goût baroque de l'hyperbole expressive et signifiante, qui garantit, en quelque sorte, la force et l'intérêt de son sujet »[7]. Dans un autre genre littéraire et à une autre période, Malherbe aurait suivi une évolution comparable. Ses premiers poèmes témoignent en effet d'un goût pour les contrastes, caractéristique du baroque, et c'est sous cet angle que la critique a notamment interprété *Les Larmes de saint Pierre*, publiées en 1587 : le poète « cultive [...] les images colorées et violentes, les antithèses, les hyperboles et les alliances de mots : esthétique baroque a-t-on pu dire, que Malherbe reniera plus tard »[8]. En effet, la rigueur formelle qu'il impose par la suite le fait apparaître comme le précurseur ou plutôt comme le fondateur de la poésie classique[9]. De manière générale, il existerait donc des interactions, des échanges entre baroque et classicisme[10]. Les historiens de la littérature s'efforcent de trouver de la cohérence dans une réalité dont ils sont chargés de rendre compte ; ils tentent d'y repérer des continuités ou des ruptures, en somme tout ce qui permet d'écarter ou de minimiser la part du hasard. Bref, ils cherchent à créer le système le plus rationnel possible.

---

[4] J.-P. Chauveau, *Lire le Baroque*, Paris, Dunod (Lettres Sup), 1997, p. 90.

[5] Voir à ce sujet notre chapitre 5, p. 257 et *sqq*.

[6] J.-P. Chauveau, *op. cit.*, p. 91.

[7] *Ibid.*, p. 92.

[8] J.-P. Chauveau et J.-C. Payen, *La Poésie des origines à 1715*, Paris, Colin, 1968, p. 418. Voir aussi R. Lebègue, « *Les Larmes de Saint-Pierre*, poème baroque », p. 145-154 dans *Revue des sciences humaines*, juillet-décembre 1949.

[9] La classicisation de Malherbe est déjà amorcée par Boileau (voir *Art poétique*, chant I, v. 131-134).

[10] On trouve une bonne synthèse de ce type d'analyse dans *Le Baroque* de V.-L. Tapié, Paris, P.U.F. (Que sais-je ?), 1961, p. 77-78.

II. La valeur exemplaire de la critique tristanienne

A. Tristan à la charnière entre deux époques

L'œuvre de Tristan illustrerait parfaitement ce passage du baroque au classicisme. Cependant, ce n'est qu'à partir de comparaisons précises avec des auteurs qu'on le rattache à l'un ou l'autre de ces deux mouvements[11]. Dans ses tragédies, l'influence de Hardy et celle de Shakespeare seraient perceptibles, bien que l'auteur accorde déjà une large place à l'analyse psychologique et se plie volontiers aux exigences des Réguliers – traits qui caractérisent la tragédie classique telle que Racine a pu l'incarner. A la brutalité des actes succéderait la force de la parole, à l'éclatement de la forme la rigueur de la construction. Ainsi, à propos de *La Marianne* et de *Panthée*, Bernardin développe l'idée selon laquelle Tristan est précurseur de Racine tout en étant encore héritier de Hardy. Toutefois, ces deux points de vue ne sont nullement symétriques. Outre l'importance quantitative, qui penche nettement en faveur du premier, la position adoptée par le critique n'est pas de même nature dans les deux cas. Dans le premier en effet, il s'agit de rapprocher le plus possible Tristan de Racine, donc de n'accentuer les différences entre les deux auteurs que pour montrer que l'un est supérieur à l'autre ; dans le second cas en revanche, Bernardin insiste sur les différences qui séparent les deux dramaturges. Cette inégalité de traitement s'explique par la perspective générale que choisit d'adopter le critique : Tristan, héritier de Hardy, est valorisé dans ce qui l'apparente à Racine. Loin de se contredire, ces deux lectures se complètent, à tel point que l'une renforce l'autre : Tristan est jugé d'autant plus proche de Racine qu'il se tient éloigné de Hardy. Suivant la tradition universitaire, Bernardin commence par la critique des sources, mais son objet est autre : repérer dans le théâtre de Tristan des traits préraciniens. Le même type de raisonnement a ensuite été appliqué à son œuvre poétique, où les ornements qu'affectionne Marino n'empêcheraient pas la rigueur malherbienne de s'exercer[12]. *Le Page disgracié*, enfin, a fait l'objet d'une lecture similaire : par son refus des descriptions, il annonce le roman classique ; mais, par ses thèmes et sa structure, il s'apparente au roman picaresque.

---

[11] A propos de cet élargissement, voir nos chapitre 1, p. 65 et 2, p. 128.

[12] Ainsi, selon O. de Mourgues, « la poésie de Tristan a été mise en avant comme un exemple typique de poésie de transition » (*Metaphysical, baroque and* précieux *poetry*, Oxford, 1953, p. 157 ; nous traduisons). De même, Y. Fukui fait figurer Tristan parmi ceux qu'il situe « à la frontière de l'esthétique classique et de l'esthétique baroque » (*Raffinement précieux dans la poésie française du XVIIe siècle*, Paris, Nizet, 1964, p. 142-185).

En somme, Tristan aurait teinté de classicisme une esthétique baroque sur le point de disparaître et, parallèlement, donné une coloration baroque à une esthétique classique en voie de formation. Inscrit dans une époque de bouleversements (politiques, esthétiques, etc.), son œuvre ne se voit donc reconnaître qu'un rôle transitoire. Ainsi se mettent en place deux évaluations corollaires, qui supposent l'existence d'un système de hiérarchisation : d'un côté, Tristan est jugé supérieur à Hardy car il est déjà un peu classique ; mais d'un autre côté, il est jugé inférieur à Racine car il est encore un peu baroque. Toutefois, de tels jugements de valeurs s'observent surtout dans la critique de la fin du dix-neuvième siècle, qui tend à sur-valoriser les auteurs classiques. A l'inverse, les critiques actuels considèrent le baroque comme une esthétique à part entière.

B. Un traitement variable suivant les genres

Même si ce schéma s'impose à l'ensemble de l'œuvre tristanien, une répartition se fait selon les genres : l'auteur serait plutôt classique dans son œuvre dramatique, plutôt baroque dans son œuvre poétique[13]. Ainsi, dans son théâtre, le caractère racinien se révélerait prépondérant, l'influence shakespearienne secondaire. A l'inverse, dans sa poésie, la présence du marinisme serait forte, celle de Malherbe un peu moins marquée. Cette fausse symétrie (Tristan dramaturge + classique, - baroque / Tristan poète + baroque, - classique) coïncide avec l'image que l'histoire littéraire a retenue du dix-septième siècle français en général : quasi réduit au classicisme, celui-ci aurait été dominé par le théâtre. A l'inverse, le début du siècle, orienté vers la poésie, est plus volontiers associé au baroque. Enfin, si le classicisme est étroitement lié à la culture française, le baroque constitue un vaste mouvement européen. Aussi n'est-il pas étonnant que les auteurs baroques convoqués par les critiques soient presque tous des étrangers : Shakespeare et les Elisabéthains, Marino et ses disciples, les Espagnols créateurs du roman picaresque. Ainsi, à propos de Tristan, se dessine une image à double face : celle d'un auteur qui a participé à l'élaboration du classicisme français, mais qui en même temps est resté ouvert aux influences extérieures.

Toutefois, à l'intérieur même de son œuvre dramatique, il est nécessaire de distinguer les genres. *La Marianne* apparaît ainsi comme un exemple de tragédie préclassique, tandis que *La Folie du sage* se situerait nettement du côté du baroque. Cependant, la première de ces pièces associerait les deux

---

[13] Quant à son œuvre en prose (*Le Page disgracié*, les *Lettres mêlées*, mais aussi les *Plaidoyers historiques* et les *Principes de cosmographie*), elle offre une telle hétérogénéité qu'il est à peu près impossible de la réduire à un seul aspect.

esthétiques, ce qui explique que le personnage d'Hérode puisse être qualifié à la fois de racinien et de shakespearien : racinien il l'est par les contradictions de la passion, shakespearien par la violence de la jalousie, la brutalité des actes et l'accès de folie. Aussi, selon les besoins de la démonstration, peut-il être comparé à Pyrrhus ou à Othello. De même, le personnage de Marianne, qui s'apparente aussi bien à Andromaque qu'à la duchesse d'Amalfi, possède à la fois des traits raciniens et shakespeariens. Autre exemple : le personnage d'Araspe dans *Panthée*. Racinien par l'alliance de l'amour et de la haine, il représente aussi le type de l'amoureux éconduit, incarnant ainsi une forme de mélancolie que l'on retrouve sur la scène élisabéthaine. Une pièce entière peut être interprétée selon cette double logique. Si *La Mort de Sénèque* illustre la conversion définitive de Tristan au classicisme, elle garderait pourtant une allure shakespearienne : exemple de « tragédie de vengeance », elle est fondée sur un thème largement répandu dans le théâtre élisabéthain ; elle rappelle donc les drames historiques de Shakespeare, tout en annonçant le *Britannicus* de Racine.

De manière générale, l'œuvre de Tristan réaliserait donc une sorte d'œcuménisme esthétique, dépassant et comme annihilant les oppositions de toutes sortes. Mais par là même, la critique finit par révéler ses propres contradictions, car il n'est pas rare qu'un même argument soit utilisé pour défendre deux idées contraires. Ainsi la jalousie, telle que Hérode peut l'exprimer, renvoie aussi bien à Racine qu'à Shakespeare. D'autres thèmes, ayant trait à l'irrationnel, comme la folie et le songe, trouvent des résonances chez les deux dramaturges. Cette tension disparaît cependant, lorsque sont pris en compte les aspects baroques du théâtre racinien. Certes, ce type d'analyse reste très marginal, tant Racine est inséparable du classicisme ; mais alors, la référence à Tristan, inexistante dans la plupart des études consacrées au grand auteur, peut devenir un argument décisif. Dans son ouvrage *Classicisme et baroque dans l'œuvre de Racine*, Philip Butler multiplie les comparaisons entre les deux auteurs[14] et, à cette occasion, insiste sur la brutalité de certains personnages raciniens :

> Sans remonter au *Scédase* de Hardy ou au Nabuchodonosor des *Juives*, il suffit de songer au Tarquin de Du Ryer, dans *Lucrèce*, aux héros de Tristan, à Hérode, à Osman, au Néron de *La Mort de Sénèque*, au Roi de *La Folie du Sage*, ou plus récemment au Commode de Th. Corneille [...].
> Chez Tristan défilent toutes les variétés du tyran : barbare et dépourvu de toute chevalerie, comme dans *Osman* ; cruel et lâche, mû par des motifs tout ignobles, comme le Néron de la *Mort de Sénèque* ; ingrat

---

14 P. Butler, *Classicisme et baroque dans l'œuvre de Racine*, Paris, Nizet, 1959.

et libertin, comme le Roi de la *Folie du Sage* [...] ; enfin, comme l'Hérode de *Mariane*, ou Néron lui-même, torturé par le remords ou par l'appréhension[15].

Un critique a même tenté de renverser la perspective traditionnelle : Richard Goodkin qui, lorsqu'il compare le récit de la mort d'Hippolyte dans la *Phèdre* de Racine au poème de Tristan portant sur le même sujet[16], qualifie le premier texte de baroque, le second de classique[17].

C. La nécessité d'une sélection

Pour obtenir les résultats désirés, les critiques opèrent, à l'intérieur même de l'œuvre tristanien, une sélection précise. S'ils veulent montrer que l'auteur est un représentant du préclassicisme, les critiques considèrent principalement ses tragédies, et privilégient donc un genre traditionnellement associé au classicisme. Mais cette sélection s'opère aussi à une échelle plus réduite. En effet, si l'ensemble des tragédies de Tristan est rattaché à la dramaturgie classique, l'une d'elles suscite plus particulièrement l'intérêt des critiques : *La Marianne*, pièce qui répond à deux exigences majeures. Non seulement elle repose sur le thème de la passion amoureuse, mais encore elle offre une architecture harmonieuse – si bien que l'on retrouve en elle les deux principaux critères qui servent généralement à définir la tragédie classique. Malgré la variété de ces tragédies émergerait une sorte d'archétype, qui résumerait à lui seul le tragique tristanien : la force de la passion amoureuse conduit inexorablement les personnages à leur perte[18], schéma qui rencontre immanquablement le « modèle » de la « tragédie racinienne ». En revanche, les partisans du Tristan baroque mettent principalement en avant la complexité des réseaux métaphoriques qui se font jour dans sa poésie. Parallèlement, la présence des thèmes de la nature et de la solitude dans certains de ses poèmes amoureux vient corroborer la thèse du Tristan précurseur des

---

[15] *Ibid.*, p. 149 et 166-167.

[16] « La mort d'Hippolyte », p. 141-153 dans *Les Vers héroïques*, éd. critique de C. M. Grisé, Genève, Droz, 1967.

[17] R. E. Goodkin, « Racine and Tristan : 'La Mort d'Hippolyte' », p. 53-62 dans *Actes d'Athens*, actes du XXIVᵉ colloque de la North American Society for Seventeenth-Century French Literature, Paris-Seattle-Tübingen, *Papers on French Seventeenth Century Literature*, 1993.

[18] Voir en particulier C. Mazouer, « La vision tragique dans *La Mariane*, *La Mort de Sénèque* et *La Mort de Chrispe* de Tristan », p. 5-16 dans *Cahiers Tristan L'Hermite* n° 22 : *Tristan : théâtre*, 2000.

romantiques. En somme, les critiques projettent sur son œuvre des catégories extérieures, définies à partir de textes eux-mêmes perçus comme des modèles[19]. Autrement dit, ils construisent des archétypes, ce que reflètent bien des adjectifs comme « racinien » et « shakespearien ». La « tragédie racinienne », ou le « drame shakespearien », semble en effet échapper à l'évolution historique et constituer un modèle atemporel, tout en posant comme point de référence indiscutable le grand auteur considéré. Se souciant peu des risques d'anachronisme ou de la méconnaissance que Tristan pouvait avoir de la dramaturgie élisabéthaine, les critiques identifient dans son théâtre des traits appartenant à l'une ou l'autre de ces deux esthétiques. Dès lors, il est permis de se demander si les commentateurs ne sont pas victimes d'une illusion d'optique, dans la mesure où ils expliquent la présence de traits baroques dans le théâtre de Tristan par l'influence qu'a pu exercer sur lui le dramaturge désormais le plus célèbre de l'époque élisabéthaine. Ces analyses impliquent aussi des jugements de valeur : si l'auteur de *La Marianne* n'a pas réussi à se hisser au niveau d'un Racine, il ne saurait non plus rivaliser avec Shakespeare et son extraordinaire liberté créatrice.

Surtout, les critiques hésitent à prendre en charge l'ensemble du corpus dans sa diversité[20], mais s'en servent pour défendre tour à tour des idées contraires. En effet, il est certain que la polygraphie a joué en leur faveur et, si chacun d'entre eux, en isolant un aspect particulier de l'œuvre de Tristan, offre de celui-ci une image uniforme, la confrontation de toutes ces lectures nous fait découvrir un véritable kaléidoscope.

D. Une évolution de la critique tristanienne

Cependant, il ne saurait être question de les confondre toutes dans un même mouvement, car l'histoire de la critique tristanienne fait apparaître

---

[19] A. Cantillon évoque ainsi la « circularité de l'inductivisme fondamental des études d'historiographie de la littérature » (« Classique et classicisme : de la réification d'une notion de l'historiographie de la littérature », p. 260-267 dans *Un classicisme ou des classicismes ?*, actes du colloque international organisé par le Centre de recherches sur les classicisme antiques et modernes, dir. G. Forestier et J.-P. Néraudau, Pau, P.U.P., 1995).

[20] D. Dalla Valle s'efforce ainsi de dégager, dans le théâtre de Tristan, une « unité poétique » : au-delà de leur disparité, toutes ses pièces révéleraient la solitude des personnages et leur incapacité à communiquer (*Il Teatro di Tristan L'Hermite : saggio storico e critico*, Turin, Giappichelli, 1964 ; voir en particulier la conclusion générale). C. Abraham, quant à lui, voit dans ces personnages des « étrangers », c'est-à-dire des êtres qui ne s'accordent pas avec leur milieu (*Tristan L'Hermite*, Boston, Twayne publishers, 1980 ; voir en particulier la p. 79). Mais, comme nous le voyons, ces analyses portent uniquement sur le théâtre.

une évolution. A la fin du dix-neuvième siècle, c'est bien l'image de précurseur du classicisme qui domine. Après avoir ainsi projeté Tristan dans l'avenir, on s'est efforcé de le situer par rapport au passé, et c'est alors que surgit une nouvelle figure, celle d'héritier. La critique actuelle, enfin, soucieuse d'exhaustivité, le présente à la fois comme un héritier et un fondateur, mais surtout s'efforce de le singulariser. Tandis que Bernardin et ses disciples pratiquaient une sorte de compartimentage, en ne s'intéressant à chaque fois qu'à un aspect particulier de l'œuvre tristanien, les critiques modernes élaborent des lectures destinées à montrer sa diversité. Entre temps aussi, la vision téléologique de l'histoire littéraire s'est considérablement affaiblie, ce que montre bien la substitution de mots tels que *créateur* ou *initiateur* à celui de *précurseur*[21]. Une dernière différence sépare les critiques actuels des critiques de la fin du dix-neuvième siècle, à savoir que les audaces de Tristan ne sont pas toujours rapportées aux mêmes genres. Ainsi, Bernardin tente de montrer la nouveauté que représentent, à ses yeux, les tragédies de l'auteur mais, à l'inverse, il ignore presque totalement la valeur littéraire du *Page disgracié*, dont il fait essentiellement une source d'informations biographiques. Aujourd'hui, la nouveauté de *La Marianne*, sans être niée, est nettement moins valorisée[22], alors que *Le Page disgracié* suscite de nombreux commentaires visant à montrer son originalité.

L'extrême diversité qu'offre l'œuvre tristanien explique cette variété d'interprétations. En effet, le personnage protéiforme que la critique a vu en Tristan se prêtait à merveille à l'exploitation qu'en a faite l'histoire littéraire, notamment dans sa lecture des diverses formes de transition entre baroque et classicisme[23]. L'œuvre de notre auteur a ainsi fait l'objet de manipulations en tous sens, d'où des tensions, des écarts, voire des paradoxes et des contradictions. Il s'agit à présent de voir si les innovations mises en avant par la critique peuvent être confirmées par une analyse interne de l'œuvre.

---

[21] Voir notre chapitre 1, p. 117.

[22] En faisant entrer Tristan dans la prestigieuse collection de la Pléiade, on tend à le classiciser – au sens où la classicisation implique un processus de légitimation – même si on n'a pas jugé bon de lui consacrer un volume entier.

[23] On a pu aussi considérer le baroque et le classicisme comme l'expression de deux tendances majeures de l'histoire littéraire. Ainsi, le romantisme a pu être perçu comme une des manifestations possibles du baroque. Voir à ce sujet F. Brunetière, « Classiques et romantiques », p. 291-326 dans *Etudes critiques sur l'histoire de la littérature française*, 3e sér., 3e éd, Paris, Hachette, 1894 ; et M. Raymond, *Baroque et Renaissance poétique : préalable à l'examen du baroque littéraire français*, Paris, Corti, 1964.

SECONDE PARTIE

TRISTAN ENTRE
TRADITION ET INNOVATION

INTRODUCTION

I. Tradition et innovation

Comme nous venons de le voir, la critique a vu en Tristan un « héritier », mais surtout un « précurseur ». Il convient à présent de se demander si ces deux images coïncident avec celles que l'auteur a délibérément construites de lui-même. Celui que la critique s'est plu à définir comme un précurseur a-t-il, en effet, réellement cherché à innover[1] ? Pour répondre à ces questions, il convient de retracer la carrière de Tristan, démarche qui permettra de voir précisément comment l'écrivain a choisi de se situer par rapport à ses prédécesseurs et à ses contemporains[2]. Ainsi, aux images élaborées par la critique autour de la figure tristanienne répondront les images que l'auteur donne de lui-même, non seulement à travers ses différents choix esthétiques, mais aussi par les commentaires qu'il a pu faire de ses propres œuvres.

Ainsi redessinée, notre réflexion nécessite le recours à de nouveaux concepts : aux notions d'héritier et de précurseur s'ajouteront désormais celles de tradition et d'innovation. Sans être équivalents, ces deux couples de mots ne sont toutefois pas étrangers l'un à l'autre. Appliquée au domaine littéraire, la tradition peut être définie comme un ensemble de thèmes, de genres ou de procédés hérités du passé. Si l'héritage suppose l'existence d'une filiation, la tradition est-elle aussi susceptible d'être transmise d'une génération à une autre ; mais, alors que la *tradition* permet de décrire des mouvements d'ensemble, l'*héritage* est en mesure de désigner un rapport de filiation direct entre deux auteurs. La notion d'innovation, quant à elle, est inséparable de celle de tradition, dans la mesure où toute création suppose un lien avec le passé, que celui-ci soit

---

[1] A propos du rapport entre *précurseur* et *novateur*, voir notre introduction générale, p. 23-24.

[2] C'est ce à quoi déjà nous invitait G. Bizos dans son ouvrage sur Mairet (voir notre chapitre 3, p. 163-165).

accepté ou rejeté ; et symétriquement, l'innovation peut au fil du temps donner naissance à une tradition.

II. Tristan dans le contexte social et littéraire de son temps

A l'époque de Tristan, la question de l'innovation, indissociable de celle de l'imitation, se manifeste principalement dans la querelle des Anciens et des Modernes, qui surgit dès le début du siècle. Autour de cette réflexion se développent toutes sortes de débats, auxquels l'écrivain a inévitablement pris part (de près ou de loin) : le conflit qui oppose les « puristes », partisans de Malherbe, aux héritiers de Ronsard, la polémique déclenchée par la publication des *Lettres* de Balzac en 1624, la querelle du *Cid* et, plus largement, la question du respect des règles au théâtre.

La carrière littéraire de Tristan est elle-même liée à son itinéraire social, en un temps où la plupart des écrivains doivent faire appel aux puissants pour obtenir une aide financière[3]. Cette situation leur permet également d'accéder à la reconnaissance sociale, sans laquelle ils sont condamnés à rester dans l'ombre. Comme l'a montré Alain Viala, le clientélisme, le mécénat, les académies, mais encore les salons, sont autant d'institutions auxquelles il est nécessaire de s'intégrer si l'on veut réussir socialement[4]. Nombreux sont ceux qui élaborent même une véritable « stratégie »[5] pour y parvenir ; aussi leurs participations aux institutions suivent-elles en général une progression continue. Dès lors, il est permis de se demander en quoi les choix esthétiques de Tristan ont pu en partie être dictés par le désir de reconnaissance sociale. En somme, notre propos est de prendre en considération, indépendamment des catégories construites *a posteriori* par l'histoire littéraire, toutes les composantes de l'œuvre tristanien.

Dans l'ensemble, la critique a fait peu de cas de la chronologie des textes de Tristan, qui semble à première vue contredire son propos. En effet, l'histoire littéraire fait se succéder baroque et classicisme, alors que

---

[3] Voir A. Viala, *Les Institutions littéraires en France au dix-septième siècle*, Lille, Atelier de reproduction des thèses, 1982, *passim.* Voir aussi du même auteur *Naissance de l'écrivain*, Paris, Minuit, 1985, *passim.*

[4] A. Viala distingue les « institutions de la vie littéraire » (académies, droits des auteurs, mécénat) et les « institutions littéraires » (codifications de formes et de genres) (voir *ibid.*, p. 10).

[5] *Ibid.*, p. 61 : par stratégies littéraires, « nous désignons l'ensemble complexe que constituent les choix de carrière et de statut social opérés par un écrivain (ou un groupe d'écrivains), en relation avec ses choix en matière de genres, formes et thématiques littéraires, et avec ses prises de positions, déclarées ou implicites, à l'égard de la création littéraire et de son *rôle social* » (l'auteur souligne).

l'œuvre tristanien dans ses grandes lignes présente l'ordre opposé. Ainsi, ce sont plutôt les dernières pièces de l'auteur – principalement *La Folie du sage*, *Le Parasite* et l'*Amarillis* – qui reçoivent le qualificatif de baroque, tandis que *La Marianne* est censée avoir contribué à la naissance du classicisme. Aussi nous a-t-il semblé nécessaire de suivre un ordre chronologique – méthode la plus à même de rendre compte, de façon rigoureuse, de la variété autant que de la complexité du corpus.

CHAPITRE 4
Les débuts prudents d'un poète
(1625-1635)

Durant les dix premières années de sa carrière, Tristan se consacre entièrement à la poésie[1]. Ce choix, qui est alors celui de la plupart des jeunes écrivains, lui permet de faire la preuve de ses qualités littéraires, mais en même temps il a peu de chance de lui assurer un succès éclatant. Selon la distinction établie par Alain Viala, il semble donc qu'à ses débuts notre auteur ait adopté la « stratégie de la réussite », non celle du « succès »[2]. En cela, on peut qualifier son attitude de prudente – ce qui n'exclut nullement, dans le choix des thèmes ou des formes, la recherche

---

[1] Deux problèmes majeurs se posent dans l'identification des premiers poèmes de Tristan : d'une part, la datation de pièces publiées ultérieurement dans des recueils s'avère parfois délicate ; d'autre part, l'attribution de certains poèmes à Tristan reste hypothétique. Les limites de notre recherche ne nous permettaient pas d'entreprendre un travail de datation précis et, en l'absence de toute autre investigation, nous en étions réduite à prendre en compte les seules dates de publication. A propos des textes attribués à Tristan, voir l'annexe 3, p. 413-417. Par ailleurs, les pièces de Tristan publiées isolément ont été regroupés par A. Carriat, p. 585-710 dans *Œuvres complètes*, t. III, publié sous la dir. de J.-P. Chauveau, Paris, Champion (Sources classiques), 2002.

[2] Voir *Naissance de l'écrivain*, Paris, Minuit (Le sens commun), 1985, p. 184-185. La première de ces deux stratégies
> se fonde sur des acquis successifs et cumulés de positions dans les secteurs institutionnalisés. Ce principe de progrès dans la hiérarchie au moyen de gains lents, prudents, mais stables, justifie qu'on la désigne comme une 'stratégie de la réussite', au sens où l'on parle de réussite sociale pour l'accès à une position influente et solide. Une telle démarche est pour une large part soumise aux pouvoirs extra-littéraires qui assurent la stabilité des institutions de la littérature toujours peu solides par elles-mêmes. Elle correspond à une production qui s'adresse avant tout à ces institutions et, à travers elles, aux détenteurs des pouvoirs. La seconde, plus rare, se fonde sur une production destinée en priorité au public élargi, à la conquête de succès, plus éphémères, mais plus spectaculaires [...]. Plus risquée, elle est aussi plus conquérante et moins directement tributaire des pouvoirs en place : elle privilégie les gains rapides d'argent *et* de notoriété. Elle se plie moins au principe de hiérarchisation dominant tel qu'il s'exprime dans l'échelle des pouvoirs littéraires. Elle est une stratégie de l'improbable et, par référence à l'acte essentiel de sa logique, je la désigne comme une 'stratégie du succès'.

d'une part d'originalité. A partir de 1636, Tristan s'engage dans la voie de la polygraphie – et la période qui s'ouvre alors sera examinée dans le chapitre suivant.

*

* *

I. Un poète issu de la noblesse

A. Une jeunesse passée auprès des Grands

Pierre L'Hermite, le père de Tristan, appartient à une famille de vieille noblesse, mais les guerres issues de la Ligue ont provoqué sa ruine[3]. Aussi, durant toute sa vie, le poète, confronté à des difficultés d'argent[4], sera en quête d'une situation sociale stable. Quant à la famille de sa mère, Elisabeth Miron, elle est alliée à de puissants personnages et occupe dans la société des postes très honorables[5]. François L'Hermite naît en 1601 au château de Solier, dans la Marche[6]. Fier de ses origines[7], il empruntera son prénom à l'un de ses ascendants, grand prévôt sous Louis XI[8], et prétendra

---

[3] Voir *Le Page disgracié*, Paris, Gallimard (Folio classique), 1994, p. 24-25.

[4] En 1632, Tristan se voit dépossédé du château de ses ancêtres (voir N.-M. Bernardin, *Un Précurseur de Racine, Tristan L'Hermite*, Paris, Picard, 1895, p. 144-147).

[5] Ainsi François Miron (1560-1609), l'oncle d'Elisabeth, acquit un grand renom comme prévôt des marchands de la ville de Paris. Sur les origines familiales de Tristan, voir N.-M. Bernardin, *op. cit.*, 1ère part., p. 1-42.

[6] Une incertitude demeure cependant : Tristan pourrait avoir vu le jour en 1600 ou 1601. On sait seulement que ses parents se marièrent en 1597 (voir N.-M. Bernardin, *op. cit.*, p. 40-41), à quoi l'auteur ajoute : « Deux ou trois ans ensuite je vins au monde » (*Le Page disgracié*, *op. cit.*, p. 25).

[7] *Ibid.*, p. 24 : « Je suis sorti d'une assez bonne maison [...] ; et je puis dire qu'il y avait autrefois d'assez grands honneurs et assez de biens en notre famille. »

[8] Il s'attribue le prénom de Tristan vers 1621 (voir Tristan L'Hermite, *Choix de pages*, présentées et annotées par A. Carriat, [Limoges], Rougerie, 1959, « Tableau synchronique », p. 19). Le lien implicitement établi avec *Tristan et Iseult* n'est sans doute pas étranger au thème de l'amour malheureux présent, par la suite, dans l'œuvre poétique de notre auteur. Le prénom de Tristan peut aussi faire écho aux *Tristes* d'Ovide, recueil qui se distingue par sa tonalité élégiaque. Manifestement, il y a déjà là un désir de fictionalisation, c'est-à-dire une volonté de construire – au-delà de la réalité vécue – une certaine image de soi. Le choix de ce pseudonyme fait donc apparaître un

compter parmi ses ancêtres un Pierre L'Hermite qui s'illustra dans la première Croisade[9]. Toutes ces informations sont contenues dans *Le Page disgracié* qui, malgré son appartenance au genre romanesque, constitue une sorte d'autobiographie[10]. Comme il le raconte, Tristan reçut une formation solide. A cinq ans, il est placé comme page auprès du jeune duc de Verneuil, bâtard de Henri IV et, malgré son indiscipline, suit les leçons de l'érudit Claude du Pont[11]. C'est également à cette époque que l'enfant découvre les contes et la mythologie, matériau précieux pour les poètes : « Je pouvais agréablement et facilement débiter toutes les fables qui nous sont connues, depuis celles d'Homère et d'Ovide, jusqu'à celles d'Esope et de Peau d'âne. »[12] Dans la suite du *Page disgracié*, d'autres textes sont mentionnés : l'adolescent lit à sa maîtresse anglaise des « romans héroïques » (les *Ethiopiques* d'Héliodore, le *Roland furieux* de L'Arioste et la *Jérusalem délivrée* du Tasse[13]), ainsi que *L'Astrée* d'Urfé[14]. *Le Page*

---

héritage à la fois familial et poétique. Voir, à ce sujet, notre article « Tristan ou l'image d'un poète mélancolique », p. 15-29 dans *Cahiers Tristan L'Hermite* n° 24 : *Le Quatrième centenaire*, 2002.

[9] *Le Page disgracié, op. cit.*, p. 24 : « Je […] porte le nom et les armes d'un gentilhomme assez illustre, et qui comme un autre Périclès fut grand orateur et grand capitaine tout ensemble. L'Histoire lui donne beaucoup de louanges pour avoir été l'un des principaux ministres de cette heureuse guerre qui se fit en la Terre Sainte, il y a cinq cents tant d'années. »

[10] Voir notre chapitre 1, p. 109-114. Même si elles faussent en partie le sens que Tristan a manifestement voulu donner à son texte (voir notre chapitre 5, p. 321), les « Clefs » que son frère Jean-Baptiste ajoute dans l'édition posthume du *Page disgracié* en 1667 (*op. cit.*, p. 268-278) montrent les liens qui unissent fiction et réalité. A son tour, N.-M. Bernardin confirme certains des faits évoqués dans le roman à l'aide de documents d'archives (voir *op. cit.*, p. 1-83). Voir aussi la biographie ébauchée par J. Serroy, qui lui-même s'appuie sur *Le Page disgracié* (« La vie de Tristan », p. 7-30 dans *Œuvres complètes*, éd. cit., t. I, publié sous la dir. de J. Serroy, 1999).

[11] *Le Page disgracié, op. cit.*, p. 29 : « Mon maître n'avait point de *pédant* pour précepteur : celui qu'on avait choisi pour l'instruire était un homme de lettres fort poli, qui lui faisait apprendre les plus belles choses de l'Histoire et de la Morale en se jouant. »

[12] *Ibid.*, p. 32. Comme nous le verrons, les *Métamorphoses* d'Ovide constituent l'une des principales sources d'inspiration pour l'auteur des *Plaintes d'Acante* (voir *infra*, p. 250). Par ailleurs, la référence à Esope explique que Tristan a pu être comparé à La Fontaine (voir notre chapitre 1, p. 74).

[13] *Le Page disgracié, op. cit.*, p. 87. Plus tard, le page se bat en duel contre un écolier qui défend la supériorité (supposée) de Virgile sur Le Tasse (voir p. 242-243). A propos de l'influence de L'Arioste et du Tasse sur Tristan, voir notre chapitre 2, p. 134.

[14] *Le Page disgracié, op. cit.*, p. 109. Comme nous le verrons, le roman d'Urfé joua un rôle décisif dans l'élaboration des *Plaintes d'Acante* (voir *infra*, p. 239). La pastorale

disgracié dessine donc l'itinéraire d'un apprenti poète qui se forge une culture littéraire, susceptible de lui fournir les modèles de ses œuvres à venir[15]. Après une période assez mouvementée[16], le page entre vers l'âge de dix-sept ans au service de Nicolas de Sainte-Marthe, lettré et amateur de théâtre, et trouve ainsi l'occasion de compléter sa formation :

> Sitôt que je fus chez lui et qu'il se fut aperçu que j'avais quelques brillants d'esprit et quelque inclination à la poésie, il me fit faire une clef pour entrer quand bon me semblerait dans un cabinet plein de beaux livres ; il me donnait presque tous les jours quelque épigramme latine à traduire ou quelque sonnet de Pétrarque à tourner[17].

En 1618, Tristan devient secrétaire du vieil oncle de Nicolas, l'historien Scévole de Sainte-Marthe, célèbre humaniste disciple de Ronsard[18], et fait de fructueuses découvertes dans sa bibliothèque :

> Ainsi je me vis installé chez ce célèbre personnage, à qui je ne rendais autre service que celui de lire devant lui deux ou trois heures tous les jours. Tantôt c'était quelque chose de l'Histoire ou de la poésie des Anciens ; tantôt nous revisitions ses propres ouvrages latins et français [...]. J'eus le soin de sa bibliothèque, et sans mentir, cela servit beaucoup à mon avancement aux lettres[19].

En même temps qu'il montre l'étendue de sa culture littéraire, Tristan se pose donc ouvertement en héritier.

Après son séjour chez Scévole, le jeune homme se met sous la protection du marquis de Villars qui, en 1620, l'emmène à Bordeaux où ils rejoignent le parti de Marie de Médicis hostile au roi. Tristan ne tarde pas à se trouver un nouveau maître, le duc de Mayenne, frère de Villars et lui

---

dramatique de Tristan, l'*Amarillis*, créée en 1652, révèle elle aussi l'influence de *L'Astrée* (voir notre chapitre 7, p. 367).

[15] Comme le suggère J. Prévot, « un des sous-titres possibles serait : La naissance de l'écrivain » (*Libertins du XVIIe siècle I*, Paris, Gallimard, Pléiade, 1998, p. 1376).

[16] Après avoir blessé un homme, le page doit prendre la fuite (I 16, p. 59-62), puis séjourne en Angleterre (I 22-46, p. 77-145 et II 1-3, p. 146-155) et en Norvège (II 4-8, p. 155-165).

[17] *Ibid.*, p. 190. Les poèmes amoureux de Tristan s'inscrivent en effet dans la tradition pétrarquiste (voir *infra*, p. 230).

[18] L'influence de Ronsard sur Tristan se manifeste principalement dans sa poésie amoureuse (voir *infra*, p. 229). Mais, comme nous l'avons vu, il semble aussi que le chef de file de la Pléiade ait relayé auprès du jeune poète l'héritage horatien (voir notre chapitre 2, p. 147).

[19] *Le Page disgracié, op. cit.*, p. 192. A propos de l'influence possible de Scévole sur Tristan, voir *infra*, p. 196.

aussi partisan de la reine mère. En fait, c'est grâce à son talent littéraire qu'il accède à cette nouvelle position. Constatant que le duc de Luynes n'a pas tenu ses promesses envers le duc de Mayenne, le poète écrit une épigramme qui exhorte à la prudence[20] :

> Le prince trouva ces vers les meilleurs du monde et me voulut voir tout à l'instant, me trouva fort à sa fantaisie et me témoigna la satisfaction qu'il avait reçue de mes vers, en commandant sur-le-champ à son argentier qu'il me donnât cinquante pistoles. Depuis, ayant appris [...] que je faisais un conte assez agréablement, il me fit souvent venir en son cabinet, [...] pour délasser son esprit par quelques récits de mes aventures. [...] il me demanda hautement à son allié, qui sentit quelque regret de me voir séparé de lui[21].

Mais bientôt les princes dissidents font soumission, et le jeune poète participe aux campagnes de Louis XIII contre les huguenots du Sud-Ouest. Il compose également des vers en l'honneur du monarque, qu'il rencontre grâce au marquis de Humières :

> Je reçus [...] des faveurs que je n'aurais jamais pu espérer, j'eus l'honneur de me jeter aux pieds d'un des plus grands princes de la terre, et d'en être fort bien reçu. Ce jeune et glorieux héros [...] daigna bien me commander de lui réciter les choses qui m'étaient arrivées depuis qu'on me croyait perdu. Il s'assit, pour me donner audience, [...] et, bien qu'une honnête honte m'empêchât de lui conter les plus particulières de mes disgrâces, il témoigna toutefois prendre plaisir à m'entendre[22].

C'est toujours grâce à la poésie que Tristan se fait remarquer. Ainsi, après avoir souffert d'une forte fièvre durant le siège de Montauban, il reçoit l'aide du « sage et généreux S.S. »[23] auquel il adresse, pour le remercier, un long poème burlesque[24] : « Cette galanterie ne me fut pas inutile auprès de ce généreux seigneur ; il m'envoya pour réponse un papier, duquel je

---

[20] *Le Page disgracié, op. cit.*, p. 232.

[21] *Ibid.*

[22] *Ibid.*, p. 245-246.

[23] Il s'agirait de Raymond Phelipeaux, alors trésorier de l'Epargne (voir la note de J. Prévot, p. 312).

[24] *Ibid.*, p. 259-261. A la fin de sa carrière, Tristan s'essaie à nouveau à la poésie burlesque (voir nos chapitres 6, p. 344 et 7, p. 376).

touchai mille francs, qui me servirent à me reconduire commodément à la
ville capitale du royaume. »[25]

B. Le début d'une carrière

En 1621, Tristan regagne Paris dans la suite du roi et, l'année suivante,
entre dans la maison de Monsieur en tant que gentilhomme ordinaire. Il
restera à son service durant une vingtaine d'années, mais en 1625 il connaît
une disgrâce passagère, dont témoigne l'*Ode à Monsieur de
Chaudebonne*[26]. C'est également à cette époque qu'il commence à
entretenir des relations avec des poètes influents, comme Théophile[27],
Faret, Saint-Amant[28] et Hardy[29]. Ce dernier place des vers de Tristan en

---

[25] *Le Page disgracié, op. cit.*, p. 262.

[26] Poème publié dans *La Lyre* en 1641 (voir l'éd. de J.-P. Chauveau, Paris-Genève,
Droz, 1977, p. 133-143). Chaudebonne est alors premier maréchal des logis aux Suisses
de la garde de Monsieur. Tristan lui demande d'intervenir auprès de Gaston pour que sa
disgrâce prenne fin. Dans ses notes, J.-P. Chauveau souligne le caractère conventionnel
de cette pièce, qui contient en effet une série de lieux communs, issus notamment de la
poésie pastorale (fatalisme, images de l'abondance, simplicité de la vie champêtre,
éloge de la sagesse, références à la mythologie, etc.). Mais on y trouve aussi des thèmes
chers à Tristan : la fidélité, la sincérité, etc.

[27] Tristan et Théophile se seraient rencontrés dès 1610, alors que celui-ci était poète
à gages à l'Hôtel de Bourgogne (voir *Le Page disgracié, op. cit.*, p. 44-45). Voir aussi
les *Lettres mêlées* de Tristan, éd. de C. M. Grisé, Paris, Minard ; Genève, Droz, 1972,
p. 156-159 : « Lettre de feu Monsieur de Th. à l'auteur, étant tous deux malades en
même temps » et « Réponse à la lettre précédente ». Ces deux lettres datent de 1625
(voir les notes de C. M. Grisé). Voir aussi J.-P. Chauveau, « Tristan et Théophile de
Viau », p. 11-17 dans *Cahiers Tristan L'Hermite* n° 3 : *Tristan dans son temps*, 1981.
Comme nous le verrons, *Le Promenoir des deux amants* révèle l'influence de Théophile
(voir *infra*, p. 241-242).

[28] Dans *La Comédie des académistes* (1638), Saint-Evremond montre Tristan et
Saint-Amant qui « se moquent de l'Académie » (I 1), puis en compagnie de Faret avec
qui ils « font bonne chère et chantent des vaudevilles » (IV 2). Voir J. Lagny, « Tristan
et Saint-Amant », p. 18-23 dans *Cahiers Tristan L'Hermite*, n° 3, *op. cit.* Tristan,
Théophile et Saint-Amant ont appartenu au milieu libertin, si du moins l'on en croit
telle est du moins l'hypothèse retenue par A. Adam dans son ouvrage *Théophile de Viau
et la libre-pensée en 1620* (Paris, Droz, 1935, voir p. 34 et *sqq.*). Outre leur goût de
l'aventure et leur athéisme, les libertins partagent une vive admiration pour Marino :
« C'est donc dans le clan libertin plutôt que chez les Malherbiens que Marino a été
admiré et imité. Cette conclusion n'a rien d'étonnant. Marino était littérairement un
moderne, l'adversaire résolu de la poésie du XVIe siècle [...]. D'autre part, il n'avait
pour la religion et la morale de son temps qu'un respect tout extérieur. Nos libertins
français reconnaissaient en lui un frère » (p. 454). Voir aussi D. Guillumette, *La Libre-
pensée dans l'œuvre de Tristan L'Hermite*, Paris, Nizet, 1972, p. 42-58. Sur le rapport
entre libertinage et dévotion chez Tristan, voir notre chapitre 6, p. 344-345.

tête des deux volumes de son *Théâtre* publiés respectivement en 1624[30] et 1625[31]. Sans doute cherche-t-il ainsi à encourager le jeune poète, dont il reconnaît déjà les qualités. Tristan fait part, sur un mode hyperbolique, de l'admiration qu'il éprouve pour son aîné : il souligne la fécondité et la diversité d'inspiration de Hardy, qu'il considère même comme le digne héritier d'Apollon. Dans les deux cas, son choix se porte sur les stances, dont l'ampleur se prête bien aux éloges. Le premier poème est fondé sur le quatrain d'alexandrins, forme strophique supplantée dès les années 1630 par le sizain et le dizain. Le second, en revanche, repose sur le sizain d'octosyllabes et d'alexandrins, forme strophique employée par Malherbe et plus encore par ses successeurs[32].

Autour de 1625, Tristan pourrait aussi avoir fait partie du groupe des « Illustres Bergers », animé par Frénicle, aux côtés de poètes comme Colletet, Racan, Godeau et Malleville[33]. Les jeunes poètes qui se sont

---

[29] A propos de l'influence de Hardy sur Tristan, voir notre chapitre 2, p. 117-121. Un autre auteur de renom manifeste, au même moment, son intérêt pour le jeune poète : Isaac du Ryer qui, vers 1627-1628, lui consacre deux sonnets. Voir à ce sujet M. Israël, « Quand Isaac du Ryer saluait l'avènement de Tristan... », p. 57-58 dans *Cahiers Tristan L'Hermite* n° 21 : *Tristan : proses*, 1999.

[30] *Le Théâtre d'Alexandre Hardy*, Paris, Quesnel, 1624. Après des vers grecs et latins viennent des poèmes en français, signés de Théophile, Laffemas, Saint-Jacques, Baudoin et Tristan.

[31] *Le Théâtre d'Alexandre Hardy*, t. III, Paris, Quesnel, 1626. En tête du volume figurent deux poèmes, l'un de Tristan, l'autre de Saint-Jacques. Les deux textes de Tristan sont repris par N.-M. Bernardin (*op. cit.*, p. 583-585). Une dizaine d'années plus tard, Hardy est perçu comme un auteur archaïque ; aussi, lorsqu'il crée sa première tragédie, *La Marianne*, en 1636 Tristan ne se réclame-t-il pas de lui (voir notre chapitre 5, p. 275).

[32] Voir R. Fromilhague, *Malherbe, technique et création poétique*, Paris, Colin, 1954, p. 146 et 160. Voir aussi J.-P. Chauveau et B. de Cornulier, « Sur la métrique de Tristan », p. 48-63 dans *Cahiers Tristan L'Hermite* n° 16 : *Tristan et la politique*, 1994. Comme nous l'avons vu dans la première partie, peu nombreux sont les commentateurs à s'être intéressés à l'influence que Malherbe a pu exercer sur Tristan (voir notre chapitre 2, p. 137, 147 et 151).

[33] Voir notamment A. Carriat, *Choix de pages, op. cit.*, « Tableau synchronique », p. 21. Dans le groupe des Illustres Bergers figure un poète que l'on surnomme Philinte et qui s'est formé auprès de Scévole de Sainte-Marthe ; aussi M. Cauchie croit-il reconnaître en lui Tristan (voir A. Adam, *Histoire de la littérature française au XVIIᵉ siècle*, t. I, Paris, A. Michel, 1997, 1ère éd. 1948, p. 370, n. 2). Comme le remarque A. Génetiot, le titre que le poète donne à l'une de ses premières pièces, *Plainte de l'illustre pasteur* (voir *infra*, p. 212-214) fait écho aux « Illustres Bergers » (*Œuvres complètes*, éd. cit., t. II, publié sous la dir. de J.-P. Chauveau, 2002, p. 252, n. 2). Mais plus largement, l'appartenance à ce groupe pourrait expliquer l'importance prise par la pastorale dans l'œuvre poétique et théâtrale de Tristan.

donné ce nom ont des goûts littéraires assez variés : ils admirent Urfé[34] ainsi que Théophile, mais restent également attachés au souvenir de Ronsard, sans pour autant mépriser Malherbe[35]. En règle générale, les cercles littéraires qui, à la faveur des débats sur le purisme, se développent dans les années 1620 constituent non seulement des « lieux de sociabilité », mais aussi des « lieux d'information et de formation. »[36] Les écrivains qui en font partie trouvent auprès de leurs pairs un soutien et une reconnaissance. L'adhésion, hypothétique, de Tristan à un tel groupe montre son désir d'intégration sociale, mais elle a pu aussi jouer un rôle déterminant dans sa formation intellectuelle et la définition de ses choix esthétiques.

Le poète commence donc à écrire très tôt, mais sa première œuvre imprimée seule ne date que de 1626 : il s'agit de vers de ballet composés pour le duc d'Orléans[37]. L'auteur de la musique qui accompagne ces vers n'est autre que le surintendant de la musique royale, Boësset[38], grand créateur d'airs de cour sur des poèmes de Malherbe, Racan, Théophile... Cet apport confère évidemment une valeur supplémentaire au texte de Tristan, lequel va d'ailleurs persévérer dans cette voie[39]. Pour l'heure, cette

---

[34] Tristan reconnaît les qualités de *L'Astrée* : « Personne n'ignore que c'est un des plus savants et des plus agréables romans qui soient en lumière, et que son illustre auteur s'est acquis par là une réputation merveilleuse » (*Le Page disgracié, op. cit.*, p. 109).

[35] Précisément, les critiques ont parfois vu en Tristan un auteur qui, sans renier le passé, tend à se conformer aux tendances contemporaines (voir notre chapitre 2, p. 132).

[36] A. Viala, *op. cit.*, p. 42. Sur l'aspect collectif de la vie poétique, voir H. Lafay, *La Poésie française du premier XVIIe siècle (1598-1630) : esquisse pour un tableau*, Paris, Nizet, 1975, p. 61.

[37] *Vers dv balet de Monsieur Frere du Roy*, [s.l.], [s.n.], 1626. Vers reprod. par A. Carriat, p. 593-602 dans *Œuvres complètes*, t. III, éd. cit. Quant à l'*Ode à M. le marquis d'Effiat* (1618), elle ne lui est hypothétiquement attribuée que par Goujet (voir A. Carriat, *Bibliographie des œuvres de Tristan L'Hermite*, Limoges, Rougerie, 1955, p. 9).

[38] Voir A. Verchaly, *Dictionnaire de la musique*, t. I, Paris, Bordas, 1970, p. 123. Cité par A. Carriat, « Quand Tristan et Boësset collaborent », p. 36-37 dans *Cahiers Tristan L'Hermite* n° 3, *op. cit.*

[39] *Vers du Balet de Monseigneur frère du Roy*, [s.l.], [s.n.], 1627. Vers reprod. par A. Carriat, p. 602-615 dans *Œuvres complètes*, t. III, éd. cit. « Récit d'Orphée amenant des Italiens au Roy », « Minerve au Roi. Récit » et « Pour Mademoiselle, présentant des armes au Roi en un ballet » dans *Ballet de Mademoiselle ou Ballet des Quatre Monarchies Chrétiennes* (dansé au Louvre le 27 février et le 6 mars 1635 pour fêter le retour de Gaston en France après son exil à Bruxelles). Les deux premiers textes figurent dans *La Lyre* (*op. cit.*, p. 180-185), le troisième dans *Les Vers héroïques* (voir l'éd. de C. M. Grisé, Genève, Droz, 1967, p. 239-240). Voir aussi les pièces LXI-LXIX

première commande officielle engage le poète sur le chemin de la réussite sociale. Toutefois, *a priori*, pour un fils d'aristocrate comme lui, le choix du métier d'écrivain ne répond pas nécessairement au désir de faire carrière – ce que montre bien A. Viala dans *Les Institutions littéraires en France au dix-septième siècle* :

> La littérature peut contribuer de façon décisive à de belles promotions, être un bon moyen pour venir s'agréger au groupe des honnêtes gens, voire prendre place parmi les mieux lotis de ses membres [...]. Ceux qui appartiennent d'emblée à la noblesse, et à plus forte raison les fils des meilleures familles, n'ont pas à accomplir de tels itinéraires. Ils ne poursuivent pas une carrière, ou s'ils le font, c'est par la dynamique propre de leur milieu, et la littérature n'y intervient pas comme adjuvant décisif[40].

Cependant, lorsqu'il entre dans le monde des lettres, Tristan se trouve dans une situation particulière. Certes, il appartient à la noblesse et reçoit une éducation conforme à son statut social, mais sa famille a perdu une partie de sa fortune et sans doute de son prestige[41]. Pour lui, l'écriture peut donc être une manière de reconquérir une position devenue fragile[42], en même temps qu'un moyen de subsistance. Ce que dessine en effet *Le Page disgracié*, c'est la figure d'un jeune poète qui, faute de pouvoir vivre en toute indépendance, tente de monnayer ses talents littéraires et dont le parcours social est en grande partie lié au hasard des rencontres[43].

---

de *La Lyre* (*op. cit.*, p. 186-196), qui à l'origine font partie du *Ballet du Triomphe de la Beauté*, dansé en février 1640 en l'honneur de la reine Anne d'Autriche, qui a donné naissance deux ans plus tôt au futur Louis XIV.

[40] A. Viala, *Les Institutions littéraires en France au dix-septième siècle*, Lille, Atelier de reproduction des thèses, 1982, p. 205-210. Au total, un quart des auteurs seulement est issu de la noblesse (voir id., *Naissance de l'écrivain*, *op. cit.*, p. 244).

[41] Tristan semble même nourrir une certaine nostalgie : « Je puis dire qu'il y avait autrefois d'assez grands honneurs et assez de biens en notre famille. Mais [...] j'ai vu comme disparaître en naissant la prospérité de mes pères » (*Le Page disgracié*, *op. cit.*, p. 24-25).

[42] L'attitude de Jean-Baptiste, situant la famille des L'Hermite et des Miron dans une lignée prestigieuse, répond elle-même à ce désir (voir clefs n° 1-10, éd. cit., p. 268-271). Mais la création littéraire est peut-être aussi pour Tristan un moyen de s'affirmer individuellement, hypothèse qui semble pouvoir être confirmée par un poème de *La Lyre*, où l'auteur met en rapport la noblesse de sang et les qualités personnelles (« Les soins superflus à Monsieur de... », p. 146-149 dans *op. cit.*).

[43] Voir J.-P. Chauveau, « Tristan et la noblesse », p. 47-49 dans *Cahiers Tristan L'Hermite* n° 11 : *Tristan et la société de son temps*, 1989.

Néanmoins, Tristan ne cessera de rester fidèle à Gaston, même lorsque celui-ci sera en disgrâce[44]. Dès 1627, il l'accompagne au siège de La Rochelle[45]. Ensuite, jusqu'en 1634, il subit la mauvaise fortune de son maître, qu'il suit en exil[46]. En effet, dès 1629, le duc d'Orléans entre en conflit avec son frère et entretient de mauvaises relations avec Richelieu. C'est alors qu'il trouve refuge en Lorraine, où Tristan ne tarde pas à le rejoindre. En 1630, Gaston rentre en France mais, l'année suivante, il retourne en Lorraine, et une ordonnance interdit à tous ceux qui l'accompagnent de reparaître dans le royaume. En 1632, malgré l'interdiction du roi, Gaston épouse Marguerite, sœur du duc de Lorraine ; mais, devant la pression menaçante de la France, il est contraint d'abandonner sa femme et de partir pour les Pays-Bas méridionaux, territoire gouverné par Isabelle, infante d'Espagne. L'occasion pour le poète de découvrir la cour de Bruxelles. Mais en 1634, après une mission en Angleterre[47], il renonce provisoirement au service de Monsieur et tente de rentrer en grâce auprès de Richelieu : il adresse une supplique à Boisrobert pour que celui-ci intervienne en sa faveur auprès du cardinal[48]. Ainsi, la carrière de l'écrivain s'annonce un peu incertaine. Dès le début, ses relations avec Gaston se révèlent difficiles, et le conflit qui oppose le

---

[44] J. Serroy explique ce choix par l'esprit d'indépendance qui caractérise assurément l'écrivain :

> Ce que Tristan trouve, en fait, auprès de ce prince rétif, qui refuse la mise au pas que la politique royale est en train d'imposer à la noblesse et qui manifeste hautement, par ses propres entreprises, son individualisme, c'est précisément cet esprit farouchement indépendant qui est celui de la noblesse de vieille souche, et que Tristan cultive presque comme un choix existentiel [...]. Peut-être faut-il aller plus loin, et penser que, dans les trahisons, revers de fortune et insuccès notoires qui jalonnent la route sinueuse de Monsieur, Tristan construit obscurément ce que l'on pourrait appeler une stratégie de l'échec. (« La vie de Tristan », *op. cit.*, p. 17-18)

Il nous semble, au contraire, que l'itinéraire de Tristan fût avant tout déterminé par les circonstances et que celui-ci ne s'accommodât guère de l'échec dans lequel Gaston risquait à tout moment de l'entraîner.

[45] En août 1627, Louis XIII, qui espère calmer l'hostilité naissante de son frère, cède aux instances de Gaston en lui confiant le commandement de l'armée qui se prépare à attaquer les huguenots de La Rochelle (voir C. M. Grisé, introd. des *Vers héroïques*, *op. cit.*, p. 12).

[46] Voiture, Vaugelas et Patris, qui font partie de la suite de Monsieur, le rejoignent aussi à Bruxelles.

[47] Après la mort de l'infante, Marie de Médicis aurait songé à s'installer en Angleterre auprès de sa fille, Henriette de France, et c'est lors d'une mission secrète que Tristan aurait offert aux souverains anglais son *Eglogue maritime* (*ibid.*, p. 37).

[48] « A Monsieur de Boisrobert abbé de Chatillon », poème repris dans *La Lyre* (*op. cit.*, p. 30-31). Sur toute cette période, voir N.-M. Bernardin, *op. cit.*, p. 128-174.

duc d'Orléans au pouvoir royal ne facilite sans doute pas l'entrée du poète dans le monde des lettres, où s'exerce presque sans partage l'autorité de Richelieu.

C. Le choix de la poésie

Entre 1626 et 1635, l'auteur publie plusieurs de ses poèmes, seuls ou dans des recueils collectifs. Son premier recueil personnel, *Les Plaintes d'Acante et autres œuvres*, date de 1633[49] et cinq ans le séparent des *Amours*. Autour de ce recueil s'organise une première période, d'une dizaine d'années, durant laquelle les choix esthétiques de Tristan sont parfaitement cohérents : il se tourne exclusivement vers la poésie[50] qui, à ce moment, domine la production littéraire[51]. En fait, ce choix est celui de la plupart des écrivains débutants :

> Un jeune auteur a tout intérêt à commencer par des poésies, plus brèves et plus vite composées qu'un roman ou une pièce de théâtre, et à les placer dans un recueil collectif. Il se fait ainsi un nom et une carte de visite littéraire avant même d'être en mesure de donner un ouvrage entier de sa plume[52].

La poésie est considérée comme le genre le plus prestigieux, mais il est aussi celui qui paie le moins bien : « Face à cette situation, les écrivains [doivent] opérer des choix, selon qu'ils [recherchent] un gain de haute renommée ou un gain financier rapide. »[53] Placé sous la protection de Monsieur, Tristan n'a guère de soucis financiers, du moins à ses débuts. Il s'agit pour lui de s'imposer rapidement comme écrivain et, à l'évidence, la poésie est le moyen le plus apte à répondre à cette exigence. Si sa maîtrise est le passage obligé vers la reconnaissance sociale, le genre poétique est

---

[49] *Plaintes d'Acante et autres œuvres / Du Sr de Tristan*, Anvers, Aertssens, 1633. Le recueil est republié l'année suivante : *Plaintes d'Acante et avtres œvvres/ Du Sr de Tristan*, Paris, Bilaine, 1634 (voir A. Carriat, *Bibliographie des œuvres de Tristan L'Hermite*, *op. cit.*, p. 9-10).

[50] Pour la chronologie des poèmes de Tristan, voir A. Carriat, *ibid.* Voir aussi J.-P. Chauveau, « Essai de chronologie pour la composition des pièces de *La Lyre* », p. 302-303 et « Liste récapitulative des pièces de *La Lyre* déjà imprimées et publiées avant 1641, dans l'ordre chronologique », p. 307 dans l'éd. critique de *La Lyre*, *op. cit.*

[51] Voir A. Adam, *Histoire de la littérature française au dix-septième siècle*, t. I, *op. cit.*, p. 333. Mais dès le début des années 1630, le théâtre devient le principal enjeu des débats littéraires (voir notre chapitre 5, p. 257 et *sqq.*).

[52] A. Viala, *Naissance de l'écrivain*, *op. cit.*, p. 127.

[53] *Ibid.*, p. 110.

aussi l'un de ceux où les conventions restent les plus fortes : selon la formule d'A. Viala, « être poète [est] bien vu, mais [est] aussi banal, donc peu vu »[54]. Désireux de recevoir l'approbation de ses contemporains, Tristan se trouve dans une position relativement fragile car si d'un côté, il doit faire la preuve de sa capacité à écrire des vers, de l'autre il ne peut y trouver un moyen sûr de se faire remarquer.

De plus, lorsqu'il commence sa carrière d'écrivain, la poésie est au cœur de débats esthétiques. Au début du siècle déjà, Malherbe affirme son opposition à Desportes et aux poètes de la Pléiade. Il a l'ambition de réformer la langue poétique qui, selon lui, doit répondre à une exigence de simplicité et de clarté, d'où le bannissement de toute forme d'archaïsme. Il applique également des règles de versification très strictes et restaure l'ode héroïque, par laquelle il rend hommage aux hommes de pouvoir. Mais, à l'inverse de ses prédécesseurs, il ne cherche pas à imiter les Anciens, faisant ainsi figure de Moderne. Toutefois, son « purisme » ne tarde pas à susciter de véhémentes protestations : Régnier lui reproche non seulement de délaisser les Anciens, mais aussi de négliger l'inspiration nécessaire au poète et de vouloir lui imposer des règles formelles trop contraignantes[55]. Après la mort de Régnier en 1613, les opposants à Malherbe continuent de se réclamer de Ronsard ou de ses émules et défendent le droit du poète à s'exprimer dans une langue qui exige des lecteurs un effort de compréhension. Ainsi, en 1626 Hardy et Mlle de Gournay déplorent, chacun de son côté, la soumission de la plupart des poètes au goût du public, trop enclin à se contenter de la médiocrité – ce qui, aux yeux des deux écrivains, a pour conséquence un appauvrissement de la langue[56]. Il n'empêche que, dans les années 1620, Malherbe est devenu un modèle pratiquement incontesté : l'auteur a marqué de son influence de nombreux poètes de la génération suivante, tels Godeau, Maynard et Racan, qui comptent parmi ses plus fervents disciples. A l'inverse, d'autres écrivains, soucieux de garder leur liberté, tentent de s'affranchir de l'héritage malherbien. Ainsi, selon Théophile, l'écriture poétique doit non seulement

---

[54] *Id.*, *Les Institutions littéraires en France au dix-septième siècle*, *op. cit.*, p. 67.

[55] Voir *Satire IX*. On trouve exactement le même réquisitoire en 1609 sous la plume de Claude Garnier qui, dans l'avant-propos de son *Amour victorieux*, déclare : « Je suis ami de l'Antiquité sans me ranger à la vulgaire opinion qu'il faut se ranger au temps » (cité par A. Adam, *Histoire de la littérature française au dix-septième siècle*, t. I, *op. cit.*, p. 55). Garnier proteste encore contre la « bande moderne » aussi bien dans un sonnet de 1620 que dans le *Frelon du temps* en 1624 et dans la *Muse infortunée* de la même année (voir *ibid.*).

[56] Voir l'*Avis au lecteur* du troisième volume du *Théâtre* de Hardy et M. de Gournay, *L'Ombre de la Damoiselle de Gournay*, Paris, J. Libert, 1626.

être dégagée des contraintes de l'imitation, mais elle doit également permettre à l'imagination de chacun de s'exprimer. Dans sa *Première journée*, publiée en 1623, l'auteur affiche clairement sa position de moderniste :

> Ces larcins qu'on appelle imitations des auteurs anciens se doivent dire des ornements qui ne sont point à notre mode. Il faut écrire à la moderne ; Démosthène et Virgile n'ont point écrit en notre temps, et nous ne saurions écrire en leur siècle ; leurs livres quand ils les firent étaient nouveaux, et nous en faisons tous les jours de vieux […]. Il faut comme Homère faire bien une description, mais non point par ses termes, ni par ses épithètes ; il faut écrire comme il a écrit, mais non pas ce qu'il a écrit[57].

Non que Théophile rejette totalement l'héritage de Malherbe[58], mais il redoute le conformisme, source de stérilité : « Malherbe a très bien fait, mais il a fait pour lui »[59], déclare le poète, qui dénonce par ailleurs les « esprits mendiants d'une veine infertile »[60]. Il met ainsi à distance la mythologie[61] et la rhétorique amoureuse héritière du pétrarquisme, pour se tourner vers une poésie fondée sur la sincérité des sentiments :

> Aussi souvent qu'amour fait penser à mon âme
> Combien il mit d'attraits dans les yeux de ma dame ;
> Combien c'est de l'honneur d'aimer en si bon lieu !
> Je m'estime aussi grand et plus heureux qu'un dieu !
> Amarante, Philis, Caliste, Pasithée,
> Je hais cette mollesse à vos noms affectée ;
> Ces titres qu'on vous fait avecque tant d'appas
> Témoignent qu'en effet vos yeux n'en avaient pas.
> Au sentiment divin de ma douce furie,
> Le plus beau nom du monde est celui de Marie.
>
> Je fausse ma promesse aux vierges du Permesse ;
> Je ne veux réclamer ni Muse ni Phœbus,

---

[57] Théophile de Viau, *Première journée* dans *Libertins du XVIIe siècle I*, éd. de J. Prévot, *op. cit.*, p. 7-8.

[58] Il écrit ainsi :
Je me contenterais d'égaler en mon art
La douceur de Malherbe ou l'ardeur de Ronsard (« Elégie », p. 33, v. 21-22 dans *Œuvres complètes*, t. II, éd. critique de G. Saba, Paris, Champion, 1999).

[59] « Elégie à une dame » (1621), p. 203, v. 72 dans *Œuvres complètes*, t. 1, *ibid.*

[60] *Ibid.*, p. 10, v. 77.

[61] Il va même jusqu'à parler de « la sotte antiquité » (« A Monsieur du Fargis », p. 80, v. 21).

Et je suis, grâce à Dieu, guéri de cet abus[62].

Dans sa poésie amoureuse, Théophile fait renaître l'élégie, forme poétique assez libre[63]. Parmi les modernistes figurent également Boisrobert et Saint-Amant. Ce dernier refuse de porter aux Anciens un respect excessif[64] et condamne toute imitation trop servile[65]. Comme Théophile, il ne rejette pas complètement Malherbe : il accepte sa réforme, mais ne s'y enferme pas. Malgré des divergences, il n'y a donc pas d'opposition stricte entre malherbiens et antimalherbiens[66], et nombre de poètes manifestent une volonté de conciliation : l'Académie d'Antoine Brun et de Piat Maucors[67], qui se veut moderne sans se réclamer de Malherbe ; Colletet et ses amis, qui affichent un modernisme modéré, susceptible d'allier l'héritage de Ronsard et de la Pléiade, le désir de liberté de Théophile et les préceptes malherbiens[68].

Les théoriciens eux-mêmes s'efforcent de concilier des exigences contradictoires. Parmi les textes théoriques publiés entre la fin du seizième et le début du dix-septième siècle figurent *L'Art poétique français* de Laudun d'Aigaliers (1597)[69] et l'*Académie de l'art poétique* de Deimier (1610)[70]. L'histoire littéraire se plaît à voir en Laudun un auteur de transition : ainsi, dans l'étude qu'il consacre à son *Art poétique* en 1909,

---

[62] « Aussi souvent qu'Amour… », v. 1-10 et « Elégie à une dame », v. 62-64.

[63] Il s'agit d'une suite (sans strophes) de quelques dizaines à quelques centaines de vers isométriques (le plus souvent des alexandrins) à rimes plates.

[64] Voir son *Avertissement au lecteur* de 1629.

[65] Voir sa lettre *A un sot ami*.

[66] Voir A. Adam, *op. cit.*, t. I, p. 338 : « Les Malherbiens forment, dans le mouvement littéraire, une chapelle, un clan fermé. Mais ce serait une erreur de croire que toute notre poésie, à cette époque, se résume en l'opposition d'un parti de Malherbe et d'un parti formé de ses adversaires. Pas un texte, pas une indication d'aucune sorte ne justifient ce schématisme. Les groupes sont nombreux, et leurs aspects sont plutôt divers qu'opposés. »

[67] Autour de 1620, Maucors réunit chez lui les poètes Louis de Revol, Molière d'Essertine, Audiguier le jeune, Marcassus, Marbeuf, Crosilles et l'abbé de Marolles (voir *ibid.*, p. 339-341).

[68] Colletet dit ainsi :
Malherbe avec douceur nous flatte et nous attire,
Mais Ronsard nous transporte et nous charme les sens.

[69] P. Laudun d'Aigaliers, *L'Art poétique français divisé en cinq livres*, Paris, A. du Brueil, 1597.

[70] P. Deimier, *Académie de l'art poétique*, Paris, J. de Bordeaulx, 1610. A propos de ce poète, voir A. Adam, *op. cit.*, t. I, p. 43-44.

Jules Dedieu qualifie l'auteur de « disciple de Ronsard » et de « précurseur de Malherbe »[71]. La date à laquelle parut cet ouvrage, ainsi que son contenu, invitent, il est vrai, à cette lecture car, tout en se réclamant de l'héritage de la Pléiade, Laudun semble annoncer, par son souci de rigueur, la réforme malherbienne. Comme l'a fort bien montré Jean-Charles Monferran, son *Art poétique* doit beaucoup à celui de Sébillet et emprunte à la Pléiade ses principales idées (la théorie de l'enthousiasme et de l'imitation créatrice, la défense et illustration du français), tout en essayant de réunir Ronsard et Marot[72]. Dans son *Académie de l'art poétique*, Deimier exprime son admiration pour ses aînés, sans pour autant sous-estimer leurs faiblesses[73]. Il dénonce, par ailleurs, les « licences poétiques » auxquelles certains auteurs se laissent aller « pour les nécessités de la rime »[74]. Plus largement, le poète devra, dans le choix de ses sujets aussi bien que dans son style, être animé d'un souci de rigueur et de clarté et se laisser guider par la raison[75]. Enfin, à l'exemple d'un Du Bellay, Deimier aborde le délicat problème de l'imitation. Selon sa définition, celle-ci consiste à « donner nouveauté aux choses vieilles, autorité aux nouvelles »[76]. Il distingue aussi ce qu'il appelle lui-même

---

[71] P. Laudun d'Aigaliers, *L'Art poétique français*, éd. de J. Dedieu, 1909. Voir aussi l'édition critique réalisée sous la dir. de J. C. Monferran, Paris, Société des Textes Français Modernes, 2000. Les références qui suivent appartiennent à cette dernière édition.

[72] Voir l'introd. de l'éd. précédemment citée.

[73] Dès sa préface, il annonce :
> Je veux bien prier à tous Lecteurs amis d'équité, de ne trouver point étrange si je m'entremets à contredire ici en quelques passages mes bons maîtres ces divins Poètes Ronsard, Desportes, Garnier, et Du Bartas : car le sujet de ce Livre m'a porté à leur être ainsi différent en ces contredisances ; afin qu'en la connaissance que les nouveaux Poètes auront des fautes que j'y remarque, ils ne les imitent point en cela : mais bien en tant de beaux et très excellents vers dont leurs Poésies sont amplement illustrées. (*op. cit.*)

Au sujet des relations de Deimier avec les poètes de la Pléiade, voir A. L. Gordon, « Lire Ronsard en 1610 : la rhétorique restreinte de Pierre de Deimier », p. 121-130 dans *L'Histoire littéraire : ses méthodes et ses résultats*, textes réunis par L. Fraisse, Genève, Droz, 2001.

[74] *Ibid.*, p. 99-100 : « Pour s'accommoder à la rime, ou bien à la mesure et à la quantité des Syllabes, ils se licencient de mettre un terme vicieux : soit en allongeant, ou accourcissant les verbes, contre leur nature, ou les faisant d'autre genre qu'ils sont, ou transposant du tout la phrase contre l'ordre et la bonté du langage. »

[75] « Il faut se travailler à écrire si bien ; qu'il n'y puisse avoir rien à redire au jugement de la raison » (chap. 5, p. 120).

[76] *Ibid.*, chap. 9 « De l'Invention premier ornement de Poésie, et de la Disposition et Elocution dont l'invention est perfectionnée », p. 251.

l'imitation « attachée », qui suppose une fidélité absolue au modèle, et l'imitation « libre », qui n'exclut pas une part de création personnelle[77].

Comme tous les poètes de sa génération, Tristan a dû avoir connaissance de tous ces textes, et ceux-ci pouvaient le conduire à adopter, face aux voies qui s'ouvraient alors à lui, une attitude nuancée. Scévole lui-même, qui jadis l'avait initié à la littérature[78], a pu servir de relais entre les poètes humanistes et ceux de la nouvelle génération. De plus, en pratiquant des genres et des formes poétiques extrêmement variés, il a pu inciter son élève à privilégier à son tour la diversité. La dernière édition de ses œuvres, en 1629[79], mêle ainsi métamorphoses sacrées, poésies chrétiennes, poésie royale, tombeaux, vers d'amour (stances, sonnets, chansons)… Au seuil de sa carrière, Tristan a donc, face à l'épineuse question de l'innovation, différentes attitudes possibles, nullement incompatibles : perpétuer la tradition de la Pléiade quitte à paraître un peu archaïque, se situer dans le sillage de Malherbe, ou encore se montrer réservé à l'égard de toute filiation trop contraignante.

II. Une production dominée par les poèmes encomiastiques

Tristan commence par écrire des poèmes d'éloge, dans lesquels il rend surtout hommage à son protecteur ou à des proches de celui-ci. Cette attitude, commune à la plupart de ses contemporains, ne saurait surprendre de la part d'un jeune homme sans grande expérience littéraire, et dont le souci principal est logiquement d'affirmer sa position auprès de Gaston. En outre, l'écriture encomiastique constitue à l'époque un pan majeur de l'expression poétique et répond avant tout à une nécessité sociale : les auteurs reçoivent des subsides de leurs « patrons » et, en échange, leur adressent des poèmes d'éloge. Ils entrent alors dans la logique du « clientélisme », institution à laquelle participent presque tous les écrivains[80]. Ils le font avant tout par nécessité, peu d'entre eux ayant la

---

[77] *Ibid.*, p. 252-253. Cette dernière idée est abondamment développée par la critique tristanienne (voir notre chapitre 2, p. 136-137).

[78] Voir *supra*, p. 184.

[79] *Les Œuvres de Scévole de Sainte-Marthe*, Paris, Jacques Villery, 1629.

[80] Voir A. Viala, *Naissance de l'écrivain, op. cit.*, p. 518 : « Autour d'un personnage riche et puissant se rassemblent des individus ou des groupes qui se mettent à son service, en échange de rétributions ou de protections. » « Le *clientélisme*, phénomène social banal, ne supposant pas que soient prises particulièrement en compte les capacités créatives et les œuvres, constituent un moyen fréquent et commode de subsistance pour les auteurs ; il ne contribue guère ni à leur promotion en qualité

chance de pouvoir vivre de leurs rentes. De plus, les exploits militaires, célébrés dans les poèmes héroïques, suscitent généralement l'admiration, et les poètes partagent cet enthousiasme collectif. Cependant, ce n'est pas le seul sujet qui occupe les poètes courtisans : n'importe quel événement important (mariage, naissance, décès, maladie) est pour eux l'occasion de composer un poème de circonstance. Sur le plan esthétique également, la poésie d'éloge répond à des normes relativement précises : le caractère hyperbolique du discours encomiastique est généralement renforcé par d'abondantes comparaisons mythologiques, qui font du personnage célébré un véritable héros[81]. Dans ce domaine, la grande ode malherbienne constitue un modèle incontesté, qui est venu se substituer à l'ode savante et humaniste de Ronsard[82]. Enfin, le prestige attaché à la poésie encomiastique est susceptible de rejaillir sur l'image même du poète, qui acquiert ainsi une certaine honorabilité.

A. Autour de *La Maison d'Astrée*

1. Les fondements d'une esthétique de la diversité

En 1625, Tristan rédige une longue ode, *La Maison d'Astrée*, où il décrit le château que Mansart a fait construire à Berny pour Charlotte

---

d'écrivain, ni à celle de la chose littéraire » (p. 637). L'auteur distingue le clientélisme du mécénat : celui-ci « ne concerne que l'aide apportée par un personnage puissant à des artistes pour les soutenir dans l'exercice de leur art. Il ne consiste pas en 'emploi', mais en une prime spéciale [...]. Le mécénat, en fin de compte, relève de la récompense, alors que le clientélisme s'inscrit dans une logique de l'emploi et du salaire » (p. 520-521).

[81] Voir J. Morel, « L'héroïsation des grands chefs de guerre », p. 5-11 dans *Revue des sciences humaines* n° 121, 1966. Voir aussi J.-P. Chauveau, « Vie et mort d'un genre sous les règnes de Louis XIII et de Louis XIV : la poésie encomiastique », p. 67-82 dans *Papers on french seventeeth century literature* n° 9, 1978. Sur la poésie encomiastique de Tristan, voir en particulier J.-P. Chauveau, « Tristan L'Hermite et la célébration du héros », p. 117-126 dans *Baroque* n° 3, 1969. Sur la présence de la mythologie dans la littérature du dix-septième siècle, voir *La Mythologie au XVIIe siècle*, actes du 11e colloque du C.M.R. 17, vol. publié avec le concours de l'U.E.R. des Lettres et Sciences humaines de l'Université de Nice, 1982.

[82] Comme le souligne Laudun d'Aigaliers, l'ode est issue d'une longue tradition : « [Elle] est venue des Grecs, et a été usurpée des Latins et imitée des Français. Je puis affirmer avec Pelletier du Mans, que c'est Ronsard qui en a été le premier inventeur, ou innovateur. Or elle est divisée par couplets qui sont tantôt de six, huit, et dix vers, ou plus, ou moins selon la volonté du poète » (*op. cit.*, III 1 « De l'ode commune », p. 100).

d'Etampes-Valençay, épouse du marquis de Puisieux[83]. Il s'agit d'une
pièce de commande, qui ne sera cependant publiée qu'en 1648 dans *Les
Vers héroïques*[84]. Ce contexte détermine, pour une large part, les choix
esthétiques de l'écrivain qui, loin d'innover, se devra de respecter les règles
du genre. Le poète imagine que les dieux de l'amour sont à l'origine de
cette luxueuse architecture[85], se plaît ensuite à évoquer les allées et jardins
emplis de fleurs et de fruits[86], avant de décrire les peintures qui ornent les
murs et dont les sujets appartiennent à la mythologie ou à l'histoire
récente[87]. En rappelant les victoires de Henri IV, Tristan rend successivement hommage au beau-père et au père de Mme de Puisieux, qui ont
participé aux campagnes militaires du roi. Au moyen de cette longue
description, le poète adresse des compliments à la marquise[88] qui, dès le
titre, est identifiée à Astrée, déesse de la justice et héroïne du célèbre roman
d'Urfé. Cependant, le procédé en lui-même n'est pas nouveau : le poète a
pu s'inspirer de *La Maison de Sylvie*, une longue pièce composée de dix
odes, que Théophile avait pour l'essentiel écrite en prison entre 1623 et
1625, et où la description émerveillée du parc de Chantilly lui avait permis
de rendre hommage à la duchesse de Montmorency[89]. Mais à la différence
du poème de Tristan, celui de Théophile, lié à des circonstances
douloureuses, mêle étroitement poésie d'éloge et poésie intime : le parc

---

[83] Tristan est, par sa mère, un parent éloigné de la marquise (voir N.-M. Bernardin,
op. cit., p. 109). Elle-même appartient à une famille prestigieuse : son beau-père, le
marquis de Sillery, fut garde des sceaux et chancelier de Henri IV.

[84] « La maison d'Astrée », p. 173-187 dans *Les Vers héroïques*, *op. cit.* Tristan lui-
même insiste sur le fait qu'il s'agit d'un poème de jeunesse : « Ce palais des Amours,
qui est un des premiers ouvrages de l'auteur, n'est pas ici dans l'état qu'il souhaiterait,
en ayant égaré quelques vers dans les voyages qu'il a faits hors du royaume. S'il peut un
jour les recouvrer, vous aurez cette superbe maison mieux achevée » (p. 187). Le poème
est accompagné d'une épître dédicatoire, reprise dans les *Lettres mêlées* (*op. cit.*,
p. 142-143). Voir D. Dalla Valle, « A propos de 'La maison d'Astrée' », p. 31-37 dans
Cahiers Tristan L'Hermite n° 6 : *Tristan et les arts*, 1984.

[85] « La maison d'Astrée », *op. cit.*, p. 174-179, v. 41-160.

[86] p. 176-177, v. 91-120.

[87] p. 181-186, v. 241-370.

[88] p. 176, v. 81-84 et p. 187, v. 401-410.

[89] Voir aussi « Le palais de la volupté », que Saint-Amant écrit « sur une maison de
plaisance » appartenant au duc de Rets (voir p. 177-187 dans *Œuvres I (1629)*,
éd. critique de J. Bailbé, Paris, Didier, 1971).

devient, pour le poète banni, l'image du bonheur perdu[90]. Pourtant, à l'exemple de son aîné, l'auteur de *La Maison d'Astrée* présente le château de Berny comme un lieu protégé, à l'écart des agitations du monde et en harmonie avec la nature[91]. Tristan décrit ainsi une sorte de *locus amœnus*, inscrivant d'emblée son poème dans la tradition pastorale.

Le caractère hyperbolique de la description est soutenu par les nombreuses références à la mythologie – preuve que le poète se conforme à l'esthétique du temps. Il affirme que, malgré leur richesse, les palais des dieux ne possèdent pas autant d'éclat que la demeure de la marquise[92]. Il montre les Amours apportant les matériaux précieux destinés à orner les murs et les façades du château, et trouve ainsi l'occasion de décrire de petits tableaux inspirés de la mythologie : les uns, transportés dans un char tiré par un cygne, viennent décharger « des cubes de cristal, d'agate et de porphyre »[93] ; d'autres amènent des pièces de bois, « où le phœnix peut-être a dressé son bûcher »[94] ; d'autres enfin représentent, au-dessus de portes ou de fenêtres, des fleurs pour lesquelles Zéphire soupire d'amour, essayant de joindre à la beauté des couleurs « la grâce de l'odeur »[95], ainsi que des fruits qui suscitent la gourmandise des satyres[96]. Grâce à l'utilisation de toutes ces figures, Tristan transforme un espace réel en un lieu enchanteur, habité par des dieux. Par ailleurs, la description des peintures donne lieu à l'évocation d'épisodes mythologiques, qui tous ont pour fonction de révéler le pouvoir de l'amour : en entraînant Enée dans les bras de Didon, Junon, avec la complicité de Vénus, veut empêcher la fondation de Rome[97] ; pour échapper à Pan qui la poursuit, Siringue est métamorphosée en roseau[98] ; et Amour se rit d'Hercule qui, victime de sa passion pour Omphale, accepte de tenir une quenouille[99]. Tristan montre

---

[90] Voir notamment J. Morel, « La structure poétique de la 'Maison de Sylvie' de Théophile de Viau », p. 147-153 dans *Mélanges d'histoire littéraire (XVIᵉ-XVIIᵉ siècle), offerts à Raymond Lebègue*, Paris, Nizet, 1969.

[91] « La maison d'Astrée », *op. cit.*, p. 173, v. 1-10.

[92] p. 173-174, v. 11-30.

[93] p. 175, v. 51-54.

[94] p. 175, v. 58-60.

[95] p. 177-178, v. 125-130.

[96] p. 178, v. 141-150.

[97] p. 181-182, v. 241-260.

[98] p. 182, v. 261-270.

[99] p. 182-183, v. 281-290.

aussi un paysage pastoral où un berger, distrait par son amour, abandonne son troupeau[100]. Enfin, la mythologie transforme les chefs de guerre en de véritables héros : ainsi Henri IV, dont le courage et la force sont célébrés, est successivement comparé à Hercule et à Mars[101].

Tristan se rattache à une autre tradition, celle de la poésie amoureuse, à laquelle il emprunte une série de lieux communs : l'éclat meurtrier des yeux de la dame, le feu de la passion, les chaînes et les souffrances de l'amour, le cœur de diamant qui exprime l'indifférence de l'être aimé, ou encore le caractère éphémère de la beauté féminine[102]. La dernière strophe, destinée à flatter la marquise, contient des images issues de la tradition pétrarquiste : en récompense de leur labeur, les Amours sont invités à venir baiser « la neige de ses [la marquise] mains », qui pourraient priver de liberté « tous les immortels et [...] tous les humains »[103]. Ainsi, nous trouvons déjà dans cette pièce les thèmes et les procédés de style que, suivant les analyses de la critique, Tristan introduira par la suite dans ses poèmes amoureux[104]. L'auteur de *La Maison d'Astrée* mêle donc poésie encomiastique et poésie amoureuse, mais en cela aussi il respecte les conventions du temps, où l'éloge d'une femme prend aisément la forme d'un compliment galant.

Parallèlement, Tristan se conforme en partie aux règles métriques alors en usage. Son poème est formé de dizains hétérométriques, associant octosyllabes, décasyllabes et alexandrins, et repose sur le schéma *ababccdede*[105]. De fait, le dizain hétérométrique à base d'alexandrins, auquel Malherbe s'est essayé dans sa jeunesse, est très utilisé après lui[106]. Tristan a également le souci de respecter la structure syntaxique du dizain, où une rupture doit intervenir à la fin du quatrième vers[107]. Pourtant l'association qu'il propose est inhabituelle, puisque le dizain est

---

[100] p. 182, v. 271-280.

[101] p. 183, v. 298-300 et p. 184, v. 325.

[102] Le poète exprime en effet sa passion pour Idalie (p. 179-181, v. 161-240).

[103] p. 187, v. 401-410.

[104] Voir notre chapitre 2, p. 132-137.

[105] La répartition des vers est la suivante : 8.12.10.12.8.8.8.12.8.12 (*mfmfmmfmfm*).

[106] Voir R. Fromilhague, *op. cit.*, p. 175.

[107] Citons, à titre d'exemple, le début de la deuxième strophe :
> L'orgueilleux palais du Soleil
> Brillant d'or et d'azur, de pourpre et de lumière,
> Dont la matière est d'un prix sans pareil,
> Et de qui l'art encor surpasse la matière, //
> Et celui qu'Amour sut bâtir... (p. 173, v. 11-15).

généralement constitué d'alexandrins et d'octosyllabes[108]. Le jeune poète expérimente donc une forme inédite, tout en prenant le modèle malherbien pour référence.

Toutefois, sur le plan thématique, cette pièce de commande n'offre guère d'originalité. L'auteur se place sous l'égide de Théophile et emprunte à diverses traditions des métaphores devenues conventionnelles. Les références mythologiques font partie de l'arsenal rhétorique propre à la poésie d'éloge, tandis que la célébration de la beauté féminine procède essentiellement de la tradition pétrarquiste. Mais à travers cette diversité, Tristan offre aussi l'image d'un poète capable de traiter les genres et les thèmes les plus variés : poésie descriptive, encomiastique et amoureuse.

2. La participation à un premier recueil collectif

Si *La Maison d'Astrée* n'est pas uniquement fondée sur le thème de l'amour, Tristan traite de ce seul sujet dans un poème publié en 1627[109]. Ce

---

[108] Dans quelques-unes des pièces contenues dans *La Lyre*, Tristan reprendra ce dernier schéma (voir l'étude de J.-P. Chauveau dans son édition critique de *La Lyre, op. cit.*, p. LXVII).

[109] La même année, il fait paraître un poème en tête d'une édition des œuvres complètes de Tacite : « A Monsieur Le Maistre sur sa traduction de Tacite » dans *Les Œuvres de C. Cornelius Tacitus. Traduction nouvelle par Rodolphe Le Maistre*, Paris, Cramoisy, 1627. Voir G. Margouliès, « Une poésie liminaire non signalée par N.-M. Bernardin », p. 402-405 dans *Revue d'histoire littéraire de la France*, 1925. Comme le précise le critique (p. 403), Le Maistre est alors conseiller du roi et premier médecin de Monsieur. C'est peut-être à l'occasion de son retour dans la maison de Gaston que le poète compose ce texte :

> Nous savons que Tristan était, en 1625, rayé de la liste des gentilshommes de Monsieur. A quelle époque y est-il rentré ? [...]. Bernardin suppose, sans pouvoir l'affirmer, que ce fut dès l'automne 1626 qu'il y rentra à l'occasion du mariage de Monsieur. La poésie que nous publions vient confirmer cette supposition. En effet, la traduction est faite par le médecin de Gaston et lui est dédiée ; l'édition est ornée de son portrait et enfin la poésie de Tristan renferme des vers élogieux à son égard. Tristan n'aurait certainement pas fait tout cela s'il n'était encore rentré auprès de Gaston. Mais, au contraire, le fait de l'apparition de cette poésie difficilement explicable par des liens d'amitié le liant avec le traducteur, celui-ci étant son aîné de plusieurs dizaines d'années et, de plus, travaillant dans un ordre d'idées tout différent, s'explique tout naturellement si nous y voyons l'action de grâces du poète rentré en faveur, qui saisit cette occasion pour témoigner sa reconnaissance. (p. 404)

Voir aussi J.-P. Chauveau, « A la rencontre de Tacite... », p. 41-44 dans *Cahiers Tristan L'Hermite* n° 7 : *La Mort de Sénèque*, 1985 (aux p. 45-46 de ce même numéro est reproduit le poème de Tristan). Comme nous l'avons vu, Tristan emprunte le sujet de *La Mort de Sénèque* aux *Annales* de Tacite (voir notre chapitre 2, p. 145). En 1628, il écrit encore un poème liminaire pour le généalogiste Pierre d'Hozier (*Généalogie et alliances de la maison des sieurs de Larbour*, Paris, Percheron, 1628) et se retrouve alors aux côtés de L'Estoile, Boisrobert, Gomberville. Poème reprod. par A. Carriat, p. 617 dans *Œuvres complètes*, t. III, éd. cit.

dernier s'insère dans un recueil collectif[110] où l'auteur figure notamment aux côtés de Malherbe, Racan, Boisrobert et L'Estoile. Au demeurant, la participation à un tel recueil n'a rien d'exceptionnel à l'époque : un jeune écrivain, qui n'a pas toujours de quoi constituer immédiatement un recueil entier, y trouve un moyen aisé de se faire connaître ; mais ce peut être aussi, pour un poète confirmé, une manière d'entretenir sa réputation[111]. L'ouvrage auquel Tristan collabore est dû au célèbre éditeur parisien Toussainct du Bray et s'inscrit dans un ensemble de recueils collectifs qui, publiés entre 1609 et 1630, visent à imposer l'œuvre de Malherbe et celle de ses émules[112]. La participation à ce recueil, dominé par une figure aussi prestigieuse, révèle la notoriété dont Tristan commence à bénéficier. Néanmoins, celui-ci ne fait pas vraiment figure de disciple, étant donné qu'il occupe dans le recueil une position marginale : il est représenté par un seul poème, rejeté en fin de volume[113]. En outre, la pièce qu'il compose traite d'un thème peu courant dans la poésie amoureuse : celui du renoncement[114]. En effet, conformément à la tradition pétrarquiste, encore très présente dans les années 1620[115], l'amant voue une fidélité sans faille à

---

110 « Enfin guéri de la folie… », dans *Recueil des plus beaux vers de Messieurs de Malherbe, Racan, Monfuron, Maynard, Bois-Robert, L'Estoille, Lingendes, Touvant, Motin, Mareschal. Et autres des plus fameux Esprits de la Cour*, Paris, Toussaint du Bray, 1626-1627. Le poème de Tristan est reproduit par N.-M. Bernardin (*op. cit.*, p. 594-596). Le critique se fonde sur une réédition du recueil par Mettayer en 1638. Voir J.-P. Chauveau, « Les débuts poétiques de Tristan », p. 40-43 dans *Cahiers Tristan L'Hermite* n° 5 : *Tristan poète lyrique*, 1983.

111 Voir A. Viala, *Naissance de l'écrivain*, *op. cit.*, p. 126 et H. Lafay, *op. cit.*, p. 59-61. Les recueils collectifs sont très nombreux jusqu'en 1630 (voir A. Adam, *Histoire de la littérature française au dix-septième siècle*, t. I, *op. cit.*, p. 53).

112 Dans son avis au lecteur, Toussainct du Bray présente l'œuvre de Malherbe et de « ceux qu'il avoue pour ses écoliers » (cité par J.-P. Chauveau, « Les débuts poétiques de Tristan », art. cit.).

113 Selon J.-P. Chauveau, le comte de Moret est peut-être intervenu auprès de Toussainct du Bray pour que Tristan puisse prendre place dans le recueil :
Il n'est pas indifférent de remarquer que ce recueil […] a été composé 'par le commandement de Monseigneur le Comte de Moret', qu'il est dédié à celui-ci, et qu'il s'ouvre par des stances de L'Estoille qui font son éloge. Or cet Antoine de Bourbon, comte de Moret, fils naturel de Henri IV et de Jacqueline du Bueil, né en 1607, et Tristan se connaissent sans doute bien, depuis qu'ils ont partagé leurs jeux, tout enfants, à la Cour, dans l'entourage des enfants royaux ; ils viennent d'autre part de se retrouver dans la maison de Gaston d'Orléans […] : ne peut-on imaginer que le comte de Moret ait attiré l'attention de Toussainct du Bray sur son jeune ami poète ? (*ibid.*, p. 41)

114 On en trouve quelques exemples, en particulier chez Théophile : « Enfin mon amitié se lasse… », p. 239-240 dans *Œuvres complètes*, *op. cit.*, t. I.

115 Voir *infra*, p. 230.

sa dame[116]. Dans le poème de Tristan, cette attitude de renoncement est due à l'infidélité de la femme aimée. Mais, comme le souligne notamment Jean Rousset dans *La Littérature de l'âge baroque en France*, le motif de l'inconstance est lui-même fréquent à une époque qui célèbre le mouvement et l'instabilité[117]. L'expression des sentiments amoureux, quant à elle, est fondée sur l'utilisation de métaphores traditionnelles : la maladie d'amour[118], l'emprisonnement que représente la soumission à la dame[119], les cheveux qui sont comme autant de chaînes[120], la flamme qui anime le cœur de l'amant[121]. Enfin, suivant l'esthétique mariniste[122], le poète introduit quelques *concetti* : s'apprêtant à brûler tous les objets relatifs à sa maîtresse, l'amant « offre encore la fumée à ce frêle démon de la légèreté »[123] ; et sujette au changement, la dame est promise à « un malheur qui ne saurait changer »[124]. Par ailleurs, Tristan choisit la forme des stances qui, conformément à la tradition malherbienne, est propice à l'épanchement[125] : le poème est constitué de dizains d'octosyllabes et d'alexandrins, mais agencés d'une façon inhabituelle[126]. Sans apparaître

---

[116] Selon J.-P. Chauveau, Tristan renonce ainsi à toute une tradition poétique : « orchestration d'un soupir de soulagement ou d'un cri de triomphe quelque peu rageur, une fois dépassés et vaincus les vertiges et les illusions de la passion, qui sonne aussi comme un adieu froidement ironique à toute une thématique amoureuse » (art. cit., p. 41). Ces propos nous semblent devoir être nuancés car, même si son attitude est celle du refus, Tristan nourrit son poème d'images conventionnelles.

[117] Cet aspect a déjà été rencontré dans notre chapitre 2, p. 142.

[118] « Enfin guéri de la folie », v. 1 et 5.

[119] v. 7 et 25.

[120] v. 13-14.

[121] v. 27 et 69.

[122] Voir *infra*, p. 230-231.

[123] v. 19-20.

[124] v. 70.

[125] Chez Malherbe, l'emploi des stances est très étendu : « Si les plus nombreuses stances malherbiennes sont amoureuses, c'est aussi la forme poétique qu'utilise le poète aussi bien pour des paraphrases de psaumes [...], la traduction des vers de Grotius sur le siège d'Ostende [...], des vers de ballets [...], des vers satiriques [...], des vers funèbres sur la mort de Henri IV » (H. Lafay, *op. cit.*, p. 82).

[126] *abbaccddddede (fmmfmmfmfm)*. Voir J.-P. Chauveau, art. cit., p. 41-42 :
A une époque où le goût prononcé d'un Théophile pour les poèmes de forme libre (élégies à rimes plates) contrebalance fortement l'option délibérée de Malherbe en faveur des formes rigoureuses (sonnets réguliers, organisations strophiques complexes), et en dépit des liens très forts qui unissent alors Tristan à Théophile, il est remarquable que Tristan affirme d'emblée sa préférence pour la forme

comme un fidèle successeur de Malherbe, le jeune poète ne renie pourtant pas l'héritage du maître.

Dans les deux poèmes que nous venons d'examiner, *La Maison d'Astrée* et « Enfin guéri de la folie… », Tristan s'inscrit dans une double filiation, même s'il prend ses distances à l'égard de ses aînés. En cela, il apparaît comme une figure exemplaire de son temps : Malherbe et Théophile représentent, chacun à sa manière, des modèles pour les poètes de la génération de 1620.

B. *La Mer* : une esthétique du mélange

L'année suivante, les événements invitent Tristan à renouer avec la poésie encomiastique : durant le siège de La Rochelle, il écrit une ode intitulée *La Mer*, publiée dès 1628[127]. Lorsqu'il la reprend dans *Les Vers héroïques*[128], il explique les circonstances de sa rédaction et expose ce qui fut alors son projet :

> Lorsque Monseigneur frère unique du Roi alla commander les armes de Sa Majesté devant La Rochelle, en l'année 1627, les assiégés firent une furieuse sortie où le Sieur de Maricour, gentilhomme de Picardie de très bonne condition, de haut mérite, et l'un des meilleurs amis du Sieur Tristan, fut tué. Depuis ce funeste jour, les bons ordres qui furent donnés ayant empêché les assiégés de rien entreprendre, l'auteur employa quelques heures de l'oisiveté de l'armée pour faire cette description des différents aspects de la mer, où, selon l'adresse dont son esprit était capable en cet âge, il témoigne ensemble le regret qu'il avait pour la perte de ce noble cavalier qui était son ami et les vœux ardents qu'il faisait pour la prospérité de ce grand prince qui était son maître[129].

---

strophique. Une forme strophique, il est vrai, très rare, et que ni Malherbe ni ses disciples les plus proches n'ont jamais utilisée, mais que l'on trouve en revanche dans une pièce de Saint-Amant.

[127] *La Mer / A Monsieur Frere du Roy*, Paris, Callemont, 1628 (voir A. Carriat, *Bibliographie des œuvres de Tristan L'Hermite, op. cit.*, p. 9).

[128] *Les Vers héroïques, op. cit.*, p. 56-69. Il existe entre l'édition de 1628 et celle de 1648 quelques variantes, que signale en note C. Grisé. Ces variantes, qui ne modifient guère le texte, ne nous semblent pas devoir être analysées ici.

[129] *Ibid.*, p. 56.

La disparition de son ami a donné au poète le goût de la solitude[130], qui le porte à observer les mouvements de la mer[131]. Après avoir évoqué le calme des flots et les effets de la lumière sur l'eau à différentes heures de la journée[132], Tristan s'attache à décrire le déchaînement de la mer, qui a causé la mort de nombreux marins[133]. Le poème se termine par un éloge de Gaston, qui a su mener ses troupes à la victoire[134] et auquel Tristan promet un destin glorieux[135].

Le thème de la mer, qu'affectionnaient déjà les Anciens[136], est particulièrement apprécié des poètes français de la première moitié du dix-septième siècle, attirés en général par la nature[137]. Ainsi, dans *La Solitude*, pièce probablement antérieure à 1620[138], Saint-Amant décrit assez longue-ment le spectacle de la mer[139]. Les deux poèmes font d'ailleurs apparaître quelques similitudes : le goût de la solitude[140] et de la contemplation, le

---

[130] Comme il le dit lui-même, Tristan « abhorre le bruit de la cour » (p. 57, v. 3) et manifeste ainsi déjà un esprit d'indépendance, que les déceptions successives contribueront encore à renforcer.

[131] *Ibid.*, v. 1-4.

[132] p. 58-61, v. 21-90.

[133] p. 61-64, v. 91-160.

[134] Alors que l'île de Ré est assiégée par la flotte anglaise, Gaston la sauve en lui apportant des vivres (voir la note de C. Grisé, p. 67).

[135] p. 69, v. 241-250.

[136] Voir Ovide, *Métamorphoses*, XI, 474-572. Voir aussi « Les alcyons » de Scévole de Sainte-Marthe (*Œuvres*, 1600). Selon C. M. Grisé, Tristan s'est inspiré de ces deux poèmes (*op. cit.*, p. 66, n. 5). Le rôle joué par ces auteurs dans la formation du jeune poète (voir *supra*, p. 183-184) renforce cette hypothèse.

[137] Dans son *Polexandre*, Gomberville montre son attirance pour les paysages marins. Selon Scudéry, « la mer est la scène la plus propre à faire de grands changements [...], quelques-uns l'ont nommée le théâtre de l'inconstance » (cité par J.-P. Chauveau, *Lire le baroque*, Paris, Dunod, Lettres Sup., 1997, p. 82). Voir aussi J.-P. Chauveau, « La mer et l'imagination des poètes au dix-septième siècle », p. 107-134 dans *Dix-septième siècle* n° 86-87, 1970. Sur la présence de la nature dans la poésie de Tristan, voir S. Bouttet, « Tristan poète de la nature », p. 47-52 dans *Cahiers Tristan L'Hermite* n° 7, *op. cit.* Voir aussi J. Kohls, *Aspekte der Naturthematik und Wirklichkeitserfassung bei Théophile de Viau, Saint-Amant und Tristan L'Hermite*, Frankfurt, P. Lang, 1981.

[138] « La solitude », p. 33-48 dans *Les Œuvres I, op. cit.* ; voir la notice, p. 33.

[139] p. 44-46, v. 141-170. Tristan a pu se souvenir de ce poème de Saint-Amant. Il semble donc pouvoir hériter de poètes à peine plus âgés que lui.

[140] L'exclamation par laquelle s'ouvre le poème de Saint-Amant « O que j'aime la Solitude ! » rappelle ces vers de Tristan :

retour au calme après « quelque orage effroyable »[141], la rencontre du soleil et de l'eau[142], la présence de personnages mythologiques comme les « Tritons »[143], etc. *La Mer* rappelle cependant un autre poème de Saint-Amant : *Le Contemplateur*, ode écrite en 1628[144]. Les deux pièces, dont la date de composition est très proche, présentent en effet des analogies, liées aux circonstances dans lesquelles elles ont pris naissance : Saint-Amant se trouve alors à Belle-Ile, où il a accompagné le duc de Retz pendant le siège de La Rochelle. Aussi l'éloge n'est-il pas absent de son poème : l'auteur y évoque son protecteur[145], mais surtout rend hommage à l'évêque de Nantes, dédicataire de l'ode[146]. Comme Tristan, Saint-Amant observe la mer du haut d'une falaise[147], et les images que l'un et l'autre font surgir sont parfois de même nature : ainsi l'obscurité de la nuit effraie le spectateur[148], qui redécouvre ensuite avec plaisir la lumière du jour[149]. Saint-Amant fait lui-même intervenir des personnages de la mythologie, comme Thétis[150]. Mais surtout, son poème offre une particularité majeure, que l'on ne retrouve pas chez Tristan, à savoir que chez lui la vision de la mer conduit à une méditation religieuse[151].

Dans sa marine, l'auteur ne s'éloigne guère de l'esthétique du temps[152] et reprend des motifs développés par ses contemporains : le reflet[153], le

---

J'abhorre le bruit de la cour
Et n'aime que la solitude (« La mer », *op. cit.*, p. 57, v. 3-4).

[141] « La solitude », *op. cit.*, p. 44, v. 144.

[142] p. 45-46, v. 161-170. Voir T. Lassalle, « Du 'visage' à l''image' du soleil : étude comparée de deux strophes de Saint-Amant et de Tristan L'Hermite », p. 5-12 dans *Cahiers de littérature du dix-septième siècle*, 1982. Nous avons déjà mentionné cet article lorsque nous avons traité des rapports entre Tristan et Valéry (voir notre chapitre 1, p. 104).

[143] « La solitude », *op. cit.*, p. 44-45, v. 145-150.

[144] « Le contemplateur », *op. cit.*, p. 49-69 ; voir la notice, p. 49.

[145] *Ibid.*, p. 60-62, v. 251-280.

[146] p. 49-50, v. 1-30.

[147] p. 51, v. 41-44. Voir « La mer », p. 57, v. 7.

[148] « Le contemplateur », p. 59-60, v. 231-250. « La mer », p. 60-64, v. 71-160.

[149] « Le contemplateur », p. 63, v. 301-310. « La mer », p. 66, v. 171-180.

[150] « Le contemplateur », p. 51-52, v. 45-60.

[151] p. 62-69, v. 291-460.

[152] Voir R. Lebègue, « Quelques thèmes de la poésie lyrique au temps de Louis XIII », p. 7-21 dans *XVIIe siècle* n° 66-67 : *La Poésie lyrique au XVIIe siècle*, Paris, Société d'étude du XVIIe siècle, 1965.

clair-obscur[154], le mélange du feu et de l'eau[155]. Cette dernière image réalise d'ailleurs l'articulation entre les deux thèmes majeurs présents dans le texte, puisque le poète s'excuse de présenter de l'eau à celui qui « [paraît] tout de flamme ». Se dessine ainsi un paysage mouvant et incertain, où les contraires s'associent volontiers[156]. Pour enrichir sa description de la mer, Tristan introduit des images qui évoquent des matériaux précieux, suivant un registre métaphorique privilégié dans la poésie amoureuse[157] : les flots « de vert émaillés » ressemblent à « des jaspes taillés » et, sous l'effet du soleil, font voir « mille pointes de diamant » ; les vagues, à longs « plis de verre ou d'argent », apportent « des perles » sur le rivage[158]. Le poème offre ainsi un concentré de thèmes et d'images que la critique s'est plu à qualifier de baroques[159].

Le paysage se distingue également par la présence de divinités. La mer, tombeau d'Icare[160], est avant tout le royaume de Neptune : les soldats qui parcourent la plage viennent « considérer le dieu qui dort », et le poète prédit à Gaston la conquête de tous les territoires « où le dieu des ondes promène son char tiré par des dauphins »[161]. Tristan convoque aussi des divinités secondaires, autour desquelles prennent forme de petites scènes : Doris et ses sœurs vont faire sécher leurs cheveux « blanchissant d'écume dessus la croupe d'un rocher », cependant que les tritons, « avecque leurs cornets tortus », tentent d'apaiser la fureur des flots[162]. Le poète introduit au passage l'image homérique de l'Aurore « aux doigts de rose »[163] et, dans sa description de l' arc-en-ciel, fait apparaître la déesse Iris[164]. Enfin,

---

[153] « La mer », *op. cit.*, p. 59, v. 41-44.

[154] p. 60, v. 76-80 et p. 63-64, v. 155-160.

[155] p. 60 v. 61-64, p. 62 v. 115-120 et p. 67 v. 191-194. Au sujet de ces thèmes dans la poésie « baroque », voir J. Rousset, *op. cit.*, *passim*.

[156] Voir, en particulier, l'analyse que J. Rousset fait du poème de Tristan (« Les eaux miroitantes », p. 276 dans *Anthologie de la poésie baroque française*, Paris, Colin, 1961).

[157] Ce procédé assure la continuité entre les différents thèmes choisis par Tristan.

[158] « La mer », *op. cit.*, p. 59, v. 45-53 et p. 61, v. 95-100.

[159] Voir notre chapitre 2, en particulier les p. 136-137.

[160] « La mer », *op. cit.*, p. 58, v. 15-20.

[161] p. 58, v. 26-30 et p. 67, v. 195-200.

[162] p. 60, v. 65-70 et p. 65-66, v. 165-170.

[163] p. 60, v. 55-60.

[164] p. 61, v. 85-90.

il associe Gaston au dieu de la guerre et s'identifie lui-même à Apollon en promettant à son maître des vers pleins « de pompe, d'art et de beautés »[165].

Ce qui fait en somme la particularité de cette ode, c'est que Tristan y associe déploration, description et éloge. Déjà dans *La Maison d'Astrée*, les frontières entre les différents domaines tendaient à disparaître. Une nouvelle fois donc, le poète pratique une esthétique de la diversité et révèle ainsi l'étendue de son répertoire. Sur le plan formel, il apparaît encore une fois comme un héritier de Malherbe puisqu'il choisit, avec le schéma *ababccdede*[166], le dizain d'octosyllabes, vers que le maître préférait pour ce type de strophe[167].

Durant les trois premières années de sa carrière, Tristan privilégie donc la poésie encomiastique, tout en y mêlant d'autres motifs. La description du château de Berny lui permet ainsi de faire indirectement l'éloge de la marquise de Puisieux, tandis que l'évocation d'un paysage maritime conduit à une glorification de Gaston d'Orléans. En outre, les différents thèmes exploités par Tristan appartiennent à l'esthétique du temps : la mythologie (guerrière, amoureuse ou aquatique), la nature, la lumière associée à l'ombre, le changement, etc. Parallèlement, en privilégiant la forme de l'ode et en participant au recueil collectif de 1627, le poète manifeste son attachement à l'héritage malherbien, mais il ne s'impose pas pour autant comme un fidèle disciple du maître. Plus généralement, il n'adhère à aucun parti et reçoit plutôt des influences diverses : Théophile et Saint-Amant figurent ainsi, aux côtés de Malherbe, parmi ceux qui ont marqué le poète débutant.

III. Un répertoire élargi

A. La poésie funèbre

A partir de la fin des années 1620, Tristan élargit encore son répertoire puisqu'à la poésie encomiastique et à la poésie amoureuse vient s'ajouter la poésie funèbre. Dans ce dernier registre, l'auteur pratique deux genres

---

[165] p. 69, v. 245-250.

[166] *mfmfmmfmfm*.

[167] Voir R. Fromilhague, *op. cit.*, p. 170.

consacrés par la tradition : l'épitaphe[168] ou le tombeau, monument érigé à
la gloire de la personne disparue, et la consolation qui, tout en conservant
un caractère héroïque, conduit souvent à l'exhortation morale. Le second
de ces genres trouve son origine dans la *consolatio*, largement illustrée par
Sénèque, qui y introduisait volontiers des préceptes issus du stoïcisme. Au
dix-septième siècle, la poésie funèbre entretient aussi quelque rapport avec
les deux autres genres poétiques : elle s'apparente à la poésie
encomiastique lorsqu'elle consiste à faire l'éloge du défunt, à la poésie
amoureuse ou galante lorsqu'elle est l'occasion d'adresser des compliments
à la personne en deuil.

A la fin de 1629 ou au début de 1630, Tristan écrit une *Consolation à
Madame la princesse Marie sur le trépas de feu Madame la duchesse de
Longueville sa tante*[169]. Il s'agit de Marie de Gonzague, qui fait alors
l'objet des assiduités de Gaston. Le poète exploite un des principaux lieux
communs de la poésie funèbre : l'opposition entre la Fortune et le
Mérite[170]. Il dénonce en effet l'injustice du sort envers une famille digne de
la « Race des Dieux »[171], en rappelant les malheurs qui l'ont déjà
touchée[172]. Après avoir décrit les manifestations de la douleur[173], Tristan
en appelle à la raison, qui apprend à rester constant dans l'adversité,
s'inspirant ainsi d'un précepte stoïcien[174]. Ici cependant, la consolation est
surtout l'occasion de rendre hommage à son destinataire : en l'occurence,
la métaphore de la lumière permet non seulement d'évoquer la mort de la
duchesse, mais aussi de souligner la beauté de Marie[175]. Et dans les
derniers vers, le poète introduit l'image conventionnelle de la rose, par

---

[168] Voir la définition qu'en donne Laudun d'Aigaliers : « C'est proprement une
épigramme ou inscription qui se fait sur un tombeau. […] toute chose soit sonnet,
madrigal, ode, élégie, quatrain, huitain, ou autre chose faite sur la mort de quelqu'un
soit en bien ou en mal est appelée épitaphe » (*op. cit.*, II 12 « De l'épitaphe », p. 85).

[169] Poème publié dans *La Lyre* (*op. cit.*, p. 231-235). Pour sa date de composition,
voir les notes de J.-P. Chauveau, p. 231.

[170] p. 232, v. 9-12.

[171] p. 231-234, v. 1-30.

[172] p. 233, v. 13-18.

[173] Suivant une image conventionnelle, la femme en deuil noie ses yeux de larmes
et s'arrache les cheveux (p. 233, v. 17-18).

[174] p. 234, v. 37-42.

[175] p. 234, v. 25-30.

laquelle il adresse un nouveau compliment à la jeune femme[176]. La consolation se transforme donc en pièce galante, et sans doute ainsi Tristan se fait-il le porte-parole de Gaston, ou du moins il trouve là un moyen indirect de satisfaire son maître. Par ailleurs, il choisit une forme poétique traditionnelle : les stances, que Malherbe avait l'habitude d'utiliser pour ce type de sujet. Celles de Tristan sont formées de sizains d'alexandrins et d'hexasyllabes, suivant le schéma *aabccb*[177]. Le poète suit l'exemple de son aîné, qui préférait le sizain hétérométrique à base d'alexandrins au sizain isométrique d'octosyllabes[178].

Tristan célèbre Marie de Gonzague dans un autre poème, d'inspiration amoureuse cette fois : un sonnet qu'il compose en 1629 ou 1630, et dans lequel il prête sa voix à Gaston[179]. Un tel texte présente l'avantage d'assurer la jonction entre poésie amoureuse et poésie d'éloge, procédé qui n'a lui-même rien d'exceptionnel : ainsi, lorsque Malherbe écrivait un poème d'amour, c'est qu'en général un Grand lui avait demandé des vers pour s'adresser à une dame. Dans son poème, Tristan évoque les difficultés que rencontre le jeune couple et, pour cela, introduit une image conventionnelle : celle de l'épine qui cache une fleur[180]. Il reprend également l'image allégorique d'Amour qui, après avoir donné des « ailes » à Gaston, lui fournira des « traits » grâce auxquels il pourra vaincre le malheur[181] – représentation qui permet au poète de détourner la métaphore traditionnelle de la blessure d'amour. Enfin, il introduit des métaphores ordinairement attachées à l'expression du sentiment amoureux : la femme comparée à une « divinité »[182], ses yeux à de « clairs soleils »[183], la passion source à la fois de joie et de douleur[184]. Par ailleurs, Tristan respecte les règles du genre en reprenant un schéma traditionnel : *abba abba ccdede*[185].

---

[176] p. 235, v. 46-48.

[177] 12.6.12.12.6.12 (*ffmffm*).

[178] Voir R. Fromilhague, *op. cit.*, p. 156-157.

[179] Poème édité par J.-P. Chauveau en 1963 dans la revue *Dix-septième siècle* n° 61, p. 31.

[180] v. 7.

[181] v. 5-6.

[182] v. 1.

[183] v. 10.

[184] v. 2 et 12.

[185] *fmmf fmmf mmfmfm*.

En 1630, le poète trouve une nouvelle occasion de s'associer à quelques-uns de ses contemporains. De manière générale donc, il fait alterner productions personnelles et publications dans des ouvrages collectifs, ce qui lui permet d'exprimer son indépendance sans pour autant se tenir à l'écart des poètes de son temps. Il rédige une pièce liminaire pour les *Poésies et rencontres* de Neufgermain, attaché au service de Gaston en qualité de « poète hétéroclite »[186]. Celui-ci, encouragé par le marquis de Rambouillet[187], a imaginé de composer, en l'honneur des Grands, des pièces où les vers, au lieu de rimer entre eux, se terminent par les syllabes successives du nom de la personne louée. Tristan, reproduisant cette technique, fait le portrait de l'auteur[188], mais son poème, comme tous ceux qui forment le recueil, a surtout pour fonction de divertir le lecteur. Ainsi sans doute s'explique sa structure particulière : des quatrains d'octosyllabes[189], suivant le schéma *abcc*.

B. La *Plainte de l'illustre pasteur*

La même année semble-t-il[190], le poète s'empare d'un tout autre thème en composant une pièce d'inspiration pastorale, la *Plainte de l'illustre pasteur*[191], dans laquelle Quillard croira entendre des accents préromantiques[192]. Dans ses deux premiers poèmes d'amour, Tristan reprend donc les deux grands héritages qui informent alors le discours de la passion, en se mêlant volontiers l'un à l'autre : le pétrarquisme et la pastorale. En effet, celle-ci constitue l'un des principaux fondements de la poésie amoureuse au dix-septième siècle, en même temps qu'elle permet

---

[186] *Les Poésies et rencontres du sieur de Neufgermain, poète hétéroclite de Monseigneur*, Paris, Jacquin, 1630. A. Adam souligne la considération dont jouissait Neufgermain dans le monde, son fils ayant pour marraine Julie d'Angennes et pour parrain Richelieu (*op. cit.*, p. 1167, n. 7).

[187] *Ibid.*

[188] Poème repris par N.-M. Bernardin, *op. cit.*, p. 587-588.

[189] Le quatrain isométrique est très rare chez Malherbe (voir R. Fromilhague, *op. cit.*, p. 140).

[190] Telle est du moins l'hypothèse de J.-P. Chauveau (voir « Essai de chronologie pour la composition des pièces de *La Lyre* », p. 302-303 dans l'éd. critique de *La Lyre*, *op. cit*). Voir aussi du même auteur « Le chant mélancolique du berger », p. 34 dans *Cahiers Tristan L'Hermite* n° 9 : *Tristan et la mélancolie 2*, 1987.

[191] Poème repris dans *La Lyre*, *op. cit.*, p. 18-26.

[192] Voir notre chapitre 1, p. 89.

aux poètes de conserver un lien avec la littérature de l'Antiquité : les *Idylles* de Théocrite et les *Odes* d'Anacréon déterminent le caractère lyrique de la pastorale, tandis que les *Bucoliques* de Virgile lui fournissent son décor (le *locus amœnus* de l'âge d'or) ainsi que ses protagonistes (les bergers oisifs chantant leurs amours)[193]. Le roman antique est, lui aussi, touché par cette tradition avec des œuvres comme le *Daphnis et Chloé* de Longus, l'*Histoire de Théagène et Chariclée* d'Héliodore ou *Les Aventures de Leucippe et Clitophon* d'Achille Tatius[194]. La pastorale réapparaît au seizième siècle en Espagne et en Italie avec des romans comme l'*Arcadia* de Sannazaro (1504) et la *Diana* de Montemayor (1559). C'est alors que s'épanouit alors la pastorale dramatique, avec l'*Aminta* du Tasse (1573) et le *Pastor fido* de Guarini (1590)[195]. Or, l'influence de tous ces textes, qui se font connaître en France par des traductions, y devient considérable, et le succès du roman d'Urfé *L'Astrée*, publié entre 1607 et 1627, contribue à son tour au développement de la pastorale, tant dans la poésie qu'au théâtre. Le succès de la pièce de Racan *Les Bergeries*, créée en 1620, témoigne ainsi de l'importance des motifs pastoraux.

Tristan semble donc avoir cédé au goût du moment et réunit dans son poème une série de lieux communs, notamment le motif des pleurs et des soupirs, qui expriment la souffrance d'un amour insatisfait[196]. Selon une image devenue traditionnelle, l'amant se réfugie dans la nature où, solitaire, il peut confier aux arbres sa douleur[197]. La forêt, protégée par Diane, représente la pureté et s'oppose ainsi au désordre de l'amour[198] ; mais, suivant une vision largement répandue dans l'imaginaire du temps, elle est également associée à l'obscurité et fait naître la peur[199]. Pour exprimer la violence de la passion, Tristan a recours à des images traditionnelles : le « poison »[200], versé par un « Astre invincible »[201], la domination de la

---

[193] A propos de l'influence de Virgile sur Tristan, voir notre chapitre 2, p. 146.

[194] Certaines de ces œuvres sont mentionnées dans *Le Page disgracié* (voir *supra*, p. 183) et, par ce moyen, Tristan montre les liens qui unissent le « roman grec » au « roman baroque » (voir notre chapitre 2, p. 148).

[195] Au sujet des rapports que Tristan entretient avec ces deux auteurs, voir notre chapitre 2, p. 133.

[196] « Plainte de l'illustre pasteur », *op. cit.*, p. 25, v. 106-108.

[197] p. 18-19, v. 1-6.

[198] p. 19-20, v. 7-12.

[199] p. 18, v. 1-4.

[200] p. 20, v. 15. Le thème de la maladie est lui-même présent (p. 24, v. 82-84).

[201] p. 20, v. 13.

raison par les sens[202], la rose dont les épines touchent le cœur de l'amant[203], le pouvoir destructeur que possèdent les yeux de la femme[204]. Conformément à la tradition, le pasteur reproche aussi à sa dame de se montrer ingrate et orgueilleuse[205], mais n'ose lui avouer l'intensité de ses sentiments[206]. Pourtant, les comparaisons sont toujours en faveur de l'être aimé. Ainsi, le berger de Tristan reconnaît que Charite[207], la nymphe qu'il vénère, possède plus de pouvoir qu'Hélène ou même que Vénus[208], au point de susciter, par sa beauté, la joie de Flore et de Zéphire[209]. A la pastorale et à la mythologie s'allient des métaphores issues de la tradition italienne : le poète décrit la chevelure féminine comme de « précieux filets », susceptibles d'entraver la liberté des amants[210], tandis que l'eau des larmes versées par le berger se mêle aux eaux du ruisseau[211]. Par ailleurs, Tristan introduit des images très prisées des poètes de sa génération, notamment l'alliance de la lumière et de l'obscurité : « Je vois mon beau Soleil dans l'ombre la plus noire. »[212] Plus largement, la nuit, telle qu'elle apparaît dans le poème de Tristan, est conforme à l'image qu'en donnent ses contemporains : elle plonge l'amant dans l'inquiétude et ne lui apporte pas le repos nécessaire, mais favorise la rencontre de la femme aimée au moyen du songe[213]. De même, sur le plan métrique, le poème n'offre guère d'originalité : il s'agit de stances, constituées de sizains d'octosyllabes et d'alexandrins, suivant le schéma *aabccb*[214]. Une nouvelle fois, Tristan, comme de nombreux poètes de sa génération, reçoit

---

[202] p. 20, v. 17-19.

[203] p. 21, v. 40-42.

[204] p. 25, v. 113-114.

[205] p. 21, v. 43-48.

[206] p. 24, v. 85-87.

[207] p. 20, v. 20.

[208] p. 20-21, v. 25-30.

[209] p. 21, v. 35-36.

[210] p. 23, v. 76-78. Cette dernière image a déjà fait l'objet de nombreux commentaires dans la critique (voir notre chapitre 2, p. 132 et 135).

[211] « Plainte de l'illustre pasteur », *op. cit.*, p. 22, v. 59-60.

[212] p. 23, v. 70. Image que Bousquet interprète à la lumière de la poésie baudelairienne (voir notre chapitre 1, p. 103).

[213] p. 22-23, v. 61-72. Ce thème a déjà été évoqué dans notre chapitre 2, p. 135.

[214] 8.8.8.12.12.12 (*ffmfmf*).

l'influence de Malherbe qui, à partir de 1612, privilégia le sizain hétérométrique en associant octosyllabe et alexandrin[215].

C. Le retour à la poésie funèbre

La même année, Tristan renoue avec la poésie funèbre en publiant dans un recueil collectif un sonnet, *Sur le trépas de M. de Sainte Marthe*[216], et trouve ainsi l'occasion de rendre hommage à celui qui a contribué à le former[217]. Le nom du jeune poète est associé à ceux de Heinsius, Grotius, Bordier, Richelet, Renaudot, Colletet, Dupin-Pager. Tristan reprend un des *topoï* de la poésie funèbre lorsqu'il constate le caractère inéluctable de la mort, qui touche même les plus grands[218], mais s'attache surtout à souligner le talent littéraire de son ancien maître. Souhaitant surpasser tous ceux qui s'essayeront au même exercice que lui, il fait appel aux Muses, mais découvre soudain que l'inspiration lui manque, et le poème se termine alors par cette pointe ingénieuse :

> O Destins envieux du bien de l'Univers !
> N'auriez-vous point détruit, avecque ce grand homme,
> Les neuf Divinités qui font faire des Vers[219] ?

Tristan choisit la forme du sonnet, relativement fréquente dans la poésie funèbre, et se soumet aux règles du genre : son poème, en alexandrins, est fondé sur le schéma *abab abab ccdede*[220]. Cette nouvelle publication, dans un recueil remarqué du public, assure au jeune poète un certain succès[221].

Deux ans plus tard, Tristan compose des stances pour le tombeau du baron de Modène[222], protecteur de son frère Jean-Baptiste[223] et partisan de

---

[215] Voir R. Fromilhague, *op. cit.*, p. 156-157 et 160.

[216] Le poème paraît dans le *Scevolae Sammarthini Tumulus*, avant d'être repris dans *La Lyre* (*op. cit.*, p. 277-278).

[217] Voir *supra*, p. 184.

[218] « Sur le trépas de M. de Sainte Marthe », *op. cit.*, p. 277, v. 3-4.

[219] p. 278, v. 12-14.

[220] *mfmf mfmf mmfmfm.*

[221] Voir N.-M. Bernardin, *op. cit.*, p. 106.

[222] « Pour le tombeau de feu Monsieur de… », poème repris dans *La Lyre* (*op. cit.*, p. 35-37). C'est Bernardin qui a réussi à identifier le personnage (*op. cit.*, p. 142). J.-P. Chauveau précise que le baron de Modène, « ami et parent par sa mère du Connétable de Luynes, avait profité de la faveur de celui-ci auprès du roi pour être successivement

Gaston[224]. Il trouve ainsi une nouvelle occasion d'apporter un soutien à son maître. Il rappelle quelques épisodes de la vie de Modène[225], mais surtout souligne sa loyauté[226]. Pour évoquer sa mort, Tristan a recours à la métaphore de la lumière, suivant un oxymore couramment utilisé dans la poésie funèbre :

> Lorsqu'il rendit l'esprit, et perdit la clarté,
> Ce fut en la façon d'une lumière éteinte[227].

Enfin, ces stances sont formées de quatrains d'alexandrins à rimes croisées[228] ; or cette forme strophique est rapidement remplacée, dès le début du dix-septième siècle, par le sizain et le dizain[229].

La production poétique de Tristan autour de 1630 présente donc une extrême diversité de genres, de thèmes et de formes. Au gré des circonstances ou en fonction des commandes, l'écrivain fait alterner poèmes encomiastiques, funèbres et amoureux. Cette esthétique de la diversité se retrouve à l'échelle de chaque pièce, puisque le poète y mêle des motifs très variés, brisant ainsi les frontières entre les différents domaines.

---

gouverneur de Fougères en 1617, ambassadeur de Savoie en 1618, conseiller d'Etat et grand prévôt de France en 1621 » (éd. critique de *La Lyre, op. cit.*, p. 36).

[223] En 1666, Modène épousera la nièce de Tristan (voir N.-M. Bernardin, *op. cit.*, p. 182). Le poème figure, avec quelques variantes, dans la lettre-dédicace de *La Chute de Phaëton*, tragédie de Jean-Baptiste publiée en 1639 (*ibid.*, p. 35-36).

[224] Après 1621, Modène figure parmi les opposants à Richelieu et se rapproche de Monsieur. J.-P. Chauveau rappelle les circonstances de sa mort :

> Très lié avec le maréchal d'Ornano, son neveu à la mode de Bretagne, il fut enveloppé dans la disgrâce de celui-ci, et embastillé en même temps que Déageant et Chaudebonne, le 5 mai 1626 […]. Lorsqu'il sortit de la Bastille, après la mort d'Ornano (1630), Modène dut se retirer dans le Comtat-Venaissin […] ; il mourut oublié à Avignon le 25 août 1632, quelques jours avant la bataille de Castelnaudary qui mit fin à la folle équipée de Monsieur en Languedoc. (*ibid.*, p. 37)

[225] « Pour le tombeau de feu Monsieur de… », p. 36-37, v. 13-20.

[226] p. 36, v. 9-12.

[227] p. 37, v. 23-24. Image que nous avons déjà rencontrée dans la *Plainte de l'illustre pasteur* (voir *supra*, p. 214).

[228] *mfmf.*

[229] Voir R. Fromilhague, *op. cit.*, p. 146.

D. Les pièces qui suivent la publication des *Plaintes d'Acante*

1. Les Terreurs nocturnes *: un poème de divertissement*

Il poursuit dans cette voie durant les deux années qui suivent la publication des *Plaintes d'Acante*. En 1634, il réaffirme son appartenance à la maison de Monsieur en composant une ode pour Marguerite, *Les Terreurs nocturnes, écrites pour le divertissement d'une grande princesse, sur le sujet de quelques voyages périlleux que l'auteur avait faits pour son service*[230]. Sans doute le poète, alors à Bruxelles, fait-il allusion aux voyages qui l'ont conduit en Lorraine en 1633-1634[231]. Pour commencer, il souligne la fidélité avec laquelle il a toujours servi sa maîtresse, avant de lui adresser un compliment galant : pourvue de « mille appas charmants », elle fait subir à ses amants un véritable martyre[232]. Evoquant ensuite les difficultés que rencontre Marguerite, le poète dénonce l'attitude de ceux qui se montrent hostiles envers elle[233] et fait appel aux dieux pour qu'ils lui rendent justice[234]. Avant de décrire son propre itinéraire, Tristan dessine un paysage nocturne, lieu de toutes les peurs et de tous les dangers : « sans rien voir, sans rien ouïr », le voyageur craint de rencontrer des « fantômes »[235]. La nuit devient ainsi l'image de la mort, elle-même souvent évoquée dans la littérature du début du dix-septième siècle : par « un triste changement », produit par « les ténèbres », les bois ont revêtu « des habits funèbres »[236]. Ce tableau, typiquement « baroque », rappelle l'atmosphère cauchemardesque que Saint-Amant évoque dans *Les Visions*[237], poème dont Tristan a pu s'inspirer : même spectacle terrifiant, dans lequel la mort est associée à la nuit, présence de fantômes qui viennent hanter l'âme du malheureux. Mais dans l'ode de Tristan, cette nature abrite également des êtres tout droit surgis de contes de fées : ayant perdu son pistolet, le cavalier soupçonne quelque lutin de le lui avoir

---

[230] Poème publié dans *Les Vers héroïques* (*op. cit.*, p. 255-261).

[231] Voir la note de C. Grisé, *ibid.*, p. 255.

[232] p. 255, v. 1-10.

[233] p. 255-256, v. 11-20.

[234] p. 256, v. 21-40.

[235] p. 257, v. 62-70.

[236] p. 257-258, v. 81-84. *Cf.*

[237] « Les visions », p. 125 dans *Œuvres poétiques*, *op. cit.* Le poème daterait de 1624 (voir la notice, p. 125).

dérobé[238]. Le poète raconte alors, non sans humour, toutes les péripéties qui ont jalonné son voyage : la traversée de la forêt[239], la chute dans une mare[240], le tonnerre[241], la frayeur du cheval[242], la menace des loups[243], le cri peu rassurant des hiboux[244], la recherche d'un abri[245]. L'auteur se plaît ensuite à décrire des scènes familières : les aboiements d'un chien[246], le réveil du propriétaire de la maison où le voyageur, fatigué et affamé, vient de frapper[247]. Ce poème, qui vise à amuser Marguerite, est aussi l'occasion pour Tristan de rappeler sa fidélité envers ses maîtres et d'introduire des thèmes répandus en son temps. Ce texte narratif ne relève donc pas directement de la poésie d'éloge, et son caractère un peu fantaisiste autorise l'auteur à user d'une forme assez rare : le dizain d'heptasyllabes[248].

2. L'Eglogue maritime *et* La Peinture de son Altesse Sérénissime *: la poésie officielle*

La même année, Tristan publie un autre poème à caractère encomiastique, mais de facture plus traditionnelle : une *Eglogue maritime*[249], qu'il offre à la reine de Grande-Bretagne[250]. Deux nymphes,

---

[238] *Les Vers héroïques, op. cit.*, p. 258, v. 97-100.

[239] p. 257-258, v. 71-90.

[240] p. 258, v. 91-100.

[241] p. 258, v. 101-110.

[242] p. 258-259, v. 111-118.

[243] p. 259, v. 119-120.

[244] p. 259, v. 121-130.

[245] p. 260-261, v. 151-180.

[246] p. 260, v. 167-170.

[247] p. 261, v. 181-190.

[248] *ababcdcddc* (*mfmfmfmffm*).

[249] Voir la définition que donne Laudun d'Aigaliers de l'églogue :
Le sujet est toujours de choses rustiques, comme bergers, bœufs : d'où sont appelés les Bucoliques, de Virgile. [...] Les Grecs sont inventeurs de l'églogue, les Latins en sont usurpateurs, et les Français en sont imitateurs. [...] Les personnes de l'églogue sont bergers, et gens rustiques qui discourent le plus souvent de leurs calamités, de leurs aises, et bien souvent il y a un grand sens moral à l'églogue. (*op. cit.*, II 9 « Du dialogue et de la farce », p. 80)

[250] *Eglogue maritime dedie à la reyne de la Grande Bretagne*, Bruxelles, Schovaerts, 1634 (voir A. Carriat, *op. cit.*, p. 11). La pièce est reprise dans *Les Vers*

Circène et Leucothoé[251], prenant à témoin Protée, rivalisent d'éloquence pour louer Charles premier, roi d'Angleterre, et Henriette-Marie, son épouse. Finalement, Protée refuse de les départager, affirmant que, comme les plus valeureux héros de la guerre de Troie, ils sont aussi honorables l'un que l'autre[252]. Pour commencer, le poète décrit une grotte, refuge pour les dieux marins, qui rappelle le *locus amœnus* de la pastorale. Cet « antre spacieux », protégé par un « grand rocher », sert de salle de festin à Neptune, mais accueille également Protée, qui peut y dormir « au bruit des eaux » sur une couche faite « de joncs et de roseaux »[253]. L'inspiration pastorale se retrouve lorsque le poète, saluant l'action du roi, décrit une sorte d'« âge d'or », où les vices sont inconnus et où règne l'abondance[254]. Selon l'esthétique du temps, qui allie aisément les contraires, le lieu mêle aussi lumière et obscurité : « La clarté des cieux s'introduit parmi les ténèbres. »[255]

Pour mieux célébrer le couple royal, le poète introduit de nombreuses images empruntées à la mythologie. Ainsi, toutes sortes de divinités semblent avoir favorisé Charles et Henriette : Thétis conçut pour eux « mille prodiges agréables »[256], tandis qu'Hymen transforma le joug dont ils furent chargés en « un filet d'or et de soie »[257]. Tout au long de leur vie, les deux princes reçurent la protection des dieux : dès son enfance, la future reine fit preuve de qualités admirables, avant que Pallas ne « lui [donne] le reste de la ressemblance des Cieux »[258] ; lorsqu'elle traversa la Manche, les vents se montrèrent « respectueux » et seul Zéphire « enfla les voiles jusques à son débarquement »[259] ; au retour d'un voyage en Espagne, Charles dut prendre la mer, et la Fortune « lui vint servir de pilote » en lui

---

héroïques (*op. cit.*, p. 37-55). L'épître dédicatoire qui l'accompagne figurera dans les *Lettres mêlées* (voir *op. cit.*, p. 15-17).

[251] Comme le rappelle Tristan, Circène et Leucothoé sont respectivement « une des filles de Doris et la mère de Mélicerte » (p. 38, v. 23-24).

[252] p. 52, v. 395-400.

[253] p. 37-38, v. 1-20. Le page retrouvera lui-même sa bien-aimée dans une grotte qui est, tout autant qu'une résurgence du *locus amœnus* de la pastorale, le souvenir inconscient de la matrice originelle (voir *Le Page disgracié, op. cit.*, I 38, p. 121).

[254] « Eglogue maritime », *op. cit.*, p. 48-49, v. 281-300.

[255] p. 37, v. 6-7.

[256] p. 46, v. 221-230.

[257] p. 46, v. 235-237.

[258] p. 43-44, v. 165-170.

[259] p. 45, v. 201-210.

prédisant de nombreuses victoires[260]. Quant aux Muses, elles sont chargées de faire connaître à tous les mérites du couple royal, mais l'art qu'elles déploient ne saurait égaler les « dons de la nature »[261]. Par tous ces procédés, Tristan développe une rhétorique de la flatterie, fondée sur l'hyperbole ; mais il se plaît aussi à décrire de véritables parades, au cours desquelles les dieux rendent hommage au roi et à la reine : dès que Charles s'installe sur le rivage, des tritons viennent lui apporter « quelque message » de la part de Neptune, que les eaux portent « sur une coquille », tandis que des nymphes lui présentent « les richesses de la marine »[262] ; lorsque Henriette est à la chasse, les dryades « prennent parfois de ses cheveux » qu'elles gardent « pour l'amour d'elle », et Diane qui ne la quitte pas sème des « violettes dessus les routes qu'elle suit »[263]. Grâce à ces petits tableaux, Tristan restitue l'atmosphère enchantée de *La Maison d'Astrée*, où la réalité se trouvait déjà constamment transcendée par la mythologie. Plus encore, Charles et Henriette semblent surpasser les dieux eux-mêmes, dont ils suscitent parfois la jalousie et avec lesquels ils se confondent volontiers[264] : le roi qui, enfant déjà, possédait des qualités dignes d'Achille[265], se révèle à présent plus courageux que Mars[266] ; et son épouse se montre non seulement plus sage et plus généreuse que Minerve[267], mais également plus belle que les reines des Amazones qui soumettaient ceux dont elles avaient conquis le cœur[268]. Les jeunes princes eux-mêmes se révèlent supérieurs aux dieux : la reine a donné naissance à « deux petits Amours suivis d'une nouvelle Grâce », et le « fils de Cythère », jouant avec eux, est « fâché de se voir moins beau »[269]. Pour flatter la reine, Tristan emprunte aussi à la poésie amoureuse des images devenues traditionnelles : son visage rappelle la couleur des roses[270] et, « brillant de mille appas », elle ressemble à un « astre » qui menace de

---

[260] p. 45, v. 191-200.

[261] p. 49, v. 305-310 et p. 53-54, v. 431-440.

[262] p. 49-50, v. 321-354.

[263] p. 51, v. 361-370.

[264] p. 44, v. 181-190 et p. 45-46, v. 211-220.

[265] p. 42-43, v. 131-140.

[266] p. 41, v. 101-110.

[267] p. 42, v. 111-120.

[268] p. 44, v. 171-180.

[269] p. 47, v. 251-254 et p. 47-48, v. 265-270.

[270] p. 43, v. 159 et p. 45, v. 216.

réduire « le monde en cendre »[271]. A propos du roi, Tristan reprend la métaphore valorisante de la lumière, qu'il associe aux images maritimes :

> Les flots qui viennent assaillir
> Le flanc de ces rochers humides
> Font jusques aux cieux rejaillir
> Mille et mille perles liquides ;
> Et l'on aurait peine à compter
> Les feux que l'on voit éclater
> Dans le voile de la nuit sombre ;
> Mais l'héritier du grand Artus
> A des grâces en plus grand nombre,
> Et brille de plus de vertus[272].

Comme dans *La Mer*, le poète utilise des métaphores qui évoquent des matières précieuses et à travers elles, il décrit la beauté de la nature à qui Charles paraît avoir rendu tout son éclat : les herbes y sont « d'émeraudes » et les ruisseaux « d'argent », des « rayons dorés » brillent sur « l'argent des ondes » et, lorsque le soleil se couche, les nuages offrent les couleurs de l'« or » et du « pourpre »[273].

L'éloge se présente donc sous la forme d'un long poème pastoral, où deux personnages de la mythologie dialoguent. S'y ajoute une troisième source d'inspiration : la nature, ce qui permet au poète de retrouver un de ses thèmes de prédilection[274]. En mêlant ainsi des genres et des thèmes variés, Tristan brise les frontières qui les séparent[275]. Si, par cet enchevêtrement de motifs, il se montre plutôt original, il ne l'est pas du tout en revanche dans le choix de la forme : suivant l'exemple malherbien, son ode, constituée de dizains d'octosyllabes, applique le schéma *ababccdede*[276].

En 1634 également, Tristan publie une série de poèmes consacrés à Isabelle d'Espagne, qui vient de mourir : *La Peinture de son Altesse*

---

[271] p. 43, v. 161-165. Image que nous avons déjà rencontrée dans *La Maison d'Astrée* (voir *supra*, p. 200).

[272] p. 40-41, v. 81-90.

[273] p. 48, v. 289-290 et p. 49, v. 311-320. Voir *supra*, p. 207.

[274] Une nouvelle fois, Tristan assure une continuité malgré la diversité de ses pièces (voir *supra*, p. 208).

[275] Voir *ibid*.

[276] Tristan fait cependant une légère entorse à la règle, car ici *b* et *d* ne sont pas masculins : *mfmfmmfmfm* (voir R. Fromilhague, *op. cit.*, p. 168).

Sérénissime[277], qui regroupe poèmes d'éloge et poèmes funèbres[278]. Certains d'entre eux, adressés à Marie de Médicis et à Marguerite de Lorraine, sont l'occasion pour le poète de rendre hommage aux deux princesses. Il souligne la constance de la reine mère face au malheur[279] en même temps qu'il rappelle la prestigieuse origine de Marguerite[280]. Lorsqu'il célèbre les qualités de l'infante, il multiplie encore les lieux communs : l'image du soleil qui décline, entraînant à sa suite les étoiles[281] ; celle de la fleur dont la tige figure l'illustre lignée d'Isabelle[282], mais qui exhale aussi un dernier parfum[283] ; la montée de l'âme jusqu'au ciel, où l'attend une gloire immortelle[284] ; ou encore les vertus de l'infante qui n'ont pu la préserver de la rigueur des Parques[285]. En outre, Tristan a recours à deux formes poétiques traditionnelles : les stances et le sonnet. Trois de ces sonnets sont réguliers et suivent un schéma identique : *abba abba ccd ede/eed*[286]. Deux sont irréguliers, sans être fondés sur la même structure : *abab baba / abba abab ccd ede*[287]. Le poète utilise une seule

---

[277] *La Peintvre de son Altesse Serenissime*, [s.l.], [s.d.]. Certains de ces poèmes sont repris dans *La Lyre, op. cit.* : « L'Infante Isabelle à l'agonie » p. 246-248, « Sur le trépas de la Sérénissime princesse Isabelle Claire Eugénie Infante d'Espagne » p. 249-253, « Sur la mort de la même princesse » p. 253-254, « A la reine mère sur la mort de l'Infante Isabelle » p. 255-256, « A Madame sur le trépas de l'Infante » p. 257-259, « A Monsieur de Dandelot sur la mort de l'Infante sa Maîtresse » p. 260-261. Comme l'indique Bernardin, l'ouvrage eut un grand succès (voir *op. cit.*, p. 165).

[278] Voir le descriptif qu'en donne A. Carriat dans sa *Bibliographie des œuvres de Tristan L'Hermite, op. cit.*, p. 11-12. Sur les circonstances de la publication, voir N.-M. Bernardin, *op. cit.*, p. 159-163. Voir aussi les deux épîtres dédicatoires reprises dans les *Lettres mêlées, op. cit.*, p. 7-11 (« A la Sérénissime Archiduchesse des Pays-Bas, Isabelle Claire Eugénie, infante d'Espagne ») et p. 12-14 (« A Monsieur le marquis d'Aytone, après la mort de l'Infante »).

[279] *La Lyre, op. cit.*, p. 255, v. 1-4.

[280] p. 257, v. 1-4.

[281] p. 248, v. 10-11 et p. 251, v. 19.

[282] p. 253, v. 1-4.

[283] p. 248, v. 12 et p. 254, v. 9.

[284] p. 252, v. 24-25 et p. 260-261, v. 1-14.

[285] p. 250, v. 8-10.

[286] « Sur la mort de la même princesse » p. 253-254, « A Madame sur le trépas de l'Infante » p. 257-259, « A Monsieur Dandelot sur la mort de l'Infante sa Maîtresse » p. 260-261.

[287] « L'Infante Isabelle à l'agonie », p. 246-248 et « A la reine mère sur la mort de l'Infante Isabelle », p. 255-256.

fois la forme des stances et choisit alors un type de strophe peu courant : le quintil d'alexandrins[288].

Le recueil est dominé par une longue ode, rédigée avant la mort de l'infante : « A la sérénissime princesse Isabelle, Claire Eugénie, archiduchesse des Pays-Bas. »[289] Dans ce poème encomiastique, Tristan ne s'écarte guère des conventions, ce qui ne l'empêche pas de déployer, dans les premiers vers, toute une rhétorique visant à ne pas donner l'impression de flatter injustement la princesse. Il affirme en effet que cet éloge est largement mérité et se défend de vouloir être hypocrite[290], tout en craignant de blesser la modestie d'Isabelle[291] et en reconnaissant que ses louanges ne pourront jamais être à la hauteur de leur objet[292]. C'est alors qu'il retrace le parcours de la princesse[293], retenant surtout le rôle politique qu'elle joua auprès de son père, Philippe II, puis aux côtés de son mari, l'archiduc Albert, gouverneur de la Belgique[294] : elle prodiguait de sages conseils au roi, qui lui confiait les secrets d'Etat[295] ; à Nieuport, elle sut stimuler le courage des troupes qui s'étaient mutinées[296] et, lors du siège d'Ostende, soutint l'ardeur des assiégeants et alla au secours des blessés[297] ; enfin, elle favorisa le développement en Flandre des arts et des sciences[298]. Par ailleurs, en bon poète courtisan, Tristan évoque l'aide qu'elle apporta à la France en accueillant Marie de Médicis, Marguerite de Lorraine et Gaston d'Orléans[299].

Pour renforcer le caractère hyperbolique de l'éloge, le poète, comme à son habitude, invoque de nombreux dieux de la mythologie[300], à

---

[288] « Sur le trépas de la sérénissime princesse Isabelle Claire Eugénie Infante d'Espagne », p. 249-252. Le schéma est le suivant : *ababa* (*fmfmf*).

[289] Poème repris dans *Les Vers héroïques* (*op. cit.*, p. 90-110).

[290] p. 90-93, v. 1-84.

[291] p. 109-110, v. 505-516.

[292] p. 109, v. 500-504.

[293] p. 93-109, v. 85-492.

[294] p. 97-106, v. 217-444.

[295] p. 97-99, v. 217-252.

[296] p. 103, v. 361-384.

[297] p. 104-105, v. 409-432.

[298] p. 105-106, v. 433-444.

[299] p. 107-109, v. 473-492.

[300] Voir *supra*, p. 199-200 et 208.

commencer par les Muses, capables de lui apporter l'inspiration[301]. Mais surtout, dès son enfance, Isabelle fut entourée de divinités, chargées de la protéger ou de la conseiller : les Destinées joignirent en elle « les vertus aux beautés », les Grâces lui apportèrent leurs « célestes douceurs », des nymphes vinrent jeter des roses sur son berceau, Minerve lui apprit à parler, les Muses l'initièrent à l'art de la poésie, Diane l'entraîna à la chasse et, enfin, les Parques préservèrent « le fil de [ses] années »[302]. L'infante fit même ombrage à une divinité, Atalante, qui n'osa chasser avec elle tant la princesse courait vite[303]. A présent, elle protège la Belgique comme l'image de Minerve les murs d'Ilion[304]. Le poète lui adresse aussi des compliments dignes de pièces galantes : les poissons, hors de l'eau, admiraient ses « charmants appas », et les oiseaux qu'elle avait pris au piège auraient pu susciter l'envie des plus grands princes[305]. Tristan introduit également des images florales : au printemps, les pas d'Isabelle faisaient naître plus de fleurs que ses mains n'en pouvaient cueillir[306], tandis que sa pureté et sa délicatesse la font ressembler au lys et à la rose[307]. En somme, la princesse offre un double visage : celui d'une femme de pouvoir, capable d'affronter les situations politiques les plus délicates, et celui d'une dame pleine de charme et de beauté. Une nouvelle fois donc, Tristan mêle poésie héroïque et poésie galante. Si, par son caractère hyperbolique et les différentes images qu'elle contient, cette ode est dans l'ensemble conforme aux règles de la poésie encomiastique, elle est cependant fondée sur une structure inhabituelle, mais qui par son ampleur renforce l'éloge : le douzain d'octosyllabes, suivant le schéma *ababccdeedde*[308].

---

[301] p. 90, v. 1-7.

[302] p. 92-93 v. 73-84, p. 92 v. 73-76, p. 93-94 v. 97-132 et p. 101 v. 318-324.

[303] p. 94-95, v. 133-144.

[304] p. 100, v. 277-288.

[305] p. 95-96, v. 145-168.

[306] p. 96, v. 181-192.

[307] p. 93, v. 92-96 et p. 101, v. 315-316.

[308] Tristan réutilise ce vers dans la pièce LXIV de *La Lyre* (*op. cit.*, p. 191). Dans l'ode de 1634, les rimes se répartissent de la façon suivante : *mfmfmmfmmffm*.

3. La participation à un recueil dédié à Richelieu

Enfin, en 1635, alors qu'il a provisoirement quitté la suite de Gaston[309], Tristan apporte sa contribution à un nouveau recueil collectif, publié à l'occasion de la fondation de l'Académie française : le *Sacrifice des Muses au grand cardinal*[310]. En effet, dès 1633, Boisrobert a l'idée de réunir des vers écrits en l'honneur de Richelieu. Chapelain, Colletet, Faret, Gombauld, Gomberville, Mlle de Gournay, L'Estoile, Racan répondent à son appel. C'est alors que Tristan manifeste le désir de s'associer au projet, dont l'enjeu est de taille[311]. Richelieu, qui a constitué autour de lui un groupe de « Cinq Auteurs », exerce en effet une grande influence sur le monde littéraire ; aussi est-il important d'attirer son attention, même si – ou surtout si – l'on a fait partie de l'entourage de Gaston. C'est pourquoi Tristan rend un hommage appuyé à celui qui pourrait lui apporter une aide : le poète identifie le cardinal à un dieu et affirme qu'aucun éloge ne saurait rendre compte de ses qualités.

E. Un écart entre les poèmes immédiatement publiés et les autres

Dans l'ensemble, l'écrivain adopte donc, pour se faire connaître, une double stratégie. A chaque fois que l'occasion lui en est offerte, il manifeste sa fidélité à Gaston, mais il s'efforce aussi d'élargir le cercle de ses relations en écrivant pour d'autres princes, et tente même de s'approcher de Richelieu. Sur le plan esthétique, il ne manifeste guère un désir de renouveau, déjà parce que son talent s'exerce dans les trois domaines alors les plus présents dans la création poétique : poésie d'éloge, poésie funèbre et poésie amoureuse. Cependant, les différents thèmes concernés finissent par se croiser. Ainsi, lorsqu'il s'adresse à une femme, qu'il s'agisse d'un poème de consolation ou d'éloge, Tristan use volontiers des procédés que lui offre alors la poésie galante. Quelque soit le registre dans lequel il s'inscrit, il a recours à des images conventionnelles : des références mythologiques, particulièrement nombreuses dans la poésie héroïque, l'alliance des contraires, notamment dans la description de la nature, les souffrances de l'amour héritées du pétrarquisme et de la pastorale, etc. Cependant, jusqu'en 1633, Tristan privilégie, au moins dans

---

[309] Voir N.-M. Bernardin, *op. cit.*, p. 173-175.

[310] *Le Sacrifice des Muses au grand cardinal de Richelieu*, Paris, Cramoisy, 1635. Poème reprod. par A. Carriat, p. 626 dans *Œuvres complètes*, t. III, éd. cit.

[311] Voir N.-M. Bernardin, *op. cit.*, p. 177-178.

ses publications, la poésie d'éloge. Sans doute souhaite-t-il avant tout montrer le lien qui l'unit au duc d'Orléans, mais les circonstances elles-mêmes favorisent ce choix esthétique : en l'occurence, les victoires militaires de Gaston et les relations amicales que celui-ci entretient avec des princes étrangers.

Aussi existe-t-il, dans le cas de Tristan, une différence entre les poèmes immédiatement publiés et les autres. Alors qu'en général les premiers tendent à suivre le cours des événements politiques ou militaires, les seconds sont davantage propices au divertissement ou à l'épanchement. Cette opposition est confirmée par un autre poème écrit, probablement avant 1631, à M. de Saintot, trésorier de la maison du roi, mais qui ne sera publié qu'en 1641 dans *La Lyre* : « Les misères humaines. »[312] Il s'agit d'une réflexion générale sur la condition humaine, dans laquelle le poète accumule les lieux communs[313]. Ainsi, le sort de l'homme ne lui paraît guère plus enviable que celui des animaux[314] ; l'amour même est source de déplaisirs[315] et, que l'on choisisse la carrière de poète ou le métier des armes, il faut toujours faire face à la jalousie de ses rivaux[316]. Quant à la mort, elle nous a privés des plus grands poètes[317] et nous arrache nos amis[318]. Finalement, le poète adopte une attitude teintée de stoïcisme :

> SAINTOT ne prenons point d'amour
> Pour ce misérable séjour
> Puisque ce n'est rien qu'un passage.
> L'insensé suit la vanité,
> Mais il faut que l'esprit du Sage
> Butte droit à l'ETERNITE[319].

Pourtant, il est possible d'y entendre des accents plus personnels, car le poète y manifeste déjà un goût pour la solitude[320] et exprime un pessimisme qui ne le quittera guère :

---

[312] « Les Misères humaines / A Monsieur de Saintot trésorier de la Maison du Roi. Stances », p. 200-211 dans *La Lyre, op. cit.*

[313] Il peut les avoir trouvés chez Ronsard, Malherbe et Théophile (voir les notes de J.-P. Chauveau, *ibid.*).

[314] p. 202-203, v. 10-36.

[315] p. 204, v. 43-54.

[316] p. 205, v. 61-72.

[317] p. 209-210, v. 109-126.

[318] p. 206, v. 73-78.

[319] p. 210-211, v. 133-138.

C'est ce qui me fait soupirer :
C'est ce qui me fait retirer
En ma solitude secrète ;
Pour penser plus tranquillement
A cette dernière retraite
Qu'il faut faire infailliblement[321].

Malgré le caractère conventionnel de ce discours, et de l'image du poète qui lui est associée, Tristan semble exprimer un profond désir de solitude. Cependant, jusqu'en 1635, il joue avant tout son rôle de poète courtisan et profite de toutes les occasions qui lui sont offertes pour flatter le duc d'Orléans ou ceux qui l'entourent.

IV. Le recueil des *Plaintes d'Acante*

A. Quelques poèmes encomiastiques et funèbres

Les Plaintes d'Acante sont éditées à Anvers en 1633[322]. La publication d'un premier recueil personnel marque pour Tristan, comme pour tout autre poète, une étape décisive : c'est l'occasion de toucher un public assez large, en même temps que l'espoir d'accroître sa notoriété ; mais c'est aussi, pour Tristan, l'aboutissement d'un travail de plusieurs années et le moyen de construire de soi une image cohérente. Après avoir écrit des pièces appartenant à différents registres et publiées séparément, le poète construit son recueil autour d'un thème central : comme l'annonce le titre, *Les Plaintes d'Acante* s'inscrivent dans la tradition élégiaque. Sans être absente, la poésie d'éloge y occupe cependant une place mineure. La complexité des relations qui unissent alors l'écrivain à son protecteur explique peut-être en partie ce choix esthétique. En outre, le thème de l'amour, l'un des plus représentés dans la poésie profane[323], s'illustre déjà

---

[320] Ce thème, qui figurait déjà dans *La Mer*, n'est pas propre à Tristan. Voir, par exemple, les *Stances sur la retraite* de Racan (1618).

[321] « Les misères humaines » dans *La Lyre*, *op. cit.*, p. 210, v. 127-132.

[322] *Plaintes d'Acante et avtres œvvres / Du Sr de Tristan*, Anvers, Aertssens, 1633 (voir A. Carriat, *op. cit.*, p. 9-10). Le recueil comporte quelques pièces liminaires, signées Simoninus, Lisola et Codoni (*Les Plaintes d'Acante et autres œuvres*, Paris, Société des Textes Français Modernes, 1909, p. 8-10). A propos de ces personnages, voir N.-M. Bernardin, *op. cit.*, p. 149. Le recueil connaît un succès considérable (voir *ibid.*, p. 155) et fait l'objet d'une réédition en France dès 1634 (voir A. Carriat, *Bibliographie des œuvres de Tristan L'Hermite*, *op. cit.*, p. 10).

[323] Voir H. Lafay, *op. cit.*, p. 98.

dans les poèmes antérieurs de Tristan. Enfin, quelques-unes des pièces contenues dans le recueil lient poésie amoureuse et poésie encomiastique : ainsi, celle qui lui donne son titre est destinée au duc de Bouillon, frère de Turenne, et à la comtesse de Bergh, nièce du prince d'Orange[324].

Figure aussi dans le recueil un sonnet daté de 1629 et adressé au seigneur de Puylorant, premier écuyer de Gaston[325]. Après l'avoir flatté, le poète, que le duc d'Orléans, faute d'argent, vient de congédier, sollicite l'aide de son interlocuteur. Enfin, Tristan introduit dans son recueil des stances sur « la venue de Madame sortie de Nancy vêtue en cavalier et arrivée heureusement à Thionville »[326]. Ce poème fait référence à un événement précis : en 1633, Marguerite, menacée par l'armée de Louis XIII, s'échappe de la capitale lorraine déguisée en homme[327]. Selon un procédé conventionnel, Tristan introduit également des images empruntées à la mythologie. Les dieux semblent en effet avoir protégé la courageuse princesse : Amour « conduisait ce Miracle des Belles », tandis que Minerve « toujours préside à sa conduite »[328]. Espérant que l'avenir favorisera Marguerite, le poète invoque les Parques et trouve ainsi l'occasion d'adresser un compliment à la princesse :

> O vigilantes sœurs, puissantes Destinées,
> Tournez de soie et d'or le fil de ses années ;
> Rendant pour son sujet tous les décrets des Cieux
> Aussi doux que ses yeux[329].

Pour lui conférer encore plus de prestige, le poète la compare successivement à Diane, Hélène et Alceste[330], soulignant ainsi deux de ses principales qualités : la beauté et la fidélité conjugale. La princesse est également identifiée à Clorinde, héroïne de la *Jérusalem délivrée* du Tasse,

---

[324] C'est ce qu'a établi E. Droz dans *Le Manuscrit des Plaintes d'Acante* (Paris, Droz, 1937). Voir aussi A. Carriat, *Choix de pages, op. cit.*, p. 232-233 et *Bibliographie des œuvres de Tristan L'Hermite, op. cit.*, p. 11. Quant à Mirtil (p. 26, v. 435-441), il représenterait le comte de Moret (voir N.-M. Bernardin, *op. cit.*, p. 153-154).

[325] « A Messire Antoine de Lage, seigneur de Puylorant », p. 82 dans *Les Plaintes d'Acante et autres œuvres, op. cit.*

[326] « Sur la venue de Madame », *ibid.*, p. 91-94.

[327] Cette situation préfigure celle qui sera exposée dans l'*Amarillis* (voir notre chapitre 7, p. 368).

[328] « Sur la venue de Madame », *op. cit.*, p. 92, v. 29-34.

[329] p. 94, v. 69-72.

[330] p. 93 v. 58-60, v. 61-64 et v. 65-68.

qui traversa sans peur le camp de Godefroy[331]. Ainsi, à l'image guerrière des lauriers Tristan mêle celle des roses, propre à la poésie galante[332]. En somme, il ne se contente pas de rapporter les faits, il leur donne une dimension presque mythique – en accord avec les règles du genre.

Quelques pièces relèvent également de la poésie funèbre : d'abord des stances que l'auteur adresse à Antoine de Villeneuve, comte de Mons et premier maître d'hôtel de Gaston, lors de la disparition de son frère[333]. Tristan utilise un argument traditionnel pour tenter d'apaiser la douleur de son destinataire. Il est nécessaire, dit-il, de faire preuve de courage et de surmonter son chagrin, comme le montre cet exemple tiré de l'Antiquité : après avoir déploré la perte de son frère, l'un des plus valeureux Troyens « s'arma dès le lendemain »[334]. Le poème s'achève par une réflexion d'inspiration stoïcienne, qui invite à supporter avec courage « la mauvaise aventure »[335]. Le recueil contient aussi une « Consolation à Idalie sur la mort d'un parent »[336]. Sans doute Tristan y évoque-t-il un personnage de fiction[337] mais, une nouvelle fois, il n'échappe pas aux conventions. Après avoir dénoncé l'injustice du sort, il mentionne quelques figures de l'histoire ancienne[338], avant de reprendre le *carpe diem* d'Horace, associé à l'image ronsardienne de la rose :

> Le Temps, qui sans repos, va d'un pas si léger,
> Emporte avecque lui toutes les belles choses :
> C'est pour nous avertir de le bien ménager
> Et faire des bouquets en la saison des roses[339].

Tristan introduit donc dans son premier recueil personnel quelques pièces à caractère encomiastique ou funèbre, qui donnent de lui l'image

---

[331] p. 91, v. 9-12.

[332] p. 92, v. 17-20.

[333] « A Messire Antoine de Villeneuve », p. 83-85 dans *ibid.*

[334] p. 85, v. 49-54. Il pourrait s'agir de Polydore, fils de Priam, tué par Achille : aussitôt après la mort de son frère, Hector reprend le combat (voir Homère, *Iliade*, chant XX, v. 407 et *sqq.*).

[335] p. 85, v. 64-66.

[336] p. 56-57.

[337] Bernardin pense qu'il s'agit d'une femme aimée de Tristan et qui faisait partie du cercle de la marquise de Puisieux (voir *op. cit.*, p. 108).

[338] *Les Plaintes d'Acante et autres œuvres*, *op. cit.*, p. 57, v. 13-16.

[339] p. 57, v. 29-32.

d'un poète courtisan. Toutefois, les relations qu'il entretient avec son maître s'avèrent relativement complexes, et peut-être a-t-il cherché à s'éloigner de lui en accordant aux pièces « officielles » une place secondaire. De fait, le recueil des *Plaintes d'Acante* est presque entièrement consacré au thème de l'amour, susceptible de satisfaire un public de cour à une époque encore marquée par la tradition pétrarquiste.

B. L'italianisme du recueil[340]

1. Une double tradition

En effet, en ce début du dix-septième siècle, la poésie amoureuse est encore sous l'emprise du pétrarquisme, qui lui-même trouve ses sources dans l'amour courtois[341]. Celui-ci est fondé, à l'exemple du lien qui unit le vassal à son suzerain, sur la soumission de l'amant à sa belle. Dans son *Canzoniere*, Pétrarque reprend cette conception de l'amour, mais en divinisant la femme, désormais inaccessible, si bien que cette dernière ouvre la voie à une quête mystique vers la Beauté, la Vertu et finalement vers Dieu. Au seizième siècle, des poètes comme Scève et Du Bellay se réclament à leur tour du pétrarquisme, auquel ils donnent volontiers une coloration néo-platonicienne. Cette tradition se poursuit, mais privée de sa dimension philosophique, avec Ronsard d'abord puis avec Desportes, avant de s'imposer dans toute la poésie amoureuse. Dans les années 1610, grâce à un auteur comme Etienne Durand, le pétrarquisme continue d'informer le discours poétique amoureux.

Une quinzaine d'années plus tard, cette esthétique se conjugue avec le marinisme. Le poète italien, qui a séjourné à Paris jusqu'au début des années 1620[342], exerce une forte influence sur les écrivains français de la première moitié du dix-septième siècle, comme Malleville ou Scudéry, et sa poésie est à l'origine du développement du concettisme, fondé sur une esthétique de la surprise : à la différence de la pointe, qui termine le sonnet ou l'épigramme, le *concetto* traverse en général tout le poème ; mais dans les deux cas, il s'agit bien de mettre en valeur une idée ingénieuse selon

---

[340] Ayant déjà longuement étudié cet aspect dans notre chapitre 2 (voir p. 132 et *sqq.*), nous n'en retenons ici que les éléments qui intéressent directement notre démonstration.

[341] Sur la tradition pétrarquiste, voir notamment A. Génetiot, *Poétique du loisir mondain : de Voiture à La Fontaine*, Paris, Champion (Lumière classique), 1997, p. 183-307.

[342] Arrivé à Paris en 1615, Marino y publie deux de ses œuvres, *La Sampogna* en 1620 et l'*Adone* en 1623, accompagnée d'une préface de Chapelain.

une esthétique « maniériste » qui, comme le remarque Alain Génetiot,
« préfère, à l'invention de thématiques nouvelles, la variation formelle sur
un lieu commun »[343]. Aussi la poésie mariniste privilégie-t-elle l'antithèse
et l'oxymore, propres à susciter l'étonnement du lecteur. Se développent
également, sous l'influence de Marino et de ses disciples, les éloges
paradoxaux : la belle more, la belle en deuil, la belle gueuse[344]... De
manière générale, la rhétorique amoureuse à l'œuvre dans la poésie
italienne est fondée sur des images récurrentes : les yeux vainqueurs,
résurgence de l'allégorie antique d'Amour qui blesse sa victime ; le
martyre de l'amant qui, paradoxalement, se plaît à souffrir ; l'attachement à
la dame, qui ressemble davantage à un esclavage ou à un emprisonnement ;
les pleurs et soupirs, qui traduisent la souffrance d'un amour mal
récompensé. De même, le portrait de la femme aimée suppose la reprise de
métaphores figées : les parties du corps, volontiers isolées[345], sont
comparées à des fleurs ou à des pierres précieuses (la bouche est de roses,
le teint d'albâtre, les cheveux d'or, etc.[346]). A toutes ces images s'ajoute la
métaphore solaire, qui a donné naissance au thème de la belle matineuse
auquel se sont essayés des poètes comme Voiture et Malleville : le *concetto*
consiste alors à dire que la beauté lumineuse de la femme éclipse même
celle du soleil.

2. *Le contenu du recueil*

A l'évidence, le recueil des *Plaintes d'Acante* est placé sous le signe du
pétrarquisme[347] et du marinisme. Ainsi, les sentiments exprimés touchent
au paroxysme : l'amant, désespéré, est constamment au bord de la

---

[343] A. Génetiot, *op. cit.*, p. 196. Voir G. Mathieu-Castellani, « Tristan ou la
négligence avantageuse. Notes pour une esthétique maniériste », p. 19-26 dans *Cahiers
Tristan L'Hermite* n° 17 : *Les Fortunes de Tristan*, 1995.

[344] Voir V. Larbaud, « Trois belles mendiantes », p. 77-104 dans *Techniques*,
[Paris] : Gallimard, 1932. Le goût du paradoxe qui se manifeste ainsi est considéré
comme l'un des traits majeurs de l'esthétique baroque (voir notre chapitre 2, p. 137).

[345] Sur cette esthétique de la fragmentation, voir O. de Mourgues, « The Myopic
and Disconnected Vision », p. 93 et *sqq.* dans *Metaphysical, baroque and précieux
poetry*, Oxford, [s.n.], 1953.

[346] Voir G. Genette, « 'L'or tombe sous le fer' », p. 29-38 dans *Figures I*, Paris,
Seuil, 1966.

[347] Voir Y. Bellenger, « L''objet' amoureux dans la poésie de Tristan », p. 8-17
dans *Cahiers Tristan L'Hermite* n° 5 : *Tristan poète lyrique*, 1983.

tombe[348], l'indifférence de l'être aimé[349], son ingratitude[350] et son absence[351] constituant autant de motifs de souffrance. Le poème intitulé « Contre l'absence » est un bon exemple de cette rhétorique hyperbolique, car le poète y affirme que les pires malheurs ne sont rien comparés à la souffrance causée par l'absence de sa dame[352]. Quant à l'inconstance, elle provoque immanquablement dépit[353] et jalousie[354]. Tour à tour, l'amant affirme sa volonté d'oublier une femme qui reste inflexible malgré ses prières[355], et souligne le caractère inexorable de l'amour que suscite un être adorable et divin[356]. Tristan suit encore Pétrarque et ses imitateurs lorsque, pour dépeindre la femme, il introduit des métaphores florales et minérales : le « Portrait d'une rare beauté » concentre ainsi tous les lieux communs attachés au thème[357].

Le poète évoque un autre aspect de la tradition pétrarquiste : dans « L'amour divin »[358], l'amant exprime son désir de renoncer à l'amour qu'il porte à sa dame, pour se consacrer désormais à Dieu et, selon une dialectique qui rappelle la philosophie platonicienne, l'âme est invitée à s'éveiller du « sommeil » qui lui faisait prendre « l'ombre pour le Soleil »[359]. En effet, tandis que la femme n'offre que l'image de l'« ingra-

---

[348] Voir par exemple « A ces cimetières », p. 77 dans *Plaintes d'Acante et autres œuvres, op. cit.*

[349] Voir « Plaintes d'amour », p. 88.

[350] « L'humeur ingrate », p. 87.

[351] « Contre l'absence » p. 53-56, « Le départ de Philis » p. 75, « Appréhension d'un départ » p. 76, « Sur un tombeau » p. 77-78.

[352] « Contre l'absence », p. 53, v. 1-8.

[353] « Le dépit corrigé », p. 66-67.

[354] « Jalousie », p. 90.

[355] « Le mépris » p. 72-73, « L'amour divin » p. 81.

[356] « Les louanges », p. 87.

[357] « Portrait d'une rare beauté », p. 95.

[358] « L'amour divin », p. 81.

[359] v. 1 et 4.

titude » et de l'« inconstance »[360], Dieu fait toujours la preuve de sa bonté[361].

Fidèle à la tradition mariniste, Tristan reprend le motif de la belle en deuil ainsi que celui de la belle malade[362], ce qui donne lieu à la formulation de paradoxes : les yeux de la dame éclatent malgré « un si sombre atour », de telle sorte qu'Amour semble s'être « déguisé sous l'habit de la Mort »[363]. De manière générale, le recueil abonde en oxymores et en antithèses : l'eau se mêle au feu (la raison « se noie » dans les « ondes de flamme » que dessinent les cheveux[364]), le feu est associé à la glace (le feu de l'amour ne parvient pas à faire fondre la glace de l'indifférence[365]), etc. Tristan développe une rhétorique du trait où la pointe, destinée à produire un effet de surprise, consiste souvent en un paradoxe : par exemple, alors que Philis s'apprête à partir, son amant n'a « plus qu'un moment à vivre et plus de mille ans à mourir »[366]. Ces pointes peuvent être soutenues par des figures de style, comme le parallélisme : « je meurs en ta cendre et tu vis dans ma flamme. »[367] Cette dialectique de la vie et de la mort apparaît sous une autre forme encore : ingrate, Sylvie méprise ce qui pourrait la rendre immortelle, et fait mourir son amant[368]. La pointe peut également résulter d'un effet d'accumulation : ainsi, après avoir défini tous les objets que peuvent convoiter les « Conquérants ambitieux », le poète déclare que « tout cela vaut moins qu'un regard de

---

[360] v. 14 et 9. A rapprocher de « Enfin guéri de la folie… » (voir *supra*, p. 201-204).

[361] Ce poème a pu être interprété comme le témoignage d'une conversion (voir R. Lacôte, « Tristan L'Hermite et sa façade poétique », *Lettres françaises*, 8-14 septembre 1955, p. 5). Mais comme en témoigne *L'Office de la sainte vierge*, la présence de thèmes religieux peut simplement exprimer la volonté du poète de s'inscrire dans une certaine tradition (voir notre chapitre 2, p. 152).

[362] *Les Plaintes d'Acante*, *op. cit.*, p. 71 et 75-76.

[363] « La belle en deuil », p. 71, v. 6 et 14. F. Graziani interprète l'alliance des thèmes de l'amour et de la mort comme la reprise d'un *topos* hérité de Marino (voir notre chapitre 2, p. 136).

[364] « Les cheveux blonds », p. 64, v. 1-4.

[365] « Les tourments agréables » p. 65 v. 5, « Résolution d'aimer » p. 69 v. 21, « L'amant discret » p. 74 v. 31, « Pour une excellente beauté qui se mirait » p. 86 v. 3-4.

[366] « Le départ de Philis », p. 75, v. 9-10.

[367] « Sur un tombeau », p. 78, v. 14.

[368] « L'avis considérable », p. 66, v. 14. Le prénom de Sylvie, déjà présent chez Le Tasse, est étymologiquement associé à la pastorale.

Philis »[369]. Tristan recourt aussi à la syllepse, procédé qui consiste à prendre un mot à la fois au sens propre et au sens figuré : ainsi, lorsque Philis souffre de la fièvre, « la neige de son corps se résout toute en eau »[370].

Si, dans l'ensemble, le recueil est dominé par la tradition italienne, d'autres images toutefois surgissent. A l'exemple de ses contemporains, le poète introduit la métaphore de la mer, dont les incertitudes rappellent celles de l'amour[371], ou encore la métaphore de la rose, dont les épines touchent le cœur de l'amant[372]. Cette dernière image révèle l'influence de Ronsard et de Malherbe, qui eux-mêmes ne font que reprendre une longue tradition : symbole de beauté et de fragilité, la métaphore florale sert à évoquer la mort de l'être aimé[373]. Une autre série d'images apparaît, qui naît de la peur suscitée par la mort : la rencontre de ces « ombres dolentes », qui chaque nuit « se plaignent de leur adversité », nourrit la mélancolie du poète, cependant que les tombeaux, « pâles témoins de la rigueur du Sort »[374], lui font découvrir la vanité de l'existence humaine. Le recueil est ainsi touché par cet imaginaire macabre qui apparaît comme l'une des caractéristiques majeures du temps[375]. Mais alors que, dans *Les Terreurs nocturnes*, l'humour rendait moins effrayant le spectacle de la nuit[376], dans ces poèmes le ton se fait nettement plus grave. En outre, le lien qui les rattache à l'ensemble du recueil reste assez fragile : si la pièce suivante, « Sur un tombeau », est consacrée à la mort de Philis, elle porte

---

[369] « Aux conquérants ambitieux », p. 62, v. 14. On trouve le même procédé dans « Les Louanges » (p. 87) et dans « Madrigal » (p. 94).

[370] « La belle malade », p. 75, v. 5. Ce procédé sera repris dans « La belle gueuse » (*Les Vers héroïques, op. cit.*, p. 244).

[371] « Le dépit corrigé », p. 66, v. 5 et « Résolution d'aimer », p. 70, v. 37-40. Nous avons déjà rencontré ce thème hors du contexte amoureux (voir *supra*, p. 204).

[372] « Résolution d'aimer » p. 69, v. 23-24 et « Chanson » p. 89, v. 23-24 dans *Les Plaintes d'Acante et autres œuvres, op. cit.* On trouve aussi l'image du serpent sous les roses (voir par exemple « Chanson », p. 89, v. 23-24).

[373] « Sur un tombeau », p. 77, v. 5-8. Voir *supra*, p. 209-210. La question de l'influence de Malherbe sur Tristan fera l'objet d'une étude spécifique (voir *supra*, p. 237-238).

[374] « A des cimetières », p. 77, v. 1-2 et 9.

[375] Voir J. Rousset, *La Littérature de l'âge baroque en France, op. cit.*, p. 81-117.

[376] Voir *supra*, p. 216-218.

surtout les traces de l'héritage mariniste[377]. Celui-ci n'est pourtant pas absent des « Cimetières », pièce qui se termine par un *concetto* susceptible d'allier poésie funèbre et poésie galante :

> Mais le plus doux objet qui s'offre à ma pensée
> Est beaucoup plus funeste et plus triste que vous[378].

C. Des références mythologiques

Le recueil contient aussi quelques références à la mythologie[379]. Selon un procédé déjà courant à la Renaissance, le poète personnifie ainsi des réalités abstraites : les Muses incarnent l'inspiration poétique[380], Pylade l'amitié[381] et Mars les catastrophes de la guerre[382]. L'évocation de personnages mythologiques contribue surtout à idéaliser la femme aimée : ainsi, « la Nymphe que j'adore » semble être « une nouvelle Aurore »[383]. Par cette dernière image, Tristan introduit déjà discrètement le thème de la belle matineuse, appelé à connaître un grand succès[384]. Ce thème réapparaît lorsque le poète décrit la belle se mirant dans l'eau, image qui appelle une comparaison avec Narcisse et permet d'associer le feu à la glace :

> Amarille en se regardant
> Pour se conseiller de sa grâce
> Met aujourd'hui des feux dans cette glace
> Et d'un cristal commun fait un Miroir ardent
>
> Ainsi touché d'un soin pareil
> Tous les matins l'Astre du Monde
> Lors qu'il se lève en se mirant dans l'onde,
> Pense tout étonné voir un autre Soleil.

---

[377] Notons au passage la réminiscence malherbienne : « Elle passa pourtant de même qu'une Rose » (v. 7), qui rappelle les célèbres vers :
Et rose, elle dura ce que durent les roses,
L'espace d'un instant...

[378] « A des cimetières », p. 77, v. 13-14.

[379] Si l'on excepte pour le moment « Le promenoir des deux amants » et les « Plaintes d'Acante ».

[380] « A l'honneur de Sylvie », p. 5, v. 1...

[381] p. 54, v. 47-48.

[382] « Contre l'absence », p. 53, v. 3.

[383] « La négligence avantageuse », p. 63, v. 1 et 4.

[384] Voir notre chapitre 5, p. 300.

> Ainsi l'ingrat Chasseur dompté
> Par les seuls traits de son image,
> Penché sur l'eau, fit le premier hommage
> De ses nouveaux désirs à sa propre beauté[385].

La sagesse et la beauté de Philis la rendent encore comparable à Minerve[386] et à Vénus[387]. Le poète fait enfin allusion au dieu Amour qui, avec « La belle malade », risque de perdre « tout ce que [son] Empire eut jamais de plus beau »[388].

Enfin, le thème du bain donne lieu à une réinterprétation du mythe d'Actéon[389]. Le chasseur surprit Diane au bain, elle lui jeta de l'eau au visage et, aussitôt, il fut métamorphosé en cerf et dévoré par ses chiens[390]. Dans le poème de Tristan, empreint d'une vive sensualité, Clorinde, « n'ayant le corps vêtu que d'un moite Elément », se laisse embrasser par « quelque Dieu dans ces eaux caché secrètement »[391]. Le dernier tercet, consacré à la métamorphose, contient une image empruntée à la tradition pétrarquiste :

> Cependant cet Objet dont je suis Idolâtre
> Après tous ces excès n'a fait pour le punir
> Que donner à son Onde une couleur d'albâtre.

Nous retrouvons ainsi une des constantes de la poésie tristanienne, à laquelle la critique en général s'est montrée peu sensible : le mélange d'héritages, qui rend possible un renouvellement des traditions poétiques[392]. En revanche, dans « Le ravissement d'Europe »[393], Tristan semble porter sur le mythe un regard plutôt ironique : alors que les deux premières

---

[385] « Pour une excellente beauté qui se mirait », p. 86, v. 1-12.

[386] « Les tourments agréables », p. 65, v. 13.

[387] v. 14.

[388] « La belle malade », p. 75, v. 4.

[389] « Jalousie », p. 90, v. 1-4.

[390] Voir Ovide, *Métamorphoses* III, v. 110-249.

[391] *Les Plaintes d'Acante et autres œuvres*, *op. cit.*, p. 90, v. 4-5.

[392] Voir *supra*, p. 201. Pour bon nombre de critiques en effet, l'originalité du poète consiste plutôt en un renouvellement des images elles-mêmes (voir notre chapitre 2, p. 154). Nous en verrons un nouvel exemple avec « Le promenoir des deux amants » (voir *infra*, p. 239 et *sqq.*).

[393] « Le ravissement d'Europe », *op. cit.*, p. 80-81.

strophes célèbrent l'audace de Jupiter, métamorphosé en taureau et fendant l'eau « aussi légèrement que peut faire un vaisseau »[394], les deux dernières le ridiculisent en associant les cornes au cocuage.

D. L'utilisation de formes malherbiennes

Le recueil fait apparaître un autre héritage, que jusqu'à présent nous n'avons rencontré que furtivement : celui de Malherbe. Pour mesurer précisément l'influence de ce dernier sur Tristan, il nous paraît nécessaire de comparer les formes métriques de l'un à celles de l'autre[395]. Dans ce domaine, l'auteur des *Plaintes d'Acante* choisit la diversité, sans pour autant viser l'originalité. En effet, il reprend des genres poétiques traditionnels : les stances[396] et l'ode[397], abondamment pratiquées par Malherbe ; le madrigal[398] qui, dès 1632, s'est imposé dans la poésie galante[399] ; la chanson, héritière du Moyen Age, mais récemment remise au goût du jour ; et surtout le sonnet[400] qui, déjà chez les poètes de la Pléiade, constituait un genre de prédilection dans l'expression du sentiment amoureux. En outre, Tristan se conforme aux règles métriques alors en usage[401]. La plupart de ses sonnets sont réguliers : six seulement ne le sont pas, et aucun d'entre eux n'entre dans la catégorie des sonnets « libertins ». Dans les sizains, le poète utilise principalement l'octosyllabe. Or, si cette forme strophique est relativement peu employée au seizième siècle, elle l'est assez souvent par Malherbe et certains de ses successeurs, et la combinaison *aabcbc* que Tristan applique est la plus fréquente en son temps[402].

---

[394] p. 80, v. 7.

[395] Dans l'ensemble, la critique tristanienne s'est montrée plus sensible aux thèmes et aux images que le poète avait pu hériter de son prédécesseur (voir notre chapitre 2, p. 151).

[396] Pièces II, IV, V, XV, XVI, XVIII, XIX, XXXII.

[397] VII.

[398] I, III, XL.

[399] *La Guirlande de Julie* (1632-1641) lui donna l'impulsion qui lui manquait. Il s'agit d'une œuvre collective, sur l'idée du marquis de Montauzier qui courtisait alors Julie d'Angennes, fille de Mme de Rambouillet (voir A. Adam, *Histoire de la littérature française au dix-septième siècle*, t. I, *op. cit.*).

[400] *Les Plaintes d'Acante et autres œuvres, op. cit.*, VIII, IX, X, XI, XII, XIII, XIV, XVII, XXI, XXII, XXIV, XXVIII, XXX, XXXIV, XXXV, XXXVIII, XLI.

[401] Voir l'étude de J. Madeleine, *op. cit.*, p. 235-242.

[402] Les poètes qui l'ont le plus employée sont, outre Tristan, Maynard, Théophile et Malleville (voir R. Fromilhague, *op. cit.*, p. 151 et 153-154).

Le recueil offre un seul exemple de sizain d'alexandrins et d'octosyllabes, avec la formule *aabcbc*. Pourtant, Malherbe a plus souvent eu recours au sizain hétérométrique à base d'alexandrins qu'au sizain isométrique d'octosyllabes et, comme le souligne René Fromilhague, « son influence a au moins précipité le succès au dix-septième siècle de l'association 8.12, reprise par des poètes comme Benserade, Corneille, Frénicle, Godeau, Gombauld, Malleville, Rotrou, Sarasin et Scudéry »[403]. Quant au sizain formé d'alexandrins, d'octosyllabes et d'heptasyllabes, il n'est utilisé qu'une fois par Tristan, qui ainsi respecte les principes de Malherbe. Celui-ci refuse en effet le sizain de plus de deux mesures, ce qui n'empêchera pas ses disciples de faire le succès de cette forme[404]. Pour le dizain, l'auteur des *Plaintes d'Acante* privilégie l'octosyllabe, suivant en cela l'exemple de son aîné[405]. Dans les quatrains, Tristan applique une grande variété de mètres : dans les strophes isométriques l'octosyllabe ou l'alexandrin, et dans les strophes hétérométriques diverses combinaisons (l'alexandrin et l'hexasyllabe, l'alexandrin joint à l'octosyllabe et à l'hexasyllabe, ou encore l'alexandrin associé à l'octosyllabe et au décasyllabe). Or le quatrain isométrique, très rare chez Malherbe, est rapidement abandonné au cours du dix-septième siècle, sizain et dizain prenant le pas sur lui ; à l'inverse, Malherbe accorde une assez large place au quatrain hétérométrique à base d'alexandrins, forme strophique peu usitée avant lui[406]. Enfin, dans les « Plaintes d'Acante », Tristan emploie une forme inhabituelle : une strophe de sept vers hétérométriques, dont il a pu trouver le modèle dans la poésie anglaise contemporaine[407]. L'emploi d'une très grande diversité de formes n'exclut donc pas une relative fidélité aux usages malherbiens.

---

[403] *Ibid.*, p. 156-157 et 160.

[404] *Ibid.*, p. 163.

[405] *Ibid.*, p. 170.

[406] *Ibid.*, p. 140-146.

[407] Telle est du moins l'hypothèse formulée par J.-P. Chauveau et J.-C. Payen dans *La Poésie des origines à 1715*, Paris, Colin (collection U), 1968, p. 469.

E. Les « Plaintes d'Acante » et « Le promenoir des deux amants »

1. Des pièces exemplaires

Le recueil reste néanmoins dominé par deux poèmes, « Le promenoir des deux amants » et les « Plaintes d'Acante »[408], qui ont fait l'objet de très nombreux commentaires. En effet, la critique a voulu y voir des pièces caractéristiques de l'imaginaire tristanien, et il est permis de s'interroger sur les raisons de cette prédilection. En premier lieu, ces deux pièces réalisent une synthèse de diverses traditions que Tristan a déjà exploitées et, en cela, elles marquent un aboutissement pour le poète. Ainsi, « Le promenoir des deux amants » révèle des influences extrêmement variées. Le décor décrit dans la première strophe appartient à la tradition pastorale : l'eau traverse « cette Grotte sombre où l'on respire un air si doux »[409] ; et la « fontaine », au bord de laquelle l'amant invite sa dame à s'asseoir[410], est sans doute un souvenir de la « fontaine des vérités d'amour » de *L'Astrée*. D'autres aspects contribuent à rendre l'endroit idyllique : les fleurs, qui en ce printemps couvrent « ces tapis verts »[411], et la bienveillance des « Cieux » en un lieu que jamais les vents ni le tonnerre n'ont troublé[412]. La présence de divinités achève de rendre le jardin propice à la rencontre amoureuse : une naïade sommeille sous « ces roseaux »[413], des nymphes suivent « ces routes divines », empêchant les fleurs de porter des épines[414], pendant que Diane traverse les forêts « avec ses

---

[408] *Les Plaintes d'Acante et autres œuvres, op. cit.*, p. 11-29 et p. 58-62. C'est bien autour des « Plaintes d'Acante » que s'est constitué le recueil. Tristan, soucieux de répondre à une commande du duc de Bouillon, a choisi d'agrémenter son poème d'une série de pièces d'inspiration pétrarquiste. *La Lyre* sera fondée sur le même principe de construction (voir notre chapitre 5, p. 298).

[409] *Les Plaintes d'Acante et autres œuvres, op. cit.*, p. 58, v. 2. Selon J.-P. Chauveau, cette « grotte sombre » peut être un souvenir de « 'l'*antrum nemorale*' où Ovide (*Métamorphoses* III, 157) situe, justement, le bain de Diane au début de l'histoire d'Actéon » (« L'esprit et la lettre. Poètes débutants en face de leurs modèles : Théophile, Tristan et Furetière », p. 21-38 dans *XVIIᵉ siècle* n° 186 : *La Réécriture au XVIIᵉ siècle*, janvier-mars 1995, cité p. 25).

[410] p. 60, v. 53-56.

[411] p. 58, v. 17-20.

[412] p. 60, v. 49-52.

[413] p. 58, v. 13-16.

[414] p. 59, v. 45-48.

compagnes »[415]. En revanche, les plaintes de Philomèle, devenu un « Rossignol mélancolique »[416], semblent présager une issue malheureuse. Le promenoir garde aussi en mémoire des épisodes de la mythologie[417] : Tristan évoque le « vivier » où « mourut autre-fois Narcisse »[418] ainsi que les « forts » où Vénus retrouva Anchise[419], et imagine que les soupirs de Zéphire, jaloux de la beauté de Climène, se mêlent à sa douce haleine[420].

Mais la pastorale et la mythologie ne sont pas les seules sources d'inspiration du poète, qui reprend également des métaphores issues de la tradition pétrarquiste : ainsi, le visage de la belle est comparé à des « roses »[421], son haleine au parfum de l'« Ambre »[422], ses yeux à des « astres »[423], ses cheveux à des « filets »[424] et ses seins à « deux monts d'albâtre »[425]. Placée dans un recueil qui fait largement usage de ce type de procédé, cette pièce révèle son caractère exemplaire. Parallèlement, le poète introduit des *concetti* dans l'esprit du marinisme : l'amant demande à sa maîtresse de « boire au creux de ses mains si l'eau n'en dissout point la neige »[426] ; ou encore, un baiser pourrait étouffer la flamme qui anime l'amant, mais risque aussi de le faire mourir de joie[427]. A travers le thème de l'eau, Tristan exploite le motif du miroir : à l'exemple de Narcisse, Climène, indifférente à son amant, mourrait d'amour pour elle-même si elle se contemplait dans l'eau du lac[428]. Malgré le caractère conventionnel de toutes ces métaphores, Tristan trouve parfois des accents personnels, en particulier lorsqu'il se risque à des acrobaties verbales : les Amours, que les

---

[415] p. 59, v. 21-24.

[416] p. 59, v. 29-32.

[417] En cela, on peut le comparer au jardin des métamorphoses décrit dans les « Plaintes d'Acante » (voir *infra*, p. 246).

[418] « Le promenoir des deux amants », *op. cit.*, p. 58, v. 5-8.

[419] p. 59, v. 41-44.

[420] p. 60, v. 57-64.

[421] p. 60, v. 57-60.

[422] p. 60, v. 61-64.

[423] p. 60, v. 69-72.

[424] p. 61, v. 77-80.

[425] p. 61, v. 81-84.

[426] p. 61, v. 93-96.

[427] p. 61-62, v. 101-112.

[428] p. 60, v. 73-76.

cheveux de la belle retiennent prisonniers, pourraient se « précipiter du haut de ces deux monts d'albâtre »[429] ; et l'amant voit le visage de l'aimée « flotter » avec ses désirs, mais craint que ses soupirs « ne lui fassent faire naufrage »[430]. En enchaînant ainsi les images aquatiques, elles-mêmes courantes dans la poésie amoureuse[431], le poète décrit un monde incertain où l'amour se trouve constamment menacé.

Manifestement, Tristan s'est inspiré de *La Solitude* de Théophile, œuvre de jeunesse dont la date de composition n'est pas clairement établie[432]. La comparaison entre les deux poèmes fait en effet apparaître de nombreuses analogies, notamment dans le mode de composition : dans les deux cas, la description de la nature est suivie d'un portrait idéalisé de la femme aimée, avant que ne soit suggérée l'union des deux amants. Ensuite, dans le détail des images, les similitudes ne manqueront pas de frapper le lecteur. Ainsi, la « Grotte sombre » semble faire écho au « val solitaire et sombre »[433]. Et quelques vers plus loin, Tristan, comme Théophile, fait apparaître une naïade ; mais, alors que son prédécesseur évoque une « demeure de cristal »[434], l'auteur du « Promenoir » privilégie l'élément liquide, auquel est associé le thème du sommeil[435]. D'autres personnages de la mythologie encore sont représentés : Philomèle qui fait entendre sa plainte[436], et Diane

---

[429] p. 61, v. 81-84.

[430] p. 61, v. 85-88.

[431] Voir *supra*, p. 207.

[432] Voir *Œuvres poétiques*, t. I, *op. cit.*, p. 160-165. Nous ne nous attarderons guère sur le rapport entre les deux poèmes, la critique s'y étant déjà largement intéressée (voir *infra*, p. 243-245).

[433] « Le promenoir des deux amants », *op. cit.*, p. 58, v. 1. « La solitude », *op. cit.*, p. 160, v. 1.

[434] p. 160-161, v. 5-8. Voir Saint-Amant, « La solitude », *op. cit.*, p. 36, v. 38-40 :
...quelque Naïade superbe
Règne comme en son lit natal,
Dessus un trône de cristal !

[435] « Le promenoir des deux amants », p. 58, v. 13-16 :
Ces roseaux, cette fleur vermeille,
Et ces glaix en l'eau paraissant,
Forment les songes innocents
De la Naïade qui sommeille.
Il s'agit vraiment là d'un élément d'originalité dans le poème de Tristan. Dans la seconde version, celle des *Amours* (1638), l'auteur met à distance les images héritées de l'Antiquité : il fait disparaître la naïade, mais conserve les thèmes de l'eau et du sommeil (voir la note, p. 58). Des critiques ont interprété ces images à la lumière du symbolisme (voir notre chapitre 1, p. 101).

[436] « La solitude », p. 161, v. 21-24. « Le promenoir », p. 59, v. 29-32.

qui accorda ses faveurs à Endymion[437]. Bien que, dans chacun des deux poèmes, le cadre semble plutôt propice à la rencontre amoureuse, des éléments de tension surgissent qui annoncent en même temps l'union des amants, vécue comme une sorte de combat[438]. Tristan et Théophile se rencontrent aussi dans les termes par lesquels est formulée l'invitation à la dame[439] : dans les deux odes, celle-ci est entourée de « mille Amours », eux-mêmes victimes de ses charmes[440]. Pour décrire l'être aimé, les deux poètes empruntent à la tradition italienne une série de métaphores figées : les doigts ou les bras sont d'ivoire, le teint de glace, la bouche d'ambre et de rose[441]. Enfin, la sensualité trouve principalement son expression dans deux thèmes : celui de l'eau, qui véhicule les motifs du reflet et de l'illusion[442], et plus encore celui du baiser[443].

La Solitude de Saint-Amant a elle-même pu servir de modèle à Tristan[444], comme semble le prouver la proximité de certaines images : chacun des deux poètes s'attache ainsi à décrire un lieu dominé par la quiétude et l'harmonie[445], mais aussi marqué par la présence de figures mythologiques. A l'exemple du personnage de Théophile, Philomèle fait entendre son chant mélancolique, cependant que la naïade règne dans l'eau « comme en son lit natal »[446]. Dans l'ensemble, les trois poèmes présentent des caractéristiques majeures identiques : l'évocation d'un cadre naturel,

---

[437] « La solitude », p. 161, v. 33-36. « Le promenoir », p. 62, v. 105-108.

[438] « La solitude », p. 161, v. 19-20. « Le promenoir », p. 58, v. 1-4.

[439] « La solitude », p. 162, v. 61-64. « Le promenoir », p. 60, v. 53-56.

[440] « La solitude », p. 162-163, v. 65-72. « Le promenoir », p. 61, v. 77-84.

[441] « La solitude », p. 164 v. 105 et p. 165 v. 143-144, p. 163 v. 92 et v. 97.

[442] *Ibid.*, p. 160 v. 2-4, p. 164 v. 105-112. « Le promenoir », p. 58 v. 1-4 et 9-16, p. 60 v. 65-68, p. 61 v. 85-88 et v. 93-96.

[443] « La solitude », p. 164-165, v. 129-164. « Le promenoir », p. 61-62, v. 101-112.

[444] Voir J. Lagny, art. cit.

[445] A noter, en particulier, la description d'une « grotte fraîche » (« La solitude », *op. cit.*, p. 42, v. 121).

[446] p. 36, v. 38-40. Comme le remarque J.-P. Chauveau (art. cit., p. 23), Tristan « a pu amalgamer des éléments de deux strophes différentes de 'La solitude' de Saint-Amant » :

> Au creux de cette grotte fraîche
> Où l'Amour se pourrait geler... (str. 13)
> Tantôt, l'onde brouillant l'arène
> Murmure et frémit de courroux,
> Se roulant dessus les cailloux
> Qu'elle apporte, et qu'elle r'entraîne...(str. 16).

issu du *locus amœnus* de la pastorale, et animé par des figures de la mythologie. « Le promenoir » n'est pas sans rappeler un autre poème de Saint-Amant, *La Jouissance*, écrite avant 1624[447] : même invitation au plaisir dans un cadre rustique, où se déroulent des scènes similaires. Ainsi, les « Amours » de Tristan, qui se disputent une cerise, rappellent les « petits Amours éveillés » qui dansent « par ces champs émaillés avec les Grâces leurs Maîtresses »[448]. La description de ces personnages ouvre à l'expression d'une vive sensualité qui, dans les deux poèmes, se manifeste par des images voisines :

> Vois mille Amours qui se vont prendre
> Dans les filets de tes cheveux ;
> ....
> Cette troupe jeune et folâtre
> Si tu pensais la dépiter,
> S'irait soudain précipiter
> Du haut de ces deux monts d'albâtre.

> Ils se venaient tous reposer
> Au milieu du sein de ma Belle,
> Faisant naître aussitôt mille divins appas[449].

Comme dans *La Solitude* de Théophile, l'union amoureuse est perçue comme un combat. Mais, alors que chez Tristan cette lutte apparaît sous une forme métaphorique, dans le poème de Saint-Amant elle se voit directement exprimée[450]. L'auteur du « Promenoir des deux amants » semble donc avoir hérité de poètes qui appartiennent à la même génération que lui[451].

Si les critiques se sont attachés à montrer ce qui pouvait unir le poème de Tristan et celui de Théophile, ils se sont surtout efforcés de saisir l'originalité du premier[452]. Ainsi, dans une étude récente, Jean-Pierre

---

[447] *Œuvres, op. cit.*, p. 163-171.

[448] « Le promenoir », *op. cit.*, p. 59, v. 41-44. « La jouissance », *op. cit.*, p. 165, v. 41-44.

[449] « Le promenoir », *op. cit.*, p. 61, v. 77-84. « La jouissance », *op. cit.*, p. 165, v. 46-48.

[450] « Le promenoir », *op. cit.*, p. 58, v. 1-4 : Tristan décrit la lutte de l'onde avec les cailloux, puis celle de la lumière avec l'ombre. Voir « La jouissance », *op. cit.*, p. 168-170, v. 111-150 : Saint-Amant, lui, utilise un vocabulaire militaire.

[451] Voir *supra*, n. 139.

[452] Cet aspect de la critique a été décrit dans notre chapitre 3.

Chauveau compare non seulement *La Solitude* de Théophile et *Le Promenoir* de Tristan, mais aussi *Le Promenoir de deux amants* écrit par Furetière en 1655[453]. Il constate d'abord que, dans les trois cas, la composition est à peu près identique :

> On retrouve [...] une articulation en deux parties de longueur inégale : d'abord l'introduction dans un décor dont les éléments constitutifs renvoient à une sorte d'âge d'or et de paradis voué à l'amour ; ensuite l'entrée en scène du couple amoureux, et le discours, qui se veut de plus en plus persuasif et pressant, de l'homme, prélude à l'union physique des amants dont le poète suggère, plutôt qu'il ne décrit, l'accomplissement[454].

Mais, comme le remarque ensuite le critique à propos de Tristan et de Théophile, les présences légendaires, qui affleurent constamment sous les réalités sensibles, font peser sur le héros une vague menace[455]. Les deux poèmes divergent néanmoins sur un point : alors que le paysage tristanien exprime la « promesse d'une trêve heureuse », les évocations théophiliennes font entendre des « résonances dramatiques »[456]. Autre particularité propre à Tristan : dans la seconde partie du « Promenoir », le poète se laisse séduire par une « élégante gaieté de salon », ce qui ne l'empêche pas de suggérer les « complexités du sentiment »[457]. En revanche, sur le plan formel, les deux poèmes reposent exactement sur la même structure :

> poèmes strophiques intitulées *odes*, mais à la manière des 'odelettes' de la Pléiade : la strophe est courte (quatrains), le mètre aussi (octosyllabes), avec le même schéma de rimes (*fmmf*). Il est remarquable que l'emploi de cette forme strophique soit à peu près unique aussi bien chez Tristan que chez Théophile[458].

Wolfgang Leiner tente, à son tour, de définir l'originalité de Tristan telle qu'elle semble s'illustrer dans « Le promenoir »[459]. Ainsi, malgré le

---

[453] J.-P. Chauveau, « L'esprit et la lettre. Poètes débutants en face de leurs modèles : Théophile, Tristan et Furetière », art. cit.

[454] *Ibid.*, p. 22.

[455] *Ibid.*

[456] *Ibid.*, p. 28.

[457] *Ibid.*, p. 30.

[458] J.-P. Chauveau, « Tristan et Théophile de Viau », art. cit., p. 17.

[459] W. Leiner, « *Le Promenoir des deux amants*. Lecture d'un poème de Tristan L'Hermite », p. 29-48 dans *Papers on french seventeeth century literature* n° 9, 1978.

caractère conventionnel des images qu'il contient, le critique voit dans le poème l'expression d'un érotisme singulier :

> La jalousie du faune, les songes érotiques de l'eau se superposent, répondent ou correspondent aux désirs troubles de la *persona*. La volonté de cette dernière de posséder l'être convoité en se substituant à l'eau, cet infidèle élément, en lui arrachant 'ces trésors de la Nature' qui lui ont été commis témoigne d'une passion charnelle cachée, mais violente et omniprésente[460].

Notre lecture ne se superpose pas exactement à celle de la plupart des critiques, même s'il est toujours possible de percevoir dans le détail des images un désir de renouveau. En effet, la réussite du « Promenoir » nous semble être liée avant tout à son caractère exemplaire. De fait, le poème offre un parfait reflet des thèmes et des procédés que l'auteur emploie dans l'ensemble du recueil, en même temps qu'il cristallise l'image du poète mélancolique à laquelle est attachée la figure de Tristan[461].

Les « Plaintes d'Acante », qui forment le noyau du recueil, nous semblent davantage procéder d'un désir d'originalité, en dépit de la présence de diverses traditions. La pastorale constitue l'une des principales sources d'inspiration du poème : le personnage éponyme est décrit comme un « berger »[462], qui veille sur ses troupeaux de chèvres, de bœufs et de moutons[463], et vit dans une nature apaisante, prête même à partager sa souffrance[464]. La grotte où il propose à sa bien-aimée de se réfugier offre, comme le « Promenoir », toutes les caractéristiques du *locus amœnus* propre à la pastorale : protégée par des feuillages, elle est aussi un lieu de fraîcheur grâce à la présence de l'eau[465]. Conformément à la tradition élégiaque, l'amant se plaint de l'indifférence ou de l'ingratitude que manifeste sa belle, mais ses soupirs, loin de le soulager, ne font que raviver sa douleur[466]. A l'exemple des autres pièces qui composent le recueil, celle-ci contient de nombreuses métaphores issues de la tradition

---

[460] *Ibid.*, p. 42.

[461] Voir *infra*, p. 244.

[462] *Les Plaintes d'Acante et autres œuvres*, *op. cit.*, p. 12, v. 36.

[463] p. 22, v. 303.

[464] p. 24, v. 379-385. La relation d'intimité qui unit le poète à la nature a pu être interprétée sous l'angle du romantisme (voir notre chapitre 1, p. 88 et *sqq.*).

[465] *Les Plaintes d'Acante et autres œuvres*, *op. cit.*, p. 16, v. 148-154.

[466] *passim*.

pétrarquiste[467] : le visage de Sylvie rappelle la beauté des lys et des roses[468], tandis que sa poitrine laisse deviner « deux monts de neige »[469]. Les « Plaintes d'Acante » sont émaillées de souvenirs littéraires plus précis encore : ainsi, l'épisode du Centaure[470] est probablement tiré de l'*Aminta* du Tasse[471]. Mais le poème apparaît surtout comme une imitation des *Sospiri di Ergasto* de Marino, auteur dont Tristan « admirait toutes les visions »[472]. Comme l'a montré Roger Guichemerre, le sujet, les thèmes ainsi que la structure des « Plaintes d'Acante » sont presque entièrement calqués sur le modèle italien[473].

Enfin, le poète multiplie les références à la mythologie, lesquelles s'articulent presque toutes autour du thème de la métamorphose[474]. Acante propose en effet de montrer à sa maîtresse un jardin où l'on voit « mille Amans transformés, qui des lois de l'Amour, sont passés sous celles de Flore »[475]. Tristan met ainsi en scène toute une série de personnages, parmis lesquels figurent Clytie, Adonis et Narcisse[476]. Acante promet de raconter à sa belle d'autres fables encore : par exemple, « quelle fleur vint du lait que Junon répandit et quel sang fit rougir les roses. »[477] Dès lors, le jardin que décrit le poète peut être considéré comme l'équivalent métaphorique d'un recueil de fables, tel celui de Noël Le Comte, auquel Tristan se réfère dans ses annotations[478]. La mythologie apparaît donc, dans le commentaire qui accompagne le poème, comme un héritage reconnu et même revendiqué par l'auteur. Plus encore, Acante semble

---

[467] *Cf.* notre remarque au sujet du « Promenoir » (voir *supra*, p. 240).

[468] *Les Plaintes d'Acante et autres œuvres, op. cit.*, p. 15 ,v. 126, p. 19, v. 241.

[469] p. 25, v. 411.

[470] p. 13-14, v. 71-84.

[471] Tristan exprime son admiration pour le poète italien (voir *Le Page disgracié*, II 46 et « A Monsieur Bourdon », p. 304, v. 81 dans *Les Vers héroïques, op. cit.*).

[472] Propos de son contemporain Chevreau (*Œuvres mêlées*, Lahaye, 1697, p. 248).

[473] Voir R. Guichemerre, « Les 'plaintes d'Acante' et 'I Sospiri di Ergasto' », p. 40-47 dans *Du baroque aux Lumières : pages à la mémoire de Jeanne Carriat*, Mortemart, Rougerie, 1986. Texte déjà mentionné dans notre chapitre 2, p. 133.

[474] Comme l'a montré J. Rousset, le goût de la métamorphose est l'une des caractéristiques du temps (voir *op. cit., passim*).

[475] « Plaintes d'Acante », *op. cit.*, p. 15, v. 108-109.

[476] p. 15, v. 113-119.

[477] p. 15, v. 122-123.

[478] « Annotations sur les Plaintes d'Acante », p. 30-51, *passim*.

vouloir s'inscrire dans cette lignée d'amants malheureux, comme si le
poète lui-même cherchait à intégrer son propre imaginaire dans la
mythologie[479]. Ainsi, dès la première strophe, une thématique se met en
place : celle des fleurs, qui peuvent être le résultat de métamorphoses. Ce
motif est véhiculé par les « soucis »[480], mot dont Tristan lui-même dans
son commentaire souligne la polysémie[481]. Le nom même d'Acante, qui
n'est pas sans rappeler les feuilles d'acanthe, symbole de la civilisation
antique, semble déjà annoncer la métamorphose dont le berger pourrait à
son tour être l'objet. Le personnage, s'adressant à sa dame, rêve d'ailleurs
de pouvoir prendre place parmi ces fleurs mythiques :

> Dieux ! que ne suis-je entre ces fleurs
> Si vous devez un jour m'arroser de vos pleurs[482] !

Mais Acante pourrait tout aussi bien se figer en pierre, tant il s'identifie au
« morceau du rocher sur lequel ses pensées le [viennent] d'attacher »[483].
Enfin, c'est Daphnis, fils de Mercure, et connu pour ses qualités de poète
pastoral, qui recueille et retranscrit les paroles de l'amant malheureux[484].
La belle, de son côté, semble pouvoir raviver certains mythes, tel celui de
Phaéton : suivant le rêve caressé par son amant, ses yeux lancent des feux
dans l'eau du lac, si bien que les nymphes croient qu'« un jeune audacieux
dans le char du Soleil [est] tombé des Cieux »[485], cependant que des
divinités aquatiques s'approchent d'elle, comme pour une parade[486].
Certains de ces mythes retrouvent, grâce à ses procédés, une actualité
inattendue : ainsi, l'étroite rivière que découvre la grotte laisse voir

---

[479] Cette intégration se fera plus difficilement dans *Les Amours* (voir notre
chapitre 5, p. 295).

[480] « Plaintes d'Acante », p. 11, v. 2. Tristan reprend ce jeu de mots dans les
« Plaintes d'amour », p. 88, v. 10.

[481] « Annotations sur les Plaintes d'Acante », p. 30. Ce jeu de mots ne lui est
cependant pas propre.

[482] « Plaintes d'Acante », p. 15, v. 111-112. Le personnage imagine une situation
inverse de celle que la tradition propose, puisque ici les pleurs de l'amant sont
remplacés par les larmes de l'aimée.

[483] p. 11, v. 5-7.

[484] p. 29, v. 507-511.

[485] p. 20, v. 272-273.

[486] p. 21, v. 274-294. L'imaginaire que crée ainsi Tristan crée n'est pas sans
rappeler l'*Eglogue maritime* (voir *supra*, p. 218-221).

Léandre, qui tente de rejoindre Héro[487]. Acante propose ensuite d'offrir à sa dame un « bassin de Cèdre », sur lequel est racontée l'histoire de Vertumne et de Pomone – occasion pour le poète de décrire une véritable scène, à travers laquelle émerge une nouvelle fois le motif de la métamorphose :

> Il semble que sa Dame écoute avec plaisir
> Les subtils arguments qu'il tire de sa flamme ;
> Et que cet amoureux cache un jeune désir
>   Sous le teint d'une vieille femme :
> Tandis qu'il exagère avec beaucoup de blâme
>   Ce courage dénaturé
> Pour qui le pauvre Iphis mourut désespéré[488].

Françoise Graziani a bien montré la filiation qui s'établissait, au fil des vers, entre Acante et les personnages de Daphnis et de Polyphème, qui appartiennent aussi au monde de la pastorale[489]. On retrouve en effet, dans le poème de Tristan, toutes sortes de motifs déjà présents chez Ovide, Virgile et Théocrite : les plaintes du berger, la fidélité à la dame, l'indifférence de l'aimée, l'aveuglement (réel ou métaphorique), etc.

En somme, si par les métaphores pétrarquistes les « Plaintes d'Acante » sont représentatives de l'ensemble du recueil, elles ne le sont guère en revanche par la mythologie, peu présente par ailleurs[490].

2. Une position d'héritier clairement affirmée

Les poèmes de Tristan le placent donc d'emblée en position d'héritier – statut que lui-même semble aussi vouloir revendiquer. Ainsi, dès l'avertissement au lecteur, il se rattache ouvertement à la tradition pastorale, tout en suggérant qu'il ne s'agit là que d'un artifice, destiné à masquer la réalité : « Sous ce voile pastoral des *Plaintes d'Acante*, on a voulu déguiser les Amours d'un Cavalier de mérite et de condition, qui sorti d'un père illustre

---

[487] p. 16, v. 155-161.

[488] p. 18, v. 197-203.

[489] F. Graziani, « Le mythe pastoral dans les 'Plaintes d'Acante' : Ovide, Virgile et Théocrite », p. 23-39 dans *Cahiers Tristan L'Hermite* n° 12 : *Tristan et l'Antiquité*, 1990.

[490] Voir *supra*, p. 235-237.

pour la valeur, s'est toujours nourri dans l'ambition de l'imiter.»[491] Tristan semble faire allusion au « déguisement pastoral » selon lequel les romans pastoraux, en particulier *L'Astrée*, constituent des romans à clefs. Il confère également à son poème une tonalité élégiaque et, pour ce faire, reprend des images traditionnellement associées à la plainte amoureuse :

> Tu sais que la *rigueur* est assez ordinaire aux Belles, et qu'entre les plus précieux ornements de ce Sexe, on donne le premier rang à cette honnête sévérité qui met superbement des *épines* à l'entour des *roses*. Notre *Bergère* est trop accomplie pour en manquer, et c'est le sujet de toutes ces *plaintes*. Acante qui la voit indifférente à tous ses services, explique ses froideurs à quelque espèce de mépris, appréhende que ses devoirs ne lui soient pas agréables : et qu'il ne puisse voir réussir les vœux qu'il fait pour cet hyménée : Il se forme de ces pensées mille matières de *douleur*. Et se laissant emporter aux mouvements de son amoureux Génie, tâche par toutes sortes d'artifices, de représenter sa passion, Et de porter insensiblement sa Sylvie, à faire plus d'état de ses soins[492].

Tristan se présente lui-même comme un lointain héritier d'Ovide, poète dont le nom est habituellement associé à la tradition élégiaque : « Je m'assure que les honnêtes gens y trouveront au moins des choses assez agréables pour avouer que tous les Exilés qui ont écrit d'amour, depuis l'ingénieux Ovide, n'ont pas mieux employé de tristes loisirs.»[493] Par l'emploi de ce dernier adjectif, le poète fait peut-être allusion aux *Tristes* d'Ovide, qui lui aussi dut s'exiler pour des raisons politiques ; au reste, le prénom que Tristan s'est attribué n'est probablement pas étranger à cette filiation littéraire[494]. L'écrivain construit ainsi une première image de lui, celle d'un poète mélancolique, qui exprime une double insatisfaction : l'inconfort de l'exil et la souffrance de l'amour.

Dans les *Annotations des Plaintes d'Acante*[495], Tristan se pose une nouvelle fois en héritier, déjà parce qu'il y révèle précisément ses sources. Il fait alterner paraphrases et citations, restant ainsi fidèle à la tradition du

---

[491] *Les Plaintes d'Acante et autres œuvres, op. cit.*, « Sujet des Plaintes d'Acante et avertissement à qui lit », p. 3.

[492] *Ibid.*, p. 3-4. Nous soulignons.

[493] p. 4.

[494] Voir *supra*, p. 182-183 n. 8.

[495] « Annotations sur les Plaintes d'Acante », p. 30-51.

commentaire, qui existait déjà à l'époque de la Renaissance[496]. Tantôt il cite les textes qu'il imite, tantôt il résume les fables auxquelles il fait allusion dans son poème ; et dans les deux cas, les *Métamorphoses* d'Ovide restent sa principale référence. De manière générale, la littérature latine est celle qui quantitativement est la plus représentée, avec Virgile[497], Apulée[498], Horace[499], Lucrèce[500] et Sénèque[501]. Tristan mentionne également quelques auteurs grecs, tels Musée[502], Philostrate[503], Théocrite[504], Pindare[505], Athénée, Homère, Anacréon et Aristote[506]. Enfin, il renvoie son lecteur à l'ouvrage de Noël Le Comte consacré à la mythologie et qui, rassemblant la plupart des fables antiques, constituait alors un instrument de travail précieux et pratique pour les poètes[507]. Tristan se réclame donc de l'autorité des Anciens et affirme sa volonté de rester dans la lignée de ses prédécesseurs. Plus encore, il semble vouloir revendiquer ce choix esthétique, puisqu'il prétend s'adresser à un lectorat

---

[496] Voir G. Mathieu-Castellani, « La poésie amoureuse et son commentaire : les annotations de Tristan sur ses 'Plaintes d'Acante' » dans *Eros in Francia* : « Les Annotations s'inscrivent dans la tradition du commentaire de la poésie, et ne s'écartent pas de ses normes génériques : une même écriture, de Muret à Tristan, semble écarter *a priori* non seulement tout effet de style, mais encore la moindre modification dans le système de références, le mode d'insertion de la glose, le lexique 'technique' du commentaire » (p. 156-157).

[497] *Les Plaintes d'Acante et autres œuvres*, *op. cit.*, « Annotations sur les Plaintes d'Acante », p. 30 l. 20-25, p. 39 l. 286-293.

[498] p. 40, l. 315-320.

[499] p. 31, l. 40-44.

[500] p. 51, l. 645-650.

[501] p. 50, l. 626-633.

[502] p. 37-38, l. 244-263.

[503] p. 46, l. 505-509.

[504] p. 47, l. 538-539.

[505] p. 45, l. 475-477.

[506] p. 39, l. 286-292. La plupart de ces auteurs ont déjà été cités dans notre chapitre 2, p. 146.

[507] L'ouvrage de Noël Le Comte, rédigé en latin, a fait l'objet de quatre éditions entre 1612 et 1620. Traduit en français en 1612 et 1627, il est en pleine vogue à l'époque de la jeunesse de Tristan : *Mythologie, c'est-à-dire explication des Fables, contenant les Généalogies des Dieux, les cérémonies de leurs sacrifices, leurs gestes, aventures, amours, et les préceptes de la philosophie naturelle et morale* (voir J. Madeleine, introd. des *Plaintes d'Acante et autres œuvres*, *op. cit.*, p. XVII).

choisi et cultivé, qui connaît bien la mythologie, et auquel ces explications
ne sont donc probablement pas toujours nécessaires :

> Au reste je t'avertis que cet Ouvrage n'est point fait à l'usage de tout
> le monde, Et que s'il y a ici de mauvais vers, ils ne sont pas toutefois
> de la Juridiction des esprits vulgaires, encore qu'il m'importe peu s'ils
> sont condamnés mal à propos, par des juges qui ne seraient pas
> capables de les favoriser de bonne grâce[508].

Loin d'être « inutiles »[509], les *Annotations des Plaintes d'Acante* semblent
traduire une prise de position forte du poète face à la tradition. Tristan
s'empare ostensiblement de cet héritage fondateur que constitue la
mythologie et, en plaçant côte à côte ses propres vers et ceux dont il
s'inspire, il reconstitue presque le processus de création littéraire. Certains
des héritages signalés par la critique se trouvent ainsi confirmés par les
propos du poète lui-même[510].

Parallèlement, Tristan affiche un conformisme idéologique. En effet, il
se fait l'écho de croyances largement répandues en son temps, et selon
lesquelles la vie des humains est étroitement liée à tout ce qui se trouve
dans la nature[511]. Le poète se réclame ainsi des « médecins » et
« naturalistes » qui prêtent aux fleurs des vertus particulières[512]. Cette
tradition ne saurait cependant être étrangère à la mythologie, Apollon étant
non seulement le symbole de la poésie, mais aussi le dieu de la médecine.
Acante, qui s'identifie à lui, semble d'ailleurs être doté des mêmes
pouvoirs :

> Et connais la puissance
> De cent racines de valeur
> Qui peuvent tout guérir excepté ma douleur[513].

---

[508] *Les Plaintes d'Acante et autres œuvres, op. cit.*, p. 4.

[509] J. Madeleine remarque l'apparente « naïveté » et « inutilité » de ces
« Annotations » (p. XIV).

[510] Voir notre chapitre 2, p. 146.

[511] Tristan reprend cette idée dans ses *Principes de cosmographie* (1637). Voir
D. Guillumette, *La Libre-pensée dans l'œuvre de Tristan L'Hermite*, Paris, Nizet, 1972
(référence mentionnée dans notre chapitre 2, p. 153).

[512] *Les Plaintes d'Acante et autres œuvres, op. cit.*, « Annotations sur les Plaintes
d'Acante », *op. cit.*, p. 32 l.78-87, p. 35-36 l. 173-186, p. 41-42 l. 370-380.

[513] p. 14, v. 103-105.

Tristan évoque aussi le diamant, qui empêche « la pierre d'Aimant » d'attirer le fer[514], jouant ainsi sur le double sens des mots :

> O prodige nouveau ! que j'aime de la sorte !
> Et que ce cœur de Diamant
> N'ait point ôté la force à des liens d'Aimant[515].

Enfin, l'auteur, en rappelant la théorie de Laurans sur la mélancolie, explique la tristesse d'Acante par des considérations scientifiques :

> Les Médecins tiennent que les personnes fort mélancoliques, sont sujettes à faire des songes épouvantables ; pour ce que les vapeurs qui s'exhalent de cette humeur terrestre et noire, ne peuvent guère produire que de tristes et funestes imaginations[516].

La mélancolie apparaît donc comme l'un des thèmes majeurs du poème qui, en cela, reflète assez bien l'ensemble du recueil[517]. Les déplorations de l'amant désespéré semblent trouver là un terrain d'expression privilégié, mais c'est aussi, faut-il le rappeler, autour de l'image du poète mélancolique que s'est forgée une partie de la critique tristanienne[518].

*
* *

La production poétique de Tristan entre 1625 et 1635 se caractérise à la fois par sa fragmentation et son éclatement – configuration que déterminent non seulement le mode de publication, mais aussi le contenu des textes. L'écrivain s'empare de genres et de thèmes extrêmement disparates, et les traditions auxquelles il puise se distinguent elles-mêmes par leur variété. S'il ne s'oriente pas encore vers la polygraphie, il pratique donc déjà une esthétique de la diversité. Cependant, les poèmes écrits durant cette période s'organisent autour de deux grands pôles : tandis que les premiers relèvent en général de la poésie encomiastique, le recueil des *Plaintes d'Acante*, qui

---

[514] p. 51, l. 662-667.

[515] p. 28, v. 488-490.

[516] p. 46, l. 499-504. A rapprocher du long développement sur les songes dans *La Marianne* (I 2, v. 47-74).

[517] Voir *supra*, p. 245.

[518] Sur la mélancolie dans l'œuvre tristanien, voir notre chapitre 1, p. 88, 90 et 98 ainsi que notre étude « Tristan ou l'image d'un poète mélancolique », art. cit. Voir aussi P. Dandrey, *La Médecine et la maladie dans le théâtre de Molière*, Paris, Klincksieck, 1998, p. 613-614.

leur fait suite, est presque tout entier consacré au thème de l'amour. En outre, chacun des genres poétiques pratiqués à l'époque de Tristan se définit par un code relativement précis. Ainsi, l'ode héroïque, qui trouve l'un de ses principaux modèles dans la poésie malherbienne, fourmille de références mythologiques. Quant au thème de l'amour qui, selon les poètes de la Pléiade, s'illustre particulièrement dans le sonnet, il renvoie Tristan à une double tradition : le pétrarquisme et la pastorale. L'auteur offre l'image d'un poète capable de traiter les sujets les plus variés et, ainsi, de répondre aux diverses attentes de ses lecteurs. En effet, si ses vers d'éloge visent à obtenir la protection des Grands, ses vers amoureux sont plutôt destinés au public mondain. Enfin, dans les débats qui agitent les années 1620-1630, Tristan adopte une position qui est alors celle de la plupart de ses contemporains : disciple à la fois de Malherbe et de Marino, il allie modernisme et conformisme. Chacun de ces deux poètes a en effet pu représenter, pour les jeunes écrivains désireux de rompre avec les conventions, un modèle à suivre ; mais, de ce fait ausi, cette double filiation est devenue un héritage commun.

La diversité des modèles que s'approprie Tristan à ses débuts n'empêche pas l'émergence d'un thème qui, dans les années à venir, se révélera être l'un des principaux leitmotive de son œuvre : la tristesse, inscrite dans le prénom même que s'est choisi le jeune poète. Dans *Les Plaintes d'Acante*, recueil déjà exemplaire de la manière tristanienne, se constitue une figure, celle d'un poète mélancolique, insatisfait de son sort[519]. Il semble donc qu'après une période riche d'expériences multiples l'écrivain ait cherché à donner de lui-même une image plus cohérente. Serait-ce à dire qu'il a réussi à dépasser ses modèles pour s'ouvrir une voie nouvelle ? Malgré la présence d'images et de formes conventionnelles, les premiers poèmes de Tristan font-ils entendre une voix singulière ? La critique a déjà apporté une réponse à cette question en considérant généralement « Le promenoir des deux amants » et les « Plaintes d'Acante » comme des pièces particulièrement représentatives de l'esthétique tristanienne. Quelles peuvent donc être les raisons de cet intérêt particulier, et en quoi peut-on voir dans ces deux poèmes l'expression d'une véritable originalité ? D'une part, ils réunissent divers héritages que Tristan privilégie dans l'ensemble de son œuvre poétique : mythologie, pastorale, marinisme, pétrarquisme – traditions auxquelles s'ajoutent

---

[519] Le berger de la pastorale apparaît ainsi comme une projection de Tristan lui-même. Voir A.-E. Spica, « Le poète et l'illustre pasteur : la figure mythique de Céladon », p. 17-27 dans *Cahiers Tristan L'Hermite* n° 19 : *Tristan et les mythes*, 1997 : « La peinture du poète mélancolique renverse les lieux communs du genre en opposant une pastorale de cliché et une mélancolie individuelle et lucide » (p. 24).

l'influence de Théophile et, dans une moindre mesure, celle de Saint-Amant. D'autre part, ils contribuent à nourrir un mythe, celui du poète mélancolique, image à laquelle est associée la figure de Tristan. Pourtant, ce n'est peut-être pas dans les métaphores elles-mêmes, auxquelles il est toujours possible d'accorder une part d'originalité, qu'il convient de chercher la spécificité du poète, mais bien plutôt dans le choix de la diversité qui, en s'affirmant dès les années 1620, constituera l'un des axes majeurs de sa carrière. Dans le cas de Tristan, ce choix esthétique paraît doublement fondé : il s'explique à l'origine par la variété des événements, l'auteur se voyant contraint de répondre aux diverses exigences du moment ; mais finalement, il traduit peut-être, de sa part, une réticence à l'égard de toute forme d'engagement. D'abord circonstancielle, cette attitude procéderait donc ensuite d'une réelle volonté. Une telle position semble, en définitive, refléter la prudence d'un poète qui, préférant ne pas s'engager dans une voie unique, s'efforce à chaque moment de sa carrière de s'adapter aux circonstances présentes.

Le choix de la polygraphie

L'année 1636 marque un tournant dans la carrière littéraire de Tristan. Alors que jusqu'en 1635 il s'est entièrement consacré au genre poétique, il se tourne pour la première fois vers l'écriture dramatique. Sa tragédie *La Marianne* est jouée au Théâtre du Marais, où elle obtient un succès considérable[1], avant d'être publiée l'année suivante par Courbé, imprimeur et libraire de Monsieur[2]. Tristan poursuit dans la même voie avec *Panthée*, représentée en 1638[3], mais l'échec de cette nouvelle pièce le fait provisoirement renoncer au théâtre. S'il s'impose donc comme auteur de tragédies, Tristan ne délaisse pas pour autant la poésie : en 1638 paraissent *Les Amours*, qui prolongent *Les Plaintes d'Acante*, et trois ans plus tard est publiée *La Lyre*, qui mêle des poèmes d'inspirations diverses[4]. Enfin, au début des années 1640, le choix de l'écrivain se porte sur des genres à caractère autobiographique : en 1642, paraît son recueil de *Lettres mêlées*, qui associe lettres fictives, lettres officielles et lettres intimes et, l'année suivante, est publié son roman autobiographique *Le Page disgracié*. Entre

---

[1] Voir N.-M. Bernardin, *Un Précurseur de Racine, Tristan L'Hermite*, Paris, Picard, 1895, p. 354 : « Des causes particulières, des circonstances indépendantes du mérite réel et durable de l'œuvre ont concouru, en 1636, à assurer à la tragédie de Tristan ce succès retentissant que Scudéry, Grenailles, Scarron, Racan, d'Aubignac, tous les écrivains de l'époque sont unanimes à constater. »

[2] *LA MARIANE / Tragédie / Du Sr de Tristan L'Hermite*, Paris, Courbé, 1637 (voir A. Carriat, *Bibliographie des œuvres de Tristan L'Hermite*, Limoges, Rougerie, 1955, p. 22). La pièce est offerte au duc d'Orléans (voir *Théâtre du XVIIe siècle II*, Paris, Gallimard, Pléiade, 1986, p. 261). On se reportera également à l'éd. de C. Abraham, p. 17-133 dans *Œuvres complètes*, t. IV, publié sous la dir. de R. Guichemerre, Paris, Champion (Sources classiques), 2001.

[3] La pièce est jouée au Théâtre du Marais, avant d'être publiée par Courbé en 1639 (voir A. Carriat, *op. cit.*, p. 27).

[4] Il faut y ajouter une épigramme placée en tête de *La Belle Quixaire*, tragi-comédie de Gillet de la Tessonerie publiée en 1640 (reprod. par N.-M. Bernardin, *op. cit.*, p. 596-597). Tristan s'y trouve aux côtés de Scudéry, Rotrou…

temps, Tristan a encore élargi son répertoire : en 1637, il traduit du latin les *Principes de cosmographie*, manuscrit attribué au mathématicien Viète et, en 1643, il publie ses *Plaidoyers historiques*[5]. Ces textes, relativement secondaires, renforcent la pratique polygraphique de l'écrivain mais, relevant de domaines autres que la littérature, ils ne seront pas analysés dans leur contenu[6]. Le retour de Tristan au théâtre en 1644 inaugure une nouvelle période, que nous examinerons dans le chapitre suivant.

A partir de *La Marianne*, l'auteur affirme donc son statut de polygraphe, multipliant ainsi les occasions d'être reconnu. Tel est, en effet, le choix que font les écrivains soucieux de satisfaire à la fois le public mondain et les institutions : cette « multiple alliance », telle que l'a définie Alain Viala, est « nécessaire pour se faire un nom »[7]. Deux possibilités s'offrent alors aux écrivains : la première, fondée sur le principe de la « polygraphie contrastée », signifie que « les divers ouvrages d'un même auteur varient de tour et de ton pour s'adapter, chacun, aux attentes d'une catégorie de destinataires » ; la seconde, fondée sur le principe de la « polygraphie intégrée », consiste à « rechercher une manière apte à concilier diverses attentes, une 'écriture', propice pour obtenir de multiples approbations, au sein d'un même écrit aussi bien que pour l'ensemble des ouvrages d'un auteur »[8]. Dans tous les cas, le choix de la polygraphie suppose un fort désir d'intégration sociale[9].

Entre 1636 et 1643, Tristan traverse cependant une période plutôt difficile. En 1636, Gaston d'Orléans, retiré à Blois, ne l'a pas encore repris à son service, et ce n'est qu'en 1640 que le poète retrouve à ses côtés sa

---

[5] *Principes de cosmographie / Tirez d'un manuscrit de Viette, et traduits en François*, Paris, Courbé, 1637 ; le texte est dédié à Mlle de Lavardin (voir A. Carriat, *op. cit.*, p. 19). *Plaidoyers historiqves / Ou Discours de Controverse*, Paris, Sommaville et Courbé, 1643 (voir *ibid.*, p. 21).

[6] Nous avons déjà remarqué le faible intérêt que ces deux œuvres avaient suscité dans la critique tristanienne (voir notre chapitre 2, p. 151-152). Parmi les rares études qui leur ont été consacrées, on peut mentionner celles-ci : F. Graziani, « La description du monde : Tristan et la cosmographie », p. 18-32 dans *Cahiers Tristan L'Hermite*, n° 18 : *Paysages tristaniens*, 1996 ; id., introd. des *Principes de cosmographie*, p. 425-438 dans *Œuvres complètes*, t. II, éd. cit. D. Guillumette, « Les *Plaidoyers historiques* de Tristan L'Hermite : originalité et portée sociale », p. 19-34 dans *XVIIe siècle* n° 100, 1973 ; et A. Tournon, introd. des *Plaidoyers historiques*, p. 339-360 dans *Œuvres complètes*, t. V, éd. cit.

[7] A. Viala, *Naissance de l'écrivain*, Paris, Minuit (Le sens commun), 1985, p. 168.

[8] *Ibid.*, p. 168-169.

[9] Si la polygraphie tristanienne a été exploitée par la critique (voir la conclusion de notre première partie, p. 173), elle ne l'a guère été, en revanche, dans son rapport à la réception.

place de gentilhomme ordinaire. Dans l'intervalle, il a tenté sa chance auprès de nouveaux protecteurs, mais sans réel succès : en 1635-1636, il fréquente le salon de Mme de Modène, ainsi que la maison du duc de Guise[10]. Face à ces échecs répétés, il ne tarde pas à dénoncer l'ingratitude de Gaston et, plus largement, les contraintes inhérentes à sa position de poète courtisan. Touché par la maladie[11], il se détourne de la vie mondaine et cède à la mélancolie. Dès lors, l'effort d'intégration qu'il semble manifester par le choix de la polygraphie risque d'entrer en conflit avec le malaise qu'il éprouve.

*

*   *

I. Les premières tragédies

A. Le développement du théâtre et le débat autour des règles

Lorsque Tristan rédige *La Marianne*, la tragédie connaît un succès grandissant et participe ainsi au renouveau qui touche alors l'ensemble des genres dramatiques[12]. Ce mouvement est encouragé par la politique de Richelieu, qui voit en effet dans le théâtre un moyen de renforcer son pouvoir. Le public lui-même, qui ne cesse de s'étendre et de se diversifier, manifeste un intérêt croissant pour cet art. Face à ces réalités nouvelles, les auteurs se doivent de répondre à une double exigence : plaire à la fois à la Cour et au public élargi[13].

Cependant, autour de 1630, la tragédie se trouve au cœur d'un vaste débat : les uns préconisent le respect des règles héritées des Anciens ; les autres, au contraire, défendent le principe de la liberté de création[14]. Cette

---

[10] Sur cette période, voir N.-M. Bernardin, *op. cit.*, p. 179-189.

[11] Tristan souffre de phtisie (voir *ibid.*, p. 131 et 194).

[12] C'est dans la décennie 1630 que le nombre de tragédies est le plus élevé (voir J. Scherer, *La Dramaturgie classique en France*, Paris, Nizet, 1950, p. 459).

[13] Voir *ibid.*, 3e partie, p. 365-421 : « L'adaptation de la pièce au public ». Voir aussi « L'essor de la vie théâtrale », p. 155-166 dans *Le Théâtre en France des origines à nos jours*, dir. A. Viala, Paris, P.U.F., 1997.

[14] G. Forestier a fort bien montré la complexité du débat : voir « De la modernité anti-classique au classicisme moderne. Le modèle théâtral (1628-1634) », p. 87-128 dans *Littératures classiques* n° 19 : *Qu'est-ce qu'un classique ?*, dir. A. Viala, Paris, Klincksieck, 1993.

querelle rejoint celle qui oppose plus largement, et depuis une dizaine d'années déjà, Anciens et Modernes[15] : la tragédie est un genre qui trouve son origine dans l'Antiquité, et les principes sur lesquels elle repose depuis l'époque de la Renaissance sont en grande partie contenus dans la *Poétique* d'Aristote[16]. Aussi les Modernes se montrent-ils en général plus favorables à la tragi-comédie, genre récent qui n'est soumis à aucune règle précise[17]. L'année 1628 marque une étape importante dans l'évolution du genre : Schélandre publie sa tragi-comédie *Tyr et Sidon*[18], accompagnée d'un long avis au lecteur d'Ogier qui, au nom d'une conception hédoniste de l'art, exprime son refus des règles et défend un théâtre moderne et libre. La même année, Hardy fait précéder le dernier volume de son *Théâtre* d'une violente préface anti-moderniste, dans laquelle il s'en prend notamment à Du Ryer et à Auvray, qui contribuent alors à promouvoir la tragi-comédie ; il vise également les partisans de Malherbe et soutient l'une des principales idées défendues par les poètes de la Pléiade : la nécessité d'imiter les Anciens[19]. En 1630, dans sa *Lettre à Antoine Godeau sur la règle des vingt-quatre heures*, Chapelain soutient le principe aristotélicien de l'imitation et invoque l'argument de la vraisemblance pour défendre la règle de l'unité de temps : le spectateur, dit-il, ne peut croire que des années se sont écoulées, alors que « les yeux et le discours » sont « témoins et observateurs exacts du contraire »[20] ; de même, il est impossible que « l'œil se pût disposer à croire que ce même théâtre qu'il ne perdait point

---

[15] Voir, par exemple, la polémique déclenchée par la publication des *Lettres* de Balzac en 1624.

[16] Entre la fin du seizième et le début du dix-septième siècle, de nombreux textes théoriques inspirés de *La Poétique* d'Aristote voient le jour. Les auteurs en sont Sibilet, Peletier du Mans, Scaliger, Vauquelin de la Fresnaye, Heinsius…

[17] On peut néanmoins retenir quelques critères qui permettent de définir ce genre dramatique : « Ce qui caractérise en fin de compte le moins mal la tragi-comédie, c'est sa très grande complaisance au romanesque : sujets non historiques, fin heureuse, extrême complication, ce sont ces trois traits qui, sans lui être strictement propres, ont le plus fait pour lui donner son style particulier » (J. Truchet, *La Tragédie classique en France*, [Paris], P.U.F., 1975, p. 122-123). H. Baby a également bien montré ce que la tragi-comédie devait à la tragédie et à la comédie (voir *La Tragi-comédie de Corneille à Quinault*, Paris, Klincksieck, Bibliothèque de l'âge classique, 2001, 1ère part. chap. 3 : « Un objet cerné. Les marges de la tragi-comédie »).

[18] En 1603, l'auteur avait traité le sujet dans le cadre d'une tragédie.

[19] La position qu'il défend n'est pas exempte de contradictions : ainsi, comme le remarque G. Forestier, « après avoir dénoncé la 'tyrannie de nos derniers censeurs', au nom du principe de la libre inspiration hérité de la Pléiade, [il] fait l'apologie de 'l'ordre' dans la *dispositio* de la tragédie » (art. cit., p. 95).

[20] Cité par G. Forestier, *ibid.*

de vue fût un autre lieu que celui que le poète aurait voulu qu'il fût la première fois »[21]. En 1631, Mairet publie une pastorale régulière, *La Silvanire*, jouée au cours de la saison 1629-1630, et l'accompagne d'une préface dans laquelle il se fait à son tour le défenseur des règles et se vante d'avoir limité son action à vingt-quatre heures : à l'exemple de Chapelain, il fonde la légitimité des règles sur le principe de vraisemblance, condition du plaisir des spectateurs. Mais bientôt, les auteurs de tragi-comédies eux-mêmes acceptent de se soumettre aux règles édictées par les doctes : ainsi, en dépit de la complexité de son intrigue, le *Clitandre* de Corneille, joué en 1630-1631, est de nature à satisfaire les Réguliers[22] ; et en 1633, Mairet compose une tragi-comédie, *La Virginie*, qui, malgré l'abondance de sa matière, reste conforme aux exigences de Chapelain. A l'inverse, d'autres auteurs, comme Mareschal et Scudéry[23], continuent de dénoncer la tyrannie des règles.

Deux conceptions radicalement différentes de l'écriture dramatique se trouvent ainsi définies : d'un côté, au nom du plaisir, une liberté d'invention sans entraves ; de l'autre, le souci de l'ordre et la volonté de ne pas séparer *inventio* et *dispositio*. Alors que, pour les premiers, le théâtre doit avant tout divertir les spectateurs, pour les seconds il a pour seul but de les instruire. Cette querelle ravive ainsi l'opposition entre deux des fonctions traditionnellement attachées à la littérature : *docere* et *placere*. Comme l'a fort bien montré Georges Forestier dans un article récent, le débat aboutit finalement à la naissance d'une tragédie moderne, qui se traduit par une série de renversements :

> De même que les règles classiques avaient été contestées parce que la rigueur de la *dispositio* paraissait brider la richesse de l'*inventio*, et qu'inversement les règles modernes ne pouvaient gêner que les 'steriles genies' incapables de trouver 'une matiere qui fust assez riche' pour produire de 'beaux effets' dans le cadre d'une *dispositio* régulière, de même la tragédie classique était morte d'être une imitation non raisonnée de la tragédie des anciens, tandis que la tragédie moderne apparaissait, hors de tout *principe* d'imitation,

---

[21] Cité par A. Adam, *Histoire de la littérature française du dix-septième siècle*, t. I, Paris, A. Michel, 1997 (1re éd. 1948), p. 443.

[22] Toutefois, dans sa préface (1632), Corneille affirme sa volonté de prendre ses distances à l'égard des Anciens.

[23] En tête de sa *Généreuse Allemande* (1630), tragi-comédie irrégulière, Mareschal déclare qu'il refuse de se tenir « à ces étroites bornes, ni du lieu, ni du temps, ni de l'action, qui sont les trois points principaux qui regardent les règles des Anciens ». De même, en tête de sa tragédie *Ligdamon et Lidias* (1631), Scudéry se montre hostile aux règles (voir A. Adam, *op. cit.*, t. I, p. 448-449).

comme le genre le plus approprié à exprimer la nouvelle dramaturgie issue de l'acceptation raisonnée des règles[24].

Pour toutes ces raisons, la tragédie exige un respect plus strict des règles que la tragi-comédie[25]. Cependant, au début des années 1630, la première n'est pas encore aussi développée que la seconde. Rotrou, auteur en 1634 d'un *Hercule mourant*, se pose en défenseur du théâtre régulier, mais sa pièce ne détermine pas un retour à la tragédie : c'est *La Sophonisbe* de Mairet, créée quelques mois plus tard, qui rend la vie à un genre délaissé depuis une dizaine d'années. Désormais, la tragédie répond à des critères relativement précis. L'action, de plus en plus unifiée, est normalement constituée par « une action principale dépendant en quelque façon de toutes les actions secondaires mentionnées dans la pièce »[26]. Temps et espace sont également réduits, ce qui permettra « l'approfondissement psychologique de l'étude d'une crise sur laquelle se concentrera l'attention des spectateurs »[27]. Cependant, jusque vers 1645, l'unité de lieu est entendue en un sens très large, puisqu'il peut s'agir d'une ville voire d'une région entière, dispositif également permis par le système du décor à compartiments[28]. Néanmoins, la tendance est à la concentration : Ménage, par exemple, souhaite que la scène contienne seulement « tout ce que la vue peut distinctement découvrir à la fois »[29]. Ainsi, dès 1640, le procédé qui consiste à limiter le lieu de l'action à une salle d'un palais ou d'une maison est appliqué par d'Aubignac dans *Zénobie* et par Corneille dans *Horace*. Les récits, qui se multiplient à partir de 1630, permettent eux-mêmes d'évoquer des lieux extérieurs : « Le goût de la rhétorique et celui

---

[24] G. Forestier, art. cit., p. 128. Les mots qui figurent entre guillemets sont tirés de la préface du dernier volume du *Théâtre* de Hardy, publié en 1628.

[25] Voir H. Baby, *op. cit.*, 1ère part. chap. 2 « Un objet piégé. Poétiques de la tragi-comédie ».

[26] J. Scherer, *op. cit.*, p. 427. Cf. la définition que Mairet donne de l'unité d'action dans la préface de *La Silvanire* : « Il doit y avoir une maîtresse et principale action à laquelle toutes les autres se rapportent comme les lignes de la circonférence au centre » (*Théâtre du XVIIe siècle I*, Paris, Gallimard, Pléiade, 1975, p. 483).

[27] J. Scherer, *op. cit.*, p. 428. Voir aussi J. Truchet, *op. cit.*, p. 28 : « La crise tragique est le moment où s'actualisent des menaces depuis longtemps accumulées, comme si tout un lourd passé n'avait existé que pour la provoquer ».

[28] *Ibid.*, p. 30 : « Entre le décor simultané et le décor unique se plaça, vers 1635, une étape intermédiaire : l'usage de *tapisseries*, petits rideaux qui cachaient un compartiment pendant la plus grande partie de la pièce et permettaient de le découvrir quand on en avait besoin ».

[29] Cité par J. Scherer, *op. cit.*, p. 189.

de la tirade, en même temps que le souci croissant de l'unité de lieu, des vraisemblances et des bienséances, amènent les auteurs dramatiques à généraliser le récit.»[30]

La construction de la tragédie tend vers une plus grande rigueur, notamment parce que les actes sont désormais partagés en scènes. Pourtant, jusqu'en 1650, chaque mouvement de personnage ne détermine pas un changement de scène, et les transitions entre les scènes ne sont pas toujours assurées : après 1640, « l'habitude de ne pas lier les scènes, même lorsque le lieu ne change pas, persiste encore quelques années, mais devient de plus en plus rare […]. Le milieu du siècle est en effet l'époque où la liaison des scènes commence à paraître obligatoire à ceux qui réfléchissent sur la dramaturgie »[31]. Dès les années 1630, apparaissent deux formes de liaisons de scènes : la « liaison de recherche » ou la « liaison de fuite », et la « liaison de présence »[32]. Enfin, suivant un principe hérité des Anciens, la tragédie se compose de trois grandes parties : la ou les première(s) scène(s), dites scène(s) d'exposition, servent à présenter la situation des personnages ; plusieurs actions s'enchaînent ensuite, déterminées par des « péripéties »[33], et aboutissent à un dénouement le plus souvent malheureux[34].

En revanche, les éléments lyriques, qui occupaient dans la tragédie de la Renaissance une place de premier plan, sont en voie de régression : le chœur, lointain souvenir de la tragédie antique, s'efface, les stances se raréfient vers 1650[35], cependant que la part de l'action augmente[36]. A l'inverse, les sentences, elles-mêmes héritées de la tragédie humaniste, restent en usage jusque dans les années 1660[37]. De manière générale, les règles sur lesquelles est désormais fondée la tragédie reposent sur deux

---

[30] *Ibid.*, p. 242.

[31] *Ibid.*, p. 274.

[32] *Ibid.*, p. 275.

[33] *Ibid.*, p. 88 : « Les péripéties sont des événements imprévus. Elles modifient la situation psychologique des personnages. »

[34] Voir les tragédies à fin heureuse, comme le *Cinna* de Corneille.

[35] On en trouve des exemples tout au long du siècle. Voir J. Morel, « Les stances dans la tragédie française au dix-septième siècle », p. 43-56 dans *Dix-septième siècle*, n° 66-67, 1965 ; ct M.-F. Hilgar, *La Mode des stances dans le théâtre tragique français (1610-1687)*, Paris, Nizet, 1974.

[36] Voir J. Truchet, *op. cit.*, p. 112 et J. Morel, *op. cit.*, p. 34.

[37] Voir J. Scherer, *op. cit.*, p. 316-322.

principes essentiels et indissociables : la vraisemblance[38] et la bienséance. La « bienséance externe » empêche de montrer au spectateur des scènes trop violentes, susceptibles de heurter sa sensibilité[39], tandis que la « bienséance interne » garantit la cohésion des divers éléments de la pièce les uns par rapport aux autres[40]. Toutes ces règles, enfin, visent à satisfaire un certain public, « aristocratique et délicat »[41].

Tristan a pu voir s'accomplir cette évolution à travers une série de pièces qui ont marqué le milieu des années 1630 : en 1634, l'*Hercule mourant* de Rotrou et *La Sophonisbe* de Mairet ; en 1635, *La Mort de César* de Scudéry, *La Mort de Mithridate* de La Calprenède, la *Médée* de Corneille et la *Crisante* de Rotrou[42]. *Hercule mourant* respecte la règle des bienséances en situant le meurtre de Lysas dans la coulisse[43]. Quant à *La Sophonisbe*, elle constitue une œuvre fondatrice, car non seulement elle est la première tragédie parfaitement régulière[44], mais elle dépeint aussi une crise psychologique, violente et rapide[45]. *La Mort de César* se conforme aux règles, ainsi qu'au principe des bienséances, la salle du sénat se fermant au moment de l'assassinat du personnage éponyme ; mais, selon une pratique encore admise, l'espace dramatique est éclaté, puisque tout se passe à Rome, les scènes se déroulant tour à tour au sénat, sur une place publique, dans les maisons de César, de Brutus et d'Antoine. De même, *La*

---

[38] Sur le rapport entre vraisemblance et vérité, voir J. Truchet, *op. cit.*, p. 34-38.

[39] Seul est autorisé le suicide, « meurtre généreux » selon l'expression de La Mesnardière (*La Poétique*, Paris, Sommaville, 1640, chap. 8 « Les mœurs », p. 202). A l'inverse, un auteur comme Hardy n'hésite pas à montrer des scènes d'une violence extrême (viol, meurtre…).

[40] Voir J. Truchet, *op. cit.*, p. 38-39.

[41] J. Morel, *La Tragédie*, « A la recherche d'un théâtre moderne (1625-1632) », Paris, Colin, 1964, p. 32. Ainsi, c'est à la demande du comte de Cramail et du cardinal de La Vallette que Mairet compose une pastorale régulière, *La Silvanire* (voir *Théâtre du XVIIe siècle I*, *op. cit.*, p. 479).

[42] Les dates indiquées correspondent aux premières représentations.

[43] Voir notre article « Le spectacle de la mort et le problème des bienséances dans *L'Hypocondriaque ou le mort amoureux* et l'*Hercule mourant* de Rotrou », dans actes du colloque *Théâtre et espace mondain, les genres dramatiques sérieux*, Université de Reims (5-6 juin 2003), à paraître.

[44] La pièce comporte néanmoins quelques éléments archaïques : « La liaison des scènes n'est pas toujours assurée ; la mise en scène fait usage de 'tapisseries' ; les personnages se livrent à de fréquents apartés ; la bienséance est peu exigeante ; la langue présente certaines faiblesses » (J. Truchet, *op. cit.*, p. 133).

[45] Voir J. Scherer, *op. cit.*, p. 117.

Mort de Mithridate ne respecte pas intégralement les règles de la tragédie : la pièce fait apparaître deux lieux, et le dernier acte est celui du suicide. Quant à la *Médée* de Corneille, elle témoigne avant tout d'un goût pour la violence : alors que la scène de l'infanticide n'est pas montrée[46], le meurtre de Créuse, ainsi que les suicides de Créon et de Jason, se produisent sous les yeux du spectateur. Dans *Crisante*, Rotrou observe, en partie seulement, les principes des bienséances : le viol de l'héroïne a lieu entre les actes II et III, le spectacle du troisième suicide est épargné au public, alors que les deux autres se déroulent sur la scène. Enfin, dans l'ensemble, ces tragédies accordent à la peinture de l'amour un rôle prépondérant :

> Scudéry lui-même donne une importance nouvelle au rôle de Calpurnie dans sa *Mort de César* ; partout ailleurs, une violente passion est au centre de l'intrigue et à l'origine du conflit : *Sophonisbe, Hercule mourant, Médée, Crisante, Marianne* constituent tout à la fois une mise en garde contre les ravages de l'amour et l'évocation enthousiaste de la puissance de cette passion, capable d'inspirer des actes inouïs, et de révéler, à travers la sombre ou l'éclatante grandeur des héros qui sont touchés par elle, *les dépassements surhumains ou inhumains dont l'homme est susceptible*[47].

En 1635, le débat entre Réguliers et Irréguliers est à peu près terminé. Le « rationalisme » l'a emporté, si bien que le modèle imposé par les partisans des règles ne prête plus guère aux contestations :

> Ainsi, trois ans seulement après l'ouverture du débat, les règles classiques rejetées au nom de la raison moderne et du principe de plaisir des spectateurs, se voyaient-elles légitimées au nom de ce même plaisir par un raisonnement moderne qui s'appuyait sur une interprétation rationnelle du modèle antique. Le débat était-il clos pour

---

[46] L'héroïne se contente d'y faire allusion (V 6, v. 1539-1544).

[47] J. Morel, *op. cit.*, « Les premières tragédies régulières (1634-1636) », p. 35 ; l'auteur souligne. Voir aussi J. Scherer, *op. cit.*, p. 66 : « Aimer sans être aimé, voilà le drame le plus cruel et le plus constant que propose le théâtre classique. Il emplissait déjà la pastorale et constitue le nœud d'innombrables comédies et tragédies. » D'Aubignac lui-même place l'intérêt du spectacle sur le même plan que la profondeur psychologique et la solidité de l'intrigue. Il convient, dit-il, lorsqu'on choisit le sujet d'une pièce, de « considérer si une histoire est fondée sur l'une de ces trois choses ; ou sur une belle passion, comme ont été la *Mariane* et le *Cid* ; ou sur une belle intrigue, comme le *Prince déguisé* et le *Cléomédon* ; ou sur un spectacle extraordinaire, comme *Cyminde ou les deux victimes* » (*La Pratique du théâtre*, éd. critique de H. Baby, Paris, Champion, Sources classiques, 2001, II 1 « Du sujet », p. 111-112). Les critiques de la fin du dix-neuvième siècle se montraient déjà très sensibles à l'expression du sentiment amoureux dans la tragédie moderne (voir notre chapitre 1, p. 65 et *sqq.*).

autant ? Pour l'essentiel, oui : ouvert par les malherbiens et les balzaciens dans le but d'étendre au théâtre l'exclusion des conceptions étroitement humanistes de la prose et de la poésie et l'instauration de nouveaux principes d'écriture, ce débat ne pouvait que perdre l'essentiel de son acuité une fois ces mêmes malherbiens et balzaciens convaincus du caractère raisonnable – donc susceptible d'être accepté par la modernité – des règles dramatiques léguées par les anciens[48].

B. La position de Tristan

1. Le respect des règles

Tel est le contexte dans lequel apparaissent les deux premières tragédies de Tristan. Celui-ci a-t-il essayé de se démarquer de ses contemporains ou, au contraire, s'est-il conformé aux tendances du moment ? A priori, la marge de manœuvre est assez étroite car, dès lors qu'il choisit d'écrire une tragédie, l'auteur peut difficilement se soustraire aux règles du genre, relativement bien établies[49]. Elles le seront encore plus après la querelle du Cid[50], dont l'achèvement suit de quelques mois seulement la création de Panthée[51]. Enfin, la tragédie permet à Tristan de satisfaire à la fois les Grands et le public élargi – choix qui semble donc révéler de sa part non seulement le souci de suivre les modes, mais aussi une volonté d'intégration sociale.

---

[48] G. Forestier, art. cit., p. 121.

[49] L'Alcionée de Du Ryer, Le Comte d'Essex de La Calprenède et l'Antigone de Rotrou figurent parmi les pièces qui ont remporté le plus de succès entre 1637 et 1639.

[50] Les détracteurs de Corneille jugent la pièce comme s'il s'agissait d'une tragédie, preuve que les règles sont appelées à s'étendre à tous les genres (voir J. Truchet, op. cit., p. 120-121).

[51] On sait seulement que la pièce de Tristan est représentée dans le courant de 1638. Le privilège date du 23 février (voir A. Carriat, op. cit., p. 27). De nouveaux textes théoriques voient le jour en 1639 : La Poétique de La Mesnardière et le Discours sur la tragédie Ou Remarques sur L'Amour tyrannique de M. de Scudéry de Sarasin. Tous deux expriment une vive admiration pour le théâtre des Anciens et préconisent le respect de la règle des trois unités, ainsi que des principes de vraisemblance et de bienséances. Cependant, comme le constate J. Morel, leurs positions s'assouplissent par la considération de la « pratique du théâtre ». Aussi admettent-ils dans la tragédie la multiplication des incidents : « Ils s'efforcent de satisfaire [...] aux exigences traditionnelles des théoriciens [...] tout en sacrifiant au goût des Modernes pour une action complexe et pressée » (op. cit., p. 39 ; l'auteur souligne). Quant à La Pratique du théâtre de d'Aubignac, elle n'est publiée qu'en 1657, bien que sa composition date de 1640.

Dans l'ensemble, ses deux premières tragédies observent les principes sur lesquels est fondée la dramaturgie « classique ». L'unité de lieu n'y est que relative, conformément à un usage encore permis. Dans *La Marianne* en effet, tout se passe à Jérusalem, comme l'indique la didascalie initiale[52], mais les scènes se déroulent dans différents lieux[53] : la chambre d'Hérode[54], celle de Marianne[55], la salle du conseil[56], la prison[57] et une rue[58]. De la même manière, l'auteur de *Panthée* précise que « la Scène est en Lydie »[59], bien qu'en réalité tout se passe à proximité du camp de Cyrus[60], les scènes se situant tour à tour dans la tente du roi[61], dans le

---

[52] *Théâtre du XVIIe siècle II*, *op. cit.*, p. 265.

[53] Bernardin imagine le décor à compartiments utilisé dans la première mise en scène : « Pour nous, en 1636, le décor de la *Marianne* de Tristan comprenait cinq compartiments [...] : au fond, la salle du trône; sur un des côtés, les chambres d'Hérode et de Mariamne, sur l'autre, la prison ; le cinquième compartiment [...], l'arcade auprès de laquelle avait lieu l'entrevue de Mariamne et de sa mère » (*op. cit.*, p. 323). Voir aussi, du même auteur, « *La Marianne* de Tristan L'Hermite et le décor à compartiments », p. 94-122 dans *Devant le rideau : conférences*, Paris, Société française d'imprimerie et de librairie, 1901. J. Madeleine juge cette hypothèse douteuse (voir l'introd. de son éd. de *La Marianne*, Paris, Société des textes français modernes, 1909, p. 22). H. C. Lancaster, au contraire, la défend (*History of French Dramatic Literature in the Seventeenth Century*, part. II, New York, Gordian Press, 1966, p. 52). Elle nous semble devoir être retenue, vu les indications contenues dans la pièce.

[54] *La Marianne*, *op. cit.*, I 1 (« Hérode, *s'éveillant en sursaut* », p. 265), 2 (« *Phérore paraît avec le Capitaine des gardes* », p. 266), 3 (« *Salomé entre* », p. 268) ; II 4 (« Hérode, *chassant Marianne de sa chambre* », p. 287), 5 (« *Salomé entre* », p. 288), IV 1 ; V 1-3.

[55] II 1 (« Depuis un certain temps Salomé tient à gages/ Pour cet office seul, des filles et des Pages,/ Sans cesse à cette porte ils viennent écouter/ Quels sont tous vos propos, qu'ils lui vont rapporter », v. 371-374), 2 (« Approchez-vous plus près, vous nous entendrez mieux », v. 474) et 3.

[56] III 1 (« Hérode, *au Conseil* », p. 293) et 4.

[57] IV 2 (« Marianne, *en prison* », p. 310), 3 et 5.

[58] IV 4 (« Madame, c'est ici qu'on la fera passer », v. 1303) et 6.

[59] *Panthée*, p. 133-204 dans *Le Théâtre complet de Tristan L'Hermite*, éd. critique de C. K. Abraham, J. W. Schweitzer et J. Van Baelen, the univeristy of Alabama press, 1975, cité p. 140. On se reportera également à l'éd. de R. Guichemerre, p. 135-230 dans *Œuvres complètes*, t. IV, éd. cit.

[60] Les scènes entre Araspe et ses confidents (III 3-4 ; V 1) ne sont pas clairement localisées.

[61] I 1-3 ; III 5-8 ; IV 2-4.

pavillon de la reine[62] et dans un bois attenant[63]. Une nouvelle fois donc, l'espace dramatique est cohérent mais diversifié[64]. En revanche, dans les deux cas, la règle de l'unité de temps semble avoir été parfaitement respectée. Dans *La Marianne*, la durée de l'action est limitée à un jour : la pièce commence par le réveil d'Hérode, donc probablement le matin[65]. Ensuite, les événements se précipitent : les soupçons du roi grandissent, jusqu'au moment où celui-ci est fermement convaincu de l'infidélité de sa femme ; une fois arrêtée la mort de Marianne à l'issue d'un procès expéditif, qui se tient le jour même[66], la sentence est exécutée[67] et, au dernier acte, Hérode se plaint de n'avoir pas vu la reine « depuis hier »[68]. La durée totale de l'intrigue ne paraît donc pas excéder vingt-quatre heures. Il en est de même dans *Panthée* : ainsi l'héroïne, attendant son mari, s'impatiente dès le début et demande à l'une de ses confidentes : « Penses-tu qu'aujourd'hui mon Abradate arrive ? »[69] ; et à la fin de l'acte III, après avoir reçu un message, elle annonce à Cyrus la venue de son mari « au plus tard dans deux heures »[70].

A l'inverse, dans les deux tragédies, la règle de l'unité d'action semble ne pas avoir été scrupuleusement respectée. Ainsi, l'intervention d'Alexandra au quatrième acte de *La Marianne* nuit quelque peu à la rigueur de la construction dans la mesure où l'action principale ne dépend nullement d'elle[71]. *Panthée*, quant à elle, met en présence deux intrigues

---

[62] I 4 ; III 1-2 ; IV 1 ; V 2-5.

[63] II 1 (« Hôtes du silence et de l'ombre,/ Où l'air est si frais et si sombre,/ Arbres, qui connaissez l'état de ma langueur… », v. 341-343), 2 et 3.

[64] Voir N.-M. Bernardin, *Un Précurseur de Racine*, *op. cit.*, p. 383 : « La *Panthée* de Tristan fut donc jouée dans un décor à compartiments comme l'avait été celle de Hardy, et [...] ce décor complexe, leur épargnant les contraintes de l'unité de lieu, a permis aux deux poètes également de suivre pas à pas le récit de Xénophon. »

[65] Le roi vient de faire un cauchemar et, après avoir entendu ses cris, son frère Phérore accourt (I 1 et 2).

[66] II 7, v. 741 : « Assistez au procès qu'aujourd'hui je veux faire. »

[67] Au début de l'acte V, la mort de Marianne est encore toute proche : « On vient de séparer sa tête de son corps » (v. 1442).

[68] V 3, v. 1672.

[69] *Panthée*, II 2, v. 425.

[70] II 7, v. 976. Ce sont les seules indications temporelles contenues dans la pièce.

[71] *La Marianne*, IV 4 et 6. On trouve dans d'autres pièces de la même époque ce genre d'entorse à la règle de l'unité d'action : comme le reconnaît J. Scherer, Alexandra « n'a aucune influence sur l'action [...] ; elle dépend de l'action principale, qui ne dépend pas d'elle ; elle respecte la conception pré-classique, mais non la conception

parallèles : pour remercier Cyrus du bon traitement réservé à son épouse, Abradate s'engage dans l'armée royale et meurt au combat, ce qui conduit l'héroïne à se suicider ; mais la pièce dépeint aussi et surtout la passion malheureuse d'Araspe pour la reine[72]. Les deux fils finissent néanmoins par se croiser : immédiatement après la disparition d'Abradate, Araspe nourrit quelque espoir[73], mais se tue dès qu'il apprend la mort de Panthée[74].

La construction de chacune des deux pièces répond à une exigence de rigueur. Les actes se divisent en scènes, mais les frontières entre celles-ci n'apparaissent pas toujours nettement. Au cours de la scène 2 de l'acte III, Hérode, après avoir « *fait signe à ceux qui sont du Conseil qu'ils se retirent* »[75], se trouve en présence de la seule Marianne. De la même manière, à la scène 3 de l'acte II de *Panthée*, Araspe laisse partir la jeune femme et ses confidentes[76]. Enfin, dans la scène 4 du dernier acte, Tristan introduit deux ruptures successives : « Cyrus se retire »[77] et, quelques vers plus loin, après le départ de ses confidentes, Panthée se retrouve seule[78]. Pour relier les scènes, l'auteur utilise majoritairement la liaison de présence[79] et utilise volontiers des formules de transition[80]. Toutefois, ce

---

classique de l'unité d'action » (*Théâtre du XVIIᵉ siècle II, op. cit.*, p. 103). D'autres critiques ont vu dans cette scène une trace de l'influence shakespearienne (voir notre chapitre 2, p. 122). La présence d'Alexandra semble pouvoir se justifier par des considérations psychologiques, dans la mesure où sa lâcheté permet de souligner *a contrario* le courage de l'héroïne, dont la mort devient ainsi encore plus pathétique.

[72] Bernardin regrettait cette duplicité d'action (voir notre chapitre 2, p. 120).

[73] *Panthée*, V 1.

[74] V 5.

[75] *La Marianne, op. cit.*, p. 298.

[76] *Panthée, op. cit.*, p. 164.

[77] *Ibid.*, p. 200.

[78] *Ibid.*, p. 201. Comme le précise J. Scherer, « la distinction des scènes peut n'être pas faite si le personnage qui entre n'est pas de premier plan ou si un héros reste seul pour prononcer un monologue assez court » (*op. cit.*, p. 218). Mais, dans les cas qui nous occupent, les monologues qui terminent les scènes donnent lieu à d'assez longs développements (ils contiennent respectivement 61 et 40 vers).

[79] Dans *Panthée*, l'auteur recourt une seule fois à la liaison de fuite : à la fin de la scène 1ᵉʳᵉ de l'acte V, prévenu de l'arrivée de Cyrus qui doit rencontrer la reine, Araspe se retire.

[80] Voir par exemple, dans *La Marianne*, le passage des scènes 2 à 3 de l'acte II :
Mais ne le vois-je pas qui s'en vient droit à moi,

procédé, qui assure la continuité, n'est pas toujours appliqué, si bien que certaines scènes créent une rupture avec celles qui précèdent. Ainsi, dans *La Marianne*, à la scène 3 de l'acte II, Salomé donne ses instructions à l'échanson ; puis à la scène 4, interviennent Hérode et Marianne, dont l'arrivée n'a pas été annoncée, même si le conflit qui les oppose constituait dans les scènes précédentes le principal sujet de conversation. A la scène 1ère de l'acte IV, Hérode s'entretient avec Phérore et Salomé, avant que la scène suivante ne laisse voir Marianne en prison ; ensuite, le spectateur découvre Alexandra avec son chevalier d'honneur et, à la scène 5, Marianne réapparaît en compagnie de Dina et du capitaine des gardes. Dans *Panthée* également, quelques transitions ne sont pas assurées : la scène 3 de l'acte Ier est un dialogue entre Cyrus et ses généraux, puis la scène 4 met en présence Panthée et Araspe ; à la scène 2 de l'acte III, la jeune femme apprend de Roxane qu'un messager vient lui apporter des nouvelles d'Abradate, tandis qu'à la scène suivante Araspe fait part de son dépit à Mitrane.

En revanche, dans chacune des deux tragédies, les faits s'enchaînent logiquement. Dans *La Marianne*, l'exposition occupe principalement la scène 3, au cours de laquelle Hérode, rappelant des événements passés, explique longuement à Phérore et à Salomé les raisons pour lesquelles la reine le déteste. Ensuite, vient l'accusation de l'échanson, soufflée par Salomé[81]. Le roi, désormais persuadé de la culpabilité de Marianne, ordonne sa mise à mort avant de sombrer dans le désespoir[82]. Dans cette tragédie « simple », le dénouement constitue donc l'unique péripétie[83]. La simplicité étant l'un des principaux critères retenus pour définir la tragédie classique, on comprend mieux à présent que la pièce de Tristan ait eu les faveurs de la critique dans ce domaine[84]. Dans *Panthée*, l'exposition se

---

Déjà sur ce projet la peur lui fait la loi :
Il porte sur le front une morne tristesse (v. 549-551).

Voir aussi, dans *Panthée*, le passage des scènes 1ère à 2 de l'acte Ier :
Mais que veut cétui-ci ?
C'est la Reine étrangère.
Allons au devant d'elle (v. 110-111).

[81] *La Marianne*, II 3.

[82] Acte V.

[83] Voir J. Scherer, *op. cit.*, p. 84. Le critique apporte ensuite cette précision : « Les nombreuses pièces qui nous présentent des hésitations de héros ne sont pas des pièces à péripéties ; ce sont des pièces à dilemmes. Dans *Mariane* de Tristan, Hérode se demande pendant toute la pièce s'il doit faire mourir sa femme Mariane, qu'il aime » (p. 86).

[84] Voir notre chapitre 1, p. 85.

limite à la première scène : Cyrus, devant ses généraux Chrisante et Hidaspe, évoque ses récentes victoires, avant de parler de la reine ; et Tristan annonce déjà les malheurs à venir lorsqu'il fait dire à son personnage :

> Je crains que le plaisir qu'on trouve en sa présence
> Ne fasse négliger les choses d'importance[85].

Les péripéties sont successivement la déclaration d'amour d'Araspe[86] et la mort d'Abradate[87].

Selon le principe des bienséances, Tristan hésite à montrer des scènes trop violentes. Ainsi, dans la première pièce, le spectateur n'assiste pas à la mort de l'héroïne, qui a lieu entre les actes IV et V, mais le récit de Narbal vient ensuite combler cette lacune[88]. En revanche, dans *Panthée*, le public voit successivement mourir Panthée et Araspe[89], alors que la mort d'Abradate avait fait l'objet d'un long récit[90].

Dans l'ensemble, Tristan se plie donc aux règles de la nouvelle tragédie[91]. Un dernier aspect témoigne de cet effort : l'emploi de stances, forme poétique renouvelée qui s'est imposée dans la tragédie avec *Hercule mourant*[92]. Elles constituent en général des monologues prononcés par des

---

[85] *Panthée*, I 1, v. 115-116.

[86] II 3.

[87] Elle a lieu entre les actes IV et V.

[88] *La Marianne*, V 2, v. 1485-1559. Toutefois, certaines images frappent par leur crudité, ce qui explique que certains critiques ont qualifié Tristan de baroque (voir notre chapitre 2, *passim*). Un seul exemple (Hérode a vu en songe le cadavre d'Aristobule) :
> Son corps était enflé de l'eau qu'il avait bue,
> ....
> Il semblait que l'effort d'une cruelle rage
> Avait laissé l'horreur peinte sur son visage,
> Et que de sang meurtri tout son teint se couvrît,
> Et sa bouche était morte encor qu'elle s'ouvrît (I 3, v. 119-126).

[89] *Panthée*, V 4-5.

[90] V 1, v. 1348-1400.

[91] Il semble donc que les critiques aient eu raison de voir en Tristan un des fondateurs de la tragédie moderne (voir notre chapitre 1, p. 68 et *sqq.*).

[92] On en trouve également dans *Médée* et, plus tard, dans *Le Cid* et *Polyeucte*. Corneille en place encore dans *Héraclius*, *Œdipe* et ses tragédies à machines. D'autres auteurs en font usage : Rotrou, La Calprenède, Thomas Corneille… Mais cette mode ne dure pas : condamnées par d'Aubignac comme contraires à la vraisemblance, les stances

personnages en état de grande détresse ou de vive émotion. Tristan se conforme à cet usage lorsque Marianne, en prison, constate son infortune[93], lorsque Araspe déplore son malheur[94] ou encore lorsque Panthée, inconsolable de la mort de son mari, manifeste son désespoir[95].

2. L'analyse des passions

L'importance accordée à l'expression des sentiments dans ces monologues reflète, plus largement, l'une des caractéristiques majeures de la tragédie des années 1630 : les sentiments y sont volontiers exacerbés, contradictoires, déclenchant souvent une « crise psychologique »[96], et le thème de l'amour est l'un de ceux que les auteurs affectionnent. Cet aspect de la tragédie s'explique notamment par l'influence de la pastorale, qui s'attache à observer toutes les nuances du sentiment amoureux[97]. Seuls ou face à leurs confidents, les héros tragiques font donc part de leurs tourments ou de leurs incertitudes[98].

---

tendent à disparaître avant 1660. Voir J. Morel, « Les stances dans la tragédie française au XVIIe siècle », art. cit. ; M.-F. Hilgar, op. cit.

[93] La Marianne, IV 2.

[94] Panthée, II 1.

[95] V 2. Etudiant les stances dans les tragédies, J. Morel en a dégagé quelques règles et a montré que Tristan les avait parfaitement respectées : le monologue en stances, souvent placé au début d'un acte, correspond toujours à la première entrée d'un personnage dans cet acte, et il est généralement suivi d'un monologue en alexandrins ; dans son contenu, il fait apparaître à la fois la sensibilité du personnage et sa capacité de raisonner (voir art. cit., passim). Tristan introduira des stances dans chacune de ses autres tragédies (La Mort de Sénèque, V 1, v. 1419-1450 ; La Mort de Chrispe, II 1, v. 307-348 et V 1 ; Osman, III 1, v. 613-654 et V 1, v. 1243-1278).

[96] Voir supra, p. 260.

[97] Voir notamment J. Truchet, op. cit., p. 75-83 ; et O. Nadal, Le Sentiment de l'amour dans l'œuvre de Pierre Corneille, Paris, Gallimard, p. 148-160.

[98] Voir le commentaire de J. Morel cité supra, p. 263. J. Scherer souligne la fonction psychologique du monologue : « Un personnage qui avait, dans les scènes dialoguées, dissimulé ses véritables sentiments, peut les révéler dans un monologue […]. Les mauvais sentiments s'expriment d'ailleurs plus souvent que les bons dans de tels monologues. […] à la fonction purement automatique de liaison des scènes qui peut être celle du monologue s'en ajoute une autre, d'analyse psychologique ou d'expression d'une émotion […]. La fonction essentielle du monologue est de permettre l'expression lyrique d'un sentiment […]. Sa forme commence à se différencier, lorsqu'il exprime un conflit entre deux ou plusieurs sentiments » (op. cit., p. 245-248).

La Marianne, comme *Panthée*, est centrée sur un personnage psychologiquement complexe, dont la passion fait l'objet d'une analyse approfondie. La première de ces pièces est presque tout entière construite autour du personnage d'Hérode, qui paradoxalement prend plus d'importance que le personnage éponyme. Il apparaît, en effet, plus souvent sur scène que Marianne, et ses paroles représentent un plus grand nombre de vers[99]. Plus encore, c'est lui qui ouvre la pièce, et son angoisse se manifeste dès ce premier monologue :

> Fantôme injurieux qui troubles mon repos,
> Ne renouvelle plus tes insolents propos...[100]

Enfin, la pièce se termine par ce que l'on pourrait appeler un dénouement psychologique. Lorsque commence l'acte V, Marianne a disparu, et les dernières scènes révèlent le désespoir d'Hérode qui, pris de remords, refuse de croire à son malheur et finit par sombrer dans la folie. Dans le monologue qui ouvre l'acte V, il prend soudain conscience de sa jalousie et espère pouvoir changer le cours du destin[101] ; mais devinant que le mal est fait, il exprime son incrédulité avant d'être envahi par le remords[102]. Il se laisse alors tenter par le suicide[103], puis appelle sur lui la vengeance du peuple juif, avant de se livrer tout entier à sa douleur[104]. Enfin, il exprime son intention d'élever un monument à la gloire de Marianne, qu'il croit voir dans le ciel[105]. Au dénouement dramatique succède donc un dénouement proprement psychologique[106]. Or cet aspect,

---

[99] Présent dans 15 scènes, Hérode prononce 899 vers, tandis que Marianne n'en prononce que 275 répartis dans 7 scènes.

[100] *La Marianne*, I 1, v. 1-2. D'Aubignac salue d'ailleurs cette trouvaille : « Le réveil d'Hérode est encore une belle ouverture dans la *Marianne* ; et le poète n'y doit pas moins travailler pour gagner d'abord l'attention des spectateurs, que l'orateur dans son exorde pour se concilier la bienveillance de ses juges » (*op. cit.*, livre 3, chap. 5 « Des actes », p. 233).

[101] V 1, v. 1407-1409 et 1429-1432.

[102] V 2, v. 1477-1480 et 1467-1568.

[103] *Ibid.*, p. 321-322 : « *Il se jette sur l'épée de Narbal* [...]. *Il veut encore prendre son épée.* »

[104] *Ibid.*, v. 1599, 1601-1602 et 1647-1648.

[105] *Ibid.*, v. 1727-1765.

[106] Ce dénouement, qui laisse le spectateur dans l'incertitude, rappelle d'autres pièces : « Il existe [...], parallèlement à la tendance au dénouement exhaustif, une tendance à laisser volontairement la conclusion dans le vague, à montrer la solution tragique du conflit sans insister sur les répercussions qu'elle peut entraîner. [...] la

déjà présent dans la pièce de Hardy, l'est beaucoup plus chez Tristan, qui
en effet choisit d'écourter le récit du messager chargé de raconter la mort
de Marianne, afin de pouvoir ensuite consacrer une plus large place aux
fureurs d'Hérode[107].

Déjà dans ses « arguments », l'auteur mettait en avant la complexité de
son personnage. A l'acte III, le roi « est touché de ses [Marianne] pleurs, et
l'amour qui était sortie par la porte de la crainte et de la colère y rentre
aussitôt par celle de la pitié » ; mais, « naturellement soupçonneux »,
Hérode conçoit à l'égard de Soême « une extrême jalousie »[108]. À l'acte
IV, il « se trouve agité d'une cruelle inquiétude », car il « doute de la
pudicité de Marianne » et « croit qu'elle s'est voulu défaire de lui »[109]. Le
dernier acte est manifestement celui dans lequel la psychologie tient le plus
de place :

> Hérode revient à lui-même, et conçoit de l'horreur de sa cruauté. […]
> cet esprit violent, et qui avait toujours eu pour cette belle et chaste
> Princesse une invincible inclination, s'abandonne entièrement à la
> douleur […]. Ce Prince tombe en frénésie […]. Enfin cette Âme
> troublée fait inutilement débattre ses sentiments sur cette perte
> irréparable[110].

Dès l'avertissement au lecteur, Tristan insistait sur la dimension
psychologique de sa pièce :

> Je me suis efforcé de dépeindre au vif l'humeur de ce Prince
> sanguinaire, à qui la Nature avait fait assez de grâces pour le rendre un
> des plus grands hommes de son siècle, s'il n'eût employé ces
> merveilleux avantages contre sa propre réputation, en corrompant des
> biens si purs par le débordement d'une cruauté sans exemple, et des
> autres vices qu'on a remarqués en sa vie. Vois cette peinture en son
> jour, et n'y cherche pas des finissements qui pourraient affaiblir en
> quelque sorte la hardiesse du dessein. Je ne me suis pas proposé de
> remplir cet ouvrage d'imitations italiennes et de pointes recherchées ;

Mariane de Tristan se dénoue par le désespoir d'Hérode, qui comprend trop tard qu'il a
injustement condamné sa femme à mort. Hérode sombrera-t-il dans la folie ? Se tuera-t-
il ? Tristan ne nous le dit pas. Il lui suffit de terminer son spectacle par cette violente
émotion, qui est à elle seule le dénouement, et après laquelle on ne désire plus rien
savoir. La même année paraît le *Cid* de Corneille. Chimène épousera-t-elle Rodrigue ? »
(J. Scherer, *op. cit.*, p. 132). Bernardin voit dans cet effet de dédoublement une
maladresse de construction (voir notre chapitre 1, p. 49).

[107] Son dernier acte compte 126 vers de plus que celui de Hardy.

[108] *La Marianne*, *op. cit.*, p. 292.

[109] *Ibid.*, p. 305.

[110] *Ibid.*, p. 316.

j'ai seulement voulu décrire avec un peu de bienséance les divers sentiments d'un tyran courageux et spirituel, les artifices d'une femme envieuse et vindicative, et la constance d'une Reine dont la vertu méritait un plus favorable destin. Et j'ai dépeint tout cela de la manière que j'ai cru pouvoir mieux réussir dans la perspective du théâtre, sans m'attacher mal à propos à des finesses trop étudiées, et qui font paraître une trop grande affectation, en un temps où l'on fait plus d'état des beautés qui sont naturelles que de celles qui sont fardées[111].

En dressant le portrait moral de chacun des trois protagonistes, l'auteur construit d'emblée le triangle affectif qui détermine la structure de la pièce[112]. Il allie à son intérêt pour la peinture des passions son souci de ne point heurter le public (« j'ai seulement voulu décrire avec un peu de bienséance... ») et s'écarte, par ailleurs, du modèle italien, qui, pourtant, se révèle très présent dans son œuvre poétique (« Je ne me suis pas proposé de remplir cet ouvrage d'imitations italiennes··· »)[113]. Cette déclaration d'intentions marquerait-elle donc une rupture dans la carrière et les choix esthétiques de Tristan ? L'histoire littéraire y verrait volontiers un moment de transition, où l'auteur rejette les excès du baroque pour se tourner vers la rigueur du classicisme[114]. C'est du moins ce que suggère Jacques Scherer lorsqu'il affirme, à propos de ce passage, que Tristan doit encore « éprouver les tentations de [la préciosité] », auxquelles il aurait néanmoins

---

[111] *Ibid.*, p. 264. J. Scherer fait remarquer : « L'Avertissement proclame clairement que le propos de Tristan est avant tout *psychologique* ; son but n'est pas d'expliquer une situation politique complexe, à laquelle ne sont faites que les allusions indispensables, il est de 'dépeindre au vif' ses principaux personnages, et essentiellement Hérode » (*ibid.*, notice, p. 1319). Nous soulignons.

[112] *Cf.* l'analyse de Bernardin (voir notre chapitre 1, p. 47-48).

[113] La pièce contient pourtant quelques *concetti*. Ainsi, Marianne dit à propos d'Aristobule :

Ce clair Soleil levant adoré de la Cour
Se plongea dans les eaux comme l'Astre du jour (II, 1, v. 421-422).

Pour dépeindre la beauté de Marianne, Hérode utilise des métaphores empruntées à la poésie italienne :

... c'est un rocher d'albâtre.
....
Il n'est point de rubis vermeils comme sa bouche,
Qui mêle un esprit d'ambre à tout ce qu'elle touche,
Et l'éclat de ses yeux veut que mes sentiments
Les mettent pour le moins au rang des diamants (I, 3, v. 272-278) ;
Bien que tu sois de glace, et que je sois de flamme (III, 2, v. 931).

[114] Voir la conclusion de notre première partie, p. 169.

su résister[115]. Malgré cette prise de position, le poète ne renonce pas au marinisme : *Les Amours* et *La Lyre*, recueils publiés quelques années seulement après *La Marianne*, se ressentent encore de l'influence de l'auteur italien[116]. Mais en cela, l'évolution esthétique de Tristan reflète aussi les tendances du moment : l'emprise de Marino, très marquée dans la poésie des années 1620, tend ensuite à s'atténuer. En dernier lieu, l'auteur affirme la spécificité du théâtre (« j'ai dépeint tout cela de la manière que j'ai cru pouvoir mieux réussir dans la perspective du théâtre »), ce qui signifie que les ornements, les recherches stylistiques auxquelles la poésie invite ne sauraient être de mise dans une œuvre dramatique, où l'efficacité doit être privilégiée. Sans doute Tristan vise-t-il, par ses propos, certains de ses contemporains, parmi lesquels figurent peut-être les « Cinq Auteurs »[117]. Le dramaturge a donc a pour principal souci de satisfaire les attentes d'un public qui, désormais, préfère la simplicité (« en un temps où l'on fait plus d'état des beautés qui sont naturelles que de celles qui sont fardées ») et accorde à la psychologie un intérêt croissant.

Malgré ce désir de renouveau, Tristan reconnaît sa dette envers ses prédécesseurs en indiquant précisément ses sources :

> Le sujet de cette tragédie est si connu qu'il n'avait pas besoin d'arguments ; quiconque a lu *Josèphe*, *Zonare*, *Hégésippe*, et nouvellement *Le Politique malheureux*, exprimé d'un style magnifique par le Révérend Père Caussin, sait assez quelles ont été les violences d'Hérode, qui furent fatales aux Innocents, et particulièrement à cette illustre Marianne, dont il avait usurpé le lit et la liberté, avec la couronne de Judée[118].

---

[115] *La Marianne*, *op. cit.*, notice, p. 1322.

[116] Voir *infra*, p. 291 et 301.

[117] Telle est du moins l'hypothèse de J. Scherer (*La Marianne*, *op. cit.*, notice, p. 1322). Mais la fantaisie verbale se rencontre surtout dans la comédie burlesque d'inspiration espagnole : voir, par exemple, Scarron (*Dom Japhet d'Arménie*, 1652) ou Boisrobert (*La Folle Gageure*, 1653). Tristan lui-même participera à ce mouvement en écrivant une comédie à l'italienne où figure le personnage du soldat fanfaron (voir notre chapitre 7, p. 376).

[118] *La Marianne*, *op. cit.*, p. 264. J. Scherer signale les éditions de ces textes que Tristan a pu consulter (*ibid.*, notice, p. 1317-1318). A propos de ces diverses sources, voir notre chapitre 2, p. 144 et 149. Dans l'avis au lecteur de sa *Sophonisbe*, Corneille rappelle que Tristan a emprunté à Hardy les sujets de ses deux premières tragédies : « Feu M. Tristan a renouvelé *Mariane* et *Panthée* sur les pas du défunt sieur Hardy » (*Œuvres complètes*, éd. critique d'A. Stegmann, Paris, Seuil, 1963, l'Intégrale, p. 643).

En somme, Tristan se définit lui-même à la fois comme un héritier[119] et un novateur, c'est-à-dire comme un auteur capable de renouveler un sujet déjà abondamment traité. Curieusement, bien qu'il ne l'ait sans doute guère utilisée, il ne mentionne à aucun moment *La Marianne* de Hardy, créée en 1600[120]. Ce silence peut s'expliquer doublement : d'une part, la référence à Hardy est tellement présente dans l'esprit des lecteurs qu'elle n'a même pas besoin d'être signalée (« Le sujet de cette tragédie est si connu... ») ; d'autre part, Tristan préfère sans doute, en se réclamant des Anciens, s'inscrire dans une filiation plus prestigieuse et ne pas révéler sa dette envers un auteur considéré comme archaïque[121].

Dans *Panthée*, comme dans *La Marianne*, l'auteur accorde une large place à l'analyse de la passion, comme le montrent les longues et nombreuses tirades dans lesquelles Araspe exprime son désespoir[122]. Tel un berger de pastorale, qui n'ose avouer immédiatement ses sentiments à sa bien-aimée[123], le héros tragique se réfugie dans la nature pour confier aux arbres sa douleur[124] :

> Hélas, je suis si misérable
> En l'état triste et déplorable
> Où d'abord m'a réduit l'éclat de ses beaux yeux[125]...

Tristan reprend, dans ce passage, la plupart des *topoï* que lui fournit alors la poésie amoureuse : les pleurs et les soupirs[126], la flamme et les fers[127], la

---

[119] L'avertissement au lecteur des *Plaintes d'Acante* jouait le même rôle (voir notre chapitre 4, p. 248-249).

[120] A propos de l'influence que Hardy a pu exercer sur Tristan dans *La Marianne*, voir notre chapitre 2, p. 118-120.

[121] Voir *supra*, p. 258.

[122] *Panthée*, II 1 et 3, v. 652-712. A ces monologues il faut associer les scènes dans lesquelles Araspe se confie à des proches, à Mitrane d'abord (III 3), puis à Oronte (V 1). Selon la terminologie de J. Scherer, il s'agit de « monologues devant le confident » (*La Dramaturgie classique en France, op. cit.*, p. 255).

[123] II 3, v. 524-525.

[124] Araspe modèle son attitude sur celle de « l'illustre pasteur ». Les critiques ont d'ailleurs cru reconnaître dans cette proximité avec la nature une forme de préromantisme (voir notre chapitre 1, p. 89).

[125] II 1, v. 365-367.

[126] *Ibid.*, v. 374.

[127] *Ibid.*, v. 378-382.

tentation de la mort[128], la jalousie[129], les yeux de la femme[130], son ingratitude et sa cruauté[131]. Araspe songe un instant à tuer son rival (« Et faut-il que je meure ainsi sans me venger[132] ? ») mais finalement il y renonce, mesurant la peine qu'il causerait ainsi à Panthée[133]. Après avoir été éconduit[134], il laisse éclater sa colère dans un dialogue fictif où il tutoie son interlocutrice : « Barbare, me traiter avec tant de rigueur ? »[135] Et finalement, comme Hérode, il se sent envahi de sentiments contradictoires :

> O désordre confus de desseins différents !
> Je déteste son nom, je la hais, je l'abhorre,
> Je la fuis, je la crains, et si je l'aime encore[136].

Ensuite, Araspe s'adoucit à l'égard de celle que, malgré tout, il ne peut s'empêcher d'aimer, avant de songer une nouvelle fois à la solution du suicide[137]. Lorsqu'il apprend la mort d'Abradate, il ne peut cacher sa joie car il espère pouvoir le remplacer mais, connaissant l'amour de Panthée pour son mari, il perd rapidement ses illusions et souhaite même partager la douleur de la jeune femme[138]. Enfin, à peine Panthée s'est-elle donné la mort qu'Araspe se précipite du haut d'une falaise[139]. Une chaîne tragique se met donc en place : Abradate mort, son épouse ne peut rester en vie, ce qui entraîne presque immédiatement le suicide d'Araspe. Ainsi, les deux intrigues qui composent la pièce[140] se rejoignent, si bien que celle-ci apparaît véritablement comme une tragédie de la passion amoureuse. C'est donc la force du sentiment qui, dans *Panthée* comme dans *La Marianne*, est à l'origine du tragique.

---

[128] *Ibid.*, v. 374-376.

[129] *Ibid.*, v. 390-396.

[130] *Ibid.*, v. 359-364.

[131] *Ibid.*, v. 377. A rapprocher des poèmes amoureux de Tristan (voir *infra*, p. 291).

[132] *Ibid.*, v. 404.

[133] *Ibid.*, v. 407-408.

[134] I 3.

[135] *Ibid.*, v. 655.

[136] *Ibid.*, v. 704-706.

[137] *Ibid.*, v. 709-712.

[138] V 1, v. 1415-1418.

[139] V 5.

[140] Voir *supra*, p. 267.

En accordant ainsi à l'analyse des sentiments une place centrale, Tristan participe à un vaste mouvement qui tend à renforcer la dimension psychologique de la tragédie[141]. Déjà en 1634, *La Sophonisbe* de Mairet illustrait, à propos, chacun des personnages mis en scène, le conflit entre intérêts politiques et désirs personnels : l'héroïne se reprochait d'aimer l'ennemi de son pays[142], de même que Massinisse se sentait partagé entre son amour pour Sophonisbe et la nécessité d'obéir aux injonctions de Rome. Bien d'autres tragédies créées en ces années 1630 posent également le problème du rapport entre amour et politique : l'*Alcionée* et le *Cléomédon* de Du Ryer[143], *La Mort de Mithridate* de La Calprenède[144]... Mais, à la différence de toutes ces pièces, *La Marianne* met en avant la jalousie d'Hérode qui, malgré sa fonction politique, apparaît surtout (sinon exclusivement) dans son rôle de mari délaissé. Alors que chez l'héroïne de Mairet, par exemple, le sentiment patriotique se manifeste avec force, Hérode, qui a tué sa belle-famille pour servir ses intérêts politiques[145], est avant tout torturé par la haine que lui porte désormais Marianne. Quant à Massinisse, il est présenté non seulement comme un amoureux ardent, mais aussi comme un grand chef militaire[146]. Il est vrai que la dimension politique de *La Sophonisbe* est renforcée par la situation dramatique, puisque les combats font rage sous les murailles mêmes de la ville[147]. A travers le personnage d'Hérode, Tristan analyse les principales composantes de la passion amoureuse, qui mêle tendresse et jalousie[148]. Quant à Marianne, elle se distingue avant tout par sa constance et son courage, rejoignant ainsi des personnages aussi différents que Sophonisbe, Iphigénie, Alcionée, Médée ou Bérénice. Une rapide comparaison de *La Marianne* avec quelques-unes des tragédies écrites à la même période révèle donc la relative originalité de son auteur. En général, la peinture de

---

[141] Voir *supra*, p. 260.

[142] Voir *La Sophonisbe*, II 1.

[143] Lydie condamne son amour pour Alcionée au nom de l'honneur.

[144] Cette pièce, encore marquée par la tragédie lyrique de la Renaissance, est empreinte d'une atmosphère de déploration. Elle exprime donc une émotion collective, alors que *La Marianne* est centrée sur un personnage unique.

[145] Voir J. Scherer, notice, *op. cit.*, p. 1320.

[146] Voir, par exemple, III 4.

[147] Voir II 1.

[148] Les critiques ont déjà fait apparaître les contradictions de la passion amoureuse telle qu'elle s'illustre dans le personnage d'Hérode (voir notre chapitre 1, p. 67).

la passion amoureuse rencontre la question du pouvoir politique[149], aspect que Tristan choisit cependant de minimiser dans ses deux pièces : ainsi, de même que dans *La Marianne* l'accent est mis sur la souffrance d'Hérode, dans *Panthée* les exploits militaires de Cyrus, que seuls des récits attestent[150], sont oubliés au profit des tourments amoureux d'Araspe.

3. Des traits d'archaïsme

Si donc, dans l'ensemble, Tristan respecte les règles de la tragédie[151], ses deux premières pièces conservent néanmoins quelques traits d'archaïsme. Dans *La Marianne*, les personnages sont relativement nombreux[152] alors que la tendance contemporaine est au resserrement, mais dans *Panthée* ils le seront déjà nettement moins[153]. L'auteur confère également à sa première tragédie une fonction démonstrative, qui la rattache au courant néostoïcien, très vivace dans le théâtre des années 1630. En effet, *La Marianne* se termine par une morale, énoncée par Narbal :

> Mais les meilleurs esprits font des fautes extrêmes,
> Et les Rois bien souvent sont esclaves d'eux-mêmes[154].

Panthée abonde en sentences de toutes sortes, qu'il est possible de classer en fonction des personnages qui les prononcent. Devant Panthée, qui vient de dénoncer le comportement d'un roi tyrannique, Cyrus définit ce qui, selon lui, doit être le rôle d'un monarque :

> Un Roi doit s'appliquer à de meilleurs objets,
> Gouverner son esprit ainsi que ses sujets ;
> Et mêlant la justice à des bontés extrêmes,
> En commandant autrui, se commander soi-même[155].

---

149 Voir notamment J. Truchet, *op. cit.*, p. 89-106.

150 Tandis que, dans la pièce de Mairet, nous assistons presque à la bataille que se livrent les troupes de Syphax et celles de Massinisse, dans *Panthée* les combats de Cyrus contre ses ennemis se déroulent entre les actes IV et V.

151 Le regard favorable que d'Aubignac porte sur *La Marianne* suffit à montrer la régularité de cette pièce (voir *supra*, p. 263 n. 47).

152 Ils sont 17. Voir J. Scherer, *La Dramaturgie classique en France, op. cit.*, p. 35.

153 Ils sont 11. « Les pièces écrites pour les troupes de l'époque classique se contenteront le plus souvent d'une dizaine de personnages » (J. Scherer, *Théâtre du dix-septième siècle I*, p. 1150).

154 *La Marianne*, V, 3, v. 1811-1812.

Après la mort d'Abradate, le roi fait savoir à Panthée qu'il va profiter de la faiblesse de son ennemi pour l'attaquer :

> Lorsque au métier de Mars les jugements s'égarent
> Les fautes que l'on fait à peine se réparent[156].

Charis, l'une des suivantes de Panthée, prévient Araspe du danger qui le menace, mais tente aussi d'amoindrir la faute de celui qui n'a pu résister aux charmes de la jeune femme :

> Une Beauté parfaite est une tyrannie
> Dont ne peut s'affranchir le plus ferme Génie[157].

Alors que Panthée craint le malheur que semble lui annoncer un songe prémonitoire, sa confidente s'efforce de la rassurer, usant au passage de la métaphore maritime[158] : soucieuse de la réputation de sa maîtresse, qui risque d'être jugée responsable de la mort d'Araspe, elle évoque les dangers de la rumeur, « ce fantôme indiscret, ce Monstre inquiété,/ Qui confond le mensonge avec la vérité »[159]. Dans la première scène, Chrisante met en garde Cyrus contre les changements de fortune en affirmant que « la prudence doit mêler sagement la crainte à l'espérance »[160]. Lorsque le roi apprend qu'Araspe a osé défier son autorité en avouant ses sentiments à Panthée, Chrisante déclare :

> Sire, en toutes les Cours l'imprudence est commune
> À tous les jeunes gens qu'élève la Fortune[161].

Quant à Abradate, il craint que Panthée ne lui soit pas restée fidèle et, après avoir été détrompé, se livre à un long développement sur la jalousie :

> Par tout où va ce Dieu [l'Amour], va ce Fantôme sombre
> Qui le suit de si près qu'on le prend pour son ombre[162].

---

[155] I 2, v. 189-192.

[156] V 4, v. 1533-1534.

[157] III 1, v. 741-742.

[158] II 2, v. 451-459.

[159] *Ibid.*, v. 759-760.

[160] *Panthée*, I 1, v. 55-56.

[161] III 5, v. 891-982.

[162] IV 1, v. 1151-1152.

Les sentences contenues dans la pièce ont donc trait aussi bien à la politique qu'à la psychologie ou à la morale.

Par ailleurs, Tristan reprend un thème qu'affectionnaient déjà les auteurs dramatiques de la Renaissance : le songe, qui donne généralement lieu à de longs récits[163]. Ainsi, Hérode raconte le cauchemar dans lequel il a vu Aristobule sortir de l'eau et venir l'insulter[164], tandis que Panthée se dit effrayée par la vision d'Abradate succombant à ses blessures[165]. Le long développement que l'auteur consacre à l'interprétation des songes au début de *La Marianne* constitue l'une des principales originalités de la pièce, en même temps qu'elle nourrit l'analyse psychologique d'Hérode[166]. Comme le montrent paradoxalement ces deux exemples, Tristan s'empare donc d'un procédé ancien pour se conformer aux exigences de la tragédie moderne[167]. De même, les plaintes d'Hérode, qui occupent tout le cinquième acte, pourraient bien être un souvenir de la tragédie lyrique de la Renaissance, où les héros ne se lassent pas de déplorer leurs malheurs[168] ; mais, en révélant ses tourments, elles contribuent aussi à montrer la complexité psychologique du personnage. Une autre raison peut expliquer la longueur exceptionnelle du dernier acte, c'est qu'en créant la figure d'Hérode l'auteur a sans doute pensé à Montdory, qu'il cherchait ainsi à mettre en valeur[169].

---

[163] Voir notre chapitre 3, p. 158-160. La présence de ce thème justifie les rapprochements entre Tristan et Shakespeare (voir notre chapitre 2, p. 128).

[164] *La Marianne*, I 3, v. 87-138.

[165] *Panthée*, II 2.

[166] *La Marianne*, I 3, v. 142-182. D'Aubignac estime d'ailleurs ce développement trop long : il « fait relâcher le plaisir aussi bien que l'attention du spectateur ; parce qu'il interrompt une agitation du théâtre, et un mouvement qui avait commencé par le trouble d'Hérode à son réveil » (*op. cit.*, livre 4, chap. 5 « Des discours didactiques ou instructions », p. 317). Le thème du songe a été étudié dans notre chapitre 2 (voir p. 128).

[167] Voir *supra*, p. 269-270.

[168] Voir, par exemple, l'*Hector* de Montchrestien (1607). « En réaction contre cette lenteur que les progrès de la dramaturgie font paraître fastidieuse, on recherche, à partir de 1640 environ, la plus grande rapidité possible dans les dénouements. Nous avons signalé le caractère exceptionnellement abrupt du dénouement du *Cosroès* (1649) de Rotrou, où la mort du roi Cosroès n'est connue qu'au dernier vers » (J. Scherer, *La Dramaturgie classique en France*, *op. cit.*, p. 134).

[169] A propos de l'influence des comédiens sur la composition des œuvres dramatiques, voir *ibid.*, p. 154-155.

4. *Tristan novateur* ?

Malgré de nombreux emprunts à ses prédécesseurs, Tristan fait preuve d'une certaine originalité. A-t-il pour autant encouragé ses successeurs à poursuivre dans la voie qu'il avait ouverte ? Une première réponse nous est apportée par Corneille et d'Aubignac qui, dans les commentaires qu'ils font respectivement de ses deux premières pièces, ne lui reconnaissent en rien le rôle de novateur. On mesure ainsi l'écart considérable qui sépare les dramaturges ou théoriciens de l'époque de Tristan des critiques de la fin du dix-neuvième siècle[170]. Dans son *Discours de l'utilité et des parties du poème dramatique*, paru en 1660, Corneille consacre, en effet, quelques lignes à *La Marianne*. Il reconnaît l'audace de Tristan, qui a osé placer le dénouement à la fin du quatrième acte, mais dissuade les jeunes dramaturges d'imiter cet exemple, posant en principe que la « catastrophe » doit être réservée au cinquième acte et finir la pièce :

> Plus on la diffère, plus les esprits demeurent suspendus, et l'impatience qu'ils ont de savoir de quel côté elle tournera est cause qu'ils la reçoivent avec plus de plaisir, ce qui n'arrive pas quand elle commence avec cet acte. L'auditeur qui la sait trop tôt n'a plus de curiosité et son attention languit durant tout le reste, qui ne lui apprend rien de nouveau[171].

Or, Corneille constate que la première tragédie de Tristan, bien qu'elle fasse exception à cette règle, a profondément ému les spectateurs :

> Le contraire s'est vu dans *La Mariane*, dont la mort, bien qu'arrivée dans l'intervalle qui sépare le quatrième acte du cinquième, n'a pas empêché que les déplaisirs d'Hérode, qui occupent tout ce dernier, n'aient plu extraordinairement ; mais je ne conseillerais à personne de s'assurer sur cet exemple. Il ne se fait pas de miracles tous les jours ; et quoique son auteur eût mérité ce beau succès par le grand effort d'esprit qu'il avait fait à peindre les désespoirs de ce monarque, peut-être que l'excellence de l'acteur qui en soutenait le personnage, y contribuait beaucoup[172].

Malgré les compliments que Corneille semble adresser à Tristan, la position qu'il défend reste relativement ambiguë. Il ne saurait en effet nier le succès considérable remporté par la pièce, et en particulier la vive

---

[170] Voir notre chapitre 1, *passim*.

[171] *Discours de l'utilité et des parties du poème dramatique*, p. 821-830 dans *Œuvres complètes*, *op. cit.*, cité p. 829.

[172] *Ibid.*

émotion ressentie par les spectateurs au dernier acte lorsque le roi cède à une crise de démence et montre ainsi l'ampleur de son désespoir[173]. Mais, en consacrant un acte entier à l'expression de cette souffrance, l'auteur enfreint une des règles de la tragédie et, selon le principe énoncé par Corneille, l'attention du public aurait dû s'en trouver affectée. En provoquant à l'inverse l'enthousiasme des spectateurs, Tristan semble donc avoir réalisé un véritable tour de force. C'est dire aussi à quel point les réactions du public peuvent rendre caduques ou inopportunes les règles censées fournir les recettes du succès[174]. Toutefois, l'argument invoqué par Corneille est à double tranchant : certes, dit-il, *La Marianne* a obtenu les faveurs du public, mais elle ne saurait en aucun cas servir de modèle. En somme, elle ne serait qu'une exception heureuse. Plus encore, Corneille semble attribuer le succès de la pièce non à ses qualités propres, mais au talent de l'acteur. Il est vrai que, selon le témoignage des contemporains, le jeu de Montdory, accompagnant le texte de gestes expressifs, impressionna fortement le public. Or, cet argument avait déjà été utilisé par les adversaires de Corneille pour dénoncer les faiblesses du *Cid* : mal écrite, la pièce aurait dû son succès au seul jeu des acteurs. Ainsi, les critiques que Corneille adresse au créateur de *La Marianne*, qui en 1636 pouvait aussi se révéler être un dangereux rival[175], ne sont peut-être que l'expression de son amertume, le signe d'un désir de revanche[176].

---

[173] Voir N.-M. Bernardin, *Un Précurseur de Racine*, op. cit., p. 199. Voir aussi le témoignage du Père Rapin : « Quand Montdory jouait la *Marianne* de Tristan, le peuple n'en sortait jamais que rêveur et pensif, faisant réflexion à ce qu'il venait de voir et pénétré à même temps d'un grand plaisir » (*Les Réflexions sur la poétique de ce temps et sur les ouvrages des poètes anciens et modernes*, éd. critique d'E.T. Dubois, Genève-Paris, Droz-Minard, 1970, 1ère éd. 1675, p. 102). Tristan lui-même, dans son avertissement de *Panthée*, salue le talent du comédien : « Jamais homme ne parut avec plus d'honneur sur la scène ; il s'y fait voir tout plein de la grandeur des passions qu'il représente ; et, comme il en est préoccupé lui-même, il imprime fortement dans les esprits tous les sentiments qu'il exprime. Les changements de son visage semblent venir des mouvements de son cœur ; et les justes nuances de sa parole et la bienséance de ses actions forment un concert admirable qui ravit tous ses spectateurs » (*Panthée, op. cit.*, p. 137).

[174] Selon Corneille, « la poésie dramatique a pour but le seul plaisir des spectateurs » (*Discours de l'utilité et des parties du poème dramatique, op. cit.*, p. 822).

[175] Selon la formule consacrée, *La Marianne* « balança » le succès du *Cid* (voir N.-M. Bernardin, *Un Précurseur de Racine, op. cit.*, p. 190 ; G. Bizos, *Etude sur la vie et les œuvres de Jean de Mairet*, Paris, Thorin, 1877, p. 323 ; E. Faguet, *Histoire de la poésie française de la Renaissance au romantisme*, t. III, Paris, Boivin, 1927, p. 180).

[176] L'argumentation de Corneille ne résiste guère à la réalité des faits, car non seulement la pièce de Tristan se maintient au répertoire jusqu'en 1704, mais quelques auteurs aussi s'en inspirent (voir, en particulier, *La Mort des enfants d'Hérode* de La

Si, malgré sa singularité, *La Marianne* reçut l'approbation du public, *Panthée*, en revanche, fut un échec. L'auteur lui-même reconnaît que la pièce présente de nombreux défauts, qu'il explique d'abord par la faiblesse du sujet[177] :

> A Peine peut-on s'imaginer qu'il y ait assez de matière en l'aventure de PANTHÉE pour faire deux Actes entiers : c'est un champ fort étroit et fort stérile, que je ne pouvais cultiver qu'ingratement. Aussi n'eût été quelque secrète raison, j'eusse pris un plus favorable Sujet pour donner une Sœur à MARIANE. Véritablement il faut avouer que nonobstant les avantages que la jeunesse peut donner, l'Aînée a plus de beauté que la Cadette, et qu'il s'en faut quelque chose que cette dernière production de mon Esprit ne mérite autant d'applaudissements que la première[178].

Tristan se justifie encore en évoquant ensuite les conditions défavorables qui furent les siennes au moment où il rédigeait la pièce. D'une part en effet, la maladie l'a empêché de donner la pleine mesure de son talent : « L'un de ces Poëmes fut élaboré dans un assez tranquille loisir : et l'autre n'a reçu ses finissements que dans les intervalles d'une maladie. Tellement qu'on ne trouvera pas étrange que l'ouvrage d'un homme languissant ait moins de vigueur, que celui d'un homme qui se porte bien. »[179] D'autre part, la pièce « s'est sentie du funeste coup dont le Théâtre du Marais saigne encore ; et pris part en la disgrâce d'un Personnage dont elle attendait un merveilleux ornement »[180]. En 1637, le célèbre Montdory, qui assurait les rôles psychologiquement intenses tels ceux d'Hérode et d'Araspe, fut atteint de paralysie, et Tristan perdit là un soutien qui devait lui assurer le succès : « C'est de ce miraculeux Imitateur, que j'attendais le coloris de cette Peinture : Et c'est celui qui lui devait donner tout ensemble de la grâce et de la vigueur. »[181] L'auteur semble ainsi formuler l'argument par lequel Corneille expliquera le succès de *La Marianne*, dont les

---

Calprenède, créée en 1639). Sur la postérité de *La Marianne*, voir N.-M. Bernardin, *Un Précurseur de Racine, op. cit.*, p. 364-368.

[177] En cela, son jugement rejoint celui que les critiques formuleront dès la fin du dix-neuvième siècle (voir notre chapitre 1, p. 85).

[178] *Panthée, op. cit.*, « Avertissement à qui lit », p. 137. Dans le poème qui figure à la fin du volume (p. 205), Tristan se plaint de sa maladie et implore l'aide de Jésus-Christ.

[179] *Ibid.*

[180] *Ibid.*

[181] *Ibid.*

faiblesses auraient pu être masquées par la qualité exceptionnelle du jeu[182].
De fait, *Panthée* est mal accueillie par le public, et Tristan ne tarde pas à
exprimer son amertume :

> Je ne fais point ces Vers de choix
> Par qui l'oreille est enchantée ;
> On enveloppe des Anchois
> De Mariane et de Panthée.
> ....
> Toutefois le grand Richelieu
> Fait quelque état de mes Ouvrages ;
> Ce qui plaît à ce Demy-Dieu
> Ne devrait pas déplaire aux Sages[183].

Affaibli et découragé, l'écrivain se dit prêt à renoncer au théâtre malgré
l'intérêt que lui porte Richelieu :

> Aussi je te dirai, Lecteur, que j'ai presque perdu depuis son
> [Montdory] mal, la disposition d'esprit que j'avais pour écrire en ce
> genre Dramatique. Et que n'était que Monseigneur le Cardinal se
> délasse par fois en l'honnête divertissement de la Comédie, et que son
> Éminence me fait l'honneur de me gratifier de ses bienfaits,
> j'appliquerais peu de mon loisir sur les ouvrages de Théâtre. C'est un
> labeur pénible, dont le succès est incertain[184].

Pour tenter de rendre la pièce plus conforme aux attentes du public,
Richelieu confie à d'Aubignac le soin de la remanier. Ainsi, dans son
Jugement de Panthée[185], celui-ci relève tout ce qui, dans la tragédie de
Tristan, mérite à ses yeux d'être corrigé : « Plus je me la remets en
mémoire, moins je l'estime capable d'être mise au nombre des excellentes
Pièces, si on ne la reforme d'un bout à l'autre. »[186] D'Aubignac constate,
en effet, qu'en dépit de ses qualités la tragédie de Tristan ne touche guère

---

[182] Voir *supra*, p. 283.

[183] « A Mademoiselle D.D. excellente comédienne », p. 295, v. 53-64 dans *Les Vers héroïques*, Genève, Droz, 1967.

[184] *Panthée*, *op. cit.*, « Avertissement à qui lit », p. 137-138. Dans un court poème placé en tête du volume, Tristan accuse la Fortune d'être « contraire aux beaux esprits », mais attend en retour la bienveillance du lecteur (p. 139). On se souvient, par ailleurs, qu'en 1635 le poète avait tenté de s'attirer les bonnes grâces de Richelieu (voir notre chapitre 4, p. 225).

[185] D'Aubignac, *Jugement / De la Tragédie, intitulée PANTHEE, écrit sur le champ, et envoyé à Monseigneur le Cardinal de Richelieu par son ordre exprès*, p. 490-498 dans *La Pratique du théâtre*, Paris, Sommaville, 1657.

[186] *Ibid.*, p. 490.

les spectateurs : elle a beau contenir « de nobles sentiments » et « de beaux vers », ces derniers « ne chatouillent que l'oreille »[187]. L'abbé estime d'abord que la pièce présente un défaut de composition majeur. Selon lui en effet, l'auteur a eu tort de supprimer deux des épisodes racontés par Xénophon car, ajoute-t-il, « l'Histoire est assez stérile pour n'en rien oublier »[188] : d'une part, le bannissement que Cyrus fait subir à Araspe ; d'autre part, les paroles que Panthée adresse à son mari au moment où elle lui remet les armes qu'elle a pu se procurer grâce à la vente de ses bijoux. A l'inverse, d'Aubignac juge certains passages de la pièce superflus : en l'occurrence, les deux discours de Cyrus sur la politique et la guerre[189] qui, à ses yeux, souffrent d'une longueur excessive et n'apportent rien à l'intrigue[190]. Estimant que l'arrivée d'Abradate intervient trop tard, l'abbé propose que la pièce s'ouvre « par l'amour et l'impatience de Panthée, et le désir de Cyrus d'avoir Abradate dans la bataille qui se devait donner »[191]. En outre, estime d'Aubignac, les changements de lieux sont trop rapides ou trop fréquents, et l'arrivée ou le départ d'un personnage n'est pas toujours justifié ; aussi toutes les scènes pourraient-elles se dérouler près des « tentes de Cyrus sur les rives du Pactole, où Panthée reçut le corps d'Abradate et perdit la vie »[192]. Dans l'ensemble, les transitions entre les scènes se révèlent insuffisantes : elles « me semblent tellement déliées, que l'on pourrait compter, plusieurs Actes en cette Pièce »[193]. Ensuite, d'Aubignac remarque certaines invraisemblances. L'amour d'Araspe, qui veut pousser la chaste Panthée à la faute et, plus tard, se réjouit de la mort d'Abradate, lui paraît « brutal et criminel »[194] : ce prince se montre indigne de son rang et du rôle que lui a confié Cyrus. Paraît tout aussi invraisemblable l'évanouissement d'Araspe, qui aurait dû survenir le jour où celui-ci vit Panthée pour la première fois[195]. De plus, Tristan a laissé inachevées certaines parties de la pièce :

---

[187] *Ibid.*

[188] *Ibid.*, p. 491.

[189] *Panthée*, I 1 et V 4.

[190] D'Aubignac, *op. cit.*, p. 491.

[191] *Ibid.*, p. 491-492.

[192] *Ibid.*, p. 492.

[193] *Ibid.*, p. 493.

[194] *Ibid.*

[195] *Ibid.*, p. 494.

Cyrus ne veut point regarder Panthée, et cela ne produit rien ; Araspe
est amoureux de Panthée, et l'on n'en voit pas l'issue ; Panthée se
plaint de son insolence, et il demeure en même état qu'auparavant ;
Abradate est jaloux sans fondement, et cesse de l'être avec aussi peu
de raison ; Un mari vient voir sa femme dans son impatience, et
disparaît aussitôt, comme s'il n'était venu que pour mourir, et la faire
mourir. Voilà de belles choses commencées, mais qui n'ont point de
suite[196].

L'auteur aurait commis encore d'autres maladresses : « Panthée l'[Araspe]
abandonne en cet état, ce qu'elle ne devait pas faire, étant un grand Prince
qui prenait soin d'elle, et qu'elle estimait malade de ses blessures ; vu
même que sa présence, en redoublant le mal d'Araspe, pouvait donner
occasion à quelque chose de bon. »[197] Le stratagème qu'utilise le jeune
homme pour attirer l'attention de Panthée trouverait plutôt sa place dans
une comédie : « C'était un mauvais discours pour un homme de la
condition d'Araspe, de dire, *Qu'il faisait des vers pour un autre* : il fallait
faire cette découverte par un moyen plus convenable à sa dignité, qui tint
de l'Héroïque. »[198] De même, l'abbé trouve peu crédible le revirement de
Panthée qui, après avoir été fortement en colère contre Araspe, demande
brusquement à Cyrus de se montrer indulgent envers lui : « L'on pouvait
faire que Cyrus condamnât Araspe à quelque peine rigoureuse, et qu'après
il priât lui-même Panthée de lui pardonner. »[199] Quant à la jalousie
d'Abradate, elle semble parfaitement injustifiée, et le poignard que
l'héroïne brandit en entendant les accusations de son mari paraît
disproportionné. La dernière scène entre Cyrus et Panthée souffre elle-
même d'un manque de vraisemblance. En effet, alors que la jeune femme
vient de perdre son mari, le roi lui fait part de ses désirs de conquête : « Il
ferait mieux de se séparer d'elle, sur une nouvelle qu'il eût eue du
ralliement de quelques ennemis. »[200] Dans le dernier acte, il laisse Panthée
seule, alors que, prise d'un accès de désespoir, elle risque à tout moment de
se suicider : « Aussi ne puis je consentir qu'Araspe demeure sans action
après sa mort, et qu'elle ne soit plainte, ni de Cyrus, ni de pas un des siens ;
cela me semble bien dur, et l'adoucissement y est si nécessaire, que les
Spectateurs demandent en voyant tomber Panthée, si c'est la fin de la

---

196 *Ibid.*

197 *Ibid.*, p. 494-495.

198 *Ibid.*, p. 495.

199 *Ibid.*

200 *Ibid.*, p. 497.

Pièce. »[201] Pour finir, d'Aubignac propose une série de corrections, qui en disent long sur les insuffisances supposées de la pièce :

> Pour donner néanmoins quelque grâce au quatrième Acte, il serait à propos de raccourcir ce grand discours que Cyrus fait contre ceux qui veulent mettre la terreur dans son armée ; car cela ne sert de rien au sujet ; et pour remplir l'Acte il faudrait faire que Panthée armât de sa main Abradate, et lui tînt des propos dignes de leur générosité, que l'on ferait suivre par un Monologue de Panthée, qui témoignerait ses appréhensions parmi les sentiments de la vertu.
>
> Et pour obliger Araspe à faire ce qu'il devait, il peut venir à Panthée pour la consoler, dont elle prendra sujet de s'irriter contre lui, et de se tuer pour fuir sa présence et suivre le destin de son mari ; ce qui surprendrait Araspe, n'ayant point découvert le poignard qu'elle avait, et après une plainte pathétique contre son propre amour et son malheur, il arracherait le poignard du corps de Panthée, et ayant dit quelque chose d'agréable sur le sang qui le colorerait, et sur la plaie qu'il aurait faite dans un si beau corps, il s'en tuerait lui-même, comme une victime nécessaire aux Mânes de Panthée. Pour le faire néanmoins il serait à propos que l'Auteur en fût d'accord, n'étant pas raisonnable de lui persuader pour rendre son Ouvrage parfait, il doit emprunter un secours étranger, comme s'il n'était pas capable de le faire[202].

Jugeant *Panthée* selon les critères qui servent à définir la tragédie « classique », d'Aubignac constate que l'auteur ne respecte pas intégralement ces règles : maladresses de construction, changements de lieux injustifiés, invraisemblances répétées, mélange de tons, etc. Ainsi, l'image de novateur que Tristan semblait offrir mérite amplement d'être corrigée ; mais, alors que les irrégularités de *La Marianne* n'ont nullement empêché son succès, celles de *Panthée*, infiniment plus nombreuses, ont provoqué la désaffection du public. Si la critique a considéré la première de ces pièces comme un modèle de la tragédie préclassique, elle a cependant négligé l'une de ses principales originalités (le dernier acte entièrement consacré aux déplorations d'Hérode), qui la prive en partie de son caractère exemplaire. Les contemporains de Tristan et les critiques de la fin du dix-neuvième siècle s'accordent toutefois pour dire que *La Marianne* est nettement plus réussie que *Panthée*[203].

---

[201] *Ibid.*

[202] *Ibid.*, p. 497-498. Tristan a seulement modifié le dénouement de la pièce (voir N.-M. Bernardin, *Un Précurseur de Racine*, *op. cit.*, p. 397-398).

[203] Voir notre chapitre 1, p. 45 et 63.

II. Deux recueils poétiques

A. Les Amours

1. Une poésie de l'intimité

Après l'échec de sa seconde tragédie, Tristan abandonne provisoirement le théâtre et publie deux nouveaux recueils poétiques : en 1638, *Les
Amours*[204], qui viennent compléter *Les Plaintes d'Acante*[205], puis en 1641
La Lyre, qui résulte d'une riche expérience. L'écrivain pratique ainsi une
polygraphie contrastée : après s'être presque entièrement consacré au
théâtre, il renoue avec la poésie, genre qui avait dominé sa production dans
les années 1620 ; et peut-être cette alternance répond-elle au désir de
satisfaire des attentes variées. Le théâtre permet en effet à Tristan de
toucher un large public et, ainsi, de renforcer la notoriété qu'il s'est déjà
acquise grâce aux *Plaintes d'Acante*[206]. Quant à la poésie amoureuse, elle
séduit volontiers un public mondain qui affectionne le langage de la
galanterie[207]. L'auteur lui-même définit son projet dans l'avertissement au
lecteur de son nouveau recueil :

> Je vous donne ces ouvrages qui sont faits seulement pour plaire,
> attendant que j'en mette d'autres au jour, qui puissent plaire et profiter
> tout ensemble. Cela fera voir, que pour réparer la perte du temps que
> j'ai employé à écrire sur des matières vaines et fragiles, j'ai mis au
> moins quelques loisirs en des travaux plus utiles et plus sérieux[208].

Le poète remet donc à plus tard le *docere* et ne retient pour l'instant que le
placere. Ses vers amoureux, auxquels il ne semble pas accorder une grande
valeur, sont la promesse de « travaux plus sérieux », et sans doute Tristan

---

[204] *Les Amovrs de Tristan*, Paris, Billaine et Courbé, 1638. Ce projet de publication
est déjà relativement ancien, puisque le privilège date de 1635 (voir A. Carriat, *op. cit.*,
p. 12). Le recueil est offert au comte de Nançay (voir *Les Plaintes et autres œuvres*,
Paris, Société des Textes Français Modernes, 1909, p. 99-100). A propos de ce
personnage, voir N.-M. Bernardin, *Un Précurseur de Racine, op. cit.*, p. 186. On se
reportera également à l'éd. de V. Adam, p. 17-218 dans *Œuvres complètes*, t. II, éd. cit.

[205] Sur les différences entre les deux recueils, voir le tableau de concordance et les
notes établis par V. Adam, éd. cit.

[206] Voir notre chapitre 4, p. 227.

[207] A propos de la notion de galanterie, voir *infra*, p. 300.

[208] *Les Amours, op. cit.*, p. 101. Au sujet des textes liminaires de Tristan, voir la
synthèse réalisée par J.-P. Chauveau, « Ouvertures... », p. 12-15 dans *Cahiers Tristan
L'Hermite* n° 14 : *Questions de poétique*, 1992.

désigne-t-il ainsi la poésie héroïque, jugée plus prestigieuse. L'avertissement au lecteur se termine par une sorte de pointe, dans laquelle le poète justifie la faiblesse de ses vers, selon un argument couramment utilisé dans ce type de texte :

> Comme je ne suis plus dans l'humeur de tirer aucune gloire de l'estime qu'on fait de mes erreurs ; aussi ne me piquai-je guère des défauts qu'on y remarque. Après tout, quelle honte y a-t-il de n'exceller pas à bien écrire sur des matières où l'on ne peut réussir raisonnablement, sans faire paraître qu'on a perdu la raison[209] ?

Le sonnet qui sert de « prélude » indique précisément le contenu du recueil :

> Je n'écris point ici l'embrasement de Troye,
> Ses larmes, ses soupirs, et ses cris éclatants,
> Ni l'effroi qui saisit ses tristes habitants
> Lors que des Grecs vainqueurs ils se virent la proie.
>
> J'y dépeins seulement les pleurs dont je me noie,
> Le feu qui me consume, et les devoirs constants
>
> Qu'avecque tant de soin j'ai rendus si long temps
> À celle dont l'orgueil au sépulcre m'envoie[210].

Ces vers reposent sur une série d'oppositions, par lesquelles Tristan met en rapport poésie héroïque et poésie amoureuse (« embrasement »/« feu », « larmes »/« pleurs »[211]). Ce sonnet programmatique n'est d'ailleurs pas sans rappeler celui de Du Bellay dans *Les Regrets* : accumulation de négations, renoncement à la poésie héroïque et expression de souffrances personnelles. Sans perdre de vue la tradition héroïque, Tristan introduit déjà quelques images empruntées au pétrarquisme : les pleurs, le feu de la passion, la fidélité de l'amant, que la cruauté de la dame menace de conduire à la mort. L'auteur se tourne donc vers une poésie de l'intimité qui, nécessairement plus modeste, ne lui assurera peut-être pas l'immortalité[212] :

---

[209] *Les Amours, op. cit.*, p. 101.

[210] *Ibid.*, p. 103, v. 1-8.

[211] La comparaison entre poésie héroïque et poésie amoureuse est reprise dans « Le Talisman » (p. 122, v. 12-14) ; poème mentionné *infra*, p. 292.

[212] Pourtant, ce sont les poèmes les plus personnels de Tristan qui ont le mieux résisté au temps, tel « Le promenoir des deux amants » étudié dans notre chapitre 4, p. 239-245.

Aussi je n'attends pas que le bruit de mes vers,
Portant ma renommée au bout de l'Univers,
Étende ma mémoire au delà de ma vie :

J'en veux moins acquérir d'honneur que d'amitié ;
Les autres ont dessein de donner de l'envie,
Et le point où j'aspire est de faire pitié[213].

Tristan s'affirme dans un registre qui, déjà présent dans son premier recueil, contribue à imposer de lui l'image d'un poète élégiaque (« pitié »)[214], mais ce choix esthétique peut aussi traduire de sa part une attitude de retrait. En effet, si la présence des *Plaintes d'Acante* dans *Les Amours* assure une continuité entre les deux recueils, leurs avertissements respectifs n'affichent pas exactement les mêmes intentions : tandis que le premier affirme l'adhésion du poète à la tradition pastorale[215], le second manifeste le refus de la tradition héroïque ; et cet abandon au profit d'une poésie de l'intimité exprime peut-être un désir de s'éloigner de la vie sociale – attitude qui pourrait fort bien s'expliquer par l'échec de *Panthée*.

A travers le titre de son nouveau recueil, Tristan semble se placer sous l'égide de ses deux grands prédécesseurs que sont Ovide et Ronsard. La référence au poète latin, explicite dans l'avertissement des *Plaintes d'Acante*[216], est cette fois moins directement avouée. Cette influence est certainement en partie à l'origine du ton élégiaque de la plupart des pièces qui composent le recueil. Parallèlement, l'auteur partage avec Ronsard l'héritage pétrarquiste, lui-même teinté de néoplatonisme, ce qui explique sans doute le choix d'un poème comme « L'amour divin » qui figurait déjà dans *Les Plaintes d'Acante*[217].

Comme dans son premier recueil, Tristan reprend les principaux lieux communs attachés à l'expression du sentiment amoureux dans la tradition pétrarquiste[218]. L'amant, prêt à mourir, ne cesse d'exprimer sa douleur[219]

---

[213] *Les Amours*, « Le prélude », *op. cit.*, p. 103, v. 9-11.

[214] Voir notre chapitre 4, p. 227.

[215] Voir *ibid.*, p. 223.

[216] Voir *ibid.*, p. 224.

[217] *Les Amours*, *op. cit.*, p. 81. Dans ce recueil, le poème devient « La sage considération » (voir note, *ibid.*). V. Adam a bien montré ce que Tristan devait aussi aux héritiers de Ronsard (voir éd. cit.).

[218] Voir notre chapitre 4, p. 212.

et se plaint de son manque de liberté[220], cependant qu'il dénonce l'insensibilité et la cruauté de sa dame[221]. La passion amoureuse est ainsi vécue comme une sorte de maladie, qu'aucun remède ne saurait guérir[222]. D'autres sentiments encore se manifestent, tels la jalousie[223] et le dépit[224]. Mais de nombreux autres motifs apparaissent, non moins attendus dans un recueil de cette nature : l'absence[225], le songe[226], le baiser[227], etc. Dans sa description de la femme, le poète a recours, conformément à la tradition pétrarquiste, à un ensemble de métaphores qui évoquent des matières précieuses (la peau est d'ivoire, les cheveux d'ambre, les yeux de saphir, la bouche de rose[228]), et toujours, fidèle au marinisme, il introduit une série d'éloges paradoxaux (« La belle malade », « La belle captive » et « La belle malheureuse »[229]). D'autres images, enfin, montrent la prédilection du poète pour le paradoxe en général[230] : l'eau ou la glace est associée au feu[231], l'ombre à la lumière[232], etc.

---

[219] « Plainte à l'amour » p. 104, « La plainte écrite de sang » p. 108, « L'amant en langueur » p. 118, « Les travaux inutiles » p. 121-122.

[220] « Le respect tyrannique » p. 109, « La fatalité d'amour » p. 110, « La guirlande » p. 155, « Le bracelet » p. 161.

[221] « Le vol trop hautain » p. 109-110, « Les justes reproches » p. 144-145, « Les dédains » p. 169 171, « La retraite avantageuse » p. 177.

[222] « Les remèdes inutiles » p. 108, « Chanson » p. 137-138, « L'enchantement rompu » p. 151-153.

[223] « Soupçon » p. 164-165.

[224] « La vengeance » p. 106, « Le dépit » p. 107.

[225] « L'absence ennuyeuse » p. 111, « L'absence de Philis » p. 131-137.

[226] « Les vaines douceurs » p. 114, « Les délires » p. 116, « Les songes funestes » p. 117, « Les vains plaisirs » p. 145-148.

[227] « Le baiser » p. 120.

[228] « Le talisman » p. 122, « Les agréables pensées » p. 123-124. Images que nous avons déjà rencontrées (voir nos chapitres 2, p. 135 et 4, p. 231, etc).

[229] *Les Amours, op. cit.*, p. 140, 141-142 et 149-150. Cet aspect a déjà été rencontré dans notre chapitre 2, p. 135, etc.

[230] L'association des contraires est considérée comme l'un des aspects majeurs de la poésie baroque (voir notre chapitre 2, p. 142).

[231] « Le bain empoisonné » p. 119, « Les médecins téméraires » p. 121, « L'incrédulité punie » p. 172-173.

[232] « Les tristes considérations » p. 113-114, « La gouvernante importune » p. 157-160, « La belle esclave more » p. 199.

2. Des références mythologiques

Comme l'a fort bien montré Cecilia Rizza, le poète multiplie dans son recueil les références à la mythologie[233], lesquelles sont amenées à remplir diverses fonctions. Selon un processus métonymique bien connu, les personnages de la mythologie incarnent des réalités abstraites[234] : les Furies représentent ainsi la Discorde et l'Infidélité[235], tandis que le dieu Amour symbolise tous les tourments de la passion[236]. Tristan reste d'ailleurs fidèle à l'imagerie traditionnelle lorsqu'il décrit le petit dieu comme un bel enfant malicieux[237], ou encore lorsqu'il le montre face à l'un de ses principaux rivaux, le dieu Mars, qu'il a « mille fois désarmé »[238]. Le procédé de la personnification, que nous rencontrons ici, traverse d'ailleurs l'ensemble du recueil : c'est ainsi que, pour décrire la rosée du matin, le poète évoque les larmes qu'Aurore répand en se levant[239]. Mais les images empruntées à la mythologie contribuent surtout à idéaliser l'être aimé, comme l'illustre par exemple ce passage : le nectar contenu dans sa bouche offre plus de saveur que « la boisson que verse Ganimède »[240]. L'amant invite encore le Sommeil à consulter les « Divinités de qui Pâris régla les vanités »[241] : Junon, Minerve et Vénus, que la Discorde mit en compétition à l'occasion du mariage de Thétis et Pélée, aideront Morphée à représenter la beauté de Philis. La femme ainsi célébrée se révèle même être une dangereuse rivale pour Vénus, à tel point que, à l'issue du combat qu'elles se livrent, c'est la première qui triomphe[242]. La confusion des noms aide

---

[233] Voir C. Rizza, « La mythologie dans *Les Amours* », p. 5-16 dans *Cahiers Tristan L'Hermite* n° 20 : *Tristan poète de l'amour*, 1998.

[234] Voir notre chapitre 4, p. 235.

[235] *Les Amours, op. cit.*, « Les songes funestes », p. 117, v. 3-8.

[236] « Plainte à l'Amour », p. 104.

[237] *Ibid.*, v. 1-2 ; « Les complaisances », p. 188, v. 5-8.

[238] « Le départ forcé », p. 112, v. 14.

[239] « Promesse à Philis », p. 129, v. 52-53. La déesse figure dans un autre poème où, selon le principe du *concetto*, l'amant refuse de voir « une nouvelle Aurore » « présider à la fin de ses jours » (« La fausse persuasion », p. 115).

[240] « L'absence de Philis », p. 136, v. 178.

[241] *Ibid.*, v. 184.

[242] « Avis à M. de C. », p. 177.

aussi à diviniser l'être aimé. Ainsi, Diane est une femme rebelle à l'amour, qui vit dans les bois et ressemble à s'y méprendre à la déesse homonyme :

> Ainsi qu'auprès d'une source
> Qui fait une aimable course
> Vous sommeilliez l'autre jour,
> Une Nymphe chasseresse
> Vint pour vous faire la cour,
> Vous prenant pour sa Maîtresse[243].

L'amant compare encore ce qu'est pour lui le portrait d'Angélique à ce que représente l'image de Minerve pour Troie[244]. Si les comparaisons visent donc presque toujours à souligner la beauté de la femme aimée, elles permettent aussi parfois de dénoncer sa cruauté : le poète rappelle ainsi que la fière Diane s'est laissée vaincre par l'amour[245]. Tristan évoque également des personnages de la mythologie punis pour avoir refusé la passion : Daphné, qui avait repoussé Apollon, fut transformée en arbre[246], et Anaxarète, qui par sa cruauté avait provoqué la mort d'Iphis, fut métamorphosée en rocher[247]. Cette dernière légende donne d'ailleurs au poète l'occasion de dénoncer la froideur de sa maîtresse à travers un *concetto :*

> Nature a déjà fait de marbre
> Tous les membres que vous avez[248].

De même, la référence à Narcisse est le moyen de renouer avec le concettisme : figurant sur le « sein d'une belle fille », le jeune homme, qui a trouvé « sa perte dans l'eau », rencontre « son salut dans de la neige »[249]. L'énonciateur lui-même s'identifie lui-même à des personnages de la mythologie, en premier lieu au Phénix, soulignant ainsi le caractère répétitif de ses maux :

> Et l'on peut me nommer un Phénix en constance

---

[243] « A Diane », p. 176.

[244] « Le Talisman », p. 122, v. 12-14.

[245] « Les dédains », p. 169, v. 1-10.

[246] *Ibid.*, p. 171, v. 51-60.

[247] *Ibid.*, p. 171, v. 61-64.

[248] *Ibid.*, p. 171, v. 69-70.

[249] « Pour un Narcisse qu'une belle fille portait sur son sein », p. 179-180.

Que prend pour sa victime un Soleil en beauté[250].

L'amant mesure encore ses douleurs à celles que connurent Prométhée et Tantale ; mais, à l'inverse des tortures qui leur furent infligées, la douleur qu'il éprouve, éloigné de sa dame, ne saurait être justifiée[251]. Il compare également sa « crainte » et ses « désirs » aux « têtes renaissantes de l'Hydre »[252] et, s'identifiant à Persée, souhaiterait finalement que sa bien-aimée soit « comme Andromède exposée sur quelque Rocher »[253] :

> L'ardeur dont j'ai l'âme occupée
> A la faveur de mon épée
> Vous irait bientôt détacher[254] !

Dans « Fantaisie », le poète raconte une courte fable, destinée à montrer le pouvoir destructeur de l'amour :

> Un jour Amour sur la verdure
> Reposait à l'ombre d'un Bois ;
> Lorsqu'un Serpent par aventure
> Se glissa dedans son Carquois.
>
> Diane le vint relever ;
> Mais soudain l'animal se jette,
> Et diligent à se sauver,
> Se lance comme une sagette.
>
> Voyez un peu quelle merveille
> Dit elle, les sens étonnés :
> Soit qu'il veille, soit qu'il sommeille,
> Il a des traits empoisonnés[255].

Dans presque tous les cas, la référence au mythe soutient le caractère hyperbolique du discours amoureux[256], permettant tantôt d'exalter les qualités de la dame, tantôt de donner à l'expression de la souffrance encore

---

[250] « Le vol trop hautain », p. 109, v. 7-8.

[251] « L'absence de Philis », p. 131-132, v. 1-24.

[252] « Les travaux inutiles », p. 122, v. 9-11.

[253] « Pour les yeux de * », p. 186, v. 32-33.

[254] *Ibid.*, v. 34-36.

[255] « Fantaisie », p. 181-182.

[256] Effet que nous avions déjà observé dans la poésie encomiastique (voir notre chapitre 4, p. 197).

plus de force. Il n'empêche que Tristan fait de la mythologie un usage traditionnel : l'auteur puise dans ce fonds un ensemble d'images, que déjà les poètes de la Pléiade utilisaient abondamment, et qui restent familières au lecteur du dix-septième siècle. Comme l'affirme C. Rizza, « le recours au code fabuleux permet au poète de donner au discours amoureux ce ton à la fois poli et savant que la société mondaine agrée et les bienséances désormais exigent »[257]. Pourtant, selon le critique, la mythologie n'a pas dans *Les Amours* l'importance qu'elle revêtait dans les premiers poèmes de Tristan : « Les dieux de l'Antiquité et leurs légendes ayant perdu peu à peu toute valeur symbolique seraient devenus pour Tristan un simple répertoire de plus en plus vieilli où ne puiser que les ornements du discours poétique. »[258] Il semble, en effet, que dans *Les Plaintes d'Acante* les références soient mieux intégrées à l'imaginaire tristanien, déjà parce que le personnage central s'identifie presque constamment aux héros de la mythologie[259]. De surcroît, les « Annotations des Plaintes d'Acante », dans lesquelles le poète se présentait ouvertement comme un héritier des Anciens[260], ne trouvent pas leur équivalent dans ce nouveau recueil. En somme, par son contenu thématique, le recueil des *Amours*, où les images empruntées au pétrarquisme se mêlent aux allusions mythologiques, témoigne d'un emploi de procédés d'expression courants dans la poésie du temps.

3. La métrique

Ces thèmes prennent place dans une utilisation relativement tradition-nelle des formes poétiques, ce qui n'exclut pas une très grande variété[261]. Le sonnet, majoritaire et concentré au début du recueil, alterne avec l'épigramme, l'ode, l'élégie, les stances et la chanson. En général, Tristan ne s'éloigne guère des modèles malherbiens. Ainsi, dans ses poèmes en stances, il use majoritairement du sizain isométrique d'octosyllabes, suivant le schéma *aabcbc*, privilégié par Malherbe et abondamment repris par ses successeurs. L'auteur pratique plus rarement le sizain hétérométrique composé d'octosyllabes et d'alexandrins, alors qu'il s'agit d'une forme très utilisée par Malherbe et ses disciples. A l'inverse, Tristan

---

[257] C. Rizza, art. cit., p. 14.

[258] *Ibid.*, p. 12-13.

[259] Voir notre chapitre 4, p. 246-248.

[260] Voir *ibid.*, p. 248-251.

[261] Voir l'étude de J. Madeleine, *op. cit.*, p. 235-242.

s'écarte parfois du maître – mais relativement peu, vu le faible nombre de pièces concernées : d'abord, en introduisant des formes de sizains peu employées par Malherbe, comme le sizain isométrique d'alexandrins ; ensuite, en ayant recours à des formes de sizains dont Malherbe ne faisait pas usage (le sizain uniquement composé de vers plus brefs que l'alexandrin, et le sizain comprenant trois types de vers ou plus) ; enfin, en utilisant des formes de sizains plus rares, comme le sizain hétérométrique constitué d'alexandrins et d'hexasyllabes, et le sizain isométrique composé d'heptasyllabes. Dans d'autres cas, où il choisit la forme du dizain, Tristan reste encore une fois proche de Malherbe. Ainsi, la plupart de ses dizains, fondés sur l'octosyllabe, suivent le schéma malherbien : *abbaccdede* (*fmmfmmfmfm*). En revanche, le poète renonce à la forme « pure » ou « normale » : *ababccdeed* (*b* et *d* étant masculines), mais s'essaie, comme nombre de ses contemporains, au dizain hétérométrique, que Malherbe avait pourtant peu pratiqué. Enfin, quelques-uns de ses poèmes sont formés de quatrains, trois d'entre eux reposant sur le quatrain isométrique, très rare chez Malherbe. L'auteur utilise également, mais dans une seule pièce, le quatrain d'alexandrins, délaissé par la plupart des poètes du dix-septième siècle. Il emploie aussi le quatrain hétérométrique à base d'alexandrins, forme strophique peu usitée avant Malherbe et à laquelle celui-ci accorde une assez large place. Cependant, le genre poétique le plus représenté dans *Les Amours* est le sonnet ; aussi Tristan, comme Malherbe, hérite-t-il de formes déjà existantes. La plupart de ses sonnets sont réguliers, c'est-à-dire fondés sur le schéma *abba abba / abab abab ccd ede*, commençant souvent par une rime féminine et se terminant par une rime masculine. Quelques-uns de ses sonnets cependant sont irréguliers, c'est-à-dire que les quatrains ne suivent pas le même schéma, ce qui conduit Tristan à expérimenter toutes sortes de combinaisons : *abba baba*, *abba abab*, *abab abba*, *abab baba*. Le recueil contient un seul sonnet « libertin », fondé sur le schéma *abab cdcd eef gfg*. Enfin, le poète s'essaie à deux autres formes poétiques : l'élégie, forme assez libre que Théophile avait remise au goût du jour, et le madrigal. S'il s'autorise donc quelques libertés, Tristan respecte dans l'ensemble les normes stylistiques appliquées par Malherbe et ses successeurs.

En définitive, *Les Amours* s'inscrivent dans la continuité des *Plaintes d'Acante* ; ce second recueil offre simplement une plus grande diversité dans les motifs et une variété stylistique plus importante. Les deux dernières pièces, absentes du recueil de 1633, témoignent précisément de cet élargissement : « Le portier inexorable », dans lequel se manifeste l'humour du poète[262], et la « Misère de l'homme du monde » qui, à l'inverse, traduit son pessimisme. Mais, à la différence du précédent, ce recueil-ci ne reflète pas de la part de l'auteur un réel désir d'originalité[263]. Après l'échec de *Panthée*, Tristan préféra se réfugier dans un genre qui lui avait déjà valu le succès[264].

B. *La Lyre* : l'exemple même d'une polygraphie intégrée

En 1641, l'écrivain publie un nouveau recueil poétique, intitulé *La Lyre*[265]. Ce titre, en comparaison du précédent, multiplie les sources d'inspiration possibles puisqu'il désigne l'instrument que le poète utilise en toutes circonstances[266]. Dans son édition critique, Jean-Pierre Chauveau a tenté de retracer la genèse du recueil[267] : le noyau initial est probablement constitué par « L'Orphée », long poème offert au musicien Berthod[268] ; à l'origine, la pièce est accompagnée de *Mélanges* qui, comme l'annonce le titre, regroupent des textes très variés, mais Tristan y intègre aussi des poèmes déjà publiés, ce qui permet d'établir une continuité entre les

---

[262] L'amant tente d'adoucir le portier en lui présentant une bouteille de vin, mais celui-ci lui refuse toujours l'accès à la maison, ce qui explique que le poème se termine par une comparaison avec Cerbère, le gardien des enfers.

[263] En 1662, paraît le recueil posthume de *Poésies galantes et héroïques*, qui renferme des pièces publiées dans *Les Amours* et *La Lyre* (voir A. Carriat, *op. cit.*, p. 16-17).

[264] Le privilège de *Panthée* date du 23 février 1638, l'achevé d'imprimer des *Amours* du 20 mai (voir *ibid.*, p. 12 et 27).

[265] *La Lyre dv Sievr Tristan*, Paris, Courbé, 1641 (voir *ibid.*, p. 13). Sur les circonstances de la publication, voir N.-M. Bernardin, *Un Précurseur de Racine*, *op. cit.*, p. 217 et 220-222.

[266] Selon J.-P. Chauveau, Tristan a pu vouloir reprendre le titre du recueil de Marino *La Lira*, mais *La Lyre* peut aussi désigner l'instrument dont se sert Orphée (voir introd. de *La Lyre*, Paris-Genève, Droz, 1977, p. XVIII). On se reportera également à l'éd. d'A. Génetiot, p. 219-388 dans *Œuvres complètes*, t. II, *op. cit.*

[267] *Ibid.*, p. XIII-XXXIII.

[268] *Ibid.*, p. 41-80. A propos de ce poème, voir notre chapitre 2, p. 133. Il relève du genre de l'idylle, pratiqué par Marino et, plus tard, par Saint-Amant dans l'*Arion*. J. Lagny a dégagé les points communs entre le poème de Tristan et celui de Saint-Amant (voir *Le Poète Saint-Amant*, Paris, Nizet, 1974, p. 75). Voir aussi Y. Giraud, « Tristan et Marino ou les infortunes d'Orphée », p. 229-239 dans *La France et l'Italie au temps de Mazarin*, Grenoble, P.U.G., 1986, p. 230.

œuvres[269]. Dans *La Lyre*, les pièces se répartissent en six grandes catégories[270] : l'auteur y introduit d'abord des poèmes officiels, c'est-à-dire des poèmes de louange, de remerciement et de requête[271], puis des pièces galantes et mondaines[272], des poèmes inspirés soit par des œuvres d'art soit par l'*Anthologie grecque*[273], des vers funèbres[274], des poèmes amoureux[275], enfin des pièces à caractère moral ou philosophique[276]. Une fois cet ensemble composé, Tristan se tourne vraisemblablement vers Montauron, qui autour de 1640 connaît une rapide ascension sociale et ne tarde pas à devenir le mécène de Corneille[277]. Espérant sans doute obtenir un soutien de la part de ce haut personnage, le poète décide de lui offrir son recueil, qu'il augmente alors de quelques pièces écrites en l'honneur de Montauron lui-même et de ses proches[278]. Cependant, cette attitude ne semble pas lui avoir attiré la reconnaissance sociale : le recueil, qui ne paraît pas avoir eu un grand retentissement, ne sera pas réédité du vivant de

---

[269] Voir « Liste récapitulative des pièces de *La Lyre* déjà imprimées et publiées avant 1641, dans l'ordre chronologique », p. 307. Nous avons déjà eu l'occasion de signaler ou de commenter certaines de ces pièces : des vers de ballet (voir notre chapitre 4, p. 188), « A Monsieur de Chaudebonne » (p. 186), « A Monsieur de Boisrobert » (p. 191), « Consolation à Madame la princesse Marie » (p. 209-210), « Plainte de l'illustre pasteur » (p. 212-214), « Sur le trépas du grand Scévole de Sainte Marthe » (p. 214-215), « Pour le tombeau de feu Monsieur de... » (p. 215-216), « Les misères humaines » (p. 226-227) et les poèmes consacrés à Isabelle infante d'Espagne (p. 221-224).

[270] Nous reprenons la répartition proposée par J.-P. Chauveau (p. XXVI).

[271] Pièces XXVI-XXXVII.

[272] XXXIX-LXXII.

[273] LXXIV-LXXXII. Sur l'*Anthologie grecque*, voir A. Génetiot, *Poétique du loisir mondain, de Voiture à La Fontaine*, Paris, Champion (Lumière classique), 1997, p. 42-43. Des poètes comme Colletet, Vion d'Alibray, Ménage, La Mesnardière et Pellisson exploitent ce domaine poétique auquel le public des salons est le premier à s'intéresser.

[274] LXXXIII-C.

[275] CII-CIII.

[276] XXV, XXXVIII et LXXIII.

[277] *Cinna* lui est ainsi dédié.

[278] I « A Monsieur de Montauron », II « A Madame Taleman », V « Pour Mademoiselle de Soucarière qui se mirait » et VIII « Pour Mademoiselle de Soucarière ». Mme Tallemant et Mlle de Soucarière sont respectivement la fille et la maîtresse de Montauron.

l'auteur[279]. De fait, l'époque à laquelle Tristan décide de le publier n'est pas particulièrement favorable à la poésie lyrique : au début des années 1640, c'est encore le théâtre, avec toutes les polémiques qu'il a pu susciter, qui reste au centre des préoccupations[280] ; et par ailleurs, la poésie héroïque, telle que Malherbe et Tristan l'ont pratiquée, ne touche plus vraiment le public.

En dépit de ce contexte peu favorable, le poète s'efforce de suivre l'évolution des goûts. Il reçoit l'influence du marinisme, qui au même moment touche des auteurs comme Saint-Amant, Malleville ou Scudéry[281], et se laisse séduire par la poésie mondaine, indissociable de la vie de salon. Ce second mouvement, dont Voiture apparaît alors comme l'un des meilleurs représentants[282], commence en effet à s'affirmer dès 1635. Tristan qui, grâce aux *Plaintes d'Acante* et surtout grâce à *La Marianne*, s'est acquis une certaine notoriété, fréquente les salons, notamment celui de l'Hôtel de Rambouillet[283]. Aussi certains poèmes contenus dans *La Lyre* témoignent-ils de ce nouvel aspect de sa vie sociale : adressés à Mlle de Rambouillet[284], à Mlle de Bourbon[285], à la duchesse d'Aiguillon[286] ou encore aux demoiselles du Vigean[287], ils sont généralement fondés sur des jeux de mots[288]. Quelques familles nobles sont plus particulièrement représentées (les Choiseul-Praslin[289], Modène[290] et Chaudebonne[291]), de

---

[279] *Ibid.*, p. XXXII et annexe 1 : « Quelques jugements et appréciations sur *L'Orphée* et *La Lyre* », p. 295-299.

[280] C'est d'ailleurs ce qui explique sans doute le retour de Tristan au théâtre trois ans plus tard (voir notre chapitre 6, p. 324).

[281] Voir *infra*, p. 299.

[282] Tristan et Voiture ont tous deux appartenu à la maison du duc d'Orléans (voir notre chapitre 4, p. 190 n. 46).

[283] Voir N.-M. Bernardin, *Un Précurseur de Racine*, *op. cit.*, p. 182-189. Comme l'indique A. Viala, les écrivains « ont massivement adhéré à la vie de salon [...], de façon épisodique ou assidue » (*Naissance de l'écrivain*, *op. cit.*, p. 137). Voir M. L'Hermite, « Un frequentatore del salotto della marchosa di Rambouillet », p. 249-251 dans *Rivista araldica*, septembre 1969.

[284] *La Lyre*, *op. cit.*, XLIX.

[285] XLVII.

[286] XLVIII.

[287] XCII.

[288] Voir par exemple la pièce VIII (p. 27), qui joue sur la polysémie du mot *temple*.

[289] III et LV.

[290] XIV.

même que les milieux princiers ne sont pas absents du recueil (les Condé[292], Marie de Gonzague et ses proches[293]). Le sonnet sur « La belle matineuse », reconnu par l'auteur lui-même comme une « imitation d'Annibal Caro »[294], s'inscrit précisément dans ces jeux de salon par lesquels les poètes rivalisent d'ingéniosité pour éblouir leurs auditeurs. Tristan offre ainsi le visage d'un poète galant qui se prête volontiers aux jeux mondains. La notion de galanterie, qui entre parfois en concurrence avec celle de préciosité[295], fait précisément partie de ces catégories à la fois endogènes et exogènes que l'histoire littéraire a longtemps tenues à l'écart. Dans les faits, elle suppose non seulement la maîtrise d'un discours, mais aussi l'observation d'un comportement conforme aux règles d'une société policée[296]. L'auteur de *La Lyre* choisit donc de se détourner d'une poésie de l'intimité[297] pour mieux mettre en avant son rôle social. Néanmoins, le recueil contient aussi quelques poèmes d'amour issus de la tradition pétrarquiste : l'amant ne cesse d'y exprimer sa souffrance et, toujours guidé par sa passion, il n'accepte pas d'être séparé de sa maîtresse. Ainsi, nous voyons Tristan utiliser les procédés auxquels il avait déjà eu recours dans *Les Plaintes d'Acante* et *Les Amours*.

---

[291] XXXVI.

[292] XLVI.

[293] LXXXIII.

[294] *Ibid.*, p. 150-152. *Cf.* le sonnet de Voiture sur le même sujet (pièce XXI, p. 70-72 dans *Poésies*, éd. critique de H. Lafay, Paris, Didier, 1971). Rappelons au passage que ce poème a été à l'origine de la « querelle de la belle matineuse », à laquelle ont participé entre autres Malleville et Tristan.

[295] On se souvient que l'œuvre poétique de Tristan a été rattachée au mouvement précieux (voir notre chapitre 1, p. 107).

[296] Voir A Viala, « D'une politique des formes : la galanterie », p. 143-151 dans *Dix-septième siècle* n° 182 : *Les Voies de la création littéraire au XVIIe siècle*, janvier-mars 1994 ; « 'Qui t'a fait *minor* ?' Galanterie et classicisme », p. 115-134 dans *Littératures classiques* n° 31 : *Les « minores »*, automne 1997. A. Viala indique ainsi les principales orientations de l'esthétique galante : « Les choix formels de la littérature galante (style moyen, mélange des genres, *naïveté* ou *naturel*, fiction ingénieuse pour plaire et polir) [...] s'inscrivent dans une logique proprement politique, qui promeut un nouveau genre de héros, le héros civil, et une société par lui ordonnancée » (« D'une politique des formes », art. cit., p. 150).

[297] Voir *supra*, p. 288-290.

Dans l'ensemble, le recueil se distingue donc à la fois par sa diversité et son éclatement[298]. Il révèle des influences variées[299], mais surtout montre les différentes facettes de la vie sociale de son auteur. Si son contenu a déjà été largement étudié par la critique, qui s'est principalement penchée sur ses composantes marinistes[300], la question de la diversité n'a guère été posée en tant que telle. Or *La Lyre*, mieux qu'aucune autre œuvre de Tristan peut-être, réalise le principe de la polygraphie intégrée et, en réunissant ainsi des pièces issues de genres et de registres divers, elle est de nature à satisfaire des publics variés. Les poèmes de louange ou de remerciement, qui s'adressent aux Grands, respectent les conventions attachées au genre, où les comparaisons mythologiques contribuent au caractère hyperbolique du discours encomiastique[301]. Tel est le cas, par exemple, de l'ode consacrée à l'expédition de Gaston en Picardie, qui figurait déjà en tête de *La Marianne* dans l'édition de 1636[302]. En comparant le duc successivement à Achille et à Jason, le poète affirme son désir de s'engager pleinement dans la voie de la poésie héroïque :

> Et j'aime mieux dans nos alarmes
> Chanter la gloire de ses armes,
> Que la honte de mes amours [303].

Mais il peut aussi arriver que l'éloge prenne la forme d'un compliment galant : c'est ainsi que, pour s'adresser à Mlle de Bourbon, Tristan file la

---

[298] J.-P. Chauveau explique le caractère hétéroclite des recueils de Tristan par les conditions de publication : « Ses poèmes sont d'abord lus et divulgués en manuscrits ; puis, lorsqu'ils sont assez nombreux, le poète les rassemble, s'il le peut, et comme il le peut ; et, si les circonstances sont favorables, ou si les besoins matériels sont pressants, il les publie en recueils. La composition de tels recueils ne peut donc pas répondre à une nécessité très grande, ce qui explique le disparate et l'inégalité d'intérêt des œuvres ainsi rassemblées » (*op. cit.*, introd., p. XIV). Il nous semble intéressant de voir dans cette diversité non le fruit du simple hasard, mais une véritable stratégie de publication. Ce trait est d'autant plus remarquable dans *La Lyre* que les recueils précédents offrent une plus grande unité.

[299] Les critiques ont notamment souligné les influences de Marino et de Malherbe (voir notre chapitre 2, p. 132-137 et 151).

[300] C'est pourquoi nous ne nous y attardons pas (voir notre bibliographie, *passim*).

[301] Voir l'analyse que nous donnons des premiers poèmes encomiastiques de Tristan (chapitre 4, *passim*).

[302] *La Lyre*, *op. cit.*, « Pour Monseigneur le duc d'Orléans », p. 123-128.

[303] *Ibid.*, p. 124, v. 9-10. Le « prélude » des *Amours* est fondé sur le mouvement exactement inverse (voir *supra*, p. 289).

métaphore solaire[304]. Il en est de même des vers funèbres et des vers de ballet, également destinés aux Grands. Le poète introduit enfin une série de pièces qui, traitant de thèmes divers, sont susceptibles de toucher un public étendu : des vers amoureux, des poèmes moraux et philosophiques, ou encore des pièces tirées de l'*Anthologie grecque*.

Après une période de découragement, durant laquelle il est tenté de se replier sur lui-même[305], l'écrivain semble donc vouloir reconquérir le lectorat, et la polygraphie est manifestement de nature à lui faire obtenir cette reconnaissance sociale. Le thème de l'amour illustre particulièrement bien cette évolution de l'inspiration tristanienne. Certes, les poèmes de déploration, imités de Pétrarque ou de ses émules, trouvent encore leur place dans *La Lyre*, mais d'autres pièces témoignent davantage du désir de plaire au public des salons : de courts poèmes qui relèvent de la poésie galante et s'achèvent volontiers par un trait d'esprit.

A côté de cette image de poète courtisan, respectueux des conventions de la poésie héroïque et désireux d'obtenir l'approbation d'un large public, se dessine l'image d'un écrivain insatisfait de son sort. Timidement en effet, le poète se plaint du manque de reconnaissance de Gaston et s'efforce d'obtenir des soutiens[306]. Ainsi, dans un court poème composé en 1636, il implore l'aide de Monsieur, tout en rappelant les services qu'il lui a déjà rendus :

> Digne Sujet dont mes loisirs
> Eterniseront la mémoire ;
> D'autres servent à vos plaisirs
> Et moi je sers à votre gloire :
> GASTON, votre seule bonté
> Vous parle de la cruauté
> De mes mauvaises destinées.
> Verrez vous sans ressentiment
> Que mon cœur depuis quinze années
> Vous adore inutilement[307] ?

---

[304] « Pour Mademoiselle de Bourbon », XLVII, p. 160.

[305] Voir *supra*, p. 277-278.

[306] Ce thème, relativement discret dans *La Lyre*, se révélera nettement plus présent dans *Les Vers héroïques* (voir notre chapitre 6, p. 351 et *sqq.*).

[307] XXXV, « A son Altesse Royale, Faisant l'état de sa Maison à Blois, en l'année 1636 », p. 132. Voir aussi XIII « Plainte pour Monsieur D.B. », p. 34 et XXXIV « A Monsieur l'abbé de la Rivière », p. 131.

La diversité thématique qui caractérise le recueil[308] se retrouve sur le plan stylistique : comme l'a montré J.-P. Chauveau, Tristan utilise en effet des formes strophiques extrêmement variées[309]. Ce choix esthétique, ainsi que la présence massive de pièces galantes, témoignent donc de la part du poète d'une forte volonté d'intégration sociale.

III. L'émergence d'une écriture autobiographique

En 1642, Tristan publie un recueil de *Lettres mêlées*, qu'il offre à Elisabeth de Choiseul-Praslin à l'occasion de son mariage[310]. Il y rassemble des textes qui, couvrant une vingtaine d'années, retracent son parcours social et littéraire. L'année suivante, est publié *Le Page disgracié*, récit dans lequel l'auteur raconte, sur le mode de la fiction, son enfance et son adolescence. En dépit des différences qui les séparent, ces deux œuvres relèvent d'une volonté commune : parler de soi. La coïncidence chronologique trahit donc une préoccupation unique de Tristan à un moment précis de sa carrière et de sa vie : l'écrivain renonce provisoirement à la poésie et au théâtre, pour se tourner vers des genres en prose où le 'Je' occupe une place centrale. Non seulement il réfléchit à la possibilité d'une écriture personnelle, mais il prend aussi le risque de soumettre au jugement de ses contemporains le fruit de ses recherches. Il ne se contente donc pas de révéler dans ces deux œuvres son « moi social », puisqu'il y fait également part de ses soucis en multipliant les allusions à sa

---

[308] Cette diversité de thèmes et de formes avait déjà été soulignée par l'abbé Goujet : « *La Lire* contient aussi des Odes, des Stances, des Sonnets, des Madrigaux, des Chansons, et les sujets en sont extrêmement variés. Ici le Poëte chante encore ses amours, là les victoires de Gaston de France : tantôt il jette des fleurs sur les tombeaux de ses amis ou de quelques personnes distinguées dans l'Etat civil, dans le Militaire, dans la Robe : tantôt il réclame l'assistance du Médecin Ranchin en qui il avait confiance dans ses infirmités. Souvent il se plaint de sa propre misère, souvent aussi il vante ses talents, et gémit de les voir sans récompense. Quelquefois il flatte des Courtisans, de qui il espérait des grâces, d'autres fois il reprend leurs vices, et même avec beaucoup de liberté » (*Bibliothèque française*, Paris, 1754, t. XVI, p. 208 et *sqq.*, cité par J.-P. Chauveau, éd. de *La Lyre, op. cit.*, p. 296-297).

[309] *Ibid.*, p. LXII-LXXII.

[310] *Lettres meslées / Du Sieur de Tristan*, Paris, Courbé, 1642 (privilège du 10 janvier 1642) (voir A. Carriat, *op. cit.*, p. 19). Voir « A Madame du Plessis », p. 3-5 dans *Lettres mêlées*, éd. critique de C. M. Grisé, Paris-Genève, Droz-Minard, 1972. On se reportera également à l'éd. de B. Bray, p. 55-189 dans *Œuvres complètes*, t. I, éd. cit. *Le Page disgracié / Où l'on void de Vifs caracteres d'hommes de tous temperamens, & de toutes professions*, Paris, Quinet, 1643 (privilège du 2 juillet 1642) (voir A. Carriat, *op. cit.*, p. 19-20).

vie personnelle. En somme, il dévoile une part de son intimité. Enfin,
lorsqu'il publie *Le Page disgracié*, il a cessé d'être au service de
Monsieur : après avoir quitté la maison de Gaston en 1642[311], il est privé
de protecteur, et ce n'est qu'en 1645 qu'il deviendra chevalier d'honneur
de la duchesse de Chaulne. Dans ce contexte particulièrement incertain,
l'affirmation de soi semble donc correspondre à une volonté de revanche
sociale, ce qui explique aussi sans doute que, sur le plan esthétique,
l'écrivain oscille entre deux tendances contradictoires : le respect de
traditions encore puissantes et le changement radical.

A. Les *Lettres mêlées*

Les recueils épistolaires connaissent, tout au long du dix-septième
siècle, une vogue considérable. La publication des *Lettres* de Balzac en
1624 a encouragé le développement du genre et, comme le remarque Sorel
dans sa *Bibliothèque française*, « quand on voit qu'une sorte d'ouvrages est
en estime, on ne manque point incontinent d'en donner au public de
semblables »[312]. En publiant son recueil de lettres, Tristan ne se distingue
donc guère de ses contemporains. Dans son avertissement au lecteur, il
indique les trois grandes sources d'inspiration qui furent les siennes :

> Comme il y a des violettes de toutes les saisons, voici des pensées de
> tous les âges et qui n'ont pas des beautés égales, ayant été produites
> par des influences différentes. L'Amour s'en approprie une part,
> comme étant l'effet des impétuosités d'une bouillante jeunesse. La
> Vertu s'en attribue une autre où sont les louanges que je donne à
> quelques personnes de mérite ; et la Fortune même y est intéressée par
> les plaintes que j'y fais de ses mauvais traitements[313].

---

311 Voir N.-M. Bernardin, *Un Précurseur de Racine*, op. cit., p. 225-226. « Dans le
privilège des *Lettres mêlées*, Tristan est encore qualifié 'gentilhomme ordinaire de
Monsieur, frère unique du roi' ; il ne porte déjà plus ce titre dans le *Privilège* donné six
mois après, le 2 juillet 1642, à Toussainct Quinet pour 'imprimer, ou faire imprimer,
vendre et distribuer un livre intitulé *Le Page disgracié*, composé par M. de Tristan »
(p. 225). Bernardin attribue la disgrâce de Tristan à « cette négligence à remplir sa
charge et à s'occuper de ses intérêts, dont le poète s'avoue volontiers coupable »
(p. 226).

312 Sorel, *Bibliothèque française*, Paris, 1664, p. 101-102. Voir B. Bray, « Tristan
L'Hermite écrivain par lettres », p. 26-36 dans *Cahiers Tristan L'Hermite* n° 21 :
Proses, 1999. En 1642, paraissent les *Lettres mêlées* de Du Peletier. Le recueil est
précédé d'un court poème de Tristan, où celui-ci dénonce l'ingratitude et l'avarice de
son siècle (texte reprod. par N.-M. Bernardin, *op. cit.*, p. 597).

313 *Lettres mêlées*, op. cit., p. 6.

Les deux premiers thèmes, déjà présents dans les recueils poétiques de Tristan, procèdent de deux traditions distinctes : la poésie amoureuse et la poésie héroïque. Quant au troisième, plus étroitement lié à la vie de l'auteur, il réapparaîtra dans *Le Page disgracié*, plus précisément dans les passages où le narrateur déplore son manque de chance, qu'il explique, conformément aux croyances de l'époque, par la position des astres lors de sa naissance : « Vénus, qui s'y rencontra puissante, m'a donné beaucoup de pente aux inclinations dont mes disgrâces me sont arrivées.»[314] Dans son recueil épistolaire, Tristan rassemble des textes écrits à différentes périodes et en des circonstances diverses : des lettres de courtoisie, adressées à des protecteurs ou à des hommes influents, des lettres fictives, marquées par les conventions littéraires du temps, enfin des lettres intimes, dans lesquelles l'auteur semble se livrer en toute liberté. Tristan pratique ainsi une grande variété de styles, du plus élevé au plus familier.

1. Des éléments conventionnels

Les lettres d'amour occupent dans le recueil une place quantitativement importante et la plupart d'entre elles, probablement fictives, sont nourries des principaux *topoï* de la tradition pétrarquiste. Comme dans les poèmes correspondants, toutes les nuances du sentiment amoureux y sont exprimées : constance, jalousie, dépit, etc. Les arguments développés et les images qui les soutiennent ne varient guère : l'énonciateur ne cesse d'y déplorer l'ingratitude de celle qu'il ne peut, malgré tout, s'empêcher d'aimer. Le vocabulaire se réduit ainsi à quelques champs lexicaux : la blessure, les pleurs et les soupirs, la beauté féminine soulignée par les métaphores florales et minérales. Tristan pratique également l'esthétique de la pointe, renforçant ainsi le lien entre prose et poésie, si bien que certaines de ses lettres font directement écho au recueil de 1638[315] : à Clytie par exemple, il « [proteste] qu'il n'y a point d'esclave qui soit digne de [ses] fers, s'il n'est digne d'une couronne »[316]. Si l'influence pétrarquiste domine, Tristan se souvient également de Ronsard lorsqu'il invite une

---

[314] *Le Page disgracié*, Paris, Gallimard (Folio classique), 1994, p. 25. D'autres textes témoignent de la croyance de Tristan en l'astrologie (voir D. Guillumette, *La Libre-pensée dans l'œuvre de Tristan L'Hermite*, Paris, Nizet, 1972 ; voir en particulier les p. 103-109).

[315] XI, p. 52 ; « Pour la belle éclairée », p. 117-118 dans *Les Amours, op. cit.* XV, p. 57 ; « Les fâcheux obstacles », p. 156 dans *Les Amours*. LV, p. 109-110 ; « Plainte à la belle banquière », p. 189-192 dans *Les Amours*. Tristan intègre même des poèmes dans deux de ses lettres (XXXIII, p. 78-80 et XL, p. 91).

[316] XXXI, p. 75.

jeune fille à profiter sans délai des plaisirs de l'amour[317]. Quant aux prénoms des femmes auxquelles sont destinées ces lettres, ils rappellent l'univers pastoral ou le roman sentimental : Rosinde, Glicère, Olinde, Célinde, Clitye, Roxane, Clarimène[318]. La dimension narrative ne saurait, en effet, être absente de lettres qui retracent les différentes étapes d'un parcours amoureux. Tristan y introduit encore d'autres ingrédients romanesques : la lettre, que la suivante est chargée de transmettre à sa maîtresse[319], ou encore le danger de la trahison, qui menace constamment l'amant[320]. Certaines autres lettres, par la vivacité du ton et la force émotive qu'elles dégagent, font entendre des accents presque tragiques[321]. Enfin, lorsqu'il lui arrive de s'inspirer de poèmes italiens, Tristan indique clairement ses sources : « Le sujet de la lettre qui suit est tiré du *Pastor fido* »[322] ; « La matière de cette lettre est prise du 21e Chant de l'Arioste. »[323] Les lettres amoureuses sont suivies de lettres héroïques, dans lesquelles l'auteur fait parler des personnages de la mythologie et, comme précédemment, il affirme ouvertement sa position d'héritier : il présente ainsi brièvement la situation dans laquelle prend place la lettre LVIII, attribuée à Thétis[324], et fait de même pour la lettre LIX, où Admete raconte à Hercule les circonstances dans lesquelles il a perdu son épouse[325]. La présence de ces deux lettres s'explique en partie par le succès des *Héroïdes* d'Ovide, dont de nouvelles traductions venaient de paraître[326]. Dans l'ensemble donc, toutes ces lettres sont le lieu où se rencontrent, outre la lyrique amoureuse, le discours tragique et le roman sentimental.

---

[317] IV, p. 44.

[318] Ce dernier prénom rappelle celui de Climène, que le poète met en scène dans « Le promenoir des deux amants ».

[319] *Lettres mêlées, op. cit.*, XII, p. 54.

[320] LIII, p. 107.

[321] Voir par exemple XLII, p. 93 et LIII, p. 107.

[322] *Lettres mêlées, op. cit.*, p. 112.

[323] p. 132.

[324] p. 122.

[325] p. 126-131.

[326] Voir B. Bray, art. cit., p. 32. La lettre XXXV, où l'amant apprend à sa maîtresse un langage muet, est peut-être une réminiscence des *Amours* d'Ovide (I 4) (voir la note de C. Grisé, p. 83).

Enfin, les lettres destinées aux Grands se rattachent à la tradition encomiastique. Tristan reprend en effet dans son recueil les lettres par lesquelles il présente ses œuvres tout en louant les qualités de ses destinataires : *La Peinture de son Altesse Sérénissime* fut offerte à Isabelle infante d'Espagne puis, après la disparition de celle-ci, au marquis d'Aytone[327] ; quant à l'*Eglogue maritime*, elle fut dédiée à la reine de Grande-Bretagne[328] ; ensuite viennent *La Marianne*, offerte au duc d'Orléans[329], et *Panthée*, dédiée à l'archevêque de Reims, futur duc de Guise[330]. Tristan fait également figurer dans son recueil la lettre à Mlle de Lavardin au sujet des *Principes de cosmographie*[331], ainsi que la dédicace des *Amours* au comte de Nançay[332]. Dans toutes ces lettres, où les formules dithyrambiques restent inchangées, Tristan s'en tient aux compliments d'usage. De même, lorsqu'il rédige des lettres de remerciement, il ne vise pas l'originalité : c'est ainsi qu'il répond à M. de P.P., « qui lui avait écrit de Nancy avec beaucoup de témoignages d'affection »[333]. Enfin, les lettres de consolation[334], emplies de lieux communs, ne varient guère dans leur contenu : inutilité des larmes, nécessité d'apaiser sa douleur au nom de la raison, sagesse exemplaire des grands personnages de l'Antiquité[335]. Quel que soit leur sujet donc, toutes ces lettres font partie des usages de la vie mondaine et permettent ainsi au poète courtisan de répondre à ses obligations sociales.

---

[327] *Lettres mêlées, op. cit.*, p. 7-11 et p. 12-14. Voir notre chapitre 4, p. 221-224.

[328] *Lettres mêlées, op. cit.*, p. 15-17. Voir notre chapitre 4, p. 218-221.

[329] *Lettres mêlées, op. cit.*, p. 18-20.

[330] p. 21-23.

[331] p. 24-26.

[332] p. 27-28.

[333] p. 146-147. Il s'agit probablement de Puylorant (voir la note de C. Grisé, p. 146).

[334] p. 29-39.

[335] Le genre poétique de la consolation, que Tristan a également pratiqué, repose sur les mêmes principes (voir notre chapitre 4, p. 209).

2. Le caractère autobiographique de certaines lettres[336]

Quelques autres lettres, cependant, laissent deviner deux préoccupations majeures : la difficulté à être reconnu et la nécessité d'obtenir des aides financières. Parallèlement, le poète affirme son désir de sincérité et dénonce l'hypocrisie des courtisans. Ainsi, dans une lettre adressée en 1634 à Puylorans, premier chambellan et favori de Gaston, il fait part de son intention de se remettre au service de son ancien maître :

> Au premier voyage que Son Altesse fit en Lorraine, vous mes fîtes l'honneur de me promettre par plusieurs lettres que vous me rétabliriez en sa Maison. Depuis, vous n'avez pas eu le loisir ni l'occasion de faire valoir votre parole. Mais aujourd'hui, Monseigneur, rien ne saurait empêcher que ma mauvaise fortune ne change, pourvu que l'affection dont vous m'avez toujours honoré ne se trouve point diminuée[337].

Tristan explique la discrétion qui fut la sienne par ce sens de la loyauté qui l'a toujours guidé :

> Je vous supplie toutefois de vous souvenir que je ne me suis jamais éloigné des occasions où je pouvais vous être utile, et que beaucoup de gens qui vous font mieux la cour que moi ne vous ont pas servi plus fidèlement [...] ; et j'ai cru qu'il fallait aimer davantage, et faire paraître moins de grimaces[338].

Cette lettre contient déjà la plupart des thèmes que l'écrivain, tout au long de sa vie, ne cessera de reprendre : la malchance, l'ingratitude et l'injustice, opposées à la sincérité et à l'honnêteté[339].

Le recueil renferme des lettres plus personnelles encore qui, à la différence des lettres amoureuses et encomiastiques, présentent un caractère autobiographique, puisque l'auteur y fait part sans détours de ses soucis et de ses angoisses. Acceptant mal les règles du jeu social, il s'en confie en effet à quelques-uns de ses correspondants. Ainsi, dans la lettre LXXIX écrite à M. de M., il revendique son droit à la liberté, condition selon lui d'une authentique création : « Le feu secret et divin qui me porte à

---

[336] Voir notre article « Le caractère autobiographique des *Lettres mêlées* », p. 37-45 dans *Cahiers Tristan L'Hermite* n° 21, *op. cit.*

[337] *Lettres mêlées, op. cit.*, p. 150-151.

[338] p. 151.

[339] Ce thème apparaît déjà dans la dédicace : « Si la Fortune m'était contraire, la Vertu m'était favorable » (p. 3).

l'amour des Muses me fait souvent oublier les autres devoirs, et je suis quelquefois étonné moi-même des occasions favorables que je perds à cause de ce doux attachement. »[340] Tristan se situe ainsi en porte-à-faux par rapport à sa position de poète courtisan, qu'il est pourtant contraint, pour des raisons économiques, d'accepter. L'idée est encore présente dans une lettre à M. le C. de M., où l'écrivain affirme que la poésie « n'est jamais bien élevée que par la seule oisiveté » et, donc, qu'« il est mal-aisé de se rendre grand courtisan et grand écrivain tout ensemble »[341]. Plus loin, Tristan reconnaît qu'il a toujours préféré la liberté et la sincérité à la richesse, que seule rend possible une vie de courtisan assidu : « De moi qui suis né trop libre pour faire le métier des esclaves, et qui aime mieux vivre dans le regret d'être déçu, que dans la malice de décevoir, j'ai suivi jusqu'à cette heure la Cour sans me la proposer pour école. »[342] Cette phrase, fondée sur une série d'oppositions (« libre »/« esclave », « être déçu »/« décevoir », « suivi la Cour… sans me la proposer… »), souligne la contradiction dans laquelle l'auteur a dû s'enfermer[343] et, comme le remarque A. Viala, avec lui « naît un mythe littéraire appelé à une extrême prospérité : celui de l'écrivain qui a besoin de liberté pour se consacrer à son œuvre et que les contingences emprisonnent »[344]. Curieusement, bien que Tristan semble avoir été à l'origine de cette tradition, aucun de ses héritiers ne se réclamera ouvertement de lui. L'auteur adresse aussi à des amis fidèles des lettres dans lesquelles il se confie volontiers. Dans la lettre LXXI, écrite à Théophile, il exprime d'abord la grande admiration que lui inspire son aîné :

> Si tous ceux à qui le poil a blanchi à force de veiller sur le Parnasse étaient en même faveur auprès des Muses, les grands écrivains comme vous ne seraient pas si rares qu'ils sont, et beaucoup de grands esprits

---

[340] p. 177. Il s'agit peut-être de Maricour, gentilhomme picard mort en 1627 et ami de Tristan (voir la note de C. Grisé, p. 176). On se souvient que *La Mer* avait été écrite à l'occasion de ce décès (voir notre chapitre 4, p. 204-205).

[341] *Lettres mêlées*, *op. cit.*, p. 199. Le C. de M. est peut-être le comte de Moret, fils naturel de Henri IV et ami de Gaston (voir la note de C. Grisé, p. 199).

[342] p. 200. A rapprocher de la « Plainte pour Monsieur D.B. », p. 34 dans *La Lyre*, *op. cit.*

[343] Nous retrouverons le thème de l'esclavage social dans *Les Vers héroïques* (voir notre chapitre 6, p. 351-355).

[344] A. Viala, *Naissance de l'écrivain*, *op. cit.*, p. 238. Tristan exprime aussi ce sentiment d'injustice dans une lettre qu'il adresse à un avocat au sujet de la vente de la maison familiale : « Il faut se charger volontairement d'une grande quantité de chaînes, et l'on ne monte guère aux prospérités que par les degrés de la servitude » (*Lettres mêlées*, *op. cit.*, LXXXIII, p. 188).

de ce siècle voudraient avoir acquis votre gloire au prix de toutes les persécutions que vous avez supportées et de la fièvre qui vous importune[345].

Lorsqu'il évoque sa maladie, Tristan laisse deviner son malaise physique : « Au lieu que vous trouvez le vin bon, et que vous vous donnez la licence de manger des fruits, j'ai perdu le goût pour toutes sortes de viandes et de breuvages. »[346] Comme le montre ce passage, l'écrivain renonce ici aux artifices de langage dont il peut abuser par ailleurs. La simplicité et le caractère personnel de ces propos contrastent, en effet, avec la rigidité du code social, systématiquement appliqué dans les lettres officielles. Les deux poètes, en situation de faiblesse (l'un mis au ban de la société, l'autre souffrant d'une maladie incurable), se comprennent et se soutiennent mutuellement. Cette lettre à Théophile peut être rapprochée de celles que Tristan adresse au même moment à son médecin, De Lorme, pour le remercier de ses traitements qui l'ont soulagé[347] ; mais, comme le poème qui lui est consacré dans *Les Vers héroïques*[348], ce texte, fortement imprégné de rhétorique, vise surtout à faire l'éloge de son destinataire. Aussi l'argumentation qui s'y développe est-elle d'une grande banalité : aux qualités héréditaires dont bénéficie De Lorme s'ajoute la force du travail personnel[349]. A l'évidence, la familiarité qui lie Tristan à Théophile ne se retrouve pas ici : le degré de confiance n'est pas le même et la retenue est la règle. De même, lorsque l'auteur remercie le comte de Saint-Aignan de son témoignage de sympathie, il ne s'attarde pas sur son propre état de santé, préférant rendre hommage aux mérites de son protecteur : « J'aurais à souhaiter de la santé, quand ce ne serait que pour l'employer à votre louange, et pour vous donner d'immortelles marques de la véritable estime que j'ai reçue de votre bonté. »[350] Une nouvelle fois donc, Tristan s'en tient à des formules toutes faites.

Il aborde cependant une autre question qui le touche de près : la foi. Il traite ainsi d'un sujet grave et délicat, qui le touche personnellement[351], d'autant plus que ses contemporains, et après eux les critiques, ont souvent

---

[345] p. 158.

[346] p. 158-159.

[347] p. 165-168.

[348] « La mort d'Hippolyte, à Monsieur de Lorme », p. 141-153 dans *Les Vers héroïques*, Genève, Droz, 1967.

[349] *Lettres mêlées, op. cit.*, p. 166.

[350] p. 163.

[351] Son *Office de la sainte vierge* est publié en 1646.

vu en lui une sorte de libertin. C'est au nom de ses convictions qu'il invite un homme de sa connaissance à faire preuve de piété :

> Les rois et les empereurs ne peuvent faire que des faveurs temporelles, et Dieu fait des grâces qui durent éternellement. C'est tout ce que je puis vous dire sur ce sujet, vous n'en avez point de me tenir suspect d'artifice. Vous savez que j'ai le bruit d'être plutôt libertin que bigot[352].

Tristan prodigue aussi des conseils à son jeune frère, pour qui il semble éprouver une vive affection et, en particulier, le met en garde contre une femme dont le comportement lui paraît suspect : « C'est pour vous avertir que vous ne vous laissiez pas surprendre aux vaines apparences de la bonté de cette dame. »[353] Immédiatement après, il encourage Jean-Baptiste à s'en remettre à Dieu, « la source de toutes les grâces et de toutes les prospérités », parce que, ajoute-t-il, « les divers accidents de notre vie sont du secret ressort de son éternelle providence »[354].

Ces lettres personnelles dévoilent les préoccupations de l'écrivain, et les thèmes qui s'y développent (la souffrance physique, l'amitié, l'affection de proches, la foi) dessinent le portrait d'un homme qui se veut sincère et indépendant. Tristan accepte de jouer le jeu du clientélisme, mais sans doute le fait-il souvent à contre-cœur, car son tempérament n'est pas celui d'un mondain. De plus, autour de 1642, il a le sentiment d'être abandonné par les Grands, notamment par Gaston d'Orléans, de qui il n'a pas reçu les récompenses escomptées ; aussi tente-t-il d'intercéder auprès de M. de P. et de M. de O. pour susciter les faveurs de son maître[355]. Privé de toute illusion, il se tourne vers une forme d'écriture qui lui offre une totale liberté et par laquelle il peut enfin exprimer ses inquiétudes. Désormais en effet, son souci majeur n'est pas tant de se voir récompensé que de se ménager un espace de parole. Aussi, dans l'avertissement qu'il adresse au lecteur, souligne-t-il la modestie de son projet : « J'ai fait toutes ces lettres pour obliger des sujets particuliers et non pas pour la satisfaction publique. »[356] Néanmoins, en faisant publier ces deux œuvres à composante autobiographique, les *Lettres mêlées* et *Le Page disgracié*, il sollicite de la part du lectorat une forme de reconnaissance. Plus largement, il se situe à mi-

---

[352] *Lettres mêlées*, *op. cit.*, p. 192. A propos du « libertinage » de Tristan, voir notre chapitre 1, p. 58.

[353] *Lettres mêlées*, *op. cit.*, p. 182.

[354] *Ibid.*

[355] p. 150-152 et 153.

[356] p. 6.

chemin entre deux logiques contradictoires, puisqu'il se comporte en poète courtisan tout en dénonçant un système social fondé sur l'hypocrisie et source d'injustice. Il s'efforce donc de satisfaire des exigences opposées, y compris au sein d'une même œuvre. Cette tension est inséparable de la diversité, inscrite dans le titre même du recueil : la présence de lettres « officielles » est une concession nécessaire aux conventions littéraires et sociales du temps ; mais, insatisfait de son sort, l'écrivain choisit d'y mêler des lettres plus personnelles, dans lesquelles il n'hésite pas à exposer ses récriminations. Le recueil, fondé sur le principe de la polygraphie intégrée, révèle ainsi la position paradoxale de l'écrivain au sein de la société.

B. *Le Page disgracié*

1. Du roman héroïque à l'histoire comique

La composante autobiographique, qui n'était encore que partielle dans les *Lettres mêlées*, se révèle fondamentale dans *Le Page disgracié* – ce en quoi Tristan s'éloigne de la production romanesque du temps. Dans les années 1640-1650 en effet, les romans héroïques figurent encore en grand nombre, tandis que romans d'aventures et romans pastoraux tendent à disparaître[357]. La production est dominée par quelques grandes œuvres, qui obtiennent pour longtemps un succès considérable : en 1641, Scudéry fait paraître *Ibrahim ou L'Illustre Bassa*, avant que sa sœur Madeleine ne publie *Artamène ou Le Grand Cyrus*, une vaste épopée qui offre aussi le tableau de la société galante ; entre 1642 et 1645, paraissent les dix volumes du roman de La Calprenède intitulé *Cassandre*. Loin de représenter la réalité, tous ces romans dépeignent la vie idéalisée d'une aristocratie galante et guerrière. Mais à la même époque, une autre forme de récit se développe : le roman « vraisemblable et divertissant », illustré dès 1623 par Sorel dans l'*Histoire comique de Francion*[358]. Ce genre se caractérise principalement par son opposition au roman traditionnel, d'abord parce qu'il vise à rapprocher la fiction de la réalité

---

[357] Voir A. Adam, *Histoire de la littérature française au dix-septième siècle*, t. I, *op. cit.*, p. 102-159 et 398-416 ; H. Coulet, *Le Roman avant la révolution Le Roman jusqu'à la Révolution*, t. I : *Histoire du roman en France*, Paris, Colin, 1967, p. 160-183 ; M. Lever, *Le Roman français au XVIIe siècle*, Paris, P.U.F. (Littératures modernes), 1981. Pour des références complètes sur la production romanesque des années 1640, voir du même auteur *La Fiction narrative en prose au XVIIe siècle : répertoire bibliographique du genre romanesque en France (1600-1700)*, Paris, éd. du C.N.R.S., 1976.

[358] L'expression « roman vraisemblable et divertissant » est de Sorel lui-même (voir *Bibliothèque française*, *op. cit.*, p. 198).

contemporaine[359] ; aussi le romancier renonce-t-il à l'éloignement spatial et temporel au profit d'un cadre moderne. Ensuite, le « héros », intégré dans un milieu social déterminé, cède la place au « personnage », confronté à des difficultés matérielles et prêt à entrer en conflit avec la société. Narrateur de sa propre histoire, le personnage construit un monde anti-héroïque, où l'amour cesse d'être idéalisé. Le style lui-même se trans-forme : tandis que, dans le roman traditionnel, l'expression des sentiments s'accompagne volontiers de métaphores et d'hyperboles, dans le roman comique le style se veut alerte et varié. Enfin, à l'inverse du roman sentimental, particulièrement étendu, le roman comique est divisé en courts chapitres. Ce genre, qui n'est toutefois pas complètement nouveau, trouve son origine dans la tradition carnavalesque telle que Bakhtine a pu la définir[360]. Déjà en son temps, Sorel lui reconnaissait des antécédents très variés, parmi lesquels figurent les œuvres de Lucien, d'Apulée et de Rabelais, *Don Quichotte*, le roman picaresque et les contes[361].

Le Page disgracié, comme les critiques sont unanimes à le constater, s'inscrit précisément dans ce mouvement[362]. Dans le « prélude », Tristan rejette le modèle que lui offre le roman héroïque, fondé sur l'idéalisation, et exprime son intention de rester proche de la réalité. Malmené par le sort, le personnage principal se présente comme une sorte d'anti-héros :

> Je n'écris pas un poème illustre, où je me veuille introduire comme un Héros ; je trace une histoire déplorable, où je ne parais que comme un objet de pitié, et comme un jouet des passions, des astres et de la Fortune. La Fable ne fera point éclater ici ses ornements avec pompe ; la Vérité s'y présentera seulement si mal habillée qu'on pourra dire qu'elle est toute nue. On ne verra point ici une peinture qui soit

---

[359] Voir J. Serroy, *Roman et réalité : les histoires comiques au XVIIᵉ siècle*, Paris, Minard, 1981. Voir aussi M. Debaisieux, « L'histoire comique, genre travesti », p. 169-181 dans *Poétique*, avril 1988.

[360] Voir M. Bakhtine, *L'Œuvre de François Rabelais et la culture populaire au Moyen Age et sous la Renaissance*, trad. d'A. Robel, Paris, Gallimard, 1970.

[361] C. Sorel, *op. cit.* Certaines de ces œuvres sont mentionnées dans *Le Page disgracié* (voir notre chapitre 4, p. 183).

[362] Voir J. Serroy, *op. cit.* Sorel reconnaissait déjà l'appartenance du *Page disgracié* aux histoires comiques : « Entre les romans divertissants, nous avons eu *Le Page disgracié*, fait par M. Tristan ; le sujet en était excellent ; les aventures d'un page pouvaient aussi bien fournir à une agréable histoire, que celles d'un écolier, comme Francion les décrit dans sa jeunesse, mais il n'y a que deux petits tomes dans conclusions, pour les aventures de ce page, l'auteur s'étant possible occupé à d'autres ouvrages qui lui étaient plus propres et plus utiles » (*op. cit.*, p. 59).

flattée ; c'est une fidèle copie d'un lamentable original, c'est comme une réflexion de miroir[363].

Tristan semble ainsi reprendre les principes énoncés dans le « prélude » des *Amours* : même refus de l'héroïsme, même volonté de centrer le discours sur le Je, même bienveillance exigée à l'égard d'un personnage en proie au malheur[364]. S'il refuse le modèle fictionnel, le narrateur affirme pourtant que sa vie est digne d'un roman et, en introduisant les thèmes du voyage et de l'amour, il reprend les principaux ingrédients du roman d'aventures :

> Le récit des choses qui sont inventées a sans doute beaucoup plus d'agréments que la relation des véritables, pour ce que d'ordinaire les événements d'une vie se trouvent ou communs, ou rares. Toutefois la mienne a été jusqu'à cette heure si traversée, et mes voyages et mes amours sont si remplis d'accidents, que leur diversité vous pourra plaire[365].

Soucieux de divertir le lecteur, Tristan choisit de construire un récit fragmenté, dans lequel chacun de ses chapitres jouira d'une certaine autonomie : « J'ai divisé toute cette histoire en petits chapitres, de peur de vous être ennuyeux par un trop long discours, et pour vous faciliter le moyen de me laisser en tous les lieux où je pourrai vous être moins agréable. »[366] Par la suite, le narrateur évite les passages descriptifs qui risqueraient de nuire à la vivacité du récit : c'est ainsi, par exemple, qu'il préfère ne pas raconter en détail le voyage qui le conduisit jusqu'à Edimbourg[367]. De même, l'évocation d'une tempête, qui dans un roman d'aventures ferait l'objet d'une longue description, se réduit ici à quelques brèves indications[368]. La relative sobriété du récit a même conduit certains

---

[363] *Le Page disgracié*, éd. réalisée par J. Prévot, Paris, Gallimard (Folio classique), 1994, p. 23-24. On se reportera également à l'éd. réalisée par J. Serroy, p. 191-433 dans *Œuvres complètes*, t. I, éd. cit.

[364] Voir *supra*, p. 289.

[365] *Le Page disgracié*, *op. cit.*, p. 24. Autre trace du roman d'aventures : le principe du récit enchâssé, qui se retrouve seulement dans deux chapitres (p. 161-165).

[366] *Ibid.*

[367] *Ibid.*, p. 152 : « Je ne vous dirai point quelles montagnes je franchis ni quels ruisseaux je passai avant que de voir cette ville capitale de l'Ecosse. »

[368] *Le Page disgracié*, *op. cit.*, p. 158 : « Je ne m'amuserai point à vous dire ici comme nous fîmes le matelotage [...], ni sur quels rhumbs nous courûmes pendant notre navigation, à quelle hauteur nous avions le pôle, lorsque nous appareillâmes à la rade ; ni de quels dangers nous échappâmes en doublant les Orcades par un vent fâcheux qui nous portait sur des bancs de sable et sur des rochers. [...] Je passerai sur

critiques à voir dans *Le Page disgracié* un exemple de roman pré-classique[369].

Désireux de parler de lui-même, le narrateur se pose pourtant en héritier, et sans doute fait-il allusion à Théophile – à moins qu'il ne s'agisse de Montaigne :

> Que dira-t-on de ma témérité d'avoir osé moi-même écrire ma vie avec un style qui a si peu de grâce et de vigueur, vu qu'on a osé blâmer un des plus excellents esprits de ce siècle, à cause qu'il se met quelquefois en jeu dans les nobles et vigoureux essais de sa plume[370] ?

La *Première journée* de Théophile, publiée en 1623, a en effet pu servir de modèle à Tristan. Ce texte, qui mêle fiction et réalité, mais qui entre également dans la catégorie des histoires comiques[371], a joué dans la construction du roman moderne un rôle fondateur[372]. Dans le « prélude », Tristan reconnaît lui-même son audace (« témérité »), mais se reproche de ne pas s'être montré digne de son aîné (« un style qui a si peu de grâce et de vigueur » / « les nobles et vigoureux essais de sa plume »). Cette apparente dévalorisation, que nous avions déjà rencontrée dans l'avertissement des *Amours*[373], renforce le ton de déploration qui domine par ailleurs.

---

toutes ces choses peu nécessaires. » Au contraire, dans *La Mer*, le poète se plaisait à faire le récit d'une tempête (voir *Les Vers héroïques, op. cit.*, p. 61-64, v. 91-160).

[369] Voir notre chapitre 1, p. 76.

[370] *Ibid.*, p. 23. Voir la note de J. Prévot, p. 282. Dans *Le Promenoir des deux amants*, Tristan apparaissait déjà comme un héritier de Théophile (voir notre chapitre 4, p. 241-242).

[371] L'édition de Scudéry, en 1632, lui donne le titre de *Fragments d'une histoire comique*.

[372] Voir J. Prévot, éd. critique de *Libertins du XVIIᵉ siècle I*, Paris, Gallimard, Pléiade, 1998, p. 1376-1378. Comme le remarque H. Coulet, Tristan réalise ce que Théophile a simplement ébauché : la *Première journée* « est trop courte pour qu'on voie quel était le dessein exact de Théophile et comment il aurait fondu dans son œuvre l'invention romanesque et la médiation sur lui-même. Cette fusion est accomplie dans *Le Page disgracié* » (*op. cit.*, p. 187). Selon B. Donné, Tristan a pu vouloir faire allusion à Balzac (voir « Tristan et 'un des plus excellents esprits de ce siècle' : note sur le prélude du *Page disgracié* », p. 79-84 dans *Cahiers Tristan L'Hermite* n° 22 : *Tristan : théâtre*, 2000).

[373] Voir *supra*, p. 289.

2. Une image de l'écrivain

Si, à travers ce premier portrait du page, Tristan offre déjà une image de lui-même, il maintient cependant l'ambiguïté. Le personnage de Thirinte, auquel le narrateur s'adresse d'emblée[374], semble bien être une figure de lecteur fictif[375], susceptible de représenter n'importe quel type de lecteur – à condition que celui-ci se montre indulgent et bienveillant. Le narrateur se nomme lui-même Ariston[376] mais, dans le roman familial qu'il construit par la suite[377], il semble se confondre avec Tristan. En effet, celui-ci y désigne l'un de ses ancêtres, Pierre L'Hermite, qui participa en son temps à la première Croisade :

> Je suis sorti d'une assez bonne maison, et porte le nom et les armes d'un gentilhomme assez illustre, et qui comme un autre Périclès fut grand orateur et grand capitaine tout ensemble. L'Histoire lui donne beaucoup de louanges pour avoir été l'un des principaux ministres de cette heureuse guerre qui se fit en la Terre Sainte, il y a cinq cents tant d'années[378].

Comme l'a montré la critique, Tristan s'attache à fictionnaliser sa propre vie en empruntant ses modèles à différentes traditions[379] : le roman picaresque structure ainsi le récit et détermine ses thèmes principaux[380],

---

[374] Le début du roman s'apparente à une lettre : « Cher Thirinte, je connais bien que ma résistance est inutile… » (p. 23). Le nom de Thirinte réapparaît au cours du récit (p. 125, 243), puis à la fin : « Cher Thirinte, c'est où finit le dix-huit ou dix-neuvième an de ma vie. Excusez les puérilités d'une personne de cet âge, et me faites l'honneur de me préparer votre attention pour ce qui reste » (p. 262). Sans doute Tristan pense-t-il à son recueil de Lettres mêlées qu'il vient de publier.

[375] Voir J. Serroy, « Lieux réels, lieux mythiques dans Le Page disgracié », p. 12-20 dans Cahiers Tristan L'Hermite n° 2 : Autour du Page disgracié, 1980, p. 12-20.

[376] Le Page disgracié, op. cit., p. 85, 122… Ce prénom, au demeurant conventionnel, annonce le personnage d'Ariste dans La Folie du sage. Lidame, la suivante de la jeune Anglaise, porte elle-même le nom d'un personnage de L'Astrée (voir, en particulier, les p. 135-137), tandis que le page identifie aussi sa maîtresse à Armide, héroïne de la Jérusalem délivrée du Tasse (voir p. 159).

[377] Tel est bien le rôle que jouent les chapitres 2 (« L'origine et naissance du page disgracié ») et 3 (« L'enfance et l'élévation du page disgracié »).

[378] Ibid., p. 24. Passage déjà cité dans notre chapitre 4, p. 183 n. 9.

[379] Voir en particulier H. Coulet, op. cit. Voir aussi M. Lever, p. 136-142 dans Le Roman français au XVIIᵉ siècle, Paris, P.U.F., 1981.

[380] Voir notre chapitre 2, p. 137-139.

tandis que la farce nourrit quelques épisodes comiques[381]. Ainsi, paradoxalement, la fiction est un des moyens par lesquels Tristan construit en quelque sorte son autobiographie. Il semble même indiquer certaines de ses sources lorsqu'il mentionne des œuvres de divertissement comme *Le Décaméron* de Boccace et *Les Sérées* de Bouchet, autant de textes, dit-il, de nature à « guérir la mélancolie »[382]. Il se laisse aussi tenter par le roman traditionnel, dont *Le Page disgracié* garde encore quelques traces, comme en témoigne l'épisode chez la jeune anglaise, qui forme un mini-roman sentimental[383]. Selon un schéma habituel dans ce type de récit, l'amoureux persécuté est invité à surmonter toutes sortes d'obstacles : la jalousie de sa maîtresse, le duel contre un rival, la tentative d'empoisonnement, le procès, la fuite[384]. Tristan n'échappe pas non plus à la rhétorique amoureuse d'inspiration pétrarquiste lorsqu'il fait le portrait de l'être aimé[385], et s'empare du modèle pastoral pour décrire une grotte, véritable *locus amœnus* où le page se réfugie avec sa maîtresse[386]. Par sa structure et les

---

[381] *Le Page disgracié, op. cit.*, II 29-36, p. 207-225. Voir J. Prévot, *Libertins du XVIIe siècle I, op. cit.*, p. 1382. Ces passages peuvent être rapprochés des poèmes burlesques de Tristan (voir notre chapitre 6, p. 350-351). Les noms des personnages (Gélase, Maigrelin, La Montagne), la présence d'animaux (un coq d'Inde, des perdrix, des chiens, un chat et un moineau, un singe), le thème du trompeur trompé (II 44, p. 239), ainsi que les allusions sexuelles contenues dans la « farce d'une accouchée » (II 29, p. 207-208), montrent tout ce que *Le Page disgracié* doit à la tradition de la farce ou du fabliau.

[382] *Ibid.*, p. 207. Tristan cite également Straparole, Pogge Florentin et le Fuggilozio.

[383] I 24-46, p. 83-145. La relative brièveté de cet épisode contraste avec l'extrême longueur qui caractérise en général les romans sentimentaux.

[384] On retrouvera cette composante romanesque dans la tragi-comédie de Tristan (voir notre chapitre 6, p. 327).

[385] *Le Page disgracié, op. cit.*, p. 95 : « Elle avait un déshabillé de satin de couleur de roses à fonds d'argent, avec lequel elle eût pu représenter une Aurore ; ses beaux cheveux étaient bouclés avec autant d'art que si elle eût été coiffée de la main des Grâces. [...] je lui protestai que c'étaient les fers les plus agréables du monde et qu'il n'y avait point de couronnes en l'univers pour lesquelles j'eusse voulu mes chaînes. En suite de ces compliments poétiques, j'ajoutai le plus adroitement que je pus mille traits d'adoration... » (p. 95). Pour évoquer ses malheurs, le narrateur décrit les épines que portent les roses (p. 111). A noter également la métaphore maritime, elle-même très présente dans la poésie amoureuse : « Ainsi mon amour en voguant avait le vent et la marée, et je voyais déjà le port, lorsqu'il s'éleva des vents contraires, qui me firent perdre ma route et me portèrent sur des écueils où je faillis à faire naufrage » (p. 115).

[386] *Ibid.*, p. 121 : « Il y avait dans son jardin une grotte assez spacieuse, qu'elle choisit pour en faire un appartement. Elle y fit dresser un beau lit, dont le tour agréable et léger était de gaze rehaussée d'or, avec son chiffre couronné de myrte et de roses ; on

différents héritages qu'il renferme, *Le Page disgracié* offre donc une esthétique de la diversité, associée à une esthétique de la fragmentation. La variété des modèles est elle-même indissociable de la variété des situations[387] et des personnages ; et le mouvement qui anime ainsi le roman semble révéler, de la part de l'écrivain, une volonté de ne s'enfermer dans aucun registre.

A l'intérieur de cette diversité, toutefois, demeure une constante : la déploration, par laquelle Tristan, s'identifiant à son personnage, nourrit sa propre image[388]. Le thème de la disgrâce apparaît d'ailleurs dès le « prélude », où le narrateur espère procurer du plaisir au lecteur, bien que les aventures qu'il s'apprête à raconter fussent en leur temps source de déplaisir (« déplorable », « pitié », « lamentable » / « pourra vous plaire »)[389]. Notons au passage que cette forme de *captatio benevolentiae* constitue elle-même un *topos* littéraire. L'ensemble du récit est traversé par le motif de la disgrâce, comme en témoigne déjà le titre du roman, repris en tête de presque tous les chapitres. A l'exemple du picaro, le page rencontre toutes sortes de difficultés : nécessité de fuir, changements de situation sociale, etc.[390]. Tristan exploite donc un modèle littéraire propre à restituer son expérience personnelle. Dans le chapitre conclusif, il dit une nouvelle fois son insatisfaction et promet de donner une suite à son récit, tout en exprimant encore son amertume et sa tendance à la misanthropie :

> Je vais vous rendre raison du dégoût que j'ai pour les professions du monde, et ce qui m'a fait prendre en haine beaucoup de diverses sociétés. C'est en ces deux volumes suivants que vous saurez l'apprentissage que j'ai fait en la connaissance des hommes, et si j'ai

---

y porta encore le reste de son ameublement, excepté la tapisserie, qui ne se pouvait ajuster à des parois faites de coquilles en figures de personnages, qui répandaient toujours de l'eau dans de larges coquilles de marbre. » Tristan reprend ainsi des motifs présents dans son œuvre poétique (voir, en particulier, « Le promenoir des deux amants » étudié dans notre chapitre 4, p. 239-241).

[387] Rien de commun, par exemple, entre l'épisode anglais et le récit des combats qui opposent les écoliers aux paysans (II 38-39, p. 227-231).

[388] Voir C. Maubon, *Désir et écriture mélancolique : lectures du Page disgracié de Tristan L'Hermite*, Genève-Paris, Slatktine, 1981. A propos de la mélancolie dans l'œuvre tristanien, voir notre article « Tristan ou l'image d'un poète mélancolique », p. 15-29 dans *Cahiers Tristan L'Hermite* n° 24 : *Le Quatrième centenaire*, 2002.

[389] Voir *supra*, p. 314-315.

[390] L'influence du roman picaresque sur *Le Page disgracié* a été étudiée dans notre chapitre 2, p. 137-139.

quelque tort ou quelque raison de ne les vouloir hanter que rarement[391].

Le narrateur fait part de ses désillusions lorsqu'il reconnaît que, sur le mont sacré des Muses, les « fleurs […] rapportent peu de fruit »[392]. Malgré le caractère conventionnel de la métaphore, on peut y percevoir le malaise de l'écrivain confronté aux difficiles réalités sociales. En somme, si la prégnance du modèle picaresque fait du *Page disgracié* un roman relativement traditionnel, la composante autobiographique, en revanche, révèle de la part de l'auteur une volonté d'innovation.

La lucidité du narrateur se manifeste aussi dans les chapitres qu'il consacre à la guerre. La dernière partie du récit, en effet, raconte les combats menés par Louis XIII contre les huguenots du Sud-Ouest. L'auteur reprend ainsi un thème qu'il avait déjà traité dans ses vers d'éloge et auquel il accordera encore une place importante dans *Les Vers héroïques*[393]. Toutefois, la perspective adoptée par le romancier ne saurait se confondre avec celle du poète. Suivant la tradition héroïque, celui-ci exalte le courage et les exploits des Grands, élevés au rang de « demi-dieux »[394], tandis que, dans *Le Page disgracié*, le récit de guerre, reflet d'une réalité vécue, révèle la violence des combats, y compris dans ses aspects les plus sordides : le narrateur montre ainsi la détermination des paysans, armés de fourches[395], raconte la mort de quelques-uns de ses compagnons[396] et, enfin, fait état des souffrances endurées par les soldats[397]. Derrière les masques imposés par la société, il découvre donc l'atroce réalité de la guerre, à l'image de ce crâne dénudé d'un « pauvre gentilhomme » mort sous les balles de ses

---

[391] *Le Page disgracié, op. cit.*, p. 262. Nous reprendrons ce texte pour le mettre en rapport avec les pièces « autobiographiques » des *Vers héroïques* (voir notre chapitre 6, p. 356-357).

[392] *Le Page disgracié, op. cit.*, p. 193.

[393] Voir notre chapitre 6, p. 348-349.

[394] C. Abraham, *Tristan L'Hermite*, Boston, Twayne publishers, 1980, p. 46 : « Les héros en l'honneur de qui Tristan dresse ces temples de mots sont, comme ceux de l'Antiquité, des demi-dieux » (nous traduisons). Louis XIII est une seule fois comparé à un personnage de la mythologie : « Le jeune Alcide à qui j'avais voué ma vie entreprit quelque temps d'aller couper les têtes de l'hydre qui s'élevait contre sa puissance, et marcha contre ce monstre furieux avec une orgueilleuse armée » (*Le Page disgracié, op. cit.*, p. 248).

[395] *Ibid.*, p. 254.

[396] *Ibid.*, p. 249, 250 et 255.

[397] *Ibid.*, p. 255-258.

ennemis[398]. Par ce moyen, l'auteur s'écarte de toutes les conventions attachées au thème. En définitive, le choix du réalisme répond chez Tristan à une double exigence : la conformité à un modèle esthétique qui exclut toute forme d'idéalisation, mais aussi l'hostilité à l'égard de tout ce qui risque de faire obstacle à la connaissance du réel. Dès lors, la présence de certains modèles peut être, pour Tristan, un moyen de se libérer définitivement de ces traditions littéraires car, s'il les intègre à son récit, c'est sans doute pour mieux s'en détacher. En même temps que le page quitte le paradis de l'enfance pour affronter le monde des adultes, le narrateur abandonne le roman sentimental pour entrer de plain-pied dans le roman réaliste. Ainsi, la structure même du récit mime l'itinéraire intellectuel de l'écrivain.

Malgré ses emprunts à diverses traditions, *Le Page disgracié* inaugure ce que l'histoire littéraire a nommé le « roman autobiographique »[399]. Cependant, au moment de sa publication, il passe relativement inaperçu[400], car sans doute les contemporains n'ont-ils pas su reconnaître son originalité. Si la présence des clefs dans l'édition de 1667[401] dénature le projet de Tristan, qui délibérément cultive l'ambiguïté, leur absence dans l'édition originale explique en partie la désaffection des lecteurs, qui aimaient en effet à reconnaître dans les personnages de fiction des personnes réelles[402]. En outre, au dix-septième siècle, le roman ne jouit pas du même prestige que la poésie ou le théâtre : moins codifié que les autres genres, il est

---

[398] *Ibid.*, p. 250 : « Ce pauvre gentilhomme avait une perruque qui se perdit dans cette foule, de sorte qu'il demeura nu et la tête toute rase, qui était un objet très épouvantable à voir ». Tristan ne recule décidément pas devant ce genre de tableau : « La putréfaction de l'air causée par les mauvaises exhalaisons des corps enterrés à demi et par l'intempérance des soldats, qui se soûlaient de mauvais aliments, produisit d'étranges fièvres durant cette ardente saison et dans un climat qui est assez chaud » (p. 255). Ces deux descriptions sont de parfaits exemples d'hypotypose.

[399] Voir notre chapitre 1, p. 109-114.

[400] En 1667, il fait l'objet d'une réédition et, dans son avis au lecteur, le libraire précise que le roman « a si peu vu le jour qu'il paraîtra sans doute à sa première lumière ».

[401] Si Jean-Baptiste attend la mort de son frère pour introduire ces clefs, c'est sans doute qu'il a le sentiment de ne pas vraiment respecter le sens que Tristan a voulu donner à son texte.

[402] Voir N.-M. Bernardin, *Un Précurseur de Racine, op. cit.*, p. 227 : « Ce roman de mœurs, qui paraît si intéressant à notre curiosité moderne, ne pouvait avoir le même genre d'attrait pour des contemporains. Enfin, Tristan, en ne donnant, par discrétion sans doute, aucun nom propre dans son ouvrage, en avait rendu la lecture moins amusante et même difficile pour le grand public. Toutes ces causes contribuèrent à l'insuccès constaté du *Page disgracié*. »

ouvert aux expérimentations les plus variées[403]. Dès lors, il n'est pas étonnant que l'audace de Tristan se soit manifestée de préférence dans ce genre.

3. La valeur de la polygraphie

En dernier lieu, *Le Page disgracié* pose le problème du rapport à la polygraphie. Loin de répondre à une attente particulière de la part du public, il représente plutôt un espace de liberté. Lorsqu'il publie son roman autobiographique, Tristan vient d'être rétabli dans la maison de Monsieur, mais les relations avec son maître demeurent difficiles. Aussi la question du rapport au pouvoir n'est-elle pas absente du récit. Tout en s'apparentant aux personnages des romans picaresques, la figure centrale du *Page disgracié* est manifestement un double de l'auteur. A l'image du picaro, le page, toujours en position d'infériorité sociale, se voit contraint de vendre ses services à différents maîtres ; mais cette instabilité est aussi celle de l'écrivain qui, à quarante ans, fait en quelque sorte le bilan de sa carrière. Le page suit une progression sociale plutôt satisfaisante : d'abord élevé parmi les enfants de Henri IV, il sert ensuite différents seigneurs, avant de trouver sa place auprès du roi. Or, il parvient à cette reconnaissance sociale essentiellement grâce à ses talents d'écrivain[404]. Composant des poèmes de remerciement ou des pièces de commande, il sait aussi user de ses qualités de conteur pour séduire ses protecteurs[405]. Enfant déjà, il profitait du crédit dont il jouissait auprès de certains petits princes pour échapper aux réprimandes de ses maîtres[406] : malgré la désapprobation de son précepteur, il se laisse ainsi tenter par le jeu et espère pouvoir « pécher avec impunité »[407]. En racontant les premières années de sa vie, l'écrivain semble donc décrire la réalité sociale des années 1640, où la vertu se trouve constamment menacée.

---

[403] Voir M. Lever, *Le Roman français au XVIIe siècle*, *op. cit.*, p. 7.

[404] Sa vocation d'écrivain s'affirme très tôt : « On y [à la Cour] parla de mes écoles buissonnières, de mes fuites chez les comédiens, lorsque je craignais d'être fouetté, et parmi cela de l'espérance que j'avais donnée de réussir un jour aux belles-lettres » (*Le Page disgracié*, *op. cit.*, p. 246). Voir notre chapitre 4, p. 188.

[405] II 29, p. 207-208.

[406] *Ibid.*, p. 31 : « Ce qui me rendit le plus incorrigible, c'est que la gentillesse de mon esprit en un si bas âge m'avait acquis d'illustres amis, qui m'empêchaient d'être corrigé. Sitôt que je croyais avoir été surpris en faute et que j'appréhendais de rendre quelque compte à notre précepteur, je m'allais jeter entre les bras de ces personnes puissantes, près de qui j'étais en un sûr asile. »

[407] *Ibid.*, p. 31.

Finalement, les *Lettres mêlées* et *Le Page disgracié* reflètent la délicate position de Tristan, partagé entre deux logiques contradictoires : la fidélité à la tradition et la tentation de l'innovation. Il semble, en effet, que l'écrivain conjugue à ce moment de sa carrière l'inscription dans diverses traditions et l'affirmation de sa singularité. Ces deux œuvres illustrent ainsi particulièrement bien le principe de la polygraphie intégrée, tout en montrant le désir de l'auteur de s'éloigner des normes esthétiques.

*

*   *

La période qui s'étend de 1636 à 1643 est, pour Tristan, d'une grande fécondité. De nombreux genres y sont traités, et les thèmes eux-mêmes se distinguent par leur variété. Cependant, cette diversité révèle une tension car si, d'un côté, Tristan montre son attachement aux traditions (la lyrique amoureuse et la poésie d'éloge sont ainsi bien représentées dans son œuvre), d'un autre côté il échappe aux conventions littéraires en faisant publier, à quelques mois d'intervalle, un roman autobiographique et des lettres intimes. Cette évolution esthétique coïncide avec un changement de situation sociale : l'écrivain a longtemps accepté les règles du jeu, parce que sans doute espérait-il pouvoir ainsi récolter les fruits de son travail ; mais ses attentes n'ayant pas été satisfaites, son aspiration à la liberté n'a fait que renforcer son sentiment d'injustice. N'espérant sans doute plus obtenir de gratifications officielles, il se tourne vers une forme d'expression qui lui offre une certaine liberté et par laquelle il lui est permis de manifester son ressentiment. Dès lors, loin de traduire la volonté de répondre à des exigences ou à des publics divers, la polygraphie témoigne des contradictions que l'écrivain nourrit lui-même. Cette analyse ne saurait cependant s'appliquer aux autres genres pratiqués par l'auteur : ainsi, le choix de la tragédie ou de la poésie galante est, au contraire, de nature à faciliter l'intégration sociale. Il semble donc que, dans le cas de Tristan, la polygraphie possède une double valeur : d'une part, elle traduit un souci de satisfaire des attentes variées, mais de l'autre elle paraît refléter les incertitudes d'un auteur qui cherche à se libérer à la fois des contraintes sociales et des modèles littéraires. Ce flottement apparaît même dans une œuvre comme *Le Page disgracié*, dont l'inspiration picaresque est susceptible de plaire à un public attiré par le roman d'aventures, cependant que la composante autobiographique du récit permet à l'écrivain d'exprimer son insatisfaction face à une société dominée par les rapports de pouvoir.

CHAPITRE 6
Un désir d'indépendance
(1644-1648)

En 1644, Tristan fait jouer trois nouvelles pièces, d'abord une tragi-comédie, *La Folie du sage*, puis deux tragédies, *La Mort de Sénèque* et *La Mort de Chrispe*, suivies en 1647 d'une dernière tragédie, d'inspiration orientale celle-là, *Osman*[1]. L'écrivain se spécialise donc dans un genre dramatique qui, aussi bien, est très pratiqué par les auteurs du moment[2]. Pour autant, Tristan ne néglige pas la poésie : en 1646, il publie un *Office de la sainte vierge*, s'engageant ainsi dans une voie qu'il n'avait jamais explorée et, deux ans plus tard, paraît son recueil de *Vers héroïques*. Parallèlement, il compose des pièces liminaires[3], ce qui lui permet de maintenir des relations avec ses contemporains. Dans l'ensemble, il consolide donc son image de polygraphe, même s'il abandonne (provisoirement ?) le genre romanesque. Dès 1653, il renoue avec le théâtre, et s'ouvre alors une dernière période qui fera l'objet du chapitre suivant.

Entre 1644 et 1648, la position sociale de Tristan paraît relativement instable. Déçu par Gaston d'Orléans, qui s'est montré ingrat envers lui, il espère bénéficier du soutien de Marguerite de Lorraine, mais elle non plus ne répond pas à ses attentes. En 1645, après avoir reçu une aide assez

---

[1] Il n'est pas sûr que cette pièce ait été représentée. On sait seulement que le privilège date de juin 1647 (voir N.-M. Bernardin, *Un Précurseur de Racine, Tristan L'Hermite*, Paris, Picard, 1895, p. 261-262).

[2] Entre 1640 et 1649, la tragédie domine la production dramatique (voir J. Scherer, *La Dramaturgie classique en France*, Paris, Nizet, 1950, p. 459).

[3] La première pour *Les Chevilles* de Billaut en 1644, la deuxième pour *La Doctrine des mœurs* de Gomberville en 1646, la troisième enfin la même année pour *Les Œuvres* de Maynard. Tristan prend ainsi place parmi des poètes comme Saint-Amant, Boisrobert, Scudéry et Scarron. Les deux premiers poèmes sont reproduits par N.-M. Bernardin, *op. cit.*, p. 597-598 et 600-601 ; le troisième l'est par A. Carriat, p. 630 dans *Œuvres complètes*, t. III, publié sous la dir. de J.-P. Chauveau, Paris, Champion (Sources classiques), 2002.

considérable du comte de Saint-Aignan, il est nommé chevalier d'honneur de la duchesse de Chaulne[4] et, l'année suivante, devient gentilhomme du duc de Guise ; mais celui-ci part pour Rome et, en 1648, est fait prisonnier par les Espagnols[5].

Tous ces événements font naître chez l'écrivain un profond sentiment d'injustice et renforcent son désir d'indépendance qui, cependant, semble pouvoir se réaliser sur le plan esthétique plus que sur le plan social. Ne pouvant échapper aux contraintes liées à sa vie de poète courtisan, Tristan s'efforce en effet de trouver dans la création littéraire une forme de liberté. Toutefois, le poids des conventions sociales et littéraires constitue un obstacle majeur dans cette tentative d'émancipation. Dès lors, l'écrivain adopte une attitude contradictoire, proche de celle qui caractérisait les années 1636 à 1643. S'il accepte de se soumettre aux règles sociales et aux normes esthétiques qui leur sont liées, il s'efforce pourtant de s'en écarter. Ainsi, à la fin des années 1640, son désir de liberté, qui s'était ouvertement manifesté dans les écrits autobiographiques, semble s'être considérablement adouci.

*
* *

I. Le retour au théâtre

A. *La Folie du sage*

1. *L'expérience de la tragi-comédie*

L'auteur, qui avait renoncé au théâtre après l'échec de *Panthée*, n'y revient que six ans plus tard avec sa première et unique tragi-comédie : *La Folie du sage*, représentée en 1644 à l'Hôtel de Bourgogne[6] et imprimée

---

[4] Il renonce bientôt à son service. Un poème, repris dans *Les Vers héroïques*, explique les raisons de ce départ : « A Madame la duchesse de... » (voir éd. de C. M. Grisé, Genève, Droz, 1967, p. 290-292). La duchesse doit rejoindre son mari en Auvergne, où il vient d'obtenir un poste de gouverneur ; le poète, en mauvaise santé, s'excuse de ne pouvoir l'y accompagner. Voir N.-M. Bernardin, *op. cit.*, p. 248-249.

[5] Sur toute cette période, voir *ibid.*, p. 239-275.

[6] Voir *ibid.*, p. 239.

l'année suivante par Quinet[7]. Particulièrement florissante dans les années 1630, la tragi-comédie connaît encore le succès, bien qu'il traverse alors une période de déclin[8]. En choisissant de se tourner vers elle, Tristan va donc plutôt à rebours du mouvement général. Peut-être cherche-t-il ainsi à se rapprocher de Hardy, qui lui-même s'illustra dans ce genre et fut l'un de ses premiers maîtres[9]. Sans doute souhaite-t-il aussi expérimenter un genre totalement inédit pour lui, mais qui en même temps se confond de plus en plus avec la tragédie. En effet, le genre a suivi une évolution, qu'il est possible de retracer dans ses grandes lignes[10]. La tragi-comédie romanesque, où se multiplient péripéties et coups de théâtre, échappe aux règles qui régissent alors la tragédie ; mais dès la fin des années 1630, celles-ci commencent à toucher l'ensemble des genres dramatiques[11]. Dès lors, la tragi-comédie devient plus rigoureuse dans sa construction et repose sur une analyse psychologique approfondie. Il arrive même qu'elle fasse place à des réflexions d'ordre moral ou politique, sur la tyrannie ou l'exercice légitime du pouvoir royal. Pourtant, ses caractéristiques majeures ne changent guère : les personnages sont en général de rang élevé, les sujets, sérieux, sont rarement empruntés à l'histoire et, le plus souvent, la fin est heureuse. La crise, moment où le destin des amants tourne au tragique, aboutit en effet à un dénouement favorable grâce à la disparition *in extremis* des obstacles[12]. De ce fait, les mêmes thèmes se retrouvent d'une pièce à l'autre : la passion amoureuse, l'opposition d'un père ou d'un prince tyrannique, la rivalité et la perfidie, le désespoir et la folie. Tristan trouve ainsi le moyen de reprendre des motifs qui trouvaient déjà leur place

---

[7] *La Folie dv sage*, Paris, Quinet, 1644 (voir A. Carriat, *Bibliographie des œuvres de Tristan L'Hermite*, Limoges, Rougerie, 1955, p. 28). La pièce est dédiée à Madame (voir *La Folie du sage*, Paris, Droz, 1936, p. 3-5). Comme nous l'avons vu, cette pièce a surtout été lue dans ses rapports avec le théâtre élisabéthain (voir notre chapitre 2, p. 123-124).

[8] Voir J. Scherer, *op. cit.*, p. 459.

[9] Voir nos chapitres 4, p. 186-187 et 5, p. 275.

[10] Voir R. Guichemerre, *La Tragi-comédie*, Paris, P.U.F., 1981 ; et H. Baby, *La Tragi-comédie de Corneille à Quinault*, Paris, Klincksieck (Bibliothèque de l'âge classique), 2001.

[11] Voir notre chapitre 5, p. 259.

[12] Voir la définition que Tristan lui-même donne de la tragi-comédie dans *Le Page disgracié* : « pièces de théâtre où la sérénité suit l'orage, et dont le commencement est mêlé de matières de troubles et d'inquiétudes, la plupart du reste plein de péril et de douleur, mais qui finissent toujours en joie » (Paris, Gallimard, Folio classique, p. 92).

dans *Le Page disgracié*[13]. L'amour s'exprime aussi à travers une rhétorique issue de la tradition pétrarquiste : comme dans *Les Plaintes d'Acante* et *Les Amours*, les métaphores servent à exalter la beauté féminine, tandis que les hyperboles traduisent l'intensité des sentiments éprouvés par les héros. Enfin, tous les moyens sont employés pour susciter de vives émotions chez le spectateur : les amants sont montrés dans des situations extrêmes, prêts à être sacrifiés ou en proie à une crise de démence, cependant que les monologues douloureux, les stances lyriques et les tirades passionnées contribuent à accentuer le *pathos*.

Dans sa *Folie du sage* qui, selon une typologie communément admise, constitue une « tragi-comédie de palais »[14], Tristan respecte les règles du genre. Ainsi l'intrigue, tout en étant originale[15], est composée d'éléments conventionnels. Le roi de Sardaigne souhaite prendre pour maîtresse Rosélie, la fille d'Ariste, l'un de ses plus fidèles courtisans mais le père, blessé dans son honneur, cède au désespoir. De son côté, Rosélie soupçonne son amant, Palamède, de prendre le parti du roi, car celui-ci lui a confié une lettre destinée à sa maîtresse. La jeune fille cherche alors à se suicider, mais auparavant sa nourrice a pris soin de remplacer le poison par un somnifère. Alors que tous croient Rosélie morte, Ariste est victime d'une crise de folie et, dans son délire, il montre l'étendue de son savoir philosophique et s'interroge sur l'existence humaine. Quant au roi, il accuse à la fois Ariste et Palamède d'avoir fait mourir la jeune fille car, dans son testament, celle-ci précise que, suivant les conseils de son père, elle a préféré la mort au déshonneur et que le coup décisif lui a été donné par Palamède. Dès que Rosélie se réveille, Ariste retrouve toute sa lucidité. Après avoir fait emprisonner Palamède, le roi comprend l'amour qui unit les deux héros et décide enfin de célébrer leur mariage. Comme le montre ce bref résumé, Tristan construit sa pièce selon un schéma alors courant dans la tragi-comédie : un jeune couple doit surmonter une série d'obstacles avant d'atteindre le bonheur. En l'occurrence, il doit vaincre l'hostilité du roi, qui fait aussi figure de rival et, alors que Palamède a été condamné à mort, la bienveillance du souverain vient comme par miracle

---

[13] Voir notre chapitre 5, p. 317. Il faut cependant signaler une différence : à savoir que, dans l'épisode de l'amante anglaise, l'autorité parentale est incarnée par la mère, non par le père.

[14] Voir H. Baby, *op. cit.*, p. 136.

[15] Tristan l'aurait tirée d'une anecdote qu'il raconte dans *Le Page disgracié* (II 53). Mais l'idée de la trame a pu aussi lui être donnée par l'*Édouard* de La Calprenède (1640), où un roi tyrannise une de ses sujettes en voulant faire d'elle sa maîtresse – hypothèse soutenue par la similarité de certains vers (voir N.-M. Bernardin, *op. cit.*, p. 402-403).

dénouer la situation. De même, les rebondissements, dus aux malentendus, ainsi que les épisodes romanesques (l'envoi de lettres, la fausse mort, l'emprisonnement) sont inséparables du genre.

Parallèlement, même s'il tend à les individualiser, Tristan introduit des personnages devenus de véritables types dans la tragi-comédie : en l'occurence les amants persécutés, le roi autoritaire et le fou désespéré[16]. Quelques scènes sont plus particulièrement destinées à frapper la sensibilité des spectateurs, pris de crainte et de pitié pour les héros : le long monologue dans lequel Ariste, après son entrevue avec le roi, exprime son indignation et son désespoir[17] ; la scène au cours de laquelle Rosélie, croyant avoir été trahie par Palamède, manifeste sa colère avant d'empêcher son amant de se tuer[18] ; ou encore la tirade dans laquelle Ariste, ayant appris la « mort » de sa fille, Ariste rejette tous les philosophes persuadés que le sage est indifférent au malheur[19] ; enfin, le dialogue au cours duquel le roi annonce la condamnation à mort de Palamède et où Rosélie affirme son intention de rejoindre son amant[20]. Le roi lui-même se révèle parfois émouvant, en particulier lorsqu'il déplore, par de nombreuses exclamations, la disparition de la jeune fille[21] et montre ainsi la profondeur de son amour. Pour traduire la force du sentiment qui les anime, les personnages ont en général recours à la métaphore traditionnelle du feu[22]. D'autres images, tout aussi conventionnelles, révèlent la puissance destructrice de l'amour : les astres qui commandent à la destinée des humains[23], les fers qui enchaînent l'amant[24], l'éclat que lancent les yeux de la dame[25], les épines que portent les roses[26] – autant de métaphores déjà présentes dans les recueils poétiques de Tristan. Par les thèmes qu'elle développe et les images qu'elle contient, *La Folie du sage* s'apparente donc à la fois au roman et à la poésie ; et cet exemple montre

---

[16] Voir H. Baby, *op. cit.*, II 1 « Un genre codé. Les types de la tragi-comédie ».

[17] *La Folie du sage*, I 2.

[18] II 3. Le passage au tutoiement (v. 491) traduit l'intensité du sentiment.

[19] III 4.

[20] V 5.

[21] III 3.

[22] I 3 v. 293, II 3 v. 449, etc.

[23] *La Folie du sage*, I 3, v. 247.

[24] *Ibid.*, v. 249 et 252.

[25] II 3, v. 450.

[26] IV 2, v. 1110.

encore une fois que, contrairement à une tendance observée dans la critique tristanienne, il est difficile de séparer les différents genres pratiqués par l'auteur.

Celui-ci s'empare également de thèmes très répandus dans la littérature du temps : les apparences jugées trompeuses[27], l'instabilité des réalités humaines[28] et, surtout, la folie considérée comme une forme de sagesse supérieure[29]. Ce dernier motif inscrit l'auteur dans une tradition dont Erasme, avec son *Éloge de la folie*, est en quelque sorte à l'origine. L'existence de cette tradition explique, du reste, les nombreux rapprochements établis entre Ariste et des personnages comme Hamlet ou Sigismond[30]. Les similitudes que l'on peut observer entre le théâtre de Tristan et celui de Shakespeare, ou des Elisabéthains en général, semblent donc révéler l'appartenance à un courant esthétique ou idéologique commun plutôt qu'une influence de l'un sur l'autre[31]. Au demeurant,

---

[27] V 5, v. 1661-1662 (le roi s'adresse à Palamède) :
> Et je suis bien fâché qu'une apparence vaine
> Ait troublé tant de monde, et vous ait mis en peine.

[28] II 2, v. 370-372 :
> Le sort change parfois contre toute apparence.
> Nulle félicité ne dure en l'Univers,
> Et la bonne fortune a toujours ses revers.

Voir aussi III 4, v. 963 (Ariste aux philosophes) :
> Vous avez assuré qu'en suivant la Vertu
> Jamais l'homme de bien ne se trouve abattu :
> Qu'il est aux accidents un Cube inébranlable
> Toujours en même assiette et de face semblable…

[29] C'est ainsi que le roi reconnaît son erreur. Après avoir appris que Rosélie avait promis à Palamède de l'épouser, il déclare :
> Enfin tout le mystère est mis en évidence,
> Dont me parlait Ariste avec tant de prudence,
> Sa folie est fort sage, et quelque Esprit blessé
> N'aurait pu me donner un avis si sensé (V 5, v. 1573-1576).

Le roi termine la pièce par cette phrase :
> Je demande surtout que jamais on n'oublie,
> Que l'on a vu d'Ariste une *SAGE FOLIE* (*ibid.*, v. 1681-1682).

[30] Voir notre chapitre 2, p. 123-126. Au sujet des rapports entre Tristan et Calderon, voir C. Abraham, « Tristan (Marianne) and Calderon (el mayor monstro los celos) », p. 556-559 dans *Revue belge de philosophie et d'histoire* n° 2, 1973 ; et A. Mansau, « Ariste et la sage folie », p. 18-23 dans *Cahiers Tristan L'Hermite* n° 4 : *Tristan et le théâtre*, 1982.

[31] En cela, notre point de vue rejoint celui d'A.-E. Williams (voir notre chapitre 2, p. 127-128).

l'écrivain français ne prononce jamais le nom de Shakespeare, y compris lorsqu'il raconte dans *Le Page disgracié* son (hypothétique) voyage en Angleterre.

2. Une part d'originalité

La pièce de Tristan prend une dimension philosophique voire métaphysique, relativement inattendue dans une tragi-comédie. Le personnage du fou permet en effet à l'auteur de mener une réflexion approfondie sur l'existence humaine. Brillant inventeur[32], Ariste est aussi décrit comme un savant sujet à la mélancolie[33]. Tristan retrouve ainsi un thème qui lui est cher[34], mais qu'il partage cependant avec bon nombre de ses contemporains ou prédécesseurs immédiats, tels Cervantès dans sa *Nouvelle du licencié de verre*[35] ou Sorel dans son *Berger extravagant*[36]. Atteint par le malheur, le père de Rosélie voit ses certitudes s'ébranler. Après avoir dénoncé l'ingratitude du roi et plus largement l'injustice du sort, il songe à la solution du suicide, mais finit par y renoncer, estimant que seul le Créateur[37] est autorisé à lui enlever la vie et que « l'homme qui se détruit pour finir ses douleurs témoigne sa faiblesse à porter ses malheurs »[38]. Ariste propose donc une véritable réflexion sur le sujet. Alors que sa fille est censée être morte, il accuse les philosophes de l'avoir trompé et, en particulier, met en cause les principes du stoïcisme, selon lesquels « l'homme de bien » est un « Cube inébranlable »[39], insensible aussi bien au bonheur qu'au malheur. Dans la scène suivante, Ariste définit la nature humaine par ce qu'elle a de fragile[40], mais aussi par ce qui fait sa

---

[32] *La Folie du sage*, I 1, v. 1-6.

[33] II 1, v. 345-348.

[34] Voir les n° 8 et 9 (1986 et 1987) des *Cahiers Tristan L'Hermite*. Voir en particulier M. Bertaud, « Représentation et théorie de la mélancolie : *La Folie du sage* », p. 17-24 dans *Cahiers Tristan L'Hermite* n° 8.

[35] Voir la *Nouvelle du licencié de verre*, p. 209-234 dans *Nouvelles exemplaires suivies de Persilès. Œuvres romanesques complètes II*, éd. publié sous la dir. de J. Canavaggio, avec la collab. de C. Allaigre et J.-M. Pelorson, Paris, Gallimard (Pléiade), 2001.

[36] *Le Berger extravagant*, Genève, Slatkine, 1972, fac-sim. de l'éd. de Paris (1627).

[37] Ariste parle de « l'Etre souverain » (*La Folie du sage*, I 2, v. 189).

[38] *Ibid.*, p. 19, v. 195-196.

[39] III 4, v. 964-965.

[40] IV 1, v. 995-1018.

force : l'homme lui apparaît avant tout comme un être sujet aux changements, et sur qui la Fortune exerce un pouvoir absolu[41]. Or, il s'agit là d'un thème récurrent dans la littérature de la première moitié du dix-septième siècle[42]. Ariste interroge ensuite le médecin sur ses pratiques et passe en revue toutes sortes de théories, qui touchent à la nature en général. Enfin, tandis que le médecin affirme sa capacité de ressusciter les morts, Ariste tente de définir l'essence de l'âme et, pour cela, évoque diverses doctrines de la philosophie grecque, de Pythagore à Platon en passant par Aristote[43].

La pièce est ainsi dominée par le personnage du savant fou, figure présente dans d'autres œuvres de la même époque. En effet, le thème de la folie est très apprécié des auteurs de la première moitié du dix-septième siècle, notamment des dramaturges[44] : en 1635, dans sa tragi-comédie *L'Hôpital des Fous*, Beys se plaît à montrer des « fous savants »[45] ; et dans ses *Visionnaires*, comédie créée en 1637, Desmarets de Saint-Sorlin dépeint une galerie de portraits, où se succèdent un « poète extravagant », un « riche imaginaire », une « amoureuse d'Alexandre le Grand »... Dans les années 1630-1650, nombreuses encore sont les pièces qui contiennent des personnages de fous : *Les Folies de Cardenio* de Pichou (1630), *Mélite* (1629) et *La Place royale ou l'amoureux extravagant* (1633) de Corneille, *L'Hypocondriaque ou le mort amoureux* (1631) et *Cosroès* de Rotrou (1649), etc. Tristan lui-même a déjà traité du thème de la folie à travers le personnage d'Hérode qui, après avoir fait assassiner Marianne, éprouve de cruels remords et cède brusquement à une crise de démence[46]. Si donc le type de personnage choisi par l'auteur dans *La Folie du sage* est plutôt

---

[41] *Ibid.*, p. 68-69, v. 1015-1018.

[42] Dans son anthologie de la poésie baroque, J. Rousset reprend une partie du monologue d'Ariste, qui, selon sa terminologie, illustre le thème de l'« inconstance noire » (*Anthologie de la poésie baroque française I*, Paris, Colin, 1961, p. 48 ; voir le commentaire de J. Rousset, p. 260).

[43] Pour le détail de toutes ces références, voir l'appendice de J. Madeleine, *op. cit.*, p. 119-123.

[44] Voir J. Rousset, *La Littérature de l'âge baroque en France : Circé et le paon*, Paris, Corti, 1953, p. 55-57.

[45] Voir notre article « Le personnage du philosophe dans deux comédies du XVIIe siècle : *Les Illustres fous* de Beys et *Timon* de Brécourt », p. 31-43 dans actes du colloque *Le Philosophe sur les planches : l'image du philosophe dans le théâtre des Lumières (1680-1815)*, Strasbourg, P.U.S., 2003.

[46] Voir notre chapitre 5, p. 271.

banal, en revanche la place accordée à ses interrogations est relativement singulière[47].

Un autre aspect semble témoigner de son désir d'originalité : à travers sa pièce, l'auteur mène une réflexion sur le pouvoir politique, ses conditions d'exercice et ses limites. Certes, le thème de la tyrannie est largement présent dans les tragédies[48] et tragi-comédies de l'époque, mais dans la pièce de Tristan il constitue un véritable leitmotiv, et peut-être même faut-il y entendre un écho des relations extrêmement complexes que l'auteur entretient avec ses maîtres. En effet, celui-ci revendique son indépendance et accepte mal les contraintes inhérentes à son statut de poète courtisan[49]. Or, par la bouche de ses personnages, il dénonce l'autoritarisme du roi de Sardaigne envers ses sujets. Ce dernier prétend, au nom de l'autorité que lui confère sa fonction, pouvoir empiéter sur la sphère privée de ceux qu'il gouverne – autant dire que son ambition est de maîtriser non seulement les corps, mais également les cœurs[50]. Soucieux de satisfaire ses seuls désirs[51], il refuse de reconnaître à ses sujets la possibilité de décider librement de leur propre destin. Ainsi, alors qu'Ariste veut défendre l'honneur de sa fille, le souverain se montre menaçant et lui rappelle sa qualité de simple sujet[52]. Or, Ariste voit dans cet abus de pouvoir une marque d'ingratitude et ne supporte pas de se voir déshonoré

---

[47] Les méditations du « fou » occupent dans la pièce une place quantitativement importante (*La Folie du sage*, III 4, v. 941-984 ; IV 1).

[48] Il réapparaîtra dans *La Mort de Sénèque*.

[49] *Cf.*, en particulier, l'avertissement au lecteur des *Vers héroïques* et la dédicace de *La Mort de Chrispe* à la duchesse de Chaulne (voir la p. 351 de notre chapitre).

[50] Selon l'expression de Rosélie, le roi « veut se faire aimer de pleine autorité » (*La Folie du sage*, V 1, v. 1307). Cette volonté de puissance était déjà manifeste chez Hérode.

[51] Désirs qui font néanmoins du tyran un esclave (le roi parle de Rosélie) :
    Mon Esclave ? ah ! sa grâce en un seul entretien
    Eut assez de pouvoir pour me rendre le sien,
    Je l'estime et je l'aime avec trop de tendresse (I 1, v. 103-104).

Au demeurant, le thème du souverain gouverné par ses passions appartient à la tradition littéraire. Déjà dans *La Marianne*, Narbal reconnaissait l'impuissance d'Hérode à se dominer :
    Tu sais donner des lois à tant de Nations,
    Et ne sais pas régner dessus tes passions.
    Mais les meilleurs esprits font des fautes extrêmes,
    Et les Rois bien souvent sont esclaves d'eux-mêmes (V 3, v. 1809-1812).

[52] *La Folie du sage*, I 1.

après avoir fidèlement servi son maître[53]. En somme, il incarne la loyauté, l'honnêteté – autant de qualités que Tristan se reconnaît à lui-même. De fait, face à l'ingratitude de Gaston, le poète a le sentiment que la Vertu est persécutée par la Fortune[54]. Ariste pourrait donc bien être un double de son créateur qui, par le biais de la fiction, exprime ses griefs envers son protecteur[55]. De son côté, Palamède, à qui le roi demande conseil, dénonce l'hypocrisie des courtisans et revendique son droit à la parole, prêtant sans doute sa voix à Tristan :

> Sire, des Courtisans le principal étude
> Est un art lâche et bas qui sent la servitude,
> Qui des Rois quels qu'ils soient flatte les sentiments.
> ....
> De moi qui suis né libre, et qui n'ai point une Âme
> Capable de contrainte, et de bassesse infâme,
> ....
> J'ose vous déclarer mes sentiments à nu[56].

Palamède invite alors le roi à tourner ses regards vers d'autres jeunes filles, mais celui-ci reconnaît avoir été vaincu par Rosélie[57] et exige que sa

---

[53] I 2.

[54] Voir l'épître dédicatoire des *Vers héroïques* : « Elle [la Fortune] m'a toujours considéré comme un des partisans de la Vertu, comme un de ces austères censeurs qui décrient son aveuglement et son inconstance » (*Les Vers héroïques*, « A Monsieur, Monsieur le comte de Saint Aignan », Genève, Droz, 1967, p. 32). Voir aussi la « Prosopopée de F.T.L. » :

> Elevé dans la cour dès ma tendre jeunesse,
> J'abordai la Fortune et n'en eus jamais rien,
> Car j'aimai la Vertu, cette altière maîtresse
> Qui fait braver la peine et mépriser le bien (CXXVII, p. 326).

Voir enfin son discours de réception à l'Académie française : « Je me trouve aujourd'hui vengé par les propres mains de la Vertu de tous les mauvais traitements que j'ai reçus de la Fortune » (texte reprod. par N.-M. Bernardin, *op. cit.*, p. 603). *Cf.* la p. 349 de notre chapitre.

[55] De même dans *Le Page disgracié*, le héros se nomme Ariston, alors qu'il est censé représenter Tristan.

[56] *La Folie du sage*, I 3, v. 265-272. A rapprocher de la lettre LXXXVIII (« A Monsieur le C. de M. ») : « De moi qui suis né trop libre pour faire le métier des esclaves, et qui aime mieux vivre dans le regret d'être déçu, que dans la malice de décevoir, j'ai suivi jusqu'à cette heure la Cour sans me la proposer pour école » (*Lettres mêlées*, Genève-Paris, Droz-Minard, 1972, p. 200). Passage déjà cité dans notre chapitre 5, p. 310.

[57] *La Folie du sage*, I 3, v. 256 : « Elle prit sur mon âme un pouvoir absolu. »

volonté soit immédiatement satisfaite[58]. Tous les personnages souffrent donc de la tyrannie du roi : les amants ne savent où se réfugier pour y échapper, si bien que la mort est la seule solution qui s'offre à eux[59] ; Ariste est lui aussi tenté par le suicide, mais décide de lutter pour défendre son honneur[60], avant de sombrer dans la folie. Pourtant, lorsque plus tard le roi fait part de son intention d'épouser Rosélie, Ariste affirme que l'amour doit céder au devoir[61] ; mais la jeune fille exprimant sa fidélité à Palamède, il renonce à user de son pouvoir paternel[62]. Quant au roi, il finit par prendre conscience de ses propres excès[63]. Dans cette société où règne la loi du plus fort, la vertu est donc violemment mise à mal[64], même si elle finit par triompher. La pièce repose ainsi sur l'opposition ou plutôt sur le conflit entre liberté individuelle et pouvoir politique, mais elle montre aussi la toute-puissance des sentiments qu'aucune autorité ne saurait soumettre. Dès lors, comme dans *Le Page disgracié*, la fiction rejoint la réalité[65] : l'état de sujétion dans lequel se trouvent Ariste, Palamède et Rosélie n'est pas sans rapport avec la condition de poète courtisan. Malgré le caractère conventionnel des personnages et des situations, Tristan traite donc d'une question cruciale, dont il a fait justement l'un des principaux leitmotive de son œuvre. Déjà présente dans les *Lettres mêlées* et *Le Page disgracié*, elle

---

[58] II 3, v. 599-600 :
> Qu'on n'oppose point de délais
> A mon amoureuse folie.

[59] II 3, v. 443-446 :
> Madame, ce papier vous fera tout comprendre.
> O Dieux ! vous y verrez mon trépas résolu
> Par les cruels décrets d'un pouvoir absolu ;
> Vous y verrez d'amour une étrange manie
> Que ma raison blessée appelle tyrannie.

[60] I 2.

[61] V 2, v. 1356.

[62] *Ibid.*, p. 89-93.

[63] V 5, v. 1657-1674.

[64] II 2, v. 421-422 et 425 :
> Canope, quelquefois la divine puissance
> Permet que l'injustice opprime l'innocence.
> ....
> On voit le plus souvent la vertu traversée.

[65] Voir notre chapitre 5, p. 317.

constitue chez lui un thème transversal, qui réunit des textes appartenant à différents genres[66].

Sur le plan formel, l'auteur semble s'être plié à la règle des trois unités. L'action se situe probablement dans le palais du monarque, les scènes pouvant se dérouler tour à tour dans différents lieux : la salle de réception du roi[67], la chambre de Rosélie[68], les appartements d'Ariste[69], etc. En revanche, le texte ne contient aucune indication temporelle, mais il n'est pas invraisemblable que l'action s'étende sur vingt-quatre heures. Enfin, malgré de nombreuses péripéties et une relative complexité de l'intrigue, la pièce met en jeu une action unique : la tentative du roi de satisfaire son désir amoureux. Si donc Tristan observe les règles de la tragi-comédie, il se montre relativement original en accordant à certains thèmes une place particulière et, plus encore, en leur donnant une résonance autobiographique. En voyant dans *La Folie du sage* une œuvre essentiellement « baroque », la critique n'a guère retenu que ses thèmes et a donc négligé ses aspects formels[70], qui pourtant l'apparentent plutôt à la tragédie « classique »[71].

B. Les tragédies

1. L'observation des règles

Malgré cette incursion dans la tragi-comédie, l'auteur privilégie la tragédie, genre où dès les années 1640 les règles se sont définitivement

---

[66] La lecture ainsi proposée permet d'éviter le compartimentage auquel nous a habitués la critique.

[67] Voir par exemple la scène 1ère de l'acte Ier, où le roi s'entretient avec Ariste.

[68] Voir par exemple la scène 1ère de l'acte II, qui met en présence Rosélie et sa confidente. Manifestement, Tristan prévoyait que la pièce fût jouée dans un décor à compartiments. Ainsi, lorsque Cléogène vient annoncer la « mort » de Rosélie, elle dit au roi : « Ce rideau qui se tire vous en fera plus voir que je n'en saurais dire » (p. 53). Dans *Osman*, le dramaturge utilisera un dispositif proche de celui-ci (voir *infra*, p. 336).

[69] L'argument du quatrième acte précise qu'« un médecin accompagne un Opérateur à l'appartement d'Ariste » (p. 66).

[70] Voir notre chapitre 2, p. 123-124.

[71] Les critiques de la fin du dix-neuvième siècle ne se sont jamais emparés de *La Folie du sage* pour illustrer le « classicisme » de Tristan. Celui-ci étant dans leur esprit presque exclusivement attaché au genre tragique, l'unique tragi-comédie de l'auteur a été isolée du reste de sa production théâtrale (voir notre chapitre 1, p. 84).

imposées[72]. Les personnages y analysent aussi plus finement leurs sentiments[73], et l'atmosphère de noblesse s'y fait encore plus sentir[74]. Quant aux sujets, ils se caractérisent avant tout par leur diversité : tirés de la mythologie, de l'histoire antique voire de la Bible, ils touchent à des questions extrêmement variées ; mais la réflexion sur le pouvoir politique n'en demeure pas moins une préoccupation majeure pour les auteurs de tragédies[75].

Comme la plupart de ses contemporains, Tristan observe la règle de l'unité de lieu, bien qu'il en ait encore une conception assez large[76]. Dans *La Mort de Sénèque*[77], la didascalie initiale signale simplement que la « scène est à Rome »[78], mais les dialogues fournissent ensuite des indications plus précises : tout au long du deuxième acte, les conjurés se réunissent dans le « jardin de Mécène »[79] ; durant la scène 2 de l'acte V, l'empereur se trouve à la « Tribune »[80] et, à l'approche de son suicide, Sénèque « frappe à sa porte »[81]. Comme le suggère Bernardin, tous ces

---

[72] Voir la synthèse réalisée dans notre chapitre 5, p. 257-262.

[73] Comme nous l'avons déjà vu dans notre chapitre 5 (p. 260), il semble bien que le développement de la psychologie puisse être considéré comme l'un des traits majeurs de la tragédie moderne, aspect auquel les critiques de la fin du dix-neuvième siècle se sont montrés particulièrement sensibles (voir notre chapitre 1, p. 65-68).

[74] J. Truchet résume ainsi les principales caractéristiques de cet ensemble d'œuvres : « ordonnance plus rigoureuse, plus grande unité de ton, style plus soutenu. Il s'agit en réalité d'un esprit nouveau, qu'on pourrait définir en trois mots : intériorité, action, noblesse » (*La Tragédie classique en France*, Paris, P.U.F., 1975, p. 135).

[75] Parmi les tragédies qui ont marqué le début des années 1640, on peut citer *Horace* (1641), *Cinna* (1642), *Polyeucte* et *La Mort de Pompée* (1643) de Corneille ; *Saül*, *Esther* et *Scévole* de Du Ryer (1642) ; *Iphigénie* (1641) et *Le Véritable saint Genest* (1645) de Rotrou. Les dates retenues correspondent aux premières représentations.

[76] Voir notre chapitre 5, p. 260.

[77] La pièce est jouée en 1644 par l'Illustre Théâtre dans la salle du Jeu de Paume des Métayers. Elle est publiée l'année suivante par Quinet (voir A. Carriat, *op. cit.*, p. 29) et offerte au comte de Saint-Aignan (voir *Théâtre du XVIIᵉ siècle II*, Paris, Gallimard, Pléiade, 1986, p. 331-333). On se reportera également à l'éd. de J.-P. Chauveau, p. 231-341 dans *Œuvres complètes*, t. IV, éd. cit.

[78] *Théâtre du XVIIᵉ siècle II, op. cit.*, p. 333.

[79] II 1, v. 317-318. À la fin de la scène 4 de l'acte III, Néron dit à Milicus : « Attends dans ce jardin, je reviens dans une heure » (v. 373).

[80] V 1, v. 1607-1608.

[81] *Ibid.*, p. 391.

lieux peuvent n'en former qu'un, le jardin de Mécène, qui permet l'accès aux différentes parties du palais[82]. Mais alors, le principe de vraisemblance risque d'être mis à mal, car il est difficile d'imaginer que les conjurés se rencontrent en un lieu qui rappelle constamment la présence de l'empereur[83]. Dans *La Mort de Chrispe*, comme le précise la didascalie initiale, la scène est « à Rome dans le Palais de Constantin »[84] ; une seule précision est apportée par la suite lorsque, à l'acte II, « Chrispe amène Constance en l'appartement de Fauste »[85]. Pour *Osman*, l'auteur décrit un décor à compartiments, dispositif qui permet de conserver l'unité de lieu tout en faisant apparaître des espaces différents : la « Scène est à Constantinople » et le « Théâtre est la façade du Palais ou Sérail, où il y a une Porte au milieu qui s'ouvre et se ferme, à côté une fenêtre, où l'on pourra tirer un rideau, lorsqu'Osman reçoit les plaintes des Janissaires »[86].

Quant à l'unité de temps, elle se révèle plus incertaine. Dans *La Mort de Sénèque*, les faits s'enchaînent avec une certaine rapidité : Sabine n'a aucune peine à convaincre Néron de la culpabilité de Sénèque[87], ce qui déclenche immédiatement le processus tragique. Dans *La Mort de Chrispe*, Tristan fournit un seul repère chronologique : au début de l'acte III, Constantin raconte à son confident le rêve prémonitoire qu'il vient de faire[88], ce qui signifie qu'une nuit s'est écoulée entre les actes II et III. Dans *Osman*, les événements se déroulent en un temps très limité puisque,

---

[82] « Le décor de *La Mort de Sénèque* put donc montrer aux spectateurs non seulement les jardins de Mécène, non seulement un de ces longs et superbes portiques qui les ornaient, mais encore, au fond, ou sur l'un des côtés, la façade du palais impérial ; la présence de Néron dans ces jardins est toute naturelle ; pour y faire apparaître Sénèque et Pauline, il a suffi au poète de supposer que, conformément aux usages du XVIIe siècle, le philosophe était resté 'domestique' de son ancien élève, qu'il avait conservé dans son palais un 'appartement' […] ; quant aux conjurés, ils sont introduits dans les jardins impériaux par un des leurs, Rufus, préfet du prétoire » (*ibid.*, p. 421-422).

[83] Voir J. Scherer, *La Dramaturgie classique en France, op. cit.*, p. 158 et 191.

[84] *La Mort de Chrispe* dans *Le Théâtre complet de Tristan L'Hermite*, the university of Alabama press, 1975, p. 444. On se reportera également à l'éd. de D. Daniela Dalla Valle, p. 343-443 dans *Œuvres complètes*, t. IV, éd. cit.

[85] « Argument du second acte », *ibid.*, p. 456.

[86] *Osman* dans *Le Théâtre complet de Tristan L'Hermite, ibid.*, p. 771. Passage déjà cité dans notre chapitre 1, p. 50. A la fin de la scène 3 de l'acte IV, Osman « paraît en un balcon » (p. 814). On se reportera également à l'éd. de N. Mallet, p. 445-554 dans *Œuvres complètes*, t. IV, éd. cit.

[87] *La Mort de Sénèque*, I 1.

[88] *La Mort de Chrispe*, III 1, v. 671-702.

immédiatement après avoir été répudiée par l'empereur, la fille du muphti éveille la révolte des Janissaires[89].

Enfin, dans les trois pièces, Tristan respecte la règle de l'unité d'action. *La Mort de Sénèque* mêle ainsi deux intrigues qui elles-mêmes se dédoublent : la découverte et l'arrestation des conjurés, auxquelles viennent s'ajouter la suspicion à l'égard du philosophe et sa condamnation à mort. Néanmoins, les deux intrigues se rejoignent, le contexte politique rendant seul possible la mort de Sénèque. De même, *La Mort de Chrispe* prend forme autour d'une action unique, qui trouve son origine dans les effets provoqués par la passion illégitime de Fauste pour son beau-fils. Quant à l'amour qui unit Chrispe et Constance, il est contrarié par la victoire militaire de Constantin sur le père de la jeune fille. Cependant, intrigue principale et intrigue secondaire se trouvent étroitement liées, dans la mesure où la jalousie de Fauste attise sa volonté de vengeance et la pousse à commettre son double meurtre. Dans la dernière tragédie également, l'unité d'action est observée malgré la présence de deux fils, la révolte des Janissaires entraînant la chute de l'empereur que la fille du muphti avait tenté de séduire. Les deux intrigues tendant même à se confondre, puisque l'amoureuse éconduite profite du mécontentement d'une partie du peuple pour venger son amour bafoué.

La construction qui préside à chacune de ces tragédies se distingue, enfin, par son extrême rigueur. Ainsi, dans *La Mort de Sénèque* les liaisons de scènes sont remarquablement soignées. Tristan y utilise majoritairement la liaison de présence[90] et souvent, lorsqu'un dialogue s'achève, un des personnages prononce une phrase qui permet d'amorcer la scène suivante. Par exemple, à la fin de la première scène, Sabine, voyant Sénèque, lance à son mari : « Mais le voici, ce savant Personnage »[91], annonçant ainsi le dialogue qui va s'engager entre Néron et son ancien précepteur. De la même manière, Tristan fait dire à Epicaris à l'issue de la scène 5 de l'acte II :

Lucain, retire-toi. Procule qui s'avance

---

[89] *Osman*, II 3.

[90] Il a une seule fois recours à la liaison de vue. À la fin de la scène 1ère de l'acte V, le centenier, qui redoute la colère de Néron, prévient Sénèque :
  … Celui qui nous envoie
  S'avance à la Tribune, et je crains qu'il te voie (v. 1607-1608).

[91] I 1, v. 165.

Nous pourrait soupçonner de quelque intelligence[92].

Dans *La Mort de Chrispe*, l'auteur utilise principalement la liaison de présence[93], et les derniers vers d'une scène assurent parfois la transition avec la scène suivante. Ainsi, à la fin de la scène 5 de l'acte II, Chrispe, apercevant son père, se prépare à le rencontrer :

> ... Constantin va passer,
> Il serait à propos encor de le presser ;
> Il faudrait sur le champ lui faire une Harangue[94].

Dans *Osman*, l'auteur utilise exclusivement la liaison de présence en ménageant souvent des transitions entre les scènes[95].

Le souci de rigueur se manifeste aussi dans la structure dramatique sur laquelle repose chacune de ces pièces Dans *La Mort de Sénèque*, l'exposition occupe logiquement la première scène, au cours de laquelle Sabine non seulement met en garde Néron contre les conspirateurs, mais s'efforce aussi d'éveiller ses soupçons à l'encontre du philosophe. Tristan introduit ensuite deux péripéties, qui précipiteront la mise à mort des criminels : Epicaris, la première, est arrêtée à la fin de l'acte II et, quelques scènes plus loin, Milicus accuse son maître Sévinus de vouloir assassiner l'empereur[96]. Enfin, les conjurés sont arrêtés, tandis que le philosophe est contraint de se suicider. Dans *La Mort de Chrispe*, l'exposition se limite à la première scène, au cours de laquelle Fauste exprime son sentiment de culpabilité, ainsi que le combat qui oppose en elle raison et désir[97]. Le dénouement, quant à lui, suit différentes étapes : les jeunes amoureux, empoisonnés, sont victimes de la folie de Fauste qui, à son tour, trouve une mort tragique, cependant que Constantin parvient à surmonter son désespoir en se convertissant au christianisme[98]. Dans *Osman*, l'exposition

---

[92] II 5, v. 717-718.

[93] La liaison de vue est utilisée une seule fois. A la fin de la scène 2 de l'acte II, Fauste, voyant arriver Chrispe et Constance, dit à Cornélie :
> Mais les voici venir qui se parlent tout bas ;
> Ils ont mal pris leur temps, ils ne me verront pas (v. 415-416).

[94] *Ibid.*, v. 515-517.

[95] Par exemple, à la fin de la scène 2 de l'acte Ier, la Sultane Sœur annonce l'arrivée d'Osman : « Mais voici l'Empereur » (v. 76).

[96] *La Mort de Sénèque*, III 2.

[97] D'après J. Scherer, « l'exposition par un monologue est un type archaïque d'exposition assez répandu » (*op. cit.*, p. 257).

[98] *La Mort de Chrispe*, V 6.

s'étend aux trois premières scènes, qui laissent déjà deviner la tournure tragique des événements : la sultane se réveille après un cauchemar, qui l'incite à penser que « la fille du Muphti s'oppose à [leur] bien »[99]. A la scène suivante, Osman fait son apparition et révèle qu'il a été séduit par la fille du chef religieux après avoir vu un portrait d'elle. Parallèlement, la question du pouvoir politique est posée lorsque la sultane rappelle à son frère les remous provoqués par son récent départ :

> Le Peuple en est ému, le Soldat en murmure,
> Et tant d'avis reçus sont de mauvais augure[100].

La réaction de mépris manifestée par Osman à l'égard de la fille du muphti à la scène suivante constitue la principale péripétie[101]. Quant au dénouement, il fait se succéder deux événements, la mort d'Osman entraînant le suicide de celle qui l'aimait[102]. Dans l'ensemble, Tristan adopte donc une méthode de construction conforme aux usages du moment.

De même, il s'applique à observer le principe des bienséances. Aussi le spectateur n'assiste-t-il pas au suicide de Sénèque – lacune que vient bientôt combler le récit du centenier[103]. Dans *La Mort de Chrispe*, le capitaine des gardes raconte à Fauste les circonstances de la mort du jeune couple[104] et, deux scènes plus loin, l'héroïne se retire pour se suicider[105], avant que Probe ne vienne rapporter les ultimes paroles de la reine[106]. Dans *Osman*, le personnage éponyme meurt à l'extérieur de la scène, et Mamud vient ensuite raconter ses derniers moments[107] tandis que la fille du muphti « *se donne trois coups de poignard* »[108] devant les spectateurs. Le respect

---

[99] *Osman*, I 2, v. 32. Le début d'*Osman* s'apparente donc à celui de *La Marianne* (voir notre chapitre 5, p. 266).

[100] *Osman*, I 3, v. 153-154.

[101] II 3.

[102] V 4.

[103] *La Mort de Sénèque*, V 4, v. 1773-1844.

[104] *La Mort de Chrispe*, V 4, v. 1483-1527.

[105] V 6.

[106] V 7, v. 1650-1672.

[107] *Osman*, V 6, v. 1513-1568.

[108] V 6. Selon la typologie établie par La Mesnardière, ce suicide n'est pas contraire au principe des bienséances car il résulte d'un « vertueux Repentir » (voir *La Poétique*, Paris, Sommaville, 1640, Slatkine Reprints, Genève, 1972, p. 202).

des règles propres à la tragédie explique qu'on ait pu voir en Tristan un auteur « préclassique »[109], même si, dans ce domaine, il n'apparaît finalement ni plus ni moins novateur que ses contemporains.

Enfin, comme dans ses deux premières tragédies, l'auteur introduit quelques éléments archaïques : d'abord des sentences, notamment dans *La Mort de Sénèque*, pièce qui contient de nombreuses réflexions d'inspiration stoïcienne[110]. Ainsi, devant Lucain, qui souligne la cruauté de Néron, le philosophe affiche son indifférence face à la mort[111]. Ensuite, comme l'ont déjà remarqué certains critiques, l'auteur reprend dans chacune de ses pièces le procédé du songe[112]. Celui de Constantin, en particulier, laisse présager la violence des événements à venir, l'aigle victorieux, massacré par un cruel vautour, figurant déjà la mort de Chrispe.

2. L'analyse des passions

La concentration des effets favorise une étude psychologique approfondie des principaux personnages. Tristan, comme la plupart de ses contemporains, accorde en effet une place privilégiée à l'analyse des sentiments. *La Mort de Sénèque* est centrée sur le personnage de Néron, dont l'auteur révèle ainsi toute la complexité. Cruel envers ses sujets, l'empereur finit pourtant par éprouver de vifs remords[113] : ainsi, après avoir appris la mort du philosophe, il est persécuté par les déesses de la vengeance, mais en ignore toujours les causes. Son incertitude et son incompréhension, signes de sa fragilité psychologique, se traduisent par les nombreuses phrases interrogatives et les formules du type « Je ne sais ce que j'ai »[114]. Paradoxalement, il souhaite sa mort, alors qu'il vient de punir ceux qui voulaient mettre fin à ses jours – tentation qui se manifeste à travers des images d'une rare violence :

---

[109] Voir notre chapitre 1, *passim*.

[110] *La Mort de Sénèque*, II 3 v. 521-522 et v. 540, II 4 v. 601-605… ; *La Mort de Chrispe*, I 3 v. 273, II 1 v. 355-356, v. 359-360 et v. 374…

[111] *La Mort de Sénèque*, II 4, v. 603-604.

[112] *Ibid.*, III 2, v. 920-946 ; *La Mort de Chrispe*, III 1 ; *Osman*, I 1-2, v. 1-31, II 1. Voir nos chapitres 3, p. 158-160 et 5, p. 280.

[113] L'argument du cinquième acte laisse prévoir cette évolution psychologique : « Silvanus vient faire le rapport de la mort de Sénèque ; et Néron à ce récit sent les cuisantes pointes du remords qui suit les mauvaises actions » (p. 387). Le personnage d'Hérode suit la même progression (voir notre chapitre 5, p. 271-272).

[114] V 4, v. 1846-1857.

Que celui qui soupire après mes funérailles
Me déchire le sein, me perce les entrailles[115].

Immédiatement après, Néron répudie Sabine, dont il a pourtant suivi les conseils, lance un ultime défi aux dieux, qui font peser sur lui la menace d'une vengeance, pour finalement se laisser emporter par un désir irrépressible :

O Ciel ! qui me veux mal et que je veux braver,
Des pièges que tu tends on ne se peut sauver :
Tu prépares pour moi quelque éclat de tonnerre,
Mais avant, je perdrai la moitié de la Terre[116].

Dans *La Mort de Chrispe*, Tristan analyse la passion de Fauste, partagée entre amour et haine, et pour cela, il introduit quelques monologues qui, chacun, se situent au début d'un acte – position qui les met en valeur. Dans celui qui ouvre la pièce[117] par exemple, Fauste fait état du conflit qui oppose en elle raison et désir. Envahie par un sentiment de culpabilité, elle s'efforce de combattre ses penchants, et les images qu'elle emploie traduisent la force de sa douleur :

C'est le plus noir poison dont l'honneur soit taché,
C'est un Monstre effroyable et non pas un péché[118].

Elle ne saurait échapper à ses pensées mais, soucieuse de rester digne de son rang, elle décide de lutter contre ses désirs. Dans la scène 1ère de l'acte II, elle oppose à nouveau amour et vertu, et la présence de phrases interrogatives révèle son désarroi. Persuadée que Chrispe mépriserait son amour, elle veut pourtant l'« adorer » et tente de se déculpabiliser : « Est-ce un crime d'aimer où l'on voit tant d'appas ? »[119]. Désespérée, elle songe un instant à la mort[120]. A l'acte III, le refus de Chrispe, à qui elle demande de renoncer à défendre Constance, pousse sa fureur à son paroxysme[121]. Après avoir dû affronter sa rivale, elle exprime sa colère et cherche le moyen de

---

[115] *Ibid.*, v. 1859-1860.

[116] *Ibid.*, v. 1865-1868.

[117] Déjà *La Marianne* commençait par un monologue.

[118] *La Mort de Chrispe*, I 1, v. 31-32.

[119] II 1, v. 359.

[120] *Ibid.*, v. 348. *Cf. La Folie du sage*, I 2.

[121] III 4.

se venger[122]. Elle décide finalement de faire tuer Constance seule et « se réjouit dans l'attente de la perte de sa rivale qu'elle a envoyé empoisonner »[123].

De même, dans *Osman*, l'auteur révèle les contradictions de la passion[124]. La fille du muphti a beau exprimer toute la tendresse que lui inspire le souverain (« J'aimais Osman lui-même, et non pas l'empereur »[125]), sa fureur et son orgueil se réveillent parfois avec une violence extrême, si bien que la passion qui l'anime associe presque constamment amour et haine :

> Cieux ! des sentiments incertains
> Font secrètement que je crains
> Un effet que je sollicite[126].

Les longues tirades qui jalonnent la pièce montrent ainsi toutes les nuances du sentiment amoureux. Dans le monologue qui ouvre l'acte III, l'héroïne profère des menaces à l'encontre d'Osman :

> Tu connais ta valeur, tu connais ta puissance,
> Mais tu ne connais pas ta fin[127].

Puis, forte de son autorité, elle ne peut s'empêcher de songer à la solution du meurtre : « Au gré de mes désirs ta mort est assurée. »[128] Elle reste finalement partagée entre des tentations contraires : blessée dans son honneur, elle cherche à se venger de l'affront que lui a fait subir Osman et, pourtant, ne peut s'empêcher de voir en lui un héros. Elle souhaite sa perte ou, du moins, s'efforce de s'en persuader. A l'issue de la scène 2 de l'acte V, au cours de laquelle s'affrontent les deux protagonistes, la fille du muphti exprime sa colère, mais ne tarde pas ensuite à s'adoucir. C'est alors qu'elle raconte à Fatime les circonstances dans lesquelles elle a rencontré

---

[122] IV 3.

[123] « Argument du cinquième acte », p. 502.

[124] Voir N. Mallet, « Les plaintes de la mal-aimée : passion et scénographie dans la tragédie d'*Osman* », p. 17-27 dans *Cahiers Tristan L'Hermite* n° 20 : *Tristan poète de l'amour*, 1998.

[125] *Osman*, V 2, v. 1374.

[126] III 1, v. 649-651.

[127] *Ibid.*, v. 617-618.

[128] *Ibid.*, v. 635.

Osman pour la première fois, et l'image de la lumière qui domine son portrait souligne le prestige dont l'empereur jouit à ses yeux[129].

Ces trois nouvelles tragédies de Tristan reflètent assez bien la production dramatique des années 1640 : les règles y sont dans l'ensemble respectées, et l'analyse psychologique tient désormais une place importante dans la structure de la tragédie. Ces pièces, qui marquent une évolution dans la carrière de l'auteur, illustrent également les principaux aspects du genre. Si dans *La Marianne*, *Panthée* puis *La Mort de Chrispe*, Tristan exploite les possibilités que lui offre la tragédie de caractère, avec *La Mort de Sénèque* il s'oriente vers la tragédie politique[130], tandis qu'avec *Osman* il participe à la mode de la tragédie orientalisante[131]. Enfin, selon une tendance forte à l'époque, les sujets qu'il choisit appartiennent, non à la mythologie, mais à l'histoire. Une nouvelle fois donc, l'auteur privilégie une esthétique de la diversité tout en se conformant aux goûts du moment ; et pour cette raison, il semble en définitive que son théâtre s'apparente aussi bien à celui de ses contemporains qu'à celui de Racine[132].

II. La découverte de nouveaux genres poétiques

Malgré sa volonté d'indépendance, l'écrivain ne reste pas isolé, et certains de ses contemporains lui témoignent même leur confiance. Ainsi, entre 1646 et 1648, il écrit des pièces liminaires pour *La Doctrine des mœurs* de Gomberville, *Le Virgile travesti* de Scarron et *Le Jugement de Pâris* de d'Assoucy[133]. Il respecte alors les règles attachées à ce type de

---

[129] V 3, v. 1438-1486.

[130] Plus précisément, *La Mort de Sénèque* prend place parmi les « tragédies de la conspiration ». Voir à ce sujet R. Guichemerre, « A propos de *La Mort de Sénèque* : les tragédies de la conjuration », p. 5-13 dans *Cahiers Tristan L'Hermite* n° 4 : *Tristan et le théâtre*, 1982 ; et J.-P. Chauveau, « Epicaris, la courtisane. De *La Mort de Sénèque* à *Cinna* ou de la division à la réconciliation », p. 54-58 dans *Du baroque aux Lumières : pages à la mémoire de Jeanne Carriat*, Mortemart, Rougerie, 1986. Voir aussi le n° 16 des *Cahiers Tristan L'Hermite* : *Tristan et la politique*, 1994. Le thème de la conspiration sera repris dans *Osman*.

[131] Parmi ces tragédies on peut citer *Le Grand et dernier Soliman ou la Mort de Mustapha* de Mairet (1639), *Ibrahim ou l'illustre Bassa* de Scudéry (1643), *Roxelane* de Desmarets de Saint-Sorlin (1643) et *Le Grand Sélim ou le couronnement tragique* de Le Vayer de Boutigny (1644).

[132] Voir notre chapitre 1, p. 83-86.

[133] Poèmes reproduits par N.-M. Bernardin, *ibid.*, p. 600-602.

texte : destinés à valoriser les œuvres qu'ils introduisent, ces poèmes relèvent de l'éloge hyperbolique. À cette occasion, Tristan rencontre quelques-uns de ses contemporains parmi les plus célèbres : Scudéry, Boisrobert, La Mothe Le Vayer... Il participe aussi indirectement au mouvement burlesque, qui se développe dans les années 1640-1650, et dont Scarron apparaît alors comme l'un des meilleurs représentants. Cette nouvelle expérience explique peut-être la présence par la suite de pièces burlesques dans *Les Vers héroïques*[134].

Tristan continue d'élargir son répertoire en se tournant cette fois vers la poésie religieuse. Désireux sans doute de profiter de la vogue que connaissent à l'époque les manuels de piété[135], il rédige un *Office de la sainte vierge*, qui contient des pièces en latin et en français[136]. La critique a bien montré ce que l'auteur devait à la tradition biblique et à l'esthétique de son temps[137]. Sans vouloir proposer de ce texte une analyse précise, nous sommes amenée à nous interroger sur la place qu'il occupe dans l'ensemble de l'œuvre tristanien. De fait, cette nouvelle orientation, qui ne s'accorde guère avec la production antérieure de l'auteur, ne laisse pas de surprendre. Dans la tradition critique, a pris naissance la figure du libertin repenti qui, après avoir mené une vie de débauche, se tourna vers Dieu[138]. Sans doute est-il imprudent de rapporter ce choix esthétique à la seule vie de l'auteur,

---

134 Voir S. Bouttet, « Tout le sérieux du jeu : les marges de l'œuvre poétique de Tristan », p. 7-17 dans *Cahiers Tristan L'Hermite* n° 13 : *Tristan et le comique*, 1991.

135 Cette mode est encouragée par la politique de Louis XIII qui, en 1643, consacre la France à la Vierge.

136 *L'Office de la sainte vierge. Accompagné de Prieres, Meditations & Instructions Chrestiennes, tant en Vers qu'en Prose*, Paris, Pierre Des-Hayes, 1646 (voir A. Carriat, *op. cit.*, p. 13-14). Voir l'éd. de J.-P. Chauveau, p. 275-491 dans *Œuvres complètes*, t. III, éd. cit.

137 Voir en particulier P. Leblanc, *Les Paraphrases des psaumes à la fin de la période baroque (1610-1660)*, Paris, P.U.F., 1960 (voir notamment les p. 150-152 consacrées à Tristan) ; C. Grisé, « The religious poetry of Tristan L'Hermite », p. 15-35 dans *Mosaic*, summer 1971 ; id., « Tristan et la poésie de méditation », p. 36-39 dans *Cahiers Tristan L'Hermite* n° 5 : *Tristan poète lyrique*, 1983 ; et S. Bouttet, « Tristan et Prudence », p. 40-46 dans *Cahiers Tristan L'Hermite* n° 12 : *Tristan et l'Antiquité*, 1990. Cet aspect a déjà été étudié dans notre chapitre 2, p. 151-152.

138 Voir N.-M. Bernardin, *op. cit.*, p. 256-257 ; A. Adam, *Théophile de Viau et la libre-pensée*, Paris, Droz, 1935, p. 125 ; et R. Lacôte, « Tristan L'Hermite et sa façade poétique », p. 5 dans *Lettres françaises*, 8-14 septembre 1955. Le poème adressé à Jésus-Christ que Tristan place à la fin de *Panthée* (voir *Le Théâtre complet de Tristan L'Hermite*, *op. cit.*, p. 205), ainsi que certaines de ses lettres (voir notre chapitre 5, p. 311-312), sont de nature à corroborer cette hypothèse.

car celui-ci a peut-être simplement cherché à expérimenter une voie nouvelle pour lui, tout en répondant aux attentes d'une partie du lectorat[139]. *L'Office de la sainte vierge* confirme donc ce goût de la diversité que l'écrivain manifeste tout au long de sa carrière. Non seulement il s'essaie aux principaux genres alors disponibles, mais il en exploite aussi presque toutes les possibilités. Ainsi, dans le cas de Tristan, la poésie religieuse et la poésie burlesque viennent compléter la poésie amoureuse et la poésie héroïque qui dominent son œuvre.

III. *Les Vers héroïques*

A. Une esthétique de la diversité

Alors que, dans les textes que nous venons d'étudier, l'auteur ne semble guère avoir introduit d'éléments autobiographiques, *Les Vers héroïques* seront pour lui l'occasion de renouer avec cette constante de sa production[140]. Le volume, publié par Loyson en 1648[141], rassemble des poèmes écrits à différentes périodes, certains même remontant aux toutes premières années de la carrière de Tristan[142]. Malgré son caractère un peu disparate et sa construction parfois heurtée[143], le recueil s'ordonne autour de trois thèmes majeurs, qui en déterminent les trois grandes parties : l'héroïsme[144], l'amour[145] et la mort[146]. Dans la première série, le poète célèbre surtout les exploits guerriers dans lesquels se sont illustrés de grands personnages de

---

[139] Bien accueilli par les lecteurs, l'ouvrage est réédité par Loyson en 1653, 1656 et 1664 (voir A. Carriat, *op. cit.*, p. 14-15).

[140] Voir l'analyse que nous avons faite des *Lettres mêlées* et du *Page disgracié* dans notre chapitre 5, p. 304-322.

[141] *Les Vers heroïqves*, Paris, Loyson, 1648 (voir A. Carriat, *op. cit.*, p. 15-16).

[142] L'« Eglogue maritime », « La mer », « La maison d'Astrée ».

[143] L'auteur fait parfois se succéder des poèmes qui relèvent de registres radicalement différents. Voir, par exemple, les pièces CXIV (« Sur le bruit incertain de la mort de... ») et CXV (»D'un médisant »).

[144] *Les Vers héroïques*, éd. critique de C. M. Grisé, éd. cit., I-LXVII, p. 37-243. On se reportera également à l'éd. de V. Adam, p. 7-274 dans *Œuvres complètes*, t. III, éd. cit.

[145] *Les Vers héroïques*, *op. cit.*, LXVIII-LXXXII, p. 244-266.

[146] LXXXIII-CXXIX, p. 267-328.

son temps, comme le maréchal de Schomberg[147] et le duc d'Enghien[148]. Son attachement à la maison de Monsieur ne l'empêche pas, lorsque les circonstances l'exigent, de rendre hommage à Mazarin[149], à Le Tellier[150] ou encore au futur Louis XIV[151]. D'autres pièces de circonstance relatent des événements de moindre importance : le mariage de Marie de Gonzague[152], la naissance de la première fille de Marguerite de Lorraine[153], etc.

Mais déjà dans la première partie, l'inspiration amoureuse est fortement présente, en particulier dans les poèmes où l'auteur chante l'amour du duc de Guise pour Suzanne de Pons, provisoirement éloignée de son amant[154]. Le poète a, pour cela, recours à des procédés conventionnels : l'emploi de pseudonymes qui rappellent les noms de personnages de romans sentimentaux (Elise et Anaxandre), des images inspirées du pétrarquisme (la soumission de l'amant, le feu de la passion, les traits que lancent les yeux de la dame, etc.). A cette occasion aussi ressurgit le thème de la belle matineuse[155]. Enfin, Tristan introduit des pièces funèbres, c'est-à-dire des tombeaux et des consolations. Il rappelle ainsi la mort de grandes figures historiques, comme Louis XIII[156] et le maréchal de Gassion[157], ou plus simplement tente d'apporter du réconfort à quelques-uns de ses protecteurs touchés par la perte d'un proche : la duchesse de Chaulne[158], le chancelier Séguier[159], la comtesse de Moret[160], la marquise de Rambouillet[161].

---

[147] XV, p. 118-125.

[148] XIII-XIV, p. 115-117.

[149] XIX, p. 133-135.

[150] XXI, p. 137-140.

[151] XVII, p. 129-131 et XVIII, p. 132.

[152] XII, p. 111-114.

[153] VI, p. 80-82.

[154] III, p. 70 et XXXVI-LV, p. 190-220.

[155] XXXIX, p. 197. Voir notre chapitre 5, p. 300.

[156] *Les Vers héroïques*, *op. cit.*, LXXXIII-LXXXIV, p. 267-268.

[157] XC, p. 275.

[158] LXXV, p. 269-270.

[159] LXXXVI, p. 271.

[160] LXXXVII, p. 272.

[161] LXXXIX, p. 274.

L'auteur utilise, pour cela, les arguments habituels : l'immortalité de la gloire, la légitimité de la douleur eu égard aux mérites du défunt, mais aussi la nécessité pour la personne en deuil de préserver sa santé et le courage dont elle doit faire preuve en pareilles circonstances. En revanche, dès que la consolation s'adresse à un ami, elle prend une tonalité plus personnelle. Ainsi, le poète se révolte contre ceux qui s'acharnent sur Damon, et compatit tellement à sa douleur qu'il ne peut s'empêcher de « donner des pleurs à ses larmes »[162].

A ces trois grandes sections s'en ajoute une quatrième, qui réunit des pièces burlesques, principalement des prosopopées où le poète fait parler des personnages de comédie : un ivrogne, un parasite, un joueur, un singe, etc.[163]. Dans son avertissement au lecteur, le poète s'efforce de justifier la diversité du recueil : « Ne prenez pas, s'il vous plaît, au criminel, si j'ai laissé parmi ces Vers Héroïques quelque épigramme, madrigal, ou pièce burlesque. Ce sont de petites herbes qui se sont glissées parmi des fleurs ; ce sont quelques restes des feux volages de ma jeunesse. »[164] Tristan feint donc de mettre cette variété sur le compte de la négligence mais, en réalité, comme il le précise lui-même par la suite, il a surtout voulu exhumer des poèmes jusque-là restés à l'état de manuscrits :

> Ce recueil de vers fait foi tout ensemble et du génie et de la négligence de l'auteur qui laissait ensevelir dans la poudre de son cabinet beaucoup de productions d'esprit qui n'avaient point encore vu le jour, ou qui s'étaient seulement promenées chez ses amis particuliers en feuilles volantes[165].

Le poète laisse entendre que la présence de pièces plus « légères » risque de nuire à l'unité d'un recueil essentiellement consacré à la poésie héroïque. Malgré tout, il tient à les y faire figurer. En introduisant des poèmes burlesques ou amoureux dans une œuvre qui relève d'un tout autre registre, il affirme ouvertement sa volonté de pratiquer une esthétique de la

---

[162] CXVII, p. 315, v. 30.

[163] XCIII-CV, p. 277-283. Comme d'autres poètes du dix-septième siècle, Saint-Amant a composé des épitaphes à l'occasion de la mort d'animaux familiers. Mais en fait, ce genre de tombeau poétique n'a rien de très original : l'Antiquité, de Catulle à Martial, en donne déjà de nombreux exemples, avant que le thème ne soit abondamment repris à l'époque de la Renaissance.

[164] « Avertissement à qui lit », p. 35. *Cf.* l'avertissement des *Amours* : « Voici des premières productions de mon esprit, et des effets de ma jeunesse : il faut que le Printemps pousse des fleurs, avant que l'Automne produise des fruits. »

[165] « Avertissement à qui lit », p. 34.

diversité. Celle-ci touche donc non seulement ses choix littéraires, mais aussi sa stratégie de publication.

B. La tradition héroïque

Comme l'indique le titre, la poésie encomiastique domine le recueil, et Tristan y rend successivement hommage à ses protecteurs : d'abord au duc d'Orléans[166], puis à la duchesse de Chaulne[167], au duc de Guise[168] et enfin au comte de Saint-Aignan[169], auquel l'ouvrage est dédié[170]. Ainsi, la construction même de la première partie du recueil mime le parcours social de Tristan, alors au service du duc de Guise. En fait, la publication des *Vers héroïques* est liée à des événements particuliers. Dès 1638, l'écrivain réunit des poèmes de circonstance, qui doivent être publiés par Courbé, mais en 1647, un événement inattendu précipite le projet : le duc de Guise, venu à Rome dans l'espoir de faire annuler son mariage avec la comtesse de Bossu, est sollicité par des citoyens de Naples qui cherchent à se libérer du joug des Espagnols ; il décide alors de partir, prend la ville et se proclame duc de Naples. Tristan rêve de pouvoir rejoindre son maître, mais il lui faut de l'argent. Aussi décide-t-il de publier son recueil en l'offrant au comte de Saint-Aignan, qui a la réputation d'être un généreux mécène. Le poète ne se prive d'ailleurs pas de faire allusion à ce projet de départ et à l'aide financière qu'il a déjà reçue :

> Après tant de tempêtes et d'orages où mon inclination d'écrire et ma paresse à faire ma cour m'avaient exposé, j'ai commencé de voir le port dès que vous m'avez honoré de vos bonnes grâces. Je me suis dès lors promis de grands avantages d'un protecteur si connaissant et si généreux ; et vous avez toujours eu des bontés si grandes pour moi qu'elles ont surpassé tout ensemble et mon mérite et mon espérance. Elles m'ont presque ôté celle de vous en pouvoir louer de bonne grâce, et ne m'ont laissé que le désir de les aller publier en d'autres climats, après les avoir publiées à toute la France[171].

Les Vers héroïques remplissent une triple fonction : célébrer la victoire du duc de Guise, solliciter l'aide du comte de Saint-Aignan et publier des

---

[166] IV-VI, p. 71-82.

[167] XXIV-XXX, p. 155-170.

[168] XXXIV-LV, p. 188-220.

[169] LVI-LXIII, p. 221-236.

[170] « A Monsieur, Monsieur le Comte de Saint Aignan », p. 31-33.

[171] *Ibid.*, p. 32-33.

poèmes inédits. Le recueil représente donc pour Tristan non seulement l'occasion de dresser un bilan de sa carrière, mais aussi l'espoir d'un avenir meilleur. Jusqu'alors peu favorisé par la fortune, il ose devenir plus optimiste : « Ses [la Fortune] cruelles persécutions m'auraient possible opprimé sans un illustre Comte de Saint Aignan, qui s'est obligé par une généreuse compassion de me tirer d'entre les bras de cette cruelle. »[172] C'est sans doute ce qui explique l'insistance avec laquelle le poète souligne son rôle de mécène[173] : Saint-Aignan, amoureux des lettres et des arts, est à même, pense-t-il, d'aider l'auteur des *Vers héroïques* et de reconnaître ses qualités.

C. Poésie amoureuse et poésie burlesque

L'auteur introduit également quelques poèmes d'inspiration amoureuse, où, comme dans ses recueils antérieurs, il reste fidèle à la tradition du pétrarquisme. Ainsi, il y reprend des thèmes qu'il avait déjà traités : la jalousie de l'amant[174], l'ingratitude et la cruauté de la femme aimée[175], etc. La beauté féminine est décrite par des images conventionnelles, que nous avons déjà rencontrées à maintes reprises[176] : la neige des seins[177], la main d'albâtre[178], les lys et les roses dont les épines menacent de blesser l'amant[179], les rayons des cheveux[180], etc. L'esclavage amoureux est évoqué à travers l'image de la prison que, selon une pointe chère à Tristan, l'amant est libre d'accepter[181]. Suivant la tradition mariniste, le poète fait encore figurer dans son recueil un éloge paradoxal, « La belle gueuse », qui se termine par un *concetto :*

> A quoi bon sa triste requête,
> Si, pour faire pleuvoir de l'or,

---

[172] « A Monsieur, Monsieur le Comte de Saint Aignan », p. 32.

[173] LVI, p. 221, v. 1-12.

[174] LXXI p. 247-248, XCVII p. 279, XCIX p. 280, CXXII p. 320.

[175] LXXII p. 249, LXXIV p. 252, CVI p. 284, CIX p. 317, CXXV p. 323-324.

[176] Voir nos chapitres 4, p. 210, 219 et 223 et 5, p. 292.

[177] CXIX, p. 317, v. 6.

[178] CXXVI, p. 325, v. 3.

[179] CXXIII, p. 321.

[180] CXXVIII, p. 327, v. 1.

[181] CXXVI, p. 325 et CXXVIII, p. 327.

Elle n'a qu'à baisser la tête[182].

Enfin, bon nombre de pièces relèvent de la poésie galante : ainsi, dans un poème adressé à Mlle de Guébriant, qui doit accompagner Marie de Gonzague en Pologne, Tristan exploite l'image de la neige qui, en même temps qu'elle évoque les rudesses de l'hiver, rend hommage à la beauté de la jeune fille[183].

Mais l'auteur renonce parfois à cette rhétorique amoureuse, en particulier dans l'épigramme adressé à « un chirurgien qui épousait une vieille femme »[184], où le lit devient le symbole de la mort. Il introduit donc l'image de la vieille laide, elle-même fréquente dans la poésie satirique. La tradition pétrarquiste est dès lors mise à mal puisqu'aux poèmes qui exaltent la passion et idéalisent la beauté féminine répondent de courtes pièces qui décrivent des réalités sordides[185]. Par ce moyen, Tristan semble vouloir prendre ses distances à l'égard de sa production antérieure.

De la même manière, il fait se succéder des pièces funèbres traditionnelles et des prosopopées burlesques. Loin d'être isolées, ces dernières prennent place dans un ensemble de pièces burlesques et satiriques qui touchent à des thèmes variés, et leur présence à l'intérieur d'un recueil de vers héroïques peut traduire une attitude, sinon ironique, du moins distancée à l'égard de la tradition. Les vers funèbres qui, par leur ton et leur contenu, rejoignent la grande tradition malherbienne, sont suivis de pièces à caractère ouvertement parodique : « Prosopopée d'un amant mal traité de sa maîtresse », « Tombeau d'un ivrogne de qualité », « Tombeau d'un prodigue », « Sur la mort d'un singe », etc.[186]. Le premier de ces poèmes vise à la fois la poésie amoureuse et la poésie funèbre qui, comme l'illustrent d'autres pièces de Tristan, peuvent être intimement liées[187] : traversé par l'image de la pierre, il dénonce, selon le principe du *concetto*, aussi bien la rigueur de la dame, « insensible à l'égal d'un rocher », que la froideur du marbre qui désormais enveloppe son corps. Plus largement, la composition même du recueil semble révéler la volonté du poète de ne pas prendre trop au sérieux une tradition dont, ailleurs, il accepte volontiers les

---

[182] LXVIII, p. 244, v. 12-14. Ce thème est emprunté aux poètes italiens (voir notre chapitre 2, p. 135).

[183] *Les Vers héroïques, op. cit.*, LXVII, p. 241-243.

[184] CIII, p. 282.

[185] XCVII, XCIX et CIII, p. 279-280 et 282.

[186] XCII-CV, p. 277-283.

[187] Voir, par exemple, les pièces consacrées à la mort d'Isabelle infante d'Espagne.

règles. Néanmoins, son attitude reste prudente : certes, ces poèmes viennent contredire la logique mise en place dans le reste du recueil mais, peu nombreux, ils sont noyés sous le flot des vers encomiastiques et, en outre, se rattachent à une tradition désormais bien établie.

D. Des vers autobiographiques

1. Une attitude relativement audacieuse

Les poèmes d'éloge ne sauraient cacher une tension, révélatrice du malaise que ressent un Tristan peu enclin à jouer pleinement son rôle de poète courtisan. D'un côté en effet, il se plie volontiers aux règles du jeu, comme en témoignent ses pièces encomiastiques, qui ne s'éloignent guère des conventions : ainsi, de même que dans ses recueils précédents, la figure de l'hyperbole, constamment présente, est renforcée par les abondantes références à la mythologie. Mais d'un autre côté, Tristan souligne le caractère contradictoire de sa position et dénonce la servitude sociale à laquelle, néanmoins, il peut difficilement échapper. Dès l'avertissement au lecteur, il reconnaît la nécessité pour le poète de faire valoir ses écrits dans les salons, mais dit sa réticence à le faire lui-même :

> On a beau cultiver ces plantes des Muses dans la solitude, si l'on ne sait l'art de les faire débiter dans les palais, de sorte que pour en retirer le fruit, il ne suffit pas d'être grand écrivain, il faut être aussi grand courtisan, et quittant la contemplation, aller cabaler dans les ruelles et faire autant de visites que de vers.
> Pour moi qui suis né avec une paresse assez grande et quelque honnête retenue, il m'est impossible de prendre ces soins et de m'exposer à des rebuts par des sollicitations pressantes[188].

Se dessine la figure d'un poète qui a besoin de liberté pour créer et qui, sans doute, sollicite ainsi indirectement l'indulgence de ses futurs protecteurs. Dans un poème adressé à Voiture, Tristan affirme une nouvelle fois l'incompatibilité entre la création poétique et la vie mondaine :

> Ma Muse fait tous ses efforts
> Pour assembler tous les trésors
> Qu'elle trouve dans son étude ;
> Mais quoi ? la pesanteur des fers
> Que lui donne la servitude
> A meurtri tous ses plus beaux vers[189].

---

[188] « Avertissement à qui lit », p. 34-35.

L'insatisfaction de l'écrivain s'explique en grande partie par l'ingratitude de Gaston, dont il n'hésite pas au passage à se plaindre, y compris dans la partie qui lui est consacrée. Pourtant, il rappelle les victoires militaires que le duc a remportées à La Rochelle en 1627 et, plus récemment, à Gravelines et en Flandre[190]. Tristan reste alors fidèle à la tradition du poème héroïque en montrant l'extraordinaire vaillance de Gaston, comparé aux personnages les plus prestigieux de l'histoire ou de la mythologie[191]. Plus encore, il défend son maître contre Louis XIII, mort en 1643 : contrairement à ce que ses détracteurs firent croire, le duc, dit-il, a contribué au bien du royaume[192]. Mais dans les poèmes suivants, Tristan donne de Gaston une tout autre image. A deux reprises, il s'adresse à l'abbé de la Rivière, favori de Monsieur, pour lui demander d'intervenir en sa faveur auprès de son maître[193]. Dans le premier de ces textes, le poète commence par flatter son interlocuteur, puis souligne l'excellence de Gaston, avant de formuler sa requête. Il invoque alors un argument traditionnel, l'immortalité de la création poétique qui, dit-il, pourra contribuer à la gloire de Monsieur :

> S'il advient que tu trouves juste
> De m'honorer de ton appui,
> Et qu'en louant un autre Auguste,
> J'aie un mécène auprès de lui,
> Tu sauras si je suis sensible,
> Et ce trait de bonté possible
> Aura quelque sorte de prix ;
> Par l'aveu même de l'Envie,
> Il est certain que mes écrits
> Doivent durer plus d'une vie[194].

Tristan observe non seulement les normes esthétiques, mais aussi le code social de son temps car, tout en laissant deviner son mécontentement, il reste en retrait. Dans le second de ces poèmes, très bref, le ton se fait nettement plus pressant :

> Si vous n'appuyez mon bon droit,

---

[189] « A Monsieur de Voiture », p. 88, v. 7-12.

[190] II p. 57-69, IV et V p. 71-79.

[191] Voir par exemple IV, p. 72, v. 13-18.

[192] V, p. 78, v. 109-120.

[193] VII et VIII, p. 83-86.

[194] VII, p. 85, v. 61-70.

J'ai perdu mon temps et mes peines[195].

Dans un poème destiné à Patris, lui-même écrivain et premier maréchal des logis de Gaston, Tristan fait de sa carrière un bilan plutôt pessimiste :

> Les ans par leurs courses passées,
> Entre mes plus belles pensées
> Ont fait abonder le souci ;
>
> Et tous les fruits de mon étude
> N'ont été payés jusqu'ici
> Qu'en espèces d'ingratitude[196].

Pour exprimer l'amertume que lui inspire son expérience auprès de Gaston, Tristan s'adresse ici à des personnages susceptibles de jouer le rôle d'intermédiaires.

A l'inverse, dès qu'il entre au service de la duchesse de Chaulne, il revendique son droit à la liberté dans un poème intitulé précisément « La servitude. »[197] Alors qu'il vient de quitter le duc d'Orléans, il regrette l'ingratitude de ce dernier et refuse de quémander une aide qu'il est certain de ne pas obtenir. En revanche, il espère que sa fidélité sera récompensée par sa nouvelle protectrice, juge bientôt ces espérances illusoires, et la crainte de perdre sa liberté lui fait horreur[198]. Mais brusquement, il se ravise, estimant ses désirs excessifs voire injustifiés. Il met ainsi en place une dialectique qui lui permet à la fois de dire son aspiration à la liberté et de ne pas se montrer trop irrespectueux envers sa maîtresse :

> Celle à qui de tous mes services
> J'offre les sacrifices
> En pourrait recevoir d'un roi victorieux,
> Je sais qu'elle est au rang des âmes les mieux nées[199].

Tristan développe exactement la même argumentation à propos du duc de Guise[200], et sans doute est-ce là un moyen détourné d'exprimer certaines revendications car, si son expérience avec Gaston fut malheureuse, il ne

---

[195] *Ibid.*, p. 86, v. 11-12.

[196] « A Monsieur de Patris », p. 87, v. 5-10.

[197] XXIV, p. 155-160.

[198] Il offre de sa situation de courtisan une vision proprement cauchemardesque (*ibid.*, p. 157, v. 43-66).

[199] *Ibid.*, p. 159, v. 97-100.

[200] XXXVI, p. 190, v. 7-12.

souhaite pas être victime de l'ingratitude de son nouveau protecteur et sacrifier inutilement sa liberté. Dans *Les Vers héroïques*, le poème d'éloge prend donc une orientation tout à fait inattendue. Normalement tourné vers son destinataire, il devient l'espace de quelques vers le moyen pour l'auteur de se confier ou de s'épancher. Tout en sachant qu'il doit se soumettre en silence à l'autorité de son maître, le poète, qui se sent à l'étroit dans le système social, éprouve le besoin d'exprimer son malaise.

Il manifeste son amertume dans un autre poème, situé dans la dernière partie du recueil, « Prosopopée d'un courtisan »[201]. Celui-ci a, durant toute sa vie, nourri de faux espoirs et vainement attendu son maître. Le personnage ainsi décrit apparaît comme une projection de Tristan lui-même, à l'exemple d'Ariste, de Palamède ou d'Acante. Enfin, dans une épître à Bourdon, gentilhomme de la maison du comte de Saint-Aignan, le poète affirme encore une fois son refus de la complaisance et sa volonté d'indépendance :

> Viens savoir où se retire
> Un homme qui ne désire
> Aucun de ces grands trésors
> Qu'on ouvre à tant de ressorts,
> Un homme qui ne peut être
> Flatteur, espion, ni traître,
> Ni débiteur de poulets,
> Comme tant d'heureux valets,
> Mais dont la mélancolie
> Ose tenir à folie
> Ce qu'en ce siècle tortu
> D'autres tiennent à vertu,
> Qui trouve un bonheur extrême
> A se posséder soi-même[202].

Cette série de poèmes à caractère autobiographique trouve son point d'aboutissement dans la « Prosopopée de F.T.L. »[203], où l'écrivain rappelle qu'il a été malmené par la Fortune pour avoir préféré la Vertu. C'est donc à l'intérieur même d'une œuvre où, logiquement, les conventions dominent que Tristan tente de s'en éloigner.

Pourtant, il n'est ni le premier ni le seul à se plaindre ainsi de l'indifférence de son protecteur. En effet, les reproches d'injustice à l'égard

---

[201] XCVI, p. 279.

[202] CXII, p. 302-303, v. 17-30.

[203] CXXVII, p. 326.

des Grands se multiplient dès les années 1630, où des mécènes peu généreux commencent à faire l'objet de vives critiques : des disciples de Malherbe dénoncent le manque de gratifications dont a souffert leur aîné, tandis que Boisrobert et Mainard, par exemple, s'en prennent volontiers à Richelieu[204]. Ces textes mettent à mal le mythe mécénique, mais ne traduisent pas pour autant de souffrance individuelle. À l'inverse, lorsque Théophile affirme son refus de l'esclavage social, il vise directement ses maîtres. Dans un poème adressé à Liancour, il manifeste ainsi son désir de préserver son indépendance et sollicite l'indulgence de son protecteur :

> Liancour, traite moi, de grâce,
> Comme un esprit des mieux domptés,
> Et de force ni de menace
> Ne gouverne mes volontés.
> Un fier commandement qui presse
> M'oblige moins qu'une caresse :
> J'enrage s'il me faut fléchir,
> Les liens trop forts je les brise,
> Et la rigueur qui me maîtrise
> Me conseille de m'affranchir[205].

Soutenu par le duc de Candale, Théophile reconnaît que les contraintes qui lui sont imposées lui laissent une certaine liberté. Soucieux néanmoins de respecter les conventions sociales, il construit une dialectique susceptible d'allier les contraires :

> Je dois aimer mon joug, m'y rendre volontaire,
> Et dedans la contrainte obéir et me taire :
> C'est d'un juste devoir surmonter la raison,
> Et trouver la franchise au fond d'une prison.
> Or je suis bien heureux sous ton obéissance :
> En ma captivité j'ai beaucoup de licence,
> Et tout autre que toi se lasserait enfin
> D'avoir si chèrement un serf si libertin[206].

Comme celles de Théophile, les récriminations de Tristan mettent en cause des relations personnelles bien plus qu'un système auquel le poète viendrait s'opposer.

---

[204] Voir A. Viala, *Naissance de l'écrivain*, Paris, Minuit (Le sens commun), 1985, p. 72-73.

[205] *Œuvres poétiques*, éd. critique de J. Streicher, Genève, Droz, 1951 et 1958. Remarquons, au passage, que ce double thème de la liberté et de la servitude fait également partie de la dialectique amoureuse (voir par exemple *supra*, p. 349-350).

[206] *Œuvres poétiques*, op. cit., t. I, XXXVII, p. 213, v. 13-20.

2. Une réponse possible au Page disgracié

En exposant les difficultés qu'il a rencontrées tout au long de sa carrière, le poète semble enfin tenir la promesse qu'il avait formulée, cinq ans auparavant, à la fin de son roman autobiographique :

> Je vais vous rendre raison du dégoût que j'ai pour les professions du monde, et ce qui m'a fait prendre en haine beaucoup de diverses sociétés. C'est en ces deux volumes suivants que vous saurez l'apprentissage que j'ai fait en la connaissance des hommes, et si j'ai quelque tort ou quelque raison de ne les vouloir hanter que rarement[207].

En effet, les vers autobiographiques ont, d'une certaine manière, pris le relais du *Page disgracié*. Pour achever l'histoire de sa vie, l'auteur a renoncé au roman, genre qui n'est pas encore fixé par des règles précises, préférant faire part de son insatisfaction au sein même d'une œuvre normalement régie par des conventions. Dès lors, le recueil reflète les contradictions du poète, que le récit autobiographique laissait déjà entrevoir : contraint d'accepter les usages de la vie mondaine, l'écrivain aspire avant tout à la liberté. Si l'on suppose que *Les Vers héroïques* sont pour une part un prolongement du *Page disgracié*, on peut essayer d'établir des correspondances entre la fin du roman et les pièces autobiographiques qui traversent le recueil. Il est évident que les deux genres concernés relèvent de logiques sinon opposées, du moins distinctes. Comment donc des poèmes isolés pourraient-ils former un récit continu, à l'image de celui qu'ébauchent les dernières lignes du *Page disgracié* (« Vous allez entendre des aventures … ») ? Pourtant, cette dimension narrative apparaît bien dans le recueil des *Vers héroïques*. D'abord, en faisant se succéder Gaston d'Orléans, le duc de Guise, la duchesse de Chaulne et le comte de Saint-Aignan, le poète restitue le parcours qui fut le sien durant plus de vingt ans. Ensuite, l'ensemble des poèmes autobiographiques fait apparaître la dégradation progressive de la condition sociale du poète. Après avoir souffert de l'ingratitude de Gaston et tenté sa chance auprès de protecteurs plus compréhensifs, il renonce à toute forme d'espoir et en est finalement réduit à attendre la mort. Quant aux « aventures plus ridicules, dont la diversité peut soulager de différentes mélancolies », elles pourraient se trouver dans les vers burlesques, en particulier dans la « Prosopopée d'un courtisan », où celui-ci est ironiquement comparé à un « chien

---

[207] *Le Page disgracié*, Paris, Gallimard (Folio classique), 1994, p. 262.

couchant »[208]. Enfin, comme nous avons pu le remarquer, la mélancolie et l'amertume dont le dernier paragraphe du *Page disgracié* se fait l'écho colorent la plupart des pièces autobiographiques[209]. L'image du poète mélancolique, qui décidément constitue la clef de voûte de l'œuvre tristanien, trouve donc ici un nouveau terrain d'expression.

3. Le portrait d'un écrivain indépendant et malchanceux

L'auteur des *Vers héroïques* rompt avec les conventions en traitant d'un autre thème, tout aussi inattendu dans un tel recueil : celui de la maladie[210]. Si, selon les usages du temps, le poète déplore la mauvaise santé de Saint-Aignan, s'efforce de lui apporter du réconfort et se réjouit de sa guérison[211], il fait également part de ses propres souffrances. Ainsi la pièce LX[212], probablement écrite en 1637[213], est dans un premier temps conforme aux règles du genre. Le poète est désespéré de voir le comte si malade et, pour évoquer sa fièvre, utilise une image qui en même temps souligne son courage :

> Un feu subtil qui vient des cieux
> Est cause de toutes tes peines ;
> Ce feu qui brûle dans tes yeux,
> Brûle bien souvent dans tes veines[214].

Puis le poète, certain de la force qui anime encore le comte, lui prédit un avenir glorieux et introduit la métaphore de la fleur, dont il exploite la valeur symbolique :

> Tu ne dois mourir, ce dit-on,
> Qu'après vingt conduites d'armées,
> Appuyé dessus un bâton
> Où des fleurs de lys sont semées.

---

[208] *Les Vers héroïques*, XCVI, p. 279, v. 3.

[209] Nous retrouvons le thème de la mélancolie, sur lequel se rencontrent le discours de la critique et celui de l'auteur (voir notre chapitre 4, p. 252).

[210] Déjà dans le poème liminaire de *Panthée*, Tristan faisait allusion à sa maladie (voir notre chapitre 5, p. 283).

[211] *Les Vers héroïques, op. cit.*, LIX-LXIII, p. 226-236.

[212] *Ibid.*, p. 227-229.

[213] Voir la note de C. M. Grisé, p. 227.

[214] p. 227, v. 9-12.

> Ta sage modestie ici
> Voudra tenir ma bouche close,
> Et sur des couleurs de souci
> Sèmera des couleurs de rose[215].

Pour achever son éloge, Tristan recourt à un argument traditionnel : il craint que la modestie du comte ne soit blessée, mais attribue aussi la faiblesse de ses vers à la maladie qui le ronge[216]. Dans un autre poème, adressé au même personnage, le poète fait sentir d'une manière particulièrement poignante les souffrances qu'il endure :

> Pour moi de qui les ans débilitent le corps,
> Je sens de plus d'un mal la grandeur qui m'atterre ;
> Et comme tu te plains d'une tuile au dehors,
> Je me plains au dedans de l'effort d'une pierre.
>
> Je sens dans le côté des marques d'un abcès ;
> Ma poitrine est toujours d'un asthme soulevée ;
> Si j'avais une amour et quelque grand procès,
> Je verrais de tout point ma fortune achevée[217].

Les deux poèmes qui terminent le recueil invitent à la retraite, prélude à la mort. Dans le premier[218], le poète voit dans le vieillissement les signes avant-coureurs de la mort et, prêt à se détacher des plaisirs terrestres, songe à son dernier sommeil. Dans le second, il s'adresse à M. de Mespieu, ancien gentilhomme de Monsieur, qui, après une carrière militaire, décida de se retirer à l'Oratoire[219]. La fin des *Vers héroïques* semble ainsi traduire un assombrissement de l'inspiration tristanienne en même temps que la tentation de s'éloigner du monde.

4. Un poète qui reste prudent

La construction même du recueil et les oppositions qu'il recèle illustrent le chemin parcouru, celui d'un poète courtisan mécontent de son sort, mais contraint d'observer certaines règles. Tristan a manifestement cherché à ériger une sorte de monument à la gloire des grands personnages de son

---

215 LX, p. 228, v. 33-40.

216 *Ibid.*, p. 228-229, v. 37-48.

217 LXI, p. 230-231, v. 13-20.

218 CXXIX, p. 328.

219 CXXX, p. 329.

temps[220], bien que les derniers poèmes fassent entendre une tout autre voix. Méditation sur la mort ou expression amère du désenchantement, ils laissent deviner la tristesse du poète qui, malgré ses obligations sociales, est tenté de se retirer. L'audace que l'écrivain semble ainsi manifester s'accompagne pourtant d'une certaine prudence, d'abord parce que les poèmes autobiographiques occupent dans le recueil une place quantitativement peu importante, ensuite parce qu'aucun d'entre eux n'est situé à un endroit « stratégique » : la « Prosopopée d'un courtisan » figure ainsi parmi les pièces burlesques, rejetées à la fin du volume, tandis que la « Prosopopée de F.T.L. » est encadrée par deux madrigaux[221]. Il semble donc que Tristan ait hésité à exprimer trop directement ses insatisfactions. Ainsi, sur le plan esthétique, il privilégie la diversité en touchant successivement à tous les genres disponibles, mais n'exploite aucune logique jusqu'au bout. Contrairement à ce qu'indique le titre, *Les Vers héroïques* réunissent différentes traditions : poésie d'éloge, poésie amoureuse et galante, mais aussi poésie burlesque[222]. Plus encore, Tristan revendique cette esthétique de la diversité puisque, loin de vouloir écarter des pièces qui nuiraient à la cohérence de l'ensemble, il décide de les intégrer dans son nouveau recueil. Cette disparité, qui décidément s'impose comme l'une des principales caractéristiques de son œuvre en général, traduit dans le cas présent des exigences variées voire contradictoires. Si le poète est contraint d'accepter les conventions sociales et les normes esthétiques qui leur sont liées, il est constamment tenté de s'en éloigner, comme le montre la présence de poèmes qui viennent briser ou fragiliser le bel édifice construit en l'honneur des Grands. Les vers burlesques ainsi que les pièces autobiographiques témoignent précisément de cette tentation. Considéré dans ses différentes composantes, le recueil est donc fondé sur un double discours : le discours « officiel » et, moins ouvertement ou moins directement, le discours d'un homme qui se sent délaissé et mal récompensé de ses efforts.

Dès lors, le recueil se voit privé de tout caractère subversif. En témoigne la manière dont il a été reçu : loin de susciter l'indignation de la Cour ou de la noblesse, il semble avoir laissé le lectorat plutôt

---

[220] C. Abraham décrit ces « temples de mots » qui transforment les héros modernes en de véritables « demi-dieux » (*Tristan L'Hermite*, Boston, Twayne publishers, 1980, p. 46 ; nous traduisons). Passage cité intégralement dans notre chapitre 5, p. 320 n. 394.

[221] *Les Vers héroïques*, « Pour une belle cachée » et « Pour des cheveux couverts d'une coiffe ».

[222] A l'exemple de son recueil de *Lettres*, le recueil poétique de Tristan aurait pu s'intituler *Les Vers mêlées*.

indifférent[223]. Il est vrai que le contexte politique et social est alors peu favorable à la poésie héroïque : la Fronde a provoqué une désaffection à l'égard de ce type de poème et, en cette fin des années 1640, la grande tradition malherbienne ne touche plus guère les lecteurs[224]. En définitive, la publication des *Vers héroïques* semble répondre à une double nécessité : d'un côté, obtenir une aide financière de la part du comte de Saint-Aignan et, pour cela, s'inscrire dans la tradition encomiastique ; d'un autre côté, exprimer, même timidement, son amertume dans un recueil qui résonne comme le bilan d'une carrière.

5. *La métrique, un héritage malherbien*

L'audace des idées, notamment dans l'affirmation de soi, ne se manifeste guère dans le choix des formes où Tristan se montre, à son habitude, relativement fidèle aux modèles malherbiens[225]. Comme ses recueils précédents, *Les Vers héroïques* offrent une très grande variété de genres poétiques[226] et, une nouvelle fois, les formes strophiques sont largement majoritaires (font exception à cette règle quatre épîtres seulement). Le poète introduit une série de sonnets dont la plupart sont réguliers ; mais les sonnets irréguliers et, plus encore, les sonnets « libertins » restent relativement nombreux. Néanmoins, le recueil est dominé d'une part par les stances et odes, d'autre part par les madrigaux et épigrammes. Dans les quatrains, Tristan privilégie la strophe isométrique constituée d'octosyllabes ou d'alexandrins ; or cette forme, très rare dans la poésie malherbienne, est rapidement supplantée au cours du dix-septième siècle par le sizain et le dizain. Parallèlement, mais dans quelques pièces seulement, l'auteur reprend la forme du quatrain hétérométrique à base d'alexandrins, forme strophique peu usitée avant Malherbe, mais à laquelle celui-ci accorde une assez large place. Dans *Les Vers héroïques*, les sizains sont en plus grand nombre et, dans l'ensemble, conformes aux règles malherbiennes. Le sizain d'alexandrins, relativement peu usité par Malherbe, n'est présent qu'une fois dans le recueil de Tristan. A l'inverse, le sizain d'octosyllabes, peu courant au seizième siècle, mais souvent employé par Malherbe (avec la formule *aabcbc*), est repris par l'auteur des *Vers héroïques*. Celui-ci a une seule fois recours au sizain d'heptasyllabes,

---

[223] Comme le précise N.-M. Bernardin, le recueil n'obtint probablement qu'« un succès d'estime » (*op. cit.*, p. 272).

[224] Voir *ibid.*

[225] Voir nos chapitres 4, p. 236-237 et 5, p. 296-297.

[226] Voir le tableau 2, annexe 4, p. 423-426.

forme marginale dans la poésie du temps. Enfin, à la suite de Malherbe et comme ses contemporains, il pratique le sizain hétérométrique à base d'alexandrins. Dans les dizains enfin, il privilégie, suivant l'exemple de son aîné, l'octosyllabe avec, cependant, une très grande diversité de combinaisons. Dans de rares cas, il utilise l'alexandrin ou l'heptasyllabe. Par ailleurs, il reprend le dizain hétérométrique fondé sur l'alexandrin, que Malherbe avait tenté dans sa jeunesse et qui est très employé après lui. Tristan fait appel à d'autres types de strophes encore, beaucoup moins fréquents : le quintil et la strophe de sept vers. Dans l'ensemble, malgré quelques écarts, l'auteur applique donc les règles métriques suggérées par Malherbe et emploie des formes strophiques courantes à son époque.

*

*   *

Pour Tristan, la fin des années 1640 est dominée par deux grands genres : le théâtre et la poésie. Chacun d'entre eux offre une très grande diversité : tragi-comédie et tragédie ; poésie amoureuse et héroïque, mais aussi poésie religieuse, poésie burlesque et même vers autobiographiques. Cette extrême diversité confirme, semble-t-il, l'esprit d'indépendance d'un écrivain qui refuse de s'enfermer dans un registre unique, tout en restant soucieux d'observer certaines conventions. L'étude de cette période permet donc de s'interroger une nouvelle fois sur la valeur de la polygraphie telle que la pratique notre auteur. Or, on constate ici que la variété des formes et des genres n'empêche pas une réelle unité thématique. Ainsi, dans *Les Vers héroïques* comme dans *Le Page disgracié*, l'écrivain fait part de son découragement face à l'indifférence des Grands. Son dernier recueil repose ainsi sur un paradoxe : l'expression de l'amertume prend place dans une œuvre qui ne devrait guère laisser de place aux sentiments personnels ; mais de cette manière, le poète manifeste peut-être encore plus fortement son besoin de liberté. Comme nous l'avions observé à propos de la période 1636-1643, la polygraphie est donc toujours susceptible de révéler une difficulté d'intégration sociale. En effet, la disparité des genres et des formes traduit, dans certains cas, une réticence à se conformer à un modèle esthétique et social jugé trop contraignant.

CHAPITRE 7
La voie de l'archaïsme
(1649-1655)

En 1649, Tristan est élu à l'Académie française[1] grâce au chancelier Séguier, qui en fut l'un des premiers membres et qui, à la mort de Richelieu en 1642, en devint le protecteur. Le poète lui restera d'ailleurs fidèle malgré son éviction en 1650[2]. Cette année-là précisément, alors que son maître le duc de Guise est toujours prisonnier des Espagnols[3], Tristan revient dans la maison de Gaston d'Orléans après une absence de huit ans, mais sa situation financière ne s'en trouve pas pour autant améliorée[4]. En 1652, les Espagnols acceptent enfin de libérer le duc de Guise, qui alors ne tarde pas à reprendre le poète à son service[5]. Deux ans plus tard, il devient

---

[1] Son discours de réception est reproduit par N.-M. Bernardin (*Un Précurseur de Racine, Tristan L'Hermite*, Paris, Picard, 1895, p. 602-603).

[2] En 1641, Tristan compose un sonnet pour rendre hommage au marquis de Coüalin, gendre de Séguier, qui vient de mourir (voir *La Lyre*, Paris-Genève, Droz, 1977, p. 16-17). Lorsque le chancelier est investi de ses nouvelles fonctions, l'écrivain lui adresse un poème d'éloge et, en 1646, il lui envoie un sonnet pour le consoler de la mort de son second gendre, le comte de Laval (voir *Les Vers héroïques*, Genève, Droz, 1967, p. 136 et 271). En 1650, le poète exprime sa reconnaissance à Séguier alors que, sous la Fronde, deux mois après l'arrestation des princes, les sceaux lui ont été retirés : il lui dédie un poème en stances, A *l'honneur de Mgr le Chancelier*, dans lequel il fait de lui un portrait élogieux (voir N.-M. Bernardin, *op. cit.*, p. 603-605). L'année suivante, après que le chancelier a retrouvé sa place, Tristan lui adresse un sonnet pour le féliciter. Ce poème figure dans le *Nouveau recueil des plus belles poésies* (Paris, Loyson, 1654) ; il est repris par N.-M. Bernardin (*op. cit.*, p. 606-607). Notre auteur agit donc auprès de Séguier avec la même constance que celle dont il honora jadis le duc d'Orléans.

[3] Voir notre chapitre 6, p. 324.

[4] Comme l'indique N.-M. Bernardin, le duc d'Orléans n'accorda aucune libéralité à Tristan pendant les six premiers mois de 1650, ainsi que durant l'année 1652 (voir *op. cit.*, p. 285).

[5] Sur cette période particulièrement mouvementée, voir N.-M. Bernardin, *ibid.*, p. 291-292.

même son mécène[6], ce qui permet à Tristan de franchir une nouvelle étape dans sa carrière. Comme l'a montré Alain Viala, le mécénat repose en effet sur une « logique de la reconnaissance », alors que le clientélisme est fondé sur une « logique du service »[7] :

> L'écrivain, en offrant son œuvre à un personnage puissant, atteste à la fois la grandeur et le bon goût de celui-ci. Il légitime le pouvoir ou la richesse du dédicataire en lui décernant un brevet implicite d'esprit supérieur. En retour, le grand personnage qui gratifie un écrivain lui octroie une reconnaissance publique de son talent. C'est un échange d'affirmations de la gloire de chacun[8].

Si les gratifications mécéniques restent souvent assez faibles, le prestige ainsi acquis est considérable. L'accès au mécénat représente donc, pour Tristan comme pour tout écrivain au dix-septième siècle, une forme de « consécration »[9].

A l'issue d'une carrière plutôt irrégulière, notre auteur voit ses efforts enfin récompensés. Malgré les difficultés particulières qu'il a pu rencontrer, son parcours est celui de la plupart des écrivains de son temps : clientélisme, mécénat et Académie dessinent une trajectoire-type[10]. Mais pour Tristan, cette reconnaissance, qui semble avoir atteint son point culminant, n'est pas pleinement heureuse, déjà parce qu'elle intervient tardivement alors que le poète a depuis longtemps déjà acquis une grande notoriété[11]. Aussi, dans son discours de réception à l'Académie, exprime-t-il une certaine amertume, bien qu'il ait le sentiment de prendre en quelque sorte sa revanche : « Je me trouve aujourd'hui vengé par les propres mains de la Vertu de tous les mauvais traitements que j'ai reçus de la Fortune. »[12]

---

[6] L'analyse d'A. Viala semble bien traduire la réalité des faits : alors qu'il est sous la protection du duc de Guise, Tristan écrit en son honneur un seul poème. Voir *Les Institutions littéraires en France au dix-septième siècle*, Lille, Atelier de reproduction des thèses, 1982, p. 884. Voir aussi N.-M. Bernardin, *op. cit.*, p. 303-304.

[7] A. Viala, *Naissance de l'écrivain*, Paris, Minuit (Le sens commun), 1985, p. 51 et *sqq.*

[8] *Ibid.*, p. 54-55.

[9] *Ibid.*, p. 80.

[10] *Ibid., passim.*

[11] En outre, comme le suggère J. Serroy, Tristan dut cette élection moins à une reconnaissance officielle qu'à la faveur personnelle de Séguier (*Œuvres complètes*, t. I, publié sous la dir. de J. Serroy, Paris, Champion, Sources classiques, 1999, p. 435).

[12] N.-M. Bernardin, *op. cit.*, p. 603. Opposition que nous avons déjà rencontrée dans l'épître dédicatoire des *Vers héroïques* (voir notre chapitre 6, p. 351).

Cette entrée tardive s'explique par le contexte dans lequel s'est développée la prestigieuse institution : « A ses débuts, elle rassemble à peu près tous les auteurs de quelque renom [...]. Mais, ensuite, elle recrute des hommes de renommée moindre ou des jeunes qui semblaient devoir être dociles plutôt que des écrivains célèbres et d'esprit indépendant. »[13] En 1635, au moment où est fondée l'Académie, Tristan n'a donc pas suffisamment d'audience pour pouvoir y prétendre[14] ; par la suite, son désir de liberté et sa réticence à l'égard des conventions l'empêchent d'y accéder immédiatement[15].

Sur le plan esthétique également, le début des années 1650 marque un tournant dans la carrière de l'écrivain. Pour la première fois en effet, celui-ci se tourne vers des genres démodés. Il abandonne définitivement la tragédie, qui pourtant reçoit encore les faveurs du public[16], pour s'essayer à deux autres genres dramatiques : la pastorale et la comédie à l'italienne. La première, bien qu'elle connaisse alors une légère progression, est depuis longtemps tombée en désuétude. Quant à la seconde, elle bénéficie d'un timide renouveau[17], tout en restant tributaire de modèles anciens[18]. Une nouvelle fois donc, la carrière de Tristan se place sous le signe de la contradiction ou, du moins, révèle une tension, l'ascension sociale du poète s'accompagnant, paradoxalement, de ce que l'on peut considérer comme un affaiblissement de son activité littéraire. La critique elle-même a été frappée par le manque d'originalité de l'auteur dans ses deux dernières pièces[19]. Comment expliquer une attitude aussi radicale de la part d'un écrivain qui a presque toujours manifesté le souci de répondre aux attentes

---

[13] A. Viala, *Naissance de l'écrivain, op. cit.*, p. 48.

[14] En composant un poème pour *Le Sacrifice des Muses au grand cardinal* (voir notre chapitre 4, p. 225), Tristan pense peut-être pouvoir entrer à l'Académie française.

[15] Voir A. Viala, *Naissance de l'écrivain, op. cit.*, p. 48.

[16] A la fin des années 1640, la tragédie représente une part importante de la production dramatique, avant de connaître un net déclin (voir J. Scherer, *La Dramaturgie classique en France*, Paris, Nizet, 1950, p. 459).

[17] Voir *ibid.*

[18] C'est déjà ce que nous avions pu constater dans notre chapitre 2, p. 129-131.

[19] C'est à la fin du dix-neuvième siècle que les jugements sont les plus sévères. Les critiques modernes, en revanche, croient percevoir chez Tristan un désir de renouveau. Voir à ce sujet nos chapitres 2, p. 129-132 et 3, p. 160-162.

du public contemporain ? En l'occurence, le choix de l'archaïsme[20] correspond-il à une volonté de renoncer à toute forme d'innovation ou, au contraire, à une tentative de remettre au goût du jour des genres oubliés ? Au reste, le petit nombre d'œuvres que Tristan compose au début des années 1650 explique la relative brièveté avec laquelle nous traiterons cette dernière période.

*

*   *

I. L'*Amarillis*

A. Une fidélité à la tradition pastorale

En 1633, Rotrou se met à écrire une pastorale dramatique mais, étant donné que le genre est passé de mode, il décide d'en faire une comédie. La pièce, intitulée *La Célimène*, est bien accueillie par le public. Après la mort de Rotrou en 1650, ses amis retrouvent « le premier crayon de sa Pastorale imparfaite »[21] et ont l'idée de confier cette ébauche à Tristan : ils « ont cru que c'était un Ouvrage qui pourrait plaire au public pourvu qu'il fût achevé par quelque agréable plume »[22]. L'auteur ne se contente pas de compléter le texte de Rotrou : il le remanie en ajoutant « les Stances, les Scènes des Satyres, et quelques autres endroits »[23], et modifie le titre de la pièce qui devient *Amarillis*. Du reste, tous les personnages se voient attribuer de nouveaux prénoms[24]. Le premier manuscrit étant perdu, il est extrêmement difficile de faire le départ entre le travail de l'un et celui de l'autre : selon l'image employée par l'imprimeur, « c'est ici un Tableau où deux différents Pinceaux ont contribué »[25]. Au demeurant, l'*Amarillis* offre un

---

20 Ce concept a déjà été appliqué à Tristan. Voir R. Guichemerre, « *Le Parasite :* archaïsme et modernité », p. 32-41 dans *Cahiers Tristan L'Hermite* n° 11 : *Tristan et la société de son temps.*

21 *Amarillis* dans Le *Théâtre complet de Tristan L'Hermite*, the university of Alabama press, 1975, « Avertissement de l'Imprimeur au Lecteur », p. 535.

22 *Ibid.*

23 *Ibid.*

24 Florante devient Bélise, Orante Lisimène, Filandre Tyrène...

25 *Amarillis*, « Avertissement de l'Imprimeur au Lecteur », p. 535.

parfait exemple de réécriture[26], puisque Tristan créé à partir d'un texte dont il hérite et auquel il est censé rester fidèle. Des chercheurs se sont efforcés de définir précisément les nouveautés introduites par l'auteur mais, faute de pouvoir disposer du manuscrit originel de Rotrou, ils ont dû prendre appui sur *La Célimène*. Ainsi, d'après Bernardin, Tristan a accéléré le rythme de la pièce, supprimé quelques maladresses et modernisé la langue de Rotrou[27]. Roger Guichemerre, comparant à son tour les deux œuvres, constate que « Tristan a non seulement suivi l'intrigue de Rotrou, mais [qu']il en a reproduit textuellement la plupart des dialogues »[28], ce qui ne l'empêche pas de signaler les particularités propres à la seconde pièce : « Non seulement [Tristan] a changé le cadre de l'action, substitué ses vers à ceux de Rotrou, ajouté les truculents épisodes des satyres ; mais ses corrections et ses additions ont notablement contribué à alléger les dialogues, à diversifier les personnages et à agrémenter l'intrigue. »[29] Si, comme nous l'avons vu, Bernardin et ses contemporains n'accordèrent à l'*Amarillis* qu'une faible valeur[30], les critiques modernes en revanche lui reconnaissent une originalité, toute relative certes, qu'il convient à présent d'évaluer.

En réalité, Tristan ne s'éloigne guère des conventions attachées au genre[31]. Il situe l'action « au bord du Lignon »[32], empruntant ainsi à Urfé le cadre de son roman pastoral : les palais d'Ysoure[33], entourés de bois, protègent de l'agitation extérieure en faisant revivre l'âge d'or[34] ; les bergères qu'observent les satyres se baignent dans une fontaine[35],

---

[26] A propos de la notion de réécriture, voir notre introduction générale, p. 28.

[27] N.-M. Bernardin, *op. cit.*, p. 498-502.

[28] R. Guichemerre, « Tristan poète érotique : la première scène des satyres dans *Amarillis* », p. 40-42 dans *Cahiers Tristan L'Hermite* n° 19 : *Tristan et les mythes*, 1997, cité p. 40.

[29] R. Guichemerre, introd. du t. V des *Œuvres complètes*, éd. cit., p. 119.

[30] Voir notre chapitre 1, p. 85.

[31] Cet aspect a déjà été largement étudié par la critique. Voir notamment D. Dalla Valle, « Dépaysement pastoral : la fuite et le déguisement dans l'*Amarillis* », p. 19-27 dans *Cahiers Tristan L'Hermite* n° 1 : *Le Dépaysement chez Tristan*, 1979. Référence déjà mentionnée dans notre chapitre 2, p. 131.

[32] *Amarillis*, *op. cit.*, p. 536.

[33] I 1, v. 20.

[34] *Ibid.*, v. 28.

[35] II 1.

cependant que Bélise, sous les traits de Cléonte, donne rendez-vous à Amarillis et à Daphné au bord de la « fontaine des vérités d'amour »[36]. L'intrigue elle-même n'offre rien d'original[37]. Bélise, abandonnée par Tyrène, qui a cédé aux charmes d'Amarillis, entreprend de séduire sa rivale en prenant l'aspect d'un jeune homme, et se donne alors le nom de Cléonte. Non seulement Amarillis, jusque-là indifférente à tous ses prétendants, s'éprend de Cléonte, mais sa sœur Daphné elle aussi se laisse prendre au piège. Bélise provoque ainsi la jalousie et le désespoir de Philidas et Célidan, respectivement amoureux des deux jeunes filles. Alors qu'Amarillis doit retrouver Cléonte, elle échappe *in extremis* à des satyres lubriques, que Philidas met en fuite[38]. Après avoir révélé sa véritable identité, Bélise reconquiert le cœur de son amant, tandis qu'Amarillis et Daphné se réconcilient avec leurs prétendants. Comme le montre ce bref résumé, la pièce s'articule autour de deux thèmes majeurs : l'inconstance[39] et la métamorphose[40], qui font partie des principaux lieux communs de la pastorale. Comme le reconnaissent les personnages eux-mêmes, la pièce offre le spectacle d'une « agréable feinte », d'un « doux artifice »[41] ; et de fait, la pastorale prend en général la forme d'un divertissement, dans lequel conflits et malentendus finissent par se résoudre.

L'*Amarillis* met donc en scène des bergers dont la préoccupation majeure est l'amour et qui, par ailleurs, correspondent aux principaux types de personnages que l'on rencontre habituellement dans les pastorales : Tyrène et Daphné incarnent l'inconstance, Bélise, Philidas et Célidan la fidélité, Amarillis l'indifférence et l'ingratitude[42]. De même, les prénoms

---

[36] IV 5, v. 1202. Thème que nous avons déjà rencontré dans « Le promenoir des deux amants » (voir notre chapitre 4, p. 239).

[37] Comme le souligne D. Dalla Valle, les intrigues sur lesquelles reposent les pastorales dramatiques ne varient guère : « Comme il s'agit d'un genre assez réduit, avec des thèmes limités, ou monotones – l'amour et ses aventures dans un cadre agreste –, les possibilités au niveau des intrigues sont assez réduites et les schémas se ressemblent toujours » (*Aspects de la pastorale dans l'italianisme du XVIIe siècle*, Paris, Champion, 1995, introd., p. 17).

[38] Scène analogue dans les « Plaintes d'Acante » (voir *Les Plaintes d'Acante et autres œuvres*, éd. J. Madeleine, Paris, Société des Textes Français Modernes, 1909, p. 13-14, v. 71-84).

[39] *Amarillis*, I 2 v. 161, 3 v. 209, II 3 v. 512, etc. Tristan reprend ainsi un thème qu'il avait traité dans un de ses premiers poèmes (voir notre chapitre 4, p. 203).

[40] *Amarillis*, I 5, v. 347, etc.

[41] V 7, v. 1452 et 1467.

[42] Thèmes que nous avons déjà rencontrés dans la poésie amoureuse de Tristan, ainsi que dans ses lettres (voir notre chapitre 5, p. 291 et 306).

que l'auteur choisit de leur donner reflètent l'univers pastoral : certains d'entre eux rappellent des personnages de la mythologie (Daphné), d'autres renvoient étymologiquement au thème de l'amour (Philidas, Amarillis). Quant aux satyres, ils se conforment à l'attitude qui est traditionnellement la leur : dominés par leurs désirs sexuels, ils ne pensent qu'à violer les bergères[43], s'opposant ainsi à Philidas et Célidan qui affichent un amour respectueux.

Précisément, l'expression du sentiment amoureux et de ses tourments est fondée sur l'emploi de métaphores traditionnelles. Ainsi, l'absence de réciprocité ou la découverte de la trahison donne lieu à des souffrances infinies et à des plaintes sans nombre, l'amant déplorant tour à tour son martyre, sa servitude et la rigueur de l'être aimé[44]. Les vers de Philidas, qui fait profession de poète, offrent un condensé des principaux *topoï* de la poésie pastorale : lorsqu'il doit faire le portrait d'une femme, il reprend les images que lui fournit la tradition pétrarquiste (l'or des cheveux, la neige des seins, les œillets et roses du visage), bien que ces flatteries, ajoute-t-il, ne reflètent pas toujours la réalité[45]. Cette dernière remarque semble indiquer une volonté de mettre à distance les artifices de langage, comme si Tristan lui-même cherchait à dénoncer les conventions attachées à l'expression du sentiment amoureux. Cette attitude critique ne l'empêche cependant pas d'introduire encore d'autres lieux communs propres à la pastorale : ainsi, la nature sert de refuge à l'amant qui cherche la solitude[46] et se déclare prêt à mourir pour satisfaire sa bien-aimée[47]. A l'intérieur de ce cadre conventionnel, Tristan construit des scènes-types : par exemple, après avoir écrit des vers désespérés, Philidas s'endort, avant que les deux jeunes filles ne le surprennent rêvant à celle qu'il aime[48]. Conformément à la tradition, le songe permet également la rencontre de l'être aimé, atténuant ainsi une réalité parfois douloureuse :

> Hélas ! par ta [le sommeil] faveur je voyais ma Bergère,
> Et tâchais d'adoucir son humeur trop sévère,
> Et quoique sa rigueur étouffât mon espoir,
> Je jouissais pourtant du bonheur de la voir.

---

[43] *Amarillis*, II 1, IV 7, V 5. Sur l'érotisme de Tristan dans la pièce, voir R. Guichemerre, art. cit.

[44] *Amarillis*, II 3 v. 624, etc.

[45] *Ibid.*, v. 543-551.

[46] *Ibid.*, v. 564-569.

[47] *Ibid.*, v. 594-612.

[48] II 3-4.

J'ai malgré ses efforts sa belle main pressée ;
Cet agréable songe a flatté ma pensée[49].

Le poète retrouve alors un thème qu'il avait déjà traité dans ses recueils amoureux[50]. Bien qu'il se tourne vers un nouveau genre, il garde donc en mémoire ses textes antérieurs. D'autres scènes de l'*Amarillis* illustrent particulièrement bien l'esthétique de la pastorale, notamment lorsque Tyrène et Célidan écoutent cachés les conversations de Cléonte avec Amarillis et Daphné[51].

A l'exemple de certains de ses poèmes, la pièce de Tristan apparaît donc comme un concentré de lieux communs. En dépit des modifications ou des améliorations qu'il a pu apporter au texte de Rotrou, l'auteur a cherché, semble-t-il, à l'ancrer encore davantage dans la tradition du genre. On comprend ainsi mieux pourquoi il a choisi de remplacer les voleurs par des satyres, figures indissociables de la pastorale.

B. Une tentative de renouveau

Malgré un souci de modernisation, le choix esthétique de Tristan semble révéler de sa part un goût pour l'archaïsme. Largement développée dans les années 1620[52], la pastorale dramatique connaît durant la décennie suivante un net déclin, pour finalement disparaître dans les années 1640[53], ce qui fait dire à Jules Marsan que « la pastorale en 1653 est un genre mort »[54]. Pourquoi donc Tristan s'empare-t-il d'un genre depuis longtemps passé de mode ? A l'évidence, les raisons en sont d'abord contingentes :

---

[49] II 6, v. 758-763. À propos de ce thème dans la poésie amoureuse de Tristan, voir notre chapitre 2, p. 135.

[50] « Les vaines douceurs » p. 114, « Les délires » p. 116, « L'absence de Philis » p. 131-137, « Les vains plaisirs » p. 145-148 dans *Les Amours* in *Les Plaintes d'Acante et autres œuvres, op. cit.*

[51] *Amarillis*, III 3 et IV 1.

[52] La pièce de Racan *Les Bergeries* (1625) a obtenu un succès considérable (voir J. Scherer, *Théâtre du XVIIe siècle I*, Paris, Gallimard, Pléiade, 1975, p. 1221).

[53] Voir J. Marsan, *La Pastorale dramatique en France à la fin du XVIe et au commencement du XVIIe siècle*, Paris, [s.n.], 1905. C'est entre 1624 et 1631 que la production est la plus abondante (voir J. Scherer, *La Dramaturgie classique en France, op. cit.*, p. 459).

[54] J. Marsan, *op. cit.*, p. 364. Si on examine le schéma établi par J. Scherer (*La Dramaturgie classique en France, op. cit.*, p. 459), on constate que la pastorale renaît timidement dans les années 1650.

apprécié de ses contemporains, l'auteur est sollicité par les proches de Rotrou, qu'il connaissait lui-même un peu[55] ; mais il a pu aussi vouloir expérimenter un genre inédit pour lui, complétant ainsi son répertoire d'auteur dramatique et donnant de lui l'image d'un polygraphe presque parfait. Cinq ans après avoir composé sa dernière tragédie, *Osman*, il trouve le moyen de revenir au théâtre. Parallèlement, il renonce à la poésie alors que ses vers amoureux étaient eux-mêmes largement tributaires de la tradition pastorale[56]. Le brouillon laissé par Rotrou lui offre donc l'occasion de prolonger, sous une autre forme cependant, ce qu'il avait déjà abondamment réalisé dans son œuvre poétique. Loin de représenter une rupture, l'*Amarillis* réalise au contraire une continuité entre théâtre et poésie. On observe ainsi un effet de croisement : Tristan reprend un thème contenu dans ses textes précédents, pour l'introduire dans un genre qu'il avait jusqu'alors délaissé[57].

Toutefois, autour de 1653, la pastorale suscite un nouvel engouement, fragile certes, mais bien réel : selon A. Viala, elle « sembl[e] connaître un regain de faveur dans le milieu courtisan, mais [elle] n'[est] plus en vogue auprès du public mondain de la Ville »[58]. Tristan a donc pu vouloir séduire un public proche du pouvoir ou attiré par des formes littéraires vieillies. Comme le remarque encore Marsan, « il a pu sembler amusant de la [la pastorale] voir renaître un instant ; bien souvent, le public du théâtre s'est pris de passion pour des œuvres dont tout le charme était de paraître artificielles et surannées »[59]. En témoigne le succès, éphémère mais incontestable, remporté par la pièce de Tristan. En 1652, l'*Amarillis* est jouée à l'Hôtel de Bourgogne, où les spectateurs l'applaudissent avec enthousiasme, avant d'être publiée l'année suivante par Sommaville[60]. Elle est ensuite rejouée à Rueil, dans la maison de Tubeuf, intendant des finances et président en la chambre des comptes ; le roi, la reine ainsi que Mazarin assistent à la représentation donnée par la troupe royale. La pièce

---

[55] Voir N.-M. Bernardin, *op. cit.*, p. 293.

[56] Voir en particulier *Les Plaintes d'Acante* (1633) et *Les Amours* (1638).

[57] De la même manière, il reprend dans ses vers autobiographiques des thèmes déjà présents dans *Le Page disgracié* (voir notre chapitre 6, p. 356-357). Soucieux de séparer strictement les genres, Bernardin et ses disciples ne se sont guère attachés à comparer ainsi les œuvres de Tristan (voir notre première partie, *passim*).

[58] A. Viala, « Tristan et l'institution littéraire », p. 6-12 dans *Cahiers Tristan L'Hermite* n° 11 : *Tristan et la société de son temps*, 1989, cité p. 9.

[59] J. Marsan, *op. cit.*, p. 364.

[60] Voir A. Carriat, *Bibliographie des œuvres de Tristan L'Hermite*, Limoges, Rougerie, 1954, p. 31-32.

est reprise à la cour en 1653, puis en 1655 à Saint-Fargeau devant Mademoiselle, et enfin en 1660 avec le *Lubin* de Poisson. Mais après cette date, elle n'est plus jouée et, à partir de 1661, cesse d'être rééditée[61]. Son succès, bien qu'il soit de courte durée, est donc bien réel, ce que ne manque pas de souligner au passage l'imprimeur : « Généralement le Peuple, et la Cour, y trouvent beaucoup de divertissement, et confessent que c'eût été dommage que cette Pastorale n'eût point été mise en lumière »[62]. Les années qui suivent voient apparaître toute une série de pastorales : Quinault, Gilbert, Boursault, Donneau de Visé, Molière même, conscients de ce que ce genre de pièce peut apporter aux divertissements de cour, suivent l'exemple de Tristan[63]. Serait-ce à dire que ce dernier a réussi à faire revivre un genre dramatique oublié ? Pour le moins, il a pu contribuer à infléchir le mouvement : la preuve en est, entre 1650 et 1669, la pastorale progresse assez sensiblement, avant de connaître un affaiblissement[64]. Dans le cas du *Parasite*, l'archaïsme apparaît donc comme une forme, toute relative certes, d'innovation[65].

L'attitude de Tristan peut également être comprise comme une volonté d'indépendance, voire d'isolement. L'auteur contredit en effet le mouvement général, alors que jusqu'à présent il a plutôt eu tendance à suivre les modes, et prend le risque de présenter au public un genre dont le succès est loin d'être assuré. Refusant de se couler toujours dans les mêmes moules, il explore une nouvelle voie et affirme ainsi sa vocation de polygraphe intégral. Sa pièce, qui rencontre l'approbation du public, encourage finalement la redécouverte d'un genre délaissé. Dès lors, loin d'être un signe d'échec ou de stérilité, ce choix esthétique peut être considéré comme une tentative plutôt audacieuse.

---

[61] Voir *Le Théâtre complet de Tristan L'Hermite, op. cit.*, p 525. En 1661, la pièce est imprimée à Rouen et mise en vente chez Luyne à Paris (voir A. Carriat, *op. cit.*, p. 32).

[62] *Amarillis, op. cit.*, p. 535.

[63] Sur les relations entre Tristan et Quinault, voir la conclusion de notre seconde partie, p. 383.

[64] Voir J. Scherer, *La Dramaturgie classique en France, op. cit.*, p. 459.

[65] Au sujet du rapport entre ces deux notions, voir l'introduction de notre seconde partie, p. 177.

II. *Le Parasite*

A. Un choix étonnant

En 1653, Tristan fait jouer son unique comédie, *Le Parasite*[66]. En effet, après une longue suite de tragédies, il se tourne pour la première fois vers le genre comique. Quelques années auparavant toutefois, il s'était essayé à la tragi-comédie[67], qui peut avoir joué dans ce parcours un rôle de transition. Ainsi, même s'il s'est spécialisé dans la tragédie, Tristan aura expérimenté tous les genres dramatiques existants à l'époque. Dans son avertissement, l'imprimeur répond par avance aux questions que pourrait se poser le lecteur à ce sujet :

> On s'étonnera de voir une pièce toute Comique comme celle-ci, de la production de Mr Tristan ; dont nous n'avons guère que des Pièces graves et sérieuses : mais il y a des Génies capables de s'accommoder à toutes sortes de sujets, et qui se relâchent quelquefois à traiter agréablement les choses les plus populaires, après avoir longtemps travaillé sur des matières héroïques[68].

Ce qui peut apparaître comme une faiblesse doit, au contraire, être interprété comme un signe de force, la variété des genres pratiqués par Tristan révèlant surtout sa faculté d'adaptation. Est également invoqué l'argument du plaisir : après s'être adonné à la tragédie, genre noble et sérieux par excellence, l'auteur peut légitimement se porter vers des genres plus divertissants. Enfin, toujours d'après ce texte, les contemporains de Tristan ont gardé de lui l'image d'un auteur de tragédies, et c'est d'ailleurs ainsi que les critiques de la fin du dix-neuvième siècle le percevront encore[69]. Le poète lui-même semble prévoir la surprise de ses lecteurs lorsque, dans son épître dédicatoire au duc de Chaulne, il prétend, suivant un rituel désormais bien établi, ne pas accorder à sa pièce une grande valeur : « Cette production d'esprit est de si peu de conséquence, qu'il n'importe guère qu'elle périsse [...]. Ce n'est qu'un petit divertissement, ce

---

[66] Le lieu de création n'est pas connu avec certitude. Selon certains, la pièce a pu être jouée à l'Hôtel de Bourgogne, pour d'autres au Théâtre du Marais (voir l'introduction de J. Madeleine pour *Le Parasite*, Paris, Droz, 1934, p. XX ; et N.-M. Bernardin, *op. cit.*, p. 299, n. 5).

[67] Voir notre chapitre 6, p. 324 et *sqq.*

[68] *Le Parasite*, *op. cit.*, « L'imprimeur à qui lit », p. 7.

[69] Voir notre chapitre 1, *passim*.

n'est que l'effet d'une intervalle de travail, et comme le repos d'une étude plus sérieuse. »[70] Tristan promet alors au fils de son ancienne protectrice d'autres preuves de son dévouement :

> Aussi ne vous offré-je pas cette Comédie comme une offrande digne de vous, ni qui soit même digne de moi : je vous la présente pource que j'ai passion de faire éclater en public le zèle particulier que j'ai pour votre service. Mon ardente dévotion fait en cet endroit comme la colère, qui dans ses transports se sert de toutes sortes d'armes. J'espère, MONSEIGNEUR, de vous témoigner quelque jour ma très-humble affection par des marques plus magnifiques, et dont vos belles actions seront la seule matière[71].

Certes, cette déclaration de modestie s'explique par le ton de l'éloge, mais celui à qui Tristan choisit d'offrir sa pièce n'est pas un personnage de premier plan : logiquement, il aurait dû la dédier à son protecteur du moment, le duc de Guise. C'est dire le peu d'importance, semble-t-il, que l'auteur confère à sa comédie. Selon ses propres termes, ce « petit Poëme tout burlesque »[72] devrait être le prélude à une œuvre d'envergure, dont l'imprimeur annonce d'ailleurs le sujet : « Mes Presses se préparent pour l'impression de son [Tristan] Roman de la Coromène, qui est une autre pièce dont le Théâtre s'étend sur toute la Mer Orientale, et dont les Personnages sont les plus grands Princes de l'Asie. »[73] Toutefois, le texte ne fut jamais édité et ne nous est pas parvenu ; les raisons qui expliquent l'abandon du projet n'ont pas été élucidées non plus[74]. Ce qui semble en tout cas certain, c'est qu'après cette agréable parenthèse Tristan souhaitait renouer avec la tradition héroïque.

---

[70] *Le Parasite*, *op. cit.*, « A Monseigneur le duc de Chaulne », p. 3-4.

[71] *Ibid.*, p. 4.

[72] *Ibid.*, p. 6.

[73] *Ibid.*, « L'imprimeur à qui lit », p. 7.

[74] Voir N.-M. Bernardin, *op. cit.*, p. 300-301. Voir aussi H. Gerbaud, « Du nouveau sur *La Coromène* », p. 59 dans *Cahiers Tristan L'Hermite* n° 17 : *Les Fortunes de Tristan*, 1995. H. Gerbaud a retrouvé dans le Minutier central des notaires de Paris un acte signé du 16 avril 1650 : il s'agit d'un contrat de société passé entre Tristan et Michault, secrétaire des finances de Gaston d'Orléans, au sujet de *La Coromène*. L'ouvrage devait paraître en douze volumes à partir de septembre 1650. L'échec de ce premier projet reste inexpliqué.

B. La reprise de lieux communs

Cependant, en concevant une pièce comme *Le Parasite*, l'auteur ne choisit guère la voie de l'originalité. A l'évidence, sa pièce s'inscrit dans la tradition de la comédie à l'italienne, elle-même issue de la comédie latine[75]. Tristan y reprend en effet des types de personnages qui, à l'origine, trouvaient leur place dans le théâtre antique : le parasite, le fanfaron, la servante, le père, la mère et le couple d'amoureux. En outre, les personnages qu'il met en scène restent fidèles à l'image construite par la tradition : le parasite, obsédé par la nourriture, se livre à de longues énumérations lorsqu'il évoque avec gourmandise les plats qu'il rêve de manger[76], le capitan ne cesse de se vanter de ses exploits imaginaires dans des pays exotiques[77], tandis que la servante use de toutes sortes de stratagèmes pour voler au secours des jeunes amoureux. En réalité, ce n'est pas la première fois que l'auteur touche à la veine burlesque : la figure du parasite apparaissait déjà dans *Les Vers héroïques*[78]. On remarque ainsi un nouvel effet de croisement, puisque l'auteur renonce à la poésie burlesque tout en lui empruntant un personnage qui trouve alors sa place dans un autre genre[79]. Tout se passe donc comme si Tristan jouait avec ses propres œuvres, pour les réutiliser voire pour les renouveler.

Au demeurant, l'intrigue du *Parasite* ne présente aucun trait d'originalité. Lucinde et Lisandre s'aiment, mais leurs parents nourrissent d'autres projets pour eux : Manille, la mère de la jeune fille, veut la marier au Capitan, tandis que Lucile, le père du jeune homme, souhaite le voir poursuivre ses études. Phénice, la nourrice, s'efforce d'aider le jeune couple et, pour cela, fait appel à Fripesauces qui, de son côté, ne songe qu'à boire et à manger. Lisandre décide alors, avec la complicité de Phénice, de se faire passer pour Sillare, le frère de Lucinde, enlevé avec son père par des pirates alors qu'il était enfant. Mais le Capitan ne tarde pas à rencontrer

---

[75] Cet aspect ayant déjà été largement étudié par la critique (voir notre chapitre 2, p. 129-131), nous n'en retenons ici que l'essentiel.

[76] Voir par exemple I 3, v. 86-100.

[77] I 5, etc.

[78] *Les Vers héroïques*, Genève, Droz, 1967, p. 280 : « Pour un parasite ». On peut ainsi rapprocher ces deux groupes de vers :
> Et tout ce qu'il avale est plutôt digéré
> Que s'il avait cent loups enragés dans le ventre (« Pour un parasite », v. 3-4).
> Je sens dans mes boyaux plus de deux millions
> De chiens, de chats, de rats, de loups, et de lions (*Le Parasite*, I 3, v. 87-88).

[79] Voir *supra*, p. 371.

Alcidor, le mari de Manille qui, après avoir perdu son fils, cherche à retrouver sa famille. La ruse de Lisandre finit par être découverte et, tandis qu'Alcidor s'apprête à faire mourir le jeune homme, le père de celui-ci intervient, avant que les parents de la jeune fille n'acceptent enfin le mariage. La pièce repose donc sur le thème des amours contrariées, qui caractérise en général la comédie à l'italienne. Tristan y introduit également des épisodes romanesques caractéristiques du genre : le naufrage et l'enlèvement suivis, une vingtaine d'années plus tard, par les retrouvailles familiales.

De fait, le créateur du *Parasite* pouvait difficilement échapper aux conventions d'un genre figé par la tradition. Après avoir connu un grand succès à la fin du seizième siècle avec des auteurs comme Larivey et Troterel[80], la comédie à l'italienne compte encore des adeptes parmi les contemporains de Tristan, tels d'Ouville et Rotrou[81], avant d'être reprise une dizaine d'années plus tard par Quinault et Molière. Ainsi, l'auteur du *Parasite* semble avoir encouragé le développement d'un genre qui, après avoir subi de profondes transformations, connaîtra dans les années 1660 un succès inégalé[82].

Bien que la pièce de Tristan ne se distingue guère par son originalité[83], elle reçoit l'approbation d'un large public : selon les mots de l'imprimeur, elle « a des agréments qui n'ont point été mal reçus ; et [...] a eu l'honneur d'être représentée dans le Louvre, avec les mêmes applaudissements qu'elle avait reçus du public »[84]. L'auteur profite aussi certainement de la vogue considérable que connaît, à cette époque, la comédie en général[85]. En outre, il jouit d'une certaine réputation, comme en témoigne le privilège du roi rédigé par Conrart – même s'il est nécessaire de faire la part des hyperboles propres à ce genre de texte : l'auteur se dit prêt à « traiter favorablement l'Exposant, en considération de son mérite, qui est connu

---

[80] Larivey, *Les Esprits* et *Le Laquais* (1579) ; Troterel, *Les Corrivaux* (1612).

[81] D'Ouville, *Aimer sans savoir qui* (1646-1647) ; Rotrou, *Clarice ou l'amour constant* (1643) et *La Sœur* (1647).

[82] Voir J. Scherer, *La Dramaturgie classique en France*, *op. cit.*, p. 459.

[83] En situant l'intrigue à Paris et à Marseille, Tristan l'adapte aux réalités françaises. Voir R. Guichemerre, « *Le Parasite* : archaïsme et modernité », art. cit.

[84] *Le Parasite*, *op. cit.*, « L'imprimeur à qui lit », p. 7.

[85] Voir J. Scherer, *La Dramaturgie classique en France*, *op. cit.*, p. 459. Voir aussi R. Guichemerre, *La Comédie avant Molière (1640-1660)*, Paris, Colin, 1972.

non seulement en France, mais en toutes les Nations qui font profession d'aimer les Lettres »[86].

Malgré leurs différences, les deux dernières pièces de Tristan présentent un point commun, dont les enjeux esthétiques ne sauraient être sous-estimés : elles relèvent toutes deux de genres dramatiques qui, même s'ils sont appelées à renaître, appartiennent désormais au passé. L'auteur de l'*Amarillis* confirme donc dans *Le Parasite* son choix de l'archaïsme.

III. Quelques poèmes

Bien qu'à la fin de sa carrière Tristan privilégie le théâtre, il ne délaisse pas complètement la poésie, mais compose seulement quelques pièces de requête ou de circonstance. De ce fait, il se situe un peu à l'écart du système institutionnel[87]. En 1649, il rédige un sonnet liminaire pour *Les Triomphes de Louis le juste* de Valdor, chalcographe du roi, où il figure notamment aux côtés de Beys, Scudéry et Colletet[88]. L'année suivante, il écrit un poème en stances destiné à Mme de Saujon[89], pour qui le duc d'Orléans éprouve une vive passion. Il lui demande d'intervenir en sa faveur auprès de son protecteur et trouve là une nouvelle occasion d'exprimer son insatisfaction : ayant fidèlement servi son maître, dit-il, il est pourtant peu favorisé par la Fortune et, si sa « paresse » peut en être la cause, il reste néanmoins persuadé que son art ne saurait être cultivé que dans la solitude[90]. Sans doute sa requête a-t-elle été entendue car, quelque temps après, il est rétabli dans la maison de Monsieur[91]. A peu près au même moment, il adresse un sonnet à M. de Saujon[92], dont il espère également obtenir une aide : tout en soulignant ses qualités de poète,

---

[86] *Le Parasite*, *op. cit.*, « Privilège du roi », p. 8.

[87] Voir A. Viala, *Les Institutions littéraires en France au dix-septième siècle*, Lille, Atelier de reproduction des thèses, 1982, p. 884.

[88] Reprod. par A. Carriat p. 634 dans *Œuvres complètes*, t. III, éd. cit.

[89] Le poème est publié en 1658 par Colletet dans les *Muses illustres*. Il est reproduit par N.-M. Bernardin, *op. cit.*, p. 283-284.

[90] A rapprocher des propos qu'il tient dans certaines de ses lettres, ainsi que dans l'avertissement des *Vers héroïques*. Voir nos chapitres 5, p. 309 et 6, p. 351.

[91] Voir N.-M. Bernardin, *op. cit.*, p. 285.

[92] *Ibid.*, p. 609-610. Dans le même volume figure une épigramme *A Son Altesse, sur beaucoup de vers composés à sa gloire*, où Tristan se plaint une nouvelle fois du manque de gratifications qu'il reçoit de son maître (voir *ibid.*, p. 239).

largement reconnues dit-il, il promet à son destinataire un portrait élogieux. Cependant, il reste en quête de nouveaux soutiens. Aussi compose-t-il, dès 1652, des vers destinés à Christine, reine de Suède[93], qui se montre alors généreuse envers les poètes (Ménage, Scudéry, Gilbert et Chevreau se tournent ainsi vers elle)[94]. Dépourvu d'argent et délaissé par le duc d'Orléans, Tristan tente sa chance en adressant à la reine quelques-uns de ses poèmes. Il écrit également une série de trois stances à l'occasion du départ de Mlle de La Barre, célèbre cantatrice que Christine désire entendre[95]. Il laisse alors deviner son désir de s'embarquer lui aussi pour la Suède, mais, la reine demeurant insensible à ses vers, le projet reste sans suite[96].

Après quelques années d'errance, Tristan s'établit définitivement dans la maison du duc de Guise, où il n'écrit plus alors que des poèmes de circonstance. En 1654, il rédige un sonnet *Au Roi, sur la gloire de ses armes au retour d'Arras*[97], dans lequel il affirme que le monde ne saurait être assez grand pour satisfaire le désir de gloire du monarque. La même année, il publie chez Luyne une pièce de commande : *La Renommée à son altesse de Guise*[98]. Le duc vient de quitter Paris et s'apprête à rejoindre Naples, qu'il a l'ambition de conquérir[99]. Ainsi, après avoir évoqué ses prestigieux ancêtres et rappelé ses victoires passées, le poète lui prédit un avenir glorieux. Dans ces deux poèmes, Tristan s'inscrit donc dans la tradition de la poésie encomiastique. Enfin, il adresse à Conrart, secrétaire perpétuel de l'Académie, deux odes : l'une qui est une imitation d'un

---

[93] Voir « Stances à la reine Christine » dans *Nouveau recueil des harangues faites aux rois et aux reines à leurs entrées*, Paris, Barbin, 1665. Poème reprod. p. 67-69 dans *Cahiers Tristan L'Hermite* n° 10 : *Tristan et l'Europe*, 1988. Voir J.-P. Chauveau, « Tristan et Christine de Suède », *ibid.*, p. 63-66.

[94] N.-M. Bernardin, *op. cit.*, p. 287.

[95] Ces stances sont publiées en 1661 par Sercy dans le *Recueil des plus beaux vers qui ont été mis en chant*. Elles sont reproduites par N.-M. Bernardin, *op. cit.*, p. 598-599.

[96] *Ibid.*, p. 289-290.

[97] Poème publié dans *Description de la levée du siège d'Arras, en 1654*, [s.l.], [s.d.] et repris par Colletet dans *Les Muses illustres*, Paris, Chamhoudry, 1658. Reprod. par N.-M. Bernardin, *op. cit.*, p. 616.

[98] *Ibid.*, p. 616-621.

[99] *Ibid.*, p. 303.

poème d'Horace[100], l'autre qui s'intitule *A M. Conrart, sur sa dernière maladie et la mort de M. de Balzac*[101].

Parallèlement, à l'occasion du retour de Séguier à l'Académie, il participe à l'élaboration d'un recueil collectif : le *Nouveau recueil des plus belles poésies*, publié par Loyson en 1654 ⁻ ce qui lui permet de maintenir un lien avec ses contemporains et d'entretenir sa réputation[102]. Par ailleurs, il compose quelques pièces liminaires, par lesquelles il trouve le moyen de renouer avec la poésie burlesque : en 1650, pour *L'Ovide en belle humeur* de d'Assoucy[103] puis, en 1651, pour les *Œuvres poétiques* de Beys[104]. L'année suivante, il rédige une épigramme *Pour la mémoire de feu M. le président Maynard*[105], à l'occasion de la publication de ses *Lettres*. Tristan se retrouve alors aux côtés des poètes les plus connus du moment, tels Scarron, Colletet et Racan, mais sans doute souhaite-t-il aussi s'attirer les libéralités de Louis de Lorraine, duc de Joyeuse, pair et grand chambellan de France, auquel ce livre posthume est dédié[106].

Nous le voyons, la production poétique de Tristan dans les années 1650 reste extrêmement réduite. Ses derniers efforts sont presque exclusivement consacrés au théâtre où, grâce à lui, des genres délaissés parviennent à retrouver une certaine vigueur.

---

[100] N.-M. Bernardin, *op. cit.*, p. 611-612. Voir S. Bouttet, « Tristan et Horace », p. 54-55 dans *Cahiers Tristan L'Hermite* n° 12 : *Tristan et l'Antiquité*, 1990. A propos de l'héritage horatien chez Tristan, voir notre chapitre 2, p. 146-147.

[101] N.-M. Bernardin, *op. cit.*, p. 612-615.

[102] Voir *supra*, p. 327 n. 2. Le sonnet dédié à Séguier est accompagné de trois autres poèmes : la *Requête civile des dépriés*, stances plaisantes adressées au comte de Saint-Aignan, des *Stances à la louange du roi, et récitées devant Sa Majesté par Mlle Faret*, et un sonnet *A M. Lange, gentilhomme servant le roi*. Tous ces textes sont repris par N.-M. Bernardin (*op. cit.*, p. 605-608).

[103] Dans cette œuvre, l'héritage ovidien est tourné en dérision. Serait-ce à dire que Tristan porte à présent un regard distancé sur un poète qui, pourtant, lui a jadis servi de modèle (voir notre chapitre 4, p. 182 n. 8, 183, 205 n. 136, 236 n. 390, 239 n. 409 et 248) ? Plus simplement, il semble suivre la mode du burlesque, qui touche alors la poésie française.

[104] N.-M. Bernardin, *op. cit.*, p. 609-610. Tristan a pu aussi se souvenir de *L'Hôpital des fous* de Beys, tragi-comédie burlesque créée en 1635, lorsque lui-même traitait du thème de la folie dans *La Marianne* (voir, à ce sujet, notre chapitre 5, p. 271).

[105] N.-M. Bernardin, *op. cit.*, p. 611.

[106] Voir *ibid.*, p. 288.

*
*   *

Dans les dernières années de sa carrière, l'écrivain s'engage résolument dans la voie de l'archaïsme. S'il se montre original en choisissant ainsi des genres démodés, il ne l'est guère, en revanche, dans la façon dont il les traite. Il semble même s'être conformé à des archétypes, concentrant dans chacune de ses pièces les principaux lieux communs du genre. Il ne paraît donc pas avoir cherché à renouveler profondément les genres dont il s'empare – attitude qui renforce l'archaïsme. Toutefois, les circonstances respectives dans lesquelles se sont effectués ces choix successifs ne sont pas exactement de même nature. Dans le premier cas en effet, l'archaïsme est sinon involontaire, du moins imposé par d'autres, puisque Tristan accepte simplement de répondre à la demande formulée par les amis de Rotrou. En revanche, lorsqu'il décide d'écrire une comédie à l'italienne, il ne répond à aucune sollicitation extérieure, auquel cas le choix de l'archaïsme est délibéré. En somme, l'auteur semble se complaire dans une attitude qui, à l'origine, procédait d'une impulsion extérieure. Peut-être cherche-t-il avant tout à expérimenter un genre totalement nouveau pour lui et susceptible de le détourner, au moins provisoirement, de travaux « plus sérieux ». Paradoxalement, l'archaïsme aboutit à une forme de renouveau puisque, à l'évidence, Tristan a contribué à remettre au goût du jour des genres oubliés. Alors qu'au début des années 1640 il choisit de créer des formes radicalement nouvelles, une dizaine d'années plus tard son innovation consiste plutôt à faire renaître des modèles anciens.

CONCLUSION

I. Une attitude contradictoire

Tout au long de sa carrière, Tristan oscille entre deux tendances opposées : la fidélité à certains modèles littéraires et la création de formes nouvelles. Durant les années 1620-1630, il respecte sans peine les conventions attachées à chacun des genres qu'il pratique. Ainsi, les références à la mythologie renforcent le caractère hyperbolique de ses poèmes d'éloge, tandis que ses poèmes amoureux puisent l'essentiel de leurs images dans le pétrarquisme et la tradition pastorale. Dans ses tragédies, écrites jusqu'au milieu des années 1640, non seulement il s'efforce d'appliquer les principes édictés par les théoriciens, mais il suit également l'évolution du genre. *La Marianne*, *Panthée* et *La Mort de Chrispe* participent ainsi au développement de la tragédie psychologique, *La Mort de Sénèque*, conçue sur le modèle cornélien de la tragédie romaine, témoigne de l'importance accordée aux sujets politiques, tandis qu'*Osman* illustre, parmi d'autres pièces, la vogue de la tragédie orientalisante, dans laquelle l'analyse de la passion amoureuse se mêle volontiers à une réflexion sur le pouvoir. Cependant, le début des années 1640 marque une rupture dans la carrière de Tristan, puisque celui-ci renonce provisoirement à la tragédie pour s'orienter vers l'écriture autobiographique. Tout en révélant la présence de diverses traditions, *Le Page disgracié* rompt avec les modèles alors dominants. Fondé sur l'association du réel et de la fiction, il inaugure une forme de récit inédite, que l'histoire littéraire s'est plu à désigner sous le nom de roman autobiographique. Au début des années 1650 enfin, Tristan fait le choix de l'archaïsme – attitude qui, paradoxalement, semble procéder d'une volonté de renouveau, l'*Amarillis* et *Le Parasite* ayant pu favoriser la renaissance de genres dramatiques oubliés.

Tous ces choix esthétiques sont à mettre en rapport avec la position sociale de l'écrivain. Ainsi, la mise à distance de certains modèles littéraires, tels le roman héroïco-sentimental ou le poème d'éloge, répond manifestement à un désir d'indépendance sociale. Les *Lettres mêlées* et *Le*

Page disgracié sont publiés en une période où l'écrivain se sent particulièrement isolé. De même, la présence de pièces autobiographiques dans un recueil de *Vers héroïques* illustre la nécessité d'articuler réalités textuelles et réalités sociales. Le poète, acceptant mal les contraintes de la vie mondaine, y exprime parfois son insatisfaction et, de ce fait, ne respecte pas intégralement les règles du poème encomiastique.

II. L'image du poète mélancolique

Au-delà de sa diversité, l'œuvre de Tristan fait apparaître une image forte, celle d'un poète mélancolique – image dont s'est emparée la critique et que l'auteur lui-même s'est attaché à nourrir, non seulement à travers ses textes autobiographiques, mais aussi par le truchement de la fiction[1]. Le caractère élégiaque de ses poèmes amoureux où, selon la tradition pastorale, la souffrance de l'amant est associée à la contemplation de la nature, les plaintes des personnages de tragédies qui semblent devoir subir leur destin, plus encore le désir d'indépendance tel qu'il s'exprime dans les vers autobiographiques ou les lettres personnelles dessinent le portrait d'un poète solitaire, à qui les conditions sociales et matérielles ne permettent pas d'assouvir son besoin de liberté. La topique mélancolique qui prend ainsi forme est renforcée par l'attitude de refus que Tristan manifeste volontiers. Le prélude des *Amours* ou encore celui du *Page*, construit sur une série de négations, mais aussi l'avertissement de *Panthée*, où l'auteur justifie la faiblesse de sa pièce par la maladie qui le mine, offrent l'image d'un homme qui, injustement maltraité par le sort, espère éveiller la pitié du lecteur. Le thème de la Vertu persécutée par la Fortune apparaît ainsi comme l'un des principaux leitmotive de l'œuvre tristanien. L'insatisfaction du poète s'explique par les conditions de vie difficiles qu'il a dû connaître, mais sans doute les a-t-il vécues plus douloureusement qu'un autre. A la fin du dix-septième siècle, il incarne même la figure du poète pauvre et indépendant, susceptible de fournir à la société un modèle de vertu, mais payant son honnêteté par une vie misérable. C'est bien sous ces traits qu'il apparaît dans la première satire de Boileau – si, comme on le dit parfois, c'est à Tristan que l'auteur a d'abord songé[2]. Il semble donc

---

[1] Voir notre article « Tristan ou l'image d'un poète mélancolique », p. 15-29 dans *Cahiers Tristan L'Hermite* n° 24 : *Le Quatrième centenaire*, 2002.

[2] « A propos du premier vers, 'Cet Auteur si fameux dont la Muse fertile…', Brossette dit : 'C'est Tristan L'Hermite qu'il [Boileau] avait en vue dans ce vers' » (Boileau, *Œuvres complètes*, introd. par A. Adam, textes établis et annotés par F. Escal, [Paris], Gallimard, Pléiade, 1966, p. 866-867). Selon une légende rapportée par Habert

que l'écrivain ait voulu donner au thème traditionnel de la mélancolie une valeur autobiographique ou, du moins, qu'il s'en soit emparé pour constituer sa propre image. Le thème de la solitude, associé à l'expression d'un sentiment de tristesse, peut ainsi faire l'objet d'une double interprétation : il s'accorde bien à la poésie élégiaque, l'amant malheureux cherchant dans la solitude une consolation, mais surtout il semble refléter le tempérament d'un écrivain que la vie en société rebute. En conférant à un lieu commun une signification qui, à l'origine, lui était étrangère, Tristan lui offre une tonalité nouvelle.

Malgré son esprit d'indépendance et le relatif isolement dont il souffre à la fin de sa vie, le poète soutient activement le jeune Quinault dans ses débuts d'auteur dramatique[3], mais c'est bien le seul disciple qu'il ait eu de son vivant. La difficulté à transmettre son héritage[4] contredit partiellement l'image de précurseur que la critique s'est évertuée à construire. A priori, on ne peut pas exclure la possibilité d'une influence de Tristan sur Racine ; pourtant, un tel rapport de filiation nous semble peu probable. Sans doute l'auteur d'Andromaque, au même titre que ses contemporains, a-t-il eu connaissance de La Marianne, jouée avec succès jusqu'au début du dix-huitième siècle, mais les thèmes communs aux deux poètes se rencontrent aussi dans bien d'autres pièces de la même époque. Le faisceau de coïncidences entre les deux œuvres, il est vrai assez frappant, explique,

---

de Montmort (L'Elite des poésies fugitives, 1770, t. IV, p. 19), Tristan n'a même pas pu léguer son manteau à Quinault :

    Elie, ainsi qu'il est écrit,
    De son manteau joint à son double esprit
    Récompensa son serviteur fidèle.
    Tristan eût suivi ce modèle ;
    Mais Tristan, qu'on mit au tombeau
    Plus pauvre que n'est un prophète,
    En laissant à Quinault son esprit de poète,
    Ne put lui laisser de manteau (cité par N.-M. Bernardin, op. cit., p. 310).
A propos de la référence biblique, voir 2e liv. des Rois, chap. 2, versets 13-14.

[3] En 1653, Tristan soumet aux comédiens de l'Hôtel de Bourgogne Les Rivales de Quinault et, en leur faisant croire que la pièce est de lui, obtient la promesse d'une assez forte somme. Après avoir découvert la véritable identité de l'auteur, les comédiens acceptent de lui réserver une part des recettes. Tristan aurait ainsi été à l'origine du principe des droits d'auteur (voir N.-M. Bernardin, op. cit., p. 295-296). Quinault lui manifestera post mortem sa reconnaissance en se chargeant de la publication d'Osman (voir la dédicace au comte de Bussy).

[4] Malgré les liens qui les unirent, Quinault ne suivra pas vraiment l'exemple de son aîné. Ainsi, alors que ce dernier a composé une seule tragi-comédie, son disciple se spécialisera dans ce genre qui, il est vrai, connaît durant la seconde moitié du siècle un regain de faveur.

entre autres, l'acharnement des critiques à faire de Racine un héritier de Tristan.

III. Un trait majeur : la polygraphie

Une seconde image s'impose, qui tient cette fois à la nature même du corpus : celle de polygraphe. Et selon nous, c'est en cela précisément que réside la principale originalité de Tristan. Certes, la polygraphie constitue une pratique courante au dix-septième siècle mais, si l'on compare Tristan à ses contemporains, on remarque que son répertoire est particulièrement étendu[5]. L'auteur s'est illustré dans les trois principaux genres alors existants, le théâtre et la poésie (au sens strict) occupant une place à peu près égale dans son œuvre. Or, cette variété se retrouve à l'intérieur de chacun des genres qu'il pratique : son œuvre poétique comprend des poèmes héroïques, amoureux, burlesques, religieux, etc. ; au théâtre, Tristan privilégie la tragédie, ce qui ne l'empêche pas d'expérimenter d'autres genres (tragi-comédie, comédie, pastorale). Enfin, si son œuvre romanesque se réduit à un seul texte, celui-ci en réunissant des traditions variées (le roman picaresque, la farce, etc.) met en jeu une esthétique de la diversité. Plus encore, l'auteur s'est essayé à des genres relativement inattendus pour un homme de lettres : le discours judiciaire et le traité de cosmographie. En outre, même s'il ne s'est pas emparé de certains genres en tant que tels, il en a introduit de nombreux éléments dans ses œuvres : c'est ainsi que la poésie burlesque, quasi absente de ses recueils, trouve sa place dans *Le Parasite*. Tristan mêle donc, de façon exemplaire, polygraphie alternée et polygraphie intégrée.

---

[5] Théophile, par exemple, fait figure de polygraphe, mais il l'est à un degré moindre que Tristan. Il n'a composé qu'une pièce de théâtre, et son unique roman, la *Première journée*, est resté inachevé.

CONCLUSION
Tristan exemplaire ou singulier

I. Une double posture

En retraçant le parcours social et littéraire de Tristan, nous avons pu mettre à jour ses propres contradictions. L'auteur adopte en effet deux attitudes qui traduisent des exigences opposées. Il suit les étapes du *cursus honorum* propre aux écrivains du dix-septième siècle : après avoir longtemps été au service de Gaston d'Orléans en tant que client, il bénéficie auprès du duc de Guise des avantages du mécénat, avant d'être élu à l'Académie française. Pour parvenir à cette réussite sociale, il observe les conventions littéraires et pratique successivement les genres les plus en vogue : la poésie à la fin des années 1620, la tragédie au milieu des années 1630 et tout au long de la décennie suivante. Mais dès 1641, Tristan a tendance à ne plus suivre cette évolution : lorsque *La Lyre* est publiée, les regards sont encore tournés vers le théâtre ; *Le Page disgracié* s'écarte du roman héroïque qui constitue alors le modèle dominant, et ses *Lettres mêlées* se distinguent des autres recueils épistolaires par la présence de lettres personnelles ; la création de *La Folie du sage* coïncide avec un déclin de la tragi-comédie, et *Les Vers héroïques* n'obtiennent qu'un succès médiocre à un moment où la grande poésie d'éloge n'intéresse plus guère les lecteurs ; enfin, au début des années 1650, l'auteur s'empare de genres archaïques, auxquels il paraît vouloir donner un nouveau souffle.

Dans le cas de Tristan, la réticence à l'égard des modes se manifeste donc doublement : par l'invention de formes nouvelles, telle l'écriture autobiographique, et par l'attention accordée à des genres dont le lectorat s'est provisoirement détaché. Se dessine alors l'image d'un écrivain indépendant, mais contraint d'accepter règles sociales et normes esthétiques. Partagé entre deux tendances difficilement compatibles, il n'en privilégie aucune : d'une part, la nécessité de plaire aux Grands et de combler les attentes d'un large public ; d'autre part, le désir d'accéder par la création littéraire à une liberté que lui interdit sa condition de poète courtisan. C'est ainsi qu'il s'engage dans des voies résolument nouvelles : la publication de lettres intimes, la rédaction d'une autobiographie romancée, ou encore l'insertion de vers autobiographiques dans un recueil destiné à glorifier les Grands. Il semble que, par ces différentes formes d'innovation, l'écrivain ne vise pas la reconnaissance, mais cherche avant tout un espace de parole car, malgré son désir d'indépendance, il reste attaché aux conventions. Ainsi, les lettres officielles ou les poèmes d'éloge sont une concession nécessaire aux usages du temps ; et tout en s'éloignant des normes, l'auteur fait paraître un roman et un recueil de lettres à une époque où les deux genres connaissent un développement considérable. Mais, face à l'ingratitude de Gaston ou à la difficulté de trouver de nouveaux protecteurs, il se réfugie volontiers dans une attitude de déploration, si bien que son œuvre révèle finalement les tensions qu'il porte en lui-même. Certes, la plupart de ses pièces sont régulières, ses poèmes d'amour ou d'éloge conformes à la rhétorique du temps, mais ils laissent en même temps deviner une profonde insatisfaction. La mélancolie d'Acante semble bien être celle du poète exilé, les revendications d'Ariste ou de Palamède en face d'un roi tyrannique rejoignent celles de Tristan, et les mésaventures du page auprès de ses maîtres reflètent les difficultés sociales de l'écrivain.

II. Un écrivain relativement isolé

Si Tristan s'est parfois essayé à des formes nouvelles, il n'a cependant pas nécessairement tenté d'y entraîner ses contemporains ou successeurs immédiats. Il semble même qu'à chaque fois son originalité ait été liée à une situation sociale fragile. En effet, c'est lorsqu'il cherche le moins à s'intégrer socialement qu'il innove le plus, et inversement. Ainsi, l'attitude du poète débutant n'est pas celle de l'écrivain expérimenté, déçu par les Grands. Dans les années 1620-1630, Tristan, protégé par le duc d'Orléans, s'efforce de satisfaire les attentes du lectorat. Symétriquement, dès qu'il échappe au système du clientélisme, il se tourne vers des formes inédites. Alors que l'indifférence de son maître lui inspire une profonde amertume, il sent en lui le désir de s'exprimer librement, en dehors de tous les cadres conventionnels. Autrement dit, moins il se soucie des réactions de ses lecteurs, plus il se montre audacieux. Loin de viser un lectorat particulier, *Le Page disgracié* dessine la figure d'un lecteur fictif, compréhensif et bienveillant, susceptible d'entretenir avec le narrateur une relation quasi personnelle. De même, la publication des *Vers héroïques* semble répondre au désir d'exprimer une insatisfaction : en plaçant côte à côte poèmes de célébration et poèmes de déploration, Tristan révèle le caractère profondément injuste de sa situation, la disproportion entre les efforts fournis et les résultats obtenus.

III. La confrontation de deux images

Le relatif isolement dont il souffre risque de nuire à l'image de précurseur que l'histoire littéraire s'est évertuée à construire. Plus largement, le chemin que nous avons suivi invite à porter un nouveau regard sur la critique tristanienne. Au-delà de la multiplicité des lectures proposées, se dessinent deux grands pôles : Tristan classique / Tristan baroque. Reste à savoir si les concepts en jeu sont pertinents, ou du moins opératoires. Notre ambition n'est évidemment pas de trancher un débat complexe mais, grâce à l'étude d'un cas exemplaire, il a été possible d'en percevoir certains enjeux. Certes, les notions de baroque et de classicisme permettent de dégager les caractéristiques majeures d'un corpus particulièrement hétérogène ; mais, outre la simplification qu'elles impliquent, elles supposent chacune une sélection, écartant d'emblée la délicate question de la diversité. On cherche ainsi à retrouver dans l'œuvre tristanien des éléments définis préalablement : on projette sur son théâtre un modèle classique, dont les tragédies de Racine fourniraient le meilleur exemple ; ou encore, on tente d'identifier dans sa poésie des images et des thèmes propres à l'esthétique baroque. En s'appuyant sur de tels concepts, et en isolant tel aspect de son œuvre, on ne prend pas vraiment en compte l'évolution de Tristan, on ne s'interroge guère sur les raisons qui ont pu le pousser à faire tel ou tel choix esthétique à tel ou tel moment de sa carrière. Aussi nous a-t-il paru opportun de dépasser l'opposition entre baroque et classicisme, afin de situer l'œuvre tristanien dans son contexte à la fois social et littéraire. La comparaison avec quelques-uns de ses contemporains ou prédécesseurs immédiats a mis en lumière sa part d'innovation, sans pour autant que soit exaltée la singularité d'un écrivain respectueux des conventions.

Néanmoins, il est permis de se demander si notre lecture, fondée sur les notions de tradition et d'innovation, coïncide, au moins partiellement, avec les analyses développées par la critique. A la fin du dix-neuvième siècle, on a fait de Tristan avant tout un précurseur, rôle qui lui a été dévolu dans deux grands genres : la poésie amoureuse, qui ferait déjà entendre des accents « préromantiques », et la tragédie psychologique, que Racine aurait portée à son point de perfection. En revanche, les innovations que, conformément aux tendances de la critique actuelle, nous lui reconnaissons touchent davantage ses textes en prose : *Le Page disgracié* et les *Lettres*

mêlées, œuvres qui trouvent leur prolongement dans les vers autobiographiques du dernier recueil. Dans ces textes, l'auteur dénonce les
obligations que lui incombe sa position de courtisan et qui, dit-il,
l'empêchent de se consacrer pleinement à la création littéraire. Nous
découvrons ainsi l'un des traits majeurs de l'œuvre tristanien : l'existence
de thèmes transgénériques en relation avec l'écriture du moi. Ainsi, le
motif de la mélancolie met en jeu une problématique extrêmement féconde
car, s'il peut être rapporté à un ensemble de lieux communs,
particulièrement présents dans la littérature européenne depuis la fin du
seizième siècle, il semble aussi, dans le cas de Tristan, pouvoir être compris
selon une logique plus personnelle. Face à l'impossibilité de concilier ses
obligations de poète courtisan et son désir de liberté, Tristan cède
volontiers à la plainte. Plus largement, il semble que l'auteur, abandonnant
tel ou tel genre, lui emprunte des motifs qu'il introduit alors dans des textes
relevant d'un tout autre genre. A la fin de sa carrière par exemple, il
renonce aux poèmes d'inspiration pastorale, mais en retient des thèmes et
des images qui prennent alors place dans une œuvre dramatique. Cet
aspect, qu'a peut-être sous-estimé la critique, héritière d'une tradition
fondée sur le cloisonnement des genres, nous est apparu comme l'une des
principales caractéristiques de notre auteur.

Dès lors, deux types de discours se répondent, deux sortes d'images
s'affrontent : celle que l'histoire littéraire s'est efforcée d'élaborer et celle
que l'écrivain offre de lui-même. La polygraphie de Tristan a incité les
critiques à fragmenter son œuvre, en ne retenant à chaque fois qu'un genre
ou un corpus très réduit. Or, ce flottement reflète les incertitudes de
l'auteur : un goût de l'expérimentation et un refus de la spécialisation, qui
vont de pair avec une hostilité à l'égard de toute forme de contrainte, mais
aussi de constantes hésitations avec tantôt la volonté ou la nécessité de se
conformer aux genres à la mode et de satisfaire des exigences variées,
tantôt l'expression d'un désir de liberté qu'il est pourtant impossible
d'assumer pleinement. Ainsi peut-on expliquer la place relativement
secondaire qu'occupe Tristan dans la littérature du dix-septième siècle. A
l'époque en effet, prévaut l'idée selon laquelle un écrivain ne peut atteindre
la gloire suprême que s'il voit « son nom s'identifier à la maîtrise d'un
genre »[1]. Tristan a surtout été reconnu par ses contemporains pour ses
qualités d'auteur tragique[2], mais l'éclatement de sa production l'a sans

---

[1] Voir A. Viala, *Naissance de l'écrivain*, Paris, Minuit (Le sens commun), 1985,
p. 220.

[2] Dans *La Guerre des auteurs anciens et modernes* (1671), Guéret associe Tristan
au « cothurne » (cité par A. Viala, *op. cit.*, p. 220).

doute empêché d'accéder au plus haut rang. S'il avait réellement joué le rôle que lui assigne l'histoire littéraire, celui d'un auteur capable de réaliser la jonction entre baroque et classicisme, à la fois inspirateur des plus grands écrivains et réceptacle de multiples traditions, il est permis de se demander pourquoi la postérité ne lui a pas rendu un plus grand hommage. Sa force tout autant que sa faiblesse proviennent en réalité de son statut, celui d'un « auteur de transition » : chaînon indispensable, il ne représente néanmoins qu'un rouage au regard de l'histoire littéraire.

En définitive, notre analyse diffère assez largement des lectures proposées par la critique. Les héritages que celle-ci a pu déceler dans l'œuvre tristanien sont en général attestés : ainsi, l'influence de Hardy, de Marino, de Malherbe, de la comédie à l'italienne ou encore du roman picaresque espagnol ne saurait être contestée. En revanche, il apparaît difficile de prouver l'existence d'une filiation réelle entre Shakespeare et Tristan : le nom du poète anglais ne figure dans aucun des textes de notre auteur, pourtant enclin à révéler ses sources, et nul de ses contemporains n'a souligné de rapport entre les deux dramaturges. Il semble bien que les analogies soient simplement dues à l'appartenance à un imaginaire commun. De même, certaines des innovations que la critique a cru reconnaître dans l'œuvre tristanien demeurent fragiles. Ainsi, la plupart des thèmes que l'auteur introduit dans ses pièces, notamment dans ses tragédies, se retrouvent chez ses contemporains ; et l'analyse de la passion amoureuse, même si elle s'avère très présente dans *La Marianne* ou *La Mort de Chrispe*, ne suffit pas à faire de Tristan un des fondateurs de la tragédie « classique » dans la mesure où elle peut aussi s'expliquer par l'influence de la pastorale. Quant à ses œuvres en prose, qu'un Bernardin avait injustement sous-estimées, elles présentent des aspects innovants : *Le Page disgracié* et les *Lettres mêlées* se distinguent par leur caractère autobiographique, annonçant ainsi certaines des pièces contenues dans le dernier recueil. En somme donc, Tristan ne fait figure de novateur qu'en des circonstances très particulières.

En dernier lieu, le discours de la critique rencontre la voix de l'auteur sur deux points essentiels, qui définissent en même temps un paradoxe : l'exemplarité et la singularité. Tristan fut considéré, parmi d'autres, comme un auteur préclassique, mais il apparaît avant tout comme un écrivain représentatif de sa génération. Les critiques actuels tendent à le singulariser, encouragés par Tristan lui-même, qui cultive volontiers l'image du poète indépendant.

ANNEXES

ANNEXE 1

Ernest Serret, « Un précurseur de Racine : Tristan L'Hermite », *Le Correspondant*, livraison du 25 avril 1870, p. 334-354.

Il y a certaines gloires littéraires qui jettent à distance un tel éclat qu'elles font rentrer dans l'ombre tout ce qui les précède, qu'elles semblent, pour ainsi dire, sortir d'elles-mêmes et ne rien devoir aux pâles lueurs qui les ont devancées. Telle est la gloire de Corneille, telle est aussi, sous quelques rapports, celle de Racine. On tient compte au premier du chaos où se débattait notre théâtre au moment où il y fit ses premiers pas ; on considère l'ensemble, sans s'arrêter aux exceptions ; on se plaît surtout à le comparer à lui-même, à opposer le Corneille de *Mélite* et de *Clitandre* au Corneille du *Cid* et de *Polyeucte*. Le grand succès du *Cid* éclate comme un soleil qui n'a pas eu d'aurore. Il vous éblouit, il vous aveugle. On oublie que, pour produire ce chef-d'œuvre, l'auteur s'était inspiré d'une œuvre originale, d'un drame tout fait qui lui avait fourni, non seulement toutes ses scènes, mais encore ses pensées les plus brillantes ; on oublie que le sentiment de l'honneur avait déjà trouvé chez nous plus d'un habile interprète ; on oublie enfin que ce style créé, que ce style magnifique qui s'exerce sur un si riche fonds, avait eu, sinon des modèles, du moins des initiateurs. La postérité est quelquefois injuste à force d'équité ; elle outre son dédain et son admiration comme pour dédommager le génie d'avoir été contesté ou méconnu.

Racine, quoiqu'il soit venu une trentaine d'années après son illustre rival, se présente pourtant volontiers à nous comme l'inventeur d'un genre qui lui est propre. On dit la tragédie de Corneille et la tragédie de Racine. Ce n'est, selon nous, qu'une seule tragédie, qu'un seul et unique genre traité par deux génies différents. C'est le même moule, ce n'est pas le même métal. Il semble aussi que Racine soit le premier poëte qui ait su faire parler les femmes au théâtre. Il est vrai que son âme tendre, son goût délicat, son style pur et harmonieux le rendaient plus apte que Corneille à exprimer les sentiments féminins. Mais on fait tort à celui-ci de Chimène, d'Emilie et surtout de Pauline. Quelle école pour Andromaque et même pour Hermione ! La Phèdre chrétienne de Racine est bien, littérairement parlant, la fille de la Pauline de Corneille. De même que le *Menteur* avait été une leçon pour Molière, le *Cid*, *Cinna* et *Polyeucte* furent pour le jeune Racine de hauts et profitables enseignements. Mais, pour créer ces types de femmes qui sont aujourd'hui, aux yeux d'un certain public, son meilleur titre de gloire, il avait eu d'autres maîtres parmi les modernes, des maîtres qui dataient du commencement du siècle, plus capables peut-être que Corneille de lui donner le ton, d'une nature plus conforme à la sienne, en un mot plus raciniens.

J'étais, l'été dernier, dans une petite ville située au bord du Loir, où je jouissais de la liberté de la campagne et d'une solitude presque complète. Mes soirées étaient égayées par d'aimables réunions de voisinage, mais il fallait employer mes journées. Un vieux monsieur, grand amateur de livres et de jardinage, mit sa bibliothèque à ma disposition. J'y trouvai des ressources de plus d'une espèce, des Mémoires, des relations de voyages, mes classiques favoris, mais surtout un répertoire du Théâtre-Français, depuis son origine jusqu'à nos jours, dont les premiers volumes m'intéressèrent vivement. Ils contenaient, en effet, beaucoup de curiosités pour un amateur de théâtre, de ces pièces qu'on connaît de nom et qu'on n'a jamais lues, de ces ouvrages démodés dont on constate volontiers le mérite sans y aller voir, le *Scévole* de du Ryer, la *Sophonisbe* de Mairet, des farces de Scarron, des tragi-comédies de Rotrou, et, entre autres, la *Mariane* de Tristan l'Hermite, dont la lecture me surprit, me charma et me ravit tour à tour. Je savais que cette tragédie avait eu dans son temps beaucoup de succès, quoiqu'elle eût été jouée la même année que le *Cid*. Mais les frères Parfait, qui, dans leur histoire du Théâtre-Français, m'avaient informé de ce détail, n'avaient pas manqué de me dire qu'il était assez difficile de s'expliquer ce succès. Je me l'expliquais si bien, quant à moi, que je relus la pièce cinq ou six fois de suite, et toujours avec la même admiration, et que je fus tenté de faire partager mon plaisir aux personnes que je rencontrais le soir… Mais je m'abstins prudemment ; la province est rebelle à l'enthousiasme, elle aime à jeter de l'eau froide sur tout ce qui brûle. Quand une fois Paris a donné le branle, c'est autre chose. Je réservai donc mes impressions pour moi seul, et j'attendis, pour les produire au jour, que je fusse devant un public mieux préparé et dans un milieu plus favorable.

Puis je n'étais pas sans avoir quelques scrupules au sujet de l'édition dans laquelle j'avais lu l'ouvrage. Elle ne devait pas être exacte. Il y avait, évidemment, des altérations, des retranchements. J'étais certain qu'ils ne changeaient rien à la physionomie de l'ensemble ; mais j'étais bien aise de lire d'abord *Mariane* dans le texte même de l'auteur. Je n'y parvins pas sans difficulté. L'édition qu'on me donna à la Bibliothèque impériale était encore une édition modifiée et corrigée à un autre point de vue. Enfin, je me procurai une édition publiée du vivant même de l'auteur, et, quoiqu'elle abondât en fautes d'impression, j'eus la satisfaction de posséder un texte avoué par lui et de contempler sa Mariane telle qu'elle était sortie de ses mains, dans sa grâce un peu primitive et dans ses témérités souvent heureuses.

Mais avant de vous parler du chef-d'œuvre de Tristan, qui est en même temps un des chefs-d'œuvre de la scène française, il faut que je vous fasse connaissance avec Tristan lui-même. C'est un personnage curieux à étudier, et dont la figure originale n'a pas encore été présentée sous le jour qui lui convient et dans sa juste ressemblance. Le poëte a été méconnu comme son œuvre. Ce n'est pas, du reste, une réhabilitation que je prétends entre-prendre (Tristan ne prête guère à la réhabilitation), c'est une simple biographie que je me propose d'esquisser, espérant qu'elle intéressera mes lecteurs autant qu'elle m'a intéressé moi-même. [...]

Maintenant que nous connaissons l'homme autant qu'on peut le connaître à distance, grâce aux renseignements que nous avons recueillis ou qu'il nous a fournis lui-même, nous allons parler de ses œuvres et tâcher de lui rendre la place qu'il mérite d'occuper.

II

Tristan s'était livré de bonne heure à la poésie ; il s'était exercé dans tous les genres qui étaient à la mode au commencement du dix-septième siècle, l'ode, l'épître, la chanson, les stances et surtout le sonnet. Son premier recueil, *les Amours*, dont l'édition que j'ai sous les yeux porte la date de 1638 (j'ignore s'il en existe de plus ancienne ; mais j'ai peine à croire qu'un poëte comme lui ait attendu sa trente-septième année pour se faire imprimer) ; son premier recueil est presque tout entier composé de sonnets, dont quelques-uns sont remarquables par leur grâce ou par un vrai cri de passion, mais aucun ne vous frappe comme le sonnet de Ronsard sur sa maîtresse vieillie. Tristan avait le don des vers, ce don qui est peu de chose, parce que bien des gens le possèdent, mais sans lequel pourtant le poëte le mieux doué, d'ailleurs, ne saurait faire une œuvre durable. Il y a des hommes de génie, je dirai plus, des poëtes de génie qui n'ont pas ce don-là, Chateaubriand, par exemple, pour ne citer que lui parmi les modernes. On sent trop qu'ils se travaillent pour rimer, qu'ils n'ont pas cette heureuse facilité qui n'exclut pas au fond la peine et l'effort, mais qui les dérobe à l'œil le mieux exercé. Tristan fait naturellement le vers, sans penser qu'il parle une autre langue, comme font ceux qui sont nés pour cela. A cette facilité indispensable, il joint la grâce, la clarté, une énergie assez grande au besoin, de l'élévation dans les pensées et une façon de les exprimer qui devance, dans l'application, les préceptes de Boileau. Que dis-je ? Il y a certains vers qui le feraient prendre pour un disciple d'André Chénier. Tel est celui-ci que je cueille au passage :

> Un jour que le printemps riait entre les fleurs...

Ses vers héroïques ont une noblesse qui se défend assez bien de l'enflure contemporaine. L'*Ode à la Gloire*, dédiée au duc de Guise, a du souffle et de la fierté. Il manie assez bien la strophe : il l'enlève de terre, il la fait voler. Il rencontre aussi des traits qui le relèvent à nos yeux, qui le vengent de l'espèce d'abaissement où la tradition du dix-septième siècle nous l'a montré. Par exemple, s'adressant à la Fortune, il s'écrie :

> Toi qui règnes partout – excepté dans mon âme !

D'autres vers lui échappent à l'improviste, qui trahissent une émotion intime et comme un retour sur lui-même, qui me ferait croire par moments qu'il a été calomnié. C'est ainsi que le poëte réhabilite l'homme. Quelques biographes, se copiant les uns les autres, ont parlé de ses habitudes crapuleuses, sans en fournir aucune preuve. Il dit quelque part :

> Je vécus toujours pauvre et tâchai de paraître.

Il était obligé, en effet, de paraître. Il n'eût pas conservé la position qu'il avait à la cour, s'il n'eût gardé dans sa conduite et dans sa tenue un certain décorum. Pauvreté n'est pas vice. Il était pauvre, il l'avoue ; un peu libertin, on le devine ; excessivement joueur, il est loin de s'en cacher... C'est assez. Je ne puis du tout admettre qu'il eût, de plus, des habitudes crapuleuses. Il ne faut pas surcharger les gens. Mais j'oublie que je vous ai suffisamment entretenu du personnage, et que c'est de ses œuvres seules et de son mérite littéraire que je dois m'occuper à présent.

On n'a pas avec Tristan le regret qu'on éprouve en présence de certains poëtes qui laissent deviner un mérite supérieur à leurs œuvres, mérite que le temps ou les circonstances ne leur ont pas permis de révéler tout entier. Il a donné toute sa mesure ; il a fait, selon nous, tout ce qu'il pouvait faire. Les quatre ou cinq recueils de vers qu'il a laissés nous permettent de le considérer sous toutes ses faces, de l'étudier au complet et dans toutes les nuances de son talent. Par malheur, on n'y trouve aucune de ces pièces achevées qui se détachent glorieusement de la foule qui les entoure, de ces pièces maîtresses qui conduisent ou plutôt qui résument toute l'âme et tout l'art d'un poëte. Malherbe ne vit guère aujourd'hui que par quelques strophes éparses et par les admirables stances à du Périer ; Ronsard n'est connu du public lettré que par quelques sonnets, entre autres celui dont je parlais plus haut, et surtout par les stances si gracieusement faciles :

> Mignonne, allons voir si la rose…

Pourtant Malherbe nous a légué plusieurs volumes, et Ronsard des milliers de vers. Chose étrange ! il ne reste de celui qui fut le plus sobre et le plus châtié de nos anciens lyriques, comme de celui qui fut le plus fécond et le plus riche, il ne reste d'eux à peine que quelques pages, tant la postérité est dédaigneuse, tant elle se plaît à humilier le passé, rejetant le brillant et le superbe pour ne conserver que le parfait et l'exquis !

Il n'y a donc, dans les nombreuses poésies de Tristan l'Hermite, aucune pièce qu'on puisse mettre à côté de celles qui feront la gloire de Ronsard et de Malherbe, tant que la langue française subsistera et même quand elle ne sera plus qu'une langue morte. Il n'est pas donné à beaucoup de produire des chefs-d'œuvre dans plus d'un genre. C'est assez pour Tristan d'avoir fait *Mariane*.

Il avait eu de bonne heure le goût du théâtre. Il nous apprend lui-même qu'étant auprès du petit marquis il voyait souvent les comédiens jouer devant la cour. Il se faufilait parmi eux, s'échappant pour les suivre, réclamant leur protection contre son terrible pédagogue. Plus d'une fois ils le préservèrent du fouet et lui permirent de demeurer dans leur compagnie, de boire et de manger avec eux. Sans doute qu'ils lui enseignèrent d'abord autre chose que les principes de l'art dramatique ; mais, sous certains rapports, l'enfant était déjà bien avancé. Plus tard, lorsqu'il revint à Paris après avoir été gracié par Louis XIII, il renoua ses relations avec les joyeux compagnons qui ne l'avaient pas oublié. Non-seulement il les aimait et les fréquentait, mais il les tenait encore en très-haute estime. Dans une pièce de vers par laquelle il engage une demoiselle de sa connaissance à entrer au théâtre, il dit que le théâtre moderne a été purgé de tous les scandales.

> On y voit le crime puni
> Et la vertu récompensée.

Cette phrase toute faite, dont on a tant abusé de nos jours à propos du mélodrame, avait déjà cours du temps de Tristan. Il a l'air, en effet, de la reproduire comme une expression consacrée, ce qui prouve, par parenthèse, que la réforme théâtrale date de loin.

Cependant, malgré ses goûts, malgré ses relations les plus familières et le milieu dans lequel il vivait de préférence, Tristan avait trente-quatre ans accomplis lorsqu'il s'avisa d'écrire pour le théâtre. S'était-il essayé précédemment dans quelque œuvre qui ne fut pas représentée ou qu'il ne jugea pas digne d'offrir au public ? On ne saurait le dire ; il n'en reste du moins aucune trace. Je crois, quant à moi, que son imagination n'était pas encore tournée vers les choses de la scène, qu'elle préférait une autre forme, l'ode, par exemple. Ainsi, dans son ode intitulée *la Mort d'Hippolyte*, il a une première rencontre avec Racine ; il imite comme lui le récit du poëte latin :

> Tout à coup un mont liquide
> Paraît au milieu des flots...

mais il n'a pas l'idée d'en faire une tragédie. Plus tard, enhardi par le succès de *Mariane*, il accommodera en tragédie *la Mort de Phaéton*, sujet beaucoup moins dramatique[1]. Toujours est-il que *Mariane* fut la première œuvre qu'il fit représenter, et il débuta au théâtre par un coup de maître. *Mariane* fut acclamée comme une merveille. Elle balança le succès du *Cid*, même au dire des biographes les moins favorables à Tristan. On se passionna pour cette jeune reine, d'un caractère si ferme et si modeste, si intéressante dans son innocence, si digne dans son malheur, et qui s'exprimait dans une langue toute nouvelle, noble et naturelle à la fois, qu'on n'avait pas entendue encore. Les fureurs d'Hérode émurent tout Paris trente ou quarante ans avant les fureurs d'Oreste. On n'a rien négligé pour rabaisser le mérite de Tristan. On a dit qu'il avait trouvé sa pièce toute faite dans Josèphe, qu'il n'avait eu besoin que de suivre pas à pas l'historien dans son pathétique récit. On a dit encore que l'acteur Mondori, qui représentait Hérode, avait prêté à ce rôle l'éclat de son talent, et qu'il avait fait passer le cinquième acte qui n'était pas soutenable sans lui. Quant au premier reproche, il se réfute de lui-même. L'histoire est pleine de drames tout faits ; encore faut-il leur donner la vie du théâtre, la forme littéraire et dramatique. Shakespeare, dans son beau drame d'*Henri VIII*, a suivi l'histoire pas à pas, et l'histoire contemporaine. Cela empêche-t-il Catherine d'Aragon d'être une de ses créations les plus vivantes et les plus originales ? La Mariane de Tristan et la Catherine de Shakespeare sont des sœurs ; elles habitent le même ciel poétique, presque au même rang. Le second reproche, qui détourne une partie de la gloire du poëte pour la reporter sur l'acteur qui l'interprétait, est encore moins sérieux que le premier. Mondori n'est plus là avec sa belle prestance et ses cris désespérés qui terrifiaient les spectateurs ; mais lisez ce cinquième acte, il vous touchera plus que tout le reste de la pièce. Voltaire le savait bien, lui qui a fait aussi une *Mariane*, qui a imité Tristan, qui l'a refroidi en croyant l'échauffer, et gâté en croyant le corriger. Mais nous aurons tout à l'heure l'occasion de revenir sur la tragédie de Voltaire ; qu'il nous suffise, pour le

---

[1] Serret confond Tristan avec son frère, Jean-Baptiste, auteur de *La Chute de Phaéton*.

moment de faire observer que les œuvres excellentes ont besoin, pour réussir, d'interprètes excellents. Un chef-d'œuvre, au lieu de nous charmer, nous irrite, interprété d'une manière insuffisante. Allez donc voir jouer *Cinna* à la Comédie-Française !

La pièce s'ouvre sur un monologue d'Hérode. Il est seul sur son lit et s'éveille en sursaut. Un songe affreux l'a troublé. Il appelle son capitaine des gardes. Ici je dois faire remarquer que Tristan est aussi primitif que Shakespeare en fait de couleur locale, qu'il donne volontiers aux serviteurs d'Hérode les titres des officiers de la cour de France, et que Soësme, par exemple, le seigneur juif qui est accusé d'aimer Mariane, devient sous sa plume un gentilhomme de la chambre. Le capitaine des gardes Tharé, et Phérore, frère d'Hérode, accourent à sa voix. Phérore disserte assez froidement sur le peu de créance qu'il faut accorder aux songes. Survient Salome, sœur d'Hérode. Celui-ci se décide alors à raconter ce qu'il a rêvé. Il a vu le jeune Aristobule, cousin germain de Mariane, qu'il a dû sacrifier à sa politique.

> Son corps était enflé de l'eau qu'il avait bue.
> ....
> Ses propos, dès l'abord, ont été des injures.

« J'ai voulu le frapper, ajoute-t-il, mais je n'ai frappé que l'air et je me suis réveillé. » Il donne à ce songe un sens qui ne lui est point favorable. Cependant il n'a rien à redouter, il est au-dessus de la crainte, et il se complaît à faire le tableau de sa gloire et de sa puissance. Tout cela est bien en scène ; on sent qu'il ne parle pas pour faire l'exposition de la pièce, mais pour raffermir son âme, pour se rassurer lui-même. Hérode apparaît, dès ce début, dans toute sa majesté et dans toute la terreur qu'il inspire. On est pris pour lui d'un vague intérêt mêlé d'effroi. « Rien ne manquerait à mon bonheur », finit-il par dire,

> Si je n'étais pressé d'un tourment amoureux.

Et il confesse naïvement qu'il aime sa femme et qu'il n'en est point aimé.

> Faut-il que deux moitiés soient si mal assorties,
> Que je sois si sensible, elle l'étant si peu,
> Que son cœur soit de glace, et le mien soit de feu ?

Salome hasarde quelques insinuations malveillantes contre sa belle-sœur, mais avec une prudence habile, avec une adresse toute féminine, et comme une personne qui n'est pas sûre du terrain sur lequel elle marche. Phérore se joint à elle. Le silence d'Hérode les enhardit, et ils lui répètent à l'oreille certains propos tenus par des valets. Mais Hérode leur répond qu'on ne

peut avoir confiance dans le témoignage de pareilles gens ; il appelle
Soesme et lui dit qu'il veut voir Mariane.

Au second acte, Mariane est seule avec Dina, sa dame d'honneur et sa
confidente, comme dit le texte. Elle l'entretient de ses malheurs ; elle se
plaint d'avoir été obligée d'épouser Hérode, l'assassin de son père, le
bourreau de toute sa famille. Et, comme Dina l'exhorte à la prudence, elle
lui répond :

> Qu'Hérode m'importune ou d'amour ou de haine,
> On me verra toujours vivre et mourir en reine.

Puis elle rappelle toutes ses cruautés, le sang dans lequel il s'est baigné
comme à plaisir, sa politique implacable. Elle s'attendrit sur le jeune
Aristobule, son cousin, qu'on a fait disparaître dans la fleur de son âge.
Dina lui dit :

> Faut-il qu'à tout moment cette triste peinture
> Renouvelle vos pleurs ?

Œnone dira plus tard, dans la *Phèdre* de Racine :

> Que faites-vous, madame, et quel mortel ennui
> Contre tout votre sang vous anime aujourd'hui ?

« Mais ce n'est pas seulement aux miens, c'est à moi qu'il en veut, reprend
Mariane. Ma vie n'est plus en sûreté. Dernièrement, lors de son voyage à
Rhodes, il donna à Soesme l'ordre de me tuer s'il n'était pas revenu tel
jour. » Dina s'efforce de la calmer, lorsque Salome vient les surprendre, et,
comme elle s'arrête sur le seuil pour écouter, Mariane lui dit fièrement :

> Approchez-vous plus près, vous nous entendrez mieux.

Ce rôle de Salome est merveilleusement compris et merveilleusement tracé.
Mariane est le type de l'épouse aux prises avec la famille du mari. Salome
et Phérore représentent cette famille ; mais le frère reste dans l'ombre, et la
sœur apparaît tout entière sur le premier plan avec son astuce profonde et
son infernale perversité. Elle écoute sans s'émouvoir les dures vérités que
ne lui ménage pas Mariane, et quand celle-ci lui annonce qu'elle se rend
auprès du roi, elle lui répond d'un ton ironique :

> Vous ne lui direz rien qui lui puisse déplaire :
> Il aime tout de vous, jusqu'à votre colère.

Et elles se séparent. Salome, restée seule, voit qu'elle n'a plus rien à
ménager, fait venir l'échanson d'Hérode, lui reproche ses hésitations et
l'engage fortement à ne plus reculer et à accuser Mariane d'avoir voulu

empoisonner son maître. Comme ils en sont là, Hérode rentre furieux, chassant Mariane devant lui, s'indignant de sa froideur criminelle, et c'est dans cette disposition d'esprit qu'il accorde audience à l'échanson.

C'est au troisième acte que commencent à éclater les grandes beautés de l'ouvrage. Hérode accuse Mariane devant un tribunal qui lui est entièrement soumis. Les juges opinent, et quand l'un d'eux se permet timidement d'insinuer un doute, le roi se dresse terrible et le rappelle au sentiment de ses devoirs. On sent que c'est Hérode seul qui dictera la sentence que les juges vont prononcer. La scène est fort belle, très-dramatique dans sa simplicité.

> Ce crime est fort nouveau, l'on vient de l'inventer !

s'écrie Mariane, et c'est alors qu'on fait venir l'échanson, qui débite impudemment la fable concertée par Salome. La malheureuse reine, s'adressant à lui, s'exprime ainsi :

> Ce témoignage est faux et digne du supplice,
> Mais pour t'en garantir mon juge est ton complice.
> De bon cœur je pardonne à ta mauvaise foi.
> Tu sers par intérêt de plus méchants que toi.
> Cette injure est contrainte et n'a rien qui me fâche.
> De tous mes ennemis tu n'es pas le plus lâche !

Ce couplet est vraiment racinien, d'une concision et d'une pureté parfaites, et le dernier vers est admirable. Elle continue à se défendre avec plus de courage que de prudence, elle dit qu'elle est résignée à son sort, qu'on flatte son désir en menaçant sa vie ; puis elle se représente l'état où seront ses enfants, étant privés de son support,

> Ces aimables objets de ma tendre amitié,
> Qu'une rude marâtre, ainsi qu'il est croyable,
> Maltraitera bientôt d'un art impitoyable !

> Hérode, à part.
> Au point que mon courroux était le plus aigri,
> Par le cours de ses pleurs mon cœur s'est attendri…

Ce mouvement d'Hérode est très-naturel et très-heureux au point de vue dramatique. Ce n'est pas un aparté de convention comme on en faisait alors au théâtre, c'est un retour de l'homme sur lui-même exprimé avec un bonheur et une aisance qui font oublier l'art. Molière, qui connaissait *Mariane* et qui devait l'apprécier, a imité deux fois ce beau mouvement de passion, d'abord dans *l'Ecole des Femmes*, lorsque Arnolphe s'emporte contre l'innocente Agnès, puis dans *le Misanthrope*, quand Alceste, trahi, se trouve en présence de Célimène. Plus on étudie l'œuvre de Tristan, plus on y constate de ces beautés qu'on a l'habitude de n'admirer que chez ses successeurs.

La réconciliation entre les deux époux est traitée avec talent. Mariane ne s'abaisse pas un instant, et son farouche mari nous émeut par sa tendresse malheureuse, parce qu'il est sincère et que l'auteur a su lui prêter l'accent de la sincérité. C'est avec beaucoup d'habileté et par un entraînement fort naturel que Mariane est ensuite amenée à lui reprocher l'ordre de mort donné à Soesme. Hérode redevient aussitôt furieux. Ses soupçons se réveillent ; il accuse sa femme de n'avoir pu arracher un tel secret qu'au prix de son honneur. Mariane indignée lui répond :

> Crois tout ce que tu dis et tout ce que tu penses.

Il fait venir Soesme, il l'accuse, il l'interroge avec une crudité de langage qui révolterait aujourd'hui, mais qui peint bien cependant toute la violence de sa passion. La scène qui suit avec l'eunuque est encore plus intolérable. Elle n'est pas longue, du reste, il est facile de la retrancher, et ce léger émondage ne nuirait en rien à l'ensemble de l'acte.

Il ne faut pas croire qu'un chef-d'œuvre ne puisse être représenté à toutes les époques tel qu'il a été écrit. Il y a toujours des concessions à faire à la mode ou au goût du public. Au dix-huitième siècle, Marmontel et J.-B. Rousseau s'étaient chargés de faire des changements aux pièces qui avaient vieilli, afin de les rendre possibles à la scène. On s'en est moqué depuis, et on a eu tort. Ces changements, si misérables et si puérils qu'ils nous paraissent, étaient nécessaires alors. Aujourd'hui le goût est devenu beaucoup moins exclusif ; on aime, au contraire, les tournures anciennes, le vieux style… Mais il y a encore pourtant une mesure à garder, et, si belle que soit la Mariane de Tristan, il faudrait lui faire une certaine toilette avant de l'exposer aux regards de la foule.

Au quatrième acte la lutte éclate dans le cœur d'Hérode entre la vengeance et l'amour. Il doute de Mariane, il veut se persuader qu'elle est coupable, et il ne peut se décider néanmoins à la faire mourir. Phérore et Salome se rendent près de lui, le plaignent hypocritement et finissent par le faire pencher du côté de la rigueur. Ici la scène change. L'unité de lieu n'est observée qu'à peu près, comme dans le Cid. Nous passons du palais à la prison de Mariane. Les stances dans lesquelles elle s'apitoie sur sa destinée et se résout à la mort, sont fort belles, bien en situation, et seraient certainement applaudies au théâtre. On vient la chercher pour la conduire au supplice. La scène change encore. Alexandra, mère de Mariane, attend sa fille au passage. Elle la plaint à voix basse, n'osant le faire tout haut par crainte d'Hérode, et elle dit à son chevalier d'honneur :

Prends garde seulement que tes yeux ne produisent,
Voyant ce triste objet, des larmes qui me nuisent.

La victime paraît, et Alexandra lui reproche elle-même son crime par faiblesse humaine, par manque de courage, pour empêcher qu'on ne la croie complice. Mariane, qui devine ce qui se passe dans le cœur de sa mère, contient son émotion, lui pardonne mentalement et se contente de prononcer quelques mots pour justifier celle à qui elle doit le jour et qui, ne pouvant la sauver, feint, par un lâche égoïsme, de se joindre à ses bourreaux.

Cette scène est très-forte et très-profonde. Elle révolte le cœur, sans doute ; elle est plus shakespearienne que racinienne, mais je la trouve d'un très-grand effet. Elle serait irréprochable si elle avait été préparée, si elle ne nous surprenait péniblement. Telle qu'elle est, c'est comme un dernier trait, comme un dernier coup de pinceau qui achève la peinture du beau caractère de Mariane.

On a adressé au cinquième acte un reproche qui n'est mérité qu'en partie. Mariane meurt à la fin du quatrième acte. Tout semble terminé par sa mort. Mais non, répondrait l'auteur, puisque Hérode vit, et que le mari vous inspire presque autant d'intérêt que la femme, un autre genre d'intérêt assurément, mais enfin un intérêt qui a sa source dans le cœur humain, dans nos passions et nos faiblesses. Hérode est un de ces rares personnages qui s'emparent de l'âme des spectateurs, comme Othello, comme le Misanthrope. Ce cinquième acte, joué par un grand acteur, devait produire une immense impression. Hérode revient à lui-même et a horreur de sa cruauté. Il voudrait retenir l'arrêt mortel, il est prêt à le révoquer, quand Narbal, un de ses officiers, vient lui faire le récit de la mort de la reine. Ce récit est un de ceux qui font pleurer. Ce n'est pas seulement un beau morceau oratoire, comme le récit de Théramène.

Après qu'elle eut fait part de quelques pierreries
A ses dames d'honneur qu'elle a le plus chéries,

elle s'avança avec fermeté vers l'échafaud.

On lisait sur son front le mépris du cercueil.

Et, faisant allusion au stratagème inventé par la mère pour s'innocenter aux yeux d'Hérode :

Mais notre grande reine, affligée à ce point,
Connut son artifice et ne s'en émut point.
....
Puis elle offrit sa gorge et cessa de parler.

Le désespoir d'Hérode se manifeste et s'exprime avec autant d'énergie que son amour :

> Ce qui fut mon soleil n'est donc plus rien qu'une ombre ?

exagération poétique, mais naturelle dans le paroxysme de la douleur.

> Trouverai-je un refuge au centre de la terre
> Où je ne traîne pas mon enfer après moi ?
> ....
> Comment, je vis encore, et Mariane est morte !

Il conjure les Juifs d'expier par sa mort celle de leur maîtresse légitime, puisqu'il a dû massacrer toute la famille de Mariane pour s'asseoir sur un trône usurpé. L'imprécation qu'il lance contre les Juifs est déjà un modèle pour toutes celles qui suivront, pour les imprécations de Camille, par exemple. « Cieux, s'écrie-t-il en les maudissant,

> Punissez ces ingrats qui ne m'ont point puni !

Ingrats envers Mariane. La passion se trahit dans chaque mot.

Il se jette sur l'épée de Narbal et veut se tuer ; mais on le désarme. Voyant entrer son frère et sa sœur, il s'apaise un peu, écoute avec une indignation sourde leurs consolations importunes, puis il leur dit qu'il veut prendre un peu de repos, et il ajoute avec un calme effrayant :

> Ce qui me tient en peine,
> C'est que, depuis hier, je n'ai point vu la reine.
> Commandez de ma part qu'on la fasse venir.

Ils le rappellent alors au sentiment de la réalité, et, redoublant de paroles doucereuses, ils lui disent que tout est fini, que la reine est morte.

> Vous m'oser consoler, vous qui m'assassinez !

s'écrie-t-il en les chassant pour jamais de sa présence.

> Allez, couple infernal ; sortez, race maudite !

Dès qu'ils sont sortis, il se tourne vers Narbal et son capitaine des gardes, et reprend avec douceur :

> Dites-lui de ma part qu'elle vienne me voir.
> ....
> Je lui pardonne tout, pourvu que je la voie.

Cette insistance, ce commencement de délire produit un énorme effet. Tout ce qui suit est à la même hauteur. Il y a à chaque instant des vers admirables, surtout lorsqu'il évoque Mariane et qu'il croit la voir dans le ciel. Il y a sans doute aussi dans ce débordement final bien des expressions qui ont vieilli, bien des vers qu'il faudrait retrancher ; mais on sent que le poëte est dans le vrai courant et qu'il termine une belle œuvre, maître de toutes ses forces et en pleine possession de son sujet.

Je me reproche, en terminant cette longue analyse, de n'avoir pas encore assez insisté sur certaines parties du rôle d'Hérode qui donnent tout à fait le ton aux héros de Racine, dans leurs élans les plus naturels, dans leurs sentiments les plus humains. Beaucoup de vers que j'ai négligé de citer me reviennent à la mémoire, ceux-ci, entre autres, qui appartiennent au quatrième acte :

> Je voudrais que mon nom fût encore inconnu,
> Ne me voir point au rang où je suis parvenu,
> ....
> Etre encore à gagner la première victoire
> ....
> Et que ce cœur ingrat se trouvât innocent !

Et un peu plus loin :

> Mais quoi ! faire mourir ce que j'ai tant aimé !

au lieu de dire : Ce que j'aime tant ! Voilà ce qu'on pourrait appeler une beauté inconsciente, dont l'auteur ne se rend pas compte à lui-même. Ce qu'il y de plus admirable chez un poëte est souvent ce à quoi il n'a pas songé. Mais je m'arrête. Il faudrait citer la pièce presque tout entière.

La tragédie de *Mariane* s'est maintenue pendant très-longtemps au théâtre. Le succès qu'elle y avait obtenu retentissait encore en plein dix-huitième siècle. Voltaire, tout en trouvant le sujet désavantageux, puisqu'il ne s'agit, dit-il, que d'une femme qui se refuse à remplir le devoir conjugal, Voltaire fit paraître à son tour une *Marianne*, et n'obtint qu'un succès médiocre. Il avait jeté ce sujet brûlant dans le moule consacré de la tragédie classique : il en était sorti une statue qui n'avait de commun avec celle de Tristan que la matière employée. [...]

III

Encouragé par le succès, notre poëte devait nécessairement poursuivre une carrière dans laquelle il était entré d'une manière si brillante. Sa seconde tentative fut moins heureuse : *Panthée* ne répondit point à son attente. Il avoue lui-même, dans la préface de cette nouvelle tragédie, qu'il n'obtint pas les mêmes suffrages, et qu'ayant voulu donner une sœur à *Mariane*, il n'avait pas réussi à lui en donner une qui fût digne d'elle. Il en attribue la faute au sujet et à l'état de santé dans lequel il se trouvait lorsqu'il écrivit cette dernière pièce. Malheureusement, ces excuses, valables tout au plus pour *Panthée*, ne sauraient l'être pour toutes les autres pièces que Tristan produisit au théâtre, et nous sommes obligé de reconnaître qu'il aurait toujours besoin de les alléguer. Il recouvra la santé et rencontra des sujets plus heureux, *la Mort de Sénèque*, par exemple, qui lui inspira quelques beaux vers, tels que celui-ci, que le philosophe adresse à son maître :

> Fallait-il pour cela que les rares bienfaits
> M'élevassent ainsi plus haut que mes souhaits,
> Et que ton amitié donnât à ma fortune
> Tant de lustre et d'éclat qu'elle m'en importune ?
> Mon jugement s'égare en ces biens superflus :
> Je m'y cherche moi-même et ne m'y trouve plus.

Ces vers sont aussi remarquables par la pensée que par l'expression, et ce ne sont point les seuls qu'il faudrait citer. Il y a de la vraie grandeur dans le personnage de Sénèque ; on sent que le poëte a été bien inspiré par son sujet. Mais jamais il ne retrouva la belle ordonnance de *Mariane* et ce souffle tragique qui l'avait soutenu pendant cinq actes, sans l'abandonner un moment. *La Folie du Sage*, tragi-comédie, réussit plutôt par la bizarrerie du sujet que par le mérite de l'œuvre. *La Chute de Phaéton* est plus épique que dramatique ; c'est un de ces sujets qui déjà semblaient mieux convenir à l'opéra qu'à la tragédie, et que Tristan aurait dû léguer à Quinault. *La mort de Crispe ou les malheurs du grand Constantin* est une de ces pièces qui rétrogradent, au lieu d'avancer, et qui se rattachent plutôt à l'école de Hardy qu'à celle de Corneille. Je mentionne pour mémoire une tragédie intitulée *la Mort du grand Omar*, qui n'a point été imprimée, et qui n'est connue que par une citation de Pellisson. Mais je me demande s'il n'y a pas là une confusion de noms, et si *la Mort du grand Omar* n'a point été mise pour *la Mort du grand Osman*, tragédie posthume de notre auteur, publiée sous le simple nom d'*Osman* par les soins de Quinault, et sur laquelle il convient de nous arrêter un moment, parce qu'elle a quelques rapports avec le *Bajazet* de Racine, qui a dû la connaître et s'en inspirer.

Osman veut se débarrasser des janissaires, milice turbulente qui le domine, et transférer au Caire le siège de l'empire ottoman. Les janissaires se révoltent, et Osman est étranglé. Tel est en peu de mots le sujet de la tragédie.

La fille du mufti y joue à peu près le même rôle que Roxane dans *Bajazet*. Elle aime le sultan et ne recule devant rien pour s'en faire aimer. Son amour rebuté se change en fureur. Elle fomente la sédition et tâche ensuite de l'apaiser lorsqu'elle s'imagine pouvoir toucher enfin le cœur de son amant. Mais ce qui me frappe, ce n'est pas le rapport des faits matériels, la concordance fortuite des deux rôles ; c'est la note juste que Tristan donne ici, comme dans *Mariane*, au langage de la passion chez la femme. Voilà en quoi je le proclame l'éducateur et l'inspirateur de Racine. J'ai recueilli quelques vers au passage, non les plus remarquables, mais ceux qui, par leur simplicité même, par leur accent vrai, concourent le mieux à prouver ce que j'avance. La jeune fille dit au sultan :

> Et je ne t'aimais point comme une ambitieuse
> ....
> J'aimais Osman lui-même et non pas l'empereur.

Si je possédais, ajoute-t-elle plus loin, tous les pays qui s'étendent du couchant à l'aurore,

> Osman de mes Etats serait maître aujourd'hui.
> ....
> Et mon âme serait encore au désespoir
> De n'avoir rien de plus à mettre en ton pouvoir.

Je ne sais si je me trompe, si mon enthousiasme est trop complaisant ou trop facile ; mais il me semble que ce sont des vers de Racine lui-même que je viens de citer.

Tristan voulut s'essayer dans la comédie, et son coup d'essai fut heureux. *Le Parasite*, comédie en cinq actes et en vers, eut beaucoup de succès lors de son apparition et se maintint pendant longtemps au théâtre. C'est une de ces pièces burlesques qui étaient à la mode avant Molière, dans le genre du *Don Bertrand de Cigaral* de Scarron, et où le comique ou plutôt le bouffon est poussé à outrance. Tristan y déploie de la verve et de la gaieté. Il y a certaines scènes qui amuseraient encore aujourd'hui, quelques vers plaisants et bien tournés, des parties de dialogue qui ont un accent assez juste, mais rien qui élève l'auteur au-dessus de son époque. On sent ici qu'il suit son siècle au lieu de le devancer. C'est que le *Parasite* n'est qu'une œuvre de talent, tandis que *Mariane* est une œuvre de génie.

Afin de ne rien omettre des renseignements littéraires que je me suis procurés, je mentionnerai encore une pastorale intitulée *Amaryllis*, qui est de Rotrou, mais qui fut retouchée et remaniée par Tristan lorsqu'elle fut remise au théâtre. Il aborda tour à tour, comme on voit, presque tous les genres. C'était un maître on ne peut mieux préparé pour instruire et former le jeune Quinault.

Dans les dernières années de sa vie, Tristan l'Hermite, comme tous les meilleurs esprits du grand siècle, se tourna vers les choses sérieuses, méditant la fin de l'homme et le grave problème de la destinée. Il fit les *Heures de la Sainte Vierge*, comme Pierre Corneille traduisit en vers l'*Imitation de Jésus-Christ*, pour expier ses œuvres profanes. Des idées plus terrestres l'occupaient aussi, aggravaient sa mélancolie et contribuaient à hâter son précoce déclin. Il a dit, dans une strophe pleine d'amertume :

> On enveloppe des anchois
> De *Mariane* et de *Panthée*.

Aussi ce n'était pas seulement le corps qui souffrait, ce pauvre corps misérable et nu qui n'avait pas même un manteau à léguer à un ami, c'était encore l'âme désenchantée d'elle-même et de la vie. Certes, au moment du terrible passage, Tristan l'Hermite, comme tous ses heureux contemporains de gloire, ne douta point de son âme immortelle ; mais, grâce à l'injustice persévérante du sort, il put douter de son œuvre la plus durable, d'une de ces œuvres qui semblent recéler dans leurs flancs comme une étincelle de l'éternelle grandeur et de l'éternelle beauté.

ANNEXE 2

Heinrich Kœrting, *Histoire du roman français au XVIIe siècle*, Leipzig et Oppeln, G. Maske, 1885.

Sixième chapitre : « Le *Page disgracié* de Tristan l'Hermite »[1]

Tristan L'Hermite, qui durant des décennies fut l'un des auteurs de tragédies préféré du Théâtre du Marais, qui avec sa *Marianne* fut même le rival d'un Pierre Corneille, qui fut l'auteur d'une comédie représentée avec succès jusqu'à la fin du siècle, qui par les circonstances de sa vie fut une figure vraiment caractéristique dans l'histoire littéraire du temps, doit également être cité dans une histoire du roman de l'époque. Certes le *Page disgracié*, auquel les pages suivantes sont consacrées, a pour centre une autobiographie, mais le récit de ce qui a été vécu et vu soi-même est pénétré de tant de fiction, le tout habillé du manteau de la poésie avec une telle intentionnalité que ce récit des années d'enfance, d'apprentissage et d'errances d'un poète aimable peut être sans crainte associé aux romans ici considérés, et ce d'autant plus que les éléments autobiographiques ne s'éloigneront jamais complètement du roman réaliste.

1. On devrait, grâce au *Page disgracié*, pouvoir rendre compte de manière vraiment détaillée de la personnalité de l'écrivain et des événements de sa vie jusqu'en 1619, année où la narration s'interrompt ; mais comme sur le roman lui-même il resterait peu de choses à dire, si nous anticipons sur son contenu, nous nous contentons de l'esquisse biographique habituelle. [...]

2. Les œuvres de Tristan, en dehors du *Page disgracié*, ont ici de l'intérêt dans la seule mesure où elles témoignent de la variété et de la fécondité de son talent. Il faut pourtant insister sur un point particulier : l'écrivain, comme Sorel, à côté de son roman réaliste, et exactement après celui-ci, en a également écrit un, plutôt idéaliste, roman qui, il est vrai,

---

[1] Nous proposons ici une traduction de quelques passages de G*eschichte des französischen Romans im XVII. Jahrhundert.*

semble ne jamais avoir été imprimé jusqu'au bout et qui en tout cas aujourd'hui est perdu. On lit en effet dans l'avertissement de la comédie *Le Parasite* parue en 1654 : *L'IMPRIMEUR A QUI LIT : Vous pouvez donc vous diuertir en cette Lecture, attendant de ce mesme Autheur vn ouurage plus magnifique, & qui demandera vostre attention. Mes presses se preparent pour l'impression de Son roman de* la Coromene, *qui est vne autre piece dont le theatre s'estend sur toute la mer Orientale, & dont les personnages sont les plus grands princes de l'Asie. Ceux qui sont versez dans l'histoire n'y prendront pas vn mediocre plaisir, & mesme les personnes qui n'auront fait lecture d'aucune liure de voyage en ces quartiers ne laisseront pas, à mon auis, de gouster beaucoup de douceur à lire les merueilleuses auantures qui s'y trouueront comme peintes, de la plume de M. Tristan.* Ces lignes trouvent une confirmation dans une remarque contenue dans *l'Histoire de l'Académie* : *Il* (Tristan) *travaille à un Roman de plusieurs volumes, qu'il appelle* la Coroméne, Histoire Orientale.

La perte de cette œuvre, que l'on doit peut-être attribuer à Quinault, lequel hérita des œuvres posthumes de Tristan, est malheureusement des plus regrettables. Ecrite au soir de sa vie par un homme gravement malade, la *Coromène* paraît, à en juger par cette annonce du libraire, avoir été un de ces récits d'aventures exotiques courants dans le goût de Gomberville ou même de De Gerzan, bien qu'un auteur comme Tristan n'y ait sans doute pas manqué de traits originaux.

3. Le *Page disgracié*, 1643 (ou 1642 ?), paru en deux volumes, inachevé mais réédité à deux reprises, est caractérisé ainsi dans le prélude par l'auteur lui-même : *Ie n'escris pas vn Poëme illustre, où ie me veuille introduire comme vn Heros ; ie trace vne Histoire deplorable, où ie ne parois que comme vn obiet de pitié, & comme vn joüet des passions, des Astres, & de la fortune. La Fable ne fera point éclatter icy ses ornements auec pompe ; la Verité se presentera seulement si mal-habillée qu'on pourra dire qu'elle est toute nüe. On ne verra point icy vne peinture qui soit flattée, c'est vne fidele Copie d'vn lamentable Original, c'est comme vne reflexion de miroir.*

Apparaissent ainsi presque toutes les caractéristiques de l'œuvre : l'auteur reconnaît son intention de donner une peinture réaliste ; il révèle déjà la superstition du fatalisme, dont il va faire le seul astre guidant son héros ; il s'exprime aussi déjà dans le ton désabusé qui lui est propre et que son roman fait entendre partout dès qu'il n'est pas exubérant. Ainsi nous devinons que le *Page disgracié* offrira un double intérêt : un intérêt culturel et historique dans la mesure où il nous initie aux expériences intimes et fort changeantes d'un individu capable de porter un regard incisif et disposé à faire une peinture conforme à la vérité ; un intérêt psychologique dans la mesure où cet individu, en raison d'une prédisposition qui lui est propre, considère les événements de sa vie sous une lumière particulière et les rattache à la représentation des mêmes réflexions, dont la coloration peu courante à l'époque était autrefois appelée *mélancolie* et reçoit aujourd'hui le nom positif caractéristique de *mal du siècle*. [...]

Comme cela a déjà été mentionné, ce roman autobiographique embrasse les dix-huit ou dix-neuf premières années de l'écrivain, quoique l'on puisse difficilement attribuer à un si jeune héros nombre d'aventures qui portent quand même la marque de ce qui a été vécu. [...]

La langue et le style du *Page disgracié*, pour l'évoquer encore, témoignent, en comparaison d'autres romans de l'époque, des rudesses et des archaïsmes multiples, si bien qu'on a du mal à croire que c'est à la même époque qu'ont été écrites les pièces de P. Corneille, dont la forme est achevée. Mais peut-être est-ce précisément dans la représentation moins effacée du *Page disgracié* que réside une partie du charme qu'il doit exercer encore aujourd'hui sur tous les lecteurs.

Parmi les mémoires revêtant la forme d'un roman, ce genre littéraire si caractéristique de la littérature française, le *Page disgracié* occupe une place honorable sous un autre aspect, non purement littéraire. Comparé aux *Confessions* de Rousseau par exemple – si l'on a quelque droit d'établir un parallèle de ce genre – la poésie de Tristan l'emporte par un amour de la vérité, dont le but secret n'est pas – comme chez le philosophe de Genève – un auto-encensement, et par le sentiment de tendresse selon lequel sont traitées les relations intimes avec toutes les personnes, auxquelles l'auteur croit devoir reconnaissance et égard.

Les textes attribués à Tristan

Par prudence, nous avons préféré ne pas mentionner dans notre étude les textes dont l'attribution à Tristan restait incertaine. Nous ne pouvons néanmoins les passer sous silence, d'autant plus qu'ils peuvent éclairer des aspects majeurs de son œuvre.

1. Les *Amorum emblemata*

Laurence Grove a récemment découvert, dans un recueil de poèmes emblématiques, une série de pièces inédites qui pourraient être de Tristan[1]. Le volume est un exemplaire des *Amorum emblemata* du peintre Otto Van Veen (Anvers, Ardussen, 1608)[2] et porte de nombreuses additions manuscrites, qui datent de 1625 environ. Quatre mains différentes y ont en effet reporté des vers empruntés notamment à *La Maison d'Astrée*, aux *Plaintes d'Acante* et aux *Amours* :

> Deux mains dominent, celle que nous appellerons des 'rondeaux' – nous avons deux rondeaux de Claude de Malleville et un de Vincent Voiture – et celle 'de Tristan'. Dans le cas de vingt-cinq poèmes on reconnaît le travail de Tristan, car il s'agit de vers qui existent en

---

[1] Voir L. Grove, « Glasgow university library SMAdd. 392 : treize poèmes inédits de Tristan ? », p. 29-39 dans *Cahiers Tristan L'Hermite* n° 20 : *Tristan poète de l'amour*, 1998. Ces poèmes sont reproduits dans le volume (« Poèmes retrouvés », p. 40-51).

[2] *Emblems and the Manuscript Tradition. Including an Edition and Studies of a Newly Discovered Manuscript of Poetry by Tristan L'Hermite*, vol. edited by L. Grove, *Glasgow Emblem Studies* n° 2, University of Glasgow, 1997 (voir en particulier A. Adams, « Glasgow University Library SMAdd.392 and the Printed Versions of Tristan L'Hermite's Poetry », p. 141-157). L. Johnson a montré que Tristan avait lu le recueil anversois (voir « *Amorum emblemata* : Tristan L'Hermite and the Emblematic Tradition », p. 429-441 dans *Renaissance Quarterly* n° 21, 1968).

version imprimée[3]. Les treize autres poèmes de la même main sont
[…] inédits. Néanmoins ils ont le style de Tristan, parfois le même
vocabulaire et sont souvent signés par la mention 'Trist.' Ou
'Tristan'[4].

Il est possible que ce soit l'auteur lui-même qui ait recopié ses propres
textes. Plusieurs d'entre eux ont ensuite été imprimés, avec des variantes, et
ce travail de réécriture offre déjà en lui-même matière à réflexion. Ces
poèmes, complément des recueils amoureux, contiennent des images et des
thèmes traditionnels : l'esclavage, la fidélité, la blessure et la maladie, la
rose avec ses épines, la mer, etc., autant de métaphores qui traduisent les
tourments et les incertitudes de l'amour. Mais, à la différence des autres
pièces de Tristan, ces vers entrent en résonance avec les images qu'ils
accompagnent.

2. L'*Ode à Monseigneur le cardinal*

Dans sa *Bibliographie des œuvres de Tristan L'Hermite*, Amédée
Carriat mentionne l'*Ode à Monseigneur le cardinal sur l'heureux succès
du voyage du Roy en Languedoc* (Paris, Toussainct du Bray, 1633)[5]. Cette
pièce, non-signée, fut attribuée à Tristan. Mais, comme le souligne A.
Carriat, cette hypothèse semble peu vraisemblable : le poème « fait allusion
à l'expédition de Louis XIII contre Montmorency, que Gaston d'Orléans
avait encouragé à la révolte puis lâchement abandonné. Comment pourrait-
il être de Tristan, alors à la Cour de Bruxelles ? Et pourquoi Tristan
encenserait-il Richelieu quand Gaston, son maître, est en lutte ouverte
contre le Cardinal ? »[6].

---

[3] « Neuf ont paru d'abord en 1633 dans *Les Plaintes d'Acante* avant d'être
réimprimés dans *Les Amours* de 1638. Dix poèmes ont été publiés pour la première fois
dans *Les Amours* » (art. cit., p. 31).

[4] *Ibid.*, p. 29.

[5] A. Carriat, *Bibliographie des œuvres de Tristan L'Hermite*, Limoges, Rougerie,
1955, p. 11.

[6] Comme le remarque A. Carriat, le conflit qui oppose le duc d'Orléans à Richelieu
n'empêche pas Tristan de composer un poème à la louange du cardinal (voir notre
chapitre 4, p. 225).

3. Des vers de ballet

Tristan pourrait aussi avoir écrit des vers de ballet pour *Le Grand Bal de la Douairière de Billebahaut*, dansé au Louvre puis à l'Hôtel de Ville en 1626, sur une musique de Boësset et d'Auger[7]. Il faut y ajouter le *Ballet du triomphe de la Beauté*, pièce publiée en 1640 sans nom d'auteur[8]. Il s'agit d'un ballet à entrées dans lequel la danse, la musique et la poésie s'unissent pour louer la reine Anne d'Autriche. Le poète a composé d'autres pièces de ce genre, qui témoignent à la fois de sa notoriété et de son souci d'intégration sociale[9].

4. *Les Forges d'Antoigné*

Les Forges d'Antoigné pourraient aussi être de Tristan[10]. Dominée par des images qui évoquent les enfers, la description rappelle deux autres poèmes de Tristan, qui trouvent leur place respectivement dans *Les Plaintes d'Acante* et *Les Vers héroïques* : « Les terreurs nocturnes » et « A des cimetières »[11]. Jean Rousset la fait figurer dans son *Anthologie de la*

---

[7] Reprod. par A. Carriat, p. 674-676 dans *Œuvres complètes*, t. III, publié sous la dir. de J.-P. Chauveau, Paris, Champion (Sources classiques), 2002.

[8] Voir C. M. Grisé, « Tristan L'Hermite est-il l'auteur du *Ballet du triomphe de la beauté* ? », *Revue d'histoire de la littérature française*, octobre-décembre 1967.

[9] Voir notre chapitre 4, p. 188-189.

[10] Voir la présentation d'A. Carriat, p. 36-39 dans *Cahiers Tristan L'Hermite* n° 8 : *Tristan et la mélancolie I*, 1986. Voir aussi sa *Bibliographie*, *op. cit.*, p. 15.

[11] Voir chapitre 4, p. 216-218 et 234. *Cf.* par exemple :
> Que dans la douleur qui me presse,
> Et qui rend mon sort malheureux,
> Ces objets qui semblent affreux,
> S'accordent bien à ma tristesse :
> Que ce séjour rempli d'horreur,
> Est agréable à ma fureur ;
> Et que je trouve de délices,
> Dedans la rigueur de mes fers,
> À voir en ces lieux de supplices,
> Le portrait de mon âme, et celui des enfers (*Les Forges d'Antoigné*, v. 1-10).
> Tombeaux, pâles témoins de la rigueur du Sort
> Où je viens en secret entretenir la Mort
> D'une amour que je vois si mal récompensée.
> Vous donnez de la crainte et de l'horreur à tous (« A des cimetières », v. 9-12).
> Par un triste changement

poésie baroque française[12]. Dans la longue étude qu'il lui consacre, A. Carriat examine les raisons qui justifient cette attribution. Les circonstances, d'abord, semblent désigner Tristan : Lavardin, dédicataire du poème, appartient à la société mancelle ; or, le poète y a été introduit par Mme de Modène, épouse en premières noces d'Henri de Beaumanoir, marquis de Lavardin. Plus tard, il offrira à sa fille Madeleine quelques-unes de ses œuvres[13]. Délaissé par Gaston, il a pu vouloir chercher auprès de cette famille « un appui moins précaire ». Si les cinq initiales apposées au bas du compliment d'envoi (A.L.C.D.C.) laissent perplexe, le contenu en revanche peut être rapporté à l'imaginaire tristanien. En effet, car on y rencontre des thèmes chers à l'auteur :

> Dans cette peinture en clair-obscur, qui allie au réalisme une puissance visionnaire, on retrouve ce Tristan qu'on sait curieux de toutes choses, des 'propriétés des herbes' comme celles de l'aimant, de géographie comme de physique, d'anatomie, d'astrologie, d'alchimie [...]. La technologie, inspiratrice d'un Tristan habituellement plus féru de mythologie et de Virgile ? Eh, pourquoi pas ? D'autant que l'occurrence est belle d'illustrer, autrement qu'à partir des combats guerriers, cette métaphore sur 'les flammes et les fers' qui circule à travers tout le siècle. [...] Et voilà que, par antithèse, des représentations bucoliques viennent çà et là, strophe 5, strophe 8, rappeler les rêveries paysagères qui agrémentent la 'Promesse à Philis' ou la 'Plainte à la belle banquière'[14].

Que produisent les ténèbres,
Les bois et les éléments
Ont pris des habits funèbres.
Je suis comme dans un four ;
Que la nuit est peu sereine (« Les terreurs nocturnes », v. 81-86).

[12] J. Rousset, *Anthologie de la poésie baroque française*, Paris, Colin, 1961, t. I, « Les eaux miroitantes », p. 235-238.

[13] Il lui dédie en particulier les *Principes de cosmographie* en 1637 et, dans *Les Amours du prince d'Ethiopie*, il s'adresse encore à elle. Sur la famille des Modène et des Lavardin, voir N.-M. Bernardin, *Un Précurseur de Racine, Tristan L'Hermite*, Paris, Picard, 1895, p. 182-184. Le second poème est reproduit dans le même ouvrage, p. 590-594.

[14] A. Carriat, *Cahiers Tristan L'Hermite* n° 8, *op. cit.*, p. 38.

5. Les poèmes signalés par Bernardin

A la fin de sa thèse (*op. cit.*, p. 621-624), Bernardin mentionne quelques autres textes attribués à Tristan :

– *La Carte du royaume d'Amour ou la Description succincte de la contrée qu'il régit, de ses principales villes, bourgades et autres lieux, et le chemin qu'il faut tenir pour y faire voyage.* Ce texte figure dans le *Recueil de pièces en prose les plus agréables de ce temps* (t. I, Sercy, 1658)[15]. Dans sa *Bibliothèque française* (p. 152), Sorel précise que cette *Carte* était attribuée à Tristan[16]. Celle-ci, qui préfigure la célèbre *Carte du Tendre*, contribue à renforcer l'image du poète « précieux »[17].

– Le *Portrait burlesque de la Médecine*, paru dans *Les Muses illustres* (Paris, Chamhoudry, 1658)[18]. Cette pièce est un bon exemple de poésie burlesque, registre que Tristan a par ailleurs peu exploité[19]. Nous y retrouvons aussi le thème de la maladie, présent dans quelques autres de ses poèmes[20].

– L'*Ode à Olympe*, publiée dans la *Bibliothèque poétique* par Le Fort de la Morinière (Paris, 1745, p. 438)[21]. Bernardin suppose que cette pièce, absente des *Vers héroïques*, lui est postérieure. Il émet quelques hypothèses sur l'identité de la destinataire, qui « offrit un asile au poète dans la calme retraite de son château et de ses bois ».

– A. Carriat ajoute à cette liste[22] un sonnet, « C'est fait, je vais mourir... », qui s'inscrit dans la tradition de la lyrique amoureuse[23].

---

[15] Voir N.-M. Bernardin, *op. cit.*, p. 21. Le poème est repris par A. Carriat dans *Choix de pages* (Limoges, Rougerie, 1955, p. 224-227).

[16] Voir A. Carriat, *Bibliographie des œuvres de Tristan L'Hermite*, *op. cit.*, p. 21.

[17] Voir notre chapitre 1, p. 106-107.

[18] Bernardin signale également une *Epître* qui précède immédiatement le poème et qu'il attribue volontiers à Tristan.

[19] Voir notre chapitre 6, p. 350-351.

[20] Voir nos chapitres 5, p. 291 et 6, p. 357-358.

[21] Voir aussi J.-P. Chauveau, « L''Ode à l'Olympe' est-elle de Tristan ?», p. 36-40 dans *Cahiers Tristan L'Hermite* n° 1 : *Le Dépaysement chez Tristan*, 1979.

[22] Il mentionne également quelques autres poèmes publiés après la mort de Tristan (p. 654-658 dans *Œuvres complètes*, t. III, *op. cit.*).

[23] Reprod. p. 687 dans *ibid.*

ANNEXE 4
La métrique dans la poésie de Tristan[1]

Les premiers poèmes

Sonnets

Types de sonnets	Disposition des rimes	Genre de la rime initiale et genre de la rime finale	Titres ou numéros des pièces
Sonnets réguliers	*abba abba ccd ede*	*f m*	*La Lyre* XC, *Les Plaintes d'Acante* X, *Les Plaintes d'Acante* XII, *Les Plaintes d'Acante* XIV, *Les Plaintes d'Acante* XXIII, *Les Plaintes d'Acante* XXX, *Les Plaintes d'Acante* XXXIV, *Les Plaintes d'Acante* XXXV
		m f	*La Lyre* LXXXVIII, *Les Plaintes d'Acante* XI, *Les Plaintes d'Acante* XXVIII, *Les Plaintes d'Acante* XXIX, *Les*

---

[1] Ce travail, qui figurait déjà dans notre thèse, est comparable à celui qu'a récemment réalisé V. Adam dans son édition critique des *Amours* (p. 28-30 dans *Œuvres complètes*, t. II, publié sous la dir. de J.-P. Chauveau, Paris, Champion, Sources classiques, 2002) ainsi que dans son édition critique des *Vers héroïques* (p. 17-20 dans *Œuvres complètes*, t. III). Nous avons cependant choisi de le conserver, parce qu'il est le complément indispensable aux descriptifs donnés dans nos chapitres 4 (p. 236-237) et 6 (p. 360-361).

			Plaintes d'Acante XXXVIII, Les Plaintes d'Acante XLI
	abba abba ccd eed	m m	La Lyre XCI
	abab abab ccd ede	f f	Les Plaintes d'Acante XXIV
		m m	La Lyre CI, Les Plaintes d'Acante VIII, Les Plaintes d'Acante XXII
Sonnets irréguliers	abba abab ccd ede	m m	Les Plaintes d'Acante IX
	abab abba ccd ede	f m	Les Plaintes d'Acante XVII
	abab baba ccd ede	f m	Les Plaintes d'Acante XIII, Les Plaintes d'Acante XXI, Les Plaintes d'Acante XXVII
		m f	La Lyre LXXXVI
Sonnets libertins			néant

Poèmes de forme strophique

1. Sizains

Mètres	Disposition des rimes	Pièces comportant plusieurs strophes (stances et odes)	Epigrammes et madrigaux

Octosyllabes	*aabcbc*	*La Lyre* LXXIII, *Les Plaintes d'Acante* XV, *Les Plaintes d'Acante* XXV	
Alexandrins et octosyllabes	*aabcbc*	*Les Plaintes d'Acante* XXXI	
	aabccb	*La Lyre* VII	
Alexandrins et vers de 6 syllabes	*aabccb*	*La Lyre*, LXXXIII	
Alexandrins, octosyllabes et vers de 6 syllabes	*aabccb*	*Les Plaintes d'Acante* II	

2. Dizains

Mètres	Disposition des rimes	Pièces comportant plusieurs strophes (stances et odes)	Epigrammes et madrigaux
Octosyllabes	*ababccdede*	*Les Vers héroïques* II	
	abbaccdede		*Les Plaintes d'Acante* XX, *Les Plaintes d'Acante* XXXIII, *Les Plaintes d'Acante* XL
Heptasyllabes	*ababccdede*		*Les Plaintes d'Acante* XXXVII
Alexandrins et octosyllabes	*ababccdede*	*Les Vers héroïques* XXXIII	

3. Quatrains

Mètres	Disposition des rimes	Pièces comportant plusieurs strophes (stances et odes)	Epigrammes et madrigaux

Octosyllabes	abba	Les Plaintes d'Acante VII	
	abab		Les Plaintes d'Acante I
Alexandrins	abab	La Lyre XIV, Les Plaintes d'Acante VI	
Alexandrins et vers de 6 syllabes	aabb	Les Plaintes d'Acante XXXIX	
Alexandrins, octosyllabes et vers de 6 syllabes	aabb	Les Plaintes d'Acante XVI	
Alexandrins, octosyllabes et décasyllabes	abba	Les Plaintes d'Acante XXXII	

4. Huitains

Mètres	Disposition des rimes	Stances
Octosyllabes	aabccbbc	Les Plaintes d'Acante V et XVIII

5. Autres types de strophes

Types de strophes	Mètres	Disposition des rimes	Pièces comportant plusieurs strophes (stances et odes)	Epigrammes et madrigaux
Quintils	Alexandrins	ababa	La Lyre LXXXVII	
Strophes de sept vers	Octosyllabes	aabcbcb		Les Plaintes d'Acante III
	Alexandrins et octosyllabes	ababbcc		Les Plaintes d'Acante IV

Les Vers héroïques

1. Sonnets

Types de sonnets	Disposition des rimes	Genre de la rime finale	Numéros des pièces
Sonnets réguliers	*abba abba ccd ede*	Masculin	XX, XXX, XXXIV, LXXXVI, LXXXIX, XCI, CXVIII
		Féminin	LXXIX
	abab abab ccd ede	Masculin	XXVII, XLIX, LV
		Féminin	XXIX, XXXV, LXXX, XC
Sonnets irréguliers	*abba abab ccd ede*	Masculin	XLII
		Féminin	LXXXVII
	abab abba ccd ede	Masculin	LVII, CXXII
	abab baba ccd ede	Masculin	XIV
		Féminin	XXIII
Sonnets « libertins »	*abab cdcd eef gfg*	Masculin	III, XXXIX, XLV, LIX, LXXXVIII, CXXIX ; XXVIII,
	abba cdcd eef gfg	Féminin	XLVII
	abab cddc eef gfg	Masculin	LXXXI

2. Quatrains

Mètres	Rimes	Pièces comportant plusieurs strophes	Epigrammes et madrigaux
Octosyllabes	*abab*	VIII, XLI, LVIII, LX, LXXI, CIX	XXXII, LXIX
Alexandrins	*abab*	LII, LXI, LXV, LXXXV	XCII, XCIV, CXV, CXXVII
			XCV
	abba		XCVII, XCIX
Alexandrins et	*abab*	LVI	

octosyllabes			
Alexandrins et vers de 6 syllabes	*aabb*	XL	
Octosyllabes et vers de 6 syllabes	*abba*	LXXII	

3. Sizains

Mètres	Rimes	Pièces comportant plusieurs strophes	Epigrammes et madrigaux
Octosyllabes	*aabcbc*	VI, X, XXXVIII, LXIII, LXVI, LXVII, LXXIII, CVII	XVIII, XLIII, XLVIII, CV, CVI
	aabccb	XIII	CI, CIII
	ababcc		XXXI, CXIV
Alexandrins	*aabcbc*		XVIII
Heptasyllabes	*aabcbc*	XVII	
Octosyllabes et alexandrins	*aabcbc*	IV, XIX, XCIII	
Alexandrins et vers de 6 syllabes	*aabccb*	CXIII	
	aabccb	LI	
Alexandrins, octosyllabes et vers de 6 syllabes	*aabccb*	XXIV, XXV, XXXVI, LXII	

4. Dizains

Mètres	Rimes	Pièces comportant plusieurs strophes	Epigrammes et madrigaux
Alexandrins	*ababccdede*		XCVIII

Octosyllabes	*ababccdede*	I, II, VII, XII, XVI, XXI	LXX, LXXXII, LXXXIV
	ababcdcdee		LXXXIII
	abbaccdede		LXXVI, CXXV, CXXX
	abbaccdeed		LXIV
Heptasyllabes	*ababccdeed*		XXII
Octosyllabes, décasyllabes et alexandrins	*ababccdede*	XXXIII	
Octosyllabes, alexandrins et vers de 6 syllabes	*ababccdede*		CXXVIII

5. Huitains

Mètres	Rimes	Pièces comportant plusieurs strophes	Epigrammes et madrigaux
Octosyllabes	*aabccbcb*	LIV	CIV
	ababcdcd		LIII, LXXIV, LXXV
	abbacdcd		CXXI
Octosyllabes et alexandrins	*aabcbccb*	XXVI	
	ababcdcd		CXXIV, CXIX
Octosyllabes, alexandrins et vers de 6 syllabes	*aabccbdd*		CXXVI

6. Douzains

Mètres	Rimes	Pièces comportant plusieurs strophes	Epigrammes et madrigaux
Octosyllabes	*ababccdedeed* *ababccdeedde* *ababccdeeded*	V, XV XI XXXVII	

7. Quintils

Mètres	Rimes	Pièces comportant plusieurs strophes	Epigrammes et madrigaux
Octosyllabes	*ababa*	CXVII	

8. Strophes de 7 vers

Mètres	Rimes	Pièces comportant plusieurs strophes	Epigrammes et madrigaux
Octosyllabes	*aabbcbc*		XLIV
Alexandrins et octosyllabes	*aabcbcb*	LXXVIII	XLVI, CXX
Alexandrins, octosyllabes et vers de 6 syllabes	*aabbcbc*		CXXIII

9. Autres formes

1. épître : CVIII, CX, CXI, CXII
2. quatrain + 2 tercets (*abab ccd ede*) : IX

Les éditions des œuvres de Tristan
depuis le début du dix-neuvième siècle

Dans le catalogue édité à l'occasion de l'exposition que la Bibliothèque Mazarine consacra à Tristan au printemps 2001, Isabelle de Conihout décrit longuement les éditions originales de ses œuvres[1]. Nous nous contenterons donc ici de mentionner les éditions modernes, c'est-à-dire les volumes qui ont paru depuis le début du dix-neuvième siècle. Encore cette liste ne prétend-elle nullement à l'exhaustivité.

I. Œuvres complètes

TRISTAN L'HERMITE, *Œuvres complètes*, 5 vol., Paris, Champion (Sources classiques), 1999-2002

II. Œuvres publiées séparément

A. Poésie

1. Poèmes isolés

TRISTAN L'HERMITE, *Le Promenoir des deux amants*, orné de huit bois par Raphaël Drouart, Paris, La Belle Edition, 1919. Reprise en abrégé dans *Le Promenoir des deux amants*, Paris, Bernouard (Alter Ego), 1924.

TRISTAN L'HERMITE, *Stances et autres œuvres du Sieur Tristan*, Paris, La Sirène (Les Muses oubliées), 1922.

---

[1] A. Carriat, J.-P. Chauveau et I. de Conihout, *Tristan L'Hermite (1601-1655) ou le page disgracié*, Paris, Bibliothèque Mazarine, 2001, p. 57-59.

Une réparation posthume due au « Précurseur de Racine » : Tristan L'Hermite, sieur du Solier, poète chrétien et catholique, introd. par Frédéric Lachèvre, Paris, Librairie historique Margraff, 1941[2].

TRISTAN L'HERMITE, *Le Promenoir des deux amants,* Alger, Le Relais de Fontaine, 1941.

TRISTAN L'HERMITE, *Le Promenoir des deux amans du sieur Tristan L'Hermite,* avec un bois gravé de Siméon, Paris, J. Haumont, 1949.

TRISTAN L'HERMITE, *Le Promenoir des deux amans du sieur Tristan L'Hermite,* orné de quatre dessins de Valentine Hugo, Paris, G.L.M., 1949.

TRISTAN L'HERMITE, *Deux poèmes oubliés,* présentation et notes par Amédée Carriat, Limoges, Rougerie, 1955.

2. Recueils

TRISTAN, *Les Plaintes d'Acante et autres œuvres,* introd. et éd. critique de Jacques Madeleine, Paris, Société des Textes Français Modernes, 1909. Reprise des éd. de 1633, 1638 et 1662

Les Plaintes d'Acante, p. 3-51. *Autres pièces du même auteur,* p. 53-95. *Les Amours de Tristan,* p. 99-196. *Poésies galantes et héroïques du sieur Tristan L'Hermite,* p. 199-213.

TRISTAN L'HERMITE, *Les Amours et autres poésies choisies,* préface et notes de Pierre Camo, Paris, Garnier, 1925.

L'HERMITE, François-Tristan, *Les Vers héroïques,* éd. critique et introd. par Catherine M. Grisé, Genève, Droz, 1967.

TRISTAN, *La Lyre,* introd. et notes par Jean-Pierre Chauveau, Paris ; Genève, Droz (Textes littéraires français), 1977.

B. Théâtre

1. Pièces isolées

TRISTAN L'HERMITE, *Le Parasite,* p. 1-67 dans *Les Contemporains de Molière. Recueil de comédies rares, ou peu connues, jouées de 1650 à 1680, t. III Théâtre du Marais, Théâtre du Palais-Royal,* éd. de Victor Fournel, Paris, Didot, 1875.

TRISTAN, *La Mariane,* éd. critique publiée par Jacques Madeleine, Paris, Hachette (Société des Textes Français Modernes), 1917. Reprise en 1939.

TRISTAN, *La Mort de Sénèque,* éd. critique publiée par Jacques Madeleine, Paris, Hachette, 1919.

---

[2] Voir notre chapitre 1, p. 46-47.

TRISTAN L'HERMITE, *Le Parasite*, éd. critique publiée par Jacques Madeleine, Paris, Droz, 1934.

TRISTAN, *La Folie du sage* : tragicomédie, éd. critique et introd. de Jacques Madeleine, Paris, Droz, 1936.

La Mariane in The Chief-Rivals of Corneille and Racine, trad. anglaises par Lacy Lockert, Nashville, Vand. Univ. Press, 1956.

La Marianne, introduzione e commento di P.A. Jannini, Genève ; Paris, Nizet, 1969.

La Mort de Sénèque et *Osman* in *More plays by Rivals of Corneille and Racine*, trad. anglaises par Lacy Lockert, Nashville, Vand. Univ. Press, 1968 .

2. Théâtre complet

Théâtre complet, textes collationnés sur les meilleures éditions publiées du vivant de l'auteur par Edmond Girard, Paris, Maison des Poètes (Cahiers d'un bibliophile), 1900-1907.

Le Théâtre complet de Tristan L'Hermite, éd. critique par Claude K. Abraham, Jérôme W. Schweitzer et Jacqueline Van Baelen ; préface d'Amédée Carriat, the University of Alabama press, 1975.

C. Prose

1. Le Page disgracié

TRISTAN L'HERMITE, *Le Page disgracié ou l'on voit de vifs caractères d'hommes de tous temperamens et de toutes professions*, nouv. éd. avec introd. et notes par A. Dietrich, Paris, Plon (Bibliothèque elzévirienne), 1898.

TRISTAN L'HERMITE, *Le Page disgracié*, préface de J. Savarin, Paris, Les Coulisses du passé, 1924.

Le Page disgracié, introd. par J. Bousquet, Paris, Les Belles Lettres, 1946.

Le Page disgracié, introd. par J.-C. Mourgeon, in *Combat*, 1959.

TRISTAN L'HERMITE, *Le Page disgracié*, préface de Marcel Arland, Paris, Stock, 1946.

TRISTAN L'HERMITE, *Le Page disgracié*, texte établi par Jean Serroy, Presses Universitaires de Grenoble (Bibliothèque de l'imaginaire. Série romanesque), 1980.

TRISTAN L'HERMITE, *Le Page disgracié*, éd. établie, annotée et préface de Jacques Prévot, Paris, Gallimard (Folio classique), 1994.

2. *Les* **Lettres mêlées**

L'HERMITE, François-Tristan, *Lettres meslées*, éd. critique et introd. de Catherine Grisé, Genève ; Paris, Droz ; Minard, 1972.

III. Œuvres choisies

TRISTAN L'HERMITE, *Les Amours. La Lyre. Les Vers héroïques. Les Heures de la Vierge. La Mariane. Le Parasite. Lettres amoureuses. Le Page disgracié. Ouvrages attribués à Tristan. Appendice*, notice de Adolphe Van Bever, Paris, Mercure de France (Les plus belles pages), 1909.

TRISTAN L'HERMITE, *Choix de pages*, présentées et annotées par Amédée Carriat, Limoges, Rougerie, 1960.

TRISTAN L'HERMITE, *Poésies* choisies et annotées par Philip A. Wadsworth, Paris, Seghers, 1960.

TRISTAN L'HERMITE, *Florilège*, choisi et présenté par Amédée Carriat, Jean-Pierre Chauveau et M. Ducher, Tercillat, Les Amis de Tristan L'Hermite, 1993.

IV. Anthologies[3]

A. Poésie

CHAMPAGNAC, Jean-Baptiste, *Poètes français ou Choix de poésies des XVe, XVIe, XVIIe et XVIIIe siècles*, Paris, Ménard et Desenne, 1825, II, 100-12.

CRÉPET, Eugène, *Les Poètes français*, Paris, Gide, 1862, I, 538-551.

OLIVIER, Paul, *Cent poètes lyriques, précieux ou burlesques du XVIIe siècle*, Paris, Havard, 1898, 142-166.

DORCHAIN, Auguste, *Les Cent meilleurs poèmes*, Paris, Perche, 1905, 23-26.

Id., *Les Chefs-d'œuvre lyriques de Malherbe et l'école classique*, Paris, Perche, 1909, 92-101.

---

[3] Nous avons repris et complété la liste établie par A. Carriat : voir « Tristan L'Hermite », p. 552-562 dans *Dictionnaire bio-bibliographique des auteurs du pays creusois et des écrits le concernant des origines à nos jours*, Guéret, société des sciences naturelles et archéologiques de la Creuse, 1964. Les chiffres qui suivent la description de chaque volume correspondent aux pages consacrées à Tristan.

VAN BEVER, Adolphe, *Les Poètes du terroir du XVe siècle au XXe siècle*, textes choisis accompagnés de notices biographiques, d'une bibliographie et de cartes des anciens pays de France par AVB, 4 t., Paris, Delagrave, 1909, II, « Limousin et Marche », p. 534-540.

FAGUET, Emile[4] et ALBALAT, Antoine, *La Poésie française*, Paris, Librairie des Annales, 1911, 208-210.

ALLEM, Maurice, *Anthologie poétique française. XVIIe siècle*, 2 t., Paris, Garnier, 1914, I, 370-392.

VAN DOOREN, Jean-Joseph, *Anthologie des poètes français*, 4e éd., Verviers Hermann, 1921, 140-142.

GAUTHIER-FERRIERES, *Anthologie des écrivains français. Poésie XVIIe siècle*, Paris, Larousse, 1923, 65-72.

BONNEFON, Paul, *La Société française au XVIIe siècle*, Paris, Colin, 1924, 57-64.

CHAMBERLAIN, B.-H., *Huit siècles de poésie française*, Paris, Payot, 1927, 249-251.

MAZADE, Fernand, *Anthologie des poètes français des origines à nos jours*, Paris, Librairie de France, 1927, II, 353-368.

ALLEM, Maurice, *La Poésie de l'amour*, Paris, Garnier, 1932, 99-103.

DUMAS, André, *Anthologie des poètes français du XVIIe siècle*, Paris, Delagrave, 1933, 166-175.

MONGREDIEN, Georges, *Les Précieux et les précieuses*, Paris, Mercure de France, 1939, 233-239, 303-307. Rééd. 1963, 168-72, 252-253

ARLAND, Marcel, *Anthologie de la poésie française*, Paris, Stock, 1941, 395-404.

AURY, Dominique et MAULNIER, Thierry, *Poètes précieux et baroques du XVIIe siècle*, Angers, Petit, 1941, 83-114.

RAMUZ, Charles-Ferdinand, *Poésie française XVIe et XVIIe siècle*, Lausanne, Guilde du Livre, 1942, 259-264. Rééd. Paris, Corréa, 1943

AURY, Dominique, *Anthologie de la poésie religieuse française*, Paris, Gallimard, 1943, 202-203.

MAULNIER, Thierry, *Poésie du XVIIe siècle*, Paris, La Table Ronde, 1945, 269-290.

BRAY, René, *Anthologie de la poésie précieuse de Thibaut de Champagne à Giraudoux*, Paris, LUF-Egloff, 1946[5], 95-111. Rééd. Paris, Nizet, 1957

---

[4] A propos de la lecture que Faguet fait de l'œuvre poétique de Tristan, voir notre chapitre 1, p. 89-90.

[5] Voir notre chapitre 1, p. 106-107.

DUHAMEL, Georges, *Anthologie de la poésie lyrique en France*, Paris, Flammarion, 1946, 203-206.

BLANCHARD, André, *Baroques et classiques*. *Anthologie des lyriques français (1550-1650)*, Lyon, I.A.C., 101-104.

DENUX, Roger, *Ces roses-ci, sonnets des XVIe, XVIIe et XVIIIe siècles*, Issy-les-Moulineaux, La Fenêtre ouverte, 1947, 239-244.

DUVIARD, Ferdinand, *Anthologie des poètes français XVIIe siècle*, Paris, Larousse, 1947, 131-138.

GREGH, Fernand, *Sonnets du temps jadis*, Paris, Tiranty, 1947, 315-321.

GUERIN, Charles, *Recueil de pages françaises XVIIe siècle*, Paris, Les élites françaises, 1948, 177-191.

MEGRET, Jacques, *Grands poètes français*, Lausanne, éd. du Grand-Chêne, 1948, II, 108-137.

GIDE, André, *Anthologie de la poésie française*, Paris, Gallimard (Pléiade), 1949, 313-314. Rééd. 1972

ELUARD, Paul, *Première anthologie vivante du passé*, Paris, Seghers, 1951, II, 190-194.

ARLAND, Marcel, *La Prose française*, Paris, Stock, 1951, 329-332.

TORTEL, Jean, *Le Préclassicisme français*, Paris, Cahiers du Sud, 1952⁶, 318-324.

PILLEMENT, Georges, *Anthologie de la poésie amoureuse*, Paris, Le Bélier, 1954, 209-214.

Id., *Anthologie des lettres d'amour*, Paris, Le Bélier, 1956, 45-47.

FOUCHET, Max-Pol, *Anthologie de la poésie française*, Paris, Club du Livre du mois, 1955. Rééd. *La Poésie française. Anthologie thématique*, Paris, Seghers, 1958, 21-24.

PETIT-DUTAILLIS M. et Y., *Poète, prends ton luth*, Paris, Club du Beau Livre de France, 1956, 264-274.

BARTUSCHEK, H., *Der Gallische Hahn*, Berlin, Aufbau Verlag, 1957, 132-139.

SCHMIDT, Albert-Marie, *L'Amour noir*, poèmes baroques, Monaco, 1959, *Passim*.

POMPIDOU, Georges, *Anthologie de la poésie française*, Paris, Hachette, 1961, 108-111. Rééd. in Le Livre de Poche, 1968, 148-151.

SEGHERS, Pierre, *Livre d'or de la poésie française*, Verviers, Marabout, 1961, 135-136.

---

⁶ Voir notre chapitre 1, p. 81.

ROUSSET, Jean, *Anthologie de la poésie baroque française*, Paris, Colin (Bibliothèque de Cluny), 1961, I, 231-238 ; II, 80-4 et *pass.* Id. in « Coll. U », 1968. Rééd. Paris, Corti, 2000, 48, 231-238.

BONFANTINI, Mario ; EHRENSTEIN, E. (de) et ROUVROY, *Anthologie et histoire de la littérature française*, Turin, Petricci, 1962.

STERNBERG, Jacques ; TOESCA, Maurice et GRALL, Alex, *Les Chefs-d'œuvre de l'amour sensuel*, Paris, Planète, 1964, 74, 154, 171.

MOURGUES, Odette (de), *An Anthology of French 17th cent. Lyric poetry*, Londres, Oxford University Press, 1966.

BARBIER, Jean, *N.-D. des Poètes*, Forcalquier, Morel, 1966, 125-126.

KANTERS, Robert et NADEAU, Maurice, *Anthologie de la poésie française. Le XVIIe siècle*, Lausanne, éd. Rencontre, 1967, II, 7-41.

CHASSANG, Arsène et SENNINGER, Charles, *Recueil de textes littéraires français XVIIe siècle*, Paris, Hachette, 1967, 66-67.

PAYEN, Jean-Claude et CHAUVEAU, Jean-Pierre, *La Poésie française des origines à 1715*, Paris, Colin, 1968, 234-235, 466-472.

ADAM, Antoine, *Littérature française. L'époque classique*, Paris, Arthaud, 1968, 195-200.

BLANCHARD, André, *Trésor de la poésie baroque et précieuse*, Paris, Seghers, 1969, 143-145.

DUBOIS, Claude-Gilbert, *La Poésie baroque*, Paris, Larousse, 1969, II, 149-156.

EUSTIS, Alvin, *Seventeeth Century French Literature*, New York, Mc Graw-Hill Book, 1969, 55-56, 162-167, 324-332.

LISOWSKI, J., *Anthologie de la poésie française*, Varsovie, Czytelnik, 1970, II, 334-359.

BONNEFOY, Claude, *La Poésie française des origines à nos jours*, Paris, Seuil, 1975, 127-130.

SABATIER, Robert, *La Poésie au XVIIe siècle. Histoire de la poésie française*, Paris, Albin Michel, 1975, 111-114.

BOURIN, Jeanne, *Les Plus belles pages de la poésie française*, Reader's digest, 1982, 182-184.

CHAUVEAU, Jean-Pierre, *Anthologie de la poésie française du XVIIe siècle*, Paris, Gallimard (Poésie) 1987, 270-289.

MATHIEU-CASTELLANI, Gisèle, *La Poésie amoureuse de l'âge baroque. Vingt poètes maniéristes et baroques*, Paris, Le Livre de poche, 1990, 397-414.

DELVAILLE, Bernard, *Mille et cent ans de poésie française*, Paris, Laffont (Bouquins), 1991, 735-741.

CAZENAVE, Michel, *Anthologie de la poésie de langue française du XIIe au XXe siècle*, Paris, Hachette, 1994, 852-856.

ORIZET, Jean, *Anthologie de la poésie amoureuse en France XII-XXe siècles*, Bartillat, 1997, 112-119.

LAUDIER, Benoît et WARESQUIEL, Emmanuel (de) (choix de textes et introd. par), *Du Moyen Age à nos jours. La poésie française à travers les siècles*, Paris, Larousse-Bordas, 1997, 43.

MALINEAU, Jean-Hugues, *Mille ans de poésie*, Milan, 1999, 165-167.

SERROY, Jean, *Poètes français de l'âge baroque. Anthologie (1571-1677)*, Paris, éd. impr. nationale (La Salamandre), 1999, 414-434.

CHAUVEAU, Jean-Pierre ; GROS, Gérard et MENAGER, Daniel, *Anthologie de la poésie française : Moyen Age, XVIe siècle, XVIIe siècle*, Paris, Gallimard (Pléiade), 2000.

BELLAUNAY, Henri, *Petite anthologie imaginaire de la poésie française, suivi d'une anthologie fluette mais authentique de la poésie française*, préface de Jean d'Ormesson, Paris, Le Livre de Poche, 2000, 96.

NOVARINO, Albine et MANDOPOULOS, Béatrice, *Cent poèmes d'amour pour un siècle nouveau*, Omnibus, 2000.

JULLIARD, Suzanne, *Anthologie de la poésie française*, Paris, Fallois, 2002, 333-337.

B. Théâtre

SCHERER, Jacques et TRUCHET, Jacques, *Théâtre du XVIIe siècle II*, Paris, Gallimard (Pléiade), 1986.

La Marianne, p. 261-329.

La Mort de Sénèque, p. 331-403.

C. Prose

PRÉVOT, Jacques, *Libertins du XVIIe siècle I*, Paris, Gallimard (Pléiade), 1998.

Le Page disgracié, p. 381-595.

*
*   *

Plusieurs remarques s'imposent à la lecture de cette bibliographie. Ce qui frappe d'abord, c'est le grand nombre de volumes publiés depuis le début du dix-neuvième siècle. Parallèlement aux critiques, les auteurs de ces rééditions successives manifestent non seulement un intérêt croissant pour Tristan, mais affirment également leur souci de réhabiliter un écrivain qu'ils estiment injustement « oublié » (« réparation »)[7]. Plus précisément, l'image que cherchent à donner de lui critiques et éditeurs se reflète dans les modes de publication : choisir de publier ses œuvres complètes, privilégier tel ou tel genre, ou encore le placer dans une anthologie ne procède évidemment pas de la même démarche. La première édition de ses œuvres complètes (Champion) s'est achevée en 2002, peu de temps après que fut célébrée le tricentenaire de sa naissance[8] ; seul son théâtre avait auparavant fait l'objet d'une telle publication, successivement en 1909 (Girard) et en 1975 (C. Abraham). Il est d'ailleurs significatif que son œuvre dramatique ait ainsi été longtemps privilégié : dès l'époque de Bernardin, Tristan, qualifié de « précurseur de Racine », est perçu avant tout, sinon exclusivement, comme un auteur de théâtre. Si ses tragédies sont alors préférées à sa comédie, celle-ci n'est cependant pas oubliée : c'est ainsi qu'en 1875 Fournel fait figurer *Le Parasite* dans son *Recueil de comédies rares*, titre qui en dit déjà long sur la place qu'occupe cette pièce dans l'histoire littéraire.

Dans l'ensemble, la séparation des genres est strictement observée, ce qui n'empêche pas certains spécialistes de Tristan de passer de l'un à l'autre. Madeleine, admirateur inconditionnel du poète[9], publie ainsi tour à tour *La Marianne*, *La Mort de Sénèque*, *La Folie du sage*, *Le Parasite* et *Les Plaintes d'Acante* assorties des *Amours*, cependant qu'il néglige les autres œuvres poétiques de l'auteur, ainsi que ses textes en prose. Cette attitude s'explique par l'intérêt particulier que Madeleine, lui-même poète, porte à la poésie de Tristan en général[10]. Néanmoins, il semble que, pour lui, la poésie tristanienne, entendue au sens strict, se réduise aux *Plaintes d'Acante* et aux *Amours*, recueils qui concentrent l'image, devenue presque mythique, du poète mélancolique. Madeleine n'est d'ailleurs pas le seul critique de son époque à faire peu de cas du *Page disgracié*, texte généralement traité comme une source d'informations biographiques[11] ; à ce titre, l'édition de Dietrich, en 1898, fait exception. Il faudra attendre le milieu du vingtième siècle, avec l'édition d'Arland, pour que *Le Page disgracié* soit définitivement considéré comme une œuvre littéraire à part

---

[7] Voir notre chapitre 1, *passim*.

[8] Cet anniversaire a été marqué par un ensemble de manifestations : deux journées d'études organisées à Guéret et à Limoges, un colloque à l'université de Nanterre...

[9] Voir notre chapitre 1, p. 72.

[10] Le théâtre en vers relevant aussi de la poésie.

[11] Dans son introduction aux *Plaintes d'Acante*, Madeleine qualifie paradoxalement le « roman » de Tristan d'« autobiographie véridique » (p. XV).

entière. De manière générale, la hiérarchie que nous avions pu observer dans la critique[12] se retrouve dans les éditions des œuvres de Tristan : ses textes en vers ont longtemps été privilégiés, avant que ne soit redécouvert *Le Page disgracié*, qui en vingt ans a plusieurs fois été réédité (J. Serroy, J. Prévot), pouvant aussi bien faire l'objet d'une édition savante (Pléiade) que prendre place dans une collection destinée à un large public (Folio classique)[13]. Loin d'être considéré comme une simple autobiographie, il apparaît avant tout comme une œuvre de fiction, ce que reflète bien le nom de la collection dans laquelle J. Serroy le fit entrer (Bibliothèque de l'imaginaire, série romanesque)[14]. Finalement, le succès grandissant dont jouit *Le Page disgracié* depuis quelques décennies semble avoir eu pour effet d'éclipser les autres œuvres en prose écrites par Tristan : les *Lettres mêlées* et, plus encore, les *Plaidoyers historiques* et les *Principes de cosmographie*.

En dépit des liens qui l'unissent aux littératures européennes (italienne, espagnole, anglaise[15]), les œuvres de Tristan ont rarement été publiées à l'étranger[16]. Depuis quelques décennies cependant, Anglais, Américains et Italiens notamment s'efforcent de faire redécouvrir certains de ses textes, soit par des traductions, soit par des publications en français (L. Lockert, P.A. Jannini, C. Grisé, C. Abraham) ; mais curieusement, la plupart de ces ouvrages concernent son théâtre, comme si l'image jadis construite par Bernardin s'imposait à nouveau. Pourtant, lorsqu'il publie quelques-unes des tragédies de Tristan, L. Lockert qualifie ce dernier de « rival » de Corneille, mot qui est bien le reflet d'une réalité historique[17] mais qui, en même temps, vient corriger l'image de précurseur dessinée par Bernardin. On imaginerait fort bien une traduction espagnole du *Page disgracié*, qui ainsi se verrait rapprochée du modèle picaresque, ou encore une traduction

---

[12] Voir la conclusion de notre première partie, p. 170.

[13] Voir nos remarques à ce sujet (conclusion de la première partie, p. 174 n. 22).

[14] On sait que, dans ce texte, Tristan joue sur le rapport ambigu entre réalité et fiction. Son pseudonyme renforce cette ambiguïté si bien que, pour l'ensemble de ses œuvres, les critiques le désignent de différentes manières : François L'Hermite, François-Tristan L'Hermite, Tristan L'Hermite ou même (le plus souvent) Tristan seul.

[15] Voir notre chapitre 2, p. 121-140.

[16] En revanche, l'œuvre tristanien offre peu de parentés avec la littérature allemande de son époque, ce qui explique sans doute le faible intérêt que lui portèrent les critiques d'outre-Rhin. L'ouvrage de Bartuschek apparaît ainsi comme une curiosité.

[17] Que l'on songe au *Cid* et à *La Marianne*, pièces représentées à quelques mois d'intervalle seulement.

italienne des *Amours* et de *La Lyre*, recueils placés sous le signe du marinisme.

Reste à évoquer les nombreuses anthologies, dans lesquelles la poésie de Tristan prend nettement le pas sur les autres aspects de son œuvre. Malgré la tentation de faire de lui un poète régional (*Les Poètes du terroir*), l'auteur figure en effet le plus souvent dans des anthologies à caractère général, qui touchent soit l'ensemble de la poésie française, soit uniquement la poésie du dix-septième siècle ; et ces ouvrages reflètent à merveille les diverses images auxquelles est traditonnellement associé Tristan. Il suffit pour cela d'une part de relever les qualificatifs qui lui sont appliqués, d'autre part de repérer les types de textes que les éditeurs s'attachent à sélectionner. La plupart des poèmes de Tristan retenus dans les anthologies relèvent de la lyrique amoureuse et, parmi ceux-ci, quelques-uns font régulièrement leur apparition : les *Plaintes d'Acante*, *Le Promenoir des deux amants*, *L'Orphée*... Ces textes, jugés particulièrement représentatifs de l'œuvre tristanien, renforcent également l'image du poète mélancolique. Dans ces anthologies, Tristan reçoit toutes sortes de qualificatifs, dont la critique elle-même fait un usage abondant : « lyrique », « précieux », « baroque »[18]. Il arrive aussi, mais plus rarement, qu'on le range parmi les « classiques »[19]. La valeur qui semble ainsi lui être reconnue, les « baroques » suscitant parfois la méfiance, se manifeste à travers d'autres expressions encore : « grands », « chefs-d'œuvre ». Par ailleurs, il faut attendre 1986 pour que l'auteur prenne place dans une anthologie entièrement dédiée au théâtre du dix-septième siècle ; et ce sont logiquement *La Marianne* et *La Mort de Sénèque*, les deux pièces les plus célèbres de Tristan, que choisissent J. Scherer et J. Truchet pour le représenter. Enfin, en 1999, J. Prévot fait entrer *Le Page disgracié* dans un volume consacré aux *Libertins du XVIIe siècle* et la place aux côtés de la *Première journée* de Théophile et de *L'Autre monde* de Cyrano. Désormais donc, ce n'est plus le désir de réhabilitation qui anime les critiques, mais bien plutôt le souci de classification. Néanmoins, toutes ces publications offrent de Tristan une image extrêmement éclatée, qui elle-même dépend en grande partie des auteurs auxquels il se trouve associé : dans le volume précité par exemple, J. Prévot nous invite à lire *Le Page disgracié* à la lumière de la *Première journée*, supposée être l'une de ses principales sources[20].

---

[18] Voir notre première partie, *passim*.

[19] Voir notre premier chapitre, *passim*.

[20] Voir notre chapitre 5, p. 315.

BIBLIOGRAPHIE

I. Nos sources

A. Œuvres de Tristan

La manière dont Tristan est désigné varie : tantôt son nom figure suivi de son prénom, tantôt seul « Tristan » est mentionné. Nous avons restitué cette diversité dans les notices bibliographiques.

1. Editions d'origine[1]

Ce travail s'appuie sur la bibliographie établie par Amédée Carriat[2]. Pour les œuvres dramatiques, les dates indiquées entre crochets correspondent aux premières représentations.

TRISTAN, *Plaintes d'Acante et autres œuvres*, Anvers, Aertssens, 1633.

L'HERMITE, Tristan, *La Mariane* : tragedie, Paris, Courbé, 1637 [1636].

TRISTAN, *Principes de cosmographie* : tirez d'un manuscrit de Viette, et traduits en François, Paris, Courbé, 1637.

TRISTAN, *Les Amours de Tristan*, Paris, Billaine ; Courbé, 1638.

TRISTAN, *Panthee* : tragedie, Paris, Courbé, 1639 [1638].

TRISTAN, *La Lyre du sieur Tristan*, Paris, Courbé, 1641.

TRISTAN, *Lettres meslees*, Paris, Courbé, 1642.

TRISTAN, *Le Page disgracie* : où l'on void de vifs caracteres d'hommes de tous temperamens, et de toutes professions, 2 vol., Paris, Quinet, 1642.

TRISTAN, *Plaidoyers historiques Ou Discours de Controverse*, Paris, Sommaville ; Courbé, 1643.

---

[1] Pour l'histoire des éditions des œuvres de Tristan depuis la fin du dix-neuvième siècle, voir l'annexe 5, p. 427-438.

[2] A. Carriat, *Bibliographie des œuvres de Tristan L'Hermite*, Limoges, Rougerie, 1955. Pour les poèmes publiés séparément ou dans des recueils collectifs, nous renvoyons le lecteur à la bibliographie citée.

TRISTAN, *La Folie dv sage* : tragicomedie, Paris, Quinet, 1645 [1644].

TRISTAN, *La Mort de Seneqve* : tragedie, Paris, Quinet, 1645 [1644].

L'HERMITE, Tristan, *La Mort de Chrispe, ov les malhevrs domestiqves dv grand Constantin*, Paris, Besongne, 1645 [1644].

L'HERMITE, François, *L'Office de la sainte Vierge* : accompagne de prieres, meditations et instructions chretiennes, tant en vers qu'en prose, [s.l.], [s.n.], 1646[3].

TRISTAN, *Les Vers héroïques du sieur Tristan L'Hermite*, Paris, Loyson, 1648.

TRISTAN, *La Celimene de Mr de Rotrou accommodee au Theatre sous le nom d'Amarillis* : pastorale, Paris, Sommaville, 1653 [1652].

TRISTAN, *Le Parasite* : comedie, Paris, Courbé, 1654 [1653].

L'HERMITE, Tristan, *Osman* : tragedie, Paris, Luynes, 1656 [1647 ?][4].

2. Editions modernes utilisées[5]

TRISTAN, *Les Plaintes d'Acante et autres œuvres*, introd. et éd. critique de Jacques Madeleine, Paris, Société des Textes Français Modernes, 1984. Réimpression de l'éd. de 1909. Reprise des éd. de 1633, 1638 et 1662.

Les Plaintes d'Acante, p. 3-51. *Autres pièces du même auteur*, p. 53-95. *Les Amours de Tristan*, p. 99-196. *Poésies galantes et héroïques du sieur Tristan L'Hermite*, p. 199-213.

TRISTAN, *La Marianne*, p. 261-329 dans *Théâtre du XVIIe siècle II*, textes choisis, établis et annotés par Jacques Scherer et Jacques Truchet ; introd. de Jacques Truchet, Paris, Gallimard (Pléiade), 1986.

L'HERMITE, Tristan, *Panthée*, p. 133-204 dans *Le Théâtre complet de Tristan L'Hermite*, éd. critique par Claude K. Abraham, Jérôme W. Schweitzer et Jacqueline Van Baelen ; préface d'Amédée Carriat, the University of Alabama press, 1975.

TRISTAN, *La Lyre*, introd. et notes par Jean-Pierre Chauveau, Paris ; Genève, Droz (Textes littéraires français), 1977.

---

[3] Comme le remarque J.-P. Chauveau, le fait que Tristan signe, non de son nom de plume, mais de son véritable patronyme, est une marque de modestie (introd. de *L'Office de la sainte vierge*, dans *Œuvres complètes*, t. III, publié sous la dir. de J.-P. Chauveau, Paris, Champion, Sources classiques, 2002, p. 278, n. 2).

[4] Dans l'édition posthume qu'il donne de la pièce, Quinault associe au nom de plume, par lequel l'auteur est le plus connu, son nom d'origine.

[5] Nous avons, bien évidemment, consulté les cinq volumes des *Œuvres complètes* de Tristan récemment publiés (Paris, Champion, Sources classiques, 1999-2002). Mais, ayant utilisé d'autres éditions, nous ne les mentionnons pas dans la bibliographie. Voir à ce sujet notre avertissement, p. 13.

L'HERMITE, François-Tristan, *Lettres meslées*, éd. critique et introd. de Catherine Grisé, Genève, Paris, Droz ; Minard, 1972.

L'HERMITE, Tristan, *Le Page disgracié*, éd. établie, annotée et préface de Jacques Prévot, Paris, Gallimard (Folio classique), 1994.

TRISTAN, *La Folie du sage* : tragicomédie, éd. critique et introd. de Jacques Madeleine, Paris, Droz, 1936.

TRISTAN, *La Mort de Sénèque*, p. 331-403 dans *Théâtre du XVIIᵉ siècle II, op. cit.*

L'HERMITE, Tristan, *La Mort de Chrispe ou les malheurs domestiques du grand Constantin*, p. 435-521 dans *Le Théâtre complet de Tristan L'Hermite, op. cit.*

L'HERMITE, François-Tristan, *Les Vers héroïques*, éd. critique et introd. par Catherine M. Grisé, Genève, Droz, 1967.

L'HERMITE, Tristan, *La Célimène comédie de Rotrou accomodée au théâtre, sous le nom d'Amarillis*, p. 525-623 dans *Le Théâtre complet de Tristan L'Hermite, op. cit.*

TRISTAN, *Le Parasite* : comédie, éd. annotée et introd. de Jacques Madeleine, Paris, Droz, 1934.

L'HERMITE, Tristan, *Osman*, p. 763-849 dans *Le Théâtre complet de Tristan L'Hermite, op. cit.*

B. Textes consacrés à Tristan

ABRAHAM, Claude, « Amédée Carriat et la renaissance tristanienne », *Etudes creusoises*, Guéret, Société des sciences naturelles et archéologiques de la Creuse, 1987, p. 207-209.

Id., « L'Antiquité de Tristan », *Cahiers Tristan L'Hermite* n° 12 *Tristan et l'Antiquité*, Limoges, Rougerie, 1990, p. 7-20.

Id., « *Le Page disgracié* et son Tristan », *Cahiers Tristan L'Hermite* n° 10 : *Tristan et l'Europe*, 1988, p. 70-77.

Id., « Un poète de la nature au dix-septième siècle : Tristan L'Hermite », *The French review* 34, 1960, p. 51-59.

Id., « Tristan and Racine. Anxiety in *Osman* and *Bajazet* », *Zeitschrift für französische Sprache und Literatur* n° 92, 1982, p. 1-18.

Id., « Tristan (Marianne) and Calderon (el mayor monstro los celos) », *Revue belge de philosophie et d'histoire* n° 2, 1973, p. 556-559.

Id., « Tristan et les pouvoirs », Cahiers Tristan L'Hermite n° 11 : *Tristan et la société de son temps*, 1989, p.13-18.

Id., *Tristan L'Hermite*, Boston, Twayne publishers, 1980.

ALBANI, Hélène, « Tristan L'Hermite, poète mariniste », *Revue des études italiennes,* octobre-décembre 1967, p. 331-346.

ARLAND, Marcel, « Le promenoir de Tristan », p. 11-61 dans *Les Echanges,* Paris, Gallimard, 1946. Préface pour l'éd. du *Page disgracié,* Paris, Stock, 1946.

ASSAF, Francis, « Le picaresque dans *Le Page disgracié* de Tristan L'Hermite », *XVIIe siècle* n° 125, octobre-décembre 1979, p. 339-347.

BELLENGER, Yvonne, « L''objet' amoureux dans la poésie de Tristan », *Cahiers Tristan L'Hermite* n° 5 : *Tristan poète lyrique,* 1983, p. 8-17.

BERNARDIN, Napoléon-Maurice, « *La Marianne* de Tristan L'Hermite et le décor à compartiments », p. 94-122 dans *Devant le rideau :* conférences, Paris, Société française d'imprimerie et de librairie, 1901.

Id., *Un Précurseur de Racine, Tristan L'Hermite sieur du Solier (1601-1655) :* sa famille, sa vie, ses œuvres, Paris, Picard, 1895.

Id., « Racine et la tragédie au temps de Racine », p. 73-154 dans *Histoire de la langue et de la littérature française des origines à 1900,* réalisée sous la dir. de Louis Petit de Julleville, t. V *Dix-septième siècle,* 2e part. (1661-1700), Paris, Colin et cie, 1898.

Id., « Le théâtre de Tristan L'Hermite. *La Mort de Sénèque* », p. 67-95 et « *La Mort du Sultan Osman* », p. 97-104 dans *Du quinzième au dix-neuvième siècles :* études d'histoire littéraire, Paris, Rieder et cie, 1916.

BERREGARD, Sandrine, « Avatars de la figure tristanienne dans l'histoire littéraire », dans actes du colloque *Actualités de Tristan* (Université de Paris X-Nanterre, 22-24 novembre 2001), *Littérales,* numéro spécial n° 3, 2003, p. 325-342.

Id., « Le caractère autobiographique des *Lettres mêlées* », *Cahiers Tristan L'Hermite* n° 21 : *Tristan : proses,* 1999, p. 37-45.

Id., « Tristan ou l'image d'un poète mélancolique », *Cahiers Tristan L'Hermite* n° 24 : *Le Quatrième centenaire,* 2002, p. 15-29.

Id., « Tristan poète de l'amour est-il un précurseur des romantiques ? », *Cahiers Tristan L'Hermite* n° 20 : *Tristan poète de l'amour,* 1998, p. 52-62.

BERTAUD, Madeleine, « *La Mort de Sénèque* à la Comédie-Française : impressions et réflexions », *Cahiers Tristan L'Hermite* n° 7 : *La Mort de Sénèque,* 1985, p. 20-25.

Id., « Représentation et théorie de la mélancolie : *La Folie du sage* », *Cahiers Tristan L'Hermite* n° 8 : *Tristan et la mélancolie I,* 1986, p. 17-24.

BONVALET, Nicole, « Tristan et John Webster : essai de rapprochement », *Cahiers Tristan L'Hermite* n° 4 : *Tristan et le théâtre,* 1982, p. 30-36.

BONVALET-MALLET, Nicole, « Tristan et Webster champions de la 'femme forte' », p. 32-39 dans *Du baroque aux Lumières :* pages à la mémoire de Jeanne Carriat, Mortemart, Rougerie, 1986.

BOUSQUET, Joë, « Tristan L'Hermite », p. 566-582 dans *Tableau de la littérature française I* : de Rutebeuf à Descartes, préface de Jean Giono, Paris, Gallimard (Soleil), 1962.

BOUTTET, Stéphan, « Tout le sérieux du jeu : les marges de l'œuvre poétique de Tristan ». *Cahiers Tristan L'Hermite* n° 13 : *Tristan et le comique*, 1991, p. 7-17.

Id., « Tristan et Horace », *Cahiers Tristan L'Hermite* n° 12, *op. cit.*, p. 54-55.

Id., « Tristan et Prudence », *Cahiers Tristan L'Hermite* n° 12, *op. cit.*, p. 40-46.

Id., « Tristan poète de la nature », *Cahiers Tristan L'Hermite* n° 7, *op. cit.*, p. 47-52.

BRAGA, Thomas, « Madness in the Theater of Tristan L'Hermite », *The French review*, vol. XLVIII, 3, feb. 1985, p. 539-547.

BRAY, Bernard, « Tristan L'Hermite écrivain par lettres », *Cahiers Tristan L'Hermite* n° 21, *op. cit.*

BRIOT, Frédéric, « Philis, Cloris, Sylvie et les autres : le promenoir du poète », *Cahiers Tristan L'Hermite* n° 3 : *Tristan dans son temps*, 1981, p. 27-35.

BRYANT, William, « Rimbaud disciple of Tristan ? », *Romance nottes* n° 22, 1981-1982, p. 295-301.

CARRIAT, Amédée, « Maynard et Tristan devant la postérité », *Revue de la Haute-Auvergne*, 1990.

Id., « Quand Tristan et Boësset collaborent », *Cahiers Tristan L'Hermite* n° 3 : *Tristan dans son temps*, 1981, p. 36-37.

Id., « La résurrection de Tristan L'Hermite », *Mémoires de la société des sciences naturelles et archéologiques de la Creuse*, t. XLII, 1984, p. 190-192.

Id., « Tristan L'Hermite », p. 552-562 dans *Dictionnaire bio-bibliographique des auteurs du pays creusois et des écrits le concernant des origines à nos jours*, Guéret, Société des sciences naturelles et archéologiques de la Creuse, 1964.

Id., *Tristan ou l'éloge d'un poète*, préface d'Emile Henriot, Limoges, Rougerie, 1955.

Id., CHAUVEAU, Jean-Pierre et CONIHOUT (de), Isabelle, *Tristan L'Hermite (1601-1655) ou le page disgracié*, catalogue d'exposition (Institut de France, 6 avril-29 juin 2001), Paris, Bibliothèque Mazarine, 2001.

CÉLERIER, Joëlle, *Le Thème de la folie de Shakespeare à Tristan L'Hermite* : comparaison entre *Hamlet* et *La Folie du sage*, [s.l.], [s.n.], 1980. Mémoire de maîtrise réalisé à l'université de Toulouse, sous la dir. d'André Mansau

CHAILLOU, Michel, « A la rencontre de Tristan », *Cahiers Tristan L'Hermite* n° 18 : *Paysages tristaniens*, 1996, p. 5-17.

CHAUVEAU, Jean-Pierre, « 1895-1995 : le centenaire de la thèse de Bernardin », *Cahiers Tristan L'Hermite* n° 17 : *Les Fortunes de Tristan*, 1995, p. 5-19.

Id., « A la rencontre de Tacite... », *Cahiers Tristan L'Hermite* n° 7, *op. cit.*, p. 41-44.

Id., « Les débuts poétiques de Tristan », *Cahiers Tristan L'Hermite* n° 5, *op. cit.*, p. 40-43.

Id., « Epicaris, la courtisane. De *La Mort de Sénèque* de Tristan L'Hermite à *Cinna* ou de la division à la réconciliation », p. 54-58 dans *Du baroque aux Lumières*, *op. cit.*

Id., « L'esprit et la lettre. Poètes débutants en face de leurs modèles : Théophile, Tristan et Furetière », *XVIIe siècle* n° 186 : *La Réécriture au XVIIe siècle*, janvier-mars 1995, p. 21-38.

Id., « Ouvertures... », *Cahiers Tristan L'Hermite* n° 14 : *Questions de poétique*, 1992, p. 12-15.

Id., « Tristan et Christine de Suède », *Cahiers Tristan L'Hermite* n° 10 : *Tristan et L'Europe*, 1988, p. 63-66.

Id., « Tristan et la noblesse », *Cahiers Tristan L'Hermite* n° 11, *op. cit.*, p. 47-49.

Id., « Tristan et Théophile de Viau », *Cahiers Tristan L'Hermite* n° 3, *op. cit.*, p. 11-17.

Id., « Tristan L'Hermite et la célébration du héros », *Baroque* n° 3, 1969, p. 117-126.

Id. et CORNULIER, Benoît (de), « Sur la métrique de Tristan », *Cahiers Tristan L'Hermite* n° 16 : *Tristan et la politique*, 1994, p. 48-63.

COLLINET, Jean-Pierre, « La Fontaine et Tristan », *Cahiers Tristan L'Hermite* n° 5, *op. cit.*, p. 59-68.

DALLA VALLE, Daniela, « A propos de 'La maison d'Astrée' », *Cahiers Tristan L'Hermite* n° 6 : *Tristan et les arts*, 1984, p. 31-37.

Id., « Dépaysement pastoral : la fuite et le déguisement dans l'*Amarillis* », *Cahiers Tristan L'Hermite* n° 1 : *Le Dépaysement chez Tristan*, 1979, p. 19-27.

Id., « *Le Parasite* et la comédie italienne : Della Porta et De Fornaris », *Cahiers Tristan L'Hermite* n° 10, *op. cit.*, p. 51-56.

Id., *Il Teatro di Tristan L'Hermite* : saggio storico e critico, Turin, Giappichelli, 1964.

DETHAN, Georges, « Tristan L'Hermite et Gaston d'Orléans : un appel à l'héroïsme ». *Cahiers Tristan L'Hermite* n° 11, *op. cit.*, p. 19-26.

DONNE, Boris, « Tristan et 'un des plus excellents esprits de ce siècle' : note sur le prélude du *Page disgracié* », *Cahiers Tristan L'Hermite* n° 22 : *Tristan : théâtre*, 2000, p. 79-84.

ENGEL, Claire-Eliane, « Tristan et Shakespeare », *Revue de littérature comparée*, 1959, p. 234-238.

FAGUET, Emile, « Tristan l'Hermitte » : I. « Sa vie et ses idées générales » et II. « Ses œuvres », *Revue des cours et conférences*, 28 mai 1896 et 11 juin 1896, p. 488-497 et 577-586. Le second article est repris dans le chap. 6 de l'*Histoire de la poésie française de la Renaissance au romantisme*, t. III : *Précieux et burlesques*, Paris, Boivin, 1927, p. 173-198.

GERBAUD, Henri, « Du nouveau sur *La Coromène* », *Cahiers Tristan L'Hermite* n° 17, *op. cit.*, p. 59.

GIRAUD, Yves, « Tristan et Marino ou les infortunes d'Orphée », p. 229-239 dans *La France et l'Italie au temps de Mazarin*, textes recueillis et publiés par Jean Serroy, Presses Universitaires de Grenoble, 1986.

GOODKIN, Richard E., « Racine and Tristan : 'La mort d'Hypolite' », dans *Actes d'Athens*, actes du XXIV⁰ colloque de la North American Society for Seventeenth-Century French Literature, Paris ; Seattle ; Tübingen, *Papers on French Seventeenth Century Literature* (Biblio 17),1993.

GRAZIANI, Françoise, « La description du monde : Tristan et la cosmographie », *Cahiers Tristan L'Hermite* n° 18, *op. cit.*, p. 18-32.

Id., « *La Lyre :* Tristan et le madrigal comme genre mariniste », *Cahiers Tristan L'Hermite* n° 5, *op. cit.*, p. 18-24.

Id., « Le mythe pastoral dans les 'plaintes d'Acante' : Ovide, Virgile et Théocrite », *Cahiers Tristan L'Hermite* n° 12, *op. cit*, p. 23-39.

GRISÉ, Catherine, « Italian sources of Tristan L'Hermite's poetry », *Studi francesi*, mai-août 1969, p. 285-296.

Id., « The religious poetry of Tristan L'Hermite », *Mosaic*, summer 1971, p. 15-35.

Id., « Tristan et la poésie de méditation », *Cahiers Tristan L'Hermite* n° 5, *op. cit.*, p. 36-39.

Id., « Tristan L'Hermite est-il l'auteur du 'Ballet du triomphe de la beauté' ? », *Revue d'histoire littéraire de la France*, octobre-décembre 1967.

Id., « Tristan L'Hermite poète saturnien », *Cahiers Tristan L'Hermite* n° 9 : *Tristan et la mélancolie II*, 1987, p. 19-25.

Id., « La vraie source de 'L'ambition tancée' de Tristan L'Hermite », *Revue de littérature comparée*, octobre-décembre 1967, p. 585-588.

GUDE, Mary-Luise, *Le Page disgracié :* the text as confession, University of Mississippi (Romance monographs), 1979.

GUIBERT, Noëlle, « A la rencontre de Tristan », *La Comédie-Française* n° 127-128, mars-avril 1984, p. 31-35.

GUICHEMERRE, Roger, « A propos de *La Mort de Sénèque* : les tragédies de la conjuration », *Cahiers Tristan L'Hermite* n° 4, *op. cit.*, p. 5-13.

Id., « *Le Parasite :* archaïsme et modernité », *Cahiers Tristan L'Hermite* n° 11, *op. cit.*, p. 32-41.

Id., « Les 'plaintes d'Acante' et 'I Sospiri di Ergasto' », p. 40-47 dans *Du baroque aux Lumières, op. cit.*

Id., « Tristan poète érotique : la première scène des satyres dans *Amarillis* », *Cahiers Tristan L'Hermite* n° 19 : *Tristan et les mythes*, 1997, p. 40-42.

GUILLUMETTE, Doris, « Eléments picaresques dans *Le Page disgracié* », *Papers on french seventeenth century literature* n° 9, 1978, p. 99-118.

Id., *La Libre-pensée dans l'œuvre de Tristan L'Hermite*, Paris, Nizet, 1972.

Id., « Mode négatif dans *Le Page disgracié* », *Cahiers Tristan L'Hermite* n° 12, *op. cit.*, p. 47-51

Id., « Les *Plaidoyers historiques* de Tristan L'Hermite : originalité et portée sociale », *XVIIᵉ siècle* n° 100, 1973, p. 19-34.

HENRIOT, Emile, « Les amours de Tristan L'Hermite », p. 114-120 dans *Poètes français de Turold à André Chénier*, Lyon, Lardanchet, 1944.

ISRAËL, Marcel, « Quand Isaac du Ryer saluait l'avènement de Tristan... », *Cahiers Tristan L'Hermite* n° 21, *op. cit.*, p. 57-58.

Id., « Tristan L'Hermite à Bruxelles ou l'apprentissage de l'exil », *Cahiers Tristan L'Hermite* n° 10, *op. cit.*, p. 7-18.

KOHLS, Jürgen, *Aspekte der Naturthematik und Wirklichkeitserfassung bei Théophile de Viau, Saint-Amant und Tristan L'Hermite*, Frankfurt am Main(-Bern), Verlag Peter Lang, 1981.

Id., « Une réception 'créative' de Tristan », *Cahiers Tristan L'Hermite* n° 5, *op. cit.*, p. 69-71.

LACÔTE, René, « Tristan L'Hermite et sa façade poétique », *Lettres françaises*, 8-14 septembre 1955, p. 5.

LAGNY, Jean, « Tristan et Saint-Amant », *Cahiers Tristan L'Hermite* n° 3, *op. cit.*, p. 18-23.

LARBAUD, Valéry, « Trois belles mendiantes », p. 77-104 dans *Technique*, Paris, Gallimard (Les Essais), 1932.

LARROUMET, Gustave, « Tristan L'Hermite », *Revue des cours et conférences*, 25 avril 1897, p. 350-359.

LASSALLE, Thérèse, « De Tristan à Valéry : images de la mer », *Cahiers Tristan L'Hermite* n° 17, *op. cit.*, p. 36-47.

Id., « Du 'visage' à l''image' du soleil : étude comparée de deux strophes de Saint-Amant et de Tristan L'Hermite », *Cahiers de littérature du dix-septième siècle*, 1982, p. 5-12.

LAWRANCE, Francis L., « Tristan L'Hermite's 'La gouvernante importune' : the structure of pastorale satire », *French forum*, septembre 1979, p. 239-248.

LEINER, Wolfgang, « *Le Promenoir des deux amans*. Lecture d'un poème de Tristan L'Hermite », *Papers on french seventeenth century literature* n° 9, 1978, p. 29-48.

LESURE, François, « Claude Debussy et *Le Promenoir des deux amants* », *Cahiers Tristan L'Hermite* n° 17, *op. cit.*, p. 52.

LEVER, Maurice, « Pourquoi Tristan L'Hermite est-il en disgrâce ? », *Nouvelles littéraires*, 1981, p. 43.

Id., « Tristan et Cyrano de Bergerac », *Cahiers Tristan L'Hermite* n° 3, *op. cit.*, p. 31-35.

L'HERMITE, Massimo, « Un frequentatore del salotto della marchesa di Rambouillet », *Rivista araldica*, septembre 1969, p. 249-251.

MALLET, Nicole, « Les plaintes de la mal-aimée : passion et scénographie dans la tragédie d'*Osman* », *Cahiers Tristan L'Hermite* n° 20 : *Tristan poète de l'amour*, p. 17-27.

Id., « Tristan dramaturge face aux Elisabéthains », *Cahiers Tristan L'Hermite* n° 10, *op. cit.*, p. 29-37.

Id., « Tristan et la maladie élisabéthaine ». *Cahiers Tristan L'Hermite* n° 8, *op. cit.*, p. 25-35.

MANSAU, André, « Ariste et la sage folie », *Cahiers Tristan L'Hermite* n° 4, *op. cit.*, p. 18-23.

Id., « Métaphores de la femme : Luis de Gongora et Tristan L'Hermite », *Cahiers Tristan L'Hermite* n° 11, *op. cit.*

MATHIEU-CASTELLANI, Gisèle, « Orphée et la Bacchante », *Cahiers Tristan L'Hermite* n° 19, *op. cit.*, p. 30-39.

Id., « Tristan ou la négligence avantageuse. Notes pour une esthétique maniériste », *Cahiers Tristan L'Hermite* n° 17, *op. cit.*, p. 19-26.

MAUBON, Catherine, *Désir et écriture mélancolique* : lectures du *Page disgracié* de Tristan L'Hermite, Genève ; Paris, Slatkine (Textes et études. Centre d'études franco-italien, universités de Turin et de Savoie. Domaine français), 1981.

MAZOUER, Charles, « La vision tragique dans *La Mariane, La Mort de Sénèque* et *La Mort de Chrispe* de Tristan », *Cahiers Tristan L'Hermite* n° 22, *op. cit.*, p. 5-16.

MOREL, Jacques, « Amour, mélancolie et vertige de la mort : de *Crisante* de Rotrou (1635) à *Panthée* de Tristan (1637-1638) », *Cahiers Tristan L'Hermite* n° 9, *op. cit.*, p. 42-45.

Id., « Tristan dans la tradition du songe héroïque », *Cahiers Tristan L'Hermite* n° 3, *op. cit.*, p. 5-10.

Id., « Tristan poète tragique », *Comédie française* n° 127-128, *op. cit.*, p. 39-44

QUILLARD, Pierre, « Les poètes hétéroclites. II. François-Tristan L'Hermite », *Mercure de France*, août 1892, p. 317-333.

RIGAL, Eugène, « *L'Etourdi* de Molière et *Le Parasite* de Tristan L'Hermite », p. 291-302 dans *De Jodelle à Molière*, Paris, Hachette, 1911.

RIZZA, Cecilia, « La mythologie dans *Les Amours* de Tristan », *Cahiers Tristan L'Hermite* n° 20, *op. cit.*, p. 5-16.

Id., « L'Orphée di Tristan e l'Orfeo del cavalier Marino », *Convivium*, juillet-août 1954, p. 429-439.

Id., « Tristan face à ses modèles italiens : imitation ou adaptation ? ». *Cahiers Tristan L'Hermite* n° 10, *op. cit.*, p. 39-50.

ROULET, A., « *La Mariane* de Tristan L'Hermite au Festival d'Avenches », *La Tribune de Genève*, 25-26 juillet 1957.

SAISSET, Léon et Frédéric, « *Le Parasite* dans l'ancienne comédie », *Grande revue*, septembre 1932, p. 384-394.

SERRET, Ernest, « Un précurseur de Racine », *Le Correspondant*, 25 avril 1870, p. 334-354.

SERROY, Jean, « Lieux réels, lieux mythiques dans *Le Page disgracié* », *Cahiers Tristan L'Hermite* n° 2 : *Autour du Page disgracié*, 1980, p. 12-20.

SOARE, Antoine, « Les inquiétudes cornéliennes de Tristan L'Hermite », *Actes d'Athens*, *op. cit.*, p. 32-52.

SPICA, Anne-Elisabeth, « Le poète et l'illustre pasteur : la figure mythique de Céladon ». *Cahiers Tristan L'Hermite* n° 19, *op. cit.*, p. 17-27.

STIEFEL, Arthur-L., « Les sources du *Parasite* », *Studien zur vergleichenden Literaturgeschichte*, 1906.

Id., « Tristan L'Hermite's *Le Parasite* und seine Quellen », *Archiv für das Studium der neueren Sprachen und Literaturen*, 1891, p. 47-80.

Id., « Über angebliche Beziehungen Molière's und Tristan L'Hermite's zum spanischen Drama », *Studien zur vergleichenden Literaturgeschichte* VI, 1906, p. 234-237.

VIALA, Alain, « Tristan et l'institution littéraire », *Cahiers Tristan L'Hermite* n° 11, *op. cit.*, p. 6-12.

WESTGATE, David, « *La Marianne* and the formation of classical tragedy », *French studies*, may 1965, p. 3-14.

WILLIAMS, A.-E., « Le mythe du Shakespeare français », *Revue de littérature comparée*, janvier-mars 1969, p. 98-107.

C. Autres œuvres littéraires

Anthologie de la poésie baroque française, textes choisis et présentés par Jean Rousset, 2 vol., Paris, Colin, 1961.

Anthologie de la poésie française du XVIIe siècle, éd. et préface de Jean-Pierre Chauveau, Paris, Gallimard (Poésie), 1987.

APOLLINAIRE, Guillaume, *Œuvres poétiques*, préface d'André Billy, texte établi et annoté par Marcel Adéma et Michel Décaudin, Paris, Gallimard (Pléiade), 1994.

ARIOSTE, *Roland furieux*, 2 vol., Paris, Seuil, 2000.

AUBIGNAC (D'), *La Pratique du théâtre*, éd. critique de Hélène Baby, Paris, Champion (Sources classiques), 2001.

BAUDELAIRE, Charles, *Les Fleurs du mal*, texte présenté, établi et annoté par Claude Pichois, Paris, Gallimard (Folio classique), 1999.

BOCCACE, *Décaméron*, trad., introd. et notes sous la dir. de Christian Bec, Paris, Librairie générale française (Bibliothèque classique), 1994.

BOILEAU, *Art poétique, épîtres, odes, poésies diverses et épigrammes*, chronol. et préface par Sylvain Menant, Paris, Garnier-Flammarion, 1998.

Id., *Œuvres I : Satires. Le Lutrin*, chronol. et introd. par J. Vercruysse, Paris, Garnier-Flammarion, 1969.

CORNEILLE, Pierre, *Œuvres complètes*, 3 vol., éd. critique de Georges Couton, Paris, Gallimard (Pléiade), 1980-1987.

DEIMIER, *L'Académie de l'art poétique*, Paris, J. de Bordeaulx, 1610

LAUDUN D'AIGALIERS, Pierre, *L'Art poétique français divisé en cinq livres*, éd. critique réalisée sous la dir. de Jean-Charles Monferran, Paris, Société des Textes Français Modernes, 2000.

FLAVIUS JOSEPHE, *Les Antiquités juives*, texte, trad. et notes de Étienne Nodet, Paris, éd. du Cerf, 1992-2001.

GUARINI, Battista, *Le Berger fidèle*, Amsterdam, A.Wolfgang, 1689.

HARDY, Alexandre, *Mariamne*, éd. critique d'A. Howe, University of Exeter (Textes littéraires), 1989.

Id., *Panthée*, éd. critique par Philip Ford, University d'Exeter (Textes littéraires), 1984.

HOMERE, *Iliade. Odyssée*, trad., introd. et notes par Robert Flacelière et Jean Bérard, Paris, Gallimard, 1982.

HORACE, *Odes*, trad. de François Villeneuve, introd. et notes d'Odile Ricoux, Paris, Les Belles Lettres (Classiques en poche), 1997.

HUGO, Victor, *Œuvres poétiques*, 2 vol., préface de Gaétan Picon ; éd. établie et annotée par Pierre Albouy, Paris, Gallimard (Pléiade), 1964-1967.

LA FONTAINE, Jean (de), *Œuvres complètes*, éd. établie, présentée et annotée par Jean-Pierre Collinet, Paris, Gallimard (Pléiade), 1991.

LAMARTINE, Alphonse (de), *Œuvres poétiques*, éd. présentée, établie et annotée par Marius-François Guyard, Paris, Gallimard (Pléiade), 1963.

LE SAGE, Alain-René, *Histoire de Gil Blas de Santillane*, p. 491-1197 dans *Romanciers du XVIIIᵉ siècle I*, textes établis, présentés et annotés par René Etiemble, Paris, Gallimard (Pléiade), 1960.

LE TASSE, *L'Aminte*, trad. de La Brosse, Paris, éd. Ressouvenances, 1983.

Id., *La Jérusalem délivrée*, éd. bilingue de J.-M. Gardair, Paris, Bordas (Classiques Garnier), 1990.

Libertins du XVIIe siècle I, éd. établie, présentée et annotée par Jacques Prévot, Paris, Gallimard (Pléiade), 1998.

MALHERBE, François (de), *Œuvres poétiques*, introd. et archives de l'œuvre par Marcel Simon, Paris, Garnier-Flammarion, 1972.

MALLARME, Stéphane, *Œuvres complètes*, éd. présentée, établie et annotée par Bertrand Marchal, Paris, Gallimard (Pléiade), 1998.

MARINO, Giambattista, *Madrigaux*, trad. et présenté par Jean-Pierre Cavaillé, Paris, La Différence (Orphée), 1992.

MASCARON, Pierre-Antoine, *L'Esprit de Sénèque ou Les plus belles Pensées de ce Grand Philosophe ; enseignant l'art de bien vivre. Pour servir de guide à conduire nos passions, pratiquer la vertu et fuir les vices. Augmenté de la Mort et des dernières paroles de ce Philosophe*, Bruxelles, T' Serstevens, 1713.

MOLIERE, *Œuvres complètes*, préface de Pierre-Aimé Touchard, Paris, Seuil (L'Intégrale), 1962.

MONTAIGNE, Michel (de), *Essais*, 2 vol., introd., notes et index par Maurice Rat, Paris, Garnier, 1962.

OVIDE, *Héroïdes*, texte établi par Henri Bornecque et trad. par Marcel Prévost, Paris, Les Belles Lettres, 5e tirage revu, corrigé et augmenté par Danièle Porte, 1991.

Id., *Métamorphoses*, 3 vol., texte établi et trad. par Georges Lafaye, Paris, Les Belles Lettres, 1957-1969.

Id., *Tristes*, texte établi et trad. par Jacques André, Paris, Les Belles Lettres, 1968.

PETRARQUE, *Le Chansonnier*, trad., introd. et notes par Gérard Genot, Paris, Aubier-Flammarion (Bilingue Aubier-Flammarion), 1969.

PLAUTE, *Le Soldat fanfaron*, p. 161-275 dans *Théâtre IV*, texte établi et trad. par Alfred Ernout, Paris, Les Belles Lettres, 1956.

POGGE, *Les Facéties*, 2 vol., Paris, Liseux, 1878.

PRUDENCE, *Livre d'heures*, texte établi et trad par M. Luvarenne, Paris, Les Belles Lettres, 1955.

RACINE, Jean, *Œuvres complètes I*, éd. présentée, établie et annotée par Georges Forestier, Paris, Gallimard (Pléiade), 1999.

ROTROU, Jean (de), *Théâtre complet*, éd. dir. par Georges Forestier, Paris, Société des Textes Français Modernes, 1998-2010.

SAINT-AMANT, *Les Œuvres*, 5 vol., éd. critique de Jacques Bailbé et Jean Lagny, Paris, Société des Textes Français Modernes, 1969-1979.

SENEQUE, *Lettres à Lucilius*, texte établi par François Préchac et trad. par Henri Noblot, Paris, Les Belles Lettres, 1959.

SHAKESPEARE, William, *Œuvres complètes*, 2 vol., avant-propos d'André Gide ; introd. générale et textes de présentation d'Henri Fluchère, Paris, Gallimard (Pléiade), 1959.

SOREL, Charles, *Histoire comique de Francion*, p. 62-527 dans *Romanciers du XVIIe siècle*, textes présentés et annotés par Antoine Adam, Paris, Gallimard (Pléiade), 1958.

Id., *Bibliothèque française*, Genève, Slatkine, 1970. Reprint de l'éd. de 1667

STRAPAROLA, Giovan Francesco, *Les Nuits facétieuses*, trad. rev. et postf. par Joël Gayraud, Paris, Corti (Merveilleux), 1999.

SUETONE, *Vies des douze Césars*, trad. par Henri Ailloud, introd. et notes de Jean Maurin, Paris, Les Belles Lettres (Classiques en poche), 1996.

TACITE, *Annales*, 5 vol., texte établi et trad. par Pierre Wuilleumier, Paris, Les Belles Lettres, 1974-1978.

Théâtre du XVIIe siècle I, textes choisis, présentés et annotés par Jacques Scherer, Paris, Gallimard (Pléiade), 1975.

URFE, Honoré (d'), *L'Astrée*, 5 vol., nouvelle éd. publiée par Hugues Vaganay ; préface de M. Louis Mercier, Lyon, Masson, 1925.

VALERY, Paul, *Œuvres 1*, éd. établie et annotée par Jean Hytier, Paris, Gallimard (Pléiade), 1957.

VIAU, Théophile (de), *Œuvres complètes*, 3 vol., éd. établie, présentée et annotée par Guido Saba, Paris, Champion, 1999.

VIRGILE, *Les Bucoliques. Les Géorgiques*, trad., introd. par Maurice Rat, Paris, Garnier-Flammarion, 1967.

Id., *Enéide*, 3 vol., texte établi et trad. par Jacques Perret, Paris, Les Belles Lettres, 1977-1980.

VOITURE, Vincent, *Poésies*, 2 vol., éd. critique publiée par Henri Lafay, Paris, Marcel Didier, 1971.

XENOPHON, *Cyropédie*, 3 vol., texte établi et trad. par Marcel Bizos, Paris, Les Belles Lettres, 1971-1978.

III. Nos outils

A. Intertextualité et réécriture : réflexions théoriques

GENETTE, Gérard, *Introduction à l'architexte*, Paris, Seuil, 1979.

Id., *Palimpsestes :* la littérature au second degré, Paris, Seuil (Points essais), 1982.

LOJKINE, Stéphane, « L'intimité de Gertrude : enjeux de la réécriture à l'époque classique », *XVIIe siècle* n° 186, *op. cit.*, p. 7-20.

MOREL Jacques, « La notion de réécriture », *Cahiers de littérature du XVIIe siècle* n° 10 : *Lecture. Réécriture*, dir. A. Viala, janvier 1988, p. 175-179.

B. Histoires littéraires

BEAUMARCHAIS, Jean-Pierre ; COUTY, Daniel et REY, Alain (dir.), *Dictionnaire des littératures de langue française*, 3 vol., Paris, Bordas, 1987.

BRUNETIERE, Ferdinand, « Classiques et romantiques », p. 291-326 dans *Etudes critiques sur l'histoire de la littérature française*, 3e sér., 3e éd., Paris, Hachette, 1894.

Id., *Etudes critiques sur l'histoire de la littérature française*, 6 vol., Paris, Hachette, 1880-1892.

Id., *Histoire de la littérature française*, Paris, 1895.

CALVET, J. (dir.)., *Histoire de la littérature française*, 10 vol., Paris, del Duca, 1962.

DEMOUGIN, Jacques (dir.), *Dictionnaire des littératures française et étrangères*, Paris, Larousse, 1992.

FAGUET, Emile, *Histoire de la littérature française*, 2 vol., Paris, Plon, 1900.

JASINSKI, René, *Histoire de la littérature française*, 2 vol., Paris, Boivin, 1947.

JEY, Martine, « Les classiques de l'ère Ferry : les auteurs dans les programmes scolaires au tournant du siècle », *Littératures classiques* n° 19 : *Qu'est-ce qu'un classique ?* dir. A. Viala, 1993, p. 237-247.

Id., *La Littérature au lycée : invention d'une discipline (1880-1925)*, Metz, Centre d'études linguistiques des textes et des discours (Recherches textuelles), 1998.

LANSON, Gustave, *Esquisse d'une histoire de la tragédie française*, Paris, Champion, 1927.

Id., *Histoire de la littérature française*, Paris, Hachette, 1895.

LOTHEISSEN, Friedrich, *Geschichte der französischen Literatur im XVII. Jahrhundert*, 2 vol., Wien, Gerold's Sohn, 1877-1884.

PETIT DE JULLEVILLE, Louis (dir.), *Histoire de la langue et de la littérature française des origines à 1900*, t. IV : *Dix-septième siècle*, 1ère part. : 1601-1660, Paris, Colin et Cie, 1897.

ROHOU, Jean, *Histoire de la littérature française du XVIIe siècle*, nouvelle éd. refondue, Presses Universitaires de Rennes, 2000.

C. Ouvrages et articles consacrés au dix-septième siècle

1. Etudes générales

ADAM, Antoine, « Baroque et préciosité », *Revue des sciences humaines*, juillet-décembre 1949, p. 208-223.

Id., *Histoire de la littérature française au dix-septième siècle*, 5 vol., Paris, Domat, 1948.

Id., *Les Libertins au XVIIe siècle*, Paris, Buchet-Chastel.

ADAM, Véronique, *Images fanées et matières vives* : cinq études sur la poésie Louis XIII, Grenoble, Ellug (Ateliers de l'imaginaire), 2003.

ASCOLI, Georges, *La Grande-Bretagne devant l'opinion française depuis la guerre de cent ans jusqu'à la fin du XVIe siècle*, Paris, Gamber, 1927.

ATTINGER, Gustave, *L'Esprit de la commedia dell'Arte dans le théâtre français*, Paris, Librairie théâtrale ; Neuchâtel, éd. de la Baconnière (Publications de la Société d'histoire du théâtre), 1950.

BABY, Hélène, *La Tragi-comédie de Corneille à Quinault*, Paris, Klincksieck (Bibliothèque de l'âge classique), 2001.

BOASE, Alan, « Poètes anglais et français de l'époque baroque », *Revue des sciences humaines*, juillet-décembre 1949, p. 155-184.

BRAY, René, *La Formation de la doctrine classique*, Paris, Nizet, 1963.

Id., *La Préciosité et les précieux*, Paris, Albin Michel, 1948.

BRUNETIERE, Ferdinand, *Les Epoques du théâtre français (1636-1850)* : conférences à l'Odéon, nouvelle éd., revue et corrigée, Paris, Hachette, 1896.

CABEEN, Charles-W., *L'Influence de Giambattista Marino sur la littérature française dans la première moitié du XVIIe siècle*, [s. 1.], [s. n.], 1904. Thèse pour le doctorat d'université présentée devant la faculté des lettres de l'université de Grenoble.

CANTILLON, Alain, « Classique et classicisme : de la réification d'une notion de l'historiographie de la littérature », p. 260-267 dans *Un classicisme ou des classicismes ?*, dir. Georges Forestier et Jean-Pierre Néraudau, Presses Universitaires de Pau, 1995.

CHAUVEAU, Jean-Pierre, *Lire le Baroque*, Paris, Dunod (Lettres sup.), 1997.

Id., « La mer et l'imagination des poètes au dix-septième siècle », *XVIIe siècle* n° 87-88, 1970, p. 107-134.

Id., « Les poètes français et le marinisme après 1640 », p. 221-228 dans *La France et L'Italie au temps de Mazarin, op. cit.*

Id., « Vie et mort d'un genre sous les règnes de Louis XIII et de Louis XIV : la poésie encomiastique », *Papers on french seventeenth century literature* n° 9, 1978, p. 67-82.

Id. et PAYEN, Jean-Claude, *La Poésie des origines à 1715*, Paris, Colin (collection U), 1968.

COIRAULT, Yves, « Autobiographie et mémoires (XVII-XVIIIe siècle) ou existence et naissance de l'autobiographie », *Revue d'histoire littéraire de la France*, novembre-décembre 1975, n° 6, p. 937-953.

COULET, Henri, *Le Roman jusqu'à la Révolution*, t. I : *Histoire du roman en France*, Paris, Colin, 1967.

DALLA VALLE, Daniela, *Aspects de la pastorale dans l'italianisme du XVIIe siècle*, Paris, Champion, 1995.

DEBAISIEUX, Martine, « L'histoire comique, genre travesti », *Poétique*, avril 1988, p. 169-181.

DEMORIS, René, *Le Roman à la première personne : du classicisme aux Lumières*, Paris, Colin (Publications de la Sorbonne, N.S. Recherches), 1975.

DUBOIS, Claude-Gilbert, *Le Maniérisme*, Paris, Presses Universitaires de France (Littératures modernes), 1979.

Figures à l'italienne. Métaphores, équivoques et pointes dans la littérature maniériste et baroque, études réunies par Danielle Boillet et Alain Godard, Université de Paris III, C.I.R.R.I., 1999.

FORESTIER, Georges, « De la modernité anti-classique au classicisme moderne. Le modèle théâtral (1628-1634) », *Littératures classiques*, n° 19, *op. cit.*, p. 87-128.

Id. et NERAUDAU, Jean-Pierre (dir.), *Un classicisme ou des classicismes ?*, *op. cit.*

FORSYTH, Elliott, *La Tragédie de Jodelle à Corneille (1553-1640)* : le thème de la vengeance, Paris, Nizet, 1962.

FOUCAULT, Michel, *Folie et déraison* : histoire de la folie à l'âge classique, Paris, Plon, 1961.

FOURNEL, Victor, *Les Contemporains de Molière* : recueils de comédies, rares ou peu connues jouées de 1650 à 1680 avec l'histoire de chaque théâtre, des notes et notices biographiques, bibliographiques et critiques. Réimpr. de l'éd. de Paris, 1863-1865.

Id., *La Littérature indépendante et les écrivains oubliés :* essais de critique et d'érudition sur le XVIIe siècle, Paris, 1862.

Id., *Le Théâtre au XVIIe siècle* : la comédie, Paris, Lecène, Oudin et Cie, 1892.

FUKUI, Yoshio, *Raffinement précieux dans la poésie française au XVIIe siècle*, Paris, Nizet, 1964.

FUMAROLI, Marc, « La mélancolie et ses remèdes. Classicisme français et maladie de l'âme », p. 403-439 dans *La Diplomatie de l'esprit : de Montaigne à La Fontaine*, Paris, Gallimard (Tel), 1998.

GARAPON, Robert, *La Fantaisie verbale et le comique dans le théâtre français du Moyen Age à la fin du XVIIe siècle*, Paris, Colin, 1957.

GAUTIER, Théophile, *Les Grotesques*, texte établi, annoté et présenté par Cecilia Rizza, Paris, Nizet ; Fasano, Schena, 1985.

GENETIOT, Alain, *Poétique du loisir mondain, de Voiture à La Fontaine*, Paris, Champion (Lumière classique), 1997.

GENETTE, Gérard, « 'L'or tombe sous le fer' », p. 29-38 dans *Figures I*, Paris, Seuil (Points), 1966.

GIBERT, Bertrand, *Le Baroque littéraire français*, Paris, Colin, 1997.

GORDON, Alex L., « Lire Ronsard en 1610 : la rhétorique restreinte de Pierre de Deimier », p. 121-130 dans *L'Histoire littéraire : ses méthodes et ses résultats*, mélanges offerts à M. Bertaud et réunis par L. Fraisse, Genève, Droz, 2001.

GRENTE, Georges (dir.), *Le XVIIe siècle*, éd. révisée sous la dir. de Patrick Dandrey, Paris, Fayard, 1996.

GUICHEMERRE, Roger, *La Comédie avant Molière (1640-1660)*, Paris, Colin, 1972.

Id., *Quatre poètes du XVIIe siècle : Malherbe, Tristan L'Hermite, Saint-Amant, Boileau*, Paris, Sedes, 1991.

Id., *La Tragi-comédie*, Paris, Presses Universitaires de France (Littératures modernes), 1981.

HILGAR, Marie-France, *La Mode des stances dans le théâtre tragique français (1610-1687)*, Paris, Nizet, 1974.

KŒRTING, Heinrich, *Geschichte des französischen Romans im XVII. Jahrhundert*, 2 vol., Leipzig ; Oppeln, Georg Maske, 1885-1887.

KOHLER, Pierre, « Sur *La Sophonisbe* de Mairet et les débuts de la tragédie classique », *Revue d'histoire littéraire de la France* n° 46, janvier-juin 1939, p. 56-70.

LACHEVRE, Frédéric, *Le Libertinage au XVIIe siècle. Disciples et successeurs de Théophile de Viau*, Paris, Champion, 1911.

LAFAY, Henri, *La Poésie française du premier XVIIe siècle (1598-1630)* : esquisse pour un tableau, Paris, Nizet, 1975.

LANCASTER, Henry Carrington, *A History of French Dramatic Literature in the Seventeenth Century*, New York, Gordian Press, 1966.

LANSON, Gustave, *Esquisse d'une histoire de la tragédie française*, Paris, Hachette, 1920.

LEBEGUE, Raymond, « Quelques thèmes de la poésie lyrique au temps de Louis XIII », *XVIIᵉ siècle*, n° 66-67 *La Poésie lyrique au XVIIᵉ siècle*, 1965, p. 7-21.

Id., « La tragédie shakespearienne en France au temps de Shakespeare », *Revue des cours et conférences*, n° 13 (15-VI-1937, p. 385-404), n° 15 (15-VII-1937, p. 621-28), n° 16 (30-VII-1937, p. 683-95).

LEBLANC, Paulette, *Les Paraphrases des psaumes à la fin de la période baroque (1610-1660)*, Paris, Presses Universitaires de France, 1960.

LEGOUIS, Pierre, « Deux thèmes de la poésie lyrique au XVIIᵉ siècle. *La Plainte écrite de sang* et *la belle gueuse* », *Revue de littérature comparée*, 1925, p. 139-152.

LEPERE, Pierre, *L'Age du furieux (1532-1859)* : une légende dorée de l'excès en littérature, Paris, Hatier, 1994.

LEVER, Maurice, *La Fiction narrative en prose au XVIIᵉ siècle* : répertoire bibliographique du genre romanesque en France (1600-1700), Paris, éd. du C.N.R.S., 1976.

Id., *Le Roman français au XVIIᵉ siècle*, Paris, Presses Universitaires de France (Littératures modernes), 1981.

LINTILHAC, Eugène, *La Comédie. Dix-septième siècle*, t. III de l'*Histoire générale du théâtre en France*, Paris, Flammarion, 1908.

LOTHEISSEN, Friedrich, *Geschichte der französischen Literatur im XVII. Jahrhundert*, t. II, Vienne, Gerold's Sohn, 1879.

MADELEINE, Jacques, *Quelques poètes français à Fontainebleau des seizième et dix-septième siècles à Fontainebleau*, Fontainebleau, 1900.

MAGENDIE, Maurice, *Le Roman français au dix-septième siècle. De L'Astrée au Grand Cyrus*, Paris, Droz, 1932. Reprint Slatkine, Genève, 1978.

MARMIER, Jean, *Horace en France au dix-septième siècle*, Paris, Presses Universitaires de France, 1962.

MARSAN, Jules, *La Pastorale dramatique en France à la fin du seizième et au commencement du dix-septième siècle*, Paris, Hachette, 1905.

MELANÇON, Robert, « La fin du pétrarquisme en France : 1580-1630 », dans *L'Automne de la Renaissance*, Paris, Vrin, 1981.

MOLINIE, Georges, *Du roman grec au roman baroque*, Presses Universitaires de Toulouse, 1982.

MONGREDIEN, Georges (introd. et choix de), *Les Précieux et les précieuses*, Paris, Mercure de France, 1963.

MOREL, Jacques, « L'héroïsation des grands chefs de guerre au XVIIᵉ siècle », *Revue des sciences humaines* n° 121, 1966, p. 5-11.

Id., « Les stances dans la tragédie française au XVIIᵉ siècle », *XVIIᵉ siècle* n° 66-67, 1965, p. 43-56.

Id., *La Tragédie*, Paris, Colin, 1964.

MOURGUES, Odette (de), *Metaphysical, baroque and précieux poetry*, Oxford, [s.n.], 1953.

La Mythologie au XVIIe siècle, actes du 11e colloque (janvier 1981) du C.M.R. 17, U.E.R. Lettres et Sciences humaines de l'Université de Nice, 1982.

ORS, Eugenio (d'), *Du baroque*, Paris, Gallimard (Idées arts), 1968. Trad. de *Lo Barocco* (1935).

PAVEL, Thomas, *L'Art de l'éloignement* : essai sur l'imagination classique, Paris, Gallimard (Folio essais), 1996.

PEDERSEN, John, *Images et figures dans la poésie française de l'âge baroque*, Copenhague, Akademisk Forlag, 1974.

PICARD, Raymond, *La Poésie française de 1640 à 1680*, Paris, Sedes, 1964.

PINTARD, René, *Le Libertinage érudit dans la première moitié du XVIIe siècle*, 2 vol., Paris, Boivin, 1943.

RAYMOND, Marcel, *Baroque et Renaissance poétique : préalable à l'examen du baroque littéraire français. Quelques aspects de la poésie de Ronsard. Esquisse d'un Malherbe*, Paris, Corti, 1964.

Id., « Propositions sur le baroque et la littérature française », *Revue des sciences humaines*, juillet-décembre 1949, p. 133-144.

REICHLER, Claude, « Les stances devant la mort dans le théâtre baroque ou le retrait du sage », *Littérature* n° 75, octobre 1989, p. 79-91.

REYNIER, Gustave, *Le Roman réaliste au dix-septième siècle*, Paris, Hachette, 1914.

RIGAL, Eugène, *Alexandre Hardy et le théâtre à la fin du XVIe et au commencement du XVIIe siècle*, Paris, Hachette, 1889.

RIZZA, Cecilia, « Baroque : une notion heuristique pour la littérature française du XVIIe siècle », p. 131-141 dans *L'Histoire littéraire : ses méthodes et ses résultats, op. cit.*

Id., « Persistance et transformation de l'influence italienne dans la poésie lyrique française de la première moitié du dix-septième siècle », *XVIIe siècle* n° 66-67, 1965.

ROUSSET, Jean, *La Littérature de l'âge baroque en France* : Circé et le paon, Paris, Corti, 1953.

Id., « Narcisse baroque », *Nouvelle Revue Française*, septembre 1961.

Id., *Narcisse romancier* : essai sur la première personne dans le roman, 2e éd., Paris, Corti, 1986.

SAGE, Pierre, *Le Préclassicisme français*, t. III de l'*Histoire de la littérature française*, réalisée sous la dir. de Jean Calvet, Paris, del Duca, 1962.

SAINTE-BEUVE, Charles-Augustin, *Les Grands écrivains français. XVIIe siècle*, études des lundis et des portraits classées selon un ordre nouveau et annotées par Maurice Allem, Paris, Garnier, 1927.

Id., *Tableau historique et critique de la poésie française et du théâtre français au seizième siècle*, nouvelle éd. suivie de portraits particuliers des principaux poètes, Paris, Charpentier, 1842.

SAISSET, Léon et Frédéric, « Un type de l'ancienne comédie : le Capitan Matamore », *Mercure de France*, 16 avril 1912, p. 728-752.

SCHERER, Jacques, *La Dramaturgie classique en France*, Paris, Nizet, 1950.

SERROY, Jean, *Roman et réalité :* les histoires comiques au XVIIe siècle, Paris, Minard, 1981.

SIMPSON, Joyce-C., *Le Tasse et la littérature et l'art baroques en France*, Paris, Nizet, 1962.

SOUILLER, Didier (dir.), *Le Baroque en question(s). Littératures classiques* n° 36, printemps 1999.

Id., *La Littérature baroque en Europe*, Paris, Presses Universitaires de France (Littérature moderne), 1988.

STENDHAL, *Racine et Shakespeare*, Paris, Garnier-Flammarion, 1970

TAPIE, Victor-Lucien, *Le Baroque*, Paris, Presses Universitaires de France (Que sais-je ?), 1961.

Id., *Baroque et classicisme*, Paris, Plon, 1957.

Id., « Baroque ou classicisme ? Les enseignements d'une fête royale (26 août 1660) », *Revue des sciences humaines*, juillet-décembre 1949, p. 185-197.

TORTEL, Jean, *Un certain XVIIe siècle*, préface de Gérard Arseguel, Marseille, André Dimanche, 1994.

Id., *Le Préclassicisme français*, Paris, Les Cahiers du Sud, 1952.

TRUCHET, Jacques, *La Tragédie classique en France*, Paris, Presses Universitaires de France, 1975.

VIALA, Alain, « D'une politique des formes : la galanterie », *Dix-septième siècle* n° 182 : *Les Voies de la création littéraire au XVIIe siècle*, janvier-mars 1994, p. 143-151.

Id., *Les Institutions littéraires en France au dix-septième siècle*, 2 vol., Lille, Atelier de reproduction des thèses, 1982.

Id., *Naissance de l'écrivain :* sociologie de la littérature à l'âge classique, Paris, Minuit (Le sens commun), 1985.

Id. (dir.), *Qu'est-ce qu'un classique ?*, *Littératures classiques* n° 19, *op. cit.*

Id., « 'Qui t'a fait *minor* ?' Galanterie et classicisme », *Littératures classiques* n° 31 : *Les « minores »*, automne 1997, p. 115-134.

Id. (dir.), *Le Théâtre en France des origines à nos jours*, Paris, Presses Universitaires de France (Premier cycle), 1997.

VOLTAIRE, *Le Siècle de Louis XIV*, 2 vol., Paris, Garnier-Flammarion, 1966.

WÖLFFLIN, Heinrich, *Kunstgeschichtiliche Grundbegriffe*, Munich, 1915.

Id., *Renaissance und Barock*, Munich, 1888.

2. Etudes portant sur des contemporains ou successeurs de Tristan

ADAM, Antoine, *Théophile de Viau et la libre-pensée en 1620*, Paris, Droz, 1935.

ANDRIEU, Jules, *Théophile de Viau, étude bio-bibliographique*, Bordeaux, 1887.

BERREGARD, Sandrine, « Les animaux dans trois œuvres de Scarron : le *Roman comique, Dom Japhet d'Arménie et Jodelet ou le maître valet* », *Papers on french seventeenth century literature*, vol. XXX, n° 58, printemps 2003.

Id., « Les didascalies dans cinq pièces de Hardy : *Didon se sacrifiant, Alphée ou la justice d'Amour, La Force du sang, Lucrèce ou l'adultère punie et Scédase ou l'hospitalité violée* », *Papers on french seventeenth century literature*, vol. XXXII, n° 60, hiver 2004.

Id., « L'exemple d'auteurs 'préclassiques' redécouverts en France à la fin du dix-neuvième siècle : enjeux esthétiques et idéologiques », dans actes du colloque *L'Histoire littéraire au seuil du XXIe siècle : controverses et consensus*, Université de Strasbourg II (12-17 mai 2003), Paris, P.U.F, 2004.

Id., « Le spectacle de la mort et le problème des bienséances *dans L'Hypocondriaque ou le mort amoureux* et l'*Hercule mourant de Rotrou* » dans actes du colloque *Théâtre et espace mondain*, Université de Reims (5-6 juin 2003) (à paraître).

BIZOS, Gaston, *Etude sur la vie et les œuvres de Jean de Mairet*, Paris, Thorin, 1877.

BUTLER, Philip, *Classicisme et baroque dans l'œuvre de Racine*, Paris, Nizet, 1959.

CHARDON, Henri, *La Vie de Rotrou mieux connue. Documents inédits sur la société polie de son temps et la Querelle du Cid*, Paris ; Le Mans, Picard ; Pellechat, 1884.

DANDREY, Patrick, *La Médecine et la maladie dans le théâtre de Molière*, 2 vol., Paris, Klincksieck, 1998.

FROMILHAGUE, René, *Malherbe, technique et création poétique*, Paris, Colin, 1954.

FUMAROLI, Marc, *Le Poète et le roi* : Jean de La Fontaine en son siècle, Paris, Fallois, 1997.

GENETTE, Gérard, « D'un récit baroque », p. 195-222 dans *Figures II*, Paris, Seuil (Points), 1969.

HERLAND, Louis, « Eléments précornéliens dans *La Mort de Pompée* de Corneille », *Revue d'histoire littéraire de la France*, janvier-mars 1950, p. 1-15.

LAGARDE, François, « 1939, année racinienne », *Œuvres et critiques* XXIV-1 : Présences de Racine,1999, p. 293-314.

LAGNY, Jean, *Le Poète Saint-Amant*, Paris, Nizet, 1974.

LEBEGUE, Raymond, « *Les Larmes de Saint-Pierre*, poème baroque », *Revue des sciences humaines*, juillet-décembre 1949, p. 145-154.

MAGENDIE, Maurice, *Du nouveau sur l'Astrée*, Paris, Champion, 1927.

MEDAN, Pierre, « Un Gascon précurseur de Racine : *La Mort de Mithridate* de La Calprenède et le *Mithridate* de Racine », *Revue des Pyrénées*, 1er trim. 1907, p. 44-63.

MOURGUES, Odette (de), *O Muse, fuyante proie... Essai sur la poésie de La Fontaine*, Paris, Corti, 1962.

NADAL, Octave, *Le Sentiment de l'amour de Pierre Corneille*, Paris, Gallimard, 1948.

PERSON, Léonce, *Notes critiques et biographiques sur Rotrou*, Paris, Cerf, 1882.

PICARD, Raymond, *La Carrière de Jean Racine*, Paris, Gallimard, 1961.

POMMIER, Jean, *Aspects de Racine* suivi de *L'Histoire littéraire d'un couple tragique*, Paris, Nizet, 1954.

RUDLER, G.,« Une source d'*Andromaque* : *Hercule mourant* de Rotrou », *Modern Language Review*, XII, 1917, p. 286-301 et 438-449.

SABA, Guido, *Fortunes et infortunes de Théophile de Viau*, Paris, Klincksieck (Bibliothèque française et romane. Etudes littéraires), 1997.

SCHMITT, M. P., « L'hyperclassique (Racine à l'école) », p. 281-292 dans *Présences de Racine, op. cit.*

SCHIRMACHER, K., *Théophile de Viau. Sein Leben und seine Werke (1591-1626)*, Leipzig, 1897.

SCHRÖDER, Volker, « Racine-cliché : petit dictionnaire des idées reçues », p. 315-316 dans *Présences de Racine, op. cit.*

VIALA, Alain, *Racine : la stratégie du caméléon*, Paris, Seghers (Biographie), 1990.

VUILLEMIN, Jean-Claude, *Baroquisme et théâtralité, le théâtre de Jean Rotrou*, Paris ; Seattle ; Tübingen, *Papers in french seventeenth century literature* (Biblio 17), 1994.

INDEX

INDEX DES AUTEURS

INDEX DES CRITIQUES

INDEX DES PERSONNAGES HISTORIQUES

INDEX DES PRINCIPALES ŒUVRES DE TRISTAN